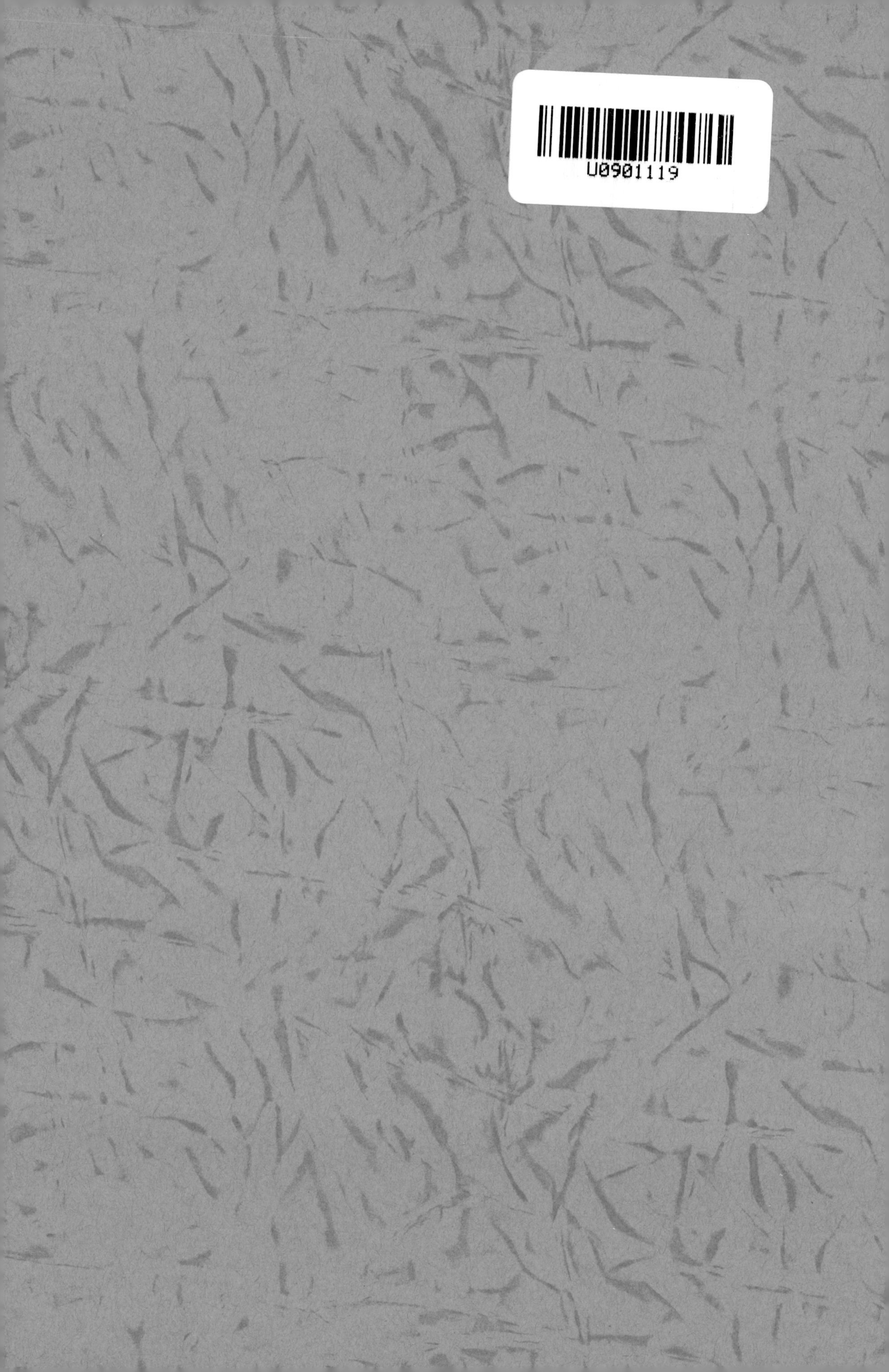
U0901119

北京工业大学年鉴

2015

《北京工业大学年鉴》编委会

北京工业大学出版社

图书在版编目（CIP）数据

北京工业大学年鉴. 2015 /《北京工业大学年鉴》编委会主编. —北京：北京工业大学出版社，2015.9
ISBN 978-7-5639-4460-6

Ⅰ. ①北… Ⅱ. ①北… Ⅲ. ①北京工业大学-2015-年鉴 Ⅳ. ①G649.281-54

中国版本图书馆 CIP 数据核字（2015）第 221178 号

北京工业大学年鉴（2015）

主　　编：《北京工业大学年鉴》编委会
责任编辑：张　英　苏雅洁　朱　军
封面设计：刘家峰
出版发行：北京工业大学出版社
（北京市朝阳区平乐园 100 号　100124）
010-67391722（传真）bgdcbs@sina.com
出 版 人：郝　勇
经销单位：全国各地新华书店
承印单位：北京智慧源印刷有限公司
开　　本：787 mm×1092 mm　1/16
印　　张：27.5
字　　数：880 千字
版　　次：2015 年 10 月第 1 版
印　　次：2015 年 10 月第 1 次印刷
标准书号：ISBN 978-7-5639-4460-6
定　　价：95.00 元

5月17日，中共中央政治局委员、国务院副总理刘延东（左六），中共中央政治局委员、北京市委书记郭金龙（左五）参观北京科技周北工大展区

2月20日，北京市委常委、教育工委书记苟仲文（右三）会见欧洲科学院院士、北京市战略科学家、北工大全职教授杜甫·哈特(Peter Deuflhard,左三)

5月13日，北京市人大常委会主任杜德印（右二）率市人大代表团到校调研北京国际友好城市建设成果

5月20日，北京市副市长杨晓超（右三）会见北工大国际合作伙伴爱尔兰国立都柏林大学校长安德鲁·J·迪克斯（Andrew J Deeks，左三）

6月11日，教育部副部长刘利民（左二）到校视察北京城市交通协同创新中心建设

6月12日，国家知识产权局局长、中国科学院院士申长雨（中）到校调研科技工作和知识产权工作

6月26日，北京市委常委、市委秘书长、政法委书记赵凤桐（左三）到校视察北京城市交通协同创新中心

11月25日，北京市政协主席吉林（右四）率北京市政协考察团来校调研

4 月 23 日，学校获评“北京市党的建设和思想政治工作先进普通高等学校”，图为党委书记郑吉春代表学校在北京高校纪念中国共产党成立 93 周年表彰大会上接受表彰

7 月 2 日，学校召开“211 工程”四期建设立项工作布置会

8 月 28 至 29 日，学校召开二级教学科研机构领导班子任期目标汇报会

11 月 26 日，学校成立北京智慧城市研究院

11 月 27 日，学校召开首次信息化工作推进会

北京工业大学

节约型公共机构示范单位

国家机关事务管理局 国家发展改革委 财政部

二〇一四年三月

12 月 15 日，北工大获“节约型公共机构示范单位”授牌

2 月 21 日，德国柏林工业大学罗尔夫 · 莫林（Rolf Moehring）教授受聘北工大名誉教授

2 月 21 日，中国科学院陈祖煜院士受聘北工大兼职教授

3 月 5 日，美国科学促进协会院士、宾夕法尼亚州立大学二维层状材料研究中心主任默里西奥 · 台伦斯（Mauricio Terrones）教授受聘北工大名誉教授

5 月 7 日，国际欧亚科学院院士、原建设部部长汪光焘教授受聘北工大交通学院名誉院长

5 月 23 日，学校启动 2014 年岗位聘任工作

6 月 2 日，美国明尼苏达大学 Masonic 癌症中心主任斯蒂芬·海池（Stephen S. Hecht）受聘北工大名誉教授

9 月 9 日，学校召开庆祝第 30 个教师节表彰大会

10 月 29 日，学校召开 2014 年人才工作会，图为对高层次人才进行表彰

11 月 16 日，学校信息化专家咨询委员会成立

乔俊飞教授入选长江学者特聘教授

宋晓艳教授获国家杰出青年基金项目资助

杨庆生教授荣获第十届北京市高等学校教学名师奖

程维虎教授荣获第十届北京市高等学校教学名师奖

3 月 14 日，张新平教授指导的 2011 届博士生冯胜飞的博士学位论文被评为 2013 年全国优秀博士学位论文

3 月 14 日，乔俊飞教授指导的 2011 届博士生韩红桂的博士学位论文被评为 2013 年全国优秀博士学位论文提名论文

5 月 8 日，学校举行第五届“未来之星”职业生涯规划大赛决赛

（李春佳 摄）

5月17日，学校承办首都高校第七届机械创新设计大赛

5月19至22日，北工大城乡规划专业（左图）和建筑学专业（右图）分别接受住建部全国高校专业教育评估

7月1日，学校举行2014届毕业典礼

7月14至19日，学校举办2014年第三届全国优秀大学生科技夏令营

7月21日，学校学生暑期实践分团在北京光爱学校开展“软件构筑梦想，绽放关爱之光”暑期社会实践活动

8月29日至9月1日，学校举办樊恭烋学院2014级新生选拔夏令营

9月4日，学校举行2014级新生开学典礼

9 月 11 日，第四届北京工业大学科技节暨学生科技作品展启动

9 月 19 日，建工学院博士研究生刘人杰（左二）获第 12 届国际壳体与空间结构半谷奖（IASS Hangai Prize）

9 月 23 日，第二届北京工业大学研究生支教团志愿者在青海省民和县第一中学支教

11月，学校开展“践行社会主义核心价值观，争做工大好学生”教育实践活动

（李敏 摄）

11月3日，测控技术与仪器专业接受中国工程教育专业认证专家评估

11月28日，学校举行北京工业大学科技节闭幕式暨学生年度颁奖典礼

5月17至18日，北工大学生获2014年全国大学生机械产品数字化设计大赛一等奖1项、二等奖1项、三等奖3项

7月26至27日，北工大学生在2014年E级方程式国际设计锦标赛（中国区赛）中获得总成绩第一名

8月6日，北工大学生获第七届“高教杯”全国大学生先进成图技术与产品信息建模创新大赛团体一等奖

10月10至12日，北工大学生获中国机器人大赛全国冠军2项、亚军1项、季军1项

12月7日，学校学生创业团队“艺美童心少儿美术教育中心”获全国大学生创业基金全国总评审二等奖

12月17日，北工大环能学院110521班荣获北京市高校“十佳示范班集体”荣誉称号

（班旻 摄）

1 月 27 日，北工大强度检测所通过实验室国家认可

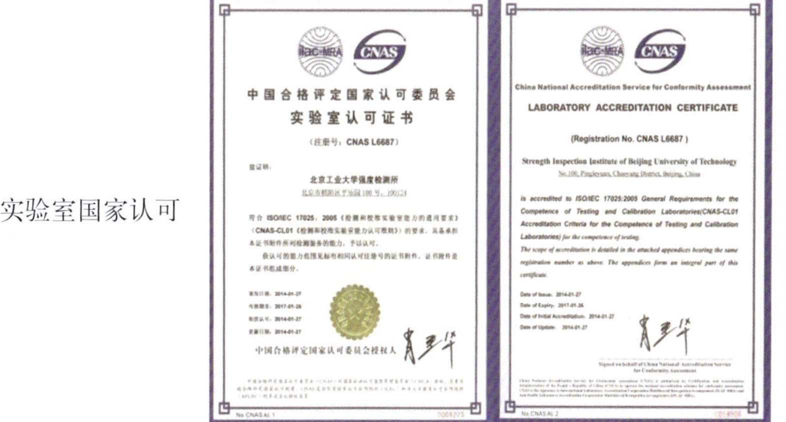

中国合格评定国家认可委员会
实验室认可证书
（注册号：CNAS L6687）

兹证明：

北京工业大学强度检测所
北京市朝阳区平乐园100号，100124

符合 ISO/IEC 17025：2005《检测和校准实验室能力的通用要求》（CNAS-CL01《检测和校准实验室能力认可准则》）的要求，具备承担本证书附件所列检测服务的能力，予以认可。

获认可的能力范围见标有相同认可注册号的证书附件，证书附件是本证书组成部分。

签发日期：2014-01-27
有效期至：2017-01-26
初次认可：2014-01-27
更新日期：2014-01-27

中国合格评定国家认可委员会授权人

No CNAS AL 1

China National Accreditation Service for Conformity Assessment

LABORATORY ACCREDITATION CERTIFICATE

(Registration No. CNAS L6687)

Strength Inspection Institute of Beijing University of Technology
No.100, Pingleyuan, Chaoyang District, Beijing, China

is accredited to ISO/IEC 17025:2005 General Requirements for the Competence of Testing and Calibration Laboratories(CNAS-CL01 Accreditation Criteria for the Competence of Testing and Calibration Laboratories) *for the competence of testing.*

The scope of accreditation is detailed in the attached appendices bearing the same registration number as above. The appendices form an integral part of this certificate.

Date of Issue: 2014-01-27
Date of Expiry: 2017-01-26
Date of Initial Accreditation: 2014-01-27
Date of Update: 2014-01-27

Signed on behalf of China National Accreditation Service for Conformity Assessment

No.CNAS AL 2

5 月 10 日，北京工业大学陆学艺学术思想研究中心揭牌

5 月 25 至 27 日，学校承办第十届亚太地区交通运输发展研讨会暨第二十七届国际华人交通运输协会年会

6 月 27 日，学校与中关村可信计算产业联盟、中国工程院信息与电子工程学部共同举办中国可信计算技术创新与产业化论坛（2014）

7月7日，由艺术设计学院邹锋教授主持设计的“独立自由勋章”雕塑在纪念全民族抗战爆发77周年仪式上揭幕

8月7至8日，学校承办国家“千人计划”专家联谊会青年千人委员会2014年化学、能源、环境领域联合研讨会

9月3日，学校与天图集团共同打造完成“伟大贡献——中国与世界反法西斯战争”专题展览展陈设计

9月16日，由北京工业大学、中共北京市委社会工作委员会和社会科学文献出版社联合主办的《2014年北京社会建设分析报告》蓝皮书发布

9 月 29 日，艺术设计学院邀请世界著名建筑与工业设计师黑川雅之举办“My works”学术报告及个人作品展

10 月 8 日，桑丽霞研究员的论文“TiO2 Nanoparticles as Functional Building Blocks”在美国化学学术期刊 Chemical Reviews 发表

10 月 21 至 23 日，北工大和北京印刷学院联合主办的第五届国际柔性与印刷电子大会（International Conference on Flexible and Printed Electronics，ICFPE）在北工大举行

10 月 28 日，北京数字化医疗 3D 打印协同创新联盟在北工大成立

11 月 18 日，北工大与中国空间技术研究院、多伦多大学合作建立“航天器系统与动力学国际联合实验室”

12 月 19 日，北工大承办再生金属领域技术预测及“十三五”科技发展专项规划研讨会

12 月 25 日，北工大与市交通委联合举办京津冀区域交通一体化协同发展论坛

以杜修力教授为带头人的“重大工程结构抗震与减震控制”团队入选国家自然科学基金创新研究群体

“新型太阳能高效热利用技术的研发与产业化”项目获2014年度北京市科学技术奖一等奖

“变极性等离子弧穿孔立焊的关键技术研究与应用”项目获2014年度北京市科学技术奖一等奖

3 月 10 日， 美国卡内基梅隆大学学生来校交流

3 月 13 日，校长郭广生会见法国皮埃尔和玛丽居里大学校长让·香巴斯（Jean Chambaz）

5 月 20 日，党委书记郑吉春会见爱尔兰国立都柏林大学校长安德鲁·J·迪克斯（Andrew J Deeks）

5 月 26 至 28 日，北工大举办与美国缅因州立大学法明顿分校建立合作关系 25 周年庆祝活动

6 月 6 日，法国国立工艺学院校长奥利维耶 · 法鸿（Olivier Faron）来访

8 月，北工大学生赴英国华威大学参加 2014 年暑期交流项目

9 月 5 日，党委书记郑吉春会见爱尔兰都柏林市市长克里斯蒂·伯克（Christy Burke）

9 月 5 日，北京市市长王安顺（右六）会见爱尔兰都柏林市市长克里斯蒂·伯克（Christy Burke，左六），校长郭广生陪同

10 月 15 日，校长郭广生与德国斯图加特应用技术大学校长海纳·弗兰克（Rainer Franke）签署学生交换协议

10 月 16 至 17 日，学校主办经济全球化背景下的大学工程教育与教学国际研讨会

10 月 31 日，校长郭广生与荷兰阿姆斯特丹自由大学校长贾普·怀特（Jaap Winter）签署两校合作协议

12 月 9 日，爱尔兰总统希金斯（Michael D Higgins，中）访华期间接见北工大学生代表

1 月 2 日，中关村发展集团来校交流座谈

3 月 31 日，北京市环境保护局—北京工业大学合作协议签约仪式举行

4 月 2 日，校领导班子到北京经济技术开发区考察学习

5 月 15 日，北京金隅股份有限责任公司—北京工业大学合作协议签约仪式举行

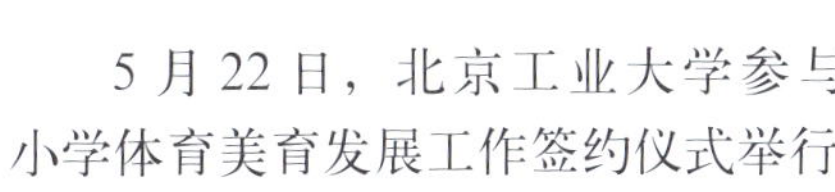

5 月 22 日，北京工业大学参与小学体育美育发展工作签约仪式举行

7 月 8 日，校领导班子成员到延庆县交流座谈

7 月 29 日，北京工业大学与北京京城机电控股有限责任公司合作协议签约仪式举行

8 月 28 日，校领导班子到北京市国有文化资产监督管理办公室学习交流

8 月 31 日，学校举行北京工业大学实验学校揭牌仪式暨 2014 年秋季开学典礼

10 月 14 日，校领导班子到北京市知识产权局学习交流

10 月 28 日，北京工业大学与中国南车股份有限公司合作签约仪式举行

11 月 20 日，东华软件股份公司来校共商校企合作

2月25日，学校召开深入开展党的群众路线教育实践活动总结会

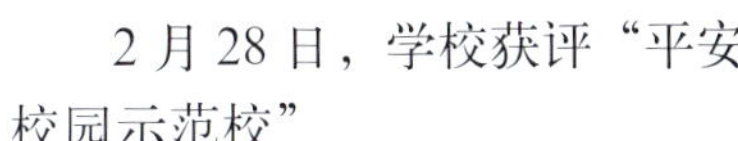

2月28日，学校获评“平安校园示范校”

3月3日，学校接受北京市党的建设和思想政治工作先进普通高等学校入校考察，党委书记郑吉春代表学校党委作工作汇报

3 月 26 日，学校 2014 年处级领导班子换届及处级干部选拔任用工作启动

5 月 28 日，学校召开 2014 年党风廉政建设工作会议，党委书记郑吉春、校长郭广生与二级单位负责人签订党风廉政建设责任书

6 月 24 日，学校承办 2014 年北京高校青年教师社会实践基地工作会

6月26日，学校基层党组织、共产党员在北京高校纪念中国共产党成立93周年表彰大会上获北京市委、市委教育工委表彰

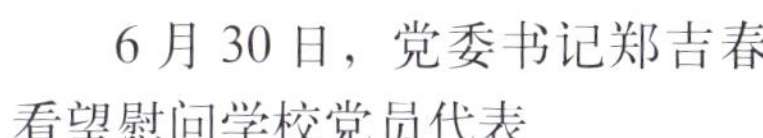
6月30日，党委书记郑吉春看望慰问学校党员代表

7月1日，北京市委、市政府任命刘建萍（左图右一）、杜修力（右图右一）为北京工业大学副校长

7月10至12日，校党委举办"十二五"第八期处级干部培训班暨学习习近平总书记系列讲话精神培训班

7月15至19日，学校组织开展2014年暑期青年教师井冈山培训

9月至12月，学校基层党委换届选举工作圆满完成，图为建筑工程学院党委换届选举大会

9月26日，学校在北京航天城举办党外代表人士"喜迎国庆，聚力发展"主题活动

3 月 17 日，北京－都柏林国际学院举行爱尔兰圣帕特里克节文化周校园游行

4 月 15 日，北工大第四届校园文化节学生合唱团春日音乐会在北京音乐厅举行

4 月 23 日，学校举办校园千人马拉松赛，“走下网络、走出宿舍、走向操场”群众性课外体育锻炼活动启动

6月10日，北工大男篮获第十六届中国大学生篮球联赛（CUBA）全国第四名，创学校男篮30年来历史最好成绩

7月22日，北京工业大学峻野登山社6名学生成功登顶6000米级雪山启孜峰

（罗布占堆 摄）

9月24至26日，学校举办离退休老同志迎国庆65周年书画展

10 月 30 日，北工大 2014 年教职工篮球联赛闭幕

10 月，学校 364 亩新征地建设全部完成，艺术设计学院、第四教学楼工程通过竣工验收并获 2013–2014 年度北京市建筑（结构）长城杯奖

（张爱林 摄）

11 月，学校志愿者参加 2014 年 APEC 领导人会议志愿服务工作

11 月 6 日，新东方董事长俞敏洪来校作“中国梦 · 青春梦”主题报告

（张旭鸿　摄）

12 月 14 日，北京工业大学江西校友分会成立

（未署名图片由宣传部提供，摄影：钟诚、董慧良、邓伊楚、刘晓迟、卜晓明）

《北京工业大学年鉴》编委会

《北京工业大学年鉴（2015）》编辑部

《北京工业大学年鉴（2015）》组稿人员

（按姓氏笔画排序）

王国红　王建华　尤欣　文然　仝明　兰劲华　朱军
任静　刘宏珍　孙大力　纪常伟　苏晨阳　苏雅洁　李芳
李柯　李颖　李军英　李国财　杨龙　吴铁梅　余承
宋亮　张楠　张震　张力澄　张亚红　张苏苹　张德忠
陈虹　陈晨　陈春跃　陈智慧　苗允　苑苏萌　范莉莉
范蔚蔚　周亮　赵宪珍　钟嶷盛　姜尚　姚振瑀　姚爱华
袁亚丽　晋媛媛　桂小春　顾红　倪爽　徐莲　高蕾
桑洪峰　黄彦萍　黄锦秀　葛卫华　韩孟婷　程迪南　傅之丹
蔡朔　廖宏伟　樊媛　冀雅儒　魏娜

编辑说明

《北京工业大学年鉴（2015）》是北京工业大学建校以来的第12本年鉴，汇集了2014年学校事业发展及重大活动基本情况，重点反映北京工业大学学科建设、人才培养、教学科研、队伍建设、党的建设、学校管理、对外合作交流、校园文化等方面的重要活动和所取得的经验、成果等，供全校各个部门及校外有关单位了解和研究学校现状与发展情况时参考使用，同时也是北京工业大学发展概况的历史记载。

《北京工业大学年鉴（2015）》是资料性文献，以文章和条目为基本载体，条目为主。全书设置新闻图片、学校概述、特载与专文、文件与规章、党政重要会议和活动、机构与队伍、教育教学、科研与开发、"211工程"、校学术委员会、国际及港澳台交流与合作、管理与服务、党建与思想政治工作、学院与教学部、大事记、人物、毕业生名单、表彰与奖励、学校事业发展统计数据、媒体报道等栏目。文后附索引。

《北京工业大学年鉴（2015）》选题基本时间范围为2014年1月1日至12月31日间的重大事件、重要活动及各个领域的新进展、新成果、新信息，部分内容依实际情况向前略有回溯。年鉴收录的统计数据，由学校相关部门审定、提供。

《北京工业大学年鉴（2015）》在学校年鉴编委会主持下编辑。编辑部以党办校办人员为主，联合宣传部、组织部、国际交流合作处、改革与发展规划处、人事处、教务处、研究生院、科学技术发展院、离退休工作处、保密委员会办公室、校工会、出版社、档案馆等部门的有关同志共同组成。主要撰稿人为校内各单位负责同志和熟悉情况的工作人员。

年鉴的编辑出版工作得到了学校领导的支持以及全校各部门的大力协助，在此谨表示深深的谢意。年鉴涉及面广，内容多，加上编辑人员水平所限，年鉴中存在的问题和疏漏敬请读者给予指正。编辑部将不断探索改进，提高年鉴的编纂质量，把年鉴的编辑与出版工作做得更好。

目　录

CONTENTS

·北京工业大学概述·

北京工业大学法定住所地为北京市朝阳区平乐园100号。网络域名为www.bjut.edu.cn。

北京工业大学（以下简称北工大）创建于1960年。1961年北京建筑工程学院、北京工业学院、北京师范大学部分学生转入北工大。1972年，北京工商管理专科学校并入北工大。1981年成为国家教育部批准的第一批硕士学位授予单位，1985年成为博士学位授予单位。1990年，原北京联合大学经济管理学院并入北工大。1993年，北京计算机学院并入北工大。2000年，国家建材局管理干部学院（武汉工业大学北京研究生部）、华北水利水电学院北京研究生部和北京水利电力函授学院并入北工大。2005年，北京艺术设计职业学院整体划转北工大。

1993年在北工大教育改革中成立实验学院，2000至2004年实验学院一度由学校与民营企业合作办学，2004年7月调整为学校全资直属二级学院。2005年，北工大与北京市通州区人民政府签订协议，合作举办北京工业大学实验学院。

1997年起，学校经过多次学科结构性调整，对相关学科专业进行了调整、组合、撤并，逐步建立和完善校、院两级管理体制，目前已有32个教学科研机构：机械工程与应用电子技术学院、电子信息与控制工程学院、建筑工程学院、环境与能源工程学院、应用数理学院、计算机学院、材料科学与工程学院、经济与管理学院、人文社会科学学院、建筑与城市规划学院、生命科学与生物工程学院、外国语学院、软件学院、实验学院、艺术设计学院、继续教育学院、城市交通学院、马克思主义学院、国际学院、北京一都柏林国际学院、樊恭烋学院、高等教育研究所、体育教学部、激光工程研究院、固体微结构与性能研究所、循环经济研究院、北京古月新材料研究院、北京科学与工程计算研究院、北京智慧城市研究院、北京知识产权学院、北京知识产权研究院、微电子学院。

1996年12月，学校通过国家“211工程”预审，正式跨入国家21世纪重点建设的百所大学行列。此后，北工大在中共北京市委、市政府的关心支持下，在学校党委的正确领导下，坚持社会主义办学方向，确立“立足北京，服务北京，辐射全国，面向世界”的办学定位，紧紧抓住“211工程”建设和奥运场馆建设两个重大机遇，按照“抓好两个建设，实现两个转变”的发展思路，不断深化内部管理改革，以人为本、盘活资源、依法治校、提高质量，在教学、科研、管理、服务等学校改革和发展各项工作中取得了新成就，实现了从教学型大学向教学研究型大学的转变，从工科大学向以工科为主，理、工、经、管、文、法、艺术相结合的多科性大学的转变，全面完成了国家下达的“九五”、“十五”、“十一五”“211工程”建设的各项任务。经过“211工程”的连续支持，北工大重点建设了新材料设计及其制备加工技术、激光与现代制造技术、城市抗震减灾与水环境恢复、新医药与生物工程、信息光电子技术与应用、智能交通技术与系统、环境与能源工程、计算机交互与智能软件、数字化和计量化的经济评价与管理咨询等学科项目，积极发展了人文社会科学类学科，加强了基础类学科，建设了结构合理、特色鲜明、符合首都经济社会发展需求的多学科体系。2001年、2006年、2012年北工大以优异成绩分别通过“九五”、“十五”、“十一五”“211工程”国家验收，实现了学校发展的新跨越，跻身全国重点建设的高水平大学行列。

建校54年来，北工大已为北京经济和社会发展的各个领域培养了12万余名学生（其中硕士、博士研究生近两万人），他们在各条战线上发挥着骨干作用。截至2014年12月31日，全校共有18个一级学科博士学位授权点，1个二级学科博士学位授予点，31个一级学科硕士学位授权点，3个二级学科硕士学位授予点，涉及哲学、经济学、法学、教育学、文学、理学、工学、管理学、艺术学9个学科门类；18个博士后科研流动站；工程、工商管理、建筑学、应用统计、工程管理、社会工作、教育、艺术、公共管理9个专业学位硕士培养类别；53个本科专业。新型功能材料、传热强化与过程节能2个教育部重点实验室，数字社区、汽车结构部件先进制造技术2个教育部工程研究中心，3个省部共建重点实验室，35个北京市级科研基地，3个机械工业联合会所属重点实验室，以及精密超精密加工国家工程研究中心、国家产学研激光加工中心、中德激光技术中心等。教职工2980人，其中专任教师1577人，包括教授325人、副教授626人；博士生导师276人，硕士生导师1507人（含专业学位和学术学位硕士生导师及专业学位硕士生兼职导师）。外籍教师30人。教师中有两院院士6人，“长江学者奖励计划”特聘教授8人，国家杰出青年基金获得者10人，中央层面“海外高层次人才引进计划”入选者10人，“北京海外人才聚集工程”入选者57人。2014年毕业生总数7814，其中，学历教育学生中全日制研究生1697人（博士毕业生184人、博士结业生1人、硕士毕业生1511人、硕士结业生1人）；普通本科生2948人；成人教育本专科生2623人（本科生1751人、专科生872人）；非计划招生高等教育学生中在职人员攻读硕士学位546人。本科生就业率97.86%，研究生就业率98.94%。招生7835人，其中，学历教育学生中全日制研究生2177人（博士生253人、硕士生1924人），普通本科生3484人，成人教育本专科生1840人（本科生1375人、专科生465人）；非计划招生高等教育学生中在职人员攻读硕士学位334人。高考校本部在北京地区提档线文科565分、理科579分；实验学院在北京地区提档线文科565分、理科543分。在校生28656人，其中，学历教育学生中全日制研究生6348人（博士生1072人、硕士生5276人），普通本专科生13435人（本科生13435人、专科生0人），成人教育本专科生3968人（本科生2996人、专科生972人）；非计划招生高等教育学生中在职人员攻读硕士学位4905人。留学生毕业458人，招生718人，在校生1014人。

图书馆建筑面积2.60万平方米，藏书201.41万册，电子图书13013.36GB。学校占地面积79.38万平方米，建筑面积94.60万平方米。固定资产总值45.08亿元，其中，教学、科研仪器设备总值19.48亿元。

2014年，在北京市委、市政府领导下，学校认真学习贯彻党的十八大、十八届三中、四中全会和习近平总书记系列重要讲话精神，继续深入贯彻落实《国家中长期教育改革和发展规划纲要(2010—2020年)》，紧密围绕首都城市战略定位和京津冀协同发展需求，圆满完成全年各项工作任务，朝着全面完成“十二五”发展规划目标迈出了坚实的步伐。学校初步构建了参与力量更加多元、主体权责更加明晰的内部治理结构；积极推进战略合作联盟建设，强化协同攻关能力提升，综合改革实现新突破；进一步深化培养模式改革，提高教育教学质量；继续推进学科交叉融合，切实增强自主创新能力；坚持“强高端、稳增长、调结构、保质量”，提前完成“十二五”人才专项规划目标；进一步拓宽交流、深化合作，提升办学国际化水平和学校的国际影响力。学校坚持抓党建、促发展，党建工作取得新成就，2014年再次荣获“北京市党的建设和思想政治工作先进普通高等学校”称号。

（苏雅洁　杜　峰）

·特载与专文·

在中共北京工业大学委员会十届五次全委扩大会议上的报告

郑吉春

2014 年 2 月 13 日

同志们，刚才郭广生校长总结了 2013 年的工作，并对学校 2014 年的工作进行了总体部署，希望大家结合本职工作实际，认真领会，积极推动各项工作有效落实。下面我再讲三点意见。

一、要保持良好的精神状态和工作作风

俗话说，人有三宝——精、气、神。精、气、神就是精神状态，有什么样的精神状态，就会有什么样的工作作风；有什么样的工作作风，就会有什么样的工作方法，也就有什么样的工作成效。实践证明，精神状态的好坏是工作成效和事业兴衰的重要影响因素。特别是在学校改革建设发展进入关键时期和攻坚阶段，更要求我们以饱满的精神状态和过硬的工作作风投入工作，努力开创各项工作的新局面。

干事创业需要一股好的精神劲头。在刚刚过去的一年里，全校广大干部师生人心思进、人心思干，圆满完成了全年工作任务，在学科建设、人才培养、科技创新、服务首都经济社会发展等方面取得了新的显著成绩。进入 2014 年，学校各项事业发展仍然面临着比较繁重的建设任务，相信大家从刚才广生校长的讲话中也能够有一个直观的感受。可以说，我们现在还不能“松口气、歇歇脚”，还不能心存半点懈怠。面对竞争日趋激烈的外部环境，全校上下必须对学校发展的现状有足够清醒的认识。虽然从纵向发展来看，我校近年来取得了长足进步，但横向比较，就会发现，无论是发展速度还是发展质量，我们与国内一流大学，甚至与同类高校相比，都还存在一定的差距。因此，全校上下必须认识到“慢发展就是落后，小进步就是退步”，必须切实增强进取意识，必须认清发展中存在的不足，始终保持清醒的头脑，保持开拓进取的昂扬锐气，集全校之智，促进学校事业发展在新的一年里开好局、起好步。

凝聚力量需要一种好的工作作风。作风问题，关系人心向背，关系党心民心。经过为期半年的党的群众路线教育实践活动，全校干部党员思想认识、工作作风和服务水平都有了进一步的提升，为我们今后做好各项工作提供了可靠保障和精神动力。但是，作风问题具有顽固性和反复性，我们也必须清醒地看到，一些部门和干部的精神状态和工作作风仍然存在着这样、那样的问题。有的职能部门和窗口单位服务意识不强，服务水平不高；有的部门之间、干部之间缺乏合作意识，过于强调自身利益，没有站在全局的高度去思考问题、开展工作；有的干部怕担责任、怕担风险、怕得罪人，遇到问题绕着走；有的干部缺乏创新意识，领导没说的不敢办，文件没规定的不敢做，别人没做的不敢试。这样的工作作风，难以承担起我们肩负的繁重任务，难以适应严峻的发展形势，也正是我们在建章立制、整改落实过程中必须高度重视并坚决克服的。关于这方面的情况，25 日将召开教育实践活动总结大会，到时我再做重点强调。此外，我们要通过争创“北京高校党建先进校”的有利契机，进一步增强基层党组织活力，发挥好党员先锋模范作用，带动全校教风、学风、校风和工作作风的进一步好转，为学校事业发展汇聚更多的正能量。

推动发展需要一个好的能力素质。在实现学校转型跨越发展的进程中，难免会遇到各种困难和问题。面对可能遇到的难题，能不能及时发现问题，能不能科学分析、妥善应对并创造性地解决问题，能不能在复杂的工作局面中认清事物本质和把握工作规律，都要求全体干部表现出更高的业务能力、综合素质和管理水平。特别是信息时代的到来，知识更新速度大大加快，如果不加强学习，难免就会造成知识老化、思想僵化、能力退化。作为一名在高校工作的领导干部和教育工作者，更应该切实把学习和研究作为一种工作责任、一种生活态度、一种精神追求和一种生活习惯。在学习过程中，结合自身工作实际，脑子里经常装几个问题，反复思考，这对于培养和提高自己的理论思维和战略思维能力很有好处。就当前而言，我们尤其要加强对党的十八大、十八届三中全会，特别是习近平总书记系列重要讲话精神的学习，切实把握好讲话和会议精神的丰富内涵、精神实质以及实践要求，进一步统一思想认识、明确前进方向、奋力攻坚克难、开创发展新局。此外，做好每一项工作，我们也要善于分析工作的内在联系，善于科学统筹、调动方方面面的有利因素，善于借势而为、顺势而动，从而达到事半功倍的成效；要坚持学以致用、用以促学，掌握科学的工作方法，不断提高认识水平、管理能力和领导艺术，做一名会干事、能干成事的研究型领导干部。

二、要以改革创新精神做好打基础利长远的工作

今年是我们国家落实十八届三中全会全面深化改革的开启之年，学校要贯彻改革精神，坚持稳中求进，全面深化改革，通过改革把全校师生凝聚起来，把各级各类人才的创造活力激发出来，努力使学校各项事业再上新台阶、展现新气象。

首先要强化改革意识。高等教育发展的形势、北京经济社会新的发展变化及要求，在不断提醒我们深化办学改革的重要性。市委常委、市委教育工委书记苟仲文在参加我校领导班子专题民主生活会时就强调要用改革破解难题，用转变解决问题。如果我们现在不认真地去改革，机遇就会擦身而过，被动就会与日俱增，问题就愈发积重难返。

经过50多年的建设和发展，学校取得了显著的办学成绩，实现了办学水平的跨越式发展，但是学校在发展过程中还存在着一些瓶颈性的问题，在内涵发展、创新发展、开放发展等方面还有很大的提升空间，在优化学科布局、深化科技创新、科学规范管理、培养高端人才，特别是服务首都经济社会发展等方面还有很多需要完善的地方。

这些问题不是光埋头苦干就可以解决，不是用老思路就可以破解，我们必须以时不我待的紧迫感和责任感抢抓机遇，赢得主动，改革阻碍学校事业发展的体制机制障碍，持续释放办学活力、增添发展动力。广大干部在涉及学校改革的重大问题上，一定要统一思想，凝聚共识，敢于和善于做推动事业发展的改革者，心往一处想，劲往一处使，把学校各方面改革方案落到实处。

其次要把握改革方向。学校各方面的改革不能无的放矢，一定要瞄准目标、找好定位，坚持循序渐进，改革必须更加符合高等教育的内涵式发展，必须更好地服务首都经济社会发展，以改革不断促进办学活力的更大解放，以开放不断加强办学空间的更大拓展，以创新不断推进办学模式的更大调整。

学校改革的原则是要坚持协调发展，但也要突出工作重点，要通过重点突破带动整体改革的推进。一是要深入推进现代大学制度建设，进一步健全和完善分工合理、职责明晰的内部治理结构，包括制定学校章程、成立理事会、加强学术委员会和教代会的建设、进一步转变机关职能、理顺关系，提升学校科学管理水平。二是要继续研究推进学科调整和学部学院建设，根据学校建设高水平大学的需要和北京市经济社会的发展变化，围绕学校发展目标，坚持推进学科调整。三是要进一步深化干部人事制度改革，完善科学评价机制和教职工激励制度，激发广大教职工干事创业的热情，形成愿意做事、能做成事、能做大事的环境。四是要加快人才培养模式和科技管理工作的改革创新，大力推动产学研合作，积极争取在国家级科研创新平台、国家级奖励、国家重大专项、国家级创新团队等方面取得有显示度的科技成果。

第三要勇挑改革重担。改革工作不可能是一帆风顺的，不能畏难而不前，畏苦而不行，我们每一个干部、教师都要有主人翁的态度，切实增强责任感和使命感。学校全面深化改革，具备有利条件，具备前期基础，也具备良好氛围，我们要统筹兼顾、科学实施，充分调动各方面积极性，坚定不移朝着全面深化改革的目标前进。

要抓好统筹兼顾，既抓住重点也抓好面上，既抓好当前也抓好长远，对各项改革工作周密谋划，整体推进，相互配合，形成推动工作的整体合力。要抓好顶层设计，相关责任单位都要加强顶层设计，调动多方资源推动学校综合改革，制定实施方案，扎实推进各项改革举措落地。要抓好执行落实，各项改革工作要有时间表，一项一项抓落实，学校深入讨论研究看准的改革要坚决推进，符合学校事业进一步发展需要的要坚决推进。要抓好调查研究，学科、机构等重大的改革方案，要尽可能多听一听基层和一线的声音，尽可能多接触第一手材料，我们要做到重要情况心中有数，不断增强改革的系统性、整体性和协同性。在今年的新一轮处级干部聘任中，我们要进一步深化干部人事制度改革，完善考核评价激励机制，进一步形成识大体顾大局，遇事敢于担当，锐意进取的选人用人导向，为学校深化改革提供可靠的组织和干部保障。

三、要正确把握和处理好几个重要关系

习近平同志指出，应对当前我国发展面临的一系列矛盾和挑战，关键在于全面深化改革。必须从纷繁复杂的事物表象中把准改革脉搏，把握全面深化改革的内在规律，特别是要把握全面深化改革的重大关系，处理好解放思想和实事求是的关系、整体推进和重点突破的关系、顶层设计和摸着石头过河的关系、胆子要大和步子要稳的关系、改革发展稳定的关系。在推进学校改革发展的过程中，解决好上述五个关系同样尤为重要。希望同志们在推进年度各项工作任务的过程中深入思考，正确把握。

一是解放思想和实事求是的关系。思想观念是总开关，观念变，则思路变；思路变，则出路通。实践在发展，形势在变化，解放思想永无止境。要善于审视、及时发现不适应学校现实情况和发展要求的政策和制度措施，积极挖掘并充分释放蕴藏于广大师生中的智慧和活力；要坚持实事求是，狠抓落实，一抓到底，不抓则已、抓则必成，抓出经得起师生和实践检验的、实实在在的业绩，努力把思想解放的新成果转化成学校发展的新成就。

二是整体推进和重点突破的关系。年度工作部署之后，重点是抓好落实。抓落实，不能眉毛胡子一把抓，不能均衡用力，而是要在众多的任务和复杂的事物面前，分清主次和轻重缓急，明确主攻方向，把握关键环节，以重点的突破带动学校整体教育质量和办学水平的提高。抓落实要学会科学统筹，周密谋划，对各项工作整体推进、协调推进。要树立“一盘棋”的大局意识，在集中精力抓好大事、要事和难事的同时，上下联动，相互促进，左右协调，相互配合，形成推动工作的整体合力。

三是顶层设计和摸着石头过河的关系。摸着石头过河，就是摸规律，从实践中获得真知。2014 年是学校的全面深化改革之年，也是完成“十二五”任务的关键之年，今后一个时期学校面临着诸多重要的改革任务，学校深化改革领导小组要切实加强对改革的整体设计和统筹协调。同时要及时听取来自基层单位和广大师生的意见建议，及时总结好的经验和做法，也希望大家本着对学校事业发展高度负责的态度积极建言献策，确保各项改革取得预期成效。

四是胆子要大和步子要稳的关系。处理好胆子要大和步子要稳的关系，是对我国改革开放成功经验的深刻总结，对于我们有序推进学校改革发展各项任务也有深刻的借鉴意义。在新的历史条件下，强调胆子要大，体现的是我们深化改革的决心和勇气；强调步子要稳，体现的是我们深化改革的策略和方法。不能求稳怕乱，不能看到矛盾、遇到困难就畏首畏尾、止步不前，对于看准了的事情就大胆地试、大胆地闯，不断总结经验，对的就坚持，不对的赶快改，新问题出来就抓紧解决，使各项改革扎扎实实向前推进。

五是改革发展稳定的关系。改革是动力，发展是目的，稳定是前提，三者统一于国际知名、有特色、高水平研究型大学建设的宏伟事业之中。只有通过改革，才能推动发展，才能实现可持续的动态稳定；只有通过健康、快速、可持续的发展，才能从根本上解决学校事业发展中出现的新情况、新问题。当然，发展是硬道理，稳定是硬任务，要按照“谁主管，谁负责”的原则，健全维护校园安全稳定工作责任制，切实提高校园安全防范能力和水平，共同营造安全稳定、积极向上、和谐有序的校园氛围，为学校改革发展各项事业创造良好的内外部环境。

老师们、同志们，新的学期已经开始，新的目标和任务已经确定，让我们切实把思想和行动统一到党委各项工作部署上来，集中精力抓落实，一心一意谋发展，为建设国际知名、有特色、高水平研究型大学做出新的、更大贡献！

改革奋进　开拓进取　全面推进高水平大学建设

——在北京工业大学第七届教职工代表大会暨第十二届工会会员代表大会第三次会议上的报告

郭广生

2014年5月14日

各位代表，老师们、同志们：

大家好！受学校委托，我向大会作工作报告，请与会代表审议。

今年是实施“十二五”规划的第四年。“十二五”规划实施以来，学校以科学发展观为统领，认真贯彻落实党的十八大、十八届三中全会精神以及习近平总书记系列讲话精神，全面贯彻国家中长期教育改革和发展规划纲要、北京市中长期教育改革和发展规划纲要精神，坚持整体推进，重点建设，进一步统筹办学规模、结构、质量和效益，学科结构进一步完善，学科水平稳步提升；教育教学改革不断深化，人才培养质量持续提高；科研规模快速增长，科技实力明显增强；师资结构不断优化，师资水平稳步提高；国际交流层次提升，国际化进程稳步推进；办学条件显著提高，管理水平不断提升；党的建设全面加强，和谐校园建设持续推进；紧密围绕国家和首都经济社会战略发展需求，不断深化内涵建设，学校办学实力和水平不断提升。

下面，我着重就学校2013年主要工作和2014年工作思路报告如下。

一、2013年学校主要工作回顾

2013年是学校“十二五”建设承前启后的攻坚之年，也是全面贯彻落实十八大精神和习近平总书记系列讲话精神的开局之年，学校在北京市委、市政府的正确领导下，扎实推进学校“十二五”规划的全面实施；进一步深化教育教学改革，全面实施人才强校战略，大力推进协同创新及国际化进程，深化学校管理制度改革；深入开展党的群众路线教育实践活动，完成了年度党政工作要点中提出的各项工作任务。

（一）全面推进学校“十二五”规划的实施，进一步加强学科建设

2013年，学校召开“211工程”及学科建设工作会，并出台《北京工业大学关于进一步加强高水平学科建设的若干意见》，正式成立北京工业大学城市交通学院，不断优化学校学科结构调整，提高学科核心竞争力。在教育部第三轮学科评估中，学校土木工程学科位列全国第八，土木工程、软件工程、环境科学与工程、材料科学与工程、计算机科学与技术和管理科学与工程等6个学科排名位列地方高校第一。学校化学学科首次进入ESI国际排名，成为继材料科学、工程学之后，学校第3个进入全球前1%的学科。

（二）深化教育教学改革，全面提高人才培养质量

2013年，学校全面落实《北京工业大学关于进一步提高人才培养质量的若干意见》精神，深化教学改革，强化实践教学，继续实施研究生教育创新工程，加强研究生教育国际化和工程教育，积极探索研究生招生制度和培养模式改革及自主选拔录取和中外合作办学招生，人才培养质量不断提升。

2013年，学校1篇博士学位论文获得全国优秀博士论文，1篇获得全国优秀博士论文提名，3篇博士学位论文获2013年北京市优秀博士学位论文；另外，还有1篇学生论文荣获国际激光与光电子学应用大会（ICALEO 2013）优秀学生论文奖；学校25项成果获得第七届北京市高等教育教学成果奖，其中一等奖10项，二等奖15项。2013年，我校学生获国际级竞赛奖15项，国家级竞赛奖97项。

2013年，学校召开“立德树人”素质教育大会，深入推进全员育人的工作体系建设，继续深入实施新生引航工程，实施学生学业推进计划，大力推进以培养学生实践能力为导向的社会实践活动，不断促进学生全面发展。学生艺术团在北京大学生艺术展演中荣获4个一等奖

学校游泳队在全国大学生游泳锦标赛勇夺5金，打破两项全国大学生游泳纪录，校羽毛球队在第十七届全国大学生羽毛球锦标赛中包揽男子甲组双打冠、亚军。在第三届全国教育改革创新

典型案例推选活动中，学校“立德树人实现教师师德水平和业务能力同步提升”项目荣获全国教育改革创新优秀校长奖，“构建新型师生关系”项目荣获全国教育改革创新先锋教师奖。

（三）坚持科技引领，加强协同创新，进动科研水平不断提升

2013年，学校全面实施《北京工业大学关于进一步提升科技创新能力的意见》，积极推动“2011”协同创新中心建设，建立和完善学校协同创新机制与体制，全力组织、持续推动国家工程技术研究中心和北京实验室申报工作，学校成为全国仅有的两所拥有五项国防资质的高校之一。

2013年，学校获3项2012年度国家科学技术进步二等奖，2项2012年度北京市科学技术奖二等奖，1项2012年度教育部高等学校科学研究优秀成果奖（科学技术）自然科学二等奖，2项第六届教育部高等学校科学研究优秀成果奖（人文社会科学）二等奖。学校土木抗震减震团队入选2013年度“创新团队发展计划”创新团队。根据教育部科技发展中心的统计，按高校为第一完成单位获2012年度国家三大科技奖励通用项目进行排序，学校在全国高校排名并列第13位。

同时，学校积极参与国内外科学研究和协同创新工作。由曾毅院士领衔的团队参与的“生物治疗协同创新中心”入选国家首批“高等学校创新能力提升计划”（即“2011计划”）；韩晓东教授的团队参与的研究工作在*Science*杂志第339期发表论文，这是学校首次在*Science*这一国际顶级综合类学术期刊上发表研究论文；北京工业大学地方高水平大学发展战略研究中心正式获批教育部战略研究培育基地，实现学校文科类教育部重点实验室建设新突破。

（四）坚持人才强校战略，高层次人才队伍建设稳步推进

2013年，学校继续积极实施人才强校战略，加快发展高端人才战略体系，高端人才队伍规模不断扩大。引进2名国际战略科学家——欧洲科学院院士杜甫．哈特和古月文志教授。同时学校注重高层次人才队伍建设的方向、层次、重点和力度，不断夯实发展根基，2人入选2013年国家百千万人才工程，并同时被授予“有突出贡献中青年专家”荣誉称号；1人获得“北京学者”称号，并入选“科技北京”百名领军人才培养工程；3人入选2012年度教育部“新世纪优秀人才支持计划”；2人荣获第九届北京市高等学校教学名师奖；4人获国家自然科学基金优秀青年基金项目资助；9人入选“北京市海聚工程”；3人当选北京市长城学者；学校与北京市科委共同探索共建“科技新星”基地，实施科技新星计划联合培养工作，有5位青年教师入选。

（五）坚持开放办学战略，办学国际化水平不断提高

2013年，学校在国际合作办学，国际化人才培养模式、留学生教育等方面都取得长足发展，学校的国际化进程大幅度加快，国际影响不断提高，竞争实力得到加强。

学校留学生规模突破1000人次，学位生人数突破200人；全球合作网络平台建设进一步得到拓展，新建立校际合作伙伴25个，使学校全球活跃的合作伙伴达到超过140个；世界500强的学校比例超过30%，世界100强的学校达10%左右。学校持续引进国外优质教育资源，中外合作办学机构稳步发展，近600名学生在校内享受到国外的优质教育资源，合作办学构筑了校园多元化的国际化复合型创新人才培养体系。

学校在英国知名高等教育研究机构QS（Quacquarelli Symonds）发布的第五届亚洲大学排名榜上，位居亚洲第126名；在所有入围的中国内地大学中，位居第29位，首次跻身内地高校30强。

（六）推进综合管理改革，不断提高管理效益和服务水平

2013年，学校不断完善内部治理，努力提高管理服务水平和办学效率。深入推进现代大学制度建设，推动机关协同深化改革。严格财务管理，全面开展基本建设工程全过程跟踪审计。进一步优化资源配置，积极推进公用房使用制度改革，加强资产监管，提升使用效益。不断深化后勤改革，努力提高保障能力和服务质量。着力改善办学条件，优化校园建设规划，积极稳妥地推进各项基本建设。继续推进校园信息化建设，努力提高信息化应用和服务水平。

学校通过首都高校“平安校园”创建达标验收，并于2014年2月获评“平安校园示范校”，获得专项经费奖励；学校荣获“全国五一劳动奖状”；学校科技与艺术博物馆被命名为全国科普教育基地；学校新建设第四教学楼、艺术楼、理科楼，总面积15.42万平方米，总投资7.64亿元。其中，理科楼已竣工，建筑面积7.96万平方米，均被评为2013年度北京市结构长城杯金质奖工程。

（七）以党建促发展，深入开展党的群众路线教育实践活动，全面提高学校办学水平

学校深入开展党的群众路线教育实践活动，

坚持把开展教育实践活动与推动学校各项工作有机的结合起来，把解决作风问题与解决思想问题和实际工作问题结合起来，把整改落实与推进学校长远发展紧密结合起来，进一步转变作风，在提高群众工作能力、密切党群干群关系、全心全意为师生群众服务上取得实效。校院两级领导班子成员深入基层、深入师生调查研究，努力实现与师生群众零距离。不断改进会风、文风，精简会议活动，减少会议成本，提高会议效率，积极开展超标办公用房整改工作。学校实施“青年教师成长工程”，进一步关心和解决青年教师思想成长、学术和职业发展以及家庭生活等方面难题；实施“暖心工程”，增加经费投入，提高教职工交通补贴，扩大教职工体检项目范围，启用“北工大健康评估系统”；加快学校办公自动化系统建设，实现了公文运转的无纸化办公，减少职能部门和师生群众“跑腿办事”的苦恼。

全面落实《基本标准》指标体系，积极推进“北京高校党建先进校”争创工作，已获评北京高校党建先进校；抓好党风廉政建设责任制落实，深化廉政风险防控，加强对重点领域和关键环节的监控，贯彻落实中央八项规定和市委十五条意见。学校牢牢把握学校改革发展方向，将党建优势转化为学校发展优势，始终坚持围绕中心抓党建、抓好党建促发展的基本理念，促进学校各项事业快速健康发展。

各位代表，各位老师，2013 年学校圆满完成了各项工作任务，并在一些方面取得了重要进展。这些成绩的取得离不开市委、市政府的正确领导，更是全体教职员工团结奋斗的结果。在此，我代表学校对同志们的辛勤付出表示衷心的感谢!

在看到成绩的同时，我们也认识到，学校的工作与市委、市政府的要求，与首都人民的期盼，与学校的定位和发展目标相比，还有不少问题和差距。主要表现为：虽然发展定位和目标明确，但是相对高水平研究型大学的定位，学科特色不够明显，优势不够突出，学科的专业结构调整滞后于社会经济发展速度；学科之间、学院之间发展不平衡，有的学院发展缓慢；师资队伍结构还不够合理，高水平师资力量不足；管理还不够科学化、精细化等等。对此，我们必须要有足够的认识，必须进一步增强紧迫感、危机感、责任感和使命感，着力推进学校的改革与建设，努力推动学校科学发展再上新台阶。

二、2014 年学校的主要工作

党的十八届三中全会和市委十一届四次全会在全面深化改革特别是推进社会事业改革创新方面，把深化教育领域综合改革摆在突出位置，进一步明确了教育改革的攻坚方向和重点举措，同时也对高等教育事业科学发展、努力办好首都人民满意的高等教育提出了更高的要求。对此，我们必须有清醒的认识，要以强烈的责任感和使命感，努力推动学校科学发展再上新台阶。

2014 年学校工作的总体要求是：深入学习和贯彻落实党的十八大、十八届三中全会、习近平总书记系列讲话和重要批示及北京市委十一届四次全会精神，坚持凝心聚力，抢抓机遇，以落实党的群众路线教育实践活动整改为契机，高举改革旗帜，突出改革重点，以改革破解难题，以转变解决问题，转作风，出实效，着力创新人才培养机制，着力加强人才队伍与学科建设，着力提升科技创新能力与开放办学水平，着力提高党建思想政治工作科学化水平，全面推进学校“十二五”规划主要任务的落实，大力增强学校服务北京的能力和水平，推动学校各项事业发展再上新台阶。下面，我就学校 2014 年的主要工作强调以下几个方面：

（一）以学科建设为龙头，坚持重点突破，推进学校“十二五”规划各项任务全面落实

建设结构合理、有特色、高水平的学科体系是提升学校办学实力的主要标志。要继续按照“面向前沿、突出重点、强化特色、鼓励交叉”的思路，整体提升学科建设水平，进一步增强学校的核心竞争力。

要深入推进学校“十二五”发展建设规划的实施，做好“十二五”规划实施进展情况监控，完成学校“十二五”规划主要任务和各二级教学科研机构目标责任书完成情况的数据统计、分析工作。要积极开展国际知名、有特色、高水平研究型大学的内涵特征、发展战略研究，推进学科优化调整与交叉融合，着力做好“211 工程”重点学科建设及专款项目论证、统筹管理，优化学科结构，培育重点学科和交叉学科，努力建设有特色、高水平学科。

（二）以深化教育教学改革为抓手，坚持内涵发展，不断提高人才培养质量

人才培养质量是高等教育质量的重要体现，是学校生存和发展的基础。提高人才培养质量，必须大力推进教育观念、培养模式、教学方法和管理体制的创新，坚持走以质量提升为核心的内涵式发展道路。

要进一步深化人才培养内涵，全面落实《北京工业大学关于进一步提高人才培养质量的若干意见》，推动专业改革，启动校内专业评估，稳步

推进工程教育认证，进一步修订培养方案。要不断优化课程体系，实现课程资源的跨校跨地区共享，探索建设学科打通、资源共享的校内实践基地大平台合作运行机制。要创新人才培养模式，成立樊恭烋学院，探索大类招生、复合型培养的新举措，继续完善社会需求导向、学生评价为先的评价机制改革，做好2014年高等教育国家级教学成果奖申报工作。

要深化研究生教育投入机制改革，落实《北京工业大学完善研究生教育投入机制实施办法》，完善研究生奖助体系。要积极推进研究生招生选拔制度改革，继续实施研究生教育创新工程，推进专业学位研究生培养模式改革，加强科学精神与学术规范教育，增强研究生创新精神与创新能力。要不断推进研究生教育国际化，做好硕士专业学位授权点申报与调整工作，改革质量评价机制，积极探索学科自评估。

要深化学校招生、就业机制改革，制订适应新形势的招生录取办法和招生策略，努力拓展各项招生资源，做好招生专业的调整和自主选拔录取工作。要适时启动“大学生助飞计划”，重点加强学生就业方向引导、职业能力提升和创新意识培养，巩固就业指导服务体系，进一步提高就业工作质量。

（三）以科技管理体制机制创新为重点，大力推进协同创新，不断提升科技水平和服务能力

以科技创新引领研究型大学建设，支撑高质量人才培养，是实现国际知名、有特色、高水平大学建设目标的必由之路。我校要进一步增强责任感和使命感，积极投身于国家和区域创新发展战略，努力形成有效的平台和创新机制，形成新的发展优势，着力提升创新能力。

要深化科技管理改革，优化评价机制，通过成立北京工业大学科学技术研究院，进一步增强科技服务功能，建立健全科技协同管理的体制机制。要加强协同创新的组织力度，组织申报国家级科技基地、重点专项重大项目，发挥多学科综合优势，提升科研原始创新能力。要不断推进科技成果应用，加强军工保密工作，提升服务能力，进一步规范科技成果转化和产业化。要积极落实“京校十条”，着力推进服务北京经济社会发展的广度和深度。

（四）以高素质人才队伍建设为基础，坚持人才强校战略，进一步加强和提升师资队伍水平

建设高素质教师队伍是决定教育质量的重要环节，也是建设高水平大学的关键举措。必须坚持人才强校，大力构建规模稳定、结构合理、素质优良、师德高尚、充满活力的师资队伍。

要继续落实人才强校战略，稳步推进师资队伍建设；要进一步完善教师培训体系，以专业技术职务评聘为抓手，促进教师专业能力提高，探索教师教学休假和学术休假制度，增设拔尖人才疗养政策；积极采取措施，改变人才队伍建设的资金使用导向，提高专款使用效率。

从2013年暑假开始，学校开始研究教师聘期考核和新的聘任方案，进一步完善评价机制，并于年底对各二级单位进行了年度绩效考核，对全体教职工进行了年度和聘期考核，为新一轮岗位聘任工作打下扎实基础。

今年5月，学校中层干部聘任完成后，要全面启动岗位聘任工作，合理设置各级各类岗位数量，以建设国际知名、有特色、高水平研究型大学为目标，以激发和调动全体员工工作活力为导向，科学定编、分类设岗、尊重特长、强化质量、鼓励团队、注重传承、公开竞聘、择优上岗；岗位聘任要更多地体现出多劳多酬、优劳优酬的趋向，调动和发挥二级单位在选人用人方面的主体作用，不断优化教师队伍，提高管理水平；要以人才培养任务核定编制，同时兼顾科研工作；以学科、专业建设任务设置岗位，同时兼顾公共基础课教学；以专业教师队伍建设为核心，同时兼顾班主任队伍和管理队伍建设。

（五）以社会主义核心价值体系为引领，坚持立德树人为基本导向，强化学生思想道德教育和素质教育实效

要坚持立德树人基本导向，始终高度重视教育和帮助学生打牢共同思想基础、端正政治立场和前进方向、砥砺品德陶冶情操、激发历史责任感、树立正确的世界观、人生观、价值观，将个人成长成才与投身实现中华民族伟大复兴中国梦的实践紧密相连。

坚持用社会主义核心价值体系教育、引导和服务学生，有效引导大学生树立正确的理想信念，全面提升大学生思想政治素质，深入开展“立德、立业、立人”、“我的中国梦”主题教育精品项目，有效发挥新媒体在大学生思想政治教育中的作用，切实提高思想政治理论课教育教学实效性，着力实施“党员先锋工程”计划，加强党建带团建工作。

要深入推进学生素质教育，拓展素质教育第二课堂体系，成立学生健康中心，开展“走下网络、走出宿舍、走向操场”活动，不断加强大学生素质教育基地建设，加强学业辅导体系，推进学风建设。要加强学生工作队伍专业化建设，完

善校院两级学生事务管理机制，优化学生工作队伍结构，建设辅导员学术团队，加强辅导员队伍专业化长效机制建设。

（六）以推进国际交流合作为指向，继续加大开放办学力度，着力提升办学国际化水平

扩大、开放、拓宽全体师生员工的国际视野，是学校事业发展的必然要求。要瞄准高等教育改革发展的前沿，借鉴世界各国先进的办学理念，开展全方位、多层次、多模式的国际交流与合作，以开放促改革促发展。

要加强国际交流合作的体制机制建设，建立全球国际交流合作体系，扩大合作规模，提升交流层次和质量，不断推进国际科研合作，新建国际科研合作基地，推进学生国际化能力培养，扩大留学交流规模，改革留学生经费管理办法，提高留学生学位生比例。要实施“青年导师国际化能力发展计划”，加强留学生任课教师队伍和留学生导师队伍建设，改革教师海外培训项目内容。要不断拓展北京一都柏林国际学院招生领域，建立国际学院学科、专业平台，举办好“北京工业大学一都柏林国立大学国际教学研讨会”。

（七）以深化综合管理改革为动力，坚持以改革破解难题，推进学校事业科学发展

改革是学校事业发展的强大动力和有力保障。面对新形势新任务，我们要进一步增强改革的自觉性、坚定性，更加注重改革的系统性、整体性、协同性，加强统筹，多措并举，以点带面，扎实推进。

为贯彻落实十八届三中全会精神，按照现代大学制度的要求，理顺校内治理结构，按照“理顺关系，转变职能；精简高效，权责对等；积极稳妥，分步推进”的原则，科学设置和调整机构职能。近期，学校成立了全面深化改革领导小组，调整了发展规划处的功能定位，突出其改革设计职能，将发展规划处更名为改革与发展规划处；党委统战部、机关党委和党委组织部合署办公，对外独立建制，同时撤销机关事务办公室；成立对外合作联络处，顺应开放办学的需求，进一步拓宽办学空间，加强学校与社会各界的联系和沟通；调整体育教学部的场馆管理职能，将其划转至场馆中心；扩展档案馆校史研究职能，调整为正处级建制单位；加强监察巡视职能，将原有监察室与纪委办公室相对分设，监察室调整变更为监察处，等等。

按照“学科交叉融合和资源共享，特色发展，需求导向，创新机制”的原则，优化重组部分学科。现已成立城市交通学院、北京古月新材料研究院、北京科学与工程计算研究院。

要做好章程的核准工作，以学校章程为核心，积极推进现代大学制度建设。要深化管理改革，推动机关协同深化改革，理顺关系，转变职能，建立健全分工合理、职责明晰、科学高效的内部治理结构。要认真贯彻执行《北京工业大学贯彻落实中央改进工作作风、密切联系群众＜八项规定＞和＜实施细则＞的具体办法》，进一步改进会风、文风、学风和工作作风，着力提高工作效率。要进一步加强财务管理，根据上级有关规定加强对会议费和“三公”经费的管理，加强对专款和科研经费的管理，积极推进公务用车改革。要科学优化资产配置，提升使用效益，有效实施精细化管理，推行全生命周期固定资产管理，继续深化公用房使用制度改革，分期、分区完成新学科楼的学科平台整合工作。要继续深化后勤改革，提高后勤保障水平和服务质量。

要高度重视学校信息化建设，创新体制机制，加强智慧校园的规划和顶层设计，提高信息化的管理和服务水平。今年下半年要召开全校信息化推进大会，以校园信息化建设促进教育教学、科学研究和管理服务的现代化。完成综合监控中心建设工作，积极推进无线校园网全覆盖。确保信息化基础设施和重要应用稳定的升级改造和稳定运行。完成校园东区新学科楼的信息化建设，利用信息化手段加强校园安全管理。

各位代表，本次会议的特点之一，就是将涉及学校发展和教职工切实利益的文件，在调研、讨论的基础上，提交本次会议审议，具体是审议《北京工业大学教职工考勤管理办法》、《北京工业大学教职工处分暂行规定》、《北京工业大学教师职业道德与行为守则》、《北京工业大学财务报销规定》、《学校班车改革方案》、《北京工业大学在职职工重大疾病补助办法》等相关文件，上述文件是学校进一步推进精细化管理，深化综合管理改革的重要制度支撑，希望各位代表充分发扬主人翁精神，认真思考，提出建议和意见，积极建言献策。

（八）以建设和谐校园为目标，坚持以人为本，着力共创“美丽工大”

要扎实做好图书馆改扩建等项目的立项相关工作，启动北京一都柏林国际学院楼建设前期工作，理科楼要顺利投入使用，确保艺术楼、第四教学楼两个项目创建优质工程。要继续深入推进“平安校园”后续创建工作，努力建设优美和谐校园。

要以精神文化建设为着力点，充分发挥文化

育人功能，扬正气、树典型、促和谐、谋发展，形成全校上下一条心、一股劲的良好氛围，深入挖掘与阐释学校精神品质与文化内涵，逐步完善校园内视觉形象系统与校园文化景观建设，提升学校知名度与美誉度。

要结合教育实践活动领导班子整改方案，高度关注校园民生和教职工的生活状况，认真听取教职工的意见建议，进一步畅通教职工利益诉求反映渠道，努力解决好教职工最关心、最直接、最现实的实际困难。要进一步充实"暖心"工程，切实为教职工解难事、办实事、办好事，充分利用"北京工业大学支持小学特色发展项目"，与周边重点中小学建立更加紧密的合作关系。要完成好绩效增资工作，体现"整体提高、重视高端、扶持低端、普遍受益"的理念，使教职员工的绩效工资能有较大幅度增长，努力提高教职工待遇，提升师生员工的幸福感。

各位代表！老师们、同志们！2014 年是贯彻落实党的十八届三中全会精神、全面深化改革的第一年，是全面完成"十二五"规划目标任务的关键一年。全校各单位和全体教职员工要统一思想，同心同德，攻坚克难，务实创新，广泛凝聚共识，形成改革合力，为建设国际知名、有特色、高水平研究型大学努力奋斗！

在北京工业大学争创"党建先进校"工作总结会上的讲话

郑吉春

2014 年 9 月 10 日

老师们、同志们：

大家下午好！

今年 4 月，我们学校和北京大学、清华大学、北京航空航天大学、北京建筑大学一起，荣获了"北京市党的建设和思想政治工作先进普通高等学校"，这是学校继 2001 年后、时隔 13 年再次获得该项荣誉。荣誉的获得，体现了市委市政府对于学校近年来党建和思想政治工作以及事业改革发展所取得成绩的肯定，这是市委市政府正确领导的结果，是学校历届党政领导班子不懈努力的结果，更是广大党员、党务工作者和全校师生员工共同奋斗的结果。在此，我代表学校党委，向市委市政府、市委教育工委市教委各级领导，学校特聘党建专家长期以来给予学校的大力支持表示衷心的感谢！向争创党建先进校工作组全体成员、校院两级党务工作者和全校师生党员的辛勤付出致以崇高的敬意！

应当说，这次参评活动集中展示了近年来学校党建工作的创新发展和办学水平的显著提升，充分展现了"工大人"尤其是工大党员积极向上的精神面貌和奋发有为的工作状态，但不能否认的是，我们也还存在着很多的不足。通过自身查找、专家点评以及与兄弟院校的交流学习，我们还发现了很多有待改进、可以提升的地方，需要逐步规范完善。因此，在学校新一轮领导班子换届和处级干部选拔任用以及新一轮全员岗位聘任全部完成的重要时点上，在新的学期开学之初，经过学校党委研究决定，我们召开这次争创先进校的工作总结会，就是为了总结和巩固学校党建工作取得的成绩和形成的特色，梳理和分析目前存在的不足，就如何在新的起点上更好地推进学校党的建设和教育事业的科学发展提出新的更高的要求。下面，我讲三个方面的内容。

一、要传承和巩固已有的经验和特色，继续打造学校党建工作的品牌

近年来，学校党委始终坚持围绕中心抓党建、抓好党建促发展，不断创新工作方式，不断丰富活动内涵，把提高学校党建和思想政治工作水平作为推进学校各项工作上层次的根本抓手，在党建工作中涌现出了很多好的做法和典型，形成了很多好的经验和特色。我们要以获评先进校为契机，在理论上继续总结凝练，在实践中继续宣传推广，进一步强化工大党建工作的品牌。

一是要把工作的经验传承好。在迎评工作中，学校党委认真总结了近年来党建和思想政治工作的开展情况，形成了党建工作要坚持围绕中心、坚持顶层设计、坚持工作创新三点体会，这是我们一直坚持并将坚定不移继续传承的宝贵经验。

学校各级党组织都要深刻认识学校发展面临的形势与任务，致力于围绕学校中心工作来开展党建工作；坚持顶层设计，注重整体布局，增强工作的系统性、协同性、整体性和前瞻性；既要高度重视党建理论研究，也要注重激发党员领导干部积极实践探索，及时总结、提炼推广。

二要把工作的特色巩固好。经过多年探索实践，学校在党建工作中形成了一些亮点的工作特色，其中深入推进“五型”党支部建设、构建学业辅导体系、提高青年教师思想政治工作实效性这三个特色，在北京市的高校党建工作中都有一定的影响，具有比较完备的工作体系，产生了比较好的工作成效，也涌现了诸如“三五”行动、师德建设“红烛工程”、“手拉手辅导计划”等很多好的做法和典型。各二级机构党委、基层党组织要认真梳理总结这些鲜明的特色，在今后的工作中继续巩固完善，进一步提升特色工作的受众面和影响效应。

三是要把工作的品牌打造好。党建先进校是一份沉甸甸的荣誉，既是对既往的肯定，更是对未来的期盼。在业已形成的工大党建工作品牌的基础上，还需要我们在既有的经验和特色上做得更细致一些、更深刻一些，让师生员工了解得更多一些，让老百姓认可的更多一些，要注重宣传推广，不断培育学校党建工作的新亮点、新特色，将党建工作的优势真正转化为学校事业发展的牵引力和正能量，努力推动学校各项事业更好更快发展，办好首都人民满意的高等教育。

二、要深入分析问题，对照学校事业发展对党建工作的要求查找不足

刚才已经提到了，虽然我们这次获得了“党建先进校”的荣誉，但并不代表着我们就没有问题了，更不能有一劳永逸的想法。党的建设是历久弥新的永恒课题，只有起点没有终点。结合考察组反馈的意见，我在这里简要地提几点不足，希望大家积极思考，认真研究整改，不断提升我校党建工作的科学化水平和精细化水平。

一是对党建工作重要性的认识还需进一步深化。做好高校党的建设，对办好中国特色社会主义大学意义重大。客观地讲，目前我们有的党员干部对党建工作重要性的认识还是有些欠缺，有的认为党建工作就是组织一下学习、发展几个党员，有的认为党建工作和人才培养、科学研究差得太远，跟自己没有太大关系，甚至有的领导干部认为搞好业务就可以了、组织生活浮于形式，在很多基层党组织仍存在许多走过场、搞形式主义的现象，这在很大程度上影响了党建工作的正常开展，导致了少数党员干部对党建工作的热情不高、作风不实，也极大地影响了党建工作在师生群众中的口碑。在这里，我再次强调，事业要发展，党建要先行，广大党员师生要牢固树立起“打铁还需自身硬”的责任担当，各级党组织要对照党的纪律、回应群众的期盼、看齐先进的典型，各二级单位党政领导班子要进一步统一思想、形成共识，充分发挥好党的领导核心作用。党建工作做得不好，学校各项事业的改革发展就没有牢固的支撑，事实也充分证明，哪个地方的党委坚强有力，哪个地方的事业就能蓬勃发展。

二是基层党建工作的发展还不够均衡。在这次“党建先进校”的入校考察中，考察组反馈的意见明确指出，要进一步促进基层党建工作的均衡发展。考察组的意见是中肯的、一针见血的，我相信大家也都有切身的体会。我们有的二级单位的基层党建工作相当扎实，能够做到紧紧围绕中心、服务大局，在人才培养、科学研究、社会服务、文化传承创新中充分发挥基层党组织的领导核心和战斗堡垒作用。但是，也有的二级单位组织制度不够完善、班子对党建工作的重视程度不够，基层党组织的学习服务能力不足，创新意识不够，基层党建工作缺乏实效，工作合力有待进一步增强，党员领导干部的先锋模范作用发挥的不够。特别是二级单位党组织围绕学校发展目标开展行动的落实力度还需要加强，需要进一步深化办学目标定位与实现路径之间的紧密衔接，进一步深化学校全局谋划与基层行动之间的紧密衔接，提升基层党组织服务学校事业发展的能力。

三是党建工作的长效机制还需进一步健全。只有不断完善党建工作的长效机制，才能使党建工作趋于良好的发展态势。我们制定了一些制度、建立了一些激励约束机制，但是通过这次参评可以发现，如何健全党建工作的长效机制仍然是目前存在的一个薄弱环节。比如，有些二级单位的组织生活开展时而规范、时而不够理想，尚未严格落实“三会一课”制度，党支部的职能作用得不到有效发挥；定期学习教育制度落实得不够理想；很多基层党组织的负责人总是业务繁忙，不能投入足够的精力在党建工作上。这些都是问题的表象，归根到底，是我们在目标机制、实施机制和保障机制的制度设计上还没有实现三位一体的联动，党建工作的规范化、常态化还有待进一步提升。

三、要坚持改革创新，推进学校党建工作和事业发展再上新台阶

“为者常成，行者常至”，努力去做的人常常可以成功，不倦前行的人常常可以达到目的。总结经验、梳理问题，都是为了更好地推进今后的工作。党的建设和思想政治工作涉及意识形态教育，复杂程度高，系统性强，坚定不移地抓好这项工作，是教育系统的重大政治任务，也是推进教育事业改革发展的强大思想武器。在实践中，我们要坚持改革创新，把握好“三个结合”。

一是要把党建工作的开展与学校深化综合改革结合起来。党的十八大以来，特别是党的十八届三中全会以来，以习近平同志为总书记的党中央，高度重视党的建设，把党的建设制度改革与经济体制、政治体制、文化体制、社会体制、生态文明体制改革同步部署、同步推进。党的建设制度改革专项小组研究制定了《深化党的建设制度改革实施方案》，前不久中央政治局通过了这个方案，进一步明确了今后一个时期党的建设制度改革的路线图、时间表。比如说，中央对党员发展工作提出了新的规范和要求，一会儿我们就将组织培训，严格按照新规范新要求做好党员发展工作，并配套以相应的保障措施。深化综合改革必须加强和改善党的领导，必须把各方面优秀人才集聚到深化改革的伟大实践中，我们要把思想和行动统一到中央、市委和学校党委的决策部署上来，加强谋划，精心组织，着力瞄准这次参评过程中暴露出的问题，坚持问题导向，积极稳步、扎实有序地推进学校党的建设制度方面的各项改革，引导广大党员积极投身改革事业，形成强基础、促创新、创先进的长效机制。

二是要把党建工作的开展和教育实践活动的整改落实结合起来。党的群众路线教育实践活动开展以来，学校党员干部的工作作风明显好转，基层党组织服务群众的能力进一步加强，各部门都要严格按照整改方案从严从实逐项落实整改任务，持续改进工作作风。大家要以落实整改为契机，进一步加强党的建设，推进党建工作制度化和规范化水平的提升，立足各单位工作实际，及时把实践证明行之有效的措施办法固化为切实可行的制度，形成内容完备、结构合理、特色明显、务实管用的制度体系。要进一步加强作风建设，牢固树立群众观点，强化宗旨意识，真正把服务师生作为基层党组织的核心任务和党员干部的基本职责，切实把教育实践活动的成果转化为党建工作的自觉要求。要进一步严肃纪律要求，学校是教书育人的神圣殿堂，社会各界都非常关注，学校的党建工作要善于从高等教育发展规律和高校特点出发，积极完善惩治和预防腐败体系建设，强化对重点领域和关键环节的监管，努力营造风清气正的教书育人环境。

三是要把党建工作的开展和学校事业的科学发展结合起来。在上周召开的新学期工作部署会上，我和郭广生校长都强调了今年是学校完成“十二五”规划目标的关键之年，也是启动“211工程”四期建设、推进“十三五”建设的谋划之年。学校的改革发展已经进入深水区和攻坚期，这些新情况新任务都对学校各级党组织和党员领导干部提出了新的挑战、赋予了新的使命。各级党委要充分发挥好政治核心作用，全面贯彻党的教育方针，坚持社会主义办学方向，落实立德树人的根本任务，把党的教育方针和社会主义核心价值观细化、实化、具体化。要坚持党管人才，以增强领导科学发展能力为核心，着力加强领导班子和干部队伍建设，为学校事业的科学发展提供坚实的组织保证和人才支撑。

老师们，同志们，今天9月10日是我们国家第三十个教师节。昨天，习近平总书记在北京师范大学考察时，号召全国广大教师要始终同党和人民站在一起，自觉做中国特色社会主义的坚定信仰者和忠实实践者，忠诚于党和人民的教育事业，做党和人民满意的好老师。在我们全面总结“党建先进校”建设工作，继往开来推进党建工作新征程的时刻，我代表学校党委再次向大家致以节日的问候，并由衷地希望，在我们大力弘扬和践行社会主义核心价值观的进程中，能有越来越多优秀教师的先进事迹不断涌现，以他们高尚的品德、满腔的热情不断丰富党的建设与思想政治工作的内涵。党建先进校的荣誉已记入工大发展的史册，希望全体师生员工认真总结经验，整改不足，巩固成果，推进创新，更加坚定不移地走以质量提升为核心的内涵式发展道路，进一步加强和改善学校党委对学校全面深化改革和事业发展的领导，以创新的思路、有力的举措、务实的作风，为实现国际知名、有特色、高水平研究型大学建设的目标做出新的更大的贡献！

谢谢大家！

坚定不移推进人才强校战略
加快创建国际知名、有特色、高水平研究型大学

——在2014年北京工业大学人才工作会上的报告

郭广生

2014年10月29日

尊敬的各位领导，老师们，同志们：

大家下午好！

继2011年学校首次人才工作会召开之后，今天我们在这里再次集会，针对过去三年学校的人才队伍建设工作，总结成绩、表彰先进、分析问题、查找原因，集思广益对下一个三年学校拟推行的人事制度改革进行动员部署，这是全面推进“十二五”规划目标的完成、科学谋划“十三五”事业发展的客观需要，也是我们主动适应国家和首都经济社会发展需求、深化教育领域综合改革、建设好一支人民满意教师队伍的职责所在，充分体现了学校对“人才资源是第一资源”的高度认同，体现了学校坚定不移推进“人才强校”战略的决心和信念。在此，我代表学校，向出席今天会议的各位领导和来宾表示热烈的欢迎，向各位长期以来对北京工业大学人才队伍建设的关注和支持表示衷心的感谢！同时，向工作在学校教学、科研、管理、服务一线的广大教职员工表示亲切的问候，并对你们为学校事业发展所做出的贡献致以崇高的敬意！

今年2月，习近平总书记视察北京时，对首都城市战略定位和京津冀协同发展做出了重要指示。当前，全市上下都在认真学习领会总书记考察北京重要讲话精神，围绕建设“四个中心”，落实深化改革的各项举措，奋发有为地开展工作。大学是经济增长的发动机，也是城市发展的创新引擎。为经济社会发展提供高层次人才和高水平科研的支撑，是大学最重要的历史使命和战略任务。作为市属高校中唯一进入国家“211工程”重点建设的大学，打造一支与首都经济社会发展需求相匹配的高水平人才队伍是北京工业大学义不容辞的责任，更是推动学校事业发展上层次、上水平的内在要求。可以说，学校的人才队伍建设既面临前所未有的发展机遇，也面临前所未有的严峻挑战，能不能把有利条件转化为工作举措，能不能把重大考验转化为工作成效，关键取决于我们的信心决心、工作状态和能力水平。今天，我的发言将分为三个部分：首先是总结进入“十二五”发展时期以来学校人才队伍建设取得的主要成绩；第二，结合当前学校人才工作面临的形势，分析我们存在的差距；最后，就在未来三年如何推进人才强校战略工作谈几点看法。希望大家批评指正。

一、战略驱动，科学布局，人才队伍建设提前完成“十二五”专项规划目标

2011年，学校围绕建设国际知名、有特色、高水平研究型大学的办学目标，制定了“十二五”发展建设规划和学科建设、人才培养、科技产业、人才队伍等八个专项规划。2011年召开的首次人才工作会，正是学校全面启动“十二五”发展规划的实施和建设工作的标志性起点。三年来，在市委市政府、市委教育工委、市教委的正确领导与大力支持下，全校上下统一思想，全面推进“人才强校”战略，积极融入首都“人才之都”建设，坚持“强高端、稳增长、调结构、保质量”的十二字工作方针，形成了较为清晰的人才引育、评价、保障及激励体系，率先并提前一年完成了“十二五”人才队伍专项规划的各项指标，具体表现在：

第一，实现“强高端”，引育并举构建“1251”人才高地。没有一流的大师就没有一流的大学。进入“十二五”发展时期以来，学校以校内外各级各类人才项目为依托，从外部引进各类高层次人才90余人，通过内部培养新增各类高层次人才近150余人，已提前完成“1251”人才工程的指标任务。目前，学校现有两院院士6人，国际战略科学家3人，国家自然科学基金创新研究群体1支，教育部“长江学者奖励计划”特聘教授8人，“国家自然科学基金杰出青年科学基金”获得者10人，中组部“海外高层次人才引进计划”入选者14人，国家高层次人才特殊支持计划入选者2名，国家级百千万人才工程入选者9名，国家教学名师奖获得者2人，“国家自然科学

基金优秀青年科学基金”获得者 7 人，北京市“海聚工程”入选者 57 人，北京市“科技新星”计划入选者 108 人，逐步构建起了全方位、多层次、可持续发展的高层次人才战略体系，基本形成了以院士等领军人才引领的金字塔形的高端人才梯队。

第二，实现“稳增长”，学术梯队建设和后备人才培养初见成效。在建设高端人才梯队的同时，学校有针对性地采取措施大力加强青年后备人才的培育。截至目前，已有 37 人入选“京华人才”支持计划，86 人入选“日新人才”培养计划。支持期内，1 人入选“长江学者奖励计划”特聘教授，1 人获批“国家自然科学基金杰出青年科学基金”，3 人获批“国家自然科学基金优秀青年科学基金”，9 人入选市教委“长城学者”培养计划，8 人入选北京市“科技新星”计划，28 人入选市教委“青年拔尖人才培育计划”。此外，学校出台《北京工业大学博士后工作管理办法》，积极推进师资博士后制度建设，开拓青年教师发展路径，激发青年教师群体的内在潜力，“十二五”期间增设 3 个博士后科研流动站，目前在站总规模达到 165 人，一批青年后备人才脱颖而出，充分发挥了人才“蓄水池”的作用。

第三，实现“调结构”，人才队伍专业化和国际化水平得到稳步提升。学校多渠道、多角度推进师资培训工作，以学以致用、注重实效为原则，对具有突出创新能力和发展潜力的中青年骨干教师给予重点培养。三年来，共组织新导师培训 300 余人次、新教师入校岗位培训 250 余人次、青年教师教学能力培训 200 余人次，共选派 230 余名教师公派赴国外访学研修，对青年教师的工程能力进行专题培训，通过实施“青年导师国际化能力发展计划”，有力地促进了人才队伍专业化和国际化水平的整体提升，使教师队伍整体水平有了大幅提高。截至 2014 年 8 月，学校有专任教师 1579 人，其中具有博士学历的比例由 2010 年的 54.6%提升至 65.1%，具有高级专业技术职务的比例由 2010 年的 58.0%升至 60.7%。“十二五”以来，新引进人员中海外留学归国比例达到 23%。专任教师队伍的学历、年龄和职称结构进一步优化，数量与质量稳步增长。

第四，实现“保质量”，人才辈出的工作局面助推学校各项事业得到科学发展。三年来，学校人才队伍建设对学科建设、人才培养、科学研究、社会服务等事业的支撑推动作用日益显著。学校成功引进了以欧洲科学院院士杜甫为代表的一大批战略科学家和高层次人才；在国家领导人见证下签署合作办学合同的示范性国家级高水平中外合作办学机构——北京—都柏林学院正式落户北工大；“211 工程”三期建设成效卓著，成为在全国 112 家高校中获得国家专项奖励的 28 所高校之一；连续三年获得全国优秀博士学位论文，名列全国地方高校首位；材料、工程、化学 3 个学科进入全球前 1%行列，QS 亚洲大学排名榜首次进入内地高校 30 强；获批北京市级协同创新中心 3 个，学校科技实力连续 3 年进入全国大学 30 强；获评“北京党建和思想政治工作先进普通高等学校”荣誉称号，成为北京地区获此殊荣的五所高校之一。

与此同时，学校进一步优化人才工作机制，完善了岗位聘任、绩效考核及专业技术职务聘任三位一体的人才评价体系，完成了两次全员岗位聘任、三次年度绩效考核、一次聘期绩效考核，在强化分级聘用和分类管理、实行年度考核与聘期考核相结合、规范各类各级岗位与职务设置、细化学术条件、增加激励约束条款等方面进行了积极有益的探索与和实践，初步形成了能上能下、充满活力的用人机制，并结合绩效考核结果，依据深化事业单位收入分配制度改革的总体精神，实施了以绩效工资制为载体的收入分配制度改革，并通过提高教职工交通补贴、伙食补贴、增加下拨基层福利费等方式全方位、多角度地提升了教职工的福利水平。

可以说，经过三年实践，2011 年人才工作会出台的一个专项规划、一个实施意见和三个具体计划，坚持和完善了科学的人才观，从领军人才、拔尖人才、骨干人才三个层次，将制度改革与队伍建设相结合、外部引进与内部培养并重相结合、个人成长与团队建设相结合、提高业务能力与提高师德水平相结合，在全校范围营造了尊重劳动、尊重知识、尊重人才、尊重创造的良好氛围，为这几年学校事业的内涵式发展发挥了重要的基础性、战略性和先导性作用。

老师们、同志们，以上这些成绩的取得，是教育部、市委市政府以及市委教育工委、市教委等各部门正确领导和大力支持的结果，是学校党政领导率领全校教职工共同奋斗的结果。在此，请允许我再一次向长期以来一直支持和关怀学校改革发展的各级领导表示衷心的感谢！向为学校事业发展和人才队伍建设工作付出努力的全体教职员工表示亲切的慰问！特别是，请允许我代表学校历届党政领导干部、代表学校 3000 余名教职员工、代表 2 万多名莘莘学子提议，让我们用最热烈的掌声，向为学校事业发展倾注无限心血的各位院士致以最衷心的感谢，为他们在引领学校事业发展过程中不断举善荐贤的高风亮节致以最崇高的敬意！

二、对照要求，明确不足，准备把握学校人才队伍建设存在的差距及原因

回首过去，是为了更好地开拓未来。不能否认的是，成绩令人振奋，问题同样发人深省。当前，我们正处在“十二五”建设的攻坚时期，也是学校全面推进“人才强校”战略、深化人才工作体制机制改革的关键时期。知不足方可谋发展，需要我们更加主动积极地将学校的发展纳入到国家和首都经济社会发展的大局中，对比同类型的兄弟高校发展情况和我们自身的建设目标，深刻认识并准确把握学校人才队伍建设存在的差距，迎难而上，续写新的发展篇章。

首先，从服务国家和首都需求层面来看，学校人才队伍的参与度和贡献度仍明显不足，与学校在高等教育体系中的发展定位不相匹配。十八届三中全会确立了未来各个领域发展的总体改革方案，教育改革作为全面深化改革的重要领域，一切改革的举措和行动，毫无疑义都要自觉围绕这一总目标、落实这一总要求，来更好地促进教育公平、优化教育结构、提高教育质量，更好地为打造中国经济升级版、全面建成小康社会提供坚强有力的人才支撑和智力支持。这就需要我们通过转变发展方式，着力解决高等教育的规模、结构、质量、效益不够协调的问题，促进高等教育更好地适应经济社会发展的需要。在这一点上，作为市属高校和全国地方高校中的“211工程”重点建设院校，北京工业大学应成为首都科技智力资源的重要组成部分，成为北京建立创新驱动发展格局的重要依托，但我们的人才队伍所发挥的科技支撑作用还远远不够，为区域经济社会发展所提供的参与度和贡献度还远远不够。学校缺乏数量充足、可全职来校工作的高水平学科带头人，缺乏促进学校人才队伍多元化发展、具有国际视野的境内高水平短期学者，缺乏能够破解首都城市建设中重点难点问题的专门技术人才，缺乏能够站在国际学术前沿引领学科发展、带动某一行业科技创新能力整体提升的学术大家。

其次，从同类型的兄弟高校的情况来看，对高端人才更加求贤若渴，以人才队伍建设为核心的“办出特色、争创一流”的竞争日趋激烈。各高校都在上紧发条往前赶，不管是国内知名的老牌高校还是特色鲜明的地方高校都在深化改革、奋力前进。目前，在高层次人才队伍建设方面，大部分985高校的院士、千人、长江、杰青是我们的10倍有余。同为地方高校的苏州大学，已有“长江学者”特聘教授5人、国家自然科学基金杰出青年基金获得者13人、“青年千人计划”入选者24人、国家自然科学基金优秀青年基金获得者17人，有6个学科进入ESI前1%行列，今年一次性新增9人获得优秀青年科学基金项目资助，位居全国高校第7位，获得国家自然科学基金资助项目306项，超过了哈尔滨工业大学和中国科技大学。这些数据的罗列并非妄自菲薄，而是要时刻提醒我们自己，逆水行舟，不进则退；百舸争流，时不我待。不日新者必自退，不发展是退步，发展慢了也是退步。

最后，从学校自身的建设目标来看，目前学校的人才队伍数量、结构、质量与建设国际知名、有特色高水平研究型大学的要求还存在一定差距。由于一定的历史原因，学校专任教师、管理人员与服务人员的结构还不尽合理，高层次人才聚集度较低，中青年拔尖人才相对缺乏，新老衔接问题日渐凸显，学缘结构需要进一步改善，部分教师的发展目标和培养规划尚不明确，有利于高层次人才，尤其是青年教师脱颖而出的机制还未真正建立起来。部分学科之间的差异还比较大，学术梯队断层严重。这些问题的存在，都将在未来一段时期内影响学校人才培养质量和科学研究水平的进一步提升。

老师们，同志们，这些差距和不足，只是问题的表现形式，究其深层次的原因，还是归根于我们的人才工作在思想观念、制度建设、环境建设等方面存在一些与学校事业发展要求不相匹配的因素，包括：对人才的成长规律认识不够，对优秀人才所需要的政策环境、制度环境等缺乏深入研究；关注统计数字较多，衡量内涵发展较少；锦上添花的事情做得较多，雪中送炭的事情做得较少；尚未真正构建起完整的人才引进、培养、评价、激励、保障的协同机制和责、权、利相统一的校院两级管理机制，谋求发展的压力不大、动力不足、活力不够。

针对这些问题，在上一个三年“强高端、稳增长、调结构、保质量”的基础上，学校凝练了“强高端、优结构、重改革、增活力”的新十二字方针，将继续坚持高端引领，着力优化队伍结构，通过深化人事制度改革，来最大限度地激发人才成长的潜力和活力，为每一个工大人提供成才和出彩的机会。下面，我就学校进一步推进“人才强校”战略工作的主要思路向大会做具体汇报。

三、转变观念，营造氛围，形成推进学校事业科学发展的强大动力

致天下之治者在人才，教师是立教之本、兴

教之源，如何坚持规模和质量相统一，坚持促进人的全面发展和适应社会需要相统一，形成广纳贤才、人尽其才、充满活力的人才工作机制，是学校面向 2020 年将北京工业大学建设成为国际知名、有特色、高水平研究型大学的最重要的基础工作。

第一，是要坚持高端引领，搭建同台竞技、分类发展平台，打造高层次人才聚集区和涵养区。

高层次人才是学校队伍建设的重点，是学校事业发展的关键，学校将把高端人才的引进和培养作为人才队伍建设的重中之重，把人才队伍的质量特色作为高校竞争取胜的发展主线，继续坚持“引进与培养并重”的方针，加大力度实施“高层次人才引进与实施计划”和“境内外学者短期聘任计划”，有计划、有重点地引进与培养一批学术造诣深厚、创新意识强的学术大师、学科带头人、学术骨干和教学名师，开辟高端人才的绿色通道，通过特殊政策先行先试，积极探索协同创新中心、高精尖创新中心等新机制下“人才特区”的运行模式，引领学科、团队达到国际或国内先进水平，进一步凸显高端人才在学校总体发展布局中的重要作用。

第二，是要建设优化结构，强基固本提升整体水平，增强教师队伍的可持续创新能力。

通过实施“人才队伍补充与支持计划”，进一步统筹学校人才队伍的年龄、职称、学缘、学科结构，完善师资引进的准入条件和程序，提升校聘高级岗位的引才力度，强化动态管理，严格聘期职责与考核，在新引进人员中试行“非升即走”或“非升即转”制度。学校将试行学术休假、终身教职和转岗聘任制度，建立健全人才发展机制，以战略性的长远眼光对待人才发展问题，加强对人才成长规律的研究，构建完整的人才成长链，通过实施“教师职业能力提升计划”和“青年教师发展计划”，使教师、管理和其他专业技术等各类人才队伍协调发展，进一步加强国际学术交流与合作，稳步提升人才队伍的国际化水平和国际竞争力，确保学校事业长期可持续健康发展。

第三，是要坚持深化改革，以人事制度改革和机制体制创新引领综合改革向纵深发展。

前面讲到的“高端引领”、“优化结构”，在新十二字方针中更多地体现的是对上次人才工作会精神的传承，体现了政策的连续性、学科的发展性和人才的成长性，需要我们以锲而不舍、驰而不息的决心和毅力，继续坚持发扬，在巩固现有成绩的基础上，争取新的更大的发展空间。今天，我更想突出强调的是新十二字方针中的“重改革”和“增活力”，首先就是如何以综合改革的思路来破解我们人才工作中深层次的体制机制障碍，不做表面文章、不求轰动效应地为适应国家需求、回应社会期待，扎扎实实地做几件实事，真正地提升师生的满意度、提升教职工的幸福指数。

今年是学校确定的“深化改革年”，前期学校已就推进学校综合改革进行了充分讨论，明确了学校深化综合改革的指导思想、总体目标和主要任务。改革是大势所趋、人心所向，停顿和倒退没有出路。学校要发展，就必须冲破思想观念的束缚、攻克体制机制上的顽疾，以改革来破解难题，以转变来解决问题。与以往的改革不同，这一轮学校的综合改革将更加注重顶层设计和统筹推进，落实在人才队伍建设上，将更加凸显全面发展、个性发展、多样化发展、人人发展的理念。学校将进一步完善党管人才工作的领导体制，完善校院两级管理的运行机制，加强对学校人才工作的宏观指导和组织协调，下放二级机构自主权并明确职责，使资源和责任并重，逐步构建院级的人才工作考评体系和激励机制，将引进和培养高层次人才情况作为党政领导班子年度和聘期考核的重要内容，充分调动学院人才工作的主动性和积极性。学校层面将在科学论证的基础上，为人才发展提供充足的软硬件条件保障和平台支撑。合理规划人才专项经费的使用，进一步提高经费使用的投入产出效率，进一步健全薪酬体系和分配机制，稳步提高教职工的收入水平，实现用良好的氛围吸引人才，用完善的政策凝聚人才，用合理的待遇激励人才，做好人才工作的“最后一公里”，用事业发展的环境留住人才，让人才在工大的校园中感受到如沐春风的滋养。

第四，是要不断激发活力，营造“人人皆可成才、人人皆可出彩”的良好氛围。

教育有没有活力，关键要看学校有没有活力；学校有没有活力，关键要看学院有没有活力；学院有没有活力，关键要看教师有没有活力。在此，我想强调的是，工大缺乏人才，但更缺乏的是人才成长的活力。人才的成长有其自身的规律，是内因与外因共同作用的结果。其中，内因是事物变化发展的根本原因，它决定事物发展的性质和方向。这就要求我们正确看待机遇，充分利用环境，但与此同时，更多地关注和激发人才的内生动力，增进教职工对于学校的归属感、荣誉感，培养责任心和规则意识。学校将坚持唯才是举、唯才是用，无论是海归或本土，无论是外部引进还是校内培养，无论是从事基础研究、应用研究、开发研究或是兴趣研究，无论是在教学科研一线或是提供教学辅助、管理服务的教职工，都是北京工业大学弥足珍贵的人才资源，学校将积极完善政策体系对人才队伍的全覆盖，尽可能地创造条件让每一个工大人都有出彩的机会。希望我们的全体教职员工都能识才、爱才、敬才，形成“重质量、讲贡献、看效益”的工作氛围和鼓励创新、宽容失败、团结协作、勇攀高峰的学术氛围，强化教学以学生为本、办学以教师为本的意识，为自己、为他人、更为学校的事业发展搭建人人皆可施展才华、人人皆可脱颖而出的舞台。

老师们，同志们，在前期广泛调研、充分研究的基础上，人事处起草印发了关于推进“人才强校”战略的“1+5”文件，提交本次大会讨论，一会儿吴斌副校长将对这些文件进行具体解读。后期，各二级单位也将召开本部门的人才工作会，学习传达本次会议精神，研究部署各单位“十二五”发展末期及面向“十三五”发展时期的人才工作，希望大家认真学习讨论、积极建言献策，为推进学校人才工作再上新台阶凝聚智慧、汇集力量。

老师们，同志们，今年教师节习近平总书记在与北京师范大学师生代表座谈时指出，“百年大计，教育为本。教育大计，教师为本。努力培养造就一大批一流教师，不断提高教师队伍整体素质，是当前和今后一段时间我国教育事业发展的紧迫任务”。希望全校上下能以本次人才工作会的召开为契机，将立足科学发展、着力自主创新、改善体制机制的总要求真正落实到学校人才队伍建设上，建设一支师德高尚、业务精湛、结构合理、充满活力、与建设中国特色世界城市相适应的高素质专业化教师队伍，为加快创建国际知名、有特色、高水平研究型大学，为办好首都人民满意的高等教育，为实现中华民族伟大复兴的中国梦做出新的更大的贡献！

全面加强和改进党建与思想政治工作
促进国际知名、有特色、高水平研究型大学建设再上新台阶

——北京工业大学获评北京市党的建设和思想政治工作先进普通高等学校

北京高校党建先进校评选是市委加强高校党建工作的一项重要举措，开始于1993年，每三年评选一次。学校党委高度重视先进校争创工作，坚持“围绕中心抓党建、抓好党建促发展”的理念，坚持“以评促建、以评促改、评建结合、重在建设”的原则，认真总结近三年来党建和思想政治工作的成效及经验，查找不足、以评促建，全力提升党建和思想政治工作的科学化水平，努力把党建工作的优势转化为学校发展的优势，把党建工作的成效转化为学校发展的成效，促进学校事业再上新台阶。争创工作于2013年4月动员至2014年3月入校检查，历时一年。2014年4月，学校时隔13年之后再次获评“北京市党的建设和思想政治工作先进普通高等学校”，完成学校“十二五”党的建设专项规划核心指标。

一、整体部署、加强筹备

2013年是市委第七次先进校评选，本次入校考察的依据是《北京普通高等学校党建和思想政治工作基本标准》（2010年版本，以下简称《基本标准》），重点考察各高校落实强化意识形态工作的领导权、管理权、话语权，加强服务型基层党组织建设，加强青年教师思想政治工作等，既考察党建和思想政治工作本身，也考察学校各项事业发展情况，特别是党建和思想政治工作保障学校科学发展的具体举措。针对以上要求，学校整体部署，加强筹备，在《基本标准》检查基础上重点挖掘、总结和推广基层的好经验好做法，以问题、整改、提升为导向，进一步落实校、院、党支部三级党组织党建工作责任制，夯实基层组织建设，凝练党建工作特色，树立一批先进典型，形成了生动活泼的党建新局面，力求使先进校评选切实成为促进党的建设和学校事业发展相互融合、协调推进的有力抓手。

2013年4月，学校制定发布了《中共北京工业大学委员会关于争创北京市党的建设和思想政治工作先进普通高等学校的工作方案》，学校党委对争创工作实行全面领导，成立争创工作领导小组、工作小组（综合组、秘书组、宣传组、会务组、专项工作组）和办公室。领导小组实行双组长制，党委书记和校长任组长；为进一步加强争创支撑材料的指导和检查工作，深入基层督导院级党组织做好支撑材料的整理、完善工作，参照

《基本标准》检查的好做法，继续保留校内专项工作组。4月17日，学校党委举行北京高校党建先进校争创工作动员部署工作会。王守法书记代表党委表达三点意见，一要站位高远，把争创工作与学习贯彻党的十八大精神结合起来。要切实通过争创工作把中央和市委对高等教育的新要求、人民群众对高等教育的新期待、全校师生员工对学校的新期盼落在实处。二是要脚踏实地，把争创工作与推进落实学校“十二五”规划目标任务结合起来。学校各级党组织要发挥党组织在人才培养、科学研究、社会服务、文化传承创新中的领导核心、政治核心和战斗堡垒作用，把加强和改进学校基层党组织建设与推进落实学校“十二五”规划目标任务结合起来，以党建工作的科学化促进学校事业的新发展。三是要凝练特色，把争创工作与全面提高学校党建和思想政治工作科学化结合起来。要积极推进改革创新，培育学校党建工作的新视角、新经验、新成果，把党建工作的优势转化为学校发展的优势。

按照学校要求，学校争创工作分为三个阶段。第一阶段（4月）是动员部署、自查自建阶段，将分层分级地开展动员部署工作，各单位要完善支撑材料档案，形成自查报告和特色报告。第二阶段（5至9月）是推进交流、完善提高阶段，将进一步完善、细化工作环节及标准，开展全面检查和评估。第三阶段（9月至次年3月）是迎接考察、总结提升阶段，考察组将入校进行为期一天的考察，考察方式包括听取学校党委汇报、召开不同类型座谈会、实地查看和查阅有关资料等。

二、强化指导、以查促建

学校把开展党的群众路线教育实践活动同全面加强学校党的建设紧密结合，坚持“以评促建、评建结合、重在建设”的理念，加强工作汇报和指导检查，注重下基层实地了解与指导，组织基层党建工作经验交流，通过扎实做好党建工作支撑材料检查等各项工作，推动我校党建和思想政治工作跃上一个新的台阶。

为推进校、院两级争创工作的学习、交流和深化，根据争创工作不同阶段要求，党委主要领导多次带队并指派争创小组成员与基层一起，挖掘、总结和凝练一个个典型经验和做法，高度重视发挥基层的首创精神，通过评选先进院鼓励基层党组织不断创新，挖掘、总结和推广先进经验，形成了强基础、促创新、创先进的长效机制和典型案例。2013年6月，学校党委在《北京教育（高教版）》中发表名为《强基固本凝练特色激发北工大党支部活力和战斗力》一文。

学校争创工作小组于2013年6月组织下发了《北京工业大学基层党组织党建和思想政治工作基本标准检查参考手册》（基层党组织分解版），制定了《基层党组织准备支撑材料盒相关要求》。学校党委建立了多层次的争创工作机制，工作组成员定期例会制度，二级学院督导检查机制等，及时总结阶段性工作，研究下一阶段工作重点和思路，进一步细化工作，把握进度。校内专项工作组于2013年5月、7月及2014年1月、2月共4次派专家到基层单位开展争创“先进校”指导和检查工作，指导职能部门和基层党组织撰写《自查报告》，深入挖掘本单位党建和思想政治工作中好经验好做法（亮点），进行总结、提炼使之成为特色工作，以专题形式撰写《特色报告》。

针对校、院两级党组织争创工作尤其是支撑材料自查自建情况，学校对照《基本标准》进行自查，自查分数高于850以上。经学校第十届59次党委扩大会议研究决定，确定题为《全面加强和改进党建和思想政治工作促进国际知名、有特色、高水平研究型大学建设再上新台阶》的综合报告1个、分报告9个和特色报告3个的工作汇报模式，重点突出基层党支部建设、学业辅导体系和青年教师思想政治工作。2013年7月1日，学校党委向市委教育工委提交《北京工业大学关于参加第七次北京市党的建设和思想政治工作先进普通高等学校评选的请示》、《北京工业大学党建和思想政治工作综合报告》及《特色报告》。7月11日，学校接到第七次北京市党的建设和思想政治工作先进普通高等学校评选委员会办公室下发的《关于对16所高校参评第七次北京市党的建设和思想政治工作先进普通高等学校的批复》。

2013年7月12日、10月22日以及2014年2月21日，学校党委3次召开争创“党建先进校”院级党组织现场工作汇报会。机电学院、电控学院、建工学院、环能学院、软件学院、经管学院、人文学院7个学院围绕学院领导班子建设、师生思想政治工作、基层组织建设、党建特色工作以及党建对中心工作的促进作用等内容进行了交流汇报。北京高校党建专家、中国地质大学原党委书记毕孔彰，中国人民大学原党委副书记沈云锁多次到会指导。龚裕副书记在讲话中强调，党建和思想政治工作是一项关系学校事业发展的重要工作，要以争创“党建先进校”为契机，提高校、院、支部三级党建科学化、规范化水平，从而推动学校整体事业的发展。各学院党委要高度重视党建迎评工作，按照专家提出的修改意见，进一步完善党建工作汇报内容，尤其要把先进的工作理念融入日常工作中，要积极探索加强党的建设和加快推进学院事业发展的新思路、新举措，以党的先进性建设推动学院事业发展，努力把党建工作的优势转化为学院发展的优势。

9月27日，召开院级支撑材料现场观摩会，院级党组织支撑材料联络员就工作中出现的问题进行了充分交流，共同研讨工作中存在的难点问题，找差距、谋提高，形成相互学习的良好氛围，达到提升基层党建工作科学化水平的目标。

2014年1月，学校召开争创先进校工作组组长会，明确要求利用寒假整理好党的群众路线教育实践活动档案和其他工作档案作为新的支撑材料，并根据学校各方面工作的新成果，进一步完善工作报告和特色报告，做好宣传工作和迎检工作方案。

三、汇报检查、全面迎评

2014年3月3日，北京市“党建先进校”第二考察组入校考察。上午考察组成员听取了学校党的建设和思想政治工作综合汇报，考察组组长线联平主任主持汇报会。党委书记郑吉春以“全面加强和改进党建与思想政治工作促进国际知名、有特色、高水平研究型大学建设再上新台阶”为题汇报了近三年学校党建和思想政治工作，郭广生校长围绕近三年来以党建创新促进学校发展作补充汇报；汇报会后，考察组集中审阅了学校党建和思想政治工作的支撑材料；其后，召开6场专题座谈会，围绕学校党建和思想政治工作的开展，与学校师生代表进行了座谈交流；下午，考察组分组实地走访了材料学院、环能学院、建工学院、机电学院、建规学院、人文学院、激光工程中心、工程力学中心、教工之家、国家大学生素质教育中心、大学生心理健康中心、学生宿舍楼、技防中控室，对学校党建和思想政治工作各方面情况进行深入考察。

3月27日，党委书记郑吉春代表学校党委在北京会议中心参加第七次北京市党的建设和思想政治工作先进普通高等学校答辩会，现场汇报学校党建工作并回答专家提问。评审委员会成员以及各高校党委书记、主管书记（或组织部长）听取申报学校陈述报告及答辩，并进行投票。

4月18日，从北京市教工委传来喜讯，北京工业大学获评“北京市党的建设和思想政治工作先进普通高等学校”，同时获得此项荣誉的还有北京大学、清华大学、北京航空航天大学、北京建筑大学。中国石油大学（北京）、中央音乐学院、北京电影学院、北京联合大学、北京城市学院荣获“北京市党的建设和思想政治工作先进普通高等学校提名奖”。

四、总结提升、巩固传承

5月15日下午，市委教育工委副书记、市教委主任线联平代表第七次北京市党的建设和思想政治工作先进普通高等学校评选入校考察第二考察组对学校党建和思想政治工作考察情况进行意见反馈，宣读《北京工业大学入校检查综合评语》，从7个方面充分肯定了学校党委发挥的领导核心作用，同时对学校下一步如何加强基层党建工作提出了三点建议。

为进一步总结经验，改进工作，提高学校党建科学化水平，9月10日，学校在校礼堂召开争创党建先进校工作总结大会，党委书记郑吉春作争创党建先进校工作总结，党委副书记龚裕主持会议。郑吉春书记结合第二考察组对学校的反馈意见，具体从三个方面进行了总结和展望。第一，传承和巩固已有的经验和特色，继续打造学校党建工作的品牌：要把工作的经验传承好，要把工作的特色巩固好，要把工作的品牌打造好。第二，深入分析问题，对照学校事业发展对党建工作的要求查找不足：对党建工作重要性的认识还需进一步深化，基层党建工作的发展还不够均衡，党建工作的长效机制还需进一步健全。第三，坚持改革创新，推进学校党建工作和事业发展再上新台阶：要把党建工作的开展与学校深化综合改革结合起来，要把党建工作的开展和教育实践活动的整改落实结合起来，要把党建工作的开展和学校事业的科学发展结合起来。

学校特聘党建指导专家、中国地质大学（北京）原党委书记毕孔彰在总结大会上指出，北京工业大学荣获“北京市党的建设和思想政治工作先进普通高等学校”称号是实至名归，是北工大人坚持不懈、努力工作的结果。毕孔彰书记对北京工业大学党建工作给予了充分肯定，并希望学校在以后的党建工作中继续抓好思想理论建设这个根本，抓好党性教育这个核心，不断完善党的组织制度，发展已有的经验，总结、实践、创新新的经验，不断提升党建和思想政治工作新水平。

北工大将以获评党建先进校为契机，不断培育学校党建工作的新亮点、新特色，将党建工作的优势真正转化为学校事业发展的牵引力和正能量，努力推动学校各项事业更好更快发展。

（高　原　李四平）

北京工业大学党的群众路线教育实践活动整改落实情况综述

2014 年，学校在 2013 年深入开展党的群众路线教育实践活动基础上，按照市委统一部署，对照党的十八届三中全会关于作风建设的新要求，以习近平总书记系列重要讲话精神为指导，针对学校领导班子在对照检查材料中查摆的突出问题、提出的努力方向和整改措施，于 1 月底制定《中共北京工业大学委员会党的群众路线教育实践活动整改方案》(以下简称《整改方案》)，按照立行立改、近期整改和中长期整改建立台账，真实掌握整改落实的进展、效果和存在问题，有针对性地提出对策。截至 2014 年底，学校各项整改任务均积极有效地推进落实，部分整改任务已经完成或取得了明显的成效，党风、校风、工作作风呈现较为明显的好转。

一、顶层设计，明确责任

学校领导班子坚持以党的十八大和习近平总书记系列重要讲话精神为指导，把贯彻落实党的群众路线、中央八项规定和北京市委 15 条意见作为切入点，结合学校实际，以建章立制、整改落实为重点，以师生满意为目标，以促进发展为根本，明确责任、务求实效。通过排查整改、铲除“四风”顽疾，把解决作风问题与解决思想问题和实际工作问题结合起来，集中解决一批群众期盼、急需解决的问题，让师生及时感受到新的变化、看到新的气象。

在制定整改方案前，学校领导班子认真查找“四风”方面存在的问题，通过多种方式查找最终聚焦查摆出的“四风”方面 18 个突出问题。学校郑吉春书记、郭广生校长亲自听取师生意见，主持起草《整改方案》，多次召开党委常委会专题研究，多次在全校范围内征求师生意见并在校园网上示。学校成立了由校党委书记郑吉春、校长郭广生为组长的整改工作领导小组和“四风”突出问题专项整治工作领导小组，校级领导班子成员及党政部门牵头逐项分解任务、落实责任。学校党委坚持把整改建制贯穿活动始终。

学校党委对照《北京市开展“四风”突出问题专项整治方案》，力戒“四风”，把加强作风建设，提升管理服务水平，反对奢靡浪费，严格公务用车管理等列入专项整治；同时强调抓好建章立制和制度落实，规范内部管理，形成长效机制。

二、认真总结，扎实推进

2 月 25 日，学校党委召开教育实践活动总结会，郭广生校长主持会议。郑吉春书记作总结报告，从学校教育实践活动的基本做法、取得的主要成效、进一步巩固扩大活动成果三个方面进行总结，特别强调在下一步工作中，学校将深入贯彻落实中央和市委的部署要求，进一步强化领导责任，深化工作措施，拧紧“螺丝扣”、加大推动力，以强烈的担当精神、严肃的工作态度，高标准、高质量地推进和深化教育实践活动后续整改落实工作，确保教育实践活动善始善终、善做善成。一是要认真抓好整改落实工作，二是要着力完善作风建设长效机制，三是要统筹推动学校内涵发展，四是要切实加强和改进党的建设。

市委督导组组长刘木春在讲话中充分肯定学校深入开展教育实践活动取得的成效，并指出存在的问题。会上，与会人员对校级领导班子和党员领导干部开展教育实践活动情况进行民主评议。市委督导组反馈评议结果是，校级领导班子被评为“好”和“较好”的比例高达 99.51%，反映了广大师生员工对校级领导班子及成员切实改进工作作风的满意度和推进整改促进发展的信心。

三、整改落实，建章立制

作为第一批教育实践活动单位，学校领导班子明确使命和责任，始终以饱满的精神和务实的作风认真对待整改工作，高标准、严要求地逐项落实整改任务。学校认真梳理教育实践活动整改方案落实情况，于 1 月底、8 月底、12 月底，3 次对领导班子整改方案和领导干部整改措施落实情况进行盘点分析，认真落实《整改方案》，共涉及整改方案具体内容、专项整治和制度建设三部分，《整改方案》出台后，虽面临期末和寒假，但所有整改项目都已经启动。

截至 12 月底，整改方案的完成情况如下：

整改方案具体内容共 37 个项目，已完成的 24 项，基本完成的 12 项，正在整改中的 1 项；专项整治共 9 个项目，已完成的 5 项，基本完成的 3 项，正在整改中的 1 项；制度建设方面，反对“四风”问题的相关制度中，拟废止 78 项、制定

32项、修订55项，实际废止108项、制定13项、修订28项；领导班子自身建设的相关制度中，拟废止13项、制定6项、修订9项，实际废止16项、制定3项、修订3项。

1. 整改方案具体内容共包括5个方面、37个项目

第一个方面“把提高思想政治素质放在首位，进一步加强校级领导班子建设”中，4个项目已完成，包括“增强党性修养，加强校级领导班子的思想建设”、“贯彻落实‘八联系’制度，加强校级领导班子作风建设”、“增强校级领导班子整体合力，加强班子协同领导能力”、“提升校级领导班子治校理教能力，推进高水平大学建设”。

1个项目为基本完成，即第5项“加快探索构建现代大学制度，推进学校内部治理结构改革”。已开展的工作有，《北京工业大学章程》已上报市教委，将于近期核准发布；发布并实施《北京工业大学学术委员会章程》；研究下放二级学院相关人权、财权、事权，推进管理重心下移；启动成立学校理事会。

第二个方面“进一步加强干部的选任、教育和管理，以优良的党风带校风促教风”中，6个项目已完成，包括“坚持干部‘五项标准’，加强处级干部的选拔任用”、“加大处级干部教育培训力度，加强干部队伍建设”、“以‘双肩挑’干部为重点，加强对处级干部的日常管理”、“完善处级干部和处级领导班子绩效考核评价体系”、“深入基层，切实抓好基层党建工作创新”、“推进师德教风建设，以树、学榜样促进良好风尚形成”。

1个项目为基本完成，即第12项“采取措施落实‘立德树人’素质教育大会精神”。已开展的工作有：颁发《关于加强和改进青年教师思想政治工作的实施办法》、《教师职业道德与行为规范》，制定加强全员育人工作、素质教育工作、网络思想政治教育的若干意见；成立学生发展指导中心、学生健康中心；组织开展思想政治教育工作实效奖评选、“践行社会主义核心价值观，争做工大好学生”、“我的中国梦”主题教育活动等。

第三个方面“攻坚克难、开拓创新，全面推进学校综合改革”中，4个项目已完成，包括“优化调整校园整体规划，重点推进服务师生的基建项目”、“提升公共资源利用效率，积极推进公用房使用制度改革”、“围绕首都经济社会发展需求，加强人文社会科学学科建设”、“完善研究生教育投入机制”。

另有10个项目为基本完成，分别是：

第13项“推动机构和学科调整，深化学校机构改革”。已开展的工作有：完成部分非教学科研机构设置调整；整体推进、分步实施学部制试点改革；组建成立新型交叉教学科研机构，探索新型政产学研用协同创新模式。

第15项“以协同创新中心为依托，增强服务北京能力”。已开展的工作有：制定《协同创新中心培育与建设管理办法》等管理制度；实施“3D打印”和“清洁空气科技行动”等重大科技专项。

第16项“进一步完善绩效管理办法，建立科学的评价机制”。已开展的工作有：完成2013年绩效考核，进一步修订考核方案和指标体系，启动2014年度绩效考核；修订岗位聘任办法和实施细则，完成新一轮岗位聘任工作；完成专业技术职务评聘工作，由校学术委员会全程把关；修订《专业技术职务评聘管理办法》并提交校学术委员会审定。

第18项“科学合理配置办学资源，进一步提升学校公共设备平台利用效率”。已开展的工作有：成立大型仪器设备开放平台领导小组、专家组以及工作组，对平台建设进行工作指导；制定大型仪器设备开放共享平台建设方案；编制《大型仪器开放共享平台管理细则》等实施细则，拟于2015年上半年征求意见后修订发文。

第19项“加强资产监管，提升使用效益”。已开展的工作有：建立国有资产设备采购、资产配置、公用房管理等联动管理机制；引进国有资产与实验室管理系统，完善设备采购、资产管理等模块功能，2015年初可全面运行。

第20项“加强财务管理、开展绩效评价，提高资金使用效益”。已开展的工作有：试行专款校院两级管理，建立预算绩效管理体制；推进内部控制体系建设工作；2014年“三公经费”压缩比例达18.22%；成立科技服务综合办公室，对已批复项目提供全过程服务。

第22项“与时俱进，修订完善各项教学管理规章制度”。已开展的工作有：清查各项教学管理规章制度；新增相关文件。

第24项“加强科研经费管理，提升科研经费服务水平”。已开展的工作有：针对不同类型科研经费管理，组织政策讲解、培训交流；出台《纵向科研项目管理办法》等管理文件；《科研项目重要事项调整实施细则》等相关配套制度正在征求意见，将继续加强科研与财务管理系统的联动和信息公开。

第25项“勤俭办学，建设校园能源监测平台”。已开展的工作有：建成校园能源监测平台，实现校园能源实时统计与监测；出台《基础设施

改造工程管理办法》等文件，明确学校基础设施改造管理流程；利用远程能源监控平台及时监测校内用水、用电情况，提高学校能源使用效率。

第26项“推进校园信息化建设”。已开展的工作有：完成东区学科楼信息化建设招标工作；无线网络已覆盖大多数教学、科研场所及室外空间；完成校园一卡通班车收费系统项目；完成综合监控中心的项目实施；完成学校信息化顶层设计及工作部署，建立二级单位信息化工作组织管理机制。

第四个方面“进一步健全完善师生员工建言献策、利益诉求的表达机制”中，全部5个项目均已完成，包括“主动深入基层调研，搭建沟通平台，畅通师生利益诉求表达机制”、“依靠教职工办学，落实教代会制度，问需问计于民”、“积极发挥民主党派和党外代表人士在学校建设和民主管理中的积极作用”、“深入师生群众，多渠道解决好教职工切身利益问题”、“建立学校与学生的有效沟通机制”。

第五个方面“进一步关心师生成长，解决校园民生的突出问题”中，5个项目已完成，包括“关爱师生健康，建设‘北工大健康促进中心’”、“大力推进青年教师思想政治工作”、“加大对青年教师教学专业发展的支持力度，把‘助力’工程落到实处”、“充实‘暖心’工程，关心教师成长”、“严格规范危险化学品使用管理，确保师生安全”。

正在整改中的有1项，即第37项“采取有效措施，解决影响师生安全的隐患”。已开展的工作有：改装学生公寓一层防护网；分两年消除知行楼等楼宇电梯运行安全隐患；拟于2015年结合新入驻单位需求，对环能楼水电气暖设施进行全面检修；积极解决腾退学生公寓事宜，待周转房装修完工后办理腾退教职工入住手续，实现学生公寓的封闭安全管理。

2. 专项整治工作共包括9个项目

其中，已完成的项目5项，包括“改进工作作风，清理、规范各项评比表彰活动”、“服务师生，优化办事流程，便捷服务渠道”、“加强学生活动中的经费管理和过程监控”、“正风肃纪，完善学校公务用车使用管理”、“清理整治超标配置使用办公用房和办公用品”。

基本完成的有3项，分别是：

第一项“力戒形式主义，加强会议和文件管理，全面提升行政效率”。已开展的工作有：进一步精简会议、文件，严格控制各种庆典、论坛等；全面启用办公自动化系统，实现学校40多个业务流程的网上办理。目前，学校会议管理办法已拟制完毕，正在征求意见，拟于2015年上半年发文。

第三项“力戒官僚主义，整顿机关一些部门存在的‘门难进、脸难看、事难办’现象”。已开展的工作有：制定《机关工作人员行为规范》，发布《进一步加强校院两级机关工作纪律的通知》；设立“党员领导干部示范岗”和“党员示范岗”，引领机关作风建设。下一步实施“组合拳”整治方案，以机关党委委员及党支部书记巡视和设立意见箱等方式督导机关工作人员作风转变。

第四项“健全督办长效机制，改善工作作风”已开展的工作有，将监察室更名为监察处，与纪委办公室合署办公，增加巡视职能；在党办校办中设立三级机构督查督办室，增强督查督办力量；通过座谈、问卷调查等方式收集机关工作作风存在的问题。拟于2015年上半年出台《督查督办工作办法》，建立学校重要工作通报制和责任制。

正在整改中的有1项，即第六项“完善机关部门内控审批制度，严格接待经费开支”，已开展的工作有：出台《内部控制体系建设工作方案》，明确内部控制建设的任务以及工作安排；初步完成《内部控制规范手册》。下一步将继续完善工作流程，建立健全内部监督制度，出台《机关部门对外公务接待管理办法》，编写《北京工业大学内部控制规范手册》。

学校党委始终坚持高标准、严要求，从严从实抓好整改的落实，以整改落实的实际效果增强信心、凝聚人心，以实际行动回应师生的期盼，以强烈的担当精神、严肃的工作态度，持续推进和深化后续整改落实工作，不断巩固扩大教育实践活动取得的成果。

今后，学校党委将继续从严从实抓好整改落实，不断巩固扩大教育实践活动取得的成果，以整改落实的实际效果增强信心、凝聚人心，以实际行动回应师生的期盼，为学校事业科学发展夯实基础。

（高　原　李四平）

顶层设计　统筹规划
积极推进学校深化综合改革

党的十八届三中全会的主题是全面深化改革，要求到2020年在重要领域和关键环节改革上取得决定性成果，对教育的总体要求是深化教育领域综合改革。北京工业大学作为北京市属唯一一所“211工程”建设高校，积极谋划，扎实行动，编制了《北京工业大学关于加快创建国际知名、有特色、高水平研究型大学深化综合改革方案》（简称《综合改革方案》），切实用改革破解难题、用转变解决问题，学校各方面改革按照改革方案，稳步有序推进，办学活力不断释放，综合改革先行先试取得阶段性进展。

一、《综合改革方案》的出台过程

综合改革方案是新形势下学校全面深化改革的纲领性文件。按照学校深化改革领导小组的整体部署，2014年为学校改革年。学校着手调研国内外高等教育改革与发展趋势，深入学习党的十八大、十八届三中全会和习近平总书记系列重要讲话精神以及国家和北京市等政策文件，在认真学习领会校领导和各职能部门建议和意见，进行全面讨论与分析的基础上，结合申报建设“北京工业大学建设北京市教育综合改革试验特区”的实际，提出了学校深化综合改革方案讨论稿。

在2014年5—11月共7个月的时间内，经3次学校党委常委（扩大）会议专题讨论、23次的修改与完善，学校编撰完成《综合改革方案》，分别于8月底、11月上旬2次上报北京市，并将方案印发学校正处级干部，作为学校各领域承接改革任务，推进改革进程的依据。其间，9月12日，北京市教委叶茂林副主任一行来校调研学校深化改革工作情况，听取了相关汇报，传达了苟仲文书记对学校综合改革方案的指示，希望学校进一步凝练亮点，充分体现北京市教育改革特色，争取新的更大突破。10月13日，张爱林副校长在2014年全国地方高水平大学发展峰会上作“聚焦重要领域和关键环节，将地方高水平大学综合改革不断引向深入”的交流发言。12月14日，教育部副部长杜玉波莅临学校调研，听取了北京工业大学、上海大学和苏州大学三所高校探索综合改革的整体思路，并对深化地方高水平大学综合改革工作做出重要指示，要求三所高校牢牢把握深化综合改革的新机遇，努力突破深层次体制机制障碍，实现内涵式发展；以章程建设为契机，完善内部治理结构，以法治理念和法治思维推进高等教育治理体系和治理能力现代化；进一步加强部省合作，积极探索改革规律和创新经验，更好地服务国家和区域经济社会发展需求。

二、《综合改革方案》的改革要点

学校综合改革方案认真探索了地方高水平研究型大学的内涵和发展规律，进一步厘清学校的办学定位和办学思路，突出特色，结合学校“十二五”规划的执行落实和“十三五”规划及“211工程”四期建设方案的编制，提出了切实可行的发展举措，扎实推进高水平大学建设。综合改革方案在体系结构上主要包括指导思想、总体目标、主要任务和保障措施4个方面。今后一段时期内，学校全面深化综合改革将以首都“四个中心”建设需求为导向，以体制机制创新为突破口，突出发挥学校在北京以及京津冀发展中的作用；在构建现代大学制度和治理结构、人才培养模式、人事制度改革、学科与科技体制创新、国际化办学和资源配置体制机制等6大改革领域的20项主要改革任务进行全面调整与改革。

（一）综合改革的指导思想

全面贯彻党的教育方针，坚持社会主义办学方向，坚持需求导向，坚持人才为先，坚持遵循规律，坚持全面创新，进一步明确办学定位，强化立德树人，办出特色，争创一流，全面提高教育质量。以首都作为全国政治中心、文化中心、国际交往中心和科技创新中心的城市战略定位重大需求和突出问题为导向，以人才培养为根本，以学科建设为龙头，以创新能力提高为重点，以体制机制创新为突破口；协同创新，统筹设计大学整体功能；突出特色，彰显独特的发展模式与大学文化；立足首都新定位，主动融入京津冀，更加突出发挥北工大人才和智力优势，创新支撑首都发展和京津冀协同发展。坚持实事求是与群众路线方针，充分发挥广大干部群众的积极性，使其在学校改革与发展中有获得感，凝心聚力，共同为改革想招、一起为改革发力，群策群力推进学校的各项改革与发展工作。

（二）综合改革的总体目标

到 2020 年建校 60 周年，综合改革取得明显成效，现代大学制度基本完备，治理能力显著提高，自主办学活力充分激发，办学特色进一步彰显；全面提升师资队伍与学科建设水平，人才培养质量与科技创新能力明显提高，学校综合实力和核心竞争力明显增强，对首都北京和京津冀协同发展的贡献度显著，基本建成国际知名、有特色、高水平研究型大学，引领、带动地方高校和北京市属高校的改革与发展。

（三）综合改革的主要任务

1. 创新机制，激发活力，建立以章程为核心的现代大学制度和治理结构。贯彻落实《北京工业大学章程》，构建系统完备、科学规范、运行有效的现代大学制度和内部治理结构。贯彻和落实管、办、评分离政策，构建政府、学校和社会三者的有效互动模式。

2. 创新人才培养模式，持续提升人才培养质量。推进人才选拔机制改革，提高生源质量。深化本科生培养综合改革，实施多模式、多样化人才培养，尊重选择，发挥特长，提升学科专业对首都城市战略定位的支撑。实施研究生教育创新工程，提高研究生培养质量。注重素质，推进全面育人。强化实践，打造创业就业能力。

3. 深化人事制度改革，打造具有竞争力的人才队伍。创新人才引进和使用机制。创新人才聘任与评价机制。重奖精英，建立富有竞争力、充分激发活力的激励保障机制与薪酬体系。

4. 推进学科与科技体制机制创新，提高自主创新能力。加快科研机制改革，提高科研活力。创新科技工作组织方式，提高效率。面向首都城市战略定位和重大需求，调整优化学科结构，重点建设一流学科。建立和完善协同创新机制，形成合力。积极服务区域、行业的核心发展。

5. 积极推进国际化办学，服务北京国际交往中心建设。做大做强北京－都柏林国际学院，汇聚国际高水平大学智力资源，搭建国际化交流平台。借鉴国际标准及运行机制，推进教学科研的国际化。推进“留学工大”计划。

6. 改革资源配置体制机制，提高资源整体使用效益。开源节流，统筹优化资源配置。优化校园功能布局，完善公共服务与条件保障。

为切实有效推进改革，《综合改革方案》在进一步提炼以上 6 大领域 20 项具体任务的基础上，坚持需求导向、问题导向和重点突破的原则，又特别设计了《北京工业大学深化综合改革的重点项目清单》，具体包括“服务北京行动计划”、“人才培养质量提升计划”、“科研体制改革与创新能力提升计划”、“高层次人才队伍建设计划”、“校区新功能定位建设计划”共五大计划，组织实施一批重点项目，集中力量进行突破。同时，为贯彻落实和推进国家管办评分离的政策，还形成了《北京工业大学深化综合改革所需政策支持清单》。

《综合改革方案》对学校全面深化改革进行了总体部署，细化理出了重点任务、责任主体、实现路径、成果形式以及时间进度，分步骤分阶段有策略推进改革，落地举措明晰，将为学校发展带来更多成功自信。

三、综合改革的阶段性进展

2014 年，学校深入贯彻党的十八届三中全会和习近平总书记系列讲话精神，认真落实国家和北京市中长期教育改革和发展规划纲要的要求，以首都新的城市战略定位需求为导向，主动融入京津冀协同发展，全面推动学校的综合改革进程，在部分重要领域和关键环节取得了一定的阶段性进展，主要表现在以下几个方面：

1. 完善治理结构，初步构建以大学章程为核心的现代大学制度。《北京工业大学章程》几易其稿，已上报北京市教委进行核准。学校将以章程为依据，构建系统完备、科学规范、运行有效的大学内部治理结构和制度体系，来更好地坚持和完善党委领导下的校长负责制，推进民主治校、依法治校。学校通过制定《北京工业大学学术委员会章程》，完善了学术委员会的工作机制和工作程序，充分发挥学术委员会在学科建设、学术评价、学术发展和学风建设等事项上的重要作用，积极探索教授治学的有效途径。规范有序推进学校理事会的筹建工作，明确理事会的功能定位、组织架构和筹建时间进度安排，以理事会为桥梁，加强学校与社会的沟通和联系，着力构建以政府办学为主体、社会各界参与办学的新体制。

2. 推行培养模式和选拔机制改革，打造人才培养的“实验区”。学校积极探索教育教学改革，成立樊恭烋学院，本科新生入校通过二次选拔进入樊恭烋学院后，可自主选择专业、自主安排修业年限、自主选择课堂，在大学三年级选定专业，实施以导师制为基础的个性化培养方案和学习进程，赋予学生最大限度的学习自由度。此外，学校还积极推进大学与基础教育，特别是高中教育改革的有机衔接，逐步建立与完善以中学学业相关评价、高考成绩与学校自主选拔相结合的综合评价、多元录取的本科生源考评及招录模式；改革研究生生源选拔机制，推进博士研究生招生申请考核制，探索硕士研究生申请考核制；建立优秀生源科学评价体系，实施本科生按类招生培养，创新各类实验班培养机制；开展校内专业评估，实现学科专业的动态调整。

3. 推进科技体制机制创新，稳步提升科技创新和协同攻关能力。学校成立科学技术发展院，负责从科研项目的争取立项到验收鉴定、申报专利和奖励直至后续产业化工程与应用转化的全过程，通过整合校内外各种资源，形成推动科学技术研究发展、科教结合支撑人才培养与学科群建设、促进科研成果应用的新格局。不断探索校内外科研协同组织机构新模式，突破行政约束和学科学术壁垒，推进学科交叉融合，组建跨学科、多单位协同的科技攻关团队，提高解决重大技术和社会问题的能力，推动科研管理向知识管理、创新管理转变。

4. 推动机构和学科调整，促进学科交叉融合，提升管理科学化水平。学校成立全面深化改革领导小组，负责综合改革工作的统筹协调、整体推进、督促落实，研究相关领域的重要改革问题，推动有关专项改革政策措施的制定和实施。进一步整合职能，调整优化党政机关机构设置，提升管理科学化、规范化、精细化水平，将发展规划处更名为改革与发展规划处，党委统战部、机关党委和党委组织部合署办公，校友会办公室更名为对外合作联络处；进行学科调整和学院（学部）建设，通盘设计、整体推进、分步实施学部制试点改革，启动信息学部建设方案的论证，面向北京交通重大需求成立城市交通学院；与大型行业企业共同创建北京智慧城市研究院，筹建国家示范性微电子学院，组建科学技术发展院，构建适应新形势需要的设置合理、结构优化、权责明确、功能完善、充满生机与活力的科研管理体制和运行机制。

5. 实施开放办学战略，提升服务区域经济社会发展的贡献度。学校大力推进北京一都柏林国际学院、北京古月新材料研究院、北京科学与工程计算研究院建设，实施“留学工大”计划和“青年导师国际化能力发展计划”，不断提高学校教学科研水平和国际学术影响力。2014 年，学校领导班子带队先后走访包括京津冀区域的区县、相关委办局、知名企事业单位、兄弟院校在内的 20 多家单位，构建政校合作破解难题、校企合作协同攻关、校际合作共谋发展的长效机制，有效地促进了政产学研用的深度融合。包括：与市交通委、市环保局签署战略共建框架协议，围绕顺畅交通、清洁空气与碧水等首都发展亟待解决和急需的项目开展合作；牵头在朝阳区成立区校联盟并担任轮值主席；与朝阳区教委合作举办北京工业大学实验学校，共促基础教育资源均衡发展；与朝阳区共建文化创意产业园区，与中关村管委会共建北工大中关村智慧制造服务创新园；与京城机电控股公司开展数字化医疗 3D 打印项目的协同攻关等。

（高阿娜　李庆丰　王大勇）

深化干部人事制度改革，打造高素质干部队伍

2014 年，北京工业大学干部选拔任用工作坚持以党的十八大、十八届三中全会和全国组织工作会议精神为指导，按照“工作落实年”活动要求，认真贯彻中央最新修订的《党政领导干部选拔任用工作条例》，以深化干部人事制度改革、培养选拔年轻干部、严格日常管理监督为重点，着力打造高素质干部队伍，为学校全面深化改革提供坚强组织保证和人才支撑。

一、2014 年处级干部选拔任用总体情况

2014 年，学校处级干部任免共 353 人次，其中任命 248 人次（新任或提任 102 人），免职 105 人次。

1. 开展新一轮处级领导班子换届

2010 年底北工大开展处级领导班子换届和处级干部竞争上岗，至 2013 年底任期届满。经学校党委研究决定，3 月至 6 月，在全校范围内开展新一轮处级领导班子换届及处级干部选拔任用工作。以建设一支信念坚定、为民服务、勤政务实、敢于担当、清正廉洁的高素质干部队伍为重点，以敢于担当为导向，坚持“四个注重”（注重品德、人岗相适，注重实绩、能上能下，注重基层、推进交流，注重效率、优化程序）和“四个结合”（标准与符合实际相结合、工作需要与个人选择相结合、提拔任职与工作业绩相结合、组织安排与竞争上岗相结合）的总体思路，采取委任制、选任制和竞争性选拔三种方式。根据整体设计、分

步实施的基本思路，按照先正处、后副处，先进行委任制、再进行公开选拔或竞争上岗竞争性选拔，并适时履行选任程序的顺序逐阶段完成。截至7月10日，共提任干部54人，其中提任正处级领导干部18人、副处级领导干部36人，干部交流55人，其中正处交流24人，占正处级干部总数34.7%，副处交流31人，占副处级干部总数26.9%；所有交流干部中，机关间交流21人，占38.2%，学院间交流13人，占23.6%，机关与学院间交流21人，占38.2%。实现了换届工作着力关注干部的全面发展、统筹加强教学研究单位与非教学研究单位之间的干部交流的工作要求。

2. 面向海内外公开选拔三个学院院长和校医院院长

4月上旬，学校启动面向海内外公开选拔经管学院、计算机学院、生命学院、校医院院长工作。经过前期报名、资格审查，21名候选人参加面试。经面试答辩、评委打分、组织考察、学术鉴定、任前公示等工作环节后，最终确定2名同志分别任经管学院、生命学院院长，1名同志任计算机学院副院长（主持工作）。面向海内外公开选拔学院院长是学校近年来在干部选拔任用工作中的积极探索，也是学校进一步深化干部人事制度改革、拓宽选人用人视野、加大竞争性选拔中层干部力度、提高选人用人公信度的重要举措，对于学校落实人才强校、特色发展、开放办学三大战略是一次十分有益的尝试。

3. 开展校内处级干部空缺职位补聘选聘

7月以后，根据学校机构设置调整和处级干部队伍建设实际情况，继续空缺岗位干部补聘选聘工作，共提任、交流干部共16人，其中正处级领导干部9人，副处级领导干部7人。

处级干部选拔任用工作在北工大已形成比较规范的程序，对于合理配置干部、不断优化干部队伍结构、构建公开公平公正的选人用人环境起到积极作用。

二、以贯彻落实条例为契机，全面提升干部工作科学化水平

1. 顶层设计，规范程序

校党委常委集体学习条例，带头执行条例。学校党委制定了《中共北京工业大学委员会关于处级党政领导干部选拔任用工作的规定（试行）》（工大党发〔2014〕1号）、《中共北京工业大学委员会2014年处级领导班子换届及处级干部选拔任用工作实施方案》（工大党发〔2014〕3号），进一步完善处级领导班子换届和处级干部选拔任用工作的制度体系。明确规定动议时“初步建议向校党委主要领导成员报告后，经学校干部工作领导小组讨论后由党委常委会确定工作方案”、“校党委常委会集体讨论党政领导干部任免事项，必须有三分之二以上成员到会，并保证与会成员有足够时间听取情况介绍、充分发表意见”以及严格执行常委会干部任免票决制等内容，规范了校党委常委会任免干部的具体程序和步骤。

在本次处级领导班子换届及处级干部选拔任用工作中，学校党委根据工作需要和处级领导班子建设实际，综合考虑干部的考核情况和一贯表现，以敢于担当为导向，坚持党管干部原则，任人唯贤原则，德才兼备、以德为先原则，注重实绩、群众公认原则，民主、公开、竞争、择优原则，民主集中制和依法办事原则。

2. 明确思路，分步实施

《2014年处级领导班子换届及处级干部选拔任用工作实施方案》中明确规定处级干部任职基本条件与资格，打造符合信念坚定、为民服务、勤政务实、敢于担当、清正廉洁的好干部标准。根据整体设计、分步实施的基本思路，按照先正处、后副处，先进行委任制、再进行公开选拔或竞争上岗竞争性选拔，并适时履行选任程序的顺序逐阶段完成。

3. 健全机制，多方式选拔

本次处级领导班子换届及处级干部选拔任用工作采取委任制、竞争性选拔和选任制三种方式。委任处级干部需经过动议、民主推荐、考察、讨论决定、任职五个基本程序；公开选拔面向社会进行，竞争上岗在校内进行，从实际出发，合理确定选拔职位、数量和范围；对于涉及的党组织、工会、团委负责人的调整，经过委任或竞争性选拔任用干部工作程序产生拟任人选，由校党委任命。其中，校党委在决定工会、团委负责人任免前将征求上一级相应组织的意见。所有由选举产生的干部将适时履行民主程序，9月至12月，全校23个二级党委完成换届选举工作，二级党组织的书记、副书记等干部均顺利当选。

4. 科学评价，管理与学术并重

校内竞争上岗和校外公开招聘的人选均需参加面试答辩，使用PPT汇报对岗位认知、个人综合素质以及开展工作的设想等内容，由专家评委和群众评委给出综合评价。校外公开招聘的人选还需填报《北京工业大学院长竞聘人员学术情况表》和提交2篇代表作，一并送校外专家评审，最后由校学术委员会给出学术鉴定报告。

5. 发扬民主，坚持群众路线

在干部选拔任用过程中，校党委坚持干部工

作的群众路线、群众公认原则，充分发扬民主，完善民主推荐和民主测评，提高干部工作民主质量，防止简单以票取人、以分取人。完善干部考察工作，加强对政治品质和道德品行、科学发展实绩、作风表现、廉洁自律情况的考察，全面历史辩证地评价干部。

三、把从严管理贯穿始终，努力实现干部工作风清气正

1. 在执行标准上从严

坚持把好干部“五条标准”和“三严三实”要求贯穿起来、统一起来，作为干部选任的基本导向和重要标尺。注重以事择人按岗选才，结合机构年度绩效考核和处级干部年度考核结果，在严格按职数、按级别配干部的前提下，统筹考虑空缺岗位人选配备，积极推进干部交流，努力做到择优而选、因适而用。立足班子职能和领导干部岗位职责，有针对性地选拔干部，统筹考虑女干部、党外干部的选拔任用，力求干部资源使用效益的最大化。特别是在处级干部公开选拔、竞争上岗工作中，制订并公布工作方案，完善程序方法，突出岗位特点，坚持标准条件，注重能力实绩，不断尝试并逐步推行差额考察制度，有效提高了竞争性选拔干部工作的质量。

2. 在执行程序上从严

学校党委认真总结2010年深化干部人事制度改革以来在干部选任工作中的实践经验，在2014年根据新条例进一步完善了干部的选拔任用条件、选拔任用程序、纪律监督规定等内容，逐步形成了符合北工大发展实际的、比较完备的干部选拔任用工作规范。选任工作程序的不断改进和完善，体现了党管干部原则，落实从严治党、从严管理干部的要求，树立了科学发展、以德为先、注重基层的用人导向，把人岗相适、重视一贯表现等要求贯穿到干部选拔任用工作的全过程，同时坚持有效管用、简便易行，优化程序、删繁就简，有效地提升了选人用人公信度。

按照新条例规定，规范干部选拔任用5个环节工作。坚持把规定程序的实质要求一项一项做到位，坚持程序一步不缺、履行程序一步不错，充分发挥程序的把关功能、择优功能，使程序成为选人用人不可逾越的屏障。同时，把加强领导干部党性修养作为从严管理的一项重要举措，组织干部深入学习贯彻习近平总书记系列讲话精神，对处级以上领导干部开展集中培训和多层次分类别的专题培训学习，引导干部讲诚信、懂规矩、守纪律、会办事。

3. 在监督检查上从严

切实加强干部监督，确保条例得到全面执行，真正让铁规发力、禁令生威。制定下发《关于加强干部选拔任用工作监督的意见》（工大纪发〔2014〕1号），规范选人用人行为。在2014年干部换届的工作中，继续坚持干部选拔任用“五公示”制度，即：公示工作方案和全部工作程序、公示全部竞争上岗职位、公示报名和资格审查情况、公示考察对象、公示拟任人选，特别是在答辩现场设立群众评委、在考察环节扩大谈话范围、书面征求纪检监察部门意见等举措保证了干部选任工作接受相关部门和广大师生员工的监督，为营造风清气正的选人用人环境创造了条件。

4. 在日常管理上从严

坚持从严管干部，制定了《中共北京工业大学委员会关于加强干部日常管理工作的几项规定（试行）》（工大党发〔2014〕2号），进一步规范和严格处级以上领导干部日常管理。认真开展领导干部个人有关事项报告及抽查核实工作，严格处级干部外出请假、销假审批流程，加强处级干部因私护照管理，严格进行干部离任经济责任审计。根据上级要求开展专项清查工作，2014年先后对“配偶已移居国（境）外的国家工作人员有关情况”、“干部参加社会化培训清理整顿”、“领导干部兼职及从事其他营利性活动”和“规范退（离）休干部在社会团体兼职问题”等情况进行了核查工作，全面落实从严要求的干部管理监督机制。

北工大将继续坚持以邓小平理论、“三个代表”重要思想和科学发展观为指导，全面学习和贯彻落实党的十八大、十八届三中、四中全会精神，紧紧围绕“党要管党、从严治党”的方针，以“坚持德才兼备、以德为先，坚持从严管理”为指导思想，建立健全符合北工大特点的、科学规范的党政领导干部选拔任用制度，形成有效管用、简便易行、有利于优秀人才脱颖而出的选人用人机制，进一步推进干部工作科学化、民主化、制度化，努力推动领导班子和干部队伍建设取得新进展，为学校建设国际知名、有特色、高水平研究型大学提供坚强的组织保障。

（江飒英　李四平）

铸魂育人　兴教圆梦

——北京工业大学积极培育和践行社会主义核心价值观

近年来，北京工业大学紧紧围绕立德树人的教育根本任务和社会主义核心价值观的基本内容，实施了以“铸魂育人”为主题的“4＋4工程”，搭建起师生教学相长、共铸“中国梦、工大梦”的良性互动机制，出台并实施《北京工业大学培育和践行社会主义核心价值观实施方案》，把培育和践行社会主义核心价值观渗透到全校师生办学治校的方方面面。

一、在教师群体中，深入实施四项铸魂工程

“4＋4工程”的第一个“4”是面向教师群体，实施引领、助力、标准和融入四项铸魂工程，让社会主义核心价值观扎根讲台、扎根校园、扎根社会。其中：

“引领工程”重在理想信念教育，围绕实现中华民族伟大复兴的中国梦，通过社会主义核心价值观的弘扬，切实增强广大教师的道路自信、理论自信与制度自信。2013年，学校召开“立德树人”素质教育大会，选拔青年教师成立“青年马克思主义者培养工程班”，组织教师赴井冈山、兰考等地实践学习，搭建各类新媒体学习交流平台，评选立德树人榜样等不同层次的先进群体，树立榜样，弘扬正气。

“助力工程”旨在搭建成长平台，提升教师教学能力和育人本领。学校依托“北京工业大学教师教学发展中心”，通过培训资源的科学统筹和优化配置，个性化地满足教师的专业化发展和特色需求，营造良好的工作环境和宽松的学术环境，积极实施“京华人才”和“日新人才”培养计划，激励了一大批中青年骨干教师脱颖而出。

“标准工程”重在制度与规范建设，使自由、平等、公正、法治成为校园生活的基本遵循。2014年8月31日，学校出台《北京工业大学教师职业道德与行为规范（试行）》（工大党发〔2014〕9号），在项目申报、职称评定、岗位聘任、绩效考核等工作中严格执行“师德一票否决制”。2013－2014年，相继修订并发布《教职工代表大会工作制度》、《北京工业大学关于完善学校领导班子成员“八联系”制度的实施办法》、《北京工业大学学术委员会章程》等一系列规章制度，为推进依法治校、疏通师生利益诉求渠道提供制度保障。

“融入工程”则以促进政产学研用的深度融合为抓手，由校领导班子带队深入走访北京市各区县、委办局、兄弟高校、科研机构和企事业单位30余家，围绕首都城市功能定位和京津冀协同发展的新需求，开展了清洁空气与碧水专项、顺畅交通专项等多层次、多领域的合作，提升高校服务经济社会发展的能力和贡献度。

二、在学生群体中，深入实施四项育人工程

“4＋4工程”的第二个“4”是面向学生群体，实施了思想、文化、创新、实践四项育人工程，让社会主义核心价值观进教材、进课堂、进头脑。其中：

在思想育人方面，切实加强思想政治教育主阵地的建设，完善了课堂教学与课外研究性阅读相结合、与网络辅助教学相结合、与课外实践相结合、与专题讲座相结合的教学模式；以主题教育活动为载体，逐步形成了“知工大，爱工大”、“践行北京精神，争做工大先锋”、“立德、立业、立人”、“工大梦、中国梦”为核心的主题教育活动品牌，在学生中引起了热烈的反响。

在文化育人方面，学校打造了“文化节”和“科技节”两大校园文化品牌，唱响青春主旋律，倡导科学精神与学术规范教育，充分发挥价值观在校园文化建设中的引领作用；构建“双金字塔式”艺术实践教育模式，每年14000余名学生受益，学生艺术团屡获全国大学生艺术展演一等奖，2012－2014年连续三年在国家大剧院承办北京大学生新年音乐会。

在创新育人方面，以本科生星火基金和研究生科技基金为载体，培养学生的创新意识和学术规范；建立四级科技竞赛体系，平均每年组织科技竞赛80余项，参与学生数量7000余人次，获得省部级以上科技竞赛奖300余项。

在实践育人方面，倡导诚信、友爱，以区校共建为主要形式，建立了各级各类社会实践基地60余个，有在册志愿者2万余名，近两年完成各类志愿服务项目500余项，累计提供志愿服务千余人次；大力拓展国际志愿服务活动，合作国家和地区已拓展为11个，工作营地53个。

总之，经过几年的实践探索，坚持以社会主义核心价值观为引领，打造工大人的“精神高地”，已成为全校师生的共识。各类主题教育实践活动不断深化，育人工作的有效途径不断拓展，学生的社会责任感、创新意识和实践能力得到了较为全面的发展。学校获得了“北京市党的建设和思想政治工作先进普通高等学校”、全国学校艺术教育先进单位、首都高校社会实践先进单位、首都大学生思想政治教育实效奖一等奖、北京市高等教育教学成果一等奖等荣誉，并被《中国教育报》、《光明日报》等主流媒体报道，为建设国际知名、有特色、高水平研究型大学奠定了扎实的思想根基和良好的文化氛围。

今后，北工大将在前期“铸魂育人”的基础上，深入贯彻落实习近平总书记五四讲话精神，继续以“兴教圆梦”为主题，为广大师生打造实现精彩人生的舞台，在全校范围内掀起培育践行活动的新高潮。一是要坚持和深化“四个融合”，将培育和践行社会主义核心价值观与师生精神塑造相融合、与学校办学定位相融合、与学校人才培养目标相融合、与学生全面发展相融合，创新“四个融合”的核心价值观教育思路，建立起教育活动的长效机制。二是要实现“两个贯穿”，将社会主义核心价值观基本内容贯穿于课堂教学内容、贯穿于课外活动主题，使价值观24个字的基本内容内化于心，外化于行，成为广大师生学习生活的自觉追求。三是要搭建起“四个平台”，丰富拓展培育和践行社会主义核心价值观的有效途径。通过完善“教书育人、学术育人、管理育人和服务育人”四个综合平台的建设，增强培育践行活动的吸引力和感染力，引导全校师生以“小我”融入“大我”，以“个人梦”助力“中国梦”，在服务社会、报效国家中不断升华对社会主义核心价值观的认识。

（学工部、研工部、宣传部　提供）

大力推进国际交流合作改革，着力提升办学国际化水平

“十二五”以来，北京工业大学高度重视国际交流合作工作，提出建设“国际知名、有特色、高水平研究型大学”的战略目标，并制定了“开放办学”战略，作为北工大三大战略之一。国际交流合作成为推动学校实现跨越式发展的两大引擎之一。在学校领导高度重视和全校教职员工共同努力下，近年来学校的国际交流合作事业取得了巨大进步，国际声誉和教学科研水平不断得到提升。根据英国QS大学排行榜，2012年学校亚洲总排名为137名，2013年为126名，2014年为118名，稳居大陆高校前30名。迅速发展的事业，呼唤与之相配套的体制机制改革，通过大力推进国际交流合作改革，着力提升学校办学的国际化水平。

一、建体系

建立海外合作伙伴分层管理体系。学校通过对现有150余所比较活跃的海外合作伙伴的梳理和研究，建立三个层级的海外合作伙伴体系。按照海外合作伙伴的分层，主动出击，有计划有步骤地根据不同层级的关系构建不同的合作框架和合作重点领域。

战略核心层伙伴（15所左右）是指能够全方位提升学校教学科研实力和国际声誉的重点合作伙伴，且双方关系基础较好，能够发展全面战略合作关系，在学生交换、教师交流、科研合作等领域开展全方位交流合作。

紧密合作层伙伴（60所左右）是指主要集中于一个或两个领域的合作，能够在这一领域提升学校实力，同时具有一定的合作基础。如学生交换领域或教师培训领域等。紧密合作层伙伴是战略核心层的备选伙伴，根据两校关系的发展需要，可适时提升为战略核心层伙伴关系。

一般交流层伙伴（70所左右）是指曾经有过接触，彼此感兴趣，但尚未找到合适的合作领域。需要进一步接触，根据双方的需求商讨合作领域。一般交流层是紧密合作层的备选伙伴，一旦找到合适的合作领域，可适时提升为紧密合作层伙伴关系。

建立人才国际化培养体系。学校通过校际交流交换生项目、北京市外培计划和北京—都柏林国际学院等渠道建立起本科生国际化培养体系。通过国家留学基金公派研究生项目和研究生国际联合培养项目建立研究生国际化培养体系。通过实施本科生及研究生短期交流访学项目和海外志愿服务项目，推动学生利用寒暑假进行短期海外交流。同时积极

鼓励学生参加国际科技竞赛和学术会议。2014 年，学校汉语国际教育专业并入国际学院，完善了国际学院的国际化人才培养体系。

建立国际学术交流体系。2014 年，学校共举办 10 次以上的国际会议，教师赴海外参加国际会议达 540 人次，研究生参加国际会议达 240 人次，外国专家来校讲学达 106 人次。

二、建平台

近年来，学校以国际合作为核心建立了 5 个国际化的教学科研机构：国际学院、奥波莱孔子学院、北京一都柏林国际学院、北京科学与工程计算研究院、北京古月新材料研究院。此外，2013 年与 2014 年学校共获批 5 个北京市级国际科技合作基地。学校还有国家级引智基地 1 个。

北京工业大学与波兰奥波莱工业大学合作举办的奥波莱孔子学院成立于 2008 年 10 月，是学校设立在海外的第一个正规教学机构。截至 2014 年底，北京工业大学波兰奥波莱孔子学院拥有专用教学面积 420 平方米，专职员工 8 人，本土兼职教师 1 人，汉语教师志愿者 3 人。2014 年两个学期共开设各级别汉语教学课程 44 个班次，课时数累计 1174 学时，在院学生人数 686 人次。

北京工业大学国际学院成立于 2011 年 4 月，主要承担全校研究生留学生、本科生留学生、非学历留学生的管理、汉语教育及部分公共课教学工作。学院的成立是学校主动适应高等教育国际化发展趋势、培养国际化人才的必然选择，也是学校实施开放办学战略、大力推进办学国际化的重要标志。

北京工业大学北京一都柏林国际学院成立于 2013 年，是北京工业大学与爱尔兰国立都柏林大学联合组建的国际化学院。学院既是北京工业大学的正式教学机构，也是爱尔兰都柏林大学在北京的分校区。由两校校长担任联合主席的联合管理委员会是学院最高管理机构，学院全套引进都柏林大学的课程体系，70%以上的专业课程由爱尔兰国立都柏林大学派遣教师进行授课。

北京科学与工程计算研究院成立于 2014 年，是在新形势下面向国际前沿、推进学科交叉、探索体制机制创新的一个新型教学科研机构，具有独立法人资格、设立独立治理结构，采用理事会领导下的院长负责制。其主要职责是：面向国家和北京市经济社会发展的重大需求，围绕交通、环境、医疗、生物、信息、航空航天等相关领域的重大实际问题，与学校优势学科协同创新，推动学科交叉，开展科学与工程计算等数学领域的学科建设、科学研究及服务社会工作，推动首都区域相关产业发展，创新人才培养模式，承担数学及相关领域的国际化、高层次人才培养工作。

北京古月新材料研究院成立于 2014 年，由国际著名材料学家、日本北海道大学古月文志教授领衔建立，是依托北京工业大学的北京市级科研机构，其主要职责是承担碳纳米材料及制备技术的研究工作，承担碳纳米材料研究相关高层次人才的培养工作。北京古月新材料研究院的成立将对提升北京市新材料产业核心竞争力，推动北京市相关产业发展，落实北工大“十二五”发展建设规划，创新体制机制，推进学校协同创新中心、国家级科研基地的建设等起到积极的作用。

通过建立国际化教学科研平台，引进国际一流人才、教学体系和先进科技，带动学校教学科研水平向国际水准看齐。通过建立国际化教学科研平台，探索全新的管理机制和人才机制，也推动了学校教学科研体制的深度改革。

三、建队伍

建立国际学术带头人队伍。近年来，学校聘请了一批国际顶尖学者作为相关专业的学术带头人，大大提升了学校在相关领域的学术水平和国际影响力。2012 年聘请美国艺术与科学院院士 Stephen Brien 为学校名誉教授。Brien 院士是国际比较基因组学领域的创始人之一，曾任美国国立癌症研究所科学家委员会主席和国际人类基因组计划比较基因组图谱委员会主席，属于国际知名的大师级人物。2013 年聘请荷兰皇家科学院院士、哈佛大学工程与应用科学学院 Eric Mazur 教授为学校名誉教授。Eric Mazur 教授是国际纳米光电子学和飞秒激光应用领域的著名学者，曾在相关领域做出开创性的重要工作。2014 年聘请美国科学促进协会院士、宾夕法尼亚州立大学二维层状材料研究中心主任 Mauricio Terrones 教授为学校名誉教授。

引进德国柏林勃兰登堡科学院院士、柏林自由大学教授、国际著名数学家杜 Peter Deuflhard、柏林工业大学教授 Rolf Moehring、千人计划专家、美国宾夕法尼亚大学教授许进超组成了应用数学研究国际一流团队，并成立北京科学与工程计算研究院，带动学校相关学科水平迅速提升。

建立国际化教师队伍。利用千人计划和海聚工程，大力引进具有海外学术背景的优秀师资，在新进教师中，有意识地增加具有海外学术背景的比例。积极开展境外教师培训，近年来，每年都有数十名教职员工赴美国马里兰大学、美国明尼苏达大学、英国华威大学等开展双语教学、国际工程教育、国际化管理等方面的培训。2013 年学校组织专业教师赴美国马里兰大学进行工程能力培训，该团组被评为当年北京市优秀培训成果。

建立国际化管理队伍。以国际交流合作处、国际学院、港澳台事务办公室三位一体的组织结构作为国际化管理队伍的核心，充分发挥校院两级管理体系的效力，调动各学院外事主管副院长和外事秘书的积极性与主动性，使国际交流合作工作真正融入各学院的日常管理体系之中，成为推动学院改革发展的重要动力之一。

四、建机制

2014年是学校全面深化改革之年，国际交流合作工作着眼于提升学校办学国际化水平，大力推进国际交流合作的体制机制改革，使之更加适应近年来实现跨越式发展的国际交流与合作工作。同时，办学国际化水平的提升也成为推动学校全面改革发展的重要推动力。为适应迅速发展的国际交流与合作形势，学校出台了相应的文件，建立了新机制。2014年，修订出台《北京工业大学因公出国管理办法》，严格管理、积极鼓励教职员工的海外学术交流活动。为了适应日益增长的国际交往需求，同时考虑到国家和北京市对因公出国管理日益严格的趋势，学校创新体制机制，利用现有海外资源建立了北工大海外联络站体系。通过聘请与北工大关系密切、在当地教育科技界有一定影响力的友好人士担当联络站负责人，协助学校交流，代表学校发声，扩展学校的国际影响力。为推动青年教师和科研人员的国际交流，研究生院和国际处联合推出了青年导师国际化能力培养计划，在科研生涯的初始阶段给予国际交流方面的支持，使得国际合作成为提升青年导师科研教学能力的重要抓手。

（吴文英）

创新人才培养模式，改革人才培养机制

2014年，北京工业大学整体优化本科教学模式，全面深化教育教学改革，以专业评估和工程教育认证作为抓手，以内涵发展为核心，推动新的人才培养模式构建与实施，着力增强学生的实践能力和创新精神，全面提升高素质应用型创新人才培养质量。

一、实施按照学科大类招生与培养，优化应用型创新人才培养体系

修订本科人才培养方案，实施按照学科大类招生与培养，优化应用型创新人才培养体系。2014年，经管学院按管理科学与工程类、工商管理类、经济学类、金融学类、经济与贸易类，环能学院按能源动力类、环境科学与工程类，实施大类招生、按类培养。拓宽口径，强化实践，整体设计，以“大类筑基，专业分流”为主线，制定2015版本科人才培养方案。本次本科培养方案调整，充分结合了面向国家和北京市经济发展对于人才的需求及学科前沿，结合教育部专业类教学质量标准和国家工程教育论证对于人才培养方案的要求，按照《北京工业大学关于对2012版本科培养方案进行修订的指导性意见》要求，保持实践教学学时比重，加强实践教学环节的整体设计，改革实践教学方式、方法，加强实践的综合性和系统性，设立综合设计类课程，为拓宽专业口径和学生就业机会，促进学生个性发展、自我管理能力和综合素质的提升，培养本科复合型应用人才做好顶层设计。

二、进一步创新实验班培养机制，实施多层级多样化培养模式

进一步创新实验班培养机制，加强拔尖创新人才培养。增设材料科学与工程、交通工程实验班，取消电子信息工程、计算机科学与技术、软件工程专业普通班。设立校级荣誉学院——樊恭烋学院，通过工程素养实操训练测试、综合素质面试、笔试等途径多方面考察学生的综合素质，最终选拔了30名2014级本科生作为樊恭烋学院第一期学生。通过加强理工基础，设立荣誉课程，全校选聘学业导师，小班的培养模式和与国际接轨的培养方案，为学生提供以研究性教学为基础的多样化的先进教学模式，探索工程领域领军人才培养模式，探索多层级多样化人才培养模式。

三、以专业评估和工程教育认证为抓手，推进专业办学的科学化和精细化

根据产业结构调整、社会发展的新需求，以专业评估和工程教育认证为抓手，整体提高专业办学水平。参照国际工程教育标准，组织工科专业积极参加工程教育认证；并结合教育部审核式评估要求，组织开展校内专业评估，以就业驱动专业改革与建设，建立教学质量持续改进机制。根据国家工程教育认证及教育部审核式教学评估要求，制定北京工业大学专业评估方案、实施办法、指标体系、自评报告撰写指导书等相关文件。

2014年3月启动校内专业评估工作，至12月完成对全校第零批和第一批共16个专业的评估。专家组从学生、培养目标、毕业要求、持续改进、课程体系、师资队伍、支持条件以及专业特色等方面，全面考查了各专业的办学情况，并依据专业评估指标对受评专业进行评价。

按照国际接轨的标准开展工程教育，促进工程教育改革。按照“十二五”人才培养专项规划的要求和精神，积极推动有条件的专业按照工程教育认证的要求，开展日常教学的组织、管理和实施，力求按照国际接轨的标准开展工程教育，积极推动相关专业积极参加工程教育认证，促进工程教育改革，提升学生的工程素养。2014年，建筑学、城乡规划专业通过行业评估，环境工程和测控技术与仪器专业分别接受并通过工程教育专家进校进行现场考查，材料科学与工程、机械工程、电子信息工程3个专业获批参加2015年工程教育认证，推进专业办学的科学化和精细化，提升工程素养和专业办学水平。

开展专业综合改革，跨学科试点新型专业建设。根据北京市经济建设和社会发展需要，2014年申报交通设备与控制工程、文化产业管理、工艺美术、绘画、雕塑五个本科专业，拟筹划设置金融数学等专业，开展交叉、复合专业试点建设。

四、推进研究性教学，完善“一制三化”人才培养机制

实验班全面实施导师制，采用小班的培养模式和与国际接轨的培养方案，为学生提供以研究性教学为基础的多样化的先进教学模式，实现有针对性的个性化培养，完善“一制三化”人才培养机制。深化教学内容和教学模式改革，整体优化课程体系。加强顶层设计，引导各专业加强课程体系重构及内容重组，以优质课程立项和评价方式改革驱动教学改革。提倡研究性教学，引入MOOC课程，推进教学信息化建设。试点开设《思想道德修养与法律基础》和《数学大观》两门“慕课”课程，有10个班，三个课堂，共246人参加学习。建设微课，重点关注基础、核心、特色、通识课程的建设，启动创新方法课程建设工作，推进综合设计类课程建设。加强教材建设，加强课程资源共享。

五、尊重选择，探索“跨学科、跨学校、跨部门”协同育人机制，培养复合型人才

打破现有学科专业壁垒，加强交叉和渗透，探索跨学科、跨学院、跨学校、跨行业的协同育人机制，加强复合型人才培养。

积极推进辅修双学位工作，完成2013级学生辅修双学位报名遴选，首次实施专业测试，报名人数达444人；进一步扩大转专业学生比例。

根据国家和北京市微电子与集成电路产业和人才需求，成立北京工业大学微电子学院。通过北京市经信委和亦庄开发区发挥政府主导作用，建立校、政、企联合办学模式，构建服务地方产业人才培养体系培养工程型、复合型微电子人才。

启动北京市教委“双培计划”筹备工作，选拔学生参与北航北京学院学习，积极筹备2015级320名新生参与“双培计划”；与台湾新竹交通大学签订《学术交流协议书》和《交换学生协议书》，同意在互惠原则下进行学术或技术合作与交流，并互派本科生进行交流培养或短期访问。参加北航计算机专业群建设，双方学生教师互派，共享课程资源。

加强与中小学对接，开办北京工业大学实验学校，与天坛东里小学、板厂小学、陈经纶中学帝景分校、垂杨柳中心小学、劲松第四小学、北工大附中首成国际分部等6所小学合作，开展以体育、美育为核心，英语、科技、文化建设等为辅助的形式多样、收效良好的特色化教学工作。

开门办学，加大与优质生源基地校对接。尝试建设中学先修课程，组织中学生参观实验基地。与东直门中学共建翱翔计划、“物理与地球科学领域”协作体，筹备广渠门中学教育集团，探索跨学科、跨学校、跨部门的协同育人机制。

六、加强基地平台建设，夯实实践教学基础

稳步推进“卓越计划”，优化实践教学体系，扩大工程教育对外开放，探索工程教育新模式。依托导师制鼓励科研探索，建设跨学科基地平台和学生自主创新平台。提升创新人才培养硬件平台，加大各类实践基地建设。以“基础物理学科”、“电工电子学科”、“机械自动化学科”实验室为基础，以“本科生创新实践成果展室”为学生创新实践作品展示基地，“研究生工程实训平台”为能力提高平台，探索校内实践基地大平台合作运行机制。通过在联合基地平台上发布跨学科、综合性的实践实训项目，实现科教育人，协同改革。

七、优化教师素质提升可持续发展机制，整体提升本科教学质量

建设教师教学发展中心，调整教师教学发展中心组织机构，以“立德树人”引领师德培育和素质提升，完善教师教学能力分层次培养培训体系，构建人本化交流、研讨式互动环境。

加强班主任队伍建设，制定《关于进一步加强辅导员班主任工作的若干意见》和《北京工业大学班主任岗位补贴管理办法》，制订了集中和分散相结合的班主任培训体系，完成对选聘 425 名班主任的培训工作。完善以学生评教为主体、督导专家专项评价为补充的教师课堂教学质量评价体系，整体提升本科教学质量。

今后，北工大将进一步贯彻教育部全面深化教育综合改革的精神，深入研究新时期首都城市战略定位，确立学校人才培养总体目标，加强统筹协调，探索创新人才培养途径，整体优化本科教学模式，健全教学质量监测和评价机制，进行本科教育综合改革，以增强学校人才培养对于经济社会需求发展的适应度，使学生在工程型、复合型、国际化方面彰显特色，整体提升教学质量和水平。

（郭　福）

顺应国家科技体制改革，积极推进学校科技管理创新

党的十八大提出实施“创新驱动”发展战略，高等教育已经进入了综合改革新时期，这对高校的科技工作提出了新的要求。2014 年 4 月，国务院出台了《关于改进加强中央财政科研项目和资金管理的若干意见》，从科研项目分类管理、经费预算、结余经费使用、劳务费开支、科技成果处置收益、项目承担单位法人责任和科研诚信等方面对科技工作提出了严格要求。2014 年，北京市出台了《关于进一步创新体制机制、加快全国科技创新中心建设的意见》，在科技成果使用处置收益管理、技术创新市场导向机制、科研项目和资金管理、科技金融创新等 8 个方面，提出了一系列的改革举措，成为今后一段时期指引北京市科技改革发展的纲领性文件。另外，北京市还发布了“京科九条”、“京校十条”等文件，这些举措对于激发高校的科技创新活力、辐射带动首都经济社会的发展具有重要的意义。2014 年 4 月，北京市推出了《北京技术创新行动计划（2014－2017 年）》，强化北京市科技创新中心的建设，打造“高精尖”经济结构，形成高端引领、创新驱动、绿色低碳产业发展模式。

作为北京市属唯一一所“211”高校，北京工业大学积极探索，先行先试，力争在科技体制机制改革领域率先取得决定性的成果，成为北京市教育综合改革的“试验田”，成为高等教育综合改革在区域层面的重点承接区、先行先试区和示范引领区。2014 年，北京工业大学紧密围绕党的十八大关于实施创新驱动发展战略的重大部署，将科技创新作为推进学校事业发展的新引擎，以科技创新为学校的创新人才培养、学科建设和社会服务提供重要支撑。

经过一年多的调研论证，经 2014 年 8 月 26 日十届 107 次校党委常委扩大会议和 2014 年第 22 次校长办公会研究决定，成立北京工业大学科学技术发展院，撤销北京工业大学科技处。在科研组织架构和模式、科技资源配置、制度建设等方面进行了积极探索和大胆改革，通过构建“大科研”的管理和服务体系，实现学校科研管理机构从管理服务的单一职能向集组织、策划、协调、管理、服务和开拓于一体的多职能转变。科学技术发展院负责从科研项目的争取、立项、过程管理、验收鉴定、申报专利和奖励，直至后续产业化与应用转化的全过程管理，提供学校科技活动的专业化、职业化主动服务，整合、管理科技服务资质和专职科研编制人员等工作。

科学技术发展院的成立，体现了学校以管理创新促进科技创新，以重点突破带动整体推进的工作理念。在新的科研组织架构下，通过理顺机制体制，强化策略意识，加强科研项目的组织、策划和培育，整合科技资源，促进学科交叉，提倡内联外合来保证科学技术发展院充分履行管理职能、服务职能和开拓职能，力争实现科研、服务和开拓三个方面的转变，即变被动服务为主动服务、变二线服务为一线服务、变局部服务为全程服务。

科学技术发展院的运行将采用新的机制体制，具体的措施包括培养一批专业化的科研管理团队，确保全院平稳、规范运行；通过引入竞争机制，实施部门和员工年度目标责任制，科研管理人员聘用采用多种聘用方式，打破“大锅饭”体制，实行项目经理人、技术经纪人制度；部分岗位试行年薪制，部分岗位实行基本工资加项目奖惩制，以充分激发科研管理人员的积极性。

在科研项目的组织模式上，学校启动了实施了 3D 打印科技计划专项，标志着学校在重大科研项目组织模式上实现了重要的突破。2014 年 7 月，结合校领导班子成员的分工调整，学校进一

步明确了专项工作的牵头负责制，协同创新中心建设、清洁空气科技行动等多项涉及跨学科、跨部门的专项工作，均由一名校领导负责协同推进。通过这种面向科技前沿，由学校统一牵头的组织模式，力争破除院系分割管理的体制机制障碍，有利于科技项目的做大、做强。这种协同科研体制将在推进中不断完善，并将日渐成为学校科技创新的新常态。

在科技政策方面，为了落实《国务院关于改进加强中央财政科研项目和资金管理的若干意见》（简称国务院 11 号文）和教育部《深化高等学校科技评价改革的意见》等文件精神，适应科技管理工作的转型需要，本着完善评价机制，加强科研项目和资金管理，加强基地建设，深化科研资产管理改革，奖励高端成果，改革收益分配，加快推动科技成果转化的原则，科学技术发展院对学校现有的项目管理、经费管理、科技奖励和重点科研基地管理等一系列科技政策和管理办法进行了梳理，并在广泛调研征求意见的基础上，修订了《北京工业大学科技奖励办法》、《北京工业大学技术转移项目管理办法》、《北京工业大学专利管理实施细则》和《北京工业大学重点科研基地建设与管理办法》，并起草了《北京工业大学关于进一步推进科技成果转化工作的意见》、《北京工业大学科技成果使用、处置和收益管理改革规定（试行）》、《北京工业大学关于进一步加强纵向科研项目管理的意见》和《北京工业大学关于加快人文社会科学发展的若干意见》，为学校科技体制机制改革打下了良好的基础。

随着国家科技体制改革进程的不断深入，今后以协同创新大项目、大交叉、综合集成为特征的大科技发展趋势将日益凸显。北京工业大学将继续秉承“不息为体、日新为道”的精神，冲破固有思想观念的束缚，破除体制机制上的顽疾，以改革破解发展中的难题，以转变来突破困难，把北京工业大学的科技管理改革的进程稳步推进落实下去。

（石照耀）

积极推进开放办学战略，努力提升服务北京能力

党的群众路线教育实践活动开展以来，北京工业大学深入贯彻党的十八大、十八届三中全会和习近平总书记系列重要讲话精神，认真落实北京市委常委、市教育工委书记苟仲文在学校领导班子专题民主生活会上“以改革破解难题，以转变解决问题”的重要指示，结合北京作为全国政治中心、文化中心、国际交往中心、科技创新中心的城市战略定位，积极推进开放办学战略，努力提升服务北京能力。

2014 年，校党委书记郑吉春、校长郭广生带领校领导班子、职能部门和多个学科领域的教授专家，先后与朝阳区、怀柔区、通州区、顺义区、昌平区、延庆县、秦皇岛市政府，市环境保护局、知识产权局、交通委员会、经济和信息化委员会、工业和信息化部软件与集成电路促进中心、经济技术开发区、市国有文化资产监督管理办公室、中关村管委会，中关村发展集团、神州数码控股有限公司、京城机电控股公司、中国南车股份有限公司、北京金隅集团，中国建筑材料研究科学总院、机械科学研究总院、北京服装学院、北京印刷学院、东华软件股份公司、国核电力规划设计研究院等 26 家单位建立联系，通过与京津冀区域的区县、相关委办局、知名企事业单位、兄弟院校的交流，调研需求，寻求合作，有效地促进了政产学研用的深度融合，为学校进一步提升服务区域经济社会发展的能力和贡献度夯实了基础。

一、明确发展需求，政校合作破解难题

走访区县和委办局，重点围绕顺畅交通、清洁空气与碧水、3D 打印与先进制造等首都发展亟待解决和急需的项目开展合作，包括：与市交通委签署战略共建框架协议，依托“北京城市交通协同创新中心”，开展交通运行监测、交通仿真与决策、智能交通信息与控制的技术研发和人才培养工作；与市环保局签订合作框架协议，依托北京市大气污染控制中心，以解决北京市面临的环境问题为导向，开展前瞻性的基础与应用研究，为首都环境治理提供科技支撑；牵头在朝阳区成立区校联盟并担任轮值主席，与朝阳区教委合作举办北京工业大学实验学校，共同推进基础教育资源均衡发展；与朝阳区、中关村管委会合作推动重点科技成果转化，积极推进与朝阳区共建文化创意产业园区，并就花园村校区建设北工大中关村智慧制造服务创新园达成一致意见。

二、依托优势学科，校企合作协同攻关

走访大型企业，瞄准校企双方在北京城市战略定位调整、产业结构升级、经济增长方式转变中的合作点，推进校企双方科技协同创新，包括：与北京金隅集团签署战略框架协议，发挥材料学、土木建筑工程等学科优势，实施城市矿产废旧资源回收与利用、材料工业流程环境负荷诊断改进、混凝土结构修补材料三个具体合作项目；与京城机电控股公司深度合作，推进机械工程、电子科学与技术、光学工程等学科发展，开展人才培养合作、数字化医疗3D打印项目的协同攻关，为北京市电力等多个领域提供高质量的专业设备与服务等；与神州数码控股有限公司合作成立北京智慧城市研究院，推动北京新一代信息技术及相关领域产业链的协同创新发展，为智慧北京建设和高精尖产业发展做出贡献；与中国南车股份有限公司战略合作，在人才培养、申请立项、成果转化等方面加强合作，共同促进北京"四个中心"建设，形成国家和北京市交通运输装备制造业的发展智库。

三、实现优势互补，校际合作共谋发展

走访兄弟院校，学习兄弟院校依托行业、办出特色的经验，优势互补，共同服务区域经济社会发展，展现北京市属高校发展建设的成果，包括：与北京服装学院共同促进文化创意产业园区建设，强化学生实践能力的锻炼，推进应用型人才培养和特色发展；与北京印刷学院共商产业化项目运作，进一步拓宽高校的科研视野，通过机制体制创新，营造企业导向、市场导向，需求导向的科技创新氛围。

通过参观、座谈、学习等方式，学校与走访的27家单位达成了合作共识，明确了合作需求，从战略高度将合作发展纳入到北京市委市政府关于北京发展新的功能定位中，力求在战略定位、体制机制、科技合作、人才培养等方面，逐步探索出一条资源共享、平台共建、成果共有、互利共赢的发展新途径。

2014年3月，学校成立对外合作联络处，作为推动校内外资源共享、促进合作交流成果落地的专门协调机构。今后，北工大将继续以首都的城市战略需求为导向，在巩固已有成果的基础上，进一步扩宽合作领域、深化合作层次，为实现科技创新驱动发展、服务首都城市建设做出新的更大的贡献。

（金　峰）

从"数字工大"到"智慧工大"

——北京工业大学信息化建设综述

2014年11月27日，北京工业大学召开了首届信息化工作推进会，印发了《"智慧工大"顶层设计框架》、《北京工业大学关于加强信息化工作的意见》以及5个信息化工作管理办法的征求意见稿，明确了2015－2020年学校信息化工作的目标和任务，并进行了整体工作部署。张爱林副校长在会上做了题为"互联互通　资源共享　安全开放　顶层规划设计智慧北工大"的工作报告，回顾了"数字工大"的建设成果，阐述了当前的形势和任务，重点分析了学校信息化工作的不足和差距，提出了2015－2020年学校信息化工作的顶层设计框架，明确将学校的信息化建设由"数字工大"提升到"智慧工大"，要建设北工大人的智能化信息家园和信息宝库。郭广生校长在会上做了题为"提高认识　落实责任　以信息化建设推进我校管理现代化"的重要讲话，强调了要深刻认识信息化工作的重大意义和发展趋势，把握当前的发展机遇，要加强信息化队伍建设和组织协调，分解落实"智慧工大"建设责任和任务，大力推进学校信息资源共享和业务改革创新，服务于学校深化改革的发展大局。

一、"数字工大"建设成效显著

信息化总体水平不断提升。"数字工大"的建设始于"十五"期间，以"211工程"校园网络公共服务体系建设项目为依托，历经"十一五"、"十二五"的持续建设，不断完善信息化基础设施和应用环境，大力推进信息技术在教学、科研、管理和服务中的应用，取得了明显成效，信息化水平处于市属高校领先地位，"211工程"三期验收时达到了高校的先进水平。2008—2011年，学校连续荣获"CERNET北京高招畅通工程网络保障先进单位"。2009年，学校获"北京市教育信息化工作先进单位"和"国庆60周年网络与信息安全保障先进单位"奖励。2011年，获得了教育部“高等教育信息化年度 CIO 奖”、“高等教育信息化先进单位奖”和“高等教育信息化应用创新奖”3 项表彰。

信息化覆盖面和应用绩效不断提升。通过“数字工大”建设，信息化全面支撑学校建设、管理、教学、科研等业务应用，促进业务管理水平和工作效率不断提高，促进学校人才培养模式创新和教育教学质量不断提高，促进科研水平和科技成果转化能力不断提高。已建立了 55 个业务管理信息系统和 224 个网站，学校职能机构、直属机构信息化业务系统覆盖率超过 85%，网站覆盖率达 100%。实现 18 个重点应用系统的统一认证授权及与信息门户集成，初步实现部分应用系统之间的信息交换和资源共享。建成了以万兆网络互连校园内骨干节点、千兆安全连接到桌面的校园网络，实现校园内有线网络全面覆盖，无线网覆盖了所有教学楼和办公楼及重点室外区域。建设并完善网关计费、邮件等基础性应用系统，互联网 IPv4 出口带宽比三年前扩大 2 倍，网络资费费率大幅度降低，学生及教师邮箱空间分别从 50M 和 500M 升级到 1G 和 2G。建成多媒体教室和数字化、网络化功能教室 270 间，“北工大教育在线”网站在线网络课程 765 门，“视听课堂”平台共享的教学、实验等视频资源达到 1001 部、2802 集，试点开设了 2 门大规模开放在线课程(慕课)。科研管理信息系统积累了科研数据记录 11 万多条。校园一卡通的普遍使用使校园生活变得更加便捷。建成学校水、电等资源管理系统，实现了能源可控使用和能源利用率提高。建成大型仪器设备共享平台，提高了实验室综合管理水平和设备利用率。建成校园综合监控系统，支撑了平安校园建设。

二、“数字工大”要向“智慧工大”提升

党的十八大提出走中国特色新型工业化、信息化、城镇化、农业现代化道路，促进“四化”同步发展。十八届三中全会提出了国家全面深化改革、加强顶层设计的总体方略，网络安全和信息化发展战略是重点内容之一。从全球化视野看，信息化与全球化相互融合促进是世界潮流，人类已进入互联网时代，互联网正在改变全球经济社会发展格局。以互联网为标志的信息技术推动着新一轮科技革命，随着互联网、物联网等新一代信息技术的迅猛发展和普及应用，信息化发展已进入泛在互联、感知交互、共享协同、融合智能的“智慧时代”。新技术、新理念全面渗透教育教学领域，持续引发教育教学创新，对教育改革发展和教育现代化带来深刻的影响，给学校信息化工作带来新机遇、新挑战。学校提出了创建国际知名、有特色、高水平研究型大学的发展目标，实施人才强校、特色发展、开放办学三大战略，实施深化综合改革方案，对信息化工作提出了更高要求。

目前，学校信息化公共服务在丰富程度、便捷性、效率和质量等方面，还不能满足师生的需求，还存在在线服务流程不通畅、跨部门业务系统互联互通不够、数据共享水平不高、信息基础设施与业务发展要求不匹配、信息安全风险较大等问题。

新形势下，学校的信息化建设将由“数字工大”向“智慧工大”提升。“数字工大”的主要特征是实现学校网络互联互通、业务的信息化和数据的数字化，以网上操作取代传统的手工业务操作。“智慧工大”是“数字工大”的升级，主要特征是实现学校网络泛在互连、服务上网、智能感知、数据共享、业务协同、数据智能分析等。学校信息化工作将进入新的发展阶段，从偏重硬件建设向以数据和服务为中心的“软硬一体化”建设转变，从“业务管理信息化”向“教学和科研信息化”转变，从“业务流程上网”向“服务和数据上网”转变，实现校内随时随地用各种智能终端能上网，上网能办事、能学习、能得到各种生活服务。

三、顶层设计，分步建设“智慧工大”

“智慧工大”的总体框架由信息基础设施、信息资源、应用支撑平台、业务应用、服务展现、运行管理保障体系、信息安全保障体系和标准规范管理体系等部分组成。主要功能服务包括 2 大部分、9 个方面。第一部分是业务服务内容，包括面向学生的应用服务、面向教师教学的应用服务、面向科研的应用服务、面向学校治理的应用服务、智慧校园生活服务以及线上线下贯通融合的服务渠道；第二部分是支撑应用服务的信息基础设施和公共服务，包括公共的应用支撑平台、信息资源库、信息基础设施和信息安全保障体系。

“智慧工大”总体目标是全面深入推进“信息化学习”、“信息化教育”、“信息化科研”和“信息化管理”，到 2020 年，基本构建“智慧工大”总体框架和网络化、智能化信息校园，使学校信息化水平达到国内地方高校领先水平和国内高校先进水平、努力迈向国际高校先进水平，促进学校综合改革和体制机制创新取得明显成效，促进办学特色进一步彰显，促进学校治理能力、人才培养质量、学科建设水平、科技创新能力和核心竞争力明显提升。

“智慧工大”的具体目标是：

（1）形成与学校改革创新发展目标相适应的信息化工作体制机制、管理制度和标准规范；

（2）实现校园有线、无线网络的全面覆盖及网络出口带宽翻两番，形成在线教育、移动学习和智慧学习的环境；

（3）实现多渠道、一站式获取各类信息和服务，基本形成包含互联网门户、校园网门户和信息服务中心在内的集成统一、线上线下贯通的信息化公共服务体系；

（4）全面实现核心业务的信息系统支撑，面向学生成长、教师教学、研究开发、服务社会、国际交流合作、校园生活、校务管理等的在线服务更加丰富，业务协同水平显著提升；

（5）基本建成统一集中的人员、机构等基础信息库和重点主题共享库，完善重点业务数据库，数据资源更加丰富，互联互通和信息共享程度和水平明显提高；

（6）信息安全保障体系更加完善，信息安全保障能力显著提高。

贯彻落实“智慧工大”顶层设计框架和发展目标要求，按照“统筹规划、分步实施，服务导向、急需先行，成熟优先、基础保障”的思路，到2020年，总体上分三个阶段推进“智慧工大”建设。到2015年底，在顶层设计基础上完成学校信息化“十三五”发展规划，实现互联网出口带宽翻一番、师生邮箱扩容和主校区无线网络覆盖，云存储服务上线；到2018年底，完成新机房和信息服务中心建设，实现互联网出口带宽再扩容，陆续建成协同办公、学生成长、教学创新和生活服务等的应用服务平台，进一步丰富网上服务；到2020年底，陆续建成科研协同创新、精细化校务管理服务和决策支持等的应用服务平台，基本构建“智慧工大”总体框架，实现互联网出口带宽翻两番，实现多渠道一站式获取各类信息和服务。

（秦　华　林绍福）

构建创新创业教育体系，探索创新创业服务未来

为鼓励并支持大学生创新创业，引导和支持在校大学生创新创业，北京工业大学积极推动大学生创新创业教育，努力激发大学生创新创业活力，以“创新引领创业，创业带动就业”为指引，不断探索大学生创新创业教育的未来。

一、夯实基础，构建创新创业教育体系

大学生创新创业，知识、技能、信息、团队等是关键，教育是基础。为打牢大学生创新创业的基础，提升大学生创新创业的素质，锻炼大学生创新创业的能力，学校多年来逐步构建了大学生创新创业课程、培训、实训、师资四位一体的创新创业教育体系。

1. 课程

为普及创新创业知识，传播创新创业理念、培养创新创业精神，学校面向本科生开设了“大学生KAB创业基础”选修课，后对课程进行改革调整为“创业教育”进行创业通识教育，截至2014年底，已有千余名学生接受课程教育，课程取得了良好的效果。

2. 培训

为提升有创新创业意愿学生的创新创业技能、创新创业素质，学校先后启动了“国家大学生创新创业训练计划”、“北京市大学生成功创业试点项目”、“北京高校女大学生SYB创业培训项目”、“‘创新人生’大学生创业培训”、“北京工业大学创业培训服务基地创业培训”等创业训练、培训项目，截至2014年底，累计培训2000千人次，使受训学生对创新创业有了更深刻的认识与理解。

3. 实训

为让创新创业教育不被束缚在书本之上、课堂之上，让学生可以通过实践切身感受创业活动，并通过指导教师和专家的训练提高创业水平，学校设立了“北京工业大学学生就业创业实训基地”，并在2009年揭牌投入使用，至2014年，先后有40余个创新创业项目入驻基地，使基地成为工大学子放飞创新创业梦想的摇篮。

4. 师资

创新创业教育是大学生创业工作的基础，而创新创业师资则是大学生创新创业教育的基础。多年来，学校对创新创业教育的师资建设投入了大量精力，先后组织多批老师在京内外接受创新创业师资培训，并不断邀请校外专家、企业家、相关部门领导担任校外创业导师，着力打造一支内外结合、专兼互补的师资队伍。2014年，学校

创业师资队伍已初具规模，其中任课教师 5 人，校内创业指导教师 21 人，校外创业导师 16 人，为学校创新创业教育的良好发展奠定了基础。

随着学校创新创业教育工作不断成熟，2012 年 5 月，学校成为首批北京市教委为属地大学生提供创新创业教育和培训的五所高校之一；2014 年底，学校被评为“北京地区高校示范性创业中心建设”单位。学校正逐步构建“五位一体”的创新创业教育体系，确立“全面发展、实践主导、与时俱进”的创新创业教育理念，确定“全方位、全过程、互动式”的创新创业教育模式，构建“点、线、面结合”的创新创业教育教学体系，营建“实践创新，科技创业”的创新创业文化氛围，搭建“全程信息化”的创新创业教育管理系统，全方位培养学生创新创业能力。

二、激发热情，助推学生创新创业梦想

创新创业教育为大学生创新创业工作提供了沃土，以此为基础，学校通过开展活动、建构制度、搭建平台等方式来营造良好的大学生创新创业氛围、打造良好的大学生创新创业环境，助推大学生创新创业的梦想。

各类创新创业大赛活动最容易吸引关注、激发热情，从“‘挑战杯’中国大学生创业计划竞赛”到“‘创青春’全国大学生创业大赛”，学校一直积极组织学生参加各项创新创业大赛，选拔、输送优秀团队，与来自全国各地的创新创业团队比拼。

与创业专家尤其是成功创业者的交流也很受学生欢迎。近年来，校院两级积极为有创业意愿的大学生组织创业沙龙、座谈等各类形式灵活、主题清晰、效果明显的创业交流活动，为学生提供了更便利的创业交流平台，同时也吸引了很多原本创业意愿不强烈的学生旁听，扩大了创业在学生中的影响力。

为让更多拥有创新创业梦想的学生可以更好、更合理地使用学校创新创业实训基地，学校出台了《北京工业大学创业实训基地管理办法》、《北京工业大学创业实训基地入驻企业考核管理办法》等一系列规章制度，从而有效保证了基地的使用效率，提升了学生在基地的实训效果。

激发起创新创业热情的学生其潜力不容小觑，2014 年，学校学生创业团队获得了“全国大学生创业基金”全国总评审二等奖，“创青春”全国大学生创业大赛全国铜奖，并有 2 支团队获得北京市教委专项资助各 10 万元用于开展创业工作。

伴随着学校在大学生创新创业方面一系列举措的实施，学校已经初步打造了适合大学生特点的创新创业服务大平台。学校正构建政策、平台、资金相结合的创新创业服务体系，制定创新创业休学管理办法、创新创业教育辅修管理办法等规章制度，提供政策服务；整合创业典型、创业课堂、创业测评、创业实训、创业咨询等资源，提供平台服务；联合金融机构、社会组织、天使投资、风险投资等，提供资金支持，以进一步提高创新创业质量。

三、寻求突破，探索创新创业服务未来

2014 年 12 月 31 日，北京工业大学就业创业指导中心正式揭牌成立，以此为契机，学校创新创业工作将翻开新的篇章，寻求新的突破，探索创新创业未来。

学校将构建完备的创新创业保障体系，通过健全组织架构、人员经费、实训实践、教育教学、宣传推广、设备场地等一系列创新创业相关制度；挑选、培训、锻炼优秀的辅导员、学生工作教师、专业教师、校外专家打造学校创新创业指导团队；提供可用、易用、专用的创新创业活动场地，来筑牢创新创业工作基石。此外，学校计划筹备组建创新创业学院，从而更好统筹协调校内各类资源，为大学生工作提供服务。同时，针对校内创新创业场地不足的现实困难，将建设大学生创新创业实践基地、孵化基地，为创业学生提供创业所需基本经营场所，支持学生创新创业实践，并为符合条件的大学生创业团队提供工商注册、资金扶持、政策宣传、辅导交流等一系列优惠便捷的配套服务，以及实施创业能力发展计划与创业引领计划。

在“大众创业、万众创新”的新局面下，积极发挥学校教书育人作用，不断探索创新创业服务的新方向、新思路、新模式，为社会培养更多具备创新创业精神、符合时代要求的合格人才，将是学校今后创新创业工作突破自我、开创未来的新主题。今后，北京工业大学将更好地整合校内外资源，突破原有束缚，建立多层次的创新创业教育、服务、保障体系，实施多项创新创业工作计划，做好大学生创新创业工作。

（赵　宁　陈佳楠　刘赵淼）

推进民主管理，助力学校发展 探索教代会闭会期间民主建设的新途径

北京工业大学将“加强民主管理，促进学校发展”作为每年工会的工作要点并逐步推进，积极探索教代会在大学治理结构中的定位，针对高校普遍存在的闭会期间民主建设存在不足的问题，探索并实践“三会一案”制度，“三会”即教代会组长联席会、教代会专门委员会、教职工申诉受理委员会，“一案”即代表提案。发挥教代会代表在闭会期间的作用，源头参与学校政策制定，民主监督学校政策实施，营造现代高校民主氛围和环境，使学校民主管理工作突显崭新亮点。

一、实行教代会组长联席会议负责制，落实闭会期间代表的知情权、参与权、表达权和监督权

学校结合工作实际，制定了《北京工业大学教代会闭会期间的工作规程》，明确了教代会闭会期间实行教代会组长联席会议负责制，教代会组长联席会议在校党委的领导下，负责决策、处理教代会闭会期间的一切事情。联席会议实行例会制度，每两个月召开一次，如遇急需解决的问题，可临时召开会议。联席会议有表决事项的，必须是应到会的三分之二，实到会的二分之一以上同意方能通过，表决结果由会议主持人当成宣布。

闭会期间凡是涉及学校改革发展规划、教职工切身利益的方案制度出台前，学校都将文件电子版发到校工会，由校工会转发给每位教代会代表，广泛征求意见建议，代表将意见建议发到所在组组长邮箱。其次，将意见建议汇总交由相关部门，相关部门认真研究，然后召开教代会组长联席会议，相关部门负责人对征集到的意见建议采纳情况和未采纳原因进行逐条说明。最后，对于涉及教职工切身利益的方案、制度要在教代会组长联席会上进行无记名投票表决。教代会组长联席会后，将每次的《北京工业大学教代会组长联席会议纪要》发至每位代表邮箱。会议纪要详细记录代表意见建议哪些采纳，哪些没采纳，原因为何。

2014 年，学校在两代会闭会期间先后 6 次召开教代会组长联席会议，党办校办、组织部、发展规划处、人事处、财务处、后勤管理处负责人分别就代表对《北京工业大学财务报销规定》、《学校班车改革方案》、《北京工业大学教师岗位聘任实施细则》、《北京工业大学教职工考勤管理办法》、《北京工业大学教职工处分暂行规定》、《北京工业大学绩效工资实施办法（2014 修订）》、《北京工业大学教职工福利费管理使用办法》、《2014 年度二级教学科研机构绩效考核实施方案》、《2014 年度二级非教学科研机构绩效考核实施方案》、《2014 年度处级干部绩效考核实施方案》、《2014 年度教职工绩效考核实施方案》等 11 个文件提出的意见建议处理情况向校教代会组长进行反馈，多项意见建议得到采纳，最后校教代会组长就以上文件中需要投票表决的进行了无记名表决。

二、建立教代会专门委员会制度，创新教代会代表常任制途径

2012 年 1 月 1 日起实施的《学校教职工代表大会规定》（教育部 32 号令）第二十三条规定，“教职工代表大会可根据实际情况和需要设立若干专门委员会（工作小组），完成教职工代表大会交办的有关任务。专门委员会（工作小组）对教职工代表大会负责”。学校探索建立与教代会职能相适应的专门委员会制度，设立教学工作委员会、科研工作委员会、提案工作委员会、文化建设委员会、民主管理、评议干部工作委员会 5 个专门委员会。修改完善《北京工业大学教职工代表大会专门委员会工作细则》，闭会期间实行“四个一”工作模式，即一次巡视、一次座谈、一份提案、一份报告。5 个专门工作委员会根据相应的工作职责，制定工作目标，开展调查研究。

在年度工作考核会上，5 个专门工作委员会在大会上交流各自的工作进展、做法和取得的效果。科研工作委员会通过与科技处座谈、深入学院调研，为一线教师与科技处搭建沟通的渠道。民主管理与评议干部委员会参与干部聘任上岗、校级干部考核、处级干部和处级领导班子测评工作及学校组织 A3 及以上岗位教授考核；学校出台《北京工业大学处级干部绩效考核办法》，征求民主管理与评议干部委员会委员意见，同时该工

作委员会在网上考评中享有校级领导干部同样的评议权。几年来，各专门委员会工作起到下情上传桥梁作用，对职能部处、学院的工作发挥了较好的促进作用。今年，根据学校工作需要新增德育建设专门委员会、师资队伍建设专门委员会。

三、建立教职工申诉受理办法，维护教职工权益

2012 年 12 月，学校通过了《北京工业大学教职工申诉受理办法（试行）》（简称《办法》），是在 2011 年出台的《北京工业大学岗位聘用申诉受理暂行办法》基础上，由单一的岗位聘用申诉拓展到岗位聘任、考核奖惩、工资福利待遇等全方位申诉。《办法》的颁布使北工大教职工申诉权在实施上得以具体化、程序化、规范化。

从全国高校校内申诉制度建设的整体情况来看，普遍存在制度缺失、随意性强的特征，缺乏具体的操作规范和依据，教职工维权状况堪忧。北工大教职工校内申诉制度的颁布是学校党委在主动维护教职工合法权益领域做的有力探索，学校也因此成为北京市出台《教职工申诉受理办法》的第一所高校，此举在全国高校的校内申诉制度建设方面也具有开创性意义。

2014 年，在学校新一轮岗位聘任工作中，共受理 6 起教职工申诉。学校申诉受理委员会接到申诉后，对申诉内容进行审查，认为符合申诉条件、应当受理的，书面告知申诉人。在受理申诉后，申诉受理委员会认真审查申诉人的申诉书和相关材料，对申诉事项进行调查，听取申诉人的陈述和被申诉人的答辩，并向人事处和学院了解情况，同时对申诉人和被申诉人做一定程度的调解，最后经过讨论和表决形成申诉处理意见书。申诉双方对结果未提出异议。申诉制度的建立一方面保障了教职工合法权益，维护了校园稳定；另一方面，督促管理部门查找漏洞，提高学校整体管理水平。

申诉过程中，法律权力、学术权力、行政权力保持明确的界限，申诉委员会的申诉处理决定是一种法律行为，是法律法规对行政权力或学术权力存在问题的一种纠正或裁决，这种权力的分工与合作是教职工申诉制度顺利实施的有效保障。

四、完善提案工作机制，公开提案办理情况

新一届提案工作委员会首先修改了《北京工业大学教职工代表大会提案工作管理办法》，从提案征集、审查与立案、办理、检查与反馈 5 个方面进行规范。放宽了提案征集时间，闭会期间随时接受代表提案；增加立案审查机制，提案是否立案须经提案工作委员会审定，经审查不予立案的，根据不同情况退回，或作为建议、批评与意见处理。建立提案工作“三会”制度，即提案立案评审会、提案交付承办会、重点提案沟通会。为进一步健全教职工参与民主管理、民主监督的机制，营造教职工共同监督的良好氛围，2013 年起对代表提案、意见、建议及部门答复情况继续实行网上公示制度，同时，在“教工之家”设立“提案及答复专栏”予以公示，便于教职工查看。

经过近几年的工作实践，提案工作实现了由重数量向重质量转变，由固定时间收集向全年接收承办转变，立案由局部小事向关心学校改革发展大事转变，提案办理由向提案人公开向校园网公示转变，加大了对提案承办单位的检查和监督。2014 年，提案委员会共收到各二级教代会代表提案 27 件，其中提案 19 件，意见建议 8 件，闭会期间收到代表提案 1 件。2014 年提案办结率 100%，提案答复满意率 100%。

北京工业大学工会依照工会法等相关法律法规和教代会章程，围绕学校中心工作，履行职责，推动教代会制度常态化，在促进学校党政决策的科学化、民主化，保证教职工行使民主权利、参与学校民主管理与民主监督，推进和谐校园建设等方面发挥了积极作用。2014 年，北京工业大学在北京市教育工会年度考核中获“北京市教育工会先进单位”、“特色工作奖”等多个奖项。

（张亚红　王　普）

改革体制　创新机制，调整与构建新型二级机构

体制机制创新是高校实现科学发展的迫切要求和重要保证。为落实学校“十二五”发展建设规划，推进实现国际知名、有特色、高水平研究型大学的发展目标，深入贯彻落实党的十八大及十八届三中、四中全会精神和习近平总书记系列重要讲话精神，主动适应国家和北京市高等教育

改革发展的新形势，迎接学校内外部环境的变革，深化综合改革，推进学校事业科学发展，从2013年开始，学校着力破解制约科学发展的体制机制和重点难点问题，对二级机构的定位、职能、组织架构、编制和运行机制进行充分调研和论证，完成了新一轮的机构改革。一方面致力于构建系统完备、科学规范、运行有效的现代大学制度和内部治理结构，稳步推进非教学科研机构改革；另一方面积极探索校内外科研协同组织机构新模式，突破行政约束和学科学术壁垒，推进学科交叉融合，成立新型教学科研机构。

通过优化机构设置、调整机构职能释放改革增量，更加凸显分类评价和激励的导向。调整成立改革与发展规划处，突出改革谋划职能；调整成立科学技术发展院，构建“大科研”的工作体系，组建跨学科、多单位协同的科技攻关团队，提高解决重大技术和社会问题的能力，推动科研管理向知识管理、创新管理转变；成立城市交通学院，服务于首都城市交通建设；成立北京古月新材料研究院，显著提升北京市新材料产业核心竞争力；成立北京科学与工程计算研究院，立足数学和统计学科的应用基础研究，形成与重大工程、重大产业结合的工程计算前沿技术，更好地服务北京经济社会发展；组建北京智慧城市研究院，促进首都科技创新中心建设、京津冀协同创新发展和新一代信息技术产业发展；成立北京知识产权学院和北京知识产权研究院，贯彻落实党的十八届四中全会精神，主动适应全面依法治国的新常态；以学生成长、成才为本，成立学生发展指导中心和就业创业指导中心，推进素质教育与创新创业教育。

一、非教学科研机构的组建和职能调整

为进一步转变职能，理顺关系，提高管理效率，提升科学管理水平，2014年，学校在调整非教学科研机构设置（工大党政发〔2014〕3号）的基础之上，先后成立了4个新的非教学科研机构、撤销了2个机构、调整和明确了4个非教学科研机构的职能。

1. 组建科学技术发展院

为主动适应创新型国家建设和全国科技创新中心建设的需要，通过整合各种资源，形成推动科学技术研究发展、科教结合支撑人才培养与学科建设、促进科研成果应用的新格局，充分发挥研究型大学的科技创新引领作用，学校成立了科学技术发展院，撤销了科技处。

科学技术发展院负责从科研项目的争取立项到验收鉴定、申报专利和奖励，直至后续产业化工程与应用转化的全过程，实现对学校科技活动人员、项目、经费、成果、基地的专业化、职业化主动服务、培训、协调、组织管理与开拓，履行各类项目经费预决算管理、“法人责任制”、“2011”协同创新，贯彻落实“京校十条”，整合管理科技服务资质和专职科研编制人员等。

2. 成立招生办公室和就业创业指导中心

为主动适应国家和北京市高等教育改革发展的新形势，进一步加强大学生的创业教育工作，全面提高就业指导和服务水平，同时也为了主动顺应国家和北京市新的高考改革方案，更加积极、快速地根据学科发展和市场需求调整专业结构，促进招生、培养环节的无缝衔接，在深入调研和广泛征求意见的基础上，学校成立招生办公室和就业创业指导中心，撤销招生就业处。

招生办公室负责全校本科生招生工作，为学校所属正处级行政部门，挂靠教务处，合署办公。就业创业指导中心负责全校毕业生的就业创业指导、就业推荐、就业派遣等相关工作，为学校直属二级单位。

3. 调整印刷服务中心

为了更好地进行分类管理，整合校内资源，提高管理效率，根据学校印刷服务中心的现状和业务属性情况，将印刷服务中心从挂靠单位党办校办整体划转到后勤服务集团。

4. 明确港澳台事务办公室职能

为更好地服务国家需求和新的北京首都城市战略定位，拓展港澳台交流的广度和深度，促进深度实质性的学术、学生、教师和文化等交流合作，提出进一步加强学校的港澳台工作建议方案，并明确了港澳台事务办公室的机构职能与组织架构。

5. 成立学生发展指导中心

为主动适应高等学校学生工作的新形势，深化学校综合改革，积极探索学生工作的新方法和新途径，加强对学生发展的指导和引导，进一步提升人才培养质量，不断满足学生发展和成长成才需求，学校在深入调研和广泛征求意见的基础上，成立学生发展指导中心，并对学生工作部（处）、人民武装部、校团委进行相应调整。

二、新型教学科研机构的组建和调整

为更好地服务于首都城市战略定位和实施创新驱动战略，打破学科及行政壁垒，促进交叉融合与资源共享，进一步促进高水平学科建设，增强科技协同创新能力，提高人才培养质量，除2013年底成立的城市交通学院之外，2014年还论证组建成立了6个新型教学科研机构，从而进一步提升学校综合实力与核心竞争力。

1. 成立城市交通学院

为适应国家和北京市解决特大城市交通拥堵等重大需求，更好地发挥学校学科优势，服务北京社会发展和经济建设，推进北京工业大学实现国际知名、有特色、高水平研究型大学的战略目标和“2011 计划”协同创新中心的建设，落实学校“十二五”发展建设规划，完善学科布局，优化学科结构，推进学科交叉融合，学校正式成立城市交通学院，依托交通运输工程、计算机科学与技术、控制科学与工程等相关学科和师资队伍，开展交通领域的学科建设、人才培养、科学研究及服务社会工作。

交通学院的主要职责是：以特大城市交通需求为导向，面向学科前沿，融合交叉学科优势与特色，创新人才培养、科学研究与管理机制，建设特色鲜明、开放的高水平研究型学院，承担交通领域的研究工作和相关高层次人才的培养工作。学院发展目标是：建设交通领域高层次人才培养基地，建立特大城市交通信息感知与决策支持技术平台和交通数据中心，构建综合性交通领域国家研究基地。

2. 成立北京古月新材料研究院

为更好地发挥学校学科优势，服务北京建设成为国家创新中心，服务区域创新发展，加快推进碳纳米材料制备技术的产业化应用，显著提升北京市新材料产业核心竞争力，推动北京市相关产业发展，落实学校“十二五”发展建设规划，推进学校战略目标的实现及“2011 计划”协同创新中心、国家级科研基地的建设，学校决定筹建新型科研机构“北京古月新材料研究院”。随后，经过 1 年半时间的充分调研、论证、申报等筹备工作，并报经北京市教委和科委审核，该研究院获得北京市机构编制委员会办公室正式批复，成为北京市级科研机构。2014 年 3 月 17 日，学校正式成立北京古月新材料研究院（工大发〔2014〕4 号）。其主要职责是承担碳纳米材料及制备技术的研究工作，承担碳纳米材料研究相关高层次人才的培养工作。

3. 成立北京科学与工程计算研究院

为促进基础学科与工科优势学科的交叉融合，形成与重大工程、重大产业结合的科学与工程计算前沿技术，更好地服务经济社会发展，2014 年 4 月 3 日，学校成立北京科学与工程计算研究院（工大发〔2014〕7 号）。2014 年 10 月 31 日学校获得北京市机构编制委员会办公室的正式批复，由北京市战略科学家、国际著名数学家、欧洲科学院院士杜甫·哈特（Peter Deuflhard）教授领衔。

该研究院是在新形势下面向国际前沿、推进学科交叉、探索体制机制创新的一个新型教学科研机构。具有独立法人资格、设立独立治理结构，采用理事会领导下的院长负责制。主要职责是：面向国家和北京市经济社会发展的重大需求，围绕交通、环境、医疗、生物、信息、航空航天等相关领域的重大实际问题，与北工大优势学科协同创新，推动学科交叉，开展科学与工程计算等数学领域的学科建设、科学研究及服务社会工作，推动首都区域相关产业发展；创新人才培养模式，承担数学及相关领域的国际化、高层次人才培养工作。

4. 组建北京智慧城市研究院

学校与神州数码控股有限公司共建北京智慧城市研究院，挂靠科学技术发展院管理，研究院为学校所属跨学科二级教学科研机构。主要职责是：面向北京市经济社会发展和京津冀协同发展的重大需求，承担智慧城市的应用研究及移动互联网、物联网、大数据、智能硬件等共性关键技术研发工作，开展学科交叉融合、协同创新；承担智慧城市总体规划、政策、标准和建设运营模式的研究和设计咨询以及数据基础设施、共性技术平台和产业公共服务平台的研究和技术服务工作，推动北京市相关产业链协同创新发展；承担智慧城市相关高层次人才培养工作。

主要发展目标是：以北京市经济社会发展和京津冀协同发展的重大需求为导向，以应用基础研究为根本、以规划和架构研究为牵引、以平台服务研究为支撑，通过科研体制机制创新，建成“政产学研用”结合的协同创新研究中心和智慧城市智库，提升信息学科创新能力，促进北京新一代信息技术及相关领域的产业链协同创新发展，为北京高精尖产业发展和首都城市战略定位做出积极贡献。

5. 成立北京知识产权学院和北京知识产权研究院

学校与北京知识产权局共建北京知识产权学院和北京知识产权研究院（简称北京知识产权院），为学校所属跨学科新型二级教学科研机构，实行“两块牌子一套人马”的管理模式。该机构挂靠科学技术发展院管理，下设综合事务办公室，该办公室与科学技术发展院知识产权办公室合并办公。

北京知识产权院为主要职责是：以国家和北京市知识产权战略需求为导向，服务首都全国科技创新中心建设，融合交叉学科优势，支持法学学科发展，创新知识产权人才培养模式、成果转化运用、科技管理体制和运行机制等，建设特色鲜明、开放融合的高水平教学科研机构，成为国家和北京市知识产权领域的重要基地和智库。

北京知识产权院的发展目标是：面向国家和北京市知识产权战略的重大需求，围绕京津冀协同创新发展，培养具有国际视野和知识产权运用能力的复合型专门人才，建立“政产学研用”相结合的知识产权高层次人才培养基地、教育培训基地及社会服务基地，作为知识产权研究基地和知识产权政策制定、决策支持等方面的智库具有重要影响力，为国家和北京市知识产权事业发展做出积极贡献。

6. 成立微电子学院

为贯彻落实国务院发布的《进一步鼓励软件产业和集成电路产业发展的若干政策》（国发〔2011〕4号）和《国家集成电路产业发展推进纲要》等系列国家推动集成电路发展计划的相关文件精神，主动适应集成电路产业发展新形势，准确把握和服务于新时期北京首都城市战略定位，学校成立了微电子学院。

微电子学院为学校所属新型跨学科二级教学科研机构。主要职责是：面向国家与区域微电子与集成电路产业发展的重大需求，围绕打造中国经济升级版和加快构建首都高精尖经济结构，融合学校电子信息学科的资源和优势，支持微电子学科发展，创新集成电路人才培养模式和运行机制等，推进政产学研用深度融合，建设特色鲜明、开放融合的高水平教学科研机构，成为国家和北京市集成电路领域的重要人才培养和科研基地。

主要发展目标是：瞄准国际集成电路发展前沿，以国家和北京首都集成电路产业重大需求为导向，建立校政企协同办学模式，建设本硕博完整的多层次集成电路人才培养体系，开展专业培训和技术转移，培养具有创新能力、产业急需的应用型、复合型高层次工程技术和工程管理人才，建成示范性微电子学院，提升电子信息学科创新能力，促进北京集成电路产业及相关领域的产业链协同创新发展，为国家和北京市集成电路产业发展做出积极贡献。

经过近两年来的实践与探索，学校机构改革工作取得了一定成效。城市交通学院以“北京城市交通协同创新中心”为主要建设内容，围绕北京城市交通特别是京津冀协同发展这条主线进一步凝练方向，不断凝聚特色。近日，依托该学院的专业交叉优势，学校获批增设交通设备与控制工程本科专业。北京智慧城市研究院和北京知识产权院等新建教学科研机构分别与北京市相应的委办局进行共建，建立了通畅的交流合作机制，进一步拓展了合作领域的深度及广度，推动了双方在政、产、学、研、用等方面的深入合作，努力为北京产业结构升级调整、北京经济社会发展做出更大的贡献。就业创业指导中心承接国家和北京政策，制定了三年发展规划与具体工作步骤，服务于学生就业创业。其他调整与新成立的二级非教学科研机构也在新的制度框架下，明确了职责，提高了管理效率；新型教学科研机构则打破了机制体制壁垒，逐步进行了学术资源融合与共享，有能力承接国家和北京市的重大项目，从而为学校发展带来更多生机与活力。

（高阿娜　刘增华　王大勇）

推进依法治教、依法治校
科学制定具有中国特色的地方大学章程

2014年，党的十八届四中全会通过了《中共中央关于全面推进依法治国若干重大问题的决定》，“制定大学章程，建立现代大学制度”，是依法治国在高等教育领域内的具体实践，为全面建设“法治校园”提供了强有力的制度支撑和法治保证。作为较早启动大学章程研究制定工作、首批向北京市教育主管部门报请核准的5所北京市章程建设试点高校之一，北京工业大学把2014年作为学校改革年，以章程贯彻落实为核心，启动深化综合教育改革，在法制轨道上推进改革。2014年10月31日，副校长张爱林在教育部召开的大学章程建设研讨会上介绍了北工大章程建设工作情况。

一、《北京工业大学章程》（以下简称《章程》）制定的基本原则和法律依据

大学章程作为大学的“宪法”或“基本法”，是大学就办学精神、办学理念、办学定位、内部管理体制、校内外关系等重大基本问题，做出全

面规范形成的纲领性文件，是大学依法自主办学、实施管理和履行公共职能的基本准则和依据。北工大《章程》的起草主要遵循了合法性原则、适当性原则、前瞻性原则、可操作性原则。既依法建章立制，规范可行，充分反映学校校情和现有特色，又体现改革创新精神，符合学校未来发展方向。《章程》的制定以《教育法》、《高等教育法》、《高等学校章程制定暂行办法》、《国家中长期教育改革和发展规划纲要（2010—2020年）》、《中国共产党普通高等学校基层组织工作条例》等法律、教育规章和其他相关国家政策为依据，围绕大学人才培养、科学研究、社会服务、推进文化传承创新的任务，注重完善学校内部法人治理结构，化学校办学特色为可持续发展能力，保障学校依法办学和自主管理，建立现代大学制度。

二、《章程》的制定程序和过程

学校从实施依法治校，建立现代大学制度，引领和保障学校事业健康发展的实际需要出发做出了制定《章程》的决定。学校党政高度重视《章程》的起草工作，把章程建设的过程作为凝聚共识、促进管理、增进和谐的过程，2009年底学校党委对《章程》起草工作提出明确要求，并开始着手相关准备。

1. 加强调研，组织起草，确定框架。2010年9月，《章程》起草工作正式开始启动，学校按照民主、公开的原则，成立了学校党政领导、学术组织负责人、教师代表、学生代表、相关专家等人员组成的《章程》起草小组。起草小组开展了大量细致的调查研究和分析论证工作，逐步确定《章程》起草的基本思路和文本框架。

2. 集思广益，专家论证，不断完善。2011年3月初，起草小组经过反复调研、论证，深入研究、分析学校特色经验和发展，广泛听取了各个层面的意见形成《章程》初稿；并向学校党政领导、主要职能部门、专家学者、师生等多次广泛征求意见；在反复讨论修改的基础上，于2011年4月将《章程》提请北京工业大学第十一届工代会暨第六届教代会第五次会议讨论；为确保章程制定的合法性、规范性，学校召开了章程建设专家意见论证会，综合专家意见，结合学校实际对《章程》做进一步修改和完善后，经校长办公会和党委常委会审定，于2011年7月由中共北京工业大学第十次代表大会讨论通过。2011年11月，《高等学校章程制定暂行办法》颁布后，学校对照暂行办法对章程进行反复论证、研讨，进一步修订和完善，并于2012年10月将章程报送北京市教委核准。

3. 与上级主管部门沟通，进一步修改完善章程。2013年12月，北京市委教育工委、市教委调研组到学校开展市属高校章程建设入校专题调研，就《章程》相关内容的合理性、科学性和规范性提出了修改建议。起草小组根据调研组的意见和《高等学校章程制定暂行办法》，结合学校实际情况，参考已通过教育部核准高校章程，修改和完善了学校章程（共修订22条）。2014年4月，再次将《章程》报请北京市教委按照章程核准工作程序进行初审。6月20日，北京市章程建设领导小组成员处室向学校反馈修改意见，学校章程起草小组根据修改意见，依据《高等学校章程制定暂行办法》等相关法律规定，结合学校实际情况，进一步修改完善学校章程（共修订14条）。

4. 依照程序，再次报请核准。2014年6月25至27日，学校启动教职工代表大会闭会期间工作机制征求对《章程》的意见。7月4日，征求所有教代会代表意见并由学校教代会组长联席会议表决通过。2014年7月，将《章程》提交校长办公会通过、学校党委会讨论审定，由学校法定代表人签发，报请北京市教委核准。9月，北京市教委发布了《关于对北京工业大学等5所市属高校章程核准稿公开征求意见的公告》。

三、《章程》的主要内容

《章程》除序言外，共有8章75条8083字，包括总则，组织结构，教职工，学生、学员及校友，经费、资产，社会服务和外部关系，标识系统，附则。

序言概括说明了学校的历史沿革、办学传统、大学精神、办学宗旨、奋斗目标以及制定章程的目的，旨在阐明学校的传统与理念，突出学校的定位与特色。

第一章是总则，规定学校登记名称、简称、英文译名，办学地点、住所地、校区、学校举办者、学校法人性质和法定代表人、发展定位，培养目标、办学方向、办学层次、主要学科门类、学校功能和办学原则、主要教育形式等问题。

第二章是组织结构，是关于学校管理体制的具体规定，规定了学校的领导体制，组织结构、决策机制、民主管理和监督机制，内设机构的设置等。体现学校的权力划分和运作，体现“党委领导、校长负责、教授治学、民主管理”的现代大学治理结构，是章程的核心部分。

第三章、第四章是对教职工和学生及校友的规定。规定了其权利义务及权利救济保障。

第五章规定经费、资产。对学校经费来源和筹集，使用原则和管理制度，接受捐赠的规则与办法，以及资产、后勤进行基本概括。

第六章规定社会服务和外部关系。学校作为北京市属重点高校，体现出国际性、社会性和开放性，积极为国家、社会及北京区域经济的发展贡献力量的姿态。

第七章标识系统规定了校徽、校标、校色、校旗、校歌、校训、校庆日。这是反映学校鲜明个性和特色的内容，能够鼓舞人心、凝聚精神，也是大学校园文化的重要部分。

第八章是附则。主要规定章程的通过、修改、监督及解释。

四、《章程》的特点

《北京工业大学章程》主要着力于规范学校内部治理结构和权力运行规则，彰显学校办学定位和特色，强调教授治学和民主管理，明确对涉及教职工切身利益的重大事项决策程序，突出对教师学生主体地位的确认与基本权利保障。

1. 彰显了学校“立足北京、服务北京”的办学定位和特色。学校在长期发展历程中，形成了自己的精神、品格和办学定位，在章程中予以规定。学校秉承“不息为体、日新为道”的精神，形成了艰苦奋斗、求真务实、开拓创新、开放包容的品格，遵循“立足北京、服务北京、辐射全国、面向世界”的办学定位，致力于培养信念执著、品德优良、知识丰富、本领过硬的应用型创新人才和拔尖创新人才，致力于科学研究、社会服务和文化传承创新，促进学术与人才培养的国际交流，不断推动社会文明与进步。

2. 细化了部分法定办学自主权。将《高等教育法》规定学校享有的人才培养、招生管理、学术管理、国内外学术合作交流、机构设置、学生管理、资产管理等方面的自主权进行一定程度的细化列入章程中。

3. 完善了学校内部治理结构。关于坚持党委领导下的校长负责制，《章程》规定了党委校长权责分工、议事决策机制、沟通协调机制，并通过另行制定更为具体的议事规则，对党委常委会或党委常委扩大会、校长办公会等议事范围和程序进一步细化，充分体现出既坚持党委统一领导学校工作，又支持和保障校长主持学校行政工作依法行使职权，建立健全了党委统一领导、党政分工合作、协调运行的工作机制，符合中共中央办公厅发布的《关于坚持和完善普通高等学校党委领导下的校长负责制的实施意见》精神。同时规范了学校内部管理体制，赋权学院成为办学实体。明确规定校、院两级管理职权职责，管理重心下移，逐步扩大学院办学权限，有利于调动基层办学单位以及教职员工的积极性。

4. 高度重视和规范了学术治理体系，强调教授治学。学校设立学术委员会、学位评定委员会、教授会等学术管理体系和组织架构，按照校院两级模式管理，明确“学术委员会是学术委员会是学校的最高学术机构”，依其章程独立行使学术权力，行政权与学术权相对分离、教授对学术问题拥有决定权。按照教育部文件精神，北工大制定了《北京工业大学学术委员会章程》，按照新的规程完成了校院两级学术委员会换届。规定学院可设立教授会，根据自身章程开展工作，就学院学科建设、教师聘任、学术评议、教学指导等事项进行审议，具体议事规则由学院自己制定，为学院探索和规范自主管理模式留下了充足的制度空间。

5. 强调以人为本，突出对教师、学生主体地位的确认与基本权利保障。《章程》详细规定了师生法定权利，还结合学校实际规定师生享有的知情权、参与管理权、申诉权等具体权利，切实维护了师生合法权益。这既是对法律明文规定的师生权利与义务的丰富，还进一步明晰了其与学校之间的法律关系。

北工大把章程建设的过程作为完善学校治理结构的过程。《北京工业大学章程》把学校正在做、应当做和能够做的事情以学校基本法的形式规定下来，汇聚了全校师生员工对学校办学理念的认同。尽管可能还存在一些不足之处，但总的来说，反映了学校的办学经验和特色，比较符合学校的实际，有利于增强师生员工对学校的认同感，凝聚人心，激发斗志，为学校前进指明了方向，能够满足学校的现实和长远需要。《章程》获得核准后，学校将按照中国特色现代大学制度建设要求，进一步清理各类规章制度，健全以章程为核心的制度体系，不断深化学校综合教育改革和现代大学制度建设，不断提高学校依法治校、依章程自主管理的能力和水平，为努力建设国际知名、有特色、高水平研究型大学提供有力的制度保障。

（党办校办、改革与发展规划处　提供）

·文 件 与 规 章·

党 发 文 件

北京工业大学2014年党发文件目录

工大党政发〔2014〕1号　关于印发《北京工业大学2014年党政工作要点》《北京工业大学2014年主要工作任务分解表》的通知

工大党政发〔2014〕2号　关于成立北京工业大学全面深化改革领导小组的通知

工大党政发〔2014〕3号　北京工业大学关于调整非教学科研机构设置的通知

工大党政发〔2014〕4号　北京工业大学关于印发《北京工业大学学术委员会章程》的通知

工大党政发〔2014〕5号　关于聘请左铁镛等四位院士担任相关学院（研究院）名誉院长的通知

工大党政发〔2014〕6号　关于成立北京工业大学科技发展研究院的决定

工大党发〔2014〕1号　关于印发《中共北京工业大学委员会关于处级党政领导干部选拔任用工作的规定（试行）》的通知

工大党发〔2014〕2号　关于印发《中共北京工业大学委员会关于加强干部日常管理工作的几项规定（试行）》的通知

工大党发〔2014〕3号　关于印发《中共北京工业大学委员会2014年处级领导班子换届及处级干部选拔任用工作实施方案》的通知

工大党发〔2014〕4号　中共北京工业大学委员会关于2014年校院两级理论学习中心组学习安排的意见

工大党发〔2014〕5号　关于转发《中共北京市委教育工作委员会关于公布北京市党的建设和思想政治工作先进普通高等学校获奖名单的通知》的通知

工大党发〔2014〕6号　关于对党风廉政建设工作相关问题开展自查自纠的通知

工大党发〔2014〕7号　关于调整校领导班子成员分工和联系学院的通知

工大党发〔2014〕8号　北京工业大学关于进一步加强港澳台工作的通知

工大党发〔2014〕9号　关于印发《北京工业大学教师职业道德与行为规范（试行）》的通知

工大党发〔2014〕10号　北京工业大学关于进一步加强辅导员班主任工作的若干意见（2014年修订版）

工大党发〔2014〕11号　关于做好二级党委换届工作的通知

工大党发〔2014〕12号　关于印发《北京工业大学培育和践行社会主义核心价值观实施方案》的通知

工大党发〔2014〕13号　关于做好教代会暨工会换届工作的通知

工大党发〔2014〕14号　关于学习贯彻习近平总书记教师节重要讲话精神的通知

工大党发〔2014〕15号　关于印发《中共北京工业大学委员会关于学习宣传贯彻党的十八届四中全会精神的工作方案》的通知

工大党发〔2014〕16号　关于保留教育实践活动领导小组机构等有关事宜的通知

工大党发〔2014〕17号　关于印发《北京工业大学2014年度处级以上党员领导干部民主生活会工作方案》的通知

工大党发〔2014〕18号　中共北京工业大学委员会关于做好迎接北京高校党风廉政建设责任制专项检查工作的通知

工大党组〔2014〕1号　中共北京工业大学委员会关于评选推荐北京高校先进基层党组织优秀共产党员优秀党务工作者的通知

工大党组〔2014〕2号　关于成立四个二级党组织的通知

工大党组〔2014〕3号　关于对部分基层党组织进行调整的决定

工大党宣〔2014〕1号　关于印发《2014—2015年北京工业大学培育和践行社会主义核心价值观工作要点与任务分解》的通知

北京工业大学2014年工作要点
工大党政发〔2014〕1号

2014年学校工作的总体要求是：深入学习和贯彻落实党的十八大、十八届三中全会、习近平总书记系列讲话和重要批示及北京市委十一届四次全会精神，坚持凝心聚力，抢抓机遇，以落实党的群众路线教育实践活动整改为契机，高举改革旗帜，突出改革重点，以改革破解难题，以转变解决问题，转作风，出实效，着力创新人才培养机制，着力加强人才队伍与学科建设，着力提升科技创新能力与开放办学水平，着力提高党建思想政治工作科学化水平，全面推进学校“十二五”规划主要任务的落实，大力增强学校服务北京的能力和水平，推动学校各项事业发展再上新台阶。

2014年学校的工作思路：一是深入学习贯彻十八届三中全会和习近平总书记全面深化改革讲话的有关精神，坚定改革方向，突出改革重点，积极稳妥地推进学校的深化改革，努力完善学校内部治理结构，破解制约学校科学发展的体制机制和重点难点问题，以改革提升效益，以改革提高能力；二是认真总结巩固党的群众路线教育实践活动的成果，继续贯彻落实中央八项规定等系列文件精神，逐项落实好教育实践活动的整改任务，建立健全作风建设的长效机制，切实加强和改进工作作风。

2014年学校的重点工作：一是围绕“十二五”发展目标，推动学校“十二五”规划主要任务的落实和服务北京能力的提高，全面提高人才培养质量，加强重点学科建设，进一步加强协同创新，推进国家级协同创新中心建设。二是继续深入实施人才强校战略，召开学校人才工作会议，进一步深化干部人事制度改革，完善科学评价机制和教职工激励制度。三是深入推进现代大学制度建设，筹建办学理事会，加强校院两级学术委员会和教代会的建设，完善学校治理结构，完成新一轮机构改革，进一步转变职能，理顺关系，提升学校科学管理水平。四是全面推动国际化进程，进一步完善国际化办学的体制机制，深入开展多种形式的国际交流与合作，不断提升办学国际化水平。五是深入学习宣传、贯彻落实党的十八届三中全会精神，巩固和扩大教育实践活动成果，不断加强和改进学校党建工作，争创“北京高校党建先进校”，进一步提高学校党建工作的科学化水平。

一、深入学习贯彻党的十八大以来中央有关会议精神，扎实推进教育实践活动整改工作

1. 认真学习党的十八大、十八届三中全会和习近平总书记系列重要讲话、重要批示精神，全面理解和掌握习近平总书记一系列重要讲话的丰富内涵、精神实质以及实践要求，进一步凝聚广大师生的思想共识，提高干部党员思想理论素养和工作水平，更好地推进学校各方面工作。

2. 继续巩固和扩大党的群众路线教育实践活动成果，从严推进整改落实工作。严格落实整改工作责任制，定期公布整改进度情况，加强整改专项督查，切实改进工作作风、解决实际问题。

二、全面推进学校“十二五”规划各项任务的落实，着力推动学科建设上水平

3. 深入推进学校“十二五”发展建设规划的实施。积极开展国际知名、有特色、高水平研究型大学的内涵特征、发展战略研究。以体制机制改革为抓手，全面推进学校“十二五”规划的实施。

4. 加强学科建设。继续推进学科优化调整与交叉融合，优化学科结构，培育重点学科和交叉学科，做好“211工程”重点学科建设及专款项目论证工作。

三、深化教育教学改革，提高人才培养质量

5. 进一步深化人才培养内涵，全面落实《北京工业大学关于进一步提高人才培养质量的若干意见》。推动专业结构调整、改革和建设，启动校内专业评估，稳步推进工程教育认证，进一步修订完善培养方案。优化课程体系，实现课程资源的跨校跨地区共享。探索建设学科打通、资源共享的校内实践基地大平台合作运行机制。创新人才培养模式，探索校级荣誉实验班、大类招生、复合型培养的新举措。继续完善社会需求导向、学生评价为先的评价机制改革，做好2014年高等教育国家级教学成果奖申报工作。

6. 深化研究生教育改革，提高研究生培养质量。深化研究生教育投入机制改革，落实《北京工业大学完善研究生教育投入机制实施办法》，完善研究生奖助体系。推进招生选拔制度改革。继续实施研究生教育创新工程，推进专业学位研究生培养模式改革，加强科学精神与学术规范教育，增强研究生创新精神与创新能力。推进研究生教育国际化，做好硕士专业学位授权点申报与调整工作。改革质量评价机制，积极探索学科自评估。

7. 深化学校招生、就业机制改革。制订适应新形势的本科生招生录取办法和招生策略，努力拓展各项招生资源，做好招生专业的调整和自主选拔录取工作。启动“大学生助飞计划”，重点加强学生就业方向引导、职业能力提升和创新意识培养，巩固就业指导服务体系，进一步提高就业工作质量。

四、创新科技管理体制机制，加强协同创新，不断提升科技服务水平

8. 创新体制机制，提升科研能力。贯彻教育部《深化高等学校科技评价改革的意见》精神，深化科技管理改革，优化评价机制，增强科技服务功能，建立健全科技协同管理的体制机制。加快科研管理机构职能调整，加强协同创新的组织力度，组织申报国家级科技基地、重大项目、创新团队、科技奖励。发挥多学科综合优势，提升科研原始创新能力。加强军工保密工作。

9. 推进科技成果应用，提升服务能力。进一步规范科技成果转化和产业化，依托国家大学科技园、技术转移中心。积极落实《加快推进高等学校科技成果转化和科技协同创新若干意见（试行）》，着力推进服务北京经济社会发展的广度和深度。

五、推进人才强校战略，建设高水平师资队伍

10. 继续落实人才强校战略，稳步推进师资队伍建设。坚持“强化质量、优先高端、调整结构、拓宽模式”工作原则，完善师资队伍建设。创新人才引进与遴选机制，吸引高层次专业人才。建立师资博士后制度，试行非升即走的 Tenure—track 机制。探索教师学术休假制度，完善教师培训体系，以专业技术职务评聘为抓手，促进教师专业能力提高。

11. 重新核定二级单位人员编制，合理设置各级各类岗位数量，稳妥完成全员岗位聘任与分级工作。改变人才队伍建设的资金使用导向，提高专款使用效率。完善绩效工资体系，进一步提高教职工待遇。

六、坚持以社会主义核心价值体系引领学生思想成长，强化学生思想道德教育和素质教育实效

12. 坚持用社会主义核心价值体系教育、引导和服务学生，有效引导大学生树立正确的理想信念。全面提升大学生思想政治素质，深入开展“立德、立业、立人”、“我的中国梦”主题教育活动。有效发挥新媒体在大学生思想政治教育中的作用，切实提高思想政治理论课教育教学实效性。实施“党员先锋工程”计划，加强党建带团建工作。

13. 深入推进大学生素质教育，拓展素质教育第二课堂体系。成立学生健康中心，开展“走下网络、走出宿舍、走向操场”活动。加强大学生素质教育基地建设，加强学生发展辅导体系建设。

14. 加强学生工作队伍专业化建设，完善班主任、辅导员工作机制。优化学生工作队伍结构，建设辅导员学术团队，加强辅导员队伍专业化长效机制建设。

七、大力推进国际交流合作改革，着力提升办学国际化水平

15. 加强国际交流合作的体制机制建设。进一步规范因公出国（境）工作。扩大合作规模，提升交流层次和质量。推进国际科研合作，新建国际科研合作基地，扩大留学交流规模，提升学生国际化能力培养。改革留学生经费管理办法，提高留学生学位生比例。实施“青年导师国际化能力发展计划”，加强留学生任课教师队伍和留学生导师队伍建设，改革教师海外培训项目内容。

16. 拓展北京一都柏林国际学院招生领域，举办“北京工业大学一都柏林国立大学国际教学研讨会”。建立国际学院学科、专业平台。

八、深化综合管理改革，推进学校事业科学发展

17. 成立学校深化改革领导小组，加强对改革的整体设计和统筹协调。加快现代大学制度建设，推进学校内部治理结构改革。继续完善学校《章程》，完成《章程》核准工作。筹建学校理事会，加强校院两级学术委员会建设，完善教代会闭会期间民主管理工作机制。完成非教学科研机构调整，切实改善机关作风。坚持推进管理体制改革与创新，进一步完善以目标管理为核心的校院两级管理制度。

18. 科学理财，多渠道筹措办学资金，提高资金使用绩效。严格财务制度，提高财务工作的规范性，加强财务软环境建设，提高服务质量和工作效率。强化对关键领域和重点环节的审计以及各类专项审计、绩效审计，加强内审力度，提高学校内部风险管理水平。

19. 科学优化资产配置，提升使用效益，有效实施精细化管理。以新学科楼实验室、公共平台建设为抓手，推进大型仪器设备开放共享平台建设工作，深化公用房、设备有偿使用和实验技术人员管理改革。推行全生命周期固定资产管理和能源使用管理，提升资源使用效益。加强节能改造和能源精细化管理，完善能源监测平台建设，建设节约型校园。深化后勤改革，充分利用市场机制提高后勤服务运行效率和质量。

20．改善办学条件，优化校园规划，扎实推进建设。推动主校区2014—2020年、2014—2030年校园规划报批，深入研究三个异地校区功能定位规划。扎实推进学校新区二期学科楼工程、学生综合服务中心工程、逸夫图书馆改扩建工程建设。启动北京一都柏林国际学院楼建设前期工作，加快推进艺术设计学院楼、第四教学楼两个项目建设。

21．加强校园信息化建设，提高信息化服务水平。完成综合监控中心建设工作，建成应急指挥信息化平台。积极推进无线校园网建设。完成服务质量评价系统（二期）及网站群平台升级改造，确保信息化基础设施和重要应用稳定的升级改造和稳定运行。完成校东区新学科楼的网络设备集成、一卡通专网铺设和应用集成，推进东区学科楼群门禁系统建设，利用信息化手段加强校园安全管理。

九、全面加强和改进党建和思想政治工作，不断提高学校党建工作科学化水平

22．加强思想理论建设。加强校院两级中心组理论学习，进一步加强教师思想政治工作，推进学习型党组织建设。建好管好用好网络阵地，切实做好意识形态工作。加强大学文化建设，发挥大学文化的积极作用。

23．加强工作作风建设。深入贯彻中央八项规定和市委十五条意见精神，认真落实北京工业大学《改进工作作风、密切联系群众＜八项规定＞和＜实施细则＞的具体办法》、《关于完善学校领导班子成员“八联系”制度的实施办法》。

24．加强基层党的建设。做好争创“北京高校党建先进校”各项工作。落实基层党建责任制，进一步推进党建工作规范化建设，不断增强基层党组织活力。做好党员教育、管理和服务工作，进一步提高党员发展质量。

25．加强领导班子和干部队伍建设。进一步完善领导班子和干部考核评价机制，推进干部选任工作的科学化。做好处级干部岗位调整和聘任工作。严格规范干部日常管理，拓展干部培养、锻炼的载体和途径，进一步健全和完善干部管理、培养的相关制度，扎实推进干部分类教育培训。

26．加强党风廉政建设。完善党风廉政建设责任制，逐步落实责任追究制度，加大党风廉政建设查处力度。加强重点领域、关键环节的监控力度，健全反腐倡廉制度体系。搭建廉政风险防控信息化管理与监察平台，巩固和深化信息化防控水平，积极探索科研经费管理使用领域的廉政风险防控。加强“首都教育廉政研究中心”的建设。

27．凝聚各方力量，构建和谐校园。积极改善民生，研究解决教职工住房、办公条件、青年教师成长、教职工子女入托上学等群众关注的问题，出台《北京工业大学在职教职工重大疾病补助办法》，全面发挥“北京工业大学健康促进中心”作用。巩固“平安校园”创建成果，强化校园安全稳定，积极建设和谐校园。加强党外代表人士队伍建设。加强校友会和继续教育工作。做好老干部和离退休人员服务工作。

2014年是学校的全面深化改革之年，也是完成学校“十二五”规划目标任务的关键之年。全校各单位和全体教职员工要广泛凝聚共识，形成改革合力，同心同德，攻坚克难，务实创新，为建设国际知名、有特色、高水平研究型大学努力奋斗！

2014年2月21日

关于成立北京工业大学全面深化改革领导小组的通知

工大党政发〔2014〕2号

各二级党委（党总支、直属党支部），各院、部、处、直属单位，后勤集团，投资公司：

为贯彻落实党的十八大、十八届三中全会和北京市委十一届四次、五次全会精神，全面推进学校深化改革，经十届85次校党委常委会研究决定，成立北京工业大学全面深化改革领导小组。领导小组成员组成及下设机构如下：

组　长：郑吉春　郭广生

副组长：张爱林　龚　裕

成　员：蒋毅坚　王秀彦　冯　虹　聂祚仁
　　　　吴　斌　薛素铎　李四平　刘建萍

领导小组下设人才培养、科技创新、人事聘任与人才工作、综合管理、党的建设制度和思想政治工作、后勤保障等若干专项小组，由校领导负责协调有关部门分别牵头组建。领导小组的主要职责是：负责全校深化改革工作的统筹协调、整体推进、督促落实；研究相关领域的重要改革问题，推动有关专项改革政策措施的制定和实施。

领导小组下设办公室，作为常设性工作机构设在改革与发展规划处，办公室主任由改革与发展规划处处长兼任。

2014年3月14日

北京工业大学学术委员会章程

工大党政发〔2014〕4号

第一章 总 则

第一条 为实施科教兴国战略，促进高等学校规范和加强学术委员会建设，完善内部治理结构，保障学术委员会在教学、科研等学术事务中有效发挥作用，努力把北京工业大学建成国际知名、有特色、高水平研究型大学，进一步完善科学、民主、高效、规范的现代大学管理制度，科学行使学术权力，依据《中华人民共和国高等教育法》、教育部《高等学校章程制定暂行办法》、《高等学校学术委员会规程》的相关规定，设立北京工业大学学术委员会，并制定本章程。

第二条 北京工业大学学术委员会是学校的最高学术机构，统筹行使学术事务的决策、审议、评定和咨询等职权。

学校尊重并支持学术委员会独立行使职权，充分发挥学术委员会在学科建设、学术评价、学术发展和学风建设等事项上的重要作用，完善学术管理的体制、制度和规范，积极探索教授治学的有效途径，并为学术委员会正常开展工作提供必要的条件保障。

第三条 学术委员会应当遵循学术规律，尊重学术自由、学术平等，鼓励学术创新，促进学术发展和人才培养，提高学术质量；应当公平、公正、公开地履行职责，保障教师、科研人员和学生在教学、科研和学术事务管理中充分发挥主体作用，促进学校科学发展。

第二章 组织机构

第四条 校学术委员会委员实行定额席位制，人数与学校的学科、专业设置相匹配，并为不低于15人的单数。其中，担任学校及相关职能部门行政领导职务的委员，不得超过委员总人数的1/4；不担任党政领导职务及院系主要负责人的专任教授，不得少于委员总人数的1/2。

学校可以根据需要聘请校外专家及有关方面代表，担任专门学术事项的特邀委员。

第五条 学术委员会委员应当具备以下条件：

（一）遵守宪法法律，学风端正、治学严谨、公道正派；

（二）学术造诣高，在本学科或者专业领域具有良好的学术声誉和公认的学术成果；

（三）关心学校建设和发展，有参与学术议事的意愿和能力，能够正常履行职责；

（四）具有教授职称（或其他正高级专业技术职务）。

第六条 学术委员会委员的产生，应当经自下而上的民主推荐、公开公正的遴选等方式产生候选人，由民主选举等程序确定，充分反映基层学术组织和广大教师的意见，由校长办公会和学校党委常委会审定批准，由校长聘任。

特邀委员由校长、学术委员会主任委员或者1/3以上学术委员会委员提名，经学术委员会同意后确定。

第七条 学术委员会委员实行任期制，任期一般为4年，可连选连任，但连任最长不超过2届。

学术委员会每次换届，连任的委员人数应不高于委员总数的2/3。

委员因故需要替换或增补时，补缺人选由校学术委员会主任会议提出，并经全体委员半数以上通过，报校长办公会和学校党委常委会审定批准，由校长聘任。

第八条 校学术委员会设主任委员1名，副主任若干名（其中常务副主任1名），秘书长1名。主任委员由校长提名，全体委员投票选举产生。

校学术委员会下设办公室作为秘书处，负责处理学术委员会的日常事务。办公室独立设置，有固定编制工作人员和运行经费保障，日常工作由秘书长领导办公室完成。

第九条 校学术委员会设立学科建设与发展规划、教师聘任及人才引进、科学技术、学术道德专门委员会，具体承担相关职责和学术事务；学术委员会根据需要，在院（学部）设置或者按照学科领域设置学术分委员会（简称院学术委员会）。

各专门委员会和学术分委员会根据法律规定、学术委员会的授权及各自章程开展工作，向校学术委员会报告工作，接受校学术委员会的指导和监督。

第十条 院学术委员会一般由7～9人组成（其中1人为主任委员），学科相近、规模较小的院所在校学术委员会指导下可联合成立院级学术委员会。院学术委员会组成、提名推荐、聘任等应参照校学术委员会组成的有关条款，采用相应原则，实行校院两级管理。除院士、学部委员以外，学院院长一般不担任主任。除院长以外，委员中院党政领导一般不超过2人。院学术委员会至少应有不少于1名院外相关学科的具有较高学术声望的教授参加。学院将院学术委员会的组成名单报校学术委员会审批。

院学术委员会任期原则上与校学术委员会任期同步，委员可以连选连任。届内委员因故需要替换或增补的，由院学术委员会主任提出，报校学术委员会审定批准。

第十一条 学术委员会委员在任期内有下列情形，经学术委员会全体会议讨论决定，可免除或同意其辞去委员职务：

（一）主动申请辞去委员职务的；

（二）因身体、年龄及职务变动等原因不能履行职责的；

（三）怠于履行职责或者违反委员义务的；

（四）有违法、违反教师职业道德或者学术不端行为的；

（五）因其他原因不能或不宜担任委员职务的。

第三章 工作职责与权限

第十二条 学术委员会委员享有以下权利：

（一）知悉与学术事务相关的学校各项管理制度、信息等；

（二）就学术事务向学校相关职能部门提出咨询或质询；

（三）在学术委员会会议中自由、独立地发表意见，讨论、审议和表决各项决议；

（四）对学校学术事务及学术委员会工作提出建议、实施监督；

（五）学校章程规定的其他权利。

第十三条 学术委员会委员须履行以下义务：

（一）遵守国家宪法、法律和法规，遵守学术规范、恪守学术道德；

（二）遵守学术委员会章程，坚守学术专业判断，公正履行职责；

（三）勤勉尽职，积极参加学术委员会会议及有关活动；

（四）学校章程或者学术委员会章程规定的其他义务。

第十四条 学校下列事务决策前，应当提交学术委员会审议，或者交由学术委员会审议并直接做出决定：

（一）学科、专业及教师队伍建设规划，以及科学研究、对外学术交流合作等重大学术规划；

（二）自主设置或者申请设置学科专业；

（三）学术机构设置方案，交叉学科、跨学科协同创新机制的建设方案、学科资源的配置方案；

（四）教学科研成果、人才培养质量的评价标准及考核办法；

（五）学位授予标准及细则，学历教育的培养标准、教学计划方案、招生的标准与办法；

（六）学校教师职务聘任的学术标准与实施办法；

（七）学术评价、争议处理规则，学术道德规范；

（八）学术委员会专门委员会组织规程，学术分委员会章程；

（九）学校认为需要提交审议的其他学术事务。

第十五条 学校实施以下事项，涉及对学术水平做出评价的，应当由学术委员会或者其授权的学术组织进行评定：

（一）学校教学、科学研究成果和奖励，对外推荐教学、科学研究成果奖；

（二）高层次人才引进岗位人选、名誉（客座）教授聘任人选，推荐国内外重要学术组织的任职人选、人才选拔培养计划人选；

（三）自主设立各类学术、科研基金、科研项目以及教学、科研奖项等；

（四）需要评价学术水平的其他事项。

第十六条 学校做下列决策前，应当通报学术委员会，由学术委员会提出咨询意见。

（一）制订与学术事务相关的全局性、重大发展规划和发展战略；

（二）学校预算决算中教学、科研经费的安排和分配及使用；

（三）教学、科研重大项目的申报及资金的分配使用；

（四）开展中外合作办学、赴境外办学，对外开展重大项目合作；

（五）学校认为需要听取学术委员会意见的其他事项。

学术委员会对上述事项提出明确不同意见的，学校应当做出说明、重新协商研究或者暂缓执行。

第十七条 学术委员会按照有关规定及学校委托，受理有关学术不端行为的举报并进行调查，裁决学术纠纷。

学术委员会调查学术不端行为、裁决学术纠纷，应当组织具有权威性和中立性的专家组，从学术角度独立调查取证，客观公正地进行调查认定。专家组的认定结论，当事人有异议的，学术委员会应当组织复议，必要的可以举行听证。

对违反学术道德的行为，学术委员会可以依职权直接撤销或者建议相关部门撤销当事人相应的学术称号、学术待遇，并可以同时向学校、相关部门提出处理建议。

第四章 工作制度

第十八条 校（院）学术委员会实行例会制度，每学期至少召开1次全体会议。根据工作需要，经学术委员会主任委员或者校长（院长）提议，或者1/3以上委员联名提议，可以临时召开学术委员会全体会议，商讨、决定相关事项。

学术委员会可以授权专门委员会处理专项学术事务，履行相应职责。

第十九条 学术委员会主任委员负责召集和主持学术委员会会议，必要时，可以委托副主任委员召集和主持会议。学术委员会委员全体会议应有2/3以上委员出席方可举行。

学术委员会全体会议应当提前确定议题并通知与会委员。经与会1/3以上委员同意，可以临时增加议题。

第二十条 学术委员会议事决策实行少数服从多数的原则，重大事项应当以与会委员的2/3以上同意，方可通过。

学术委员会会议审议决定或者评定的事项，一般应当以无记名投票方式做出决定；也可以根据事项性质，采取实名投票方式。

学术委员会审议或者评定的事项与委员本人及其配偶和直系亲属有关，或者具有利益关联的，相关委员应当回避。

第二十一条 学术委员会会议可以根据议题，设立旁听席，允许相关学校职能部门、教师及学生代表列席旁听。

学术委员会做出的决定应当予以公示，并设置异议期。在异议期内如有异议，经1/3以上委员同意，可召开全体会议复议。经复议的决定为终局结论。

第二十二条 学术委员会委员一般不得缺席学术委员会会议，因故不能出席的，须在学术委员会办公室备案。一年内两次无故缺席会议的委员，或任期内累计无故缺席会议达到3次的委员，视为自动离职。自动离职的人员，将不再具有当选各级学术委员会的资格。

第二十三条 校学术委员会全体会议闭会期间，由校学术委员会主任会议行使职责。校学术委员会主任会议成员由主任、副主任和秘书长组成。主任会议可根据会议内容邀请有关专委会和院学术委员会主任列席会议。

第二十四条 学术委员会实行年度报告制度，每年度对学校整体的学术水平、学科发展、人才培养质量等进行全面评价，提出意见、建议；对学术委员会的运行及履行职责的情况进行总结。

学术委员会年度报告应提交教职工代表大会审议，有关意见、建议的采纳情况，校长应当做出说明。

第五章 附则

第二十五条 本章程经第十届85次校党委常委会议讨论通过，自印发之日起开始实行。学校于2003年发布的《北京工业大学学术委员会章程》和《北京工业大学学院级学术委员会章程》同时废止。

第二十六条 本章程由学校学术委员会负责解释。

2014年3月19日

关于成立北京工业大学科学技术发展院的决定

工大党政发〔2014〕6号

为了实现把北京工业大学建设成为国际知名、有特色、高水平研究型大学的奋斗目标，深入贯彻落实党的十八届三中全会精神，以改革精神推进学校事业发展。经2014年8月26日第十届107次校党委常委扩大会议和2014年第22次校长办公会研究决定，成立北京工业大学科学技术发展院，撤销北京工业大学科技处。

成立科学技术发展院是学校主动适应创新型国家建设的需要，通过整合校内外各种资源，形成推动科学技术研究发展、科教结合支撑人才培养与学科群建设、促进科研成果应用的新格局，体现研究型大学的科技创新引领作用。科学技术发展院的职能为：负责从科研项目的争取立项到验收鉴定、申报专利和奖励直至后续产业化工程与应用转化的全过程，实现对学校科技活动人员、项目、经费、成果、基地的专业化、职业化主动服务、培训、协调、组织管理与开拓，履行各类项目经费预决算管理、“法人责任制”、“2011”协同创新，贯彻落实“京校十条”，整合管理科技服务资质和专职科研编制人员等。

科学技术发展院下设6个处（室），包括综合事务和成果办公室，纵向、基地和国际合作办公室，协同创新和专项办公室，人文社科处，技术开发和成果转化办公室，先进技术办公室。北京工业大学学报编辑部和北京工业大学科学技术协会挂靠北京工业大学科学技术发展院。

科学技术发展院院长由分管副校长兼任，下设处级领导职数6人，人员编制共计33人（含事业编制、人事代理等多种聘任方式)。

2014年8月28日

北京工业大学教师职业道德与行为规范(试行)
工大党发〔2014〕9号

教师是教育事业发展的基础，是提高教育质量、办好人民满意教育的关键。加强师德建设，引导教师时刻铭记教书育人使命、甘当人梯、甘当铺路石、以人格魅力引领学生心灵成长、以学术造诣开启学生智慧之门，是教师队伍建设的首要任务，也是高等学校教师培育和践行社会主义核心价值观，倡导爱国、敬业、诚信、友善的基本途径。2011年教育部、中国教科文卫体工会全国委员会制定了《高等学校教师职业道德规范》，明确规定了高等学校教师应严格遵守爱国守法、敬业爱生、教书育人、严谨治学、服务社会、为人师表的职业操守。本规范通过明确学校教师在人才培养、科学研究、服务社会和文化传承等领域应恪守的基本原则，进行积极的规范引领，以倡导职业自律；旨在进一步贯彻党和国家的教育方针，指导教师在追求职业卓越过程中明确职业价值理念、职业原则、行为规则，提升职业道德素养，增进其教书育人的精神追求。

本规范适用于学校专业技术、管理、工勤技能等岗位的所有教职员工。

第一章 工大精神与价值理念

自1960年建校以来，学校教师遵循“不息为体，日新为道”的工大校训，把立德树人作为根本任务，着力培养德智体美全面发展的社会主义建设者和接班人。

学校教师应忠诚人民教育事业，树立崇高的职业理想，以高尚师德、人格魅力和学识风范教育、感染学生，引领学生形成正确的世界观、人生观和价值观。学校教师应以“乐教、爱生、正己、荣校”的行为理念，真心关爱、严格要求、公正对待学生，努力做学生的良师益友。

一、教师应坚持育人为本，把立德树人作为教育的根本任务

1. 应心怀办好人民满意的教育、努力成长为优秀教师的职业理想，努力把北京工业大学建设成国际知名、有特色、高水平研究型大学。

2. 应致力于培养学生的健康人格和积极乐观的生活态度，努力培养具有国际视野、首都情怀、善于沟通、勇于创新的栋梁之才。

3. 应不断掌握高等教育规律，丰富更新专业知识，提升表达能力、沟通技巧、领导力，养成良好倾听习惯，增强师生互动，引导学生自主学习，努力促成师生共同成长。

二、教师应热爱学生，把促进学生全面成长和个性发展当成首要责任

4. 应秉持严而不苛刻、慈而不溺爱的育人理念，平等对待每一位学生。

5. 应保持与学生进行密切的课内外交流，尽可能了解每个学生的个性特点，增强教育教学针对性；对每个学生持积极乐观的态度和很高的期望；努力促进学生全面健康发展。

6. 应以成熟理性的心态和学生进行交往，享受在与学生交往时收获的回应与爱，也感恩所遇到的回避与冷淡。

三、教师应坚持“学为人师，行为世范”，做到言传身教，为学生树立良好榜样

7. 应遵守国家宪法和法律，贯彻党和国家的教育方针。

8. 应热爱祖国，坚定对中国特色社会主义的信心，积极践行社会主义核心价值观，模范遵守社会公德，维护社会正义。

9. 应坚持学术研究有自由、课堂讲授有纪律的原则，不散布错误政治观点和有害言论信息。

10. 应言行雅正，衣着得体大方，自觉抵制有损教师职业声誉的言行。

四、教师应热爱学校，关心学校的发展，积极建言献策

11. 应采取积极、正面的语言来描述学校、同事以及工作 。

12. 应关心学校事业发展，把个人发展与学校发展相结合；客观看待学校发展中的各类问题，采取适当方式积极建言献策。

13. 应积极维护学校的声誉和社会形象。

第二章 教学态度与责任

教学是大学教师的首要工作。师者即传道、授业、解惑，应努力实现教书育人的目标。在教学过程中，教师应不断充实自我，潜心备课，发挥学生的学习主动性，训练学生的科学思维能力，激发学生的创新精神，培养学生的创新能力。

一、教师应秉持热忱投入教学工作

14. 应确保完成教学任务，充分准备授课内容。

15. 应自觉遵守教学纪律，尽量避免调课。

16. 应密切关注、着力提高学生的学习兴趣与学习效果。

二、教师应秉持专业精神从事教学工作

17. 应严格按照专业教学计划和课程教学大纲开展教学活动。正式授课前应将课程的教学进度、教学要求及成绩评定方式明确告知学生。

18. 应结合专业特点合理安排教学与实践环节，并保证一定时间的课外辅导与答疑。

19. 应对学生的考核成绩进行科学合理的评定，拒绝其他任何组织或个人的干预。

三、教师应不断地充实自我，注重教学方式方法创新，积极参与教育教学改革

20. 应关注学术前沿，拓展学术新知，并适当引入课堂教学。

21. 应注重教学方式方法的学习、研究、交流和借鉴，提升教学效果和教学质量。

22. 应重视教学评价意见，积极进行教学反思，适时调整和改进教学方法。

23. 应积极参与教育教学研究与改革，推进专业建设、课程建设和教材建设。

第三章 研究态度与学术道德

大学赋予教师充分的学术自由，以追求卓越的学术成就。学术道德是教师进行学术活动的基本准则，涉及学术研究、学术评审、学术批评和学术管理的全过程。大学教师应本着高度的学术道德与学术良知从事科学研究，以探求新知和提升学术水平为己任，为学生树立良好榜样。

一、教师应秉持科学精神从事研究工作

24. 应勇于探索，追求真理。

25. 应实事求是，精益求精，不因外在压力与诱惑而人为地改变研究依据和结论，力戒浮躁。

二、教师应秉持创新精神进行科学研究

26. 应充分解放思想，实现人才、资本、信息、技术等创新要素之间的有效汇聚。

27. 应在承认学科差异的基础上，积极促进学科的交叉融合。

三、教师应秉持严谨的态度处理研究资料与结果

28. 应周密思考并分析所有研究结果，包括与事前预期不符的新发现。

29. 应妥善记录并保存相关研究资料，提供检验或备查。

30. 研究工作的负责人应负责研究资料的管理，并规划研究成果的发表与转化事宜。

31. 不得捏造、篡改研究资料。

四、教师应秉持诚信的态度发表学术论文或著作

32. 不得抄袭、剽窃、借用他人研究成果。不得不当引用他人资料；引用他人的著作或资料，必须注明来源。

33. 必须为所发表的成果负责，必须适当回应对所发表成果的正式查询。

34. 作为导师应处理好所指导学生的研究成果的署名问题。

35. 研究成果不应在学术性期刊重复发表。

五、教师应秉持公正态度参与或接受学术评审

36. 担任学术评审应秉持公正客观立场，并遵守保密及回避的规定。

37. 评审人不得因主观立场或其他非学术因素而影响评审结果。

38. 评审人不得凭借评审身份影响当事人的学术主张或自主意识。

39. 学术成果接受评审时，当事人应尊重审查单位的评审程序。

第四章 管理与服务的态度和责任

管理与服务是学校运行和发展不可缺少的职能。管理与服务岗位的工作人员应按照学校规章制度，围绕保障教学科研等工作顺利开展的目标，高效完成上级部署的各项任务，最大程度满足师生的需求。

一、管理与服务岗位的工作人员应提高工作效率，快速、高质地完成各项管理与服务工作

40. 应提高执行力和工作效率，办事不能拖沓。

41. 应从服务师生的角度设计和创新工作模式，加强工作统筹，减少给师生带来不便。

42. 应注意精简工作形式，注重提高工作实效。

二、管理与服务岗位的工作人员应以真诚的态度面对师生诉求

43. 应保持热情、耐心、周到的工作态度。

44. 应善于换位思考，将师生诉求作为工作的重要出发点。

45. 服务师生时不推诿。若无法及时完成服务工作时，应全面地向师生说明相关处理建议。

第五章 校园生活与人际互动

大学的功能不仅是知识的追求与传授，还应重视人格与生活态度的养成。教师除了教学与研究工作之外，还应通过校园生活的互动，建立互敬与互助的人际关系，并致力于维持一个和谐纯净的校园氛围。

一、教师应致力于维持同事间与师生间的和谐关系

46. 与同事相处应秉持相互尊重的为人准则。

47. 与学生相处应妥善处理好师生关系，尊重学生人格，保护学生隐私。

48. 应关心并尽己所能地协助解决学生和同事的困难。

49. 应合理表达自身诉求，依法维护自身权益。

50. 应避免对同事做出不当的人身评价或破坏同事之间人际关系。避免对同事或学生造成骚扰或采取不公正对待。

二、教师应致力于团队合作，共享教育与学术荣誉

51. 应尊重同事的教育理念与学术思想。对同事的教育与学术成果应给予公正客观的评价，接纳成功，包容失败。

52. 应发扬合作精神，通过团队合作完成工作。

53. 要善于融入团队，加强与团队成员的沟通与交流。

54. 应公正评价每一位团队成员的付出和贡献。

三、教师应致力于维护校园的纯洁

55. 应尽己所能维护校园的安全与稳定。

56. 应避免利用学生、家长、同事的资源图谋私利。

57. 应避免接受因工作关系而发生的异常馈赠。

第六章 服务社会与国际交往

除教育与研究的基本职责之外，教师还应致力于促进大学以知识服务社会，并承担导引社会风尚的责任。教师在服务社会和国际交往中应恪守相关行为准则，以维护国家利益与学校形象。

一、教师应担当社会责任，为国家富强和社会进步服务

58. 应发挥专业优势，致力于用知识服务社会。

59. 参与外界活动时，应致力于推动学校与社会的沟通与交流。

60. 在教学与研究之余，应深入了解国情、社情和民情，积极关注并参与社会实践和社会公益事务，致力于传播中华民族的优秀文化，积极参与科学普及工作。

二、教师在参与服务社会与国际交往中应把握分寸

61. 教师对外界发表个人言论时要避免滥用或损害学校声誉。

62. 应避免利用学校形象或资源图谋私利，或对学校发展造成不利影响。

63. 在国际交往中，应遵守国际惯例，自觉维护国家、学校和个人尊严。

2014年8月31日

北京工业大学关于进一步加强辅导员班主任工作的若干意见（2014年修订版）

工大党发〔2014〕10号

为深入贯彻中央、教育部和北京市委关于加强高校辅导员队伍建设的精神，落实立德树人基本导向，增强实效，扎实推进辅导员和班主任队伍建设各项工作，根据北京市《关于进一步加强北京高校辅导员队伍建设的若干意见》（京教工〔2013〕26号）的要求，结合《北京工业大学关于进一步加强辅导员班主任工作的若干意见》（工大党发〔2011〕27号）实施情况和学校实际，经2014年6月30日十届102次校党委常委扩大会议讨论通过，现就进一步加强辅导员班主任工作提出以下意见。

一、充分认识辅导员班主任工作的重要性

辅导员、班主任是加强和改进大学生思想政治教育工作、推进大学生社会主义核心价值观的培育、维护学校稳定、建设班级优良学风、培养学生创新能力的骨干力量。加强辅导员、班主任工作是学校提高人才培养质量的重要举措，对于贯彻落实党的教育方针，促进学生全面发展，具有十分重要的意义。担任班主任是教师参与公共服务工作的一项重要内容。

二、健全辅导员班主任工作的运行机制

辅导员、班主任工作实行校院两级管理。学校辅导员、班主任管理分别由学生工作部和教务处负责，学院辅导员、班主任管理分别由党委副书记和教学副院长负责。建立校院两级人才培养联席会制度，定期召开学生工作部门和教务部门工作会议，共同协商人才培养工作的重大事项和突出问题。

三、进一步明确辅导员班主任的工作职责

辅导员的主要职责为学生党建、思想政治教育、深度辅导、日常行为管理、安全稳定工作和突发事件处理等；班主任的主要职责为学生学业辅导、班级学风建设、课外科技实践活动指导、就业指导及职业发展规划等。辅导员和班主任既要明确分工，又要密切配合。

四、进一步配齐配强辅导员班主任队伍

辅导员总体上按师生比不低于1∶200的比例配备，以专职为主，专兼结合；要选聘工作经验丰富、责任心强、热情高、乐于奉献的同志担任辅导员。每个本科生班配一名班主任，有条件的学院可试行导师制；要选聘具有一定班务管理工作经验的中青年教师担任班主任，原则上新入职青年教师必须担任班主任。

五、进一步加强辅导员班主任的工作培训

辅导员、班主任要先培训后上岗，坚持日常培训和专题培训相结合、坚持校级培训和院级培训相结合。新任辅导员、班主任须参加由学校统一组织的岗前培训。辅导员日常培训学习的时间每年不少于40学时/人，班主任日常培训学习的时间每年不少于20学时/人。辅导员、班主任的培训纳入学校师资培训规划。

六、重视辅导员班主任的培养发展

学校将辅导员队伍作为党政后备干部培养和选拔的重要来源，根据工作需要，向校内管理工作岗位、社会有关单位推荐、输送优秀辅导员。2013年1月1日（含）以后入校的专任教师申请晋升高一级专业技术职务时，原则上要求任现职以来至少有两年担任班主任工作的经历。

七、进一步加强辅导员班主任的工作考核

辅导员、班主任的工作考核由学生工作部和教务处共同组织，学院具体实施。考核坚持工作业绩与学生评价相结合、过程评价与目标评价相结合的原则。辅导员、班主任考核结果作为职称晋升和岗位评聘的指标之一，考核不合格者不能晋升上一级岗位和职称。

八、加强辅导员班主任的表彰宣传工作

加大对优秀辅导员和班主任的宣传，每两年评选一次北京工业大学优秀辅导员和班主任，树立一批优秀辅导员和班主任的典型，在全校范围内形成关心和支持辅导员和班主任工作的良好氛围。

2014年9月16日

北京工业大学培育和践行社会主义核心价值观实施方案

工大党发〔2014〕12号

社会主义核心价值观是社会主义核心价值体系的内核，体现了社会主义意识形态的本质要求，凝结着社会主义先进文化的精髓，体现了社会主义制度在个人思想和精神层面的质的规定性，是中国特色社会主义道路、理论体系和制度的价值表达，是实现中华民族伟大复兴的中国梦的价值引领。为深入贯彻落实党的十八大、十八届三中全会精神和习近平总书记系列讲话精神，按照《北京高校培育和践行社会主义核心价值观实施意见》，现制定我校实施方案如下。

一、培育和践行社会主义核心价值观的重要意义、指导思想和基本原则

1. 充分认识培育和践行社会主义核心价值观的重要意义。培育和践行以“富强、民主、文明、和谐，自由、平等、公正、法治，爱国、敬业、诚信、友善”为基本内容的社会主义核心价值观，是凝魂聚气、强基固本的基础工程。高等学校培育和践行社会主义核心价值观，是贯彻党的教育方针，坚持社会主义办学方向，巩固马克思主义在意识形态领域的指导地位，巩固党员干部和师生员工团结奋斗的共同思想基础，实现学校建设国际知名、有特色、高水平研究型大学目标和中华民族伟大复兴中国梦的必然要求。

2. 培育和践行社会主义核心价值观的指导思想。以邓小平理论、“三个代表”重要思想、科学发展观为指导，深入学习贯彻党的十八大精神和习近平同志系列讲话精神，紧紧围绕坚持和发展中国特色社会主义和实现中华民族伟大复兴中国梦这一目标，注重教育引导、舆论宣传、文化熏陶、实践养成、制度保障相结合，使社会主义核心价值观融入党员干部和师生员工的精神世界，成为日常学习、工作、生活的基本遵循。

3. 培育和践行社会主义核心价值观的基本原则。一是坚持育人为本、铸魂为根，铸牢师生员工中国特色社会主义共同理想；二是坚持全面覆盖、有机融合，把培育和践行社会主义核心价值观渗透到全校师生办学治校的方方面面；三是坚持创新推动、增强实效，改进方式，拓宽渠道，使社会主义核心价值观入脑入心；四是坚持继承和发展中华传统文化与学校文化传统，要处理好继承和创造性发展的关系。

二、加强宣传学习，让社会主义核心价值观基本内容处处可见、人人知晓

4. 开展社会主义核心价值观宣传活动，营造良好舆论氛围。要利用报刊、广播、网络等各类宣传平台大力宣传社会主义核心价值观。要围绕培育和践行中的创新经验、先进典型开展专题宣传。要把宣传社会主义核心价值观和校园环境建设、楼宇文化建设等工作相融合。要切实加强网络宣传教育，加强校园网络管理，推进网络队伍建设。

5. 加强理论学习和研究，使社会主义核心价值观进入师生头脑。深入开展中国特色社会主义和中国梦宣传教育。把社会主义核心价值观学习教育纳入党委理论中心组学习计划。成立师生学习践行团并开展理论研究和宣讲活动。开展相关征文活动。

三、实施"引领工程"，使社会主义核心价值观扎根师生头脑

6. 加强理想信念教育，引导师生自觉做中国特色社会主义的坚定信仰者和忠实实践者。扎实推进"青年马克思主义者培养工程班"工作，开展社会实践工作。以"弘扬中国精神、凝聚中国力量、实现中国梦想"为主旨，积极开展各类主题教育活动。

7. 发挥文化育人作用，在潜移默化中培育社会主义核心价值观。要运用各类文化形式表现社会主义核心价值观，用高质量高水平的作品形象地告诉人们什么是值得肯定和赞扬的，什么是必须反对和否定的。要挖掘凝练大学精神，弘扬学校优良传统，加强博物馆、校史馆建设，整理校史、院史；要通过新生教育广泛宣讲学校发展历史、学科发展历程及人才培养要求。要大力开展美丽工大建设，努力打造以"两节、两会、两典礼"为标志的校园文化品牌。

8. 加强道德建设，以先进榜样示范社会主义核心价值观。要通过舆论宣传、楼宇文化建设、榜样示范等途径宣传推广《北京工业大学教师职业道德与行为规范》，制定《北京工业大学机关人员工作规范》，引导教师在追求职业卓越过程中积极践行社会主义核心价值观。以诚信建设为重点加强道德建设，继续推进新生诚信教育，设立荣誉学分，试行诚信和荣誉档案。制定《北京工业大学学术规范》，建设科学精神与学术规范教育基地。师生要加强自身的道德修养，学生要勤学、修德、明辨、笃实，做一名好学生；教师要有理想信念、道德情操、扎实学识、仁爱之心，做一名好老师。要大力选树师生先进集体和个人，宣传先进师生典型，形成学习先进、争当先进的浓厚风气；积极参与"北京榜样"推选。

9. 加强意识形态工作，积极引导师生思想。加强师生思想动态调查与分析，强化社会热点难点问题的正面引导，在包容多样中形成思想共识。建立意识形态管理制度，严格社团、讲座、论坛、研讨会、报告会的管理，防范错误思潮传播和非法传教。

四、实施"助力工程"，使师生在成长中感悟社会主义核心价值观

10. 要发挥政策导向作用，将教师思想政治素质提高与业务水平提升相结合，使社会主义核心价值观与教师职业发展相融合。把培育和践行社会主义核心价值观嵌入教师培训培养、项目申报、职称评聘、岗位聘任、干部选拔和任用、绩效考核、学生评教等工作中，有效促进教师全面快速成长。

11. 将培育和践行社会主义核心价值观与创新育人、实践育人工作相融合，促进学生创新能力和思想政治素质双提升。完善工程实训平台运行管理机制，继续为学生开展科技创新实践创造条件，通过组织科技竞赛、科技活动等途径，为学生践行社会主义核心价值观创造空间。开展青年就业创业教育，构建青年就业创业服务体系，引导学生以实际行动践行社会主义核心价值观。

五、实施"标准工程"，使社会主义核心价值观成为校园生活的基本遵循

12. 健全各项规章制度，要注重在学校日常管理和治理实践中体现社会主义核心价值观，使学校各项政策、制度都有利于社会主义核心价值观的培育。要将社会主义价值观融入工会、教代会以及学校章程、学术委员会章程、教职工申诉受理办法、教职工处分暂行规定等各项规章制度的制定和实施中去；加强研究生会和学生会工作，理顺内部管理和服务体制，组织好换届选举工作，为师生表达诉求提供有效渠道，倡导自由、平等、公正、法治等价值观。

13. 充分发挥课程的德育功能，把学生全面发展的总体要求和社会主义核心价值观细化为学生发展核心素养体系和学业质量标准，融入各类课程的培养目标、教学内容、教学过程之中。整体设计与规划课程体系的育人功能，通过专业评估和认证、课程建设、课程考评等方式，让师生在课程教学每一个环节中感悟社会主义核心价值观。切实在思想政治理论课加强社会主义核心价值观教育，在专业课程教学中强化工程伦理、人文关怀、科研诚信等要求。鼓励教师创新教学模式，建立良好的师生互动，形成平等、民主、合作、友善的师生关系，使课堂成为系统传播社会主义核心价值观的重要阵地。

14. 注重将党员发展、党员培训、党员管理等党建工作与培育和践行社会主义核心价值观相融合。实施"党员先锋工程"计划，加强党建带团建工作；继续深化"五型"学生党支部建设，开拓学生党员教育的新机制。

六、实施"融入工程"，发挥高校培育和践行社会主义核心价值观的示范作用

15. 充分利用各种重要节庆日、纪念日以及其他社会教育资源，举办庄严庄重、内涵丰富的群众性庆祝和纪念活动，推进文明单位创建活动。举办纪念“一二·九”运动系列活动，激发当代大学生的爱国热情；开展全民阅读活动，不断提升公民文明素质和社会文明程度。

16. 深入实施北京高校学雷锋行动计划，组织党员干部和师生员工广泛开展学雷锋实践活动，实现志愿服务常态化。开展公益活动，大力拓展国际志愿服务活动，成立教师志愿者团并开展相关活动，传播正能量。

17. 要将核心价值观转化为服务首都经济社会发展的自觉行动。全校师生要了解国家和首都经济社会发展需求，积极参与首都和国家重大项目建设，参与大学中小学共建、社区共建等工作，在融入北京、服务北京的行动中践行和发扬社会主义核心价值观。

七、加强组织领导，将培育和践行社会主义核心价值观工作落细、落小、落实

18. 要充分认识培育和践行社会主义核心价值观的重要性。要把社会主义核心价值观的具体要求体现到学校工作各方面，推动培育和践行社会主义核心价值观同师生员工的学习工作生活融为一体、相互促进，不断转化为师生的自觉行动。

19. 要建立健全培育和践行社会主义核心价值观的领导体制和工作机制，要加强统筹协调，不断提高工作科学化水平。学校党政领导班子要加强领导，要研究、规划、督促落实相关工作。党委宣传部门要切实担负起组织指导、协调推进的重要职责，积极会同有关部门采取有力措施，推动各项任务落到实处。学校各职能部门、各二级单位要按照学校部署，结合实际，在落细、落小、落实上下足功夫。要发挥党的各基层组织在培育和践行社会主义核心价值观中的政治核心作用和战斗堡垒作用。要注重发挥学校学术委员会、教学指导委员会、职称评定委员会、工会、教代会、共青团以及研究生会、学生会等学术性组织和群众性团体在培育和践行社会主义核心价值观中的作用。

20. 要强化责任，各单位党政一把手作为第一负责人要切实负起政治责任和领导责任，党员、干部、教师要发挥模范作用，政治辅导员要切实承担辅导责任和带头作用。要将相关工作情况作为领导干部的年度考核内容。各单位要研究制定工作方案交党委宣传部备案，并结合实际创造性地开展工作，确保工作持续推进。

2014 年 9 月 30 日

校 发 文 件

北京工业大学 2014 年校发文件目录

大学差旅费管理办法》的通知

工大发〔2014〕17号 关于批准北京工业大学西区医务室变更法人的通知

工大发〔2014〕18号 关于调整北京工业大学岗位聘任委员会成员的通知

工大发〔2014〕19号 关于印发《北京工业大学"促进人才培养综合改革"项目经费管理办法》的通知

工大发〔2014〕20号 关于评选2014年北京工业大学先进基层单位、优秀教师和优秀教育工作者的通知

工大发〔2014〕21号 北京工业大学关于印发《北京工业大学2014年国有资产产权登记工作方案》的通知

工大发〔2014〕22号 关于调整北京工业大学教职工奖励工作指导委员会及办公室成员的通知

工大发〔2014〕23号 关于印发《北京工业大学岗位聘任办法（2014修订）》的通知

工大发〔2014〕24号 北京工业大学关于印发教师、其他专业技术、管理、工勤技能岗位聘任实施细则（2014修订）的通知

工大发〔2014〕25号 关于印发《北京工业大学内部控制体系建设工作方案》的通知

工大发〔2014〕26号 北京工业大学关于开展2014年专业技术岗位聘任工作的通知

工大发〔2014〕27号 关于公布2014年度北京工业大学教学名师奖获奖教师名单的通知

工大发〔2014〕28号 北京工业大学关于开展2014年管理岗位、工勤技能岗位聘任工作的通知

工大发〔2014〕29号 关于印刷服务中心整体划转到后勤服务集团的通知

工大发〔2014〕30号 关于成立北京工业大学招生考试委员会的通知

工大发〔2014〕31号 关于印发《北京工业大学教职工处分暂行规定》的通知

工大发〔2014〕32号 北京工业大学关于启动"211工程"四期建设立项工作的通知

工大发〔2014〕33号 北京工业大学绩效工资实施办法（2014修订）

工大发〔2014〕35号 关于调整北京工大建国饭店有限公司董事会、监事会成员的通知

工大发〔2014〕36号 关于公布2014年北京工业大学先进基层单位、优秀教师（标兵）、优秀教育工作者（标兵）评选结果的通知

工大发〔2014〕37号 关于MBA教育中心主任变更的通知

工大发〔2014〕38号 关于公布北京工业大学第十一届学位评定委员会组成人员名单的通知

工大发〔2014〕39号 关于印发《北京工业大学岗位分级聘用实施办法》的通知

工大发〔2014〕40号 北京工业大学关于开展2014年岗位分级聘用工作的通知

工大发〔2014〕41号 关于印发《北京工业大学研究生指导教师遴选办法》的通知

工大发〔2014〕42号 关于对北京工业大学人才工作先进单位及高层次人才给予校长嘉奖的决定

工大发〔2014〕43号 北京工业大学关于成立北京智慧城市研究院的决定

工大发〔2014〕44号 北京工业大学关于成立招生办公室、就业创业指导中心的决定

工大发〔2014〕45号 北京工业大学关于成立北京知识产权学院和北京知识产权研究院的决定

工大发〔2014〕46号 关于调整北京工业大学教师教学发展中心组织机构成员的通知

工大发〔2014〕47号 北京工业大学关于组织开展2014年度绩效考核工作的通知

工大发〔2014〕48号 关于印发《北京工业大学信息公开实施细则》的通知

工大发〔2014〕49号 北京工业大学关于成立微电子学院的决定

工大人〔2014〕1号 关于印发《北京工业大学北京市科技新星计划联合培养项目管理办法》的通知

工大人〔2014〕2号 关于印发《北京工业大学北京市科技新星计划联合培养项目经费管理细则》的通知

工大人〔2014〕3号 关于印发《北京工业大学博士后工作管理办法》的通知

工大人〔2014〕4号 关于公布北京工业大学2014年岗位聘任教师A1－1岗位聘任结果的通知

工大人〔2014〕5号 关于公布北京工业大学2014年岗位聘任教师A1－2岗位聘任结果的通知

工大人〔2014〕6号 关于公布北京工业大学2014年岗位聘任教师A2岗位评审委员会名单的通知

工大人〔2014〕7号 关于公布北京工业大学2014年岗位聘任教师A3岗位评审组名单的通知

工大人〔2014〕8号 关于公布北京工业大学2014年岗位聘任分委员会成员名单的通知

工大人〔2014〕9号 关于公布北京工业大学2014年岗位聘任教师A2岗位聘任结果的通知

工大人〔2014〕10号 关于公布北京工业大学2014年岗位聘任教师A3岗位聘任结果的通知

工大人〔2014〕11号 关于公布2014年专业技术职务评聘结果的通知

工大人〔2014〕12号 关于公布2013年7月以来引进人才专业技术职务评聘结果的通知

工大人〔2014〕13号 关于公布北京工业大学2014年岗位聘任专业技术A4岗位聘任结果的通知

工大人〔2014〕14号 关于公布北京工业大学2014年岗位聘任校聘高级岗位聘任结果的通知

工大人〔2014〕15号 关于印发《北京工业大学绩效工资实施细则》的通知

工大人〔2014〕16号 关于公布北京工业大学2014年岗位聘任管理重点岗位聘任结果的通知

工大人〔2014〕17号 关于公布北京工业大学2014年岗位聘任管理一般岗位聘任结果的通知

工大人〔2014〕18号 关于公布北京工业大学2014年岗位聘任工勤技能岗位聘任结果的通知

工大人〔2014〕19号 关于公布北京工业大学2014年岗位聘任专业技术重点岗位聘任结果的通知

工大人〔2014〕20号 关于公布北京工业大学2014年岗位聘任专业技术一般岗位聘任结果的通知

工大人〔2014〕21号 关于公布北京工业大学2015年度“京华人才”、“日新人才”及指导教师名单的通知

工大人〔2014〕22号 关于印发《北京工业大学班主任岗位补贴管理办法（试行）》的通知

工大办〔2014〕1号 关于公务用车使用管理检查情况的通报

工大办〔2014〕2号 关于公布学科楼命（更）名结果的通知

工大办〔2014〕3号 关于印发《北京工业大学教职工考勤管理办法》的通知

工大办〔2014〕4号 北京工业大学关于进一步加强校院两级机关工作纪律的通知

工大办〔2014〕5号 关于印发《北京工业大学机关工作人员行为规范》的通知

工大勤〔2014〕1号 关于印发《北京工业大学基础设施改造工程管理办法》的通知

工大勤〔2014〕2号 北京工业大学关于印发《新学科楼实验室装修改造工程管理办法》的通知

工大勤〔2014〕3号 关于印发《北京工业大学班车改革方案（试行）》的通知

北京工业大学关于成立北京古月新材料研究院的决定

工大发〔2014〕4号

各院、部、处、直属单位，后勤集团、投资公司：

纳米新材料属于培育和发展战略性新兴产业的关键核心技术，为更好地发挥北京工业大学学科优势，服务北京建设成为国家创新中心，服务区域创新发展，加快推进碳纳米材料制备技术的产业化应用，显著提升北京市新材料产业核心竞争力，推动北京市相关产业发展，落实学校“十二五”发展建设规划，创新体制机制，推进北京工业大学实现国际知名、有特色、高水平研究型大学的战略目标及“2011计划”协同创新中心、国家级科研基地的建设，根据2012年8月13日北京市人民政府会议纪要（第87期），决定依托北京工业大学筹建新型科研机构“北京古月新材料研究院”。随后，学校在组织专家充分论证的基础上，经校长办公会和校党委常委会多次研究，完成了研究院建设方案的编制论证，并报上级主管部门。

现经北京市教育委员会审核，北京市机构编制委员会正式批复《关于同意设立北京古月新材料研究院的函》（京编办事〔2013〕31号），学校决定正式成立北京古月新材料研究院，为北京工业大学所属相当正处级全额拨款事业单位。

北京古月新材料研究院是依托北京工业大学的北京市级科研机构，主要职责是：承担碳纳米材料及制备技术的研究工作，承担碳纳米材料研究相关高层次人才的培养工作。

北京古月新材料研究院全额拨款事业编制92名，其中，处级领导职数1正3副。

2014年3月17日

北京工业大学关于成立北京科学与工程计算研究院

工大发〔2014〕7号

各院、部、处、直属单位，后勤集团、投资公司：

为落实学校“十二五”发展建设规划，加快推进基础学科与工科优势学科的交叉融合，形成

与重大工程、重大产业结合的科学与工程计算前沿技术，推进实现“国际知名、有特色、高水平研究型大学”的发展目标，更好地服务国家和北京经济社会发展，在深入调研和广泛征求意见的基础上，经2013年5月14日第10次校长办公会研究，学校决定筹建新型教学科研机构“北京科学与工程计算研究院”（英文名称：Beijing Center for Scientific and Engineering Computing，简称：BJC－SEC），同时上报北京市教育委员会。随后，学校组织国内外专家进行充分论证，并经筹备领导小组多次讨论研究，完成了研究院建设方案的编制论证工作。经2014年3月25日十届88次校党委常委扩大会议研究决定，正式成立“北京科学与工程计算研究院”，由北京市战略科学家、国际著名数学家、欧洲科学院院士 Peter Deuflhard（杜甫·哈特）教授领衔，并原则通过北京科学与工程计算研究院建设方案。

北京科学与工程计算研究院是在新形势下面向国际前沿、推进学科交叉、探索体制机制创新的一个新型教学科研机构。具有独立法人资格、设立独立治理结构，采用理事会领导下的院长负责制。目前按北京工业大学所属相当正处级单位进行管理，按照事业单位性质并依据相关法律、政策法规开展业务。宗旨为开展科学与工程计算等数学领域的学科建设与研究，服务经济社会事业发展。业务范围为科学与工程计算研究，相关技术开发与成果转让；专业人才培养与培训；学术交流与咨询。

北京科学与工程计算研究院可采用多样化、灵活的人事聘任方式，试行年薪制和协议工资制。

2014年4月3日

北京工业大学协同创新中心培育与建设管理办法（试行）

工大发〔2014〕9号

第一章 总则

第一条 根据《教育部 财政部关于实施高等学校创新能力提升计划的意见》（教技〔2012〕6号）、《北京市教育委员会关于进一步提高北京高等学校科技创新能力的意见》（京教研〔2012〕9号）、《北京工业大学关于落实“2011计划”的意见》（工大发〔2012〕46号）的精神，为了做好我校协同创新中心（以下简称“协同创新中心”）培育与建设管理工作，特制定本办法。

第二条 协同创新中心培育与建设遵循“需求导向、协同创新、改革驱动、特色发展”的基本原则。

第三条 协同创新中心培育和建设突出学校特色学科，着眼于为首都经济、社会发展做出实质性贡献，鼓励探索切合实际的有效运行模式。

第四条 协同创新中心培育与建设周期为2－4年，定期接受绩效评估，优胜劣汰，动态发展。

第二章 协同创新中心类型与层次

第五条 坚持“高起点、高水准、有特色”，依托学校重点学科和重点科研基地，以国际化视野汇聚创新资源，培育建设我校面向科学技术前沿的、面向行业产业的、面向区域发展的和面向文化传承创新的四类协同创新中心。

第六条 协同创新中心以“人才、学科、科研”三位一体的创新能力提升为核心任务，是国内领先水平的科技创新和技术辐射平台，是学校人才培养和国际交流的重要基地。

第七条 坚持培育引导与重点建设相结合，有校内培育、市级认定、国家认定三个层次。符合条件的校内培育协同创新中心，可申报认定北京市和国家级协同创新中心。

第八条 校内培育的协同创新中心名称为“XXX北京工业大学协同创新中心”（培育）。由国家和北京市认定的协同创新中心名称按照国家和北京市要求命名。

第三章 协同创新中心组织管理体系

第九条 学校设立“2011计划”工作领导小组，负责协同创新中心的宏观布局、统筹协调、资源投入、组建协同创新中心理事会等重大事项决策。学校设立“2011计划”专家咨询委员会，为总体规划、重大政策、项目选择、实施管理等提供咨询；学校设立“2011计划”办公室，具体推进“2011计划”的组织实施和监督管理等工作。

第十条 协同创新中心是学校领导下的相对独立单位，有相对独立的人事权和财务权。

第十一条 协同创新中心主任由学校进行聘任。协同创新中心联合本领域相关单位，成立协同创新中心理事会，协同创新中心理事会名单报学校审批，在校“2011计划”办公室备案。

第十二条 协同创新中心实行理事会领导下的协同创新中心主任负责制。协同创新中心负责自身的运行管理，制定科学研究、人才引进和人才培养计划。

第十三条 学校积极支持协同创新中心优先

改革发展，使之成为高校综合改革的集聚区。在招生改革、人才培养、学科设置、科研经费管理以及人员评聘与绩效等方面扩大中心改革和运行的自主权。学校按照政策与经费并重的多元化支持原则，在人、财、物等方面为协同创新中心提供改革支撑。在研究生培养指标、各类人才计划、出国访问学习、重大科研任务申报等政策和资源配置方面给予优先支持或申报单列。

第四章 协同创新中心培育条件与基本要求

第十四条 协同创新中心方向选择要紧密围绕国家、北京市或行业产业发展重大需求，协同创新模式选取合理。

1. 面向科学技术前沿的协同创新中心要符合科技前沿发展趋势，协同创新方向具有前瞻性和战略性，能够解决国家和北京经济社会发展中的关键科学问题。

2. 面向行业产业的协同创新中心要符合国家和北京市行业产业的重点发展规划，要与相关行业的龙头企业有比较长期的合作基础，参与单位在行业内有较大影响力，具有较好的研发基础和对关键技术创新的需求与接受能力。

3. 面向区域发展的协同创新中心要符合北京市产业和区域社会发展的重点规划，获得相关政府部门实质性支持，参加的企业应具有一定规模和较强的产业影响力。

4. 面向文化传承创新的协同创新中心要符合国家文化体制改革的要求和北京市文化、社科发展的重点规划，能够解决文化发展与改革实践中的重大理论和现实问题。

第十五条 协同创新方向依托的主体学科须为市级以上重点学科，并建有运行良好的省部级以上重点科研基地，具备组织开展协同创新的能力和实力。在基础设施、研发平台、仪器装备、日常运转等方面，能够为协同创新中心的有效运行提供良好的支撑与保障。

第十六条 协同创新中心要有合理建立实质性协同创新体的基础，有较强的资源汇聚能力。各方面有实质性合作（有产学研协议、协同创新合作协议等），任务明确，职责清晰，支持落实到位。建立了优势互补、互利共赢的协同机制和形式。

第十七条 协同创新中心人员队伍要结构合理，规模适度，具有一批高水平的人才与团队。学术带头人要在国际国内学术界有较高的声望和影响力；主要技术团队具备解决重大需求的能力和水平，有充实的科研任务，主持承担了一定数量在研国家、行业、地方以及企业等方面的重大项目。

第十八条 协同创新中心要从实际出发，在组织管理、人员聘任、科研考核、人才培养、资源配置等方面具有有效的机制体制，制度具体，方案措施得当。

第五章 协同创新中心运行机制与管理

第十九条 协同创新中心要明确其内部组织机构，落实理事会领导下的协同创新中心主任负责制。确定协同创新中心的决策机构、咨询机构、日常运行机构的构成，报学校“2011 计划”办公室备案。

第二十条 协同创新中心要有明确的制度文件对中心建设进行规范和约定。相关制度文件要经协同创新中心理事会审核通过，并报学校“2011 计划”工作小组审定。包括协同创新中心运行机制与管理办法、岗位设定与人员聘任管理办法、经费使用管理办法、科研项目管理办法、人才培养管理办法、科技成果与知识产权管理办法、设备与资源共享管理办法、国际交流与合作管理办法等。

第二十一条 协同创新中心要把人才作为协同创新的核心要素，加强人才培养与引进，形成创新人才的有效流动与约束、退出机制。

1. 建立协同人员“动态备案管理”机制。进入协同创新中心的人员，需要填写“人员备案表”报学校“2011 计划”办公室。

2. 学校进入协同创新中心的人员，实行“学校＋中心”双考核机制。突出以注重原始创新的质量、解决国家重大需求的贡献度为导向，实行以协同创新成果的应用与实效为衡量的绩效考评。

3. 落实协同创新中心人员成果转化的股权激励方案，充分调动和保护创新人员转化成果的积极性。

第二十二条 协同创新中心要建立统一资源配置与管理机制。

1. 建立资源共享平台系统，对各协同单位用于协同创新中心的大型仪器设备、实验资源、软件、图书资料（包括电子资料）等在使用权方面进行统一备案与管理。

2. 协同创新中心需要使用的学校资源，由协同创新中心申报，经学校“2011 计划”工作组审批后备案。协同创新中心要统一建立进行仪器维护和实验支持的技术支撑队伍，促进仪器设备的高效管理、利用和维护。

第二十三条 协同创新中心科研项目实行首

席科学家负责制。协同创新中心给予其充分的经费使用自主权和人员使用自主权。协同创新中心对科研项目的立项、执行、结题、审计、成果申报和知识产权等进行统一管理。

第二十四条 把创新人才培养作为中心的核心任务与评价重点，大力提升中心研究生的培养能力与水平。协同创新中心在学校的整体安排下，创新人才培养计划和方案，对人才培养进行统一管理。构建面向需求、面向区域发展、校企联合的学生培养模式。

第二十五条 协同创新中心对中心的财务统一管理。

1. 根据不同类型协同创新中心的需要，学校和上级部门给予不同额度的财政专项资金支持。各协同创新中心应发挥协同创新的引导和聚集作用，充分利用现有各类资源和条件，积极吸纳行业企业、社会力量、政府机构等多方面的投入与支持。

2. 协同创新中心实施财务预算决算管理制度。每年由协同创新中心编制经费预算，报学校“2011计划”工作组审核备案后执行。政府投入的经费在相关规定的范围内，可根据中心体制机制改革的实际情况确定具体用途。经费使用要加强精细化管理，提高使用效益。协同创新中心建设期满，应会同学校财务部门清理账目，根据核准的经费预算，如实编报中心经费决算表，由“2011计划”办公室、财务部门审核签署意见后存档备查。

第六章 协同创新中心的考核与评估

第二十六条 加强协同创新中心的绩效评价。协同创新中心把四年的整体发展规划和年度绩效考核指标，经学校“2011计划”咨询委员会评审，报学校“2011计划”工作组审定备案。在上级管理部门的同一绩效考评工作指导下，学校建立年度检查、中期评估和绩效评价制度。

1. 年度检查以协同创新中心自查为主，每年年底向校“2011计划”办公室提交年度进展报告和下一年度计划。

2. 校“2011计划”办公室组织学校“2011计划”咨询委员会专家对运行满两年的协同创新中心进行中期评估，中期评估合格的继续给予支持，不合格的停止经费支持。并根据评估情况给出建设调整建议。

3. 校“2011计划”工作小组组织学校“2011计划”咨询委员会专家对建设期满4年的协同创新中心进行绩效评价，对于已经完成重大协同创新任务、形成良性发展机制的中心，支持其稳定发展；对于建设效果一般、无法完成预期创新和改革指标的中心，要求及时整改或予以撤销。

第七章 其他

第二十七条 本办法自印发之日起试行。由科技处负责解释。

2014年4月2日

北京工业大学研究生指导教师遴选办法

工大发〔2014〕41号

第一章 总 则

第一条 根据国务院学位委员会《关于进一步下放博士生指导教师审批权的通知》（学位〔1999〕9号）等文件精神，结合我校实际情况，为适应研究生教育发展的需要，进一步做好研究生指导教师资格的审核、聘任和管理，特制定本办法。

第二条 根据国家和北京经济社会发展的需要，按照学校学科建设规划的要求，结合当年指导教师队伍的实际情况，学校每年将制订研究生指导教师增列计划。各院、各一级学科依此制订相应的指导教师增列计划。

第三条 研究生指导教师是学校为研究生教育设置的工作岗位，而不是一个固定层次和荣誉称号。研究生指导教师的资格审核、授权管理由校学位评定委员会组织实施。

第二章 博士研究生指导教师遴选

第四条 博士研究生指导教师的基本条件

（一）热爱研究生教育事业，熟悉并遵守国家和学校有关研究生教育的政策法规，教书育人、为人师表，具有严谨的治学态度和求实的科学精神。能认真履行指导教师职责，在博士研究生培养第一线工作。

（二）具有教授或相当专业技术职务，具有较高的外语水平。在学科建设和人才培养急需情况下，业务水平突出的副高级专业技术职务者可破格申报。

（三）初次申报博士研究生指导教师的申请者应为我校在岗人员，年龄应在男57周岁、女52周岁以下。1961年1月1日以后出生的申请者，应具有博士学位。

（四）在本学科领域有较深的学术造诣，熟悉本领域的国际前沿，达到本一级学科现有博士研究生指导教师的平均水平。具有稳定的研究方向，能独立提出及开展创新性的研究工作，成绩显著。拥有适合指导博士研究生的科研课题，科研经费充足。副高级专业技术职务破格申请者须作为项目负责人正在主持国家级科研课题。

（五）有培养研究生的经验，至少作为第一指导教师完整培养过一届硕士研究生或在国内外协助指导过博士研究生，且有较好的培养质量。申请者一般应具有较丰富的课堂教学经验，主讲过研究生或本科生课程。

第五条 博士研究生指导教师遴选程序

（一）时间安排

博士研究生指导教师的资格申报和审批工作原则上每年进行一次。

（二）个人申请

申请人填写《申请培养博士学位研究生指导教师简况表》，并附近五年有代表性的专著、论文、专利、获奖证书等材料，交申报学科所属学院（含院级研究院、研究所，下同）。

（三）学院初审

学院受理教师申请，对申报材料的真实性进行审查。申报材料在院内公示三天。

院长召集院学术委员会和院学位评定分委员会全体博士生指导教师组成院评审委员会，对通过公示的候选人进行初审。每位申请人在会上答辩，院评审委员会根据学校分配限额进行差额、无记名投票，得票排序在限额内且获得同意票数超过参会人数 2/3（含）者为初审通过。初审通过者名单及申报材料在校内公示三天。

（四）通讯评议

研究生院聘请校外专家对通过初审的申请者的申报材料进行通讯评议。每位申请者的申报材料至少聘请 3 名校外专家评议。受聘专家应是该学科领域的博士研究生指导教师。通讯评议的通过率超过 2/3（含）方可提交校学位评定委员会评审。

（五）评审

校学位评定委员会对通过通讯评议的申请人进行评审。每位通过初审和通讯评议的申请人在校学位评定委员会会议上答辩，校学位评定委员会委员以无记名方式投票表决，获得参会人数 2/3 以上（含）同意者为评审通过。

（六）公示

通过校学位评定委员会评审的名单在校内公示一周。有异议者将根据情况采取核查材料、取消申请资格等措施后向校学位评定委员会汇报。

（七）审批

校长办公会对通过评审及公示后的新增博士研究生指导教师名单进行审批。审批通过者，即取得博士研究生指导教师资格，可招收博士研究生。

学校将依据《北京工业大学博士生导师招生暂行规定》，每年对博士研究生指导教师的年度招生资格进行审核。

第六条 博士研究生指导教师遴选的特殊情况

（一）新引进的博士研究生指导教师

新引进教师已是博士研究生指导教师的，提供原单位批准其担任博士研究生指导教师的相关证明材料，经学科所属院学位评定分委员会审核同意后，报研究生院审核、认定为我校博士研究生指导教师，并向校学位评定委员会备案。

（二）新引进高层次人才

新引进的“长江学者奖励计划”特聘教授、国家杰出青年基金或优秀青年科学基金获得者、中组部“千人计划”或“青年千人计划”入选者、北京市“海聚工程”入选者、北京市特聘教授、北京市“长城学者”等，经学科所属院学位评定分委员会审核同意后，报研究生院审核、认定为我校博士研究生指导教师，并向校学位评定委员会备案。

如确因学科建设、科学研究和人才培养需要，新引进的中组部“千人计划”短期项目入选者、北京市“海聚工程”短期项目入选者如果在我校科研经费落实、助手落实、工作时间落实，经学科所属院学位评定分委员会审核同意后，报研究生院审核、认定为我校博士研究生指导教师，并向校学位评定委员会备案。

（三）校外兼职博士研究生指导教师

各博士学位授权学科如确因学科建设需要，可申请聘请少量校外高水平学术带头人（一般应为院士、“长江学者奖励计划”特聘教授、国家杰出青年基金或优秀青年科学基金获得者、中组部“千人计划”或“青年千人计划”入选者、中科院“百人计划”入选者、北京市“海聚工程”入选者、北京市“长城学者”、科技北京百名领军人才等）或行业资深专家为我校兼职博士研究生指导教师。申请材料经学科所属院学位评定分委员会初审通过后，报研究生院，提交校学位评定委员会审议并投票表决，获得参会人数 2/3 以上（含）同意者为审议通过。

对校外兼职博士研究生指导教师实行聘任制，聘期为完整培养三届博士研究生。聘任期满可以续聘，若没有续聘则自动解除聘任关系。原则上，校外兼职博士研究生指导教师每两年招生1名。

（四）跨学科招生

原则上每名博士研究生指导教师只能在一个一级学科招收博士研究生。如确因学科建设、科学研究和人才培养需要，已具有博士研究生指导教师资格且有相关学术背景、重要科研课题和充足科研经费者可申请兼跨两个一级学科招收博士研究生，但需经招生学科所在院学位评定分委员会进行资格审核并报研究生院审批，并且要从严掌握。

（五）变更招生学科

如确因学科建设、科学研究和人才培养需要，博士研究生指导教师在目标招生学科有相关学术背景和充足科研经费，可以申请变更招生学科。经目标招生学科所在院学位评定分委员会进行资格审核并报研究生院审批。导师变更招生学科后，应继续完成现有研究生的指导工作，现有研究生不进行学科变更。

第三章 学术学位硕士研究生指导教师遴选

第七条 学术学位硕士研究生指导教师的基本条件

（一）热爱研究生教育事业，熟悉并遵守国家和学校有关研究生教育的政策法规，教书育人、为人师表，具有严谨的治学态度和求实的科学精神。能认真履行指导教师职责，在硕士研究生培养第一线工作。

（二）具有副高级以上（含）专业技术职务且硕士以上（含）学位。在学科建设和人才培养急需情况下，具有博士学位的中级专业技术职务者也可破格申报。

（三）初次申报学术学位硕士研究生指导教师的申请者应为我校在岗人员，年龄应在45周岁以下。

（四）新增学科首批学术学位硕士研究生指导教师的年龄和学位条件可适当放宽。

（五）有一定的学术造诣，达到本学科现有学术学位硕士研究生指导教师的平均水平。有明确的研究方向，有适合指导学术学位硕士研究生的科研课题和比较充足的科研经费，一般应有协助指导学术学位硕士研究生的经历，具备指导学术学位硕士研究生开展科研工作所必备的条件。具有博士学位的中级职称破格申请者须作为负责人正在主持省部级以上（含）纵向科研课题。

（六）学术学位硕士研究生指导教师只从我校教师中遴选。

第八条 学术学位硕士研究生指导教师遴选程序

（一）时间安排

学术学位硕士研究生指导教师的资格申报和审批工作原则上每年进行一次，一般在年底进行。

（二）个人申请

申请人填写《申请培养学术学位硕士研究生指导教师简况表》，并附有关支撑材料，交申报学科所属院。

（三）院学位评定分委员会初审

院学位评定分委员会按照本办法规定的遴选条件审核申请人提交的材料。根据申请人的学术水平和科研经费，并结合学科建设规划、学术学位硕士研究生招生计划、现有指导教师队伍状况等，进行资格审核并签署意见。初审通过名单报校学位评定委员会审批。

具有博士学位的中级职称破格申请者，应在院学位评定分委员会答辩。院学位评定分委员会投票表决，同意票数超过参会人数2/3以上（含）者为初审通过。初审通过名单报校学位评定委员会审批。

（四）审批

校学位评定分委员会对各院通过初审的申请人名单进行审批。对于具有博士学位的中级职称破格申请者，校学位评定委员会根据学术学位硕士研究生指导教师遴选条件和学科发展需要，逐一审核并投票表决，获得参会委员2/3以上（含）同意者为通过。审批通过者名单在校内公示一周。

审批通过者，即取得学术学位硕士研究生指导教师资格，可招收学术学位硕士研究生。

学院可根据治学态度、科研经费、培养质量等情况，每年对学术学位硕士研究生指导教师的年度招生资格进行审核。

第九条 学术学位硕士研究生指导教师遴选的特殊情况

（一）新引进学术学位硕士生导师

新引进教师已具有学术学位硕士研究生指导教师资格的，经学科所属院学位评定分委员会审核同意后，报研究生院审核、认定，并向校学位评定委员会备案。

（二）跨学科招生

原则上每名学术学位硕士研究生指导教师只能在一个一级学科招收、培养学术学位硕士研究生。如确因学科建设、科学研究和人才培养需要，已具有学术学位硕士研究生指导教师资格且有相关学术背景、重要科研课题和充足科研经费，可申请兼跨两个一级学科担任学术学位硕士研究生指导教师，但需经招生学科所在院学位评定分委员会进行资格审核并报研究生院审批，并且要从严掌握。

（三）变更招生学科

如确因学科建设、科学研究和人才培养需要，硕士研究生指导教师在目标招生学科有相关学术背景和充足科研经费，可以申请变更招生学科。经目标招生学科所在院学位评定分委员会进行资格审核并报研究生院审批。导师变更招生学科后，应继续完成现有研究生的指导工作，现有研究生不进行学科变更。

第四章 专业学位硕士研究生指导教师遴选

第十条 为适应国家研究生教育结构优化调整的需要，满足经济社会发展对人才类型多样化的需求，健全我校专业学位研究生培养模式，构建“双师型”专业学位研究生指导教师队伍，推进专业学位研究生教育综合改革，学校从2010年起在研究生指导教师队伍中专设专业学位硕士研究生指导教师，包括校内专业学位硕士研究生指导教师和校外专业学位硕士研究生兼职指导教师两大类，以保证我校专业学位研究生的培养质量。

第十一条 专业学位硕士研究生指导教师遴选条件

（一）热爱研究生教育事业，熟悉并遵守国家专业学位研究生教育的有关政策和法规，教书育人、为人师表，具有严谨的治学态度和求实的科学精神。能认真履行指导教师职责，在硕士研究生培养第一线工作。校外专业学位硕士研究生兼职指导教师应保证每年有6个月以上的时间指导专业学位硕士研究生。

（二）校内专业学位硕士研究生指导教师应具有副高级以上（含）专业技术职务及硕士以上（含）学位，在所申请的专业学位领域具有较为丰富的工程背景或实践经验（有1年以上企业工作经历，或作为骨干承担过完整的工程项目，或主持过企业委托课题）。有明确的行业背景，或有面向应用的科研课题和比较充足的科研经费；能承担专业学位研究生课程教学；能够为所指导的专业学位硕士研究生提供到企业/行业实践的机会。初次申报校内专业学位硕士研究生指导教师的申请者应为我校在岗人员，年龄在45周岁以下，对新增专业学位类别的首批研究生指导教师可适当放宽。

（三）校外专业学位硕士研究生兼职指导教师一般应具有副高级以上（含）专业技术职务或硕士以上（含）学位；在所申请的专业学位领域具有丰富的工程背景或实践经验（有10年以上企业或行业工作经历，或主持过完整的工程项目），工作业绩突出，在相关专业领域有较大影响；能承担专业学位硕士研究生课程教学；能够为指导的专业学位硕士研究生提供到企业/行业实践的机会。

第十二条 专业学位硕士研究生指导教师遴选程序

（一）时间安排

专业学位硕士研究生指导教师的资格申报和审批工作每年进行一次，一般在年底进行。

（二）个人申请

校内申请者填写《申请培养专业学位硕士研究生指导教师简况表》，向院学位评定分委员会提交有关材料；校外申请者填写《北京工业大学专业学位硕士研究生兼职指导教师推荐表》。

（三）院学位评定分委员会初审

院学位评定分委员会按照本办法规定的遴选条件核实申请人提交的材料，根据申请人的工程背景、专业水平和各方面业绩，并结合招生计划、生源情况、现有指导教师队伍状况及学科发展的需要，进行资格审核并签署意见。

（四）审批

院学位评定分委员会将通过初审的申请人名单和材料，送研究生院审核后，提交校学位评定委员会审批。审批通过者名单公示一周。

审批通过者，即取得专业学位硕士研究生指导教师资格，可招收专业学位硕士研究生。

第十三条 专业学位硕士研究生指导教师遴选的特殊情况

（一）新引进专业学位硕士研究生指导导师

新引进教师已具有专业学位硕士研究生指导教师资格的，经学科所属院学位评定分委员会审核同意后，报研究生院审核、认定，并向校学位评定委员会备案。

（二）校外专业学位硕士研究生兼职指导教师的聘任

对校外专业学位硕士研究生兼职指导教师实行聘任制，聘期为完整培养三届专业学位硕士研究生。聘任期满可以续聘，若没有续聘则自动解除聘任关系。

（三）跨专业学位类别或工程硕士领域招生

原则上每名专业学位硕士研究生指导教师只能在一个专业学位类别或工程硕士领域招收、培养专业学位硕士研究生。如确因社会需求和人才培养需要，已具有专业学位硕士研究生指导教师资格且有相关行业背景、重要科研课题和充足科研经费，可申请兼跨两个相近的专业学位类别或工程硕士领域担任专业学位硕士研究生指导教师，但需经招生学科所在院学位评定分委员会进行资格审核并报研究生院审批，并且要从严掌握。

（四）变更招生专业学位类别或工程硕士领域

如确因学科调整、社会需求和人才培养需要，专业学位硕士研究生指导教师在目标招生专业学位类别或工程硕士领域有相关行业背景和充足科研经费，可以申请变更招生专业学位类别或工程硕士领域。经目标招生专业学位类别或工程硕士领域所在院学位评定分委员会进行资格审核并报研究生院审批。导师变更招生专业学位类别或工程硕士领域后，应继续完成现有研究生的指导工作，现有研究生不进行专业学位类别或工程硕士领域变更。

（五）现任学术学位硕士研究生指导教师申请认定为专业学位硕士研究生指导教师

现任我校学术学位硕士研究生指导教师，以及新引进的已具有学术学位硕士研究生指导教师资格的教师，如欲招收专业学位硕士研究生，需填写《北京工业大学专业学位硕士研究生指导教师资格认定表》，向专业学位授权点所在院学位评定分委员会申请认定为专业学位硕士研究生指导教师。院学位评定分委员会依据本办法所列条件进行审核并报研究生院审核、认定为专业学位硕士研究生指导教师，并向校学位评定委员会备案。

第五章 附 则

第十四条 本办法经 2014 年第 25 次校长办公会讨论通过，自 2014 年 10 月起施行，原《北京工业大学研究生指导教师遴选办法》（工大发〔2010〕22 号）同时废止。

第十五条 本办法由研究生院负责解释。

2014 年 10 月 10 日

北京工业大学关于成立北京智慧城市研究院的决定

工大发〔2014〕43 号

为进一步服务首都城市战略定位，创新科技体制机制，探索新型政产学研用协同创新模式，在组织专家充分论证的基础上，经校长办公会多次研究，完成了北京智慧城市研究院建设方案的论证工作。经 2014 年 11 月 25 日十届第 117 次校党委常委扩大会议研究决定，成立“北京智慧城市研究院”（英文名称：Beijing Institute of Smart City，简称：BJISC），与神州数码控股有限公司共建。

北京智慧城市研究院为北京工业大学所属跨学科新型二级教学科研机构。主要职责是：面向北京市经济社会发展和京津冀协同发展的重大需求，承担智慧城市的应用研究及移动互联网、物联网、大数据、智能硬件等共性关键技术研发工作，开展学科交叉融合、协同创新；承担智慧城市总体规划、政策、标准和建设运营模式的研究和设计咨询以及数据基础设施、共性技术平台和产业公共服务平台的研究和技术服务工作，推动北京市相关产业链协同创新发展；承担智慧城市相关高层次人才培养工作。

北京智慧城市研究院的发展目标是：以北京市经济社会发展和京津冀协同发展的重大需求为导向，以应用基础研究为根本、以规划和架构研究为牵引、以平台服务研究为支撑，通过科研体制机制创新，建成“政产学研用”结合的协同创新研究中心和智慧城市智库，提升信息学科创新能力，促进北京新一代信息技术及相关领域的产业链协同创新发展，为北京高精尖产业发展和首都城市战略定位做出积极贡献。

北京智慧城市研究院挂靠科学技术发展院管理。设院长 1 人，常务副院长 1 人，副院长若干名。人员聘任采用专兼职相结合、以兼职为主的方式，以项目组织团队，突出任务导向。根据发展需要，设管理重点岗 1 人。

2014 年 11 月 26 日

北京工业大学关于成立北京知识产权学院和北京知识产权研究院的决定

工大发〔2014〕45 号

为贯彻落实党的十八届四中全会精神，主动适应依法治国的新形势，服务北京首都城市战略定位，同时也为了进一步深化学校综合改革，创新体制机制，发展和凝练办学特色，提高学校核心竞争力，加快“国际知名、有特色、高水平研究型大学”的建设步伐，在深入调研和广泛征求意见的基础上，经校长办公会多次讨论研究，完成了北京知识产权学院和北京知识产权研究院组建方案的编制论证工作。经 2014 年 12 月 3 日十届第 118 次校党委常委扩大会议研究决定，正式成立北京知识产权学院和北京知识产权研究院（以下二者简称北京知识产权院），与北京市知识产权局共建。

北京知识产权院为北京工业大学所属跨学科

新型二级教学科研机构。主要职责是：以国家和北京市知识产权战略需求为导向，服务首都全国科技创新中心建设，融合交叉学科优势，支持法学学科发展，创新知识产权人才培养模式、成果转化运用、科技管理体制和运行机制等，建设特色鲜明、开放融合的高水平教学科研机构，成为国家和北京市知识产权领域的重要基地和智库。发展目标是：面向国家和北京市知识产权战略的重大需求，围绕京津冀协同创新发展，培养具有国际视野和知识产权运用能力的复合型专门人才，建立“政产学研用”相结合的知识产权高层次人才培养基地、教育培训基地及社会服务基地，作为知识产权研究基地和知识产权政策制定、决策支持等方面的智库具有重要影响力，为国家和北京市知识产权事业发展做出积极贡献。

北京知识产权院院长由王洪局长（北京市知识产权局党组书记、局长）、聂祚仁副校长（北京工业大学副校长）兼任，执行院长由宗刚同志（北京工业大学科学技术发展院副院长兼人文社会科学处处长）兼任；张伯友同志（北京市知识产权局产业促进处处长）、杨登才同志（北京工业大学科学技术发展院综合事务和成果办公室主任）、杨庆同志（北京工业大学研究生院副院长）、高国华同志（北京工业大学教务处副处长）兼任副院长；孙玉荣同志任副院长。

北京知识产权学院和北京知识产权研究院实行“两块牌子一套人马”的管理模式，挂靠科学技术发展院管理，下设综合事务办公室，该办公室与科学技术发展院知识产权办公室合并办公。综合事务办公室编制 2 人，其中科学技术发展院知识产权办公室已有编制 1 人，新增管理重点岗位编制 1 人。人员专兼结合，师资队伍主要由人文社会科学学院、实验学院和经济与管理学院等与知识产权相关学科专业的教师构成，建设初期原人事隶属关系不变。未来根据发展需要，可增设专职编制。

学校原与知识产权相关的科研基地统一归口到北京知识产权院管理和建设。

2014 年 12 月 8 日

北京工业大学信息公开实施细则

工大发〔2014〕48 号

第一章 总则

第一条 为保障公民、法人和其他组织依法获取学校信息，促进校务公开、依法治校，充分发挥学校信息的服务功能，依据《中华人民共和国高等教育法》、《中华人民共和国政府信息公开条例》和《高等学校信息公开办法》，结合学校实际，制定本细则。

第二条 本细则所称学校信息，是指北京工业大学在开展办学活动和提供社会公共服务过程中产生、制作、获取的，以一定形式记录、保存的信息。

第三条 学校遵循公正、公平、便民的原则开展信息公开工作，做到公开内容真实，公开程序规范。信息公开不得危及国家安全、公共安全、经济安全、社会稳定和学校安全稳定。

第四条 学校建立信息公开保密审查机制，有关职能部门对拟公开的学校信息，应依照法律法规和国家其他有关规定，进行保密审查。

拟公开的信息依照国家有关规定或者根据实际情况须经有关主管部门批准方能公开的，应按照有关程序履行审批手续，未经批准不得公开。

第五条 学校应当及时、准确地公开信息。有关职能部门发现影响或者可能影响校园稳定、扰乱管理秩序的虚假信息或者不完整信息的，应当在其职责范围内发布准确信息予以澄清。

第二章 领导与工作机构

第六条 学校成立北京工业大学信息公开工作领导小组，由校领导和相关部门负责人组成，全面领导、协调、推动学校信息公开工作，包括审定信息公开工作规划和有关制度，研究决定信息公开工作中的重大问题，指导和监督信息公开工作的开展等。领导小组下设信息公开工作办公室和监督检查办公室。信息公开工作办公室设在学校党委办公室、校长办公室，监督检查办公室设在学校监察处。

第七条 信息公开工作办公室是学校信息公开工作机构，在信息公开工作领导小组的领导下负责学校信息公开的日常工作，具体职责是：

（一）具体承办学校信息公开相关工作；

（二）管理、协调、维护和更新学校公开的信息；

（三）统一受理、协调处理、统一答复向学校提出的信息公开申请；

（四）组织编制学校信息公开指南、信息公开目录和信息公开工作年度报告；

（五）协调对拟公开的学校信息进行保密审查；

（六）组织学校信息公开工作的内部评议；

（七）协调、推进、监督学校各单位的信息

公开；

（八）承担与学校信息公开有关的其他职责。

信息公开工作办公室的名称、办公地址、办公时间、联系电话、传真号码、电子邮箱等信息向社会公开。

第八条 信息公开监督检查办公室负责对信息公开工作进行监督检查，具体职责是：受理关于信息公开工作的投诉举报，查处违反信息公开法律法规和规章及学校信息公开制度的行为。

第九条 学校保密委员会办公室协助信息公开工作办公室负责信息公开的涉密审核工作，对有关人员和单位提交的拟公开的信息进行保密审查。

第十条 学校各单位承担各自职责范围内的学校信息公开工作，具体职责是：

（一）依法公开本单位职责范围内的学校信息；

（二）管理、维护、更新本单位职责范围内公开的学校信息；

（三）编制本单位信息公开条目，撰写本单位信息公卅工作年度总结，及时报送学校信息公开工作办公室备案；

（四）配合学校信息公开工作办公室受理、答复公民、法人或其他组织向学校提出的本单位职责范围内的信息公开申请；

（五）如公开的信息涉及其他单位，应当与有关单位进行沟通、确认，保证公开的信息准确一致；

（六）承担与本单位信息公开有关的其他职责。各单位应在学校信息公开工作领导小组的统一组织、协调、部署下，配合信息公开工作办公室完成与本单位信息公开相关的各项工作。

各单位应当明确负责本单位信息公开工作的责任人和工作人员，并报信息公开工作办公室备案。如遇人员调整，应当及时将调整后的人员名单报信息公开工作办公室备案。

第三章 公开的内容和范围

第十一条 学校应主动向公众公开以下信息：

（一）学校名称、办学地点、办学性质、办学宗旨、办学层次、办学规模，内部管理体制、机构设置、学校领导等基本情况；

（二）学校章程以及学校制定的各项规章制度；

（三）学校发展规划和年度工作计划；

（四）各层次、类型学历教育招生、考试与录取规定，学籍管理、学位评定办法，学生申诉途径与处理程序；毕业生就业指导与服务情况等；

（五）学科与专业设置，重点学科建设情况，课程与教学计划，实验室、仪器设备配置与图书藏量，教学与科研成果评选，国家组织的教学评估结果等；

（六）学生奖学金、助学金、学费减免、助学贷款与勤工俭学的申请与管理规定等；

（七）教师和其他专业技术人员数量、专业技术职务等级，岗位设置管理与聘用办法，教师争议解决办法等；

（八）收费的项目、依据、标准与投诉方式；

（九）财务、资产与财务管理制度，学校经费来源、年度经费预算决算方案，财政性资金、受捐赠财产的使用与管理情况，仪器设备、图书、药品等物资设备采购和重大基建工程的招投标；

（十）自然灾害等突发事件的应急处理预案、处置情况，涉及学校重大事件的调查和处理情况；

（十一）对外交流与合作办学情况，外籍教师与留学生的管理制度；

（十二）法律、法规和规章规定需要公开的其他事项。

第十二条 除第十一条规定的学校需主动公开的信息外，公民、法人和其他组织还可以根据自身学习、科研、工作等特殊需要，以书面形式（包括数据电文形式）向学校申请获取相关信息。

第十三条 学校对下列信息不予公开：

（一）涉及国家秘密的；

（二）涉及商业秘密的；

（三）涉及个人隐私的；

（四）涉及教学科研及学校其他秘密的；

（五）法律、法规、规章以及学校规定的不予公开的其他信息。

其中第（二）项、第（三）项所列的信息，经权利人同意公开或者学校认为不公开可能对公共利益造成重大影响的，可予以公开。

第四章 公开的方式和程序

第十四条 学校对于主动公开的信息，采取以下方式予以公开：

（一）学校门户网站、信息公开网、新闻网以及各职能部门网站；

（二）学校校报、年鉴、会议纪要、简报、年报等；

（三）校内外广播、电视、报刊等；

（四）信息公告栏、电子显示屏等；

（五）校领导接待日、新闻发布会等；

（六）其他信息公开的方式。

第十五条 学校编制信息公开指南和目录，

并及时公布和更新。

第十六条 属于应主动公开的信息，学校自该信息制作完成或者获取之日起 20 个工作日内予以公开。公开的信息内容发生变更的，在变更后 20 个工作日内予以更新。

学校决策事项需要征求教职工、学生意见的，公开征求意见的期限不得少于 10 个工作日。

第十七条 法律法规对信息内容公开的期限另有规定的，从其规定。

第十八条 公民、法人和其他组织可根据第十二条规定申请获取学校相关信息。申请程序如下：

（一）以信函、传真、电子邮件或当面等形式提交书面申请；

（二）明确申请人的姓名或者名称、联系方式；

（三）明确申请公开信息的内容描述、目的用途；

（四）明确申请公开信息的形式要求，希望回复时限等；

（五）提供申请人有效身份证件或者证明文件。申请人委托他人办理信息公开申请的，受委托人须提供书面委托书。

第十九条 对申请人的信息公开申请，由信息公开工作办公室统一受理并根据下列情况分别作出答复：

（一）属于公开范围的，告知申请人获取该信息的方式和途径；

（二）属于不予公开范围的，告知申请人并说明理由；

（三）不属于学校职责范围或该信息不存在的，告知申请人；对能够确定该信息职责单位的，告知申请人该单位的名称、联系方式；

（四）如申请公开的信息中含有不应公开的内容但能够作区分处理的，告知申请人并提供可以公开的信息内容，对不予公开的部分说明理由；

（五）申请内容不明确的，告知申请人作出更改、补充；申请人逾期未补正的，视为放弃本次申请；

（六）同一申请人无正当理由重复申请公开同一信息，学校已经作出答复且该信息未发生变化的，告知申请人，不再重复处理。

（七）根据实际情况作出的其他答复。

第二十条 学校自收到信息公开申请之日起 15 个工作日内予以答复。需延长答复期限的，告知申请人延长时限。

第二十一条 学校向申请人提供信息，依照相关规定收取检索、复制、邮寄等成本费用，收取的费用纳入学校财务管理，不收取其他费用。

学校不得通过其他组织、个人以有偿方式提供信息。

第五章 监督和保障

第二十二条 学校定期对各单位信息公开工作进行考核，并将信息公开工作纳入干部考核内容。考核工作可与年终考核结合进行。

第二十三条 学校工会组织和教代会、学代会等组织可收集、整理、反映师生和社会公众对信息公开工作的意见、建议及要求，供信息公开工作领导小组和信息公开工作办公室研究参考。

第二十四条 学校编制信息公开工作年度报告，向师生员工和社会公布，并报送上级主管部门。

第二十五条 公民、法人和其他组织认为学校或学校相关部门单位未按照本细则规定履行信息公开义务的，可以向学校信息公开监督检查办公室或上级主管部门举报。收到举报后，学校信息公开监督检查办公室应当及时处理，并以适当方式向举报人告知处理结果。

第二十六条 违反本细则的单位和个人，依照相关规定承担责任。

第二十七条 信息公开工作所需经费纳入学校年度预算。

第六章 附则

第二十八条 已经移交档案工作机构的学校信息的公开，依照有关档案管理的法律、法规和规章执行。

第二十九条 本细则由学校信息公开工作领导小组负责解释，自公布之日起开始施行。

2014 年 12 月 30 日

北京工业大学关于成立微电子学院的决定

工大发〔2014〕49 号

为贯彻落实国务院发布的《进一步鼓励软件产业和集成电路产业发展的若干政策》（国发〔2011〕4 号）和《国家集成电路产业发展推进纲要》（2014 年）等系列国家推动集成电路发展计划的相关文件精神，主动适应集成电路产业发展新形势，准确把握和服务于新时期北京首都城市战略定位，进一步深化学校教育教学综合改革，创新体制机制，提高学校核心竞争力，加快创建国际知名、有特色、高水平研究型大学，在深入调研和广泛征求意见的基础上，经校长办公会多次讨论研究，完成了北京工业大学微电子学院建设方案编制论证工作。经2014年12月26日第35次校长办公会研究决定，正式成立北京工业大学微电子学院。

微电子学院为北京工业大学所属新型跨学科二级教学科研机构。主要职责是：面向国家与区域微电子与集成电路产业发展的重大需求，围绕打造中国经济升级版和加快构建首都高精尖经济结构，融合学校电子信息学科的资源和优势，支持微电子学科发展，创新集成电路人才培养模式和运行机制等，推进政产学研用深度融合，建设特色鲜明、开放融合的高水平教学科研机构，成为国家和北京市集成电路领域的重要人才培养和科研基地。发展目标是：瞄准国际集成电路发展前沿，以国家和北京首都集成电路产业重大需求为导向，建立校政企协同办学模式，建设本硕博完整的多层次集成电路人才培养体系，开展专业培训和技术转移，培养具有创新能力、产业急需的应用型、复合型高层次工程技术和工程管理人才，建成示范性微电子学院，提升电子信息学科创新能力，促进北京集成电路产业及相关领域的产业链协同创新发展，为国家和北京市集成电路产业发展做出积极贡献。

成立示范性微电子学院建设领导小组，由校长郭广生任组长，副校长吴斌任常务副组长，副校长张爱林、蒋毅坚、聂祚仁任副组长，成员由改革与发展规划处、人事处、组织部、教务处、研究生院、学生处、国资处、财务处、国际交流合作处、电控学院、计算机学院、软件学院、科学技术发展院、投资公司等部门和学院负责人组成。

微电子学院设院长1名，由副校长吴斌兼任，执行院长1名，由冯士维担任。人员聘任以现有电子信息学科专业的教师为主、采用专兼职相结合的方式。

学校原与集成电路学科专业相关的教学科研基地统一归口到微电子学院管理和建设。

2014年12月26日

（刘典华　张　英）

重　要　收　文

关于建立首都工程教育发展研究基地的决定

京社科规划文〔2014〕9号

为贯彻落实中共中央《关于进一步繁荣发展哲学社会科学的意见》和中共北京市委《关于深入推进首都哲学社会科学繁荣发展的意见》，着力加强工程教育领域的理论研究与实践探索，推动首都新型高端智库建设，促进首都科学发展，北京市哲学社会科学规划办公室和北京市教育委员会决定，依托北京工业大学建立首都工程教育发展研究基地。同意郭广生教授为研究基地负责人并首席专家。

希望首都工程教育发展研究基地充分发挥本校学科优势，广泛整合校外相关学术资源，瞄准最前沿的理论与实践问题进行深入研究，向社会提供高质量的研究成果，建设成为开放性、国际化的新型高端智库。

北京市哲学社会科学规划办公室

北京市教育委员会

2014年2月24日

中共北京市委教育工作委员会关于公布北京市党的建设和思想政治工作先进普通高等学校获奖名单的通知

京教工〔2014〕19号

各高等学校党委：

近年来，北京高校认真贯彻中央、市委精神，进一步加强党建和思想政治工作，涌现出一批党建和思想政治工作先进单位。为不断总结推广先进经验，推动北京高校党建和思想政治工作有新的发展，经市委同意，以市委名义表彰“北京市党的建设和思想政治工作先进普通高等学校”（以下简称“先进校”）5所，分别为：北京大学、清华大学、北京航空航天大学、北京工业大学、北京建筑大学；以市委名义表彰“北京市党的建设和思想政治工作先进普通高等学校提名奖”（以下简称“提名奖学校”）5所，分别为：中国石油大学（北京）、中央音乐学院、北京电影学院、北京联合大学、北京城市学院。

希望各高校党委认真学习获奖学校的先进经验，以改革创新精神加强理论研究和实践探索，全面提升北京高校党建和思想政治工作科学化水平，为深化首都高等教育改革、推动首都高等教育事业科学发展提供坚强有力的思想、政治和组织保证，为国家和首都建设做出新的更大的贡献。

中共北京市委教育工作委员会
2014年4月18日

北京市教育委员会 关于举办北京科学与工程计算研究院 有关事宜的复函

北京工业大学：

贵单位《北京工业大学关于成立北京科学与工程计算研究院的请示》收悉，经研究，现将相关事宜函告如下：

一、同意举办北京科学与工程计算研究院，瞄准国际前沿和首都经济社会发展重大需求，开展科学与工程计算研究，相关技术开发与成果转让，专业人才培养与培训。积极推进学科交叉，探索体制机制创新，服务首都经济社会发展。

二、建议你单位根据事业单位法人设立登记（备案）的有关要求，向北京市机构编制委员会办公室提交申请，履行有关手续。

北京市教育委员会
2014年10月17日
（喻金梅　张　英）

·党政重要会议和活动·

北京工业大学2014年常委扩大会综述

2014年，根据学校年度工作要点和总体工作进程，召开常委扩大会44次（详见表4-1）。

常委会积极探索综合改革。会议讨论成立学校全面深化改革领导小组事宜、研究学校深化教育领域综合改革思路和建议、审议学校综合改革方案、讨论研究深化高等教育综合改革工作，强调要以改革破解难题、以转变解决问题，通过改革提质增效，不断释放办学活力，促进事业更好更快发展。会议讨论通过非教学科研机构设置调整方案，讨论学科调整和学部（学院）建设初步实施意见，讨论研究北京工业大学科学技术发展院建设方案，审议成立招生办公室、就业创业指导中心及北京智慧城市研究院，研究知识产权学院、知识产权研究院建设方案，研究北京古月新材料研究院和北京科学与工程计算研究院院长人选，审议成立学生发展指导中心，凸显分类评价和激励导向，统筹协调机构设置和职能调整，坚持管理重心下移，强化学院作为办学主体的内生动力。会议学习十八届四中全会精神并研究学校贯彻落实方案、讨论通过学校学术委员会章程、审议《北京工业大学章程》、听取筹建学校理事会相关事宜的汇报，加快推进中国特色现代大学制度的构建，探索政府、学校、社会三者之间的新型关系。

常委会坚持研究思想建设工作。会议传达中共北京市委办公厅关于认真学习贯彻习近平总书记重要批示的通知，传达中共北京市委十一届四次、五次、六次全会精神，传达2014年北京高校领导干部会议暨北京高校党建工作会议精神，传达相关会议精神，不断推进干部党员理论武装，要求学校各级干部党员要认真学习贯彻上级文件精神，紧密联系工作实际，把会议精神贯彻落实到学校的发展改革事业中。会议审议《北京工业大学培育和践行社会主义核心价值观实施方案》，听取班主任、辅导员工作汇报，强调把意识形态工作摆在重要议事日程，坚持立德树人根本任务，筑牢阵地意识，把社会主义核心价值观的教育融入教书育人的全过程。

常委会高度重视领导班子和干部队伍建设。会议20多次研究干部工作，研究领导班子分工问题，审议干部领导小组名单，讨论机构职能和编制方案，讨论干部职数和职责方案，审议《处级党政领导干部选拔任用工作的规定》等文件，研究后备干部挂职工作，完成新一轮处级领导班子换届及处级干部选拔任用工作，严格执行党政领导干部选拔任用工作的有关规定，坚持干部任用、人员调整均由党委班子集体研究确定，匡正选人用人风气，全年完成处级干部任免共353人次。会议传达全市组织部长会议和统战工作会议主要精神，不断推进干部队伍建设工作的科学化水平。会议研究处级领导干部因私出境审批等工作，研究出台干部日常管理办法，把从严治党的要求落实到从严要求领导班子、从严管理干部上，要求干部党员把讲政治、守纪律、懂规矩摆在更加重要的位置，明确责任追究制度，严肃处理违反纪律规定的行为。会议讨论并决定2013年绩效考核结果，听取2014年绩效考核工作筹备情况汇报，进一步完善领导班子和领导干部考核评价机制，把严格执行党的政治纪律和政治规矩贯穿于履职全过程。

常委会持续推进基层组织建设。会议审议四个二级党组织成立事宜，研究二级党委换届及部分基层党组织调整事宜，研究党员发展与基层党组织调整事宜，研究北京高校优秀基层党组织、优秀共产党员、优秀党务工作者评选推荐工作，全面落实党建工作的主体责任，坚持书记抓书记，就基层党建工作进行研究部署，在二级机构年度绩效考核中开展党建工作考评，强化考评结果的运用，推动形成一级抓一级的党建工作格局，确保聚精会神抓党建、尽职尽责抓落实。会议听取群众路线教育实践活动和党员领导干部民主生活会工作安排的汇报，研究处级以上党员领导干部民主生活会工作方案，强调严肃党内政治生活，切实按照要求开展“三会一课”等制度，教育干部党员按照党内生活准则和党的各项规定办事。

常委会深入研究推进作风建设。会议传达党的群众路线教育实践活动总结大会精神，审议学校教育实践活动总结报告，讨论北京工业大学开展“四风”突出问题专项整治工作领导小组名单，通报学校教育实践活动总结大会及“党建先进校”迎评有关情况，审议群众路线教育实践活动整改落实情况自查报告，研究教育实践活动从严从实深化整改工作，强调要从严从实推进整改落实，不断巩固和扩展群众路线教育实践活动成果，坚持不懈常抓作风建设，防止“四风”问题反弹回潮，以作风建设的新成效不断推动学校事业发展。会议研究市级师德先进选树推荐人选，审议《北京工业大学机关工作人员行为规范》，审议《北京工业大学教师职业道德与行为规范》，强调要在学校弘扬正能量，要求广大干部党员牢固树立为师生服务的思想和行动自觉，自觉按照“三严三实”的要求，把为民务实清廉的价值追求深深植根于思想和行动中，多干一些解民忧、破难题的事，多干一些打基础、利长远的事，多干一些抓落实、求实效的事，逐步形成学校作风建设的新常态。

常委会坚持推进党风廉政建设和反腐败工作。会议传达北京市教育纪工委会议精神，传达市纪委全委会郭金龙、叶青纯同志讲话精神，传达《北京市关于严禁借公务之名旅游的规定》，听取2014年全校党风廉政建设会筹备情况汇报，研究党风廉政建设自查自纠相关工作，研究北京高校党风廉政建设责任制专项检查迎接工作，专题研究党风廉政建设和反腐败工作。要求各级干部党员时刻把包括党的政治纪律在内的各项纪律要求牢牢记在心上，严格执行廉洁自律各项规定，在思想上政治上行动上与党中央保持高度一致，认真落实中央八项规定和市委十五条意见精神，永葆共产党人的清廉本色，使朴素廉洁成为自己的一种追求、一种习惯、一种自觉，切实发挥党委在党风廉政建设和反腐败工作中的主体责任，增强各级党委的主体责任意识，健全完善反腐倡廉工作的领导体制和工作机制，不断提升对党风廉政建设和反腐败工作重要性的认识。要求各级领导干部认真落实“一岗双责”的要求，领导班子全体成员要廉洁从政、切实担负起党风廉政建设的自律责任，警钟长鸣、切实担负起党风廉政建设的监督责任，严格执纪、切实担负起党风廉政建设的落实责任，牢固树立大局意识和使命意识，严守党纪国法，以更加坚决的态度和更加有力的措施将党风廉政建设和反腐败工作引向深入。

常委会定期研究安全稳定工作。会议传达首都高校维稳工作专题会议精神，审议学校“六四”敏感期维稳工作预案，研究安全稳定工作。要求认真学习中央、市委、市委教育工委发布的有关文件精神，严格按照上级安全稳定工作会议要求，开展好重点人员摸排工作，开展影响校园安全稳定的安全隐患专项整治，全面做好校园安全稳定工作；各级领导干部要高度重视，牢固树立安全意识，切实做到守土有责，落实领导责任制，狠抓长效机制建设；各部门各单位分系统各自负责，细化分工，建立协调联动机制，重点做好防火、食品安全的管控管理，确保不留时间空间死角。

常委会认真研究工会教代会、统战、离退休等工作。会议听取2014年学校教代会、工代会筹备情况汇报，研究教代会、工会工作，研究教代会、工会换届工作方案。强调教代会、工会是学校事业发展、构建现代大学制度不可缺少的力量。要求教代会、工会要围绕学校大局开展工作，凝聚广大教职工为推进学校事业发展贡献力量；两会代表要深入基层，倾听群众意见，进一步发挥教代会、工会的桥梁纽带作用，密切学校和广大教职工之间的联系；进一步加强对教代会、工会的领导，完善教代会、工会自身建设，规范工作方式，完善工作机制，推进制度创新，积极发挥二级教代会、工会的作用，各二级单位要协同推进相关工作，在构建现代大学制度视角下，加强学校基层民主政治建设，推进民主管理和民主监督。会议听取离退休工作，强调要高度重视离退休工作，认真学习中央和北京市相关文件精神，加强对离退休工作的组织领导，将离退休老同志的积极性转化为推动学校事业发展的正能量，积极关注并努力解决离退休老同志提出的问题，切实做到让学校放心、让老同志满意。

常委会认真研究教学科研等中心工作。会议讨论2014年工作要点，审议2014年下半年工作要点，强调2014年工作要放到学校“十二五”规划和中长期规划的时间背景以及国家、北京市整体发展的空间格局下来考虑，全面落实中央和市委的改革精神；讨论研究2015年学校工作思路，强调要围绕国家、北京战略发展转型和学校中长期改革发展的需要，准确把握首都城市战略定位对学校发展提出的要求，找准定位，明确目标，科学制定学校“十三五”发展规划，推进“211

工程”四期建设工作。会议严格落实“三重一大”制度，审议通过2014年财务预算方案，强调要加强预算管理，增强责任感，切实用好各项经费；财务预算安排要保证重点项目经费使用，保障学校长期发展目标、“十二五”规划以及年度工作中重点项目的经费使用，保障提高办学水平、改善民生、提高学生待遇等项目的使用经费；坚决贯彻上级精神，压缩“三公”经费，坚持勤俭节约原则，完善规章制度，加强经费管理。会议研究2014年教职工聘任方案，决定把聘任作为推动学校工作的抓手，紧密围绕学校的发展目标，把广大教职工的积极性调动起来。会议还研究加强港澳台工作事宜，审议北京工大建国饭店有限公司董事会、监事会成员调整名单，审议《北京工业大学学报（社科版）》编委会调整名单等。

表4-1 2014年常委扩大会主要议题表

时 间	会 议	主 要 议 题
1月7日	十届79次常委扩大会	传达北京市教育纪工委会议精神，审议学校教育实践活动总结报告
1月14至15日	十届80次常委扩大会	传达中共北京市委十一届四次全会精神，讨论并通过非教学科研机构设置调整方案，讨论北京工业大学开展“四风”突出问题专项整治工作领导小组名单，讨论学科调整和学部（学院）建设初步实施意见，讨论并决定2013年绩效考核结果，讨论2014年工作要点
2月13日	十届81次常委扩大会	传达中共北京市委办公厅关于认真学习贯彻习近平总书记重要批示的通知，讨论2014年工作要点
2月18日	十届82次常委扩大会	传达2014年北京高校领导干部会议暨北京高校党建工作会议精神，传达全市组织部长会议和统战工作会议主要精神，通报学校教育实践活动总结大会及“党建先进校”迎评有关情况，讨论教育实践活动总结大会书记讲话稿，讨论“党建先进校”迎评书记汇报稿
2月25日	十届83次常委扩大会	传达市纪委全委会郭金龙、叶青纯同志讲话精神，讨论通过“党建先进校”迎评书记汇报稿及迎评相关工作汇报，2014年学校教代会、工代会筹备情况汇报
3月4日	十届84次常委扩大会	传达市委十一届五次全会精神，研究安全稳定工作
3月11日	十届85次常委扩大会	讨论通过学校学术委员会章程，讨论成立学校全面深化改革领导小组事宜，通过二级非教学科研机构调整方案
3月14日	十届86次常委扩大会	讨论机构职能和编制方案，讨论干部职数和职责方案
3月18日	十届87次常委扩大会	传达《北京市关于严禁借公务之名旅游的规定》，审议通过机构职能方案，审议通过干部职数和职责方案，审议干部聘任方案，审议通过2014年财务预算方案
3月25日	十届88次常委扩大会	审议《处级党政领导干部选拔任用工作的规定》等文件，北京科学与工程计算研究院筹建情况汇报
4月3日	十届89次常委扩大会	研究干部问题，研究青海民族大学干部挂职问题，传达争创党建先进校相关工作
4月15日	十届90次常委扩大会	研究干部问题
4月18日	十届91次常委扩大会	研究干部问题
4月25日	十届92次常委扩大会	研究干部问题
4月29日	十届93次常委扩大会	关于评选推荐北京高校优秀基层党组织、优秀共产党员、优秀党务工作者的工作汇报，研究干部工作
5月6日	十届94次常委扩大会	研究干部工作，研究教代会、工会工作，讨论教代会校长工作报告
5月9日	十届95次常委扩大会	研究干部问题
5月15日	十届96次常委扩大会	研究干部问题
5月16日	十届97次常委扩大会	研究干部问题
5月20日	十届98次常委扩大会	传达首都高校维稳工作专题会议精神，研究2014年教职工聘任工作方案

续表

时　间	会　议	主　要　议　题
5月23日	十届99次常委扩大会	2014年全校党风廉政建设会筹备情况汇报，研究干部工作
5月27日	十届100次常委扩大会	审议学校六四敏感期维稳工作预案，确定北京科学与工程计算研究院法定代表人
6月3日	十届101次常委扩大会	研究党风廉政建设自查自纠相关工作，研究学校深化教育领域综合改革思路和建议
6月30日	十届102次常委扩大会	审议《北京工业大学教师职业道德与行为规范》，听取班主任、辅导员工作汇报，听取离退休工作汇报
7月4日	十届103次常委扩大会	研究有关干部工作，审议四个二级党组织成立事宜，研究加强港澳台工作事宜，审议北京工大建国饭店有限公司董事会、监事会成员调整名单，审议《北京工业大学学报（社科版）》编委会调整名单，听取北京科学与工程计算研究院法定代表人确定及相关工作进展汇报
7月9日	十届104次常委扩大会	审议《北京工业大学章程》，听取筹建学校理事会相关事宜的汇报
7月11日	十届105次常委扩大会	研究有关干部工作，研究领导班子分工问题
7月28至29日	十届106次常委扩大会	研究教育实践活动从严从实深化整改工作，传达相关会议精神，讨论研究深化高等教育综合改革工作，讨论研究二级机构调整方案，研究有关干部工作，讨论研究北京工业大学科学技术发展院建设方案
8月26至27日	十届107次常委扩大会	审议学校综合改革方案，审议科学技术发展院组建方案，研究有关干部工作，审议2014年下半年工作要点
9月9日	十届108次常委扩大会	研究党员发展与基层党组织调整事宜，审议相关文件
9月16日	十届109次常委扩大会	研究党外后备干部挂职工作，研究青海民族大学选派干部来校挂职工作
9月23日	十届110次常委扩大会	研究二级党委换届及部分基层党组织调整事宜，审议《北京工业大学培育和践行社会主义核心价值观实施方案》
10月9日	十届111次常委扩大会	传达党的群众路线教育实践活动总结大会精神，审议学校干部工作领导小组成员名单，讨论有关干部挂职工作
10月21日	十届112次常委扩大会	研究有关干部挂职工作
10月28日	十届113次常委扩大会	研究审议部分基层党委换届的请示，研究教代会、工会换届工作方案，学习十八届四中全会精神并研究学校贯彻落实方案
11月4日	十届114次常委扩大会	研究市级师德先进选树推荐人选，审议《北京工业大学机关工作人员行为规范》
11月14日	十届115次常委扩大会	确定北京古月新材料研究院和北京科学与工程计算研究院院长人选，审议部分二级党委换届结果和换届申请，听取《北京工业大学章程》核准反馈意见及修改情况汇报
11月18日	十届116次常委扩大会	审议部分二级党委换届申请
11月25日	十届117次常委扩大会	听取2014年绩效考核工作筹备情况汇报，审议成立招生办公室、就业创业指导中心及北京智慧城市研究院相关事项，研究有关干部工作
12月3日	十届118次常委扩大会	研究有关干部工作，研究知识产权学院、知识产权研究院建设方案
12月16日	十届119次常委扩大会	审议部分二级党委换届结果，听取群众路线教育实践活动和党员领导干部民主生活会工作安排的汇报，研究通报有关事宜
12月25日	十届120次常委扩大会	传达北京市委十一届六次全会精神，研究领导班子分工问题，研究处级以上党员领导干部民主生活会工作方案，研究北京高校党风廉政建设责任制专项检查迎接工作
12月25日	十届121次常委扩大会	专题研究党风廉政建设和反腐败工作
12月30日	十届122次常委扩大会	讨论研究2015年学校工作思路，审议群众路线教育实践活动整改落实情况自查报告，研究处级领导干部因私出境审批工作，审议成立学生发展指导中心事宜

（余乙兵　杜　峰）

北京工业大学 2014 年校长办公会议综述

2014 年，根据学校年度党政工作要点和总体工作进程，召开校长办公会 36 次（详见表 4-2）。校长办公会围绕学校中心工作组织议题，研究决策重大问题，突出人才培养、学科建设、科学研究、开放办学、师资队伍建设、校园基本建设等全局性和重大性工作的决策。

会议研究 2014 级迎新工作、学生毕业和学位授予、毕业生工作、2014 年招生就业工作。会议审议通过《北京工业大学本科教学质量报告（2013 年）》；研究了建筑学、城乡规划专业教育评估工作，决定要进一步提升专业建设水平，在全面总结评估工作经验的基础上，开展学校范围内的经验交流；研究了本科教学改革工作，在落实学校第五次教育教学大讨论精神的基础上，融入教育部和北京市新的政策、精神，肯定了荣誉学院（校级实验班）的改革方向，要求以新一轮岗位聘任以及 2016 年教育部本科教学评估准备为抓手，推动本科教学改革的进行；听取了学校参与教委“双培计划”情况的汇报，强调要全面与教委对接“双培计划”的需求。

会议同意成立北京工业大学招生考试委员会，作为学校招生工作的议事协调机构，并成立招生考试委员会办公室，负责人由学校招生就业处处长招生办公室主任兼任；原则通过北京工业大学教师教学发展中心组织机构人员调整名单，强调要更好地发挥教学名师在中心建设中的引领作用，构建多层次、立体化的教师发展模式和支持机制，推进教育教学的内涵式发展；原则同意成立学生发展指导中心，并对学生工作部（学生处、人民武装部）的职能进行调整。

会议研究了学位授权点评估工作，审议通过第十一届校学位评定委员会名单、MBA 教育中心负责人变更、MPA 教育中心成立事项及 2014 年校级先进基层单位、优秀教师（标兵）、优秀教育工作者（标兵）和北京工业大学教学名师奖名单。办公会按工作进程，讨论学籍指导委员会提交的有关学生学籍处理的意见以及学生工作指导委员会提交的有关学生违纪处分的意见。

会议两次研究“211 工程”及学科建设工作方案，要求继续紧紧抓住“211 工程”建设机遇，实现学校中长期发展目标、完成转型，推动学校工作；要面向学科高端、前沿的高水平基础学科，面向国家和北京重大需求的传统优势特色学科，面向未来的新兴交叉学科，在“211 工程”前三期建设的基础上，进一步凝练四期建设特色，推动学科发展，尽快实现国家级科技平台的突破。会议听取学校“十二五”规划主要指标完成情况的汇报，充分肯定了学校“十二五”发展以来的成果，各项指标的整体完成情况良好，但在科技奖项和科技平台建设方面尚缺乏标志性成果，学院间发展存在不平衡现象，应以下半年召开人才工作会和科技工作大会为契机，进一步分析原因，查找不足，关注长期性指标的完成，推动人才培养质量和科技创新能力的提高，逐步提升学校的办学水平和国内外知名度，并要求：进一步凝练发展方向，明确聘期目标，推动规划指标的落实；进一步梳理“十二五”规划中的 8 个专项规划的落实情况，总结专项规划的进展情况，确定明年重点任务及“十三五”主要目标；加强与教委“三高”计划的对接；挖掘“十二五”规划落实过程中的典型案例和先进人物，开展定期宣传报道，为凝聚共识、汇集力量，共同实现“十二五”发展目标夯实思想基础。会议原则通过三个分校区的定位方案，将花园村校区功能定位为北京工业大学中关村科技园区孵化器，惠新东街校区功能定位为北京工业大学文化创意产业基地，管庄校区功能定位为北京工业大学高端人才生活区，启动相应规划编制工作。

会议研究学校科技管理改革思路和 2014 年科技工作计划，强调要进一步推进科技管理改革，促进体制机制创新，提升学校科技水平，以提升服务能力为核心，进一步突出对教授的服务。专题研究了学校科技大会筹备工作，将本次大会定位为“十二五”时期学校科技工作的总结会、学习科技政策激发创新活力的动员会和学校科技机制体制改革的启动会，紧密围绕建设研究型大学的目标和首都创建科技创新中心的需求，提升学校科技工作的影响力和服务北京的贡献度；主题突出以高水平科学研究支撑高质量人才培养，贯彻落实习近平总书记系列重要讲话精神，特别是视察北京重要讲话精神，提升学校人才培养质量和科技创新能力，服务首都城市战略定位。

会议原则通过《北京工业大学协同创新中心培育与建设管理办法（试行）》、《北京工业大学协同创新中心人员聘任管理办法（试行）》和《北京工业大学“2011 协同创新中心”专项经费管理办法（试行）》，明确“2011 协同创新中心”的建设工作比照国家重点实验室，以实体形式运行，岗位聘任、科技管理过程中要明确相应的工作职责。研究了2011协同创新中心和国家工程中心申报工作，强调2011协同创新中心和国家工程中心的申报工作是学校2014年工作的重中之重，要进一步提高认识，举全校之力做好申报工作，抓住建设机会，进一步推动学校发展。研究了北京高校高精尖科技创新中心申报工作，决定面向学科前沿和产生重大工程应用成果的方向，做好学校2个高精尖科技创新中心的立项申报工作，强调要处理好高精尖科技创新中心和"2011"协同创新中心建设之间的关系，将中心的申报与国家科技平台建设相结合，与引智计划相结合，进一步突出体制机制创新。听取了国家重点实验室和国家工程中心专项工作的汇报，强调国家级平台建设是目前学校需要实现突破的重要方向，要充分发挥学术委员会的作用，结合人才工作会和科技大会的召开，注重积累、整合资源、凝练方向、发挥优势，做好国家级平台的筹建和申报准备工作，力求通过科技体制机制的创新，集中力量产生重大成果，提升在国家科技创新体系中的贡献度。

会议原则通过北工大投资公司相关科技企业管理关系划转方案，同意与京城机电集团共建3D打印公司。审议通过《北京工业大学学术委员会章程》，研究调整第八届学术委员会委员，强调要建立健全学校党政议事机构与学术委员会之间定期信息通报的工作机制，完善校院两级学术委员会工作机制，加强校学术委员会对院学术委员会的工作指导，更好地发挥校院两级学术委员会的作用。

会议听取推进学校国际化工作进展的汇报，强调要继续坚定不移地推进国际化战略，在国际合作的顶层设计上，应保持20所左右全面合作的战略核心层伙伴和50所左右的紧密合作层伙伴的规模。听取了QS大学排名情况的汇报，强调大学排名是反映学校声誉的重要指标之一，相关职能部门要加强研究，提升学校办学水平，做好对外宣传的整体设计，继续提升学校在QS大学排名中的位次。研究了教学国际研讨会的筹备工作，审议通过《北京工业大学因公出国管理办法》，通过制定因公出国管理办法，鼓励和促进学校国际化工作的开展。

会议多次研究北京工业大学北京知识产权学院、研究院建设方案，同意与北京市知识产权局共建北京工业大学北京知识产权学院、北京知识产权研究院，实行双院长领导体制，鼓励相关院系参与学院和研究院建设工作。研究了北京智慧城市研究院建设方案和组织架构，原则通过北京智慧城市研究院成立仪式暨智慧北京高峰论坛活动方案，强调要明确研究院的定位目标、组织架构和运行机制，进一步提高学校服务北京的水平和科技创新能力。研究了示范性微电子学院试办方案，强调要从国家与区域发展战略出发，紧抓打造中国经济升级版和加快形成首都"高精尖"经济结构的机遇，整合学校电子信息学科的资源和优势，全力申报国家示范性微电子学院。原则通过学校和北京生命科学研究所战略合作协议，强调要进一步解放思想，在保障学校合法权益的基础上，通过合作产生增量，提升学校在生物学科领域的影响力。

会议原则通过北京工业大学支持小学特色发展项目工作方案和进程设置，强调要抓住服务北京的机会，建立健全相应的体制机制。多次研究与北京市朝阳区政府合作办学相关工作，决定共建北京工业大学实验学校，成立北京工业大学实验学校理事会，强调要整合资源支持实验学校尽快提高教育质量，并办出特色，推动朝阳区基础教育高位、优质、均衡发展，服务北京、服务区域社会经济发展。研究了首都医科大学附属北京友谊医院与北京工业大学医院合作事项，同意双方签署《战略合作协议》和《框架协议》，扩宽双方合作领域，提高校医院专业水平和服务质量，更好地服务师生员工和周边居民。

会议审议通过人事代理人员转事业编制聘用工作方案、绩效增资工作方案和全员岗位聘任工作方案、全国教育系统先进集体和先进个人评选推荐方案、2014年岗位分级聘用工作方案和2015年人才招聘工作方案。研究了2014年教职工聘任有关工作和2014年人才招聘工作，审议通过2014年管理、其他专业技术岗位人才拟聘人员名单和岗位聘任分委员会名单；审议通过2014年岗位聘任教师A1－2、A2、A3、A4岗位及校级高聘岗位（A4－2、B3－2）拟聘人员名单；审议通过2014年专业技术职务拟聘人员名单，通过岗位聘任专业技术重点、一般岗位，管理岗位和工勤技能岗位拟聘人员名单。

会议审议通过《北京工业大学教职工考勤管理办法》、《北京工业大学教职工处分暂行规定》、《北京工业大学博士后工作管理办法》、《北京工业大学研究生指导教师遴选办法》。研究博士后公寓和人才引进周转房的腾退工作，探索经济补偿方式，为人才引进工作提供保障。原则通过2014年绩效工资调整方案、绩效工资增资与离退休人员增资方案，原则通过退休人员名单，同意部分人员向上级申报延聘、提高退休费计发比例。

会议原则通过人才工作会召开方案、人才工作会表彰方案，强调要进一步强化"人才强校"战略和深化综合改革的主题，推动成立学校高层次人才引进工作组，由其负责拟定引进人才的待遇及配套方案，继续深化校院两级管理。审议通过《北京工业大学关于进一步推进“人才强校”战略实施的若干意见》、《北京工业大学高层次人才引进与支持计划（试行）》、《北京工业大学境内外学者短期聘任计划（试行）》、《北京工业大学人才队伍补充与支持计划（试行）》、《北京工业大学青年教师发展计划（试行）》、《北京工业大学基础教学教师能力提升计划（试行）》，强调通过制度设计释放校院两级活力，在校院两级绩效考核中进一步加大人事人才工作考核的权重，着力在运行机制上破解发展中的问题，成立人才引进工作办公室，定期召开会议就引进人才的待遇进行评估，进一步规范人才引进工作。

会议研究行政干部任免工作，确定节假日和寒暑假时间安排。原则通过2013年度校长嘉奖方案、学校班车改革方案、印刷服务中心整体划转到后勤服务集团方案、校门交通调整方案，研究学校理事会筹建工作。审议通过《北京工业大学章程》、《北京工业大学进一步加强工作纪律的规定》、《北京工业大学公务用车使用管理规定》、《北京工业大学信访工作制度》和《北京工业大学校领导接待日制度》。研究学校信息公开相关工作，强调要完善信息公开的相关工作体系和制度体系，推动校院两级的信息及时公开。同意校长基金教育管理研究课题2012年度结题及2014年度立项结果，强调做好相关材料的整理和分析，按照课题管理办法做好后续工作。研究行政办公用房调整方案，强调要按照上级要求，严格执行用房面积标准。

会议原则通过学校信息化工作推进会召开方案，进一步强调信息技术对传统教育模式的革命性意义，强调要继续推动教学方法、学习方式的革新，通过信息化技术为人才培养、科学研究和管理服务工作水平的提升提供支撑，做好智慧工大建设工作。通过学校2013年财务决算、引导性经费分配方案，要求2014年财务预算应坚持“科学预算、量入为出，突出重点、收支平衡”的原则，按照国家和北京市出台的一系列办法，进一步加强财务管理。原则通过北京工业大学内部控制体系建设工作方案，强调要以内部控制体系建设工作为抓手，结合廉政防范工作，进一步完善内部控制体系，规范日常管理。

会议研究校园环境改造相关项目，要求研究制定《美丽工大行动计划》，就校园景观进行整体设计，建设国际化、现代化的校园环境和文化氛围。审议通过新学科楼平台建设方案，原则通过新学科楼命名方案，强调新学科楼建设应以学科相对集中，为国家级重点科技平台建设服务为原则。审议《北京工业大学基础设施改造工程管理办法》，原则通过2014年国有资产产权登记工作报告。研究了学生综合服务中心项目进展及施工场地腾退工作，要求制定相应工作方案，确保安全稳定、质量为先，将施工期间对学校正常工作秩序的影响降到最低。会议决定暂停开放游泳馆，要求对游泳馆的建设方案进行论证。原则通过大型仪器开放共享平台建设方案，强调要进一步推进学校相关平台建设，搭建管理架构，盘活学校资源，使平台的建设在融入学科发展的同时，服务全校、服务社会。

会议同意北工大投资管理有限公司董事会意见，同意北京经开工大投资管理有限公司股权结构重组整合方案，同意将“工大智源”剩余的税后分红汇入“经开工大”的增资账户，同意智源公司北京银行国有股东确权及减持方案。听取北京工大建国饭店（国际交流中心）经营工作的汇报，研究投资公司相关科技企业管理关系划转至科学技术发展院工作。

表4-2 2014年校长办公会议主要议题表

时间	会议	主要议题
1月7日	第1次校长办公会议	审议人事代理人员转事业编制聘用工作方案，研究学籍处理以及学生违纪处分
1月14日	第2次校长办公会议	研究北京工大建国饭店（国际交流中心）经营工作，审议2013年度校长嘉奖方案
2月25日	第3次校长办公会议	研究分校区定位及启动规划编制工作
3月4日	第4次校长办公会议	研究本科教学改革专题工作，研究科技管理改革思路和2014年科技工作计划
3月11日	第5次校长办公会议	审议绩效增资工作方案和全员岗位聘任工作方案，研究2014年财务工作，研究新学科楼建设论证工作，审议学校学术委员会章程
3月18日	第6次校长办公会议	审议因公出国管理办法和2014年校级团组出访计划，研究教学国际研讨会筹备工作，审议协同创新中心管理相关文件，研究公务车治理工作

续表

时　间	会　议	主 要 议 题
3月25日	第7次校长办公会议	审议“211工程”四期启动工作方案和博士后工作管理办法
4月1日	第8次校长办公会议	研究污超标罚款和污水处理设施建设方案，研究学籍处理、2011协同创新中心和国家工程中心申报工作
4月15日	第9次校长办公会议	审议新学科楼命名方案、北京工业大学信访工作制度及校领导接待日制度，研究提高离休干部护理费标准的工作
4月22日	第10次校长办公会议	审议引导性经费分配方案，研究学校班车改革方案
4月29日	第11次校长办公会议	审议《北京工业大学教职工处分暂行规定》，审议北京工业大学支持小学特色发展项目工作方案
5月20日	第12次校长办公会议	研究2014年教职工聘任有关工作和2014年人才招聘工作，审议《北京工业大学本科教育质量报告（2013年）》和《北京工业大学基础设施改造工程管理办法》
5月27日	第13次校长办公会议	审议2014年先进基层单位、优秀教师和教育工作者评选工作方案和北京工业大学内部控制体系建设工作方案，研究2014年北京工业大学国有资产产权登记工作实施方案，研究北京经开工大投资管理有限公司股权结构重组整合事项
6月3日	第14次校长办公会议	审议2014年国有资产产权登记工作报告，研究印刷服务中心整体划转到后勤服务集团事宜，研究建筑学、城乡规划专业教育评估情况，听取2014届毕业生离校暨2014级迎新工作日程安排情况的汇报，研究2014年6月退休、延聘及提高退休费计算发放比例工作，研究近期校级出访团组安排工作，研究雅安赈灾专项基金捐赠情况及使用方案
6月10日	第15次校长办公会议	审议2014年管理、其他专业技术岗位人才招聘结果、2014年岗位聘任教师A1—2岗位拟聘结果和2014年北京工业大学教学名师奖评选结果，审议2014级新生入住方案，研究博士后公寓和人才引进用房工作，研究行政办公用房调整方案，听取北京市委对台工作领导小组（扩大）会议精神的传达
6月17日	第16次校长办公会议	审议2014年岗位聘任教师A2岗位拟聘人员名单、岗位聘任分委员会名单、全国教育系统先进集体和先进个人评选推荐方案及学校班车改革方案，研究2014年暑期放假方案及主要活动安排
6月24日	第17次校长办公会议	审议2014届学生毕业与学位授予情况、2014年岗位聘任教师A3岗位及校级高聘岗位（A4—2、B3—2）拟聘人员名单，研究北京市朝阳区政府与北京工业大学合作办学及成立北京工业大学招生考试委员会相关事宜
6月30日	第18次校长办公会议	审议2014年岗位聘任教师A4岗位拟聘人员名单、《北京工业大学教职工考勤管理办法》、《北京工业大学教职工处分暂行规定》、《北京工业大学进一步加强工作纪律的规定》和《北京工业大学公务用车使用管理规定》，研究依法解决王桂红劳动争议案件相关工作
7月4日	第19次校长办公会议	审议2014年专业技术职务拟聘人员名单、2014年绩效工资调整方案、北京工业大学附属实验学校校长推荐人选，听取QS大学排名情况和校园环境改造相关项目的汇报
7月8至9日	第20次校长办公会议	听取学位授权点评估工作、学生综合服务中心项目进展及施工场地腾退事宜、《北京工业大学章程》初审修改意见情况和筹建学校理事会相关事宜的汇报
7月28日	第21次校长办公会议	审议2014年岗位聘任专业技术重点、一般岗位，管理岗位和工勤技能岗位拟聘人员名单，听取北京工业大学实验学校筹建工作进展情况汇报
8月27日	第22次校长办公会议	审议2014年校级先进基层单位、优秀教师（标兵）和优秀教育工作者（标兵）名单及2014年岗位分级聘用工作方案，听取北京工业大学实验学校相关工作汇报

续表

时　间	会　议	主 要 议 题
9月2日	第23次校长办公会议	听取2014年本科生招生工作汇报，审议2014级新生工作方案和庆祝2014年教师节活动方案
9月16日	第24次校长办公会议	听取“十二五”规划主要指标完成情况和智源公司北京银行国有股东确权及减持情况的汇报，审议人才工作会召开方案、第十一届校学位评定委员会名单、MBA教育中心负责人变更及MPA教育中心成立事项、留学生退学处理意见及留学生成绩认定办法和校门交通调整方案，研究游泳馆维护及后续开放工作
10月9日	第25次校长办公会议	审议《北京工业大学研究生指导教师遴选办法》，听取北京高校高精尖科技创新中心申报工作汇报和学校近期工作通报
10月14日	第26次校长办公会议	研究APEC会议期间放假安排、中蓝公寓二期工程尾款支付事项和投资公司相关企业划转方案
10月21日	第27次校长办公会议	听取2014年人才工作大会筹备情况的汇报，审议2014年绩效工资增资与离退休人员增资方案、首都医科大学附属北京友谊医院与北京工业大学医院合作协议和有关学籍处理的意见
10月28日	第28次校长办公会议	审议2014年北京工业大学人才工作会表彰方案、北工大投资公司相关科技企业管理关系划转方案，听取国家重点实验室和国家工程中心专项工作的汇报
11月4日	第29次校长办公会议	研究北京工业大学北京知识产权学院、研究院建设方案和学校信息工作推进会召开方案，听取学校信息公开工作和大型仪器开放共享平台建设情况的汇报
11月14日	第30次校长办公会议	听取学校科技大会和北京智慧城市研究院成立大会暨智慧北京高峰论坛筹备情况的汇报，研究学校2014—2015学年寒假放假安排
11月25日	第31次校长办公会议	研究北京智慧城市研究院的建设方案和组织架构以及北京工业大学北京知识产权学院、北京知识产权研究院的建设方案
12月3日	第32次校长办公会议	听取“211工程”四期重点学科建设立项工作进展、校长基金教育管理研究课题2012年度结题及2014年度立项情况的汇报，审议2014年岗位分级聘用拟聘结果、北京工业大学教师教学发展中心组织机构人员调整和“北京工业大学地震灾区优困学生奖助金”设立协议书
12月16日	第33次校长办公会议	研究就业创业指导中心主任聘任和与京城机电集团共建3D打印公司事宜，审议2015年人才招聘工作方案和2015年3至8月退休、申请延聘及提高退休费计发比例人员名单，听取北京工业大学第八届学术委员会委员调整和2014年招生就业工作的汇报
12月26日	第34次校长办公会议	听取学校科技工作大会召开方案的汇报
12月26日	第35次校长办公会议	审议岗位分级聘用补报人员拟聘结果，研究学生发展指导中心成立与学生工作部（学生处、人民武装部）职能调整事宜、示范性微电子学院试办方案，听取学校推进国际化工作进展、参与教委“双培计划”情况以及与北京生命科学研究所战略合作进展的汇报
12月30日	第36次校长办公会议	审议人才工作会拟出台（修订）相关文件，研究北京知识产权学院、北京知识产权研究院组织架构和人员构成

（郑鹏为　杜　峰）

·机 构 与 队 伍·

北京工业大学2014年校级领导干部及校长助理

党 委 书 记 郑吉春
校　　　长 郭广生
党委副书记 龚　裕（2014年12月17日免）　王秀彦
纪 委 书 记 冯　虹
副　校　长 张爱林　蒋毅坚　聂祚仁　吴　斌　刘建萍（2014年6月24日任）
杜修力（2014年6月24日任）
党 委 常 委 薛素铎
校 长 助 理 李四平　刘建萍（2014年7月4日免）

中共北京工业大学第十届委员会

党委委员（按姓氏笔画为序）
王　普　王大勇　王秀彦（女）　尹宝才　左铁镛　冯　虹　乔俊飞
刘中良（回族）　刘建萍（女）　李四平　吴　斌　邱晓飞（女）
张爱林　郑吉春　聂祚仁　郭　福　郭广生　龚　裕（2014年12月17日免）
蒋毅坚　薛素铎
党委常委（按姓氏笔画为序）
王秀彦（女）　冯　虹　刘建萍（女）（2014年6月24日任）吴　斌　张爱林
郑吉春　聂祚仁　郭广生　龚　裕（2014年12月17日免）　蒋毅坚　薛素铎

中共北京工业大学第十届纪律检查委员会

纪 委 书 记 冯　虹
纪委副书记 马维娜（女）（2014年4月4日免）　李国俊（2014年4月4日任）
纪 委 委 员（按姓氏笔画为序）
马维娜（女）　王燕琪（女）　李　娟（女）　李国俊　李建平　张永祥
张忠占　钟儒刚　钱伟量　龚　裕（2014年12月17日免）　雷永平

（组织部　提供）

北京工业大学第八届学术委员会

主　　　任 左铁镛
常务副主任 张爱林
副　主　任 曾　毅　李京文　张　杰　沈昌祥　刘加平　Peter Deuflhard（德）
蒋毅坚　聂祚仁　侯义斌
委　　　员： 王　术　王　璞　尹宝才　古月文志（日）　石照耀　乔俊飞　刘小明
杜修力　杨昌鸣　吴玉庭　邹　锋　汪夏燕　张　伟　张忠占　张新平

钱伟量 郭 霞 黄鲁成 隋曼龄 彭永臻 杨庆生 严 辉
秘 书 长 侯义斌（兼）
副秘书长 石照耀（兼） 乔俊飞（兼）

北京工业大学第十一届学位评定委员会

主 任 郭广生
副 主 任 蒋毅坚 张 杰 吴 斌 冯 虹 杜修力
委 员 丁治明 王 术 王 璞 王金淑 尹宝才 刘 超 刘宇慧 孙大力
何存富 张忠占 侯义斌 贾克斌 郭 福 唐 军 黄映辉 韩晓东
程水源 薛素铎 戴 俭
秘 书 长 张忠占（兼）
副秘书长 郭 福（兼）

北京工业大学第二届教学指导委员会

名誉主任 左铁镛
主 任 吴 斌 宋天虎
副 主 任 沈昌祥 彭永臻 张光生 侯义斌 王秀彦
委 员 余跃庆 李晓阳 王 普 薛素铎 李炎峰 关宏志 刘中良 王 丽
蒋宗礼 崔素萍 黄鲁成 吴水才 陈 喆 钱伟量 周竞学 刘宇慧
曲延瑞 李建平 谢伦立 阮平南 肖 念 杜 峰 郭 福 吴文英
宋非君 王肇嘉 周宏磊 蔡速平 吴英凡 谢凯年
秘 书 长 郭 福（兼）
教学指导委员会下设6个二级机构：
学籍指导委员会
主 任 吴 斌
副 主 任 蒋毅坚 王秀彦
委 员 郭 福 高春娣 李 娟 赵曙东 刘赵淼 李建平 吴文英 余 立
学籍指导委员下设办公室
主 任：郭 福（兼）
副 主 任：赵曙东（兼） 刘赵淼（兼）
办事机构设在教务处。
课程建设指导委员会
主 任 吴 斌
副 主 任 彭永臻 郭 福
委 员 蒋宗礼 赵 京 秦 飞 乔俊飞 薛素铎 杨孝宽 李寿梅 王 丽 王金淑
廖 玫 杨松令 钱伟量 刘宇慧 何泾沙 薛红文
办事机构设在教务处。
教材建设指导委员会
主 任 吴 斌
副 主 任 郭 福
委 员 蒋宗礼 余跃庆 李晓阳 阮晓刚 张延庆 夏国栋 程曹宗 江竹青 吴水才
付德根 周俊英 贾荣健 蒋国瑞 李东松 石秀丽 刘赵淼
办事机构设在教务处。
实践教学指导委员会
主 任 吴 斌

副　主　任　郭　福　周竞学
委　　　员　范晋伟　张亦良　王　普　冯世维　李炎峰　李振宝　张永祥　程水源　刘建丽
李　健　崔素萍　钟儒刚　关　峻　陈　喆　朱　青　廖　伟　陈继民　高国华
办事机构设在教务处。
思想政治理论课教学指导委员会
主　　　任　吴　斌
副　主　任　蒋毅坚　王秀彦　钱伟量
委　　　员　郭　福　高春娣　乔俊飞　李　娟　杨　茹　丁　云　吴宝晶
办事机构设在马克思主义学院。
图书馆工作委员会
主　　　任　蒋毅坚
副　主　任　张爱林　李四平　阮平南
委　　　员　杨松令　王大勇　郭　福　乔俊飞　李宝富　魏育辉　刘俊武　严　辉　钱伟量
林志远　吴文英　王文杰　郭　煜　研究生会主席　学生会主席
办事机构设在图书馆。

北京工业大学依法治校工作领导小组

主　　　任　郑吉春　郭广生
副　主　任　龚　裕　冯　虹　李四平
成　　　员　张爱林　蒋毅坚　王秀彦　聂祚仁　吴　斌　刘建萍　王　普　马维娜　薛素铎
杨松令　刘　鹏　郭　福　乔俊飞　李国俊　邱晓飞
办事机构设在党办校办。
依法治校工作领导小组下设 4 个二级机构：
校（党）务公开工作委员会（信息公开工作领导小组）
主　　　任　郭广生　郑吉春
副　主　任　张爱林　王秀彦　冯　虹
委　　　员　李四平　刘建萍　薛素铎　王　普　马维娜　杨松令　张永祥　祖占良　邱晓飞
高春娣　李　娟　郭　福　乔俊飞　杜　峰　程晓琦　刘　鹏　周洪芳　王文杰
办事机构设在党办校办。
教职工申诉受理委员会
主　　　任　龚　裕
常务副主任　王　普
副　主　任　马维娜　韩　军
委　　　员　张　荆　赵之枫　王燕琪　冯爱玲　李建平
秘　　　书　张亚红
办公室设在校工会。
学生申诉处理工作委员会
主　　　任　冯　虹
副　主　任　马维娜　李四平
委　　　员　张国兵　余　立　靳晓东　袁　文
教师代表、学生代表各 2 人。
秘　　　书　葛卫华
办事机构设在监察处。
人口和计划生育工作委员会
主　　　任　龚　裕
副　主　任　王秀彦

委　　员 乔俊飞　李四平　刘建萍　王　普　黄彦萍　邱晓飞　李　娟　高春娣　杜　峰
田　莉　杨松令　张建国　刘　鹏　王文杰　陈树君　范国强　李　悦　宛小炜
王海燕　石　勤　崔素萍　廖　玫　钟儒刚　杨　茹　杨昌鸣　任永方　张立芳
肖荣诗　刘宏珍　邢永利　胡晓华　魏育辉　王燕琪　王梦然　王毅强　徐学东

秘　　书 黄彦萍（兼）

办事机构设在校工会计划生育办公室。

北京工业大学党风廉政建设工作领导小组

组　　长 郑吉春　郭广生

常务副组长 冯　虹

副 组 长 龚　裕　王秀彦

成　　员 李四平　马维娜　薛素铎　邱晓飞　乔俊飞　杨松令　李国俊　张永祥
高春娣　李　娟

下设办公室，办公室主任由冯虹兼任，办事机构设在校纪委办公室。

北京工业大学安全稳定工作委员会

主　　任 郑吉春　郭广生

副 主 任 龚　裕　王秀彦　聂祚仁

委　　员 李四平　刘建萍　薛素铎　刘　鹏　高春娣　李　娟　邱晓飞　郭　福
乔俊飞　涂　鸣　张永祥　石照耀　杜　峰　祖占良　程晓琦　周竞学
王毅强　李建平　王　普　田　莉　吴文英　王文杰

下设安全稳定办公室：

主　　任 刘　鹏（兼）

副 主 任 李　曾　雷碧莲

办事机构设在保卫部（处）。

安全稳定工作委员会下设 3 个二级机构：

安全生产委员会

主　　任 聂祚仁

副 主 任 张爱林　刘建萍

委　　员 石照耀　刘　鹏　杨松令　乔俊飞　涂　鸣　祖占良　党　杰　张永祥　高春娣
李　娟　王　普　任　炜

下设安全生产办公室：

主　　任 张永祥（兼）

副 主 任 王梦然　温　涛　任启财　刘　伟　刘　佳　齐宗林

办事机构设在国有资产与实验室管理处。

信访工作委员会

主　　任 冯　虹

副 主 任 龚　裕　李四平

委　　员 刘建萍　马维娜　薛素铎　刘　鹏　乔俊飞　高春娣　郭　福　涂　鸣　王燕琪
王　普　李　娟　周洪芳　余　立

下设信访办公室：

主　　任 李四平（兼）

副 主 任 余　立（兼）　任　炜

办事机构设在党办校办。

防汛工作委员会

主　　任　龚　裕
副 主 任　刘建萍　李四平
委　　员　王　普　杨松令　祖占良　涂　鸣　邱晓飞　张永祥　李　娟　高春娣　刘　鹏
田　莉　李建平　林志远　周竞学　王文杰　任　炜
下设防汛办公室：
主　　任　刘建萍（兼）
副 主 任　季景书　刘　佳
办事机构设在后勤管理处。

北京工业大学民族宗教事务工作领导小组

组　　长　郑吉春
副　　组　龚　裕　王秀彦
成　　员　李四平　程晓琦　高春娣　李　娟　郭　福　乔俊飞　刘　鹏　吴文英
杨　茹　王文杰
办事机构设在党委统战部。

北京工业大学学生工作指导委员会

主　　任　郑吉春　郭广生
副 主 任　王秀彦　蒋毅坚　吴　斌
委　　员　李四平　刘建萍　薛素铎　高春娣　李　娟　杜　峰　郭　福　吴文英
乔俊飞　杨松令　涂　鸣　刘　鹏　王文杰
办事机构设在学生工作部（处）。
学生工作指导委员会下设 5 个二级机构：

大学生素质教育工作委员会
名誉主任　杨叔子　王义遒
主　　任　郑吉春　郭广生
副 主 任　李永波　王秀彦　吴　斌
成　　员　邹小龙　田　野　肖　念　杨　茹　阮晓钢　尹宝才　戴　俭　林志远
郭　福　乔俊飞　高春娣　李　娟　邱晓飞　吴文英　谢伦立　王文杰
办事机构设在学生工作部（处）、研究生工作部。

心理健康教育及心理危机干预工作委员会
主　　任　王秀彦
副 主 任　高春娣　李　娟
成　　员　郭　福　田　莉　刘　鹏　王文杰　叶红玲　高学金　谢亚勃　王金淑　王海燕
王燕霞　高　原　刘　卓　刘幸菡　李振兴　姚爱华　任永方　李承杰　刘永平
王明生　刘世炳　吉晓喆
办事机构设在学生工作部（处）。

招生就业工作领导小组
组　　长　郭广生
常务副组长　王秀彦
副 组 长　吴　斌　蒋毅坚　冯　虹
成　　员　李四平　杜　峰　乔俊飞　李建平　朱　青　杨松令　高春娣　郭　福
吴文英　马维娜
办公室主任　杜　峰（兼）
办事机构设在招生就业处、研究生院。

招生监察工作领导小组

组　　长　冯　虹
副 组 长　马维娜
成　　员　李国俊　李　娟　赵曙东　张国兵

招生监察工作领导小组办公室设在监察室。

新生工作领导小组

组　　长　郭广生
副 组 长　王秀彦　蒋毅坚　吴　斌
成　　员　高春娣　郭　福　杜　峰　乔俊飞　王文杰　谢伦立　何存富　贾克斌
杜修力　刘中良　王　丽　尹宝才　朱　青　雷永平　钟儒刚　宗　刚
戴　俭　杨　茹　何岑成　周竞学　林志远

办事机构设在学生工作部（处）。

北京工业大学第一届招生考试委员会

主任委员　郭广生
常务副主任委员　王秀彦
副主任委员　李昭玲　吴　斌　蒋毅坚　冯　虹
委　　员　刘小明　程　静　张　韵　李四平　杜　峰　张忠占　李建平
李国俊　郭　福　杨松令　高春娣　高学金　吴文英　何存富
贾克斌　尹宝才　杜修力　程水源　王　术　侯义斌　王金淑
戴　俭　唐　军　何岑成　刘中良　孙大力　周竞学　王　普
石　勤　孙治荣　李　娟　李嘉泰　何华阳

委员会办公室主任：杜　峰（兼）。

北京工业大学人才工作领导小组

组　　长　郑吉春　郭广生
副 组 长　龚　裕　吴　斌
成　　员　张爱林　蒋毅坚　王秀彦　冯　虹　聂祚仁　薛素铎　李四平　刘建萍
王大勇　郭　福　乔俊飞　石照耀　张永祥　杨松令　吴文英　程晓琦

下设办公室在人事处，办公室主任：乔俊飞（兼）。

北京工业大学学校文化建设工作领导小组

组　　长　郑吉春　郭广生
常务副组长　王秀彦
副 组 长　张爱林　龚　裕
成　　员　薛素铎　李四平　刘建萍　马维娜　邱晓飞　王　普　祖占良　石照耀
郭　福　乔俊飞　高春娣　李　娟　杨松令　阮平南　杨　茹　戴　俭
林志远　谢伦立　王文杰

办事机构设在党委宣传部。

北京工业大学离退休工作领导小组

组　　长　郑吉春　郭广生
副 组 长　龚　裕　吴　斌

成　　员　李四平　刘建萍　薛素铎　乔俊飞　王　普　田　莉　杨松令　周洪芳
　　　　　　邱晓飞

办事机构设在离退休工作处。

北京工业大学关心下一代工作委员会

顾　　问　王　浒　冯　城　余　进　周宣诚　蔡少甫

主　　任　周大森

副 主 任　龚　裕　颜念祖　王秀彦

委　　员　王　普　王大康　王文杰　王雅珍　王德珍　刘秀兰　刘建萍　李　娟
　　　　　　李四平　邱晓飞　张宝林　张载鸿　周秀梅　周洪芳　郭　福　高春娣
　　　　　　高旅端　薛素铎

秘 书 长　周洪芳（兼）

北京工业大学财经工作领导小组

组　　长　郭广生

副 组 长　冯　虹　张爱林

成　　员　李四平　刘建萍　杨松令　李国俊　王大勇

办事机构设在财务处。

财经工作领导小组下设4个二级机构：

专款管理工作小组

组　　长　张爱林

副 组 长　冯　虹　李四平

成　　员　刘建萍　王大勇　杨松令　高春娣　郭　福　石照耀　乔俊飞　吴文英　张永祥
　　　　　　祖占良　阮平南　李　娟

专款管理工作小组办公室设在改革与发展规划处，主任：王大勇（兼）、杨松令（兼）。

收费管理工作小组

组　　长　冯　虹

副 组 长　刘建萍　杨松令

成　　员　马维娜　郭　福　乔俊飞　张永祥　李国俊　吴文英　李建平　王　普　李　娟

收费管理工作小组办公室设在财务处，主任：胡家曦；成员：张国兵、廖宏伟。

招标采购工作小组

组　　长　聂祚仁

副 组 长　冯　虹

成　　员　刘建萍　马维娜　杨松令　祖占良　阮平南　李国俊　王　普　张永祥

招标采购工作小组办公室设在国有资产与实验室管理处，主任：张永祥（兼）；副主任：刘有军、张国兵。

增收节支工作小组

组　　长　冯　虹

副 组 长　吴　斌　刘建萍

成　　员　李四平　杨松令　张永祥　郭　福　石照耀　涂　鸣　乔俊飞　祖占良　李建平
　　　　　　阮平南　宋　群　王　普　吴文英　党　杰

增收节支工作小组办公室设在财务处，主任：杨松令（兼）。

北京工业大学体育运动委员会

主　　任　郭广生

副 主 任 吴 斌 王秀彦 龚 裕
委　　员 谢伦立 李四平 邱晓飞 高春娣 王 普 郭 福 乔俊飞 李 娟
王文杰 涂 鸣 田 莉 杨松令 张永祥 刘 鹏 叶红玲 高学金
李振兴 谢亚勃 王海燕 刘幸菡 王金淑 李承杰 刘永平 高 原
刘 卓 姚爱华 任永芳 王燕霞 邢永利 王明生 郭 颖 刘世炳
郭 煜 吉晓喆 任启财

办事机构设在体育教学部。

北京工业大学绩效管理领导小组

组　　长 郑吉春 郭广生
常务副组长 龚 裕 吴 斌
副 组 长 张爱林 蒋毅坚 王秀彦 冯 虹 聂祚仁
成　　员 （按姓氏笔画为序）：
马维娜 王 普 王大勇 石照耀 乔俊飞 刘建萍 李 娟 李四平
李国俊 杨松令 吴文英 邱晓飞 张永祥 高春娣 郭 福 薛素铎

办事机构设在人事处。

绩效管理领导小组下设机构：

二级教学科研机构绩效考核工作小组

组　　长 郭广生
副 组 长 张爱林 蒋毅坚 聂祚仁 吴 斌
成　　员 （按姓氏笔画为序）：
马维娜 王大勇 石照耀 乔俊飞 刘 鹏 李 娟 李四平 李国俊 杨松令
吴文英 张永祥 高春娣 郭 福 薛素铎

负责教学科研机构绩效考核工作的组织与实施，办事机构设在改革与发展规划处。

二级非教学科研机构绩效考核工作小组

组　　长 龚 裕
副 组 长 张爱林 李四平
成　　员 （按姓氏笔画为序）：
马维娜 王 普 王大勇 王燕琪 乔俊飞 刘建萍 薛素铎

负责非教学科研机构绩效考核工作的组织与实施，办事机构设在党办校办。

处级干部和处级领导班子绩效考核工作小组

组　　长 郑吉春 郭广生
副 组 长 龚 裕 王秀彦 冯 虹
成　　员 （按姓氏笔画为序）：
马维娜 王大勇 乔俊飞 李四平 邱晓飞 薛素铎

负责处级干部和处级领导班子绩效考核工作的组织与实施，办事机构设在组织部。

教职工绩效考核工作小组

组　　长 郭广生
副 组 长 蒋毅坚 聂祚仁 吴 斌
成　　员 （按姓氏笔画为序）：
马维娜 王 普 王大勇 王燕琪 石照耀 乔俊飞 刘建萍 李 娟 李四平
吴文英 高春娣 郭 福 薛素铎

负责教职工绩效考核工作的组织与实施，办事机构设在人事处。

北京工业大学国际化推进工作领导小组

组　　长　郭广生
副 组 长　蒋毅坚
成　　员　吴　斌　聂祚仁　王秀彦　李四平　杨长聚　吴文英　王大勇　郭　福
乔俊飞　石照耀　邱晓飞　杨松令　张永祥　刘中良　陈树君　贾克斌
关宏志　尹宝才　雷永平　何岑成　杨　茹　黄樟钦　林志远　周竞学
肖荣诗　韩晓东　肖　念　谢伦立
下设办公室在国际交流合作处，办公室主任：吴文英（兼），秘书：苗允。

北京工业大学专业技术职务聘任委员会

主　　任　郭广生　郑吉春
副 主 任　左铁镛　吴　斌
委　　员　王秀彦　冯　虹　李京文　乔俊飞　沈昌祥　张　杰　张爱林　聂祚仁
龚　裕　蒋毅坚　曾　毅
秘 书 长　乔俊飞（兼）

北京工业大学岗位聘任委员会

主　　任　郭广生　郑吉春
副 主 任　吴　斌　龚　裕
委　　员　张爱林　蒋毅坚　王秀彦　冯　虹　聂祚仁
办公室设在人事处，办公室主任：乔俊飞。

北京工业大学教职工奖励工作指导委员会

主　　任　郭广生　郑吉春
副 主 任　吴　斌　龚　裕
委　　员　薛素铎　李四平　刘建萍　李国俊　邱晓飞　高春娣　乔俊飞
郭　福　张忠占　石照耀　王大勇　吴文英　杨松令　王　普

北京工业大学青年教师思想政治工作领导小组

组　　长　郑吉春　郭广生
常务副组长　王秀彦
副 组 长　张爱林　蒋毅坚　龚　裕　冯　虹　聂祚仁　吴　斌
成　　员　薛素铎　李四平　刘建萍　邱晓飞　乔俊飞　郭　福　王　普　石照耀
吴文英　李　娟　王燕琪　高春娣　程晓琦
办公室设在党委宣传部。

北京工业大学后勤工作领导小组

组　　长　郑吉春　郭广生
副 组 长　张爱林　吴　斌　王秀彦　冯　虹　刘建萍
成　　员　薛素铎　李四平　乔俊飞　王大勇　郭　福　杨松令　李国俊　祖占良

张永祥 吴文英 王 普 邱晓飞 高春娣 李 娟 涂 鸣 田 莉
刘 鹏

办事机构设在后勤管理处。

下设4个二级机构：

后勤工作小组

组　　长 刘建萍
副 组 长 李四平
成　　员 乔俊飞 杨松令 张永祥 李国俊 涂 鸣

办事机构设在后勤管理处。

节能工作小组

组　　长 刘建萍
副 组 长 张永祥
成　　员 杨松令 李国俊 郭 福 祖占良 邱晓飞 石照耀 涂 鸣 高春娣 李 娟
王文杰

办事机构设在后勤管理处。

教师住房规划与管理小组

组　　长 张爱林
副 组 长 吴 斌 刘建萍
成　　员 王大勇 祖占良 乔俊飞 杨松令 张永祥 马维娜 王 普 李建平 周竞学
林志远

教师住房规划与管理小组办公室设在后勤管理处，主任：张健、季景书、范明。

健康保健工作小组

组　　长 龚 裕
副 组 长 刘建萍 李四平
成　　员 田 莉 乔俊飞 杨松令 李国俊 王 普 邱晓飞 周洪芳 高春娣 李 娟

办事机构设在校医院。

（党办校办 提供）

北京工业大学2014年专业技术职务评审聘任委员会

主　　任 左铁镛 郑吉春 郭广生
副 主 任 张爱林 龚 裕 吴 斌
委　　员 （按姓氏笔画为序）
王秀彦 冯 虹 乔俊飞 李京文 沈昌祥 张 杰 侯义斌 聂祚仁 蒋毅坚
秘 书 长 乔俊飞（兼）

北京工业大学2014年专业技术职务评聘学部评议组名单

理工一部

组　　长 张 杰 张爱林
副 组 长 何存富 杜修力 戴 俭 尹宝才
成　　员 陈树君 张 伟 闫维明 陈 喆 陈艳艳

理工二部

组　　长 曾 毅 聂祚仁
副 组 长 程水源 雷永平 钟儒刚
成　　员 彭永臻 吴玉庭 汪夏燕 崔素萍 杜文博 孙治荣

理工三部
组　　长　沈昌祥　侯义斌
副 组 长　贾克斌　冀俊忠　朱　青
成　　员　阮晓钢　郭　霞　鲍长春　蒋宗礼　王　丹　黄樟钦
理工四部
组　　长　刘加平
副 组 长　王　术　韩晓东
成　　员　王　丽　张新平　薛　毅　王智勇　李　强　刘世炳　隋曼龄　刘丹敏
社会科学部
组　　长　李京文　冯　虹
副 组 长　宗　刚　钱伟量　孙大力
成　　员　黄鲁成　唐　军　李东松　刘宇慧　邹　锋　谢伦立
综合学部
组　　长　郭广生
副 组 长　龚　裕　王秀彦　吴　斌
成　　员　薛素铎　李四平　刘建萍　郭　福　石照耀　乔俊飞　王大勇　李国俊　杨松令　张忠占　吴文英
教学为主型高级职务评审组
组　　长　吴　斌
副 组 长　郭　福　乔俊飞
成　　员　王　普　王　术　范周田　刘宇慧　钱伟量　周竞学　蒋宗礼　陈建生

（人事处　提供）

北京工业大学2014年党政组织机构设置及负责人

党 委 机 关

党委办公室	主任	李四平（2014年11月免）
		杜　峰（2014年11月任）
纪委办公室	主任	马维娜（兼，2014年4月免）
		李国俊（2014年4月任）
党委组织部	部长	薛素铎（2014年9月免）
		李四平（2014年9月任）
党委统战部	部长	程晓琦（2014年4月免）
		夏海州（2014年4月任）
机关党委	书记	龚　裕（兼，2014年4月免）
	常务副书记	王燕琪（2014年4月免）
	书记	夏海州（2014年4月任）
党校	常务副校长	薛素铎（兼，2014年9月免）
		李四平（兼，2014年9月任）
党委宣传部	部长	邱晓飞
党委学生工作部	部长	高春娣
人民武装部	部长	高春娣（兼）
党委研究生工作部	部长	李　娟（2014年4月免）
		高学金（2014年4月任）
安全稳定工作部、党委保卫部	部长	刘　鹏
离退休工作处	处长	周洪芳（2014年4月免）
		王丽梅（2014年4月任）

离休干部党总支	书记	周洪芳（兼，2014年4月免）
离休与机关退休干部党总支	书记	王丽梅（兼，2014年4月任）

行 政 机 关

校长办公室	主任	李四平（2014年11月免）
		杜 峰（2014年11月任）
改革与发展规划处	处长	王大勇
人事处	处长	乔俊飞
教务处	处长	郭 福
研究生院	院长	蒋毅坚（兼）
	常务副院长	张忠占（2014年4月任）
科技处	处长	石照耀（2014年8月免）
科学技术发展院	院长	聂祚仁（兼，2014年8月任）
	常务副院长	石照耀（2014年8月任）
学生处	处长	高春娣
招生就业处	处长	杜 峰（2014年12月免）
招生办公室	主任	郭 福（兼，2014年12月任）
就业创业指导中心	主任	刘赵淼（2014年12月任）
国际交流合作处	处长	吴文英
港澳台事务办公室	主任	吴文英（2014年7月任）
财务处	处长	杨松令
国有资产与实验室管理处	处长	张永祥（2014年4月免）
		祖占良（2014年4月任）
信息处	处长	李四平（兼，2014年7月免）
		林绍福（2014年7月任）
基建处	处长	祖占良（2014年4月免）
		张 健（2014年4月任）
后勤管理处	处长	刘建萍
保卫处	处长	刘 鹏
监察室	主任	马维娜（兼，2014年4月免）
监察处	处长	李国俊（2014年4月任）
审计处	处长	李国俊
对外合作联络处	处长	金 峰（2014年4月任）
新闻中心	主任	邱晓飞（兼）
机关事务办公室	主任	王燕琪（兼，2014年4月免）
保密委员会办公室	主任	金 峰（2014年4月免）
		白志强（2014年4月任）
校学术委员会办公室（副处级）	主任	蔡 朔（2014年5月任）

各院、部、直属单位负责人

机械工程与应用电子技术学院	院长	何存富
	党委书记	陈树君
电子信息与控制工程学院	院长	贾克斌
	党委书记	张 欣
建筑工程学院	院长	杜修力（2014年8月免）
		薛素铎（2014年8月任）
	党委书记	李 悦

环境与能源工程学院	院长	刘中良（2014年4月免）
		程水源（2014年4月任）
	党委书记	程水源（2014年4月免）
		夏国栋（2014年4月任）
应用数理学院	院长	王　丽（2014年4月免）
		王　术（2014年4月任）
	党委书记	张忠占（2014年4月免）
		周洪芳（2014年4月任）
计算机学院	院长	沈昌祥（2014年4月免）
	常务副院长	尹宝才（2014年4月免）
	副院长（主持工作）	丁治明（2014年8月任）
	党委书记	石　勤
材料科学与工程学院	院长	聂祚仁（2014年4月免）
		王金淑（2014年4月任）
	党委书记	雷永平
经济与管理学院	院长	李京文（2014年4月免）
	常务副院长	宗　刚（2014年7月免）
	院长	刘　超（2014年7月任）
	党委书记	黄鲁成（2014年4月免）
		李　娟（2014年4月任）
人文社会科学学院	院长	钱伟量（2014年4月免）
		唐　军（2014年4月任）
马克思主义学院	副院长（主持工作）	钱伟量（2014年4月免）
	院长	李东松（2014年4月任）
人文社会科学学院（马克思主义学院）	党委书记	杨　茹
建筑与城市规划学院	院长	戴　俭
	党委书记	杨昌鸣
生命科学与生物工程学院	院长	曾　毅（2014年4月免）
	常务副院长	钟儒刚（兼，2014年7月免）
	院长	黄映辉（2014年7月任）
	党委书记	钟儒刚（2014年4月免）
		孙治荣（2014年4月任）
外国语学院	院长	何岑成
	党委书记	何岑成（2014年4月免）
		王燕霞（2014年4月任）
软件学院	院长	侯义斌
	常务副院长	朱　青（兼，2014年4月免）
	党委书记	朱　青
艺术设计学院	院长	林志远（2014年4月免）
		孙大力（2014年4月任）
	常务副院长	王毅强（2014年4月任）
	党委书记	王毅强（2014年4月免）
		林志远（2014年4月任）
城市交通学院	院长	尹宝才
	党委书记	王文杰（2014年4月任）
北京一都柏林国际学院	院长	刘中良
国际学院	院长	吴文英（兼）

继续教育学院	院长	李建平
	党委书记	邢永利
实验学院	院长	周竞学
	党委书记	张立芳
体育教学部	主任	谢伦立（2014年4月免）
	副主任（主持工作）	薛红文（2014年4月任）
	直属党支部书记	胡晓华（2014年5月免）
激光工程研究院	院长	蒋毅坚（兼，2014年4月免）
	常务副院长	肖荣诗（兼，2014年4月免）
	院长	王　璞（2014年4月任）
	党总支书记	肖荣诗
固体微结构与性能研究所	所长	韩晓东
	直属党支部书记	徐学东（2014年7月免）
循环经济研究院	院长	左铁镛（2014年4月免）
	副院长	吴玉锋
高等教育研究所	所长	肖　念
北京科学与工程计算研究院	院长	杜甫·哈特（Peter Deuflhard）（2014年11月任）
	副院长	张　伟（2014年4月任）
北京古月新材料研究院	院长	古月文志（2014年11月任）
	副院长	纪常伟（2014年4月任）
北京智慧城市研究院	院长	张爱林（兼，2014年11月任）
	常务副院长	林绍福（兼，2014年11月任）
波兰奥波莱孔子学院	院长（中方）（副处级）	姜慧娟

群团组织、直属单位负责人

校工会	主席	龚　裕
	常务副主席	王　普
校团委	书记	王文杰（2014年4月免）
		马立民（2014年4月任，副处级）
学生会、社团党支部	书记	王文杰（兼，2014年4月免）
		马立民（2014年4月兼，副处级）
校友总会	常务副理事长	王秀彦（兼）
校友会办公	主任	宋　群（2014年4月免）
图书馆	馆长	阮平南
	党总支书记	李宝富（2014年4月免）
		王梦然（2014年4月任）
现代教育技术中心	主任	赵曙东
档案馆（校史馆）	馆长	赵　明（2014年4月任，正处级）
北京工业大学医院	院长	田　莉
	党总支书记	田　莉（兼）
后勤服务集团	总经理	涂　鸣
	党委书记	张建国（2014年4月免）
		张彦军（2014年4月任）
北工大投资管理有限公司	总经理	党　杰（2014年4月免）
		闫健卓（2014年4月任）
	党总支书记	王梦然（2014年4月免）

		党　杰（2014 年 4 月任）
场馆管理中心	主任	王　普（兼）
出版社	社长	郝　勇（2014 年 4 月任，正处级）

（组织部　提供）

·教育教学·

本科教育

【概况】 2014年，本科教育教学工作以学生创新能力培养为主线，积极推进校内专业评估和国家工程教育专业认证，进一步提高专业的办学水平和人才培养质量。通过加强基础、强化实践和创新、推进复合、提高课堂教学水平等具体举措，稳步推进工程型、复合型、国际化人才培养。

实施大类招生和培养，创新人才培养模式。2014年，经管学院按照管理科学与工程类、工商管理类、经济学类、金融学类、经济与贸易类五大类招生；环能学院按照能源动力类、环境科学与工程类和应用化学专业招生，实施大类培养。对各专业人才培养方案进行修订，制定2015版本科大类人才培养方案。加强实验班建设，培养拔尖创新人才，增设材料科学与工程、交通工程实验班。大力推进导师制，小班教学，强化实践的实验班培养模式，突出学校的优势学科专业。依据樊恭烋学院培养工程领域领军人才的培养目标，设计安排多种与国际接轨的前沿课程，使用原版教材双语授课，在课程教学中充分利用现代教育技术，将慕课作为试点首次引入樊恭烋学院课程体系中。

推进校内专业评估和国家工程教育认证，提高工程教育质量。根据国家工程教育认证及教育部审核式教学评估要求，制定专业评估方案，实施办法、指标体系、自评报告撰写指导书等。2014年共有16个专业完成第一批校内评估。建筑学和城乡规划专业全票通过住建部专业评估。机械工程、材料科学与工程、电子科学与技术、自动化、电子信息工程5个专业申请参加2015年全国工程教育认证。

严格执行规定，完善工作流程，确保学籍管理及时准确；统筹各个岗位、协调校院两级，实现本科教学平稳运转；全面布局、因势利导，积极稳妥地推进辅修双学位工作。全校2013级本科生报名参加辅修双学位学习人数达到444人。明确要求、规范流程、积极稳妥地完成推荐免试研究生工作，244名学生获得推荐免试研究生资格。进一步推进卓越计划实施，在各卓越计划专业开展综合设计类课程及创新方法课程的建设工作。完成教育部“卓越工程师教育培养计划”2013年至2014年学校工作进展报告。对樊恭烋学院网站进行整体规划，于2014年7月正式上线，并通过网站接受学生在线报名。

提升创新人才培养硬件平台，加大各类实践基地建设。组织“电子信息与电工技术实验教学中心”申报国家级实验教学示范中心。组织“基础力学与工程应用虚拟仿真实验教学中心”申报国家级虚拟仿真中心。组织电控学院、实验学院、计算机学院和软件学院联合申报2014年北京高等学校示范性校内创新实践基地。完成“软件工程实践教学中心”和“热能与动力工程实验教学中心”2个北京市级实验教学示范中心的验收工作。

修订课堂教学质量评价体系，深化各类评价数据的分析和融合，建立课堂教学质量持续改进监控体系。修订教师课堂教学质量评价体系，将原有的学生评教15项指标整合为综合打分1项，规定学生评价课堂的优秀率百分比，促进学生评教的公正性；2014－2015学年第一学期的全校学生评教率为92.70%，较2013－2014学年第二学期的全校学生评教率提升了将近14%。

制定《北京工业大学基础教学教师能力提升计划》，分层级推进一线教师教学能力发展。组织遴选和培训教师申报教学荣誉和人才计划，推进高层次教师教学能力的提升。彭永臻教授获得教育部第一批“万人计划”教学名师特殊支持计划，组织遴选2名教授申报第十届北京市教学名师奖并获批，首次评选出10名北京工业大学教学名师，组织21名入选北京市“英才计划”的教师开展项目中期交流。继续推进“校外名师教学计划”，聘请校外名师7名来校授课。全年共举办“工程大师论坛”近200场。

3门视频公开课获教育部“精品视频公开课”，8本教材入选第二批“十二五”国家级规划教材，4项研究课题成果获批2014年度北京市教改立项，1个基地被列为北京高等学校示范性校内创新实践基地建设单位，在“第十四届全国多媒体课件大赛”中共获24个奖项，获国家级教学成果奖二等奖1项，2名教师获得第十届北京市高等学校教学名师奖，学生科技竞赛获省部级以上奖项共计391项。

（袁亚丽　郭　福）

【教学改革】 拓宽专业基础，实施大类招生和培养。2014年，在原有的社会学类和设计学类大类招生的基础上，经管学院按照管理科学与工程类、工商管理类、经济学类、金融学类、经济与贸易类五大类招生；环能学院按照能源动力类、环境科学与工程类和应用化学招生，实施大类培养。

加强实验班建设，培养拔尖创新人才。在原有实验班的基础上，增设材料科学与工程、交通工程实验班，同时取消电子信息工程、计算机科学与技术、软件工程专业普通班，继续大力推进导师制、小班教学、强化实践的实验班培养模式，突出学校的优势学科专业。

拓宽口径，以“大类筑基，专业分流”为主线，制定2015版本科大类人才培养方案，培养复合型人才。2015版大类本科培养方案调整，考虑国家和北京市经济发展对于复合型人才的需求，结合教育部专业类教学质量标准和国家工程教育认证对于人才培养方案的要求，按照《北京工业大学关于对2012版本科培养方案进行修订的指导性意见》指导思想，为本科复合型应用人才培养做好顶层设计。

根据北京市经济建设和社会发展需要，积极申报新专业。2014年，学校申报了文化产业管理、交通设备与控制工程、工艺美术、绘画、雕塑5个新增专业。

工程教育认证。按照国际接轨的标准开展工程教育，促进工程教育改革。全年两次组织相关学院30多位专业教师参加教育部高等教育评估中心主办的工程教育专业认证培训会，深入理解工程教育认证理念，学习相关体系标准和组织实施，促进工程教育改革，提升学生的工程素养。2014年，机械工程、材料科学与工程、电子科学与技术、自动化、电子信息工程5个专业申请参加2015年工程教育认证。5月，建筑学和城乡规划专业接受住建部相关专业评估委员会视察小组评估视察，并在全国建筑学和城乡规划专业教育评估委员大会上全票通过评估。环境工程和测控技术与仪器专业于6月和11月分别通过工程教育专家进校现场考查。

校内专业评估。按照《北京工业大学关于开展专业评估的通知》（工大发〔2014〕5号）的要求，2014年3月开始至年底，经专业自评、专家组考查评审，学校顺利完成第0批和第1批共16个专业的评估工作。根据国家工程教育认证体系及普通高等学校本科教学工作审核评估的具体要求，并结合学校实际，制定了《北京工业大学专业评估实施方案》、《北京工业大学本科专业评估指标与标准》和《专业评估自评报告框架》等一系列相关文件。共召开校级研讨会3次，各级动员会和推进会90余次。各专业共邀请校内外专家83人，召开专家碰头会议64场。专家组考查基础实验室、专业实验室135个，访谈教师及管理人员272人次，与在校学生和毕业生代表座谈486人，和用人单位代表座谈71人。专家组还查阅了各专业培养方案和课程大纲、试卷2036份，毕业设计（论文）690份，课程设计报告、实验报告和实习报告582份，学生作业251份，以及各类教学管理文件等，从学生、培养目标、毕业要求、持续改进、课程体系、师资队伍、支持条件以及专业特色等方面，全面考查各专业的办学情况，并依据专业评估指标对受评专业进行评价，给出评估结论。经学校教学指导委员会审定，校长办公会通过，第一批评估专业评估结果为“优秀”的4个，为“良好”的6个，为“合格”的6个（详见表6-1）。

表6-1　第一批校内专业评估结果

序号	专业名称	评估结果
1	材料科学与工程	优秀
2	计算机科学与技术	优秀
3	电子科学与技术	优秀
4	电子信息工程	优秀
5	信息安全	良好

续表

序号	专业名称	评估结果
6	通信工程	良好
7	自动化	良好
8	产品设计	良好
9	交通工程	良好
10	工业设计	良好
11	动画	合格
12	视觉传达设计	合格
13	环境设计	合格
14	服装与服饰设计	合格
15	软件工程	合格
16	数字媒体技术	合格

推进课程资源建设，加强资源共享。2014 年，前期建设的 3 门立项课程在“爱课程”等网站向社会开放后，社会反映良好，获评教育部“精品视频公开课”（详见表 6-2）。此外，机电学院高国华教授负责的视频公开课《创新方法（Triz）理论及应用》通过专家评审合格，已在“爱课程”网站向社会开放。

表 6-2　2014 年度获评教育部“精品视频公开课”课程

序号	课程名称	负责人	所属学院
1	摄影的实用性与艺术性漫谈	杨晓利	人文学院
2	资源环境与循环经济	左铁镛	材料学院
3	科学究竟是什么	钱伟量	马克思主义学院

引进慕课（MOOC）课程，培养学生自主学习能力。探索教学模式改革，首次推出慕课课程新举措。2014 年，面向都柏林学院和樊恭烋学院大一新生，试点开设“思想道德修养与法律基础”和“数学大观”两门慕课课程，共有 10 个班级，三个课堂，246 人参加学习。

教材建设。实施“十二五”规划教材精品战略，注重教材内容质量、出版质量和使用效果，共推荐 19 本/部教材参加第二批“十二五”国家级规划教材评选，8 本教材入选“十二五”普通高等教育本科国家级规划教材（详见表 6-3）。

表 6-3　入选第二批“十二五”普通高等教育本科国家级规划教材

序 号	书名	主要作者	所属学院	出版社
1	材料力学	秦飞	机电学院	科学出版社
2	信号与系统	张延华、刘鹏宇	电控学院	机械工业出版社
3	建筑抗震设计（第三版）	薛素铎、赵均、高向宇	建工学院	科学出版社
4	冶金与材料热力学	李钒、李文超	环能学院	冶金工业出版社
5	化学与环境（第三版）	任仁、于志辉、陈莎、张敦信	环能学院	化学工业出版社
6	编译原理	蒋宗礼、姜守旭	计算机学院	高等教育出版社
7	计算机病毒与防范技术	赖英旭、钟玮	计算机学院	清华大学出版社
8	机械原理（英汉双语）	张春林、张颖	外语学院	机械工业出版社

（黄晓红　陈　巍　李雨竹）

积极参与2014年北京市教育教学改革立项工作，4个课题获准2014年度北京高等学校教育教学改革立项（详见表6-4）。

表6-4 获批2014年度北京市教育教学改革立项项目

序号	项目名称	项目负责人	项目申请学校	类别
1	面向北京材料行业的卓越工程师实践能力培养	崔素萍	北京工业大学	面上
2	综合性大学第二学位经管专业教学研究	关　峻	北京工业大学	面上
3	工科院校教师教学发展中心培训模式及其运行机制研究	崔有为	北京工业大学	面上
4	自适应外语课程体系建设	何岑成	北京工业大学	面上

（周泽西　李雨竹）

【樊恭烋学院建设】 成立樊恭烋学院，探索拔尖创新人才培养模式改革。举办樊恭烋学院新生选拔夏令营，通过工程素养实操训练测试、综合素质面试、笔试等途径多方面考察学生的综合素质，做到选拔程序严格，选拔结果公平、公正、公开。经过网站报名、专家初审、夏令营选拔，最终有30名2014级本科生被樊恭烋学院录取。完善创新人才培养体制机制，建设与国际接轨的樊恭烋学院荣誉课程，开设由各工科知名教授主讲的新生研讨课，使用原版教材双语授课，并将慕课作为试点首次引入樊恭烋学院课程体系中。开展切合拔尖创新人才所需综合素养的学生活动。通过建设樊恭烋学院网站展示学院设立目标及各类活动，吸引优质生源，提高社会影响力。

（周泽西　李雨竹）

【教学运行】 课程安排。2013—2014学年第二学期全校共开设858门课程、1943个课堂；其中必修课、专业选修课1660个课堂、校开选修课259个课堂、辅修课24个课堂。2014—2015学年第一学期全校共开设1014门课程，2161个课堂；其中必修课、专业选修课1837个课堂、校开选修课303个课堂、辅修课21个课堂。学校目前用于本科生教学的教室共有166间，分别分布于学校第一教学楼、第二教学楼、第三教学楼、信息楼和经管楼，可以容纳11 000名左右的学生同时上课。建立了校院两级公共课安排协调机制，学校统筹协调校级公共课的合班要求，并组织学院间开展院级公共课协调、高年级课程预排等工作，进一步优化了课表安排的合理性。

选课安排。学校本年度选课共安排三次，其中大规模选课安排在每学期期末和开学初，各分七个阶段完成选课、退选、补选、跟班重修选课等环节，新生体育课选项目安排在新生入学报到的第1周。2014—2015学年第一学期的选课安排在5月26日至6月13日进行，全校学生参加了选课；因选课人数未达到开课人数要求而关闭专业选修课136个课堂，关闭校开公共选修课18个课堂；9月9至11日，完成该学期课程补选和跟班重修补报名。9月4至6日，进行2014级新生体育选课，共设置了15个体育项目，2411名新生参加此次选课。2014—2015学年第二学期选课工作12月22日启动，因选课人数未达到开课人数要求而关闭专业选修课74个课堂，关闭校公共选修课7个课堂，单独开班的辅修双学位专业达到17个。

重修班课程管理。2014年1月15至18日，组织2013—2014学年第二学期本科生网上跟班重修报名，跟班重修有1674人次（约1047人）。2014年3月8日至5月10日，开设2013—2014学年第二学期周末重修班，设课程19门、课堂18个，有1456人次（约1081人）报名参加学习。2014年6月18至24日，组织2014—2015学年第一学期本科生网上跟班重修报名，跟班重修有1695人次（约1018人）。9月20日至11月30日，开设2014—2015学年第一学期周末重修班。设课程16门、课堂12个，有1281人次（约955人）报名参加学习。

（常　诚　董哲宇　赵曙东）

【考务管理】 2014年1月6日至2月5日，确定补考报名和考试时间，筛选学生补考课程信息，组织补考网上报名。2月13至14日，安排补考时间、地点，组织2013—2014学年第二学期全校开学前补考，补考科目236门，设121个考场，有3439人次（1901人）参加补考。与上年同期相比，补考人次减少3.70%，补考人数减少6.17%。5月11至24日，组织2013—2014学年第二学期周末重修班课程考试，考试科目有18门，共设38个考场，有1456人次（1081人）参加考试。6月9至20日，组织2013—2014学年第二学期考试周内全校期末考试，考试科目有166门，共设608个考场，有19721人次（6983人）参加考试。其中，跟班重修有1177人次（872人）。2014年8月29至30日，组织2014—2015学年第一学期全校开学前补考，补考科目224门，设99个考场，有3068人次（1779人）参加考试。与上年同期相比，补考人次减少0.68%，补考人数增加1.02%。2014年11月30日至12月7日，组织2014—2015学年第一学期周末重修班课程考试，共设29个考场，有1281人次（955人）参加考试。2014年12月29日开始，组织2014—2015学年第一学期考试周内全校期末考试，考试科目185门，共设900个考场。

2014年，继续强化考试管理规定的宣传和执行力度。在考试前，通知学院广泛开展学生宣讲和监考教师培训活动，要求教室管理部门按照考场规则重新布置桌位。在考试过程中，要求考场巡视员对照考试管理规定认真检查细节落实情况，对不符合要求的情况及时提出改进意见，同时通知现代教育中心做好考场电子监控。

（陈　巍　董哲宇　赵曙东）

【全国大学英语四、六级考试】 全国大学英语四、六级考试（以下简称四、六级考试）在每年6月和12月各举行一次。2014年6月报考四、六级考试的考生共计7615人（四级考生3764人，六级考生3851人），共设考场255个（四级考场126个，六级考场129个）。2014年12月报考四、六级考试的考生共计6912人（四级考生2042人，六级考生4870人），共设考场232个（四级考场69个，六级考场163个）。根据教育部考试中心要求，学校成立了考务工作领导小组，制定了安全保密工作预案。加强了考务培训工作，在12月的考试培训中特别制作了考务人员培训动漫视频，以新颖的形式对考务人员进行培训，确保考务工作人员掌握所有关键信息。考试前通过校园网、广播台、教学楼视频播放等方式向考生宣传考试要求，播放国家教育考试考生诚信教育宣传片，加强诚信考试宣传，在各个方面确保考生能够提前准备。考试期间，考点加强了安全保卫及反信息化作弊的工作力度，保证了考试公平公正进行。

（刘　巍　罗　琳　郭　福）

【成绩管理】 积极与学院协调沟通，督促开课学院按时完成全校各类考试成绩的录入和成绩单的确认回收，2013—2014学年两个学期共计新增4046门课程成绩。开学初组织会同各学院完成本年度转专业学生108人的历史成绩核定和转换工作。协助学生所在学院核实2014届毕业生2952人的历史成绩记录，最终确保毕业生成绩归档信息的准确。完成2011级预计毕业生3247人成绩核实工作，初步审核学分完成情况。对毕业生成绩核实期间所做修改制定了修改备案的工作规范。

（陈　巍　韩天玉　赵曙东）

【学籍管理】 2014年度普高本科在校生人数为13435人，其中：樊恭烋学院30人，机械工程与应用电子技术学院675人，电子信息与控制工程学院1315人，城市交通学院170人，建筑工程学院1155人，环境与能源工程学院711人，应用数理学院613人，计算机学院1014人，软件学院548人，材料科学与工程学院418人，生命科学与生物工程学院354人，经济与管理学院1233人，建筑与城市规划学院687人，人文社会科学学院568人，外国语学院294人，实验学院1647人，艺术设计学院1521人，都柏林国际学院482人。

全年累计审核办理各类学籍异动1676人次。

转专业。2014年3至7月，按照学校本科生转专业实施办法，学生在一年级第二学期时，如果第一学期所修课程成绩加权平均分超过70分（含）、未受过纪律处分，可以申请转专业，经转出学院同意、转入学院考核，可于二年级时进入新专业学习。在综合考虑各二级学院专业建设、学科发展和教育教学资源状况的基础上，确定108名2013级本科学生可从二年级开始转入新专业学习。

毕业资格审核与学历证书电子注册。毕业资格审核与学历证书电子注册工作是高校学籍管理工作的重要组成部分，对于维护学历证书的严肃性与真实性具有重要意义。2014年4至6月，完成2014届预计毕业本科生3184人的毕业资格审核工作，共有2953人获得毕业证书、13人获得结业证书。按照北京市教育委员会《关于做好北京地区2014年暑期普通高等教育毕业生学历证书电子注册工作的通知》，2014年7月完成2966名毕（结）业学生的学历证书电子注册工作。2014年6月和11月，对2015届预毕业学生进行了资格预审，审核结果与学生直接见面，督促学生安排好学习计划，以期顺利毕业。

新生及在校生学籍电子注册。按照教育部《高等学校学生学籍学历电子注册办法》(2014年8月24日印发)、《教育部办公厅关于做好2014年普通高等学校录取新生复查和学籍电子注册工作的通知》的精神和要求，审核各类招生数据和在校生数据，2014年9至10月完成普通高等教育本科在校学生13435人（含2014级新生）的学籍电子注册工作。

学士学位授予与信息年报。2014年7月授予2952人学士学位，其中工学学士1651人，建筑学学士67人，理学学士157人，经济学学士127人，管理学学士366人，文学学士490人，法学学士94人。按要求将学士学位授予信息年报数据报至北京市学位办。

（罗　琳　赵曙东）

【接收外校交换学生】 2014年9月，接收外校交换到学校培养的学生共计15人，其中青海民族大学学生6人，太原理工大学学生9人。接收外校交换学生的专业和接收人数分别为：计算机科学与技术专业2人，热能与动力工程2人，交通工程2人，机械工程2人，机械工程及自动化2人，材料科学与工程4人，会计学1人。

（罗　琳　赵曙东）

【推荐免试研究生】 2014年9至10月，组织完成推荐免试研究生工作。根据《教育部办公厅关于进一步完善推荐优秀应届本科毕业生免试攻读研究生工作办法的通知》精神，进一步规范推免生遴选工作，相关工作在学校推免生遴选工作领导小组的统一领导下进行，院系均成立推免生遴选工作小组，落实集体议事和集体决策制度。进一步坚持以提高选拔质量为核心，完善全面考查、综合评价、择优选拔的推免生评价体系和工作机制，突出能力考查，注重一贯表现，强化对考生科研创新潜质和专业能力倾向的考核。学校共推荐244名优秀应届本科毕业生免试攻读硕士学位研究生，在推荐阶段通过教育部“全国推荐优秀应届本科毕业生免试攻读研究生信息公开暨管理服务系统”，将推荐办法、遴选并公示的推免生名单报省级教育招生考试管理机构进行政策审核，并按要求向教育部备案。

（罗　琳　赵曙东）

【辅修双学位工作】 2014年11至12月，组织完成2013级本科生辅修双学位报名遴选工作。此次报名增加学院的专业测试环节，在充分考虑学生的学习兴趣和修读意向的基础上，通过组织专业测试减少学生报名的盲目性，使学院有限的教学资源得到充分利用。通过灵活的制度设计、精心的调查宣讲、严谨的资格审核、学院的整体配合，组织完成2013级本科生辅修双学位报名遴选工作，参加学习444人。截至年底，学校在读的辅修双学位学生总数达1120人，首次超过千人。

（罗　琳　赵曙东）

【实践教学】 毕业设计工作。2014年全校共有2957名本科生参加了毕业设计（论文），通过毕业设计（论文）的学生为2946名，通过率为99.63%。其中，成绩优秀的学生332名，占参加人数的11.23%；成绩良好的学生1727名，占58.40%；成绩优良的学生共计2059人，占69.63%；成绩中等的学生762名，占25.77%；成绩及格的学生125名，占4.23%；成绩不及格的学生8名，缓答辩的学生3名，占0.37%。指导教师的人数为1013人。其中高级职称教师642人，占63.38%；中级职称教师357人，占35.24%；初级职称14人，占1.38%。从课题的类型看，全校总课题数为2957，其中真实课题数为1904，占总课题数的64.39%。入选校优秀毕业设计论文摘要选编的共100篇，经学校组织专家进行特优答辩后，评选出30篇校级特优论文。

扩大工程教育的对外开放。组织完成工程教育培训团境外培训工作。2014年组织选派了15名骨干教师赴英国华威大学学习国外高校工程教育的先进经验，进一步推进学校工程教育改革。

“机械工程实训平台”建设协调工作。2014年“机械工程实训平台”建设进入实施阶段，教务处协调沟通学校各部门，解决了建设过程的诸多问题。保证了工程的顺利实施，保证了本科生机械实训课程的顺利开课。

职业技能培训。为培养学生的实践技能，学校组织了职业技能培训认证工作。培训工作由环能学院制冷实验室组织实施，考试由劳动和社会保障部职业技能培训中心组织实施。2014年制冷高级技能培训分为理论培训和实践培训两部分，本次共有51名学生参加培训。2014年12月6日进行相关考试，考试合格者将由国家劳动与社会保障部颁发制冷设备维修高级技能证书。

（宋广清　高国华）

【大学生科技竞赛】 2014年，进一步完善科技竞赛管理，规范竞赛数据汇总流程。落实校院两级管理，做到学生参赛有凭证，学院认定有依据；加强竞赛经费管理，对竞赛进行项目式管理，在考虑竞赛获奖情况和学生受益情况的基础上，依据《北京工业大学科技竞赛管理条例》、《北京工业大学奖励办法》对完成的竞赛进行奖励及劳务结算；规范竞赛数据汇总流程，提高了汇总数据的数量和质量。同时为激励教师通过科技竞赛带动学生科技创新能力的提升，根据各学院科技竞赛参赛及获奖情况，对评选出的本科生科技竞赛优秀指导教师进行展示宣传。2014年由教务处组织的各级学生科技竞赛共计98项，8300余人次参加了各级、各类科技竞赛。据统计，2014年学校在各级各类科技竞赛中共获得省部级及以上奖391项，其中国际奖26项、国家奖185项，省部级奖180项。

【创新学分及创新实践成果展室管理】 为进一步落实创新学分的实施工作，2014年4月初至6月中旬，对2010级毕业生进行了两轮创新学分的收录工作，确保2010级学生顺利毕业；10月下旬，进行2011级毕业班学生的创新学分收录工作。11月中旬在系统内更新了新一轮录入教师的信息。11月，完成毕业班学生创新学分的第一轮收录工作，并将未修学完成创新学分的学生名单返回学院，为毕业班学生最后一学期的选课工作提供参考。

重新规划本科生创新实践成果展室部分展区；更新补充本年度各类学生竞赛及毕业设计等实践环节的优秀作品；在各展区的终端机上配置作品相关电子信息；优化完善本科生创新实践成果展室网站，确保校内实践活动宣传的时效性；圆满完成展室预约系统的试运行，进一步扩大展室开放力度。2014年作为全国科普基地及新生入学教育基地，以及学校“大学生校内综合创新实践基地”的组成部分，共接待教育部、北京市教委、北京市政协、大学生科技夏令营团体等社会各界参观800余人，扩大了展室的校内外影响力。

（刘珍君　高国华）

【教学基地建设】 本科教学建设专款管理。教务处作为学校本科教学建设专款主管部门，完成了各建设专项的组织申报、专家评审等专款管理工作。2014年，学校北京市本科教学建设专项共批复69项，专项经费8814.526651万元，其中2014年3月批复61项，专项经费7274.513651万元，2014年5月批复1项，专项经费193.408700万元，2014年10—12月追加专项7项，专项经费1346.604300万元；2014年，学校中央支持地方专项（地方配套）共批复11项，专项经费1845.549200万元，中央支持地方专项批复1项，专项经费300.00万元；2014年，学校“其他项目—促进人才培养综合改革项目—本科生基础专业建设”类经费共投入1393.017100万元，申报项目13项；2014年10至12月，完成了2015年北京市本科教学建设专项的组织申报工作，申报项目20项，金额4095.00万元，全部为北京市教委下达项目。

（刘会强　高国华）

【实验教学示范中心工作】 经校内遴选，组织“电子信息与电工技术实验教学中心”申报国家级实验教学示范中心，2014年，该中心已通过教育部评审。11月，学校“软件工程实践教学中心”和“热能与动力工程实验教学中心”接受北京市教委对“十一五”期间立项建设的北京市级实验教学示范中心的验收。专家组以北京市级实验教学示范中心评估指标体系为依据，按照验收指标评分表、验收自评报告要求，对示范中心的建设成效、示范效应和发展目标等方面进行检查和评价。以上两中心均获得专家组的高度评价，顺利通过专家组验收。

北京市高等学校示范性校内创新实践基地工作。进行2013年北京市高等学校示范性校内创新实践基地”建设总结工作。通过校内创新实践基地的建设，探索学校创新性人才培养的有效模式，构建学生自主实践的长效机制，为培养学生的自主创新能力和创新意识营造良好的环境和氛围，为创新性人才培养提供示范经验；在充分整合、利用现有资源（包括各类实验教学中心、实验室、学生活动中心、校内实习实训基地等）的基础上，拓展、开发其创新活动功能，经校内遴选，组织电控学院、实验学院、计算机学院和软件学院联合申报2014年北京高等学校示范性校内创新实践基地。基地经专家评审、答辩考察、市教委审核，获评2014年北京高等学校示范性校内创新实践基地建设单位。

（宋广清　高国华）

【教学质量管理】 2014—2015学年第一学期，为了突出学生评教的中心地位，建立了以学生评教为主体、督导专家专项评价为补充，学生评选“喜爱教师”为检验的课堂教学评价体系。将原有的学生评教15项指标整合为综合打分1项，规定学生评价课堂的优秀率百分比，促进学生评教的公正性。2014－2015学年第一学期学生评教综合评价得分92.28分，2013－2014学年第二学期学生评教综合评价得分92.88分，学生对学校本科生教学总体状况比较满意。2014－2015学年第一学期校本部15个学院，应参加评价人数9071人，完全评价人数8409人，完全评价人数占92.70%，较2013－2014学年第二学期的全校学生评教率提升了近14%。

教学质量监控。按照“一条主线，三个阶段”、“常规与专项监控相结合”、“学期检查、学年评估”的北工大本科教学质量监控和管理的模式，依据《2013年本科教学质量工作计划》和《2014年北京工业大学学院本科教学质量管理评估指标体系》，校本科教学督导专家组、教务处和学院于2014年12月29日至2015年1月9日对18个学院（部）分别进行了教学质量管理工作水平评估。评估期间专家组与相关领导深入到各学院（部），审阅了各学院本年度教学质量工作基本状态数据及相关材料；现场听取了主管教学院长和主管学生工作书记的工作情况汇报，专家组对学院工作汇报及有关教学改革与质量工作举措方面的相关问题进行交流。经专家组对各学院评估打分及现场汇报综合考评，最终确定本年度本科教学质量管理工作优秀学院为：环能学院、机电学院、电控学院、数理学院、外语学院、经管学院和建规学院；本科教学质量管理工作进步奖为：材料学院和体育部。

按照北京市教委和教育部要求编制完成《北京高等教育质量报告（2013）》北京工业大学部分；组织编撰《北京工业大学本科教育质量报告（2013）》，上报北京市教委和教育部，并在网上向社会公布。

继续组织实施第三方独立开展的以毕业生为调查对象的社会调查。联合招生就业处，与社会第三方麦可思公司合作，编撰完成《北京工业大学社会需求与培养质量年度报告（2014）》和《北京工业大学社会需求与培养质量四年综合分析（2014）》。

（邰　枫　崔有为）

【教师队伍建设】 在学院助课的基础上，组织完成第八期新教师教学能力集中培训。共43名新任专任教师参加了培训并完整通过了整个教学能力培训课程及实践环节，经学校试讲考评与学院考核，取得培训合格证书。其中有9位学员获得优秀学员称号。

制定《关于进一步加强辅导员班主任工作的若干意见》文件，明确班主任的管理和岗位职责。制订了集中和分散相结合的班主任培训体系，完成对选聘425名班主任的培训工作。利用教育部网培中心优质课程资源建立班主任网络培训平台开展分散培训；组织落实各学院完成学院层面的集中培训9场。在人事处的协助下，制定《北京工业大学班主任岗位补贴管理办法》，落实班主任补贴的发放。

组织遴选和培训教师申报教学荣誉和人才计划，推进学校高层次教师教学能力的提升。环境与能源工程学院彭永臻教授获得教育部第一批“万人计划”教学名师特殊支持计划；机械工程与应用电子技术学院杨庆生教授和应用数理学院程维虎教授获得第十届北京市教学名师奖；10名教师获2014年度北京工业大学教学名师奖。

组织教师参加多媒体课件等教学技能竞赛。在2013年北京市属高校“创想杯”多媒体课件制作与微课大奖赛中，北京工业大学共获得11个奖项，其中一等奖1项、二等奖3项、三等奖3项、优秀奖4项。在第十四届全国多媒体课件大赛中，北京工业大学教师在决赛中共获26个奖项，学校获优秀组织奖，1名工作人员获大赛组织“先进工作者”。

继续推进“校外名师教学计划”，2014年共聘请13名校外名师到学校进行讲学，全校共举办“工程大师论坛”175场，参与学生10500人次，参与青年教师875人次。

（李振泉　崔有为）

【教学成果奖】 高等教育国家级教学成果奖。2014年9月，教育部下发《关于批准2014年国家级教学成果奖获奖项目的决定》，对2014年国家级教学成果奖等予以表彰和奖励。由蒋毅坚、彭永臻、吴斌、乔俊飞、李娟、王秀彦、王淑莹、孙治荣、曾薇、高景峰完成的教学成果《扬长补短，强化团队，寓教于研——地方高校提高研究生培养质量的研究与实践》获2014年国家级教学成果奖二等奖。

教育教学成果奖励。根据《北京工业大学奖励办法》，对2013年度北京工业大学教职员工所取得的国家级教学成果奖、北京市教学成果奖、北京市教学名师、北京市精品教材、北京工业大学优秀青年主讲教师等本科教学工程成果、学生科技竞赛获奖的指导教师及学校教师发表的教研论文等教育教学成果进行奖励。

（邰　枫　崔有为）

【本科生招生计划】 2014年，学校计划招收本科生3450人，其中：普通类3070人，艺术类380人；北京生源2205人，外省市973人（含内地新疆班21人、内地西藏班12人，贫困专项100人），按政策预留计划272人。

北京生源计划招收2205人，其中：普通类2015人，艺术类190人；校本部招收1595人，其中理工类1497人，文史类98人；实验学院420人，其中理工类315人，文史类105人；艺术设计学院190人。外省生源计划招收973人，其中：普通类840人，艺术类133人（未含57个预留计划）。

（兰劲华　杜　峰）

【录取情况】 2014年，学校录取新生3484人，其中：普通类3108人，艺术类376人；北京生源2326人，外省市1158人（含内地新疆班21人，内地西藏班12人，贫困专项101人）。

（1）北京生源录取2326人，其中普通类2115人，艺术类211人。具体为：校本部录取1697人，其中理工类1590人，文史类102人，高水平运动员5人；实验学院418人，其中理工类313人，文史类105人；艺术设计学院录取211人。录取分数线见表6-5。

（2）外省生源录取1158人，其中普通类993人，艺术类165人。录取分数线见表6-6。

表6-5　北京工业大学2014年北京生源录取分数及北京市调档线

录取分数			北工大（文史类）	北京市调档线（文史类）	北工大（理工类）	北京市调档线（理工类）
提前批艺术类			909	329	968	321
本科一批	本部	一志愿	565	565	579	543
		二志愿	609		627	
	实验学院	一志愿	565		543	
		二志愿	571		565	

表6-6　北京工业大学2014年普通类专业京外录取分数

省份	北工大提档线					各省一本线		超一本线分数	
	理工类	都柏林	文史类	贫困专项	农村专项	理工类	文史类	理工类	文史类
天津	584	584	—	—	—	516	523	68	—
河北	632	636	602	630	585	573	563	59	39
山西	592	563	—	—	—	534	526	58	—
内蒙古	576	576	—	552	505	501	525	75	—
辽宁	594	576	583	—	—	526	552	68	31
吉林	589	555	—	—	557	555	560	34	—
黑龙江	595	552	572	—	529	529	541	66	31
上海	449	—	—	—	—	423	444	26	—
江苏	353	—	333	—	—	345	333	8	0
浙江	648	648	652	—	—	597	621	51	31
安徽	561	495	570	552	—	489	541	72	29
福建	577	577	—	—	—	506	561	71	—
江西	574	—	—	—	—	526	524	48	—
山东	643	612	613	—	—	572	579	71	34
河南	607	—	—	592	—	547	536	60	—
湖北	580	552	—	532	—	533	535	47	—

续表

省份	北工大提档线					各省一本线		超一本线分数	
	理工类	都柏林	文史类	贫困专项	农村专项	理工类	文史类	理工类	文史类
湖南	585	585	—	—	—	522	562	63	—
广东	567	567	596	—	—	560	579	7	17
广西	550	—	597	—	—	520	550	30	47
海南	674	674	713	648	—	606	666	68	47
重庆	547	—	—	—	—	514	555	33	—
四川	553	553	559	540	—	540	551	13	8
贵州	543	—	—	566	—	484	569	59	—
云南	576	—	575	—	—	525	565	51	10
陕西	581	582	—	544	—	503	548	78	—
甘肃	563	—	550	540	—	516	543	47	7
青海	411	—	—	—	—	406	473	5	—
宁夏	540	—	—	—	—	473	517	67	—
新疆	534	—	525	—	—	475	516	59	9

（兰劲华　杜　峰）

【招生工作动态】 在招生专业设置上：一是校本部暂停“计算机科学与技术”和“软件工程”专业的普通班招生，暂停了“日语”专业和“广告学（文艺特长班）”的招生。二是拓宽招生专业口径，任何招生专业都不再加注专业方向。三是积极推行大类招生和实验班招生。将原有的 11 个专业按 7 个学科大类招生，分别是：“能源与动力工程”、“新能源科学与工程”按“能源动力类”招生；“环境工程”、“环境科学”按“环境科学与工程类”招生；“信息管理与信息系统”按“管理科学与工程类”招生；“工商管理”、“市场营销”、“会计学”按“工商管理类”招生；“经济统计学”按“经济学类”招生；“金融学”按“金融学类”招生；“国际经济与贸易”按“经济与贸易类”招生。在原有“电子信息工程（实验班）”、“计算机科学与技术（实验班）”、“软件工程（实验班）”的基础上，将院级实验班增加到了 13 个，分别是“电子信息工程（实验班）”2 个；“计算机科学与技术（实验班）”3 个；“软件工程（实验班）”3 个；“材料科学与工程（实验班）”3 个；“交通工程（实验班）”2 个。实验班的招生开始面向全国，不再局限于北京。

应对北京高招改革的新形势，将二志愿预留计划比例由往年的 3%降到了 1%。对外省招生计划的投放做了针对性微调。在面向北京生源开展的自主招生中，新增了北京一都柏林国际学院的 3 个中外合作办学招生专业—“计算机类（中外合作办学）（物联网工程）”、“计算机类（中外合作办学）（软件工程）”、“金融学类（中外合作办学）（金融学）”。响应教育部号召，首次以自主招生方式开展“农村专项计划”招生，即安排专门的招生计划用于招收边远、贫困、民族地区县及县以下中学勤奋好学、成绩优良的农村学生。

开展立体化全方位的招生宣传咨询工作。在各媒体如《中国教育报》、《京华时报》、《北京晨报》、《考试报》、《专业与就业》、《高考报考指南丛书》、《和谐高考》，在各网站如北京市考试院网站、教育部阳光高考信息平台、人民网、新浪网、腾讯网、搜狐网、中国网、中国教育新闻网以及部分省的高招咨询网，通过招生办的新浪微博，对学校的招生政策、办学优势、教学特色等进行了广泛而深入的宣传，详细解答了考生方方面面的报考问题。先后派遣人员在北京的 9 所大学和 20 多所中学以及外省开展了招生宣传咨询，举办有京内外 20 所兄弟院校参加的校园开放日。开通从 4 月中旬到 6 月底为时两个半月的招生咨询热线电话。在河北、安徽、山东、内蒙古、甘肃、贵州、黑龙江、山西、云南、湖南、浙江、河南 12 个生源大省推广实行招生组长负责制，并在京外14个省（河北、河南、安徽、山东、内蒙古、甘肃、贵州、黑龙江、山西、云南、湖南、浙江、江苏、广西）的省级示范中学发展了29所优质生源基地校。截至2014年，学校在全国范围内共有89所优质生源基地中学。在学校官方微博上开通了招生微访谈，并和中国教育在线合作录制了各学院院长的访谈节目。

学校本部普通类理科一志愿和二志愿京内录取分数线分别高出北京市一本线36分和84分；文科一志愿京内录取分数线与北京市一本线持平，二志愿京内录取分数线高出北京市一本线44分。普通类理科京外录取分数线高出当地一本线30分以上的省份有24个，其中高出当地一本线50分以上的省份有18个；在投放普通文科计划的14个京外省份中，学校录取线高出当地一本线30分以上的省份有7个。实验学院文、理科一志愿录取分数线均为北京市一本线；文、理科二志愿录取分数线分别高出北京市一本线6分和22分。

面向北京生源进行的自主选拔共录取61名考生（理科56名，文科5名），理科录取平均分576.32分；文科录取平均分588.80分。面向边远、贫困、民族地区县及县以下中学进行的自主选拔录取（即农村专项计划）共录取9名理科考生。

6月11至13日，学校承办并圆满完成2014年北京市单考单招全科网上评卷组织工作，来自学校外语学院、数理学院以及北京联合大学的44名教师参与了英语、数学和语文三科各1600多份试卷的网评。9月2日，牵头组织校内20个职能部门和各学院完成2014级本科新生的入学报到工作。

（兰劲华 杜 峰）

【自主选拔录取面试】 2014年3月1日学校举办自主选拔录取面试。在前期调研的基础上，确定了考试按照电子信息类、环境材料类、建筑规划类、经济管理类4个大类组织，重点考查考生的中学基础知识、综合素质和实践动手能力。教务处对面试工作的各环节提出了严格的组织和纪律要求，制订了详细的面试考核方案和考试组织方案。普通考试中，通过严格审查考生入场，面试考官与外界的隔绝，以及面试的三个随机——考官随机抽考场、考生随机抽考场、考生从题库中随机抽取试题，并在每个考场进行了全程监控等举措，确保了考试顺利进行。实践动手环节通过中学物理实验设计、素描、经济决策模拟等方式，着重考察考生的动手能力、协作能力、专业技能等，保障了考试的公平公正和选拔专门人才的要求。来自北京76所高中185名学生参加此次面试，其中电子信息类66人，环境材料类34人，建筑规划类35人，经济管理类50人。经过面试105名学生取得合格资格。

（董哲宇 赵曙东）

【大学支持中学小学建设】 为落实北京市教委《关于高等学校支持小学体育美育特色发展工作的通知》精神，发挥北京高等学校、社会力量在体育、美育方面的优势和引领作用，帮助中小学全方位、多样化、深层次地开展学校体育、美育工作，学校与天坛东里小学、板厂小学、陈经纶中学帝景分校、垂杨柳中心小学、劲松第四小学、工大附中首成国际分部等6所小学于2014年5月22日正式签约合作。在实地走访考察，了解需求，人员选拔和培训等前期准备工作后，在合作小学正式开展了以体育、美育为核心，英语、科技、文化建设等为辅助的形式多样、收效良好的特色化教学工作。

为贯彻落实国家和北京市深化教育领域综合改革的精神，响应《北京市高等院校支持中小学发展实施意见（草案）》的要求，朝阳区教委与北京工业大学签订了合作办学协议，根据协议，劲松三中、劲松四中合并更名为“北京工业大学实验学校”。由朝阳区与北京工业大学共同对学校进行管理、指导和监督。成立由办学相关方面代表参加的学校理事会，2014年8月31日，北京工业大学实验学校正式揭牌。学校积极落实合作办学协议，参与了朝阳区教委北京工业大学实验学校“一校一策”项目的申报，在教育教学、人才队伍建设和校园文化建设等方面提供建议和支持，选拔12名优秀大学生导师，成立教师学术指导团为实验学校教育教学质量提高和优秀青年教师的选拔培养提供指导。

（马雪梅 郭 福）

学位与研究生教育

【概况】 2014年，学位与研究生教育工作围绕提高研究生生源质量、加强研究生教育国际化和工程教育，进一步推进研究生招生制度和培养模式改革。

举办全国优秀大学生科技夏令营，吸引优秀生源报考。开辟推免生绿色通道，继续推进博士生招生制度改革。根据《北京工业大学试行博士生招生申请考核制实施办法》，学校于

2015年新增机械工程一级学科试行博士申请考核制，至此，学校已有光学工程、材料科学与工程、物理学、数学、统计学、机械工程6个一级学科试行博士生招生申请考核制。

2014年，学校招收全日制硕士生1924人（其中全日制专业学位硕士研究生862人），博士生253人，全日制专业学位硕士研究生862人；毕（结）业博士研究生185人，硕士研究生1512人；授予博士学位177人，硕士学位1080人。

结合学校建设“国际知名、有特色、高水平研究型大学”目标和提高研究生培养质量的要求，全面修订中文版研究生培养方案，制订英文版研究生培养方案，确定了不同类别研究生的培养目标。研究生教育国际化稳步推进。2014年共有88名博士生、51名硕士生赴境外参加高水平国际会议，32名博士研究生、21名硕士研究生赴国外参与科研合作或联合培养，拓宽了研究生的学术视野。

以评促建组织学科评估，学科实力稳步提升。截至2014年底，学校共有18个一级学科博士学位授权点，1个二级学科博士学位授权点，31个一级学科硕士学位授权点，3个二级学科硕士学位授权点；博士生导师276人，硕士生导师1507人（含专业学位和学术学位硕士生导师及专业学位硕士生兼职导师）。

研究生教育创新工程持续推进。本年度批准研究生精品课程建设立项20个；获得“博士生创新基金”资助博士生21人；获国家留学基金委资助联合培养博士生14人，硕士生1人，分别派往美国、澳大利亚等国家。

研究生科技创新能力逐步提高。2013－2014学年，学校研究生科技创新奖获奖成果共2027项（特等奖34项，一等奖319项，二等奖349项，科研优秀奖1325项）。获研究生国家奖学金153人，其中博士研究生36人，硕士研究生117人。

（傅之丹　张忠占）

【研究生招生】 博士研究生招生。2014年，报考北工大博士生共578人，其中公开招考报名人数494人（其中申请考核制学科报名137人）。录取253人，其中本科直博5人，硕博连读77人，非定向就业博士生215人，定向就业博士生38人。

硕士研究生招生。2014年，报考北工大硕士生共5796人；共录取1924人，较上年增长5.66%，其中录取推荐免试生264人，第一志愿考生1576人，调剂考生348人。录取非定向就业1908人，定向就业16人。录取全日制专业学位硕士研究生862人。

非全日制专业学位硕士生招生。2014年在职人员攻读硕士学位研究生录取334人，其中示范性软件学院软件工程领域工程硕士统一参加全国联考，录取25人，春季MBA录取14人。

博士生招生改革。为进一步提高博士生生源质量，2015年博士招生简章中确定申请考核制学科在材料科学与工程、物理学、光学工程、数学、统计学基础上新增机械工程，共计6个学科。

举行全国优秀大学生科技夏令营。7月14至19日，北京工业大学举办第三届全国优秀大学生科技夏令营。邀请、选拔63所“985工程”高校、“211工程”高校以及其他重点高校150名致力于科学研究的优秀大学本科在校生，分为先进制造、信息科学、城市建设3个班级开展科技活动。

（戴贝里　闫玉萍　王立勇）

【研究生培养】 选课工作。制作了2014级研究生选课指南，完成2014级研究生的网上选课和培养计划录入工作，其中全日制专业学位研究生859人、学术学位研究生1045人、博士246人。共开设课程1186门，其中博士课程210门、硕士课程976门。

考务与成绩管理。完成全校22门硕士研究生公共课程计78个班、4门非全日制工程硕士公共课程计11个班、5门博士研究生公共课程计16个班的宏观管理及公共课程教学的协调管理。完成2013级非全日制工程硕士4门校公共课教学和考务工作。按相关时间节点，完成1600余名毕业生成绩单审核办理工作。本年度共办理出国证明材料134人次，计1560份。

研究生学历证书电子注册。学籍管理是高校管理工作的重要组成部分，电子注册则是高校学籍管理的延续，是传统学籍管理工作在新形势下的发展。2014年，先后完成毕业生电子注册、在读研究生学年电子注册和新生电子注册。2014年度，北京工业大学有1904名硕士、246名博士进行新生电子注册。1月和7月，学校完成对2014届185名博士毕（结）业生、1512名硕士毕（结）业生的毕业资格审核、学历证书电子注册、毕业证书签发和学籍档案归档工作。累计办理学籍异动387人次。

公派留学生情况。根据国家留学基金委的文件精神，学校成立公派研究生出国留学工作领导小组。2014年，学校采取“个人申请—导师、院系推荐—专家评审—择优录取”的方式进行公派研究生推荐，经过评审共有14名联合培养博士研究生、1名硕士研究生获得资助，分别被派往美国、澳大利亚等国家，有力推动学校和世界一流大学的合作与交流，促进创新人才培养和研究生教育国际化水平的提高。

全国博士生学术论坛。2014年，北工大2名博士生的2篇论文被西南大学举办的“全国博士生学术论坛”收录。2014年7月19日，学校主办了2014年管理系统多主体建模与仿真国际学术会议（ICAMS）。本次会议传递了管理系统建模与仿真最新信息、交流管理系统建模与仿真研究动态、探析管理系统建模与仿真应用途径、评价管理系统建模与仿真的研究平台、展望管理系统建模与仿真的未来趋势。

博士研究生境外参加国际高水平国际会议资助计划。通过学术交流，可以更快接触国际最前沿的学术课题、开阔视野。学校从2013年启动了“博士研究生境外参加国际高水平国际会议资助计划”，2014年有63名博士研究生获得该计划的资助，分别赴美国、巴西、英国、法国、波兰、日本、新加坡、澳大利亚等国家参加国际学术会议，建工学院博士研究生刘人杰获得国际壳体与空间结构半谷奖（IASS Hangai Prize）、激光研究院博士研究生曾勇获得2014年微机电和纳米技术国际会议优秀口头报告奖，在国际舞台上展示了北工大博士研究生的风采。

青年导师国际化能力发展计划。为推进研究生教育的国际化，提高青年导师队伍的国际化能力和研究生培养质量，实现“国际知名、有特色、高水平”大学的建设目标，学校设立“青年导师国际化能力发展计划”，该计划实施一年以来，效果显著，其导师所培养的研究生中获国家奖学金12人，获2014年北京市优秀毕业生1人次，获校长奖学金1项，校级优秀硕士学位论文6篇，校级优秀毕业生2名，还有1名研究生入选首都大学生英才计划。导师们通过组织国际学术会议、担任国际期刊审稿人、邀请国外专家到学校作学术报告、到国外短期访问等途径，已经初步跟国外科研院所达成合作，提升了北工大在国际上的声誉。作为青年导师之一的桑丽霞研究员，其论文*TiO2 Nanoparticles as Functional Building Blocks*，作为美国化学会期刊*Chemical Reviews*的封面论文之一发表（2014，Vol. 114，No. 19，pp9283－9318）。*Chemical Reviews*是国际化学化工领域影响力最高的学术期刊之一，是美国化学会最权威的综述性期刊，2013年影响因子为45.661，位列所有学术期刊第三。这是学校首次以第一完成单位、第一作者身份在*Chemical Reviews*上发表学术论文。

研究生课程建设。对2012年16项研究生课程建设重点项目和2013年23项研究生课程建设一般项目进行了结题。经项目负责人递交结题总结、专家审核，16项重点项目和23项一般项目均通过结题审核。2014年研究生课程建设推行“研究生精品课程”，旨在建设一批具有先进教育教学理念、教学内容经过精心设计和优选、教学方法不断革新并取得实效、能够面向国际并有利于研究生创新精神和创新能力培养的优质教学资源，在全校起示范和带动作用。2014年共资助20项。增设学术规范类和专利代理类课程，这是研究生院首次引入校外优质课程资源，也是北京市知识产权局与北京工业大学研究生院在人才培养方面的首次尝试，充分发挥各自的资源优势，有利于进一步完善学校公共选修课课程体系。为更好地实施“北京工业大学研究生教育创新工程”，学校在研究生课程建设中增设“教材建设”类别，资助出版“北京工业大学研究生创新教育系列著作”，至今，共出版19册系列教材。学校经过10年的研究生课程建设，逐步形成了具有北工大特色的学术学位研究生培养体系，也因此获批为教育部学术学位研究生课程建设首批试点单位。

学位与研究生教育督导组。2014年12月完成了第二届与第三届督导组专家换届工作，第二届校学位与研究生教育督导组专家开学教学检查、研究生课程建设立项、研究生培养方案修订、研究生开题、中期检查和学位论文答辩检查各个环节发挥着督察、引导和示范作用。第三届督导组将继续发挥指导团、检查团和智囊团的职能，对于进一步完善研究生教育质量保障机制，全面提高研究生教育水平有着重要意义。

国内外联合研究生培养基地建设。2014年国内外联合培养研究生培养基地继续获得北京市教委的建设支持。学校以此为契机，加快建设“北京工业大学国内外联合研究生培养基地建设”，贯彻“请进来、走出去”的原则，逐步形成了加强课程学习、夯实交流基础、重视国际合作、促进国际交流、严把出口关的"五位一体"的国际化人才培养模式。

（纪登梅　吴水才）

【学位工作】 学位授予。授予博士学位177人，其中：理学博士学位13人、工学博士学位141人、管理学博士学位23人；授予硕士学术学位1080人，其中：哲学硕士学位4人、经济学硕士学位41人、法学硕士学位19人、教育学硕士学位12人、文学硕士学位8人、理学硕士学位115人、工学硕士学位838人、管理学硕士学位43人；授予全日制硕士专业学位434人，其中：工程硕士学位300人、应用统计硕士学位5人、国际商务硕士学位29人、工商管理硕士学位80人、建筑学硕士学位20人。

经第十届校学位评定委员会第十三次会议表决，18篇博士学位论文被评选为2014年校优秀博士学位论文，127篇硕士学位论文被评选为2014年校学术学位优秀硕士学位论文，33篇专业学位硕士学位论文被评选为2014年校专业学位优秀硕士学位论文。

学位论文抽检。2014年学位论文抽检按一级学科进行，对象是北京工业大学2013—2014学年已授学位的全部博士和学历硕士人员（即1514名硕士、178名博士），抽检比例：学历硕士为26.35%，共399篇；涉及学科34个；博士为100%，共176篇，涉及学科18个。抽检学位论文总计575篇，被抽检的博士和学术学位硕士论文全部由教育部学位与研究生教育发展中心负责进行评审工作。2014年，学校学术学位硕士学位论文抽检校外平均分为84.16分，其中自然科学类校外平均分为84.54分，人文社科类校外平均分为82.54分。博士学位论文抽检校外平均分85.19分，博士和硕士整体论文水平达到良好。其中有16名学术学位硕士学位论文校外评价全部优秀，优秀率达到5.95%，21名博士学位论文校外评价全部优秀，优秀率达到11.93%。全日制MBA和全日制工程硕士学位论文抽检平均分分别是81.56分和83.45分。

博士生创新奖学金评审。修订了《北京工业大学博士生创新奖学金实施办法（试行）》，加大对获准资助的博士生的科研资助力度。通过本人申请、指导教师推荐，学科点所在学院学位评定分委员会初审推荐，共有43名博士生申请博士生创新奖学金，21名博士生获得"博士生创新奖学金"资助，详见表6-7。

表6-7　2014年博士生创新奖学金获得者名单

序号	所属学院	博士生姓名	导师姓名	一级学科
1	机电学院	纪辉	聂松林	机械工程
2	建工学院	凌浩恕	陈超	土木工程
3	建工学院	王丕光	杜修力	土木工程
4	建工学院	刘人杰	薛素铎	土木工程
5	环能学院	张擘	纪常伟	动力工程及工程热物理
6	环能学院	侯俊先	刘中良	动力工程及工程热物理
7	环能学院	谢少华	戴洪兴	应用化学
8	环能学院	赵翠	纪树兰	应用化学
9	环能学院	袁悦	彭永臻	环境科学与工程
10	数理学院	冯立超	李寿梅	统计学
11	数理学院	王艺盟	张新平	光学工程
12	计算机学院	薛菲	蔡永泉	计算机科学与技术
13	材料学院	左勇	郭福	材料科学与工程
14	材料学院	邓思旭	王波	材料科学与工程
15	激光院	冯超	蒋毅坚	物理学
16	激光院	邱慧斌	刘世炳	物理学
17	生命学院	谷凯云	曾毅	生物医学工程

续表

序号	所属学院	博士生姓名	导师姓名	一级学科
18	生命学院	潘友联	乔爱科	生物医学工程
19	固体所	李永合	韩晓东	材料科学与工程
20	固体所	卢岳	隋曼龄	材料科学与工程
21	循环经济院	田西	左铁镛	应用经济学（资源环境与循环经济交叉学科）

（侯　莹　杨　庆）

【学科建设】 新获批4个硕士专业学位授权类别。2014年6月，国务院学位委员会《关于下达2014年审核增列的硕士专业学位授权点及撤销的硕士学位授权点名单的通知》，北工大在2014年硕士专业学位授权审核工作中取得新进展—获批4个硕士专业学位类别，分别是社会工作硕士、教育硕士、艺术硕士、公共管理硕士。

获批继续开展建筑学学士、硕士专业学位授予，新增城市规划硕士专业学位授权。国务院学位委员会《关于批准华中科技大学等高等学校开展建筑学学士、硕士专业学位和城市规划硕士专业学位授予工作的通知》中，根据全国高等学校建筑学专业教育评估委员会、住房和城乡建设部高等教育城市规划专业评估委员会评估结果和学校申报情况，北工大获批继续开展建筑学学士、硕士专业学位授予工作。新增城市规划硕士专业学位授予工作，有效期至2018年5月。

获批博士后流动站。2014年9月，人力资源社会保障部发布《关于批准新设博士后科研流动站的通知》（人社部发〔2014〕60号），北工大在2014年博士后科研流动站申报工作中取得新进展——化学工程与技术学科获批博士后科研流动站，至此，学校共计拥有18个博士后科研流动站。

学科与研究生教育建设专款。2014年学校共获得北京市学科与研究生教育专款批复合计3288.0735万元，其中教委下达项目45项，批复金额1795.6718万元，自主申报项目6项，批复金额1492.4017万元。申请2015年学科与研究生教育专款71项，合计金额10197.591227万元，其中教委下达项目4项，申报金额合计2827.6万元（含研究生学业奖学金2667.6万元），自主申报项目67项，申报金额合计7369.991227万元。获得机械工程、凝聚态物理两个学科分别获得中央支持地方专项—学科建设—省级重点学科建设专款批复500万元、252万元。

（罗　琳　张忠占）

【导师队伍建设】 研究生指导教师遴选工作。2014年新增博士生导师11人，认定新引进教师博士生指导教师资格7人，聘任校外兼职博士生指导教师4人。

新增学术学位硕士生指导教师4人，其中具有高级职称指导教师3人，具有中级职称指导教师1人；新增专业学位硕士研究生兼职指导教师47人。

研究生指导教师导师招生学科重新认定工作。2014年现任学术学位硕士研究生指导教师认定专业学位硕士研究生指导教师1人，重新认定研究生导师招生学科10人，其中博士研究生指导教师1人，硕士研究生指导教师9人。

新导师培训。2014年研究生导师培训自5月8日至6月18日举行。本次培训应参加培训导师95人，最终有67名新导师修完规定学分、获得结业证书。本次培训在延续以往政策解读、分组讨论，应知应会测试等原有模块的基础上，加强了关于研究生培养机制改革和国际化等方面的内容。邀请中国著名数学家、中国科学院杨乐院士作题为《培养优良学风、做好学位论文》的报告，学校国际化研究顾问杨长聚先生受邀为青年教师和研究生新导师做“国际化与高校教师职业发展”主题报告。

（罗　琳　张忠占）

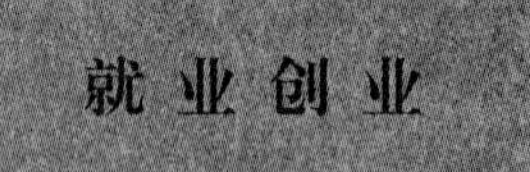

就业创业

【概况】 认真贯彻落实《国家中长期教育改革和发展规划纲要（2010—2020）》和《关于实施大学生创业引领计划的通知》（人社部发〔2014〕38号）、《关于支持北京高校大学生创业的实施细则》（京教学〔2014〕6号）精神，紧密围绕学校“十二五”发展规划和服务北京行动计划，就业工作围绕工作框架体系和特色课程建设，树立“服务学院、引导学生、建设特色”的工作理念，以提升毕业生就业竞争力为核心，重点加强学生就业方向引导、职业能力提升和创新意识培养，完善校院两级管理机制，推进就业指导精细化建设，进一步提升就业工作质量。创业工作大力实施创业带动就业战略，坚持“学校推进、整合资源、市场导向、自主创业”的基本原则，推动大学生创业，健全促进就业创业体制机制，完善创业扶持政策，搭建创业平台，营造创业氛围，实现创业促发展和创业带就业的良性互动。

（陈佳楠　刘赵淼）

【就业工作】 2014年北京工业大学共有毕业生4645人，其中：春季毕业生50人，夏季毕业生4595人。北京生源占毕业生总数的51.99%，其中北京生源在本科和研究生中的比例为69.88%和20.92%。2014届毕业生分布情况见表6-8，毕业生人数统计见表6-9。

春季毕业生中，硕士19人，博士31人。夏季毕业生中，本科2948人，硕士1493人，博士154人，分布在机电、电控、交通、建工、环能、数理、计算机、软件、材料、生命、经管、建规、人文、外语、实验、艺术设计学院、激光院、循环经济院、高教所、马克思主义学院和固体所等21个学院（所）。

春季毕业生全部为研究生，其中就业42人，升学4人。夏季毕业生中，就业3609人，升学549人，出国360人。在就业的毕业生中，支援西部建设134人，北京基层就业228人，村主任和村支书助理19人。

截至10月31日，2014届毕业生初次就业率（含春季）为98.28%，其中本科生97.90%，硕士研究生99.01%，博士研究生98.38%。

截至12月31日，2014届毕业生就业率（含春季）为98.26%，其中本科生97.86%，硕士研究生99.01%，博士研究生98.38%。

表6-8　北京工业大学2014届毕业生分布一览表

学历			人数		小计
春季	研究生	硕士	19		50
		博士	31		
夏季	本科		2948		4595
	研究生	硕士	1493	1647	
		博士	154		
合　计			4645		

表6-9　北京工业大学2014届毕业生人数统计

学院	学历	人数	学院小计	本科生总计	研究生总计
机械工程与应用电子技术学院	本科生	143	345		
	研究生	202			
电子信息与控制工程学院	本科生	346	601		
	研究生	255			
建筑工程学院	本科生	282	503		
	研究生	221			
城市交通学院	本科生	33	85		
	研究生	52			
环境与能源工程学院	本科生	147	273		
	研究生	126			
应用数理学院	本科生	134	220		
	研究生	86			

续表

学院	学历	人数	学院小计	本科生总计	研究生总计
计算机学院	本科生	247	391	2948	1697
	研究生	144			
软件学院	本科生	107	157		
	研究生	50			
材料科学与工程学院	本科生	77	195		
	研究生	118			
生命科学与生物工程学院	本科生	67	139		
	研究生	72			
经济与管理学院	本科生	278	483		
	研究生	205			
建筑与城市规划学院	本科生	126	177		
	研究生	51			
人文社会科学学院	本科生	124	137		
	研究生	13			
外国语学院	本科生	76	84		
	研究生	8			
艺术设计学院	本科生	356	356		
实验学院	本科生	405	405		
激光工程研究院	研究生	48	48		
固体微结构与性能研究所	研究生	16	16		
高等教育研究所	研究生	13	13		
循环经济研究院	研究生	7	7		
马克思主义学院	研究生	10	10		
总　　计	4645				

（李　芳　陈佳楠　刘赵淼）

【就业教育】 全年开设3门本科生就业类课程，56个课堂，其中“职业生涯规划”16个，“就业指导”36个，“创业教育”4个；开设1门研究生就业类课程——“研究生职业发展与就业指导”，共2个课堂。开课教师23人，本科生上课人数5000余人，研究生上课人数100余人。共开展“闪亮人生”职业规划公开课6讲，就业大讲堂12讲，企业家就业论坛18场，职业生涯发展个体指导20余次，简历诊断活动30余次。

（李春佳　陈佳楠　刘赵淼）

【就业课程体系建设项目通过总结验收】 2014年8月，北京工业大学承担的北京地区高校就业特色项目“基于校院两级管理模式的就业课程体系建设”通过市教委组织的总结验收。项目以学校招生就业工作领导小组及学校新生工作领导小组作为就业工作组织结构体系的领导核心，学生发展研究中心、教师教学发展中心及院级就业工作指导小组作为就业工作组织结构体系的三大支柱，共同构成校院两级就业工作组织结构体系。项目推动学校发布《北京工业大学关于进一步加强就业工作的若干意见》（工大发〔2013〕10号），从机构设置、教学管理、基地建设和队伍建设等方面形成了对就业工作强有力的导向支持。提出《北京工业大学就业课程校院两级管理办法》、《北京工业大学校院两级就业课程管理实施方案》，在原有工作基础上整合由本科生职业发展与就业指导、研究生职业发展与就业指导和创业教育三门课程构成的北京工业大学职业发展与就业指导课程体系。明确“校管面、院管线、面线结合”的校院两级课程管理模式，通过必选修课相结合的方式，为下一步推进教学内容的专业化、就业指导的精细化和教育环节的全程化奠定了基础。

（李春佳　陈佳楠　刘赵淼）

【第八届就业宣传月】 为全面推进学校就业工作，提升学生就业竞争力，提高校院两级就业服务质量。2014 年 10 月 13 日，由就业创业指导中心主办、各二级学院承办的“2014 年第八届北京工业大学就业宣传服务月”活动正式启动。本次宣传月通过“就业能力提升、就业理念强化、就业市场开拓”三个模块，为广大在校生，特别是 2015 届毕业生提供全方位、多层次的就业宣传服务活动。活动内容包括就业扶助专项培训、就业大讲堂、企业文化周、榜样的力量、职业规划专家指导、毕业生简历诊断、企业家就业论坛、宣讲招聘会、知名企业参观、人力资源访谈等十余项专项促就业活动。

（李　芳　陈佳楠　刘赵淼）

【第五届“未来之星”职业规划大赛】 北京工业大学第五届“未来之星”职业规划大赛于 4 月份启动，共有 16 个学院的 200 余名学生共同参与。经过校方、企业方两级初筛，筛选出 21 名选手晋级复赛。经过职业规划书撰写培训、个人职业规划书指导、户外拓展等培训项目及复赛，选拔出 8 名选手晋级决赛。决赛前，选手接受了专业的职业规划 PPT 展示培训、职业指导教师针对性指导及国考级无领导小组讨论培训。决赛产生一等奖 1 名，二等奖 2 名，三等奖 3 名，最佳人气奖 1 名以及最佳指导教师奖 1 名。获奖学生分别获得职业发展基金、获奖证书、创新学分以及来自知名企业的实习机会。

（李春佳　陈佳楠　刘赵淼）

【双选会】 为进一步推动就业工作，为毕业生就业开拓更多就业资源和入职机会，并为用人单位提供良好的双向选择平台，2014 年学校共举办 107 场双选会，其中利用奥林匹克体育馆共举办大型综合双选会 4 场，共 796 家招聘单位参加，为毕业生提供 35669 个招聘岗位。招聘单位包括国有企业、民营企业、私营企业、外资企业，招聘岗位涉及学校所有毕业生专业。参与学生共计 9719 人次，覆盖全校各院系毕业生。通过大型综合双选确定到就业意向学生占 2014 年毕业生 24.91%。

（赵　宁　陈佳楠　刘赵淼）

【学生创业公司获北京市教委专项资助】 2014 年 10 月，由北工大学生创业团队组建的“博科派德（北京）科技有限公司”与“北京华睿芯德科技有限公司”入选“北京地区高校大学生创业优秀团队”，各获得北京市教委专项资助 10 万人民币用于开展创业工作。

（赵　宁　陈佳楠　刘赵淼）

【学生创业团队获奖】 2014 年 12 月，由艺术设计学院和经济与管理学院在校大学生组建的“艺美童心少儿美术教育中心”创业团队荣获 2014 年度“全国大学生创业基金”全国总评审二等奖。

（赵　宁　陈佳楠　刘赵淼）

·科研与开发·

科技工作

【概况】 2014年科技工作紧密围绕“十二五”科技专项规划，深入落实《国务院关于改进加强中央财政科研项目和资金管理的若干意见》、《北京市加快推进高等学校科技成果转化和科技协同创新若干意见（试行）》（简称“京校十条”）等文件精神，主动适应国家科技新形势，积极推进学校科技体制改革，有重点、分步骤开展各项工作，确保科技工作健康、内涵式发展。

根据教育部统计口径，2014年北京工业大学到校科研经费计8.06亿元，比上年增长1.00%。获各类科技奖励45项，其中，国家自然科学二等奖1项、国家科学技术进步二等奖2项。首次获3项北京市科学技术奖一等奖。SCIE收录论文695篇，高校排名63位。获专利授权549项，国外发明专利3项。以第一单位获批105项国家自然科学基金。100万元以上企业合作项目41项。“重大工程结构抗震与减震控制”为北京市属高校首次入选国家自然科学基金创新研究群体团队。

修订《北京工业大学重点科研基地建设与管理办法》、《北京工业大学科技奖励办法》、《北京工业大学专利管理实施细则》和《北京工业大学技术转移项目管理办法》，起草《北京工业大学科研项目校内评审办法实施细则（试行稿）》、《北京工业大学科研项目重要事项调整实施细则（初稿）》、《北京工业大学人文社科项目管理办法》和《北京工业大学关于进一步加强纵向科研项目管理的意见》。

经8月26日十届107次校党委常委扩大会议和2014年第22次校长办公会研究决定，成立北京工业大学科学技术发展院，撤销北京工业大学科技处。

（史幼骢　石照耀）

【科研经费】 据教育部统计口径，累计到校研发经费8.06亿元，比上年增长1.00%，包括科技经费7.69亿元，人文社科经费0.37亿元。在研发经费中，国家发改委、科技部专项经费0.67亿元，国家自然科学基金项目到款0.82亿元，省、市、自治区专项费0.56亿元，企事业单位委托经费2.37亿元。人文社科经费中包括政府资金投入0.21亿元，非政府资金投入0.16亿元。

（韩晓明　石照耀）

【科研项目】 （1）国家自然科学基金项目。以北京工业大学为第一单位共申请各类国家自然基金项目322项，批准105项，其中面上项目65项，青年科学基金项目31项，国家杰出青年科学基金项目1项，优秀青年科学基金项目1项，创新研究群体项目1项，重点国际（地区）合作研究项目1项，联合基金项目1项，应急管理项目1项，专项基金项目1项，国际（地区）合作与交流项目2项。2014年获批资助总额8213万元。2014年度国家自然科学基金项目获批情况见表7-1。

表7-1　北京工业大学2014年度国家自然科学基金项目获批情况一览表（金额单位：万元）

二级单位	面上项目		青年科学基金项目		创新研究群体项目		重点国际（地区）合作研究项目		国家杰出青年科学基金项目		优秀青年科学基金项目		其他类项目		项目数	金额
	项目数	金额	项目数	金额	项目数	金额	项目数	金额	项目数	金额	项目数	金额	项目数	金额		
总计	65	5362	31	785	1	1 200	1	235	1	400	1	100	5	131	105	8 213
建工学院	9	752	3	75	1	1 200							1	5	14	2 032
机电学院	12	1 044	4	106											16	1150
电控学院	2	150					1	235					1	11	4	396
环能学院	14	1158	5	125									1	60	20	1343

续表

二级单位	面上项目		青年科学基金项目		创新研究群体项目		重点国际（地区）合作研究项目		国家杰出青年科学基金项目		优秀青年科学基金项目		其他类项目		项目数	金额
	项目数	金额	项目数	金额	项目数	金额	项目数	金额	项目数	金额	项目数	金额	项目数	金额		
材料学院	9	745	9	225					1	400	1	100			20	1470
数理学院	5	376	1	22											6	398
激光院	3	258													3	258
计算机学院															0	0
生命学院	4	346	2	45									1	15	7	406
交通学院	3	249	1	25											4	274
固体所	1	85	4	112											5	197
软件学院															0	0
建规学院	1	78	2	50											3	128
经管学院	2	121													2	121
循环经济院													1	40	1	40

(2) 科技部项目。973计划项目年到校经费共计1077.7万元，其中当年立项课题6项，合同经费823万元。863计划项目年到校经费共计1857.4万元，其中当年立项课题5项，合同经费476.3万元，获资助273.8万元。科技支撑计划项目年到校经费共计1885.8万元，其中当年立项课题8项，合同经费924.4万元。国家科技重大专项项目年到校经费共计1667.6万元，其中当年立项课题7项，合同经费1330.9万元。国际科技合作专项项目年到校经费共计38.4万元，其中当年立项课题1项，合同经费10万元。公益性行业科研专项项目年到校经费共计761.3万元，其中当年立项课题8项，合同经费1382.1万元。国家重大科研仪器开发项目年到校经费共计82万元，其中当年立项课题3项，合同经费732.4万元。政策引导类项目年到校经费共计87.5万元，其中当年立项课题2项，合同经费95万元。

(3) 北京市自然科学基金项目。获批42项，其中重点项目2项，面上项目26项，青年项目10项，预探索3项，对外合作交流项目1项，累计批准金额698万元。

(4) 北京市科委项目。2个重点实验室/工程技术研究中心获批“科技创新基地培育与发展工程专项”项目，每项50万元。获科技计划项目支持16项，资助总额2294.2万元。

(5) 北京市教委项目。申报2014年专款科学研究类项目71项，经费共计1.02亿元，其中，“2011”协同创新中心3项，总计2600万元。“中央财政支持地方高校发展专项”项目2个。

(6) 资助校基础研究基金项目17项，金额约100万元。资助校人文社科基金项目38项，金额75万元。

(7) 横向科研项目。新增横向科研项目728项，合同额共计23297万元。127项横向合同获退税，实际退税金额累计4082万元。各学院签订10万元以上项目情况见表7-2。

表7-2 2014年各学院签订10万元以上横向科技项目合同情况一览表 （金额单位：万元）

二级单位	10万元以上		其中					
	项目数	合同额	100万元以上		50—100万元		10—50万元	
			项目数	合同额	项目数	合同额	项目数	合同额
合计	463	22111.5	41	9921	61	3987	361	8203.5
机电学院	57	2132	3	486	11	746	43	900
电控学院	41	1364	2	350	6	378	33	636

续表

二级单位	10万元以上		其中					
			100万元以上		50—100万元		10—50万元	
	项目数	合同额	项目数	合同额	项目数	合同额	项目数	合同额
建工学院	71	2934	6	1013	8	533	57	1388
环能学院	30	931	1	300	3	170	26	461
数理学院	2	42.5					2	42.5
计算机学院	29	928	1	206	3	183	25	539
材料学院	37	1704	3	597	11	624	23	483
经管学院	16	322					16	322
人文学院	11	387	1	180	0	0	10	207
马克思主义学院	2	42	0	0	0	0	2	42
建规学院	42	3208	9	1800	10	743	23	665
生命学院	8	408	2	302	0	0	6	106
软件学院	14	315	0	0	0	0	14	315
艺术设计学院	17	619	1	116	3	183	13	320
激光院	14	2185	3	1800	3	204	8	181
循环经济院	8	247					8	247
交通学院	48	2127	6	940	2	160	40	1027
固体所	2	38	0	0	0	0	2	38
实验学院	2	50	0	0	0	0	2	50
其他	12	2128	3	1831	1	63	8	234

（卞慰宣　王金国　殷晓强）

【人文社科纵向项目】 国家社科基金项目批准3项，其中一般项目1项，青年项目2项。

教育部人文社科一般项目2项。北京市社会科学基金项目获批12项，其中规划项目7项，基地项目5项。北京市教委人文社科计划项目18项，其中重点项目3项，面上项目15项。

（张爱民　石照耀）

【科研基地】 截至2014年底，拥有各类级别科研基地52个，主要基地情况见表7-3。

表7-3　北京工业大学2014年主要科研基地一览表

序号	实验室名称	批准部门
1	北京市交通工程重点实验室——省部共建国家重点实验室培育基地	科技部、北京市教委
2	新型功能材料教育部重点实验室	教育部
3	传热强化与过程节能教育部重点实验室	教育部
4	光电子技术省部共建重点实验室	教育部、北京市
5	城市与工程安全减灾省部共建重点实验室	教育部、北京市
6	数字社区教育部工程研究中心	教育部
7	汽车结构部件先进制造技术教育部工程研究中心	教育部
8	地方高水平大学发展战略研究中心	教育部
9	可信计算北京市重点实验室	北京市科委
10	固体微结构与性能北京市重点实验室	北京市科委

续表

序号	实验室名称	批准部门
11	博物馆展陈设计与空间实现北京市重点实验室	北京市科委
12	计算智能与智能系统北京市重点实验室	北京市科委
13	机械结构非线性振动与强度北京市重点实验室	北京市科委
14	区域大气复合污染防治北京市重点实验室	北京市科委
15	绿色催化与分离北京市重点实验室	北京市科委
16	北京市污水脱氮除磷处理与过程控制工程技术研究中心	北京市科委
17	北京市物联网软件与系统工程技术研究中心	北京市科委
18	北京市激光应用技术工程技术研究中心	北京市科委
19	北京市生态环境材料及其评价工程技术研究中心	北京市科委
20	北京市城市交通运行保障工程技术研究中心	北京市科委
21	北京市精密测控技术与仪器工程技术研究中心	北京市科委
22	北京市高层和大跨度预应力钢结构工程技术研究中心	北京市科委
23	北京市数字化医疗 3D 打印工程技术研究中心	北京市科委
24	北京市历史建筑保护工程技术研究中心	北京市科委
25	抗病毒药物北京市国际科技合作基地	北京市科委
26	污水生物处理与过程控制技术北京市国际科技合作基地	北京市科委
27	碳基纳米材料北京市国际科技合作基地	北京市科委
28	脑信息智慧服务北京市国际科技合作基地	北京市科委
29	机械结构非线性振动与强度北京市国际科技合作基地	北京市科委
30	数字化医疗 3D 打印北京市国际科技合作基地	北京市科委
31	嵌入式系统北京市重点实验室	北京市教委、北京市科委
32	工程抗震与结构诊治北京市重点实验室	北京市教委
33	水质科学与水环境恢复工程北京市重点实验室	北京市教委
34	交通工程北京市重点实验室	北京市教委
35	环境与病毒肿瘤学北京市重点实验室	北京市教委
36	先进制造技术北京市重点实验室	北京市教委
37	多媒体与智能软件技术北京市重点实验室	北京市教委
38	传热与能源利用北京市重点实验室	北京市教委
39	激光先进制造北京高等学校工程研究中心	北京市教委
40	环境友好新材料技术北京高等学校工程研究中心	北京市教委
41	北京现代制造业发展研究基地	北京市教委、北京市哲学社科规划办
42	北京社会管理研究基地	北京市教委、北京市哲学社科规划办
43	首都工程教育发展研究基地	北京市教委、北京市哲学社科规划办
44	机械工业重型机床数字化设计与测试重点实验室	机械工业联合会
45	机械工业精密测控技术与仪器重点实验室	机械工业联合会

续表

序号	实验室名称	批准部门
46	机械工业印刷装备数字化技术重点实验室	机械工业联合会
47	中德激光技术中心	科技部
48	国家产学研激光技术中心	国家经济贸易委员会、教育部、中国科学院
49	北京激光技术实验室	北京市科委
50	北京市光电子技术实验室	北京市科委
51	北京市焊接设备研究与开发中心	北京市科委
52	北京市饮料及食品添加剂质量监督检验站	北京市质量技术监督局

（卞慰萱　石照耀）

【科技成果与获奖】 获各类科技奖励45项，其中，环能学院教师参与完成“配位聚合物构筑与结构性能调控”项目获国家自然科学奖二等奖，个人排名第二；环能学院参与完成“新型香精制备与香气品质控制关键技术及应用”项目获国家科技进步奖二等奖，北京工业大学为第三完成单位；激光院参与完成“界面性质与光电器件特性关系调控技术及应用”项目获国家科技进步奖二等奖，北京工业大学为第四完成单位。省部级奖22项，包括教育部高等学校科学研究优秀成果奖（科学技术）3项，北京市科学技术奖一等奖3项，二等奖8项。视同省部级奖励的国家登记社会力量奖及具有重大影响力的学会奖、行业奖等20项。

（韩晓明　石照耀）

【学术论文】 据中国科学技术信息研究所公布2014年度中国科技论文统计结果及高校排名，学校科学引文索引SCIE收录论文695篇，排名63位；工程索引EI（核心版）收录论文864篇，排名47位；国际科技会议录索引CPCI－S收录论文244篇，排名43位；科学引文索引光盘版（SCI－CDE）2003－2012年2562篇论文被引用20250次，排名66位；SCI学科影响因子前1/10的期刊论文92篇，排名51位。中国科技论文与引文数据库CSTPCD收录论文1178篇，排名49位；论文被引用4532次，排名81位。

（韩晓明　石照耀）

【知识产权】 截至2014年底，高校有效发明专利量排名20，发明专利授权量排名15。全年以北京工业大学为申请人共申请专利1593项，其中发明专利1480项，实用新型108项，外观设计5项。获专利授权549项，其中发明专利425项，实用新型119项，外观设计5项，登记软件著作权367项。申请国外专利7项，PCT（Patent Cooperation Treaty，专利合作协定）10项，授权国外专利3项。各学院申请情况见表7-4。

表7-4　各学院知识产权申请/授权情况一览表

二级单位	专利申请			专利授权			软件著作权登记
	发明	实用新型	外观设计	发明	实用新型	外观设计	项目数
总计	1480	108	5	425	119	5	367
机电学院	213	22	1	52	18	1	90
电控学院	169	10	0	48	10	0	87
建工学院	475	14	0	105	15	0	13
环能学院	169	24	0	77	25	0	5
数理学院	14	4	0	6	10	0	3
计算机学院	61	3	0	15	4	0	82
材料学院	178	11	0	78	15	0	1
建规学院	1	5	2	0	6	2	1

续表

二级单位	专利申请			专利授权			软件著作权登记
	发明	实用新型	外观设计	发明	实用新型	外观设计	项目数
生命学院	41	2	0	13	1	0	10
软件学院	28	0	0	8	0	0	37
实验学院	0	0	0	0	0	0	8
固体所	5	0	0	4	1	0	0
激光院	83	10	1	17	12	1	6
经管学院	0	0	0	0	0	0	5
人文学院	0	0	0	0	0	0	0
交通学院	27	2	0	0	1	0	16
艺术设计学院	1	0	0	0	0	0	0
外语学院	0	0	0	0	0	0	0
循环经济院	0	1	0	1	1	0	0
体育部	0	0	1	0	0	1	1
继续教育学院	5	0	0	0	0	0	0
其他	10	0	0	1	0	0	2

共获各类知识产权资助金563.03万元，其中自筹247万元，国家知识产权局北京代办处资助金286.03万元，朝阳区知识产权局资助金30万元。

共转让专利59项，转让金额2 249.23万元，专利实施许可2项，许可金额26万元。

（梁　馨　石照耀）

【校科技奖励】 科技奖励489.9万元，其中奖金333.2万元，匹配经费152.7万元；论文奖励294.5万元，专利及软件著作权奖励120.8万元，获奖项目奖励11.0万元。另对国家奖、省部级奖、国家登记社会力量奖一等奖获奖项目配套经费70万元。

（韩晓明　石照耀）

【科技成果推广】 2014年4月2日，与内蒙古自治区科技厅、阿拉善盟科技局及北京市科委联合举办京蒙合作站科技项目对接会。

4月23日，与河北省秦皇岛市经济技术开发区举行合作对接交流会。

6月13日，与朝阳区科委共同组织召开首都科技条件平台“百家实验室进千家企业”朝阳工作站与北京工业大学研发实验服务基地对接交流会。

6月24日，与江苏省宜兴市和桥镇领导及企业进行科技交流。

9月10至14日，建工学院赴日本参加Innovation Japan 2014产学研对接活动。

9月17至20日，材料学院、软件学院参加第十七届唐山中国陶瓷博览会人才技术交流大会。

10月22至24日，建工学院、材料学院参加2014年中国（长沙）科技成果转化交易会。

10月24日，固体所、生命学院参加第二届首都高校科技信息网苏州行—健康科学、新材料产学研对接会。

10月29至31日，建工学院科研人员参加中国·南皮产学研合作洽谈会。

11月6至7日，组织电控学院参加第十一届“中国光谷”国际光电子博览会暨第十届中国·湖北产学研合作项目洽谈会。

11月4至8日，15个项目参加第16届中国国际工业博览会。“密集矩阵式高倍聚光光伏模组及系统”项目获高校展区优秀展品奖二等奖，学校获高校展区优秀组织奖。

11月12至14日，电控学院、环能学院、激光院参加2014年中国（天津滨海）国际高新技术成果交流会。

12月11至12日，生命学院、电控学院参加河北省石家庄市“京津冀产学研联盟”成立大会暨产业专题对接活动。

12月19至20日，电控学院、材料学院、激光院参加河北省唐山市路北区2014年重点项目招商推介会。

12月19至21日，在安徽省合肥市参加中央高校科技成果发布会。

12月19至22日，电控学院参加2014世界机器人及智能装备产业大会暨博览会。

（刘显武　石照耀）

【产学研合作】 3月31日，与北京市环境保护局签订战略合作框架协议。

5月15日，与北京金隅集团签订战略合作框架协议，包括首都资源循环材料技术协同创新中心材料工业流程环境负荷诊断改进合作协议、混凝土结构修补新材料项目合作意向书等内容。

7月29日，与京城机电控股公司签订战略合作框架协议、数字化医疗3D打印项目合作意向书，与其控股公司北人集团、北京北一数控机床公司、北京天海工业公司、北京华德液压工业集团签订科技合作协议。

10月28日，与中国南车股份有限责任公司签订战略合作框架协议。

11月26日，与神州数码控股有限公司签订战略合作框架协议书并共同成立北京智慧城市研究院。

（殷晓强　石照耀）

【学术交流】 2014年度主要学术交流活动有：

1月10至12日，国家自然科学基金委员会工程与材料科学部主办，北京工业大学、重庆理工大学和重庆大学共同承办“高端装备传动系统共性基础问题研讨会”。

3月19日，由中国医疗保健国际交流促进会主办，生命学院协办第一届“氢分子生物医学学术交流会暨中国医疗保健国际交流促进会氢分子生物医学专业委员会成立大会”。

5月23至24日，软件学院承办“中国动画与数字媒体教学研讨会”。

6月7至9日，全国齿轮标准化技术委员会主办、精密测控技术与仪器重点实验室承办“2014齿轮精度国际新标准（ISO1328－1：2013）研讨会”。

6月12至13日，生命学院召开“抗病毒与抗肿瘤药物研究2014年中期研讨会”。

6月27至29日，中国运筹学会数学规划分会和数理学院共同举办“2014年最优化前沿理论与应用研讨会”。

7月18至19日，建工学院举办“边坡稳定性分析及预测预警专题研讨会”。

8月6日，环能学院和建工学院联合组织首届“自然工质与低GWP冷媒热泵新技术研讨会”。

10月11至17日，激光院和数理学院联合举行“光科学与工程前沿”系列学术报告会。

11月23日，“第二届京津冀制造业协同发展学术研讨会”在学校召开。

11月29日，“新型功能材料教育部重点实验室/材料国家级科研基地建设学术交流会”在学校召开。

12月7日，“计算力学软件及其发展趋势研讨会”在学校召开。

12月13至14日，“当代中国农村改革发展历程学术研讨会”在学校举行。

12月13至15日，“2014年全国软件分析与验证研讨会（2014 Conference on Software Analysis and Verification，简称SAVE）”在学校举行。

（王洪燕　石照耀）

【科技会议】 2月18日，2014年度国家自然科学基金项目申请第四次辅导会在逸夫馆召开，国家杰出青年科学基金获得者、长期担任国家自然科学基金委员会评审专家做项目申请讲座，100余名师生参加辅导会。

4月，“科研经费预算编制和执行交流座谈会”召开，30多个有关课题组负责人交流座谈。

6月25日，“行动计划”首场高校宣讲会—“北京技术创新行动计划（2014－2017年）”北京工业大学专场宣讲会召开，相关科研院长等50余人参加。

9月1日，北京工业大学科学技术发展院成立会议在知新园402室举行。

（张苏苹　石照耀）

【领导调研指导】 1月7日，北京市科委新能源与新材料处处长许心超、新材料发展中心副主任龚维幂一行六人来学校，就新能源与新材料等领域的科研特色及有关项目进行交流调研。

1月20日，北京市哲学社会科学规划办公室王祥武主任和北京市教委叶茂林副主任带队来学校，对学校拟新增的北京市哲学社会科学研究基地——“首都工程教育发展研究基地”进行考察。

5月17日，2014年全国科技活动周暨北京科技周期间，中共中央政治局委员、国务院副总理刘延东、环境保护部副部长吴晓青等领导同志参观北京工业大学展区，对展出给予肯定。

9月15日，朝阳区科委副主任李晓霞一行到学校调研2014年度朝阳区协同创新项目申报工作。

10月30日，北京市科委文化科技发展处调研员黄洪良、市工业设计促进设计中心副主任左倩等一行五人来学校调研考察。

12月16日，北京市自然科学基金委员会办公室学科管理部主任寇奕一行到学校，着重就基金项目指南征求意见。

12月17日，国家自然科学基金委员会数理科学部常务副主任汲培文等一行到学校交流座谈。

（张苏苹　石照耀）

【北京工业大学学报】 《北京工业大学学报》为月刊，160页，是中文核心期刊、中国科技论文统计源期刊和中国科学引文数据库来源期刊，被英国《科学文摘》、美国《化学文摘》、美国《数学评论》、美国《剑桥科学文摘》、俄罗斯《文摘杂志》、TRANSPORT数据库、德国《数学评论》和美国《最新数学出版物》等收录。根据中国学术期刊影响因子年报（自然科学与工程技术2014），学报在综合性科学技术学科类目中，2013年复合影响因子0.619，学科排序96/403；综合影响因子0.347，学科排序119/403。

《北京工业大学学报（社科版）》为双月刊，《国家哲学社会科学学术期刊数据库》、《中国期刊全文数据库》、《中国核心期刊（遴选）数据库》、《中文科技期刊数据库》、《RCCSE中国核心学术期刊》、《中国科技论文在线》收录期刊，美国《剑桥科学文摘》（CSA）源刊。

（梁　洁　刘　健）

【科协工作】 5月17至24日，组织重点科研基地科研项目参加北京科技周主会场活动。国务院副总理刘延东、北京市委书记郭金龙、科技部部长万钢、副部长王志刚等领导到北京工业大学展区参观。

3至5月，围绕科技周主题“科技生活，创新圆梦”，面向全校师生有奖征集作品76件。

12月6日，参加第三届首都大学生科技创新作品与专利成果博览会，北工大荣获最佳组织奖。“脑电波控制智能车”获科技创新成果金奖。

微特电机科技博物馆部分科普互动展项代表学校参加2014年北京市全国科普日活动。北京工业大学科技与艺术博物馆全年预约开放。

联合北京市区域大气复合污染防治重点实验室制作“雾霾与你和我”防雾霾宣传册，整理出版《北京工业大学2014年科技周科普文集》。

申报金桥工程资金获2项支持，组织“十佳全国优秀科技工作者”和“北京市优秀青年工程师奖”申报工作。

（张仕英　石照耀）

科技产业

【概况】 2014年，科技产业工作秉承“立足服务、稳中求进、改革创新、开拓进取”的十六字指导思想，深化改革，在各项具体工作中规范管理、谋划发展、优化结构、提升能力，坚持内涵发展，以规范管理为抓手，以提高管理水平为保障，稳步、规范、科学发展。在总结2013年北京北工大投资管理有限公司（以下简称投资公司）及下属企业的经营成果及财务状况、国有资产保值增值的情况下，协助审计部门对投资公司下属的北京工大智源科技发展有限公司、北京工大建国饭店、北京工大中宇智能信息系统工程中心、北京工业大学勘察设计院、北京时代创新设计企业孵化器有限公司等五家公司进行内部控制建设检查，对于不合格的公司督促整改，并于2014年12月撰写总结上报北京市教委产业办公室。完成市财政及市校产布置的事业单位及所属企业产权登记工作。

（王建华　闫健卓）

【大学科技园、先进制造北京市技术转移中心】 2014年，重点围绕北工大中关村创新园建设开展工作，经过深入兄弟院校调研，与市经信委、中关村管委会、文资办等各有关部门的反复沟通，以及艺术设计学院、建规学院、留创园等有关单位的支持，最终形成《北工大中关村创意设计创新园建设方案》、《北工大中关村智慧工业服务创新园建设方案》，《北京工业大学关于将“北工大中关村创意设计创新园”“北工大中关村智慧工业服务创新园”纳入中关村科学城建设项目的请示》、《北工大中关村创意设计创新园建设方案概要》、《北工大中关村智慧工业服务创新园建设方案概要》，并报送中关村科学城工作组进入审批环节。参加在上海举办的中国国际工业博览会年会，工作分为前期准备、实施开展以及总结分析三个阶段，前期准备包括项目筛选、特装方案设计，实施开展包括现场施工、资料运送、人员确认，总结分析包括写报道、获奖分析以及初步确认下一届参展方向。参加2014年中国（天津滨海）国际高新技术成果交流会。完成科技部、统计局2014年度大学科技园统计调查工作。

（王建华　闫健卓）

【党建、退休、计生工作】 完成投资公司党总支换届选举工作，完成党员信息统计整理、支部书记例会、党员关系接转、函调材料撰写、党费收缴、二级党委报组织部所有文件材料填报、党员数据库信息维护、填报、年度党统等例行工作。11月3日，投资公司党总支换届选举大会顺利召开。

做好退休工作。组织参加学校退休支部书记培训；先后召开四次听取意见座谈会；邀请老同志代表参与党的群众路线教育实践活动主要环节；4月，组织40余名老同志以集体过生日的形式开展联谊活动；组织80多名退休职工体检；组织退休职工参加学校退休职工趣味运动会。

计生工作强化基础，实行严格管理，逐级签订人口与计划生育责任书；利用网上信箱等方式向职工宣传党的计划生育政策和相关信息；勤于走访，实际服务职工；做好独生子女家庭一次性奖励的调查工作，流动人口集体户口数据及时准确上报信息；按时准确地完成各类统计报表的上报工作；儿童节为相关职工发放慰问金；督促女工体检后有问题人员及时检查和治疗；及时看望患病职工。

（王建华　闫健卓）

【党风廉政建设和惩防体系建设工作】 与全部企业负责人签订廉洁自律书，深入开展警示教育。落实党风廉政建设责任制，主要责任人、班子成员履行“一岗双责”，认真完成廉政风险防范管理工作。领导班子科学民主决策；领导干部廉洁自律；建立健全各项规章制度、严格规范管理。

（王建华　闫健卓）

【重要事件】 2月16日，经国家出版基金评审专家组评审报国家出版基金管理委员会批准，北京工业大学出版社申报的《蒋百里全集》被列入2014年度国家出版基金项目。

3月13日，投资公司工会举办传统项目“我和美丽校园有个约会”校园长走活动。

5月22日，召开北京北工大投资管理有限公司第三届董事会第一次会议，完成董事会人员变更、组成新一届董事会

5月29至31日，第十八届中国国际软件博览会在北京展览馆举行，北京经开北工大软件园组织区内30余家软件与信息服务业企业作为北京经济技术开发区展团成员亮相软博会。

6月8至11日，日立北工大信息系统有限公司参加在北京展览馆举办的“第八届中国北京国际节能环保展览会”。

7月4日，召开2014年度校办产业工作会议。会议旨在总结校办产业经营与建设工作，进一步探讨校办产业为学校教学科研服务的新途径。投资公司董事会、监事会成员及校办产业高管约30人参加会议。

9月3日，北京工业大学出版社的图书选题——《侯仁之与北京城》被列入《“十二五”国家重点图书出版规划》增补项目。

10月28至31日，日立北工大信息系统有限公司参加在北京中国国际博览中心（新馆）举行的中国国际社会公共安全产品博览会。本次展会HBIS与日立（中国）有限公司的信息通信部共同展出指静脉认证管理系统、指静脉门禁及智寻（WiseFinder）视频及图片内容高速检索系统等。

11月4至8日，组织学校企业参加在上海新国际博览中心举行的第十六届中国国际工业博览会。

（王建华　闫健卓）

·211 工 程·

【概况】 2014 年是学校全面深化改革之年，也是完成学校“十二五”规划目标任务的关键之年。2014 年度，学校“211 工程”建设顺利推进，组织完成了“211 工程”四期重点学科建设项目立项首轮论证，进一步整合学科资源、加强协同创新，全面推动高水平学科建设；完成了 2014 年度“211 工程”学科建设项目经费下达和 2015 年度“211 工程”学科建设项目专款的预算申报、大型仪器设备申报论证等重要工作，保证了学校在学科建设、师资队伍、人才培养、科学研究、国际交流等方面的持续发展。

（王 超 李庆丰）

【“211 工程”四期建设】 贯彻落实《北京工业大学关于进一步加强高水平学科建设的若干意见》，在充分调研讨论的基础上，完成《北京工业大学“211 工程”四期建设立项工作方案》，经 3 月 25 日第 7 次校长办公会原则通过，并向校学术委员会征求意见后，进一步完善定稿。根据此工作方案，7 月 2 日，学校组织召开立项工作布置会，正式启动了学校“211 工程”四期建设；7 月 9 日，发布《北京工业大学关于启动“211 工程”四期建设立项工作的通知》（工大发〔2014〕32 号），组织各建设单位编制“211 工程”四期建设项目规划并进行立项论证，向学校提出建设申报；10 月 11 日，发布《“211 工程”四期重点学科建设项目立项首轮论证会的通知》，并于 10 月 20 日召开“211 工程”四期重点学科建设项目立项首轮论证会，专家组成员主要由校学术委员会学科规划分委员会组成，首轮论证获 2/3 以上票数（不含 2/3 票）的项目进入下一轮论证，共 7 个，包括“面向前沿的优势特色学科项目”3 个，“面向需求的传统优势学科项目”3 个，“面向未来的新兴交叉学科项目”1 个。具体项目名称如下：环境友好先进材料及制备加工，环境条件下材料显微结构和性能研究中心，新型激光源及其先进制造技术，城市与重大工程安全减灾，首都环境污染防治的关键技术与应用，智能与绿色交通技术与工程平台建设，基于学科交叉的新兴技术与产业创新、创新政策协同研究。

（王 超 李庆丰）

【2014 年度“211 工程”学科建设项目专款预算下达】 3 月，“211 工程”学科建设共有 18 个项目获得北京市政府批准进行建设，涉及 9 个建设单位，覆盖理科、工科及经管、人文等学科，见表 8-1。建设经费主要用于采购设备，特别是支持购置科学研究所需的大型和关键仪器设备。本年度在批准购置的设备中单台件价值为 10－40 万元的仪器设备有 27 台件，占年度总经费的 7.69%；单台件价值为 40－100 万元的仪器设备有 13 台件，占年度总经费的 10.91%；单台件价值大于或等于 100 万元的仪器设备有 14 台件，占年度总经费的 81.34%。截至 12 月 28 日，2014 年度学科建设项目执行率为 99.81%，执行情况良好。

表 8-1 北京工业大学 2014 年度“211 工程”学科建设项目专款预算下达汇总表

序号	建设单位	申报项目名称	项目负责人
1	机电学院	高端装备测试技术与仪器	何存富
2		高速运载工具的非线性结构动力学、疲劳分析和检测系统	孙建桥
3		智能制造技术与质量评估研究平台	陈树君
4	电控学院	智能科学与信息技术研究平台建设（211 工程建设）	贾克斌
5		半导体信息处理技术平台	冯士维
6		混合集成电路与集成系统平台建设	林平分
7	交通学院	交通数据感知与分析平台	尹宝才

续表

序号	建设单位	申报项目名称	项目负责人
8	环能学院	环境科学与工程学科平台	彭永臻
9		先进节能与可再生能源技术的研究与开发	刘中良
10		化学化工学科平台	戴洪兴
11	数理学院	微纳光电子技术研究平台	张新平
12		数学与统计学科学工程计算创新平台	王　术
13	建规学院	文物建筑变形残损检测技术研究	戴　俭
14	生命学院	新医药与生物工程平台	曾　毅
15	激光院	激光先进制造技术研究平台	肖荣诗
16		生物纳米光子学科研平台	胡安明
17		中红外新型硫系玻璃光纤的制备研究	王　璞
18	固体所	超高分辨一环境场发射/球差校正透射电子显微镜	韩晓东

（王　超　李庆丰）

【2014 年度"211 工程"学科建设项目成效】 在 2014 年度"211 工程"建设资金的支持下，学校学科建设成效显著，学科群优势凸显，为创新型国家建设和首都经济社会发展面临的城市安全、交通、水环境等重大现实问题提供了科技支撑。学校的核心竞争力进一步提高，2014 年学校在 QS 亚洲大学排名中位列第 118 位，较上年上升 8 位，稳居大陆高校前 30。

（1）学科建设方面。2014 年，化学工程与技术学科获批博士后科研流动站，社会工作硕士、教育硕士、艺术硕士、公共管理硕士获批硕士专业学位类别授权，新增城市规划硕士专业学位授予权。至此，学校共拥有 18 个博士后科研流动站、10 个类别硕士专业学位授予权。

（2）师资队伍建设方面。2014 年，学校新增"教育部长江学者奖励计划特聘教授"1 人，"国家杰出青年科学基金"入选者 1 人，"国家自然科学基金优秀青年基金"入选者 1 人，"科技北京"百名领军人才培养工程入选者 1 人，百千万人才工程北京市级人选 1 人，北京市"海聚工程"入选者 12 人，北京市科技新星 5 人，新增 2015 年度北京市高层次人才引进计划入选者 1 人，长城学者 3 人，创新团队 3 人，青年拔尖 18 人，北京市特聘教授 8 人。同时，新聘名誉教授 1 人，兼职教授 11 人，客座教授 5 人，顾问教授 14 人，续聘客座教授 1 人，续聘兼职教授 1 人。截至 2014 年底，学校已有全职两院院士 6 人，"千人计划"入选者 14 人，"海聚工程"入选者 57 人，"长江学者"奖励计划特聘教授 8 人，国家杰出青年基金获得者 10 人，"新（跨）世纪优秀人才支持计划"入选者 23 人，北京市科技新星 108 人。

（3）人才培养方面。以专业建设为龙头，实施大类招生和培养，创新人才培养模式；推进校内专业评估和工程教育认证，提高工程教育质量；依托实验班及樊恭烋学院，探索拔尖创新人才培养模式改革；继续推进课程资源建设，加强资源共享；以全面建设国际知名、有特色、高水平研究型大学为目标，加强教育教学改革研究。2014 年，学校教师在各项教学大赛中再创佳绩，在"第十四届全国多媒体课件大赛"中获得 24 个奖项，其中一等奖 1 项，二等奖 2 项，三等奖 2 项，优秀奖 18 项，微课程三等奖 1 项；在 2014 年全国微课教学比赛中，6 件微课作品获北京市优秀奖，1 件获全国优秀奖；5 门课程入选国家级精品资源共享课立项，8 种教材入选第二批"十二五"普通高等教育本科国家级规划教材，2 名教师获评北京市教学名师奖，获得国家级教学成果奖二等奖 1 项，获批"国家级实验教学示范中心"、"全国示范性工程专业学位研究生联合培养基地"、"北京高等学校示范性校内创新实践基地"各 1 个。

（4）科学研究与成果转化方面。2014 年，学校科研水平实现稳步提升。重大科研项目组织申报进一步加强，共获批国家级重大科研项目 32 项。国家级创新团队申报取得突破，学校首获国家自然科学基金创新研究群体项目，这是北京市属高校第一支入选国家自然科学基金创新研究群体的团队，也是学校国家级创新团队建设取得的新突破。基金类项目平稳发展，共申报国家自然科学基金项目 322 项，获批 105 项，累计批准金额 8213 万元。国家社科基金获批 2 项。北京市各类科研类专款申报获得的项目数和金额比上年均增长 60%。2014 年，学校教师首次获得国家自然科学奖二等奖。在获省部级一等奖 6 项，其中北京市科学技术奖 3 项、教育部高等学校优秀成果奖（科学技术类）1 项、自然科学奖 1 项、社会力量奖 1 项。获国家科技进步奖二等奖 2 项，牵头获得省部级以上奖励 10 项。专利连续两年申请量超过千项。2014 年实现专利转让 33 项。SCI 论文比上年增长 217 篇，增长 45.4%，SCI 学科影响因子前 1/10 论文 92 篇，比上年增长 148.6%。

（王　超　李庆丰）

【2015 年度“211 工程”学科建设项目专款预算申报】 2014 年，学校向北京市教委立项申报 2015 年度“211 工程”建设项目 23 个，涉及 17 个建设单位，涵盖机电、电控、环能、数理、生命、建规、激光，交通、固体所等院所，见表 8-2。建设经费主要用于仪器设备采购，特别是支持购置科学研究所需的大型和关键仪器设备。

表 8-2　2015 年度“211 工程”学科建设项目专款预算申报情况汇总表

序号	建设单位	项目负责人	项目名称
1	机电学院	何存富	智能机械工程
2	电控学院	贾克斌	智能科学与应用技术
3		徐　晨	光电子与微电子技术
4	建工学院	杜修力	城市与重大工程安全减灾
5	环能学院	刘中良	先进节能减排与新能源利用技术的研发
6		程水源	区域大气 PM2.5 污染防治科学与工程
7		彭永臻	环境污染研究与控制工程
8		戴洪兴	化学化工学科
9	数理学院	张新平	微纳光电子技术研究平台
10		王　术	大规模复杂数据的数学建模与科学计算研究
11	计算机学院	丁治明	云计算安全保障技术研发平台
12	材料学院	王金淑	环境友好先进材料及制备加工
13	生命学院	黄映辉	新医药与生物工程
14	软件学院	侯义斌	面向智慧城市的物联网关键技术研究
15	建规学院	戴　俭	历史建筑精细信息采集技术研究
16	经管学院	黄鲁成	新兴技术分析、产业创新与政策仿真平台
17	人文学院	唐　军	首都社会管理大数据挖掘与分析平台
18	艺术设计学院	孙大力	艺术设计学科平台建设
19	激光院	陈　涛	激光加工微结构测试平台
20		肖荣诗	半导体激光器熔覆成形系统
21	固体所	韩晓东	超高分辨电子显微镜支撑平台
22	交通学院	尹宝才	智能与绿色交通技术与工程平台建设
23	科学与工程计算研究院	张　伟	高性能计算平台建设

（王　超　李庆丰）

·校学术委员会·

【概况】 2014年，北京工业大学第八届学术委员会依照高等教育法和自身章程，建立和完善学术委员会制度，构建以学术为基石的现代大学学术治理结构，扎实推进教授治学的实践探索。

第八届校学术委员会由33名委员组成，左铁镛院士任主任委员，张爱林任常务副主任委员，曾毅、李京文、张杰、沈昌祥、刘加平、杜甫·哈特（Peter Deuflhard）、蒋毅坚、聂祚仁、侯义斌等任副主任委员，侯义斌兼任秘书长。委员中有两院院士6人、欧洲科学院院士1人、国家级突出贡献专家2人、长江学者特聘教授5人、国家杰出青年基金获得者6人、“千人计划”1人、外籍专家2人。委员所在学科覆盖学校18个一级博士学位授权学科以及人文社科和艺术学科。

第八届校学术委员会下设教师聘任及人才引进专委会、学科建设与发展规划专委会、学术道德专委会和科学技术专委会等4个专门委员会及常设工作机构——校学术委员会办公室。

2014年，校学术委员会发挥自身优势，从学校全局和整体利益出发，努力构建系统完整、层次分明的校院两级学术治理体系；建章立制，为有效行使学术权力，推进学校办学水平的提升搭建制度平台；坚持在党委领导下，统筹行使好对学术事务的决策、审议、评定和咨询等职权。

（蔡 朔 侯义斌）

【校院两级学术管理体系建设工作】 （1）校级学术管理体系建设。2014年，校学术委员会依据教育部《高等学校学术委员会规程》，对校内学术体系进行重构，建立健全“校学术委员会—专门委员会—院级学术委员会”机制，形成整体性、有层次的学术管理体系。

2014年，校学术委员会结合学院及学科实际情况，增补了2名专职教授为第八届学术委员会委员，使专职教授在校学术委员会委员中的比例达64%，成为学术委员会的“多数派”。同时，学校在新一轮机构改革中设立了校学术委员会办公室，作为学术委员会日常事务的工作部门，为有效行使学术决策权力提供了组织保障。

校学术委员会下设4个专门委员会，将分散的学术权力进行充分整合，使之协调有序地履行职责，既尊重了对专项事务的议事模式，又保障了教授群体对于学校重大学术事务的话语权。

（2）院级学术委员会建设。各学院、教学部、研究院所参照校学术委员会的组成、职责与运行规则，独立设置学术委员会。2014年9至11月，校学术委员会按照新章程、新机制、新模式，进行了院级学术委员会的换届工作，制订了《院级学术委员会工作规程（参考稿）》，对院级学术委员会成立的意义和地位、基本构成条件与职责、委员的权利与义务、议事的基本规则等予以规范。新一届院级学术委员会委员均按照自下而上的民主推荐程序，经教授会选举产生；25个学院、教学部（研究所）学术委员会委员中党政领导职数均依照章程达到了“除院长外，一般不超过2人”的要求。这种成员结构的改变使学术委员会更有利于促进学校决策更加符合学术发展的特点和规律，形成学术权力与行政权力相互支撑、相互制约的治理格局，为学校学术发展提供了根本保障。

通过建立健全系统完整、层次分明的校院两级学术管理体系，有效激发了基层学术组织的自我管理和自我发展能力，实现了校院两级学术委员会的相互贯通和学术管理的相互衔接。

（蔡 朔 侯义斌）

【学术制度建设工作】 加强学术制度建设是发挥学术委员会学术引领作用的先导，是全面推进学术委员会独立、规范运行的重要保障。《北京工业大学学术委员会章程》（以下简称《章程》）于2014年3月颁布实施，《章程》明确学术委员会在校内学术事务中作为最高学术机构的地位，赋予了学术委员会统筹行使学术事务的决策、审议、评定和咨询的职权，为教授治学搭建了制度平台。

校学术委员会依据《章程》，以四个专门委员会工作制度建设为切入点，广泛征求全体委员、四个专门委员会及相关职能部门的意见，结合校学术委员会工作实际，经多次分析、修改，几易其稿，编制了四个专门委员会工作规程；工作规程对专门委员会成立的意义和地位、工作职责范围、具体工作程序进行了明确的界定，对专门委员会议事的各项基本规则予以细化和规范，工作规程经校学术委员会主任办公会议审议通过，正式发布实施；《章程》和专门委员会工作规程等系列规章制度的建立健全，为体现学术自治、确立学术权威，有效行使学术决策权力奠定了坚实的制度保障。

（蔡　朔　侯义斌）

【学术事务的审议评定和咨询工作】 校学术委员会统筹行使对学校学术事务的决策、审议、评定和咨询等职权，规范学术委员会审议、评议与咨询程序和运行规则，协调与人事处、科发院、发展规划处、组织部等职能部门的相关工作程序。2014年共召开主任办公会议、专委会会议、各类工作会议及专题会议6次，在涉及教师专业技术职务评聘、教师岗位聘任、分级聘用、各类高层次人才计划选聘、名誉教授聘任、“211工程”四期重点学科论证等多个学校重大学术事务中发挥重要作用，形成专项建议、意见及相关会议纪要20余件，提出咨询意见，为教授治学真正“落地”发挥积极作用。

2014年6月，承担组织部委托的对3个学院院长竞聘人选进行学术评价的咨询和评定工作，校学术委员会在统筹全局的基础上，形成专题建议报告供学校领导参考。

（蔡　朔　侯义斌）

【宣传和对外交流工作】 多渠道多层次开展宣传工作。做好北京工业大学学术委员会网站建设工作，为广大师生提供了解学术委员会工作的渠道和学术交流的平台；接待华南农业大学学术委员会来校调研，加强与兄弟院校学术委员会的工作交流，努力营造公正、公平、公开的学术环境。

（蔡　朔　侯义斌）

·国际及港澳台交流与合作·

【概况】 国际及港澳台交流与合作工作主要包括管理、指导及协调学校的对外交往和国际、港澳台交流活动，接待学校来访的重要外宾以及港澳台来宾，为因公出国人员和利用校际关系自费出国留学人员（含部分学生）提供出国咨询和服务，办理出国手续，管理因公出国护照，外国文教、科技专家的聘请和管理，中外合作研究机构、中外合作办学项目、国际会议、双边研讨会的申报和管理，留学生的招生、教育、管理和服务，为学校对外交流工作的决策提出意见和建议，制定学校国际交流工作的政策和规则。国际交流合作处（港澳台事务办公室）是北工大国际和港澳台地区交流与合作的归口负责部门，兼有行政管理和外事服务功能。

2014年，国际交流合作工作紧紧围绕学校建设国际知名、有特色、高水平研究型大学的战略目标，统筹谋划，创新国际交流合作方式，开拓国际交流合作渠道，初步建立国际合作伙伴分层管理体系，搭建卓有成效的国际交流合作平台，提前完成了“十二五”国际化发展战略专项规划的部分考核指标，学校的国际声誉和国际化办学水平不断得到提升。2014年北京工业大学在QS亚洲大学排名中位列第118位，较上年上升8位，稳居大陆高校前30名。

全年接待来自25个国家或地区的外宾70余批次、300余人次；新签、续签交流合作协议18项；500余名学生赴海外留学或交流；留学生规模继续保持在1000人次以上，学位生接近300人；聘请长期外国专家30人次、短期外国专家76人次；举办三个国家及以上国际会议9次；派出300多个因公出国（境）团组，近500名教职员工赴国（境）外参加各类国际会议和学术交流；进一步规范管理，重新修订《北京工业大学因公出国管理办法》等多个文件。5月13日，接待北京市人大常委会主任杜德印率领北京市人大代表一行20余人来校调研学校的国际交流工作促进北京市友城建设发展情况。11月25日，接待北京市政协主席吉林率市政协委员代表团一行20余人来校调研学校开放办学情况。完成“经济全球化背景下的大学工程教育与教学国际研讨会”主办工作。连续第二年获得北京市因公出入境先进工作单位称号，郭广生率团赴爱尔兰与都柏林大学签订北京—都柏林国际学院中外合作办学合同被评为“北京市因公出国优秀出访成果”。

（苗　允　吴文英）

【亚洲及大洋洲地区校际交流】 学校接待该地区来访15批次、70人次。其中主要来访包括：5月12日，蒋毅坚会见泰国国家教育标准和质量评估办代表团，双方就教学质量保障体系及相关评估机构等问题详细交流。5月29日，郭广生会见日本TIS株式会社会长兼社长桑野彻一行，探讨合资企业股权转移事宜。6月16日，蒋毅坚会见韩国祥明大学校长丘冀宪（GOO KEEHEON），对外协力处处长权惠淑（KWON HAE SOOK）等一行，探讨两校合作的可能性。9月20日上午，台湾新竹交通大学副校长谢汉萍访问学校，郭广生会见来宾，商讨两校战略合作事宜。10月15日，蒋毅坚会见巴基斯坦国立科技大学机械系主任凯瑟·马利克（QaiserHameed Malik），探讨建立两校合作关系。10月15日，越南河内大学信息学院院长计算机系主任陈光英（Tran QuangAnh）、越南河内工业大学国际处处长黎越英（Le Viet Anh）、越南使馆二秘阮氏琼娥（Nguyen ThiQuynhNga）来访，王秀彦会见来宾，双方就加强与越南各高校交流与合作，招收越南留学生等事宜进行交流。10月16日，蒋毅坚会见日本名古屋大学工学院副院长左宗章弘，就提升双方合作层次进行商讨。11月26日，台湾新竹交通大学谢汉萍副校长率研发长张翼、国际暨两岸事务长周世杰、管理学院国际暨两岸事务办公室主任黄宜侯再次访问北工大，郭广生、蒋毅坚及相关院部处负责人与其就建立两校战略合作伙伴关系，开展全方位合作深入研讨。

（胡萌萌　吴文英）

【欧洲地区校际交流】 学校接待该地区来访19批次、64人次。其中主要来访包括：3月31日，吴斌与中瑞典大学名誉副校长安德斯·宋德欧姆

(Anders Söderholm) 一行就加强学生与教师间的交流合作进行交谈。4 月 24 日，丹麦科技大学副校长马丁 · 班德森 (Martin P. Bendse) 来访，与蒋毅坚探讨进一步加强研究生层次的学生交流及在校生实习方面的合作。5 月 20 日，郑吉春、郭广生会见爱尔兰国立都柏林大学校长安德鲁 · 迪克斯 (Andrew J Deeks) 教授、教务长马克 · 罗杰斯 (Mark Rogers) 教授、财务总长杰瑞 · 布莱恩 (Gerry O'Brien) 教授、科研副校长欧拉 · 菲力 (Orla Feely) 教授等一行 12 人，双方就对口学院的专业进行交流并续签学生交流协议。5 月 30 日，蒋毅坚会见英国伯明翰大学副校长爱德华 · 派克 (Edward Peck)，国际处处长彼得 · 克拉克 (Peter Clack) 以及中国办事处主任郑女士，双方交流了合作办学事宜。6 月 6 日，郭广生会见法国国立工艺大学校长奥利维耶 · 法鸿 (Olivier Faron) 一行，双方希望在中法中心的基础上把两校的合作推进到一个新的阶段。7 月 13 日、16 日，郭广生会见北京市战略科学家杜甫 · 哈特 (Peter Deuflhard)，并就北京科学与工程计算研究院和可视化实验室的运作等相关事宜进行探讨。9 月 5 日，郭广生、蒋毅坚会见爱尔兰都柏林市市长克里斯蒂 · 伯克 (Christy Burke) 一行，讨论中爱两国及北工大与爱尔兰国立都柏林大学之间的交流合作，并共同出席北京都柏林国际学院 2014 级新生开学典礼。10 月 13 日，蒋毅坚会见奥地利克雷姆斯大学高等专业学院董事会主席海因茨 · 博伊尔 (Heinz Boyer)，双方就两校教师、学生交换及科研合作等事宜进行探讨。10 月 15 日，德国斯图加特应用科技大学校长海纳 · 弗兰克 (Rainer Franke) 到访，签署两校学生交流协议并探讨开拓未来合作领域。10 月 16 日，郭广生、蒋毅坚会见芬兰拉普兰塔工业大学校长安娜丽 · 宝丽 (Anneli Pauli)、副校长维力 · 马蒂 · 维罗连恩(Veli—Matti Virolainen) 一行，探讨两校学生交流与教师互派合作事宜。10 月 31 日，郭广生、蒋毅坚会见荷兰阿姆斯特丹自由大学校长贾普 · 怀特 (Jaap Winter)，就两校学生交换事宜展开讨论，并签署校际交流协议。12 月 10 日，蒋毅坚会见爱尔兰科学基金会总干事马克 · 弗金森 (Mark Ferguson)，双方就中爱两国科技交流事宜进行探讨。

(张　波　吴文英)

【美洲地区校际交流】 学校接待该地区来访 7 批次、18 人次。其中主要来访包括：5 月 25 日至 28 日，美国缅因州立大学法明顿分校 (UMF) 校长凯瑟琳 · 福斯特 (Kathryn A. Foster) 博士到校访问，参加北工大与美国缅因州立大学法明顿分校建立合作交流关系 25 周年的庆祝活动。福斯特校长访问北工大期间，郭广生会见福斯特校长时，高度评价两校过去 25 年来国际合作交流的成果，希望以此为契机，继续深入合作，开创国际合作的新局面。福斯特校长为北工大师生作有关美国大学教育体系的讲座，并与校领导、约 30 名在两校交流、交换过的师生共同庆祝两校建立合作交流关系 25 周年。10 月 17 日，郭广生、蒋毅坚会见美国圣何塞州立大学校长穆罕默德 (Mohammad H. Qayoumi) 一行。12 月 10 日，蒋毅坚会见美国马里兰大学副校长罗斯 · 来温 (Ross Lewin) 一行，双方希望继续教师培训合作并建立多元化的人才联合培养机制。

(王　婷　吴文英)

【境外培训】 2014 年北京工业大学获得国家外专局批准审核类出国（境）培训项目 1 项。14 名专业教师赴英国华威大学参加为期 85 天的国际课程师资培训。

(李晓琛　吴文英)

【在校生出国（境）留学】 516 名学生通过各种渠道，获得境外经历。其中，101 名在校学生（本科生 80 名、研究生 21 名）赴境外长期（一学期以上）留学，见表 10-1；365 名学生通过交流、实习或参加国际会议、国际设计竞赛、文化、体育交流活动等获得短期境外学习或交流经历，见表 10-2；近 50 名毕业生通过校际交流渠道获得境外继续攻读学位的机会。117 人获得“2014 年度北京工业大学学生公派境外学习奖学金”共 161 万元。

表 10-1　在校生长期（一学期及以上）派出交流统计表

序号	留学模式	派往国家（地区）	派往大学	派出人数（名）	学生类别
1	2.5+1+0.5	日本	佐贺大学	3	本科生
2	3+1+1	日本	金泽大学	1	本科生

续表

序号	留学模式	派往国家（地区）	派往大学	派出人数（名）	学生类别
3	2.5+1+0.5	日本	信州大学	1	本科生
4	2+1+1			6	
5	2.5+0.5+1			1	
6	2+0.5+1.5			1	
7	3+0.5+0.5			1	
8	2.5+1+0.5	日本	香川大学	2	本科生
9	2+1+1	日本	名古屋大学	1	本科生
10	2+1+1	日本	熊本大学	3	本科生
11	2.5+1+0.5	日本	国士馆大学	2	本科生
12	3+1	日本	东北大学	2	本科生
13	1+1+1			1	研究生
14	2+1+1	日本	神户夙川学院大学	2	本科生
15	2.5+0.5+1	中国台湾地区	中原大学	3	本科生
16	2+0.5+1.5			1	
17	3+0.5+0.5			1	
18	3+1	美国	苏必利尔湖大学	1	本科生
19	3+1	美国	缅因州立大学法明顿分校	2	本科生
20	3+1	美国	新墨西哥州立大学	2	本科生
21	3+1	美国	纽约州立大学布法罗分校	7	本科生
22	3+1	美国	圣何塞州立大学	1	本科生
23	3+1	美国	中密苏里大学	2	本科生
24	3+2	美国	伊利诺伊大学芝加哥分校	5	本科生
25	3+1	美国	辛辛那提大学	4	本科生
26	3+1	爱尔兰	国立都柏林大学	2	本科生
27	3+1	英国	曼彻斯特大学	5	本科生
28	3+1+2	法国	南特大学法中企业管理中心	1	本科生
29	3+1	瑞典	中瑞典大学	4	本科生
30	3+1+1	法国	法国巴黎国立工艺学院	1	本科生
31	3+1	西班牙	瓦伦西亚工业大学	1	本科生
32	3+1	比利时	布鲁塞尔自由大学	3	本科生
33	3+1	比利时	布鲁塞尔管理学院	1	本科生
34	3+0.5+0.5	丹麦	丹麦科技大学	2	本科生
35	3+1	荷兰	乌特勒支应用科技大学	2	本科生
36	3+1	韩国	梨花女子大学	1	本科生
37	3+1	韩国	建国大学	2	本科生
38	高水平研究生国际联合培养项目			14	研究生
39	其他项目/渠道			6	研究生

表 10-2 在校生短期（一学期以下）派出交流统计表

序号	留学模式/项目名称	派往国家/地区	派往大学	派出人数（名）	学生类别
1	暑假交流项目	芬兰	拉普拉塔工业大学	2	本科生
2	寒假交流项目	英国	华威大学	19	本科生、研究生
3	暑假交流项目	英国	华威大学	20	本科生、研究生
4	国际志愿服务	德国、爱沙尼亚、美国、法国等	—	96	本科生、研究生
5	暑期交流项目	韩国	仁荷大学	11	本科生、研究生
6	暑假交流项目	中国台湾地区	中原大学	20	本科生
7	暑期交流项目	美国	马里兰大学	18	本科生、研究生
8	中法卓越工程师培养——国际交流课程项目	法国	电子与计算机信息学院 ERFEI	14	本科生
9	中法 workshop	法国	—	17	本科生
10	大学生创业创新海外研修课程	新加坡	南洋理工大学	15	本科生
11	寒假交流项目	爱尔兰	国立都柏林大学	30	本科生
12	2014 暑期课程	爱尔兰	国立都柏林大学	26	本科生
13	Formula E 皮筋动力车设计锦标赛	美国	美国艺术中心设计学院	9	本科生
14	寒假交流项目	澳大利亚	新南威尔士大学	13	本科生、研究生
15	国际学术会议、合作研究、学术交流等其他交流项目/渠道			55	研究生

（王　婷　吴文英）

【签署协议】 2014 年，学校签订或续签校际交流协议（含意向书、备忘录）18 个，见表 10-3。

表 10-3 北京工业大学 2014 年协议（含意向书、备忘录）签署情况表

序号	国家/地区	学校	签署内容	有效期（年）
1	日本	神户夙川学院大学	交换留学生协议	2 年
2			自费留学项目协议	
3	越南	河内工业大学	教育合作与交流协议	5 年
4	中国台湾地区	新竹交通大学	本科学生交流项目协议	3 年
5	美国	伊利诺伊大学	协议备忘录	2 年
6			INVOICE 项目说明	—
7	美国	马里兰大学美华中心	合作意向书	—
8	美国	苏必利尔湖州立大学	学生交流协议	5 年
9	德国	斯图加特应用技术大学	学生交换协议	3 年
10	德国	祖斯研究院	学术合作协议	5 年
11	德国	锡根大学	学生交换项目协议	3 年

续表

序号	国家	学校	签署内容	有效期（年）
12	爱尔兰	国立都柏林大学	北京—都柏林国际学院 2013—2014 学年预算协议	5 年
13			学术合作备忘录	5 年
14			学术交换协议备忘录	5 年
15	荷兰	阿姆斯特丹自由大学	国际学生交换协议	4 年
16	英国	华威大学	2015 年寒假短团培训协议	—
17			2014 年暑期短团培训协议	—
18			教师培训项目协议	—

（王 婷 吴文英）

【聘请外国专家】 2014 年，共聘请长期专家 30 人次。11 名语言文教专家承担 10 个学院或部处的英语、日语、法语教学任务，为学校师生润色英语学术论文 30 篇，并继续开设法语培训班。短期专家来访共计 153 人次。

（吴 艳 吴文英）

【引智工作】 2014 年，学校共获批高端外国专家项目 3 个。分别是北京科学与工程计算研究院的杜甫·哈特（Peter Deuflhard）教授、罗尔夫·莫林（Rolf Moehring）教授以及激光工程研究院的弗里德里希·巴赫曼（Friedrich Bachmann）教授。

（李晓琛 吴文英）

【孔子学院】 2014 年，北京工业大学波兰奥波莱孔子学院拥有专用教学面积 420 平方米，专职员工 8 人，本土兼职教师 1 人，汉语教师志愿者 3 人。2014 年两个学期共开设各级别汉语教学课程 44 个班次，课时数累计 1174 学时，在院学生人数 686 人次；全年共有 19 名孔子学院奖学金生在北京工业大学学习汉语及相关文化课程。本年度开展各种类型文化活动 90 余次，参与人数达到一万多人次。7 月 26 日至 8 月 9 日，孔子学院组织波兰学生夏令营团，12 名学生在北京工业大学学习汉语，并体验中国文化和参观名胜。9 月，孔子学院积极参与国家汉办总部举行的纪念孔子学院 10 周年活动，组织孔子学院奖学金生参加回顾展、高端论坛、孔子学院纪录片展播等系列活动；奥波莱孔子学院举办“孔子学院日”活动，共举办活动 20 余项，吸引观众 3500 余人。5 月 15 日，奥波莱工业大学副校长、6 所学院的院长和副院长等 15 人访问北京工业大学，与北京工业大学相关学院和学生会进行交流。5 月 27 日，郭广生会见奥波莱工业大学前校长泽吉·斯库比斯（Jerzy Skubis）教授等一行 8 人。10 月 16 日，奥波莱工业大学副校长雅努什·波斯伯里塔（Janusz Pospolita）一行 3 人抵达北京，出席由北京工业大学主办的“经济全球化背景下的大学工程教育与教学国际研讨会”。12 月 4 日，北京工业大学奥波莱孔子学院理事会在北工大召开，郭广生、蒋毅坚、波兰奥波莱省副省长托马斯·考斯图斯（Tomasz Kostus）先生、奥波莱工业大学校长马利克·图坚道夫（Marek Tukiendorf）等 11 人出席会议；会议听取奥波莱孔子学院的财务、教学和文化活动情况汇报，并讨论教师和志愿者的选派、加强双方的双向交流等议题。

（刘 唯 吴文英）

【中外合作办学】 2014 年，学校在办中外合作办学机构 1 个，中外合作办学项目 2 个。学校中外合作办学机构和项目在校生 689 人，2014 年新招生 228 人。其中都柏林学院在校生 471 人，新招生 228 人；计算机学院信息技术学士学位项目在校生 218 人，毕业 67 人；经管学院工程管理学硕士学位教育项目毕业 41 人。

中加学院项目已于 2011 年终止，2 月，北京市教委正式发文同意终止中加学院。3 月，学校与都柏林大学签订《北京工业大学与都柏林大学北京都柏林国际学院 2013—2014 学年预算协议》。2014 年 7 月，学校与澳大利亚詹姆斯库克大学签订了终止项目的协议，此项目最后一届学生于 2013 年 9 月入学，预计 2016 年 6 月毕业。

（吴 艳 吴文英）

【因公出国（境）】 2014 年，学校共派出因公出国（境）团组 321 个，492 人次。其中，临时出访（半年以下）409 人次，长期出访（半年或半年以上）44 人次，因公赴台 39 人次。在临时出访（半年以下）中，参加国际会议 217 人次，校际交流访问 46 人次，合作研究、讲学 127 人次，培训进修 19 人次。

校级主要出访团组包括：3 月 28 日至 4 月 6 日蒋毅坚随北京市教育委员会团组赴缅甸、

印度尼西亚、尼泊尔执行教育出访任务；6月7至13日蒋毅坚率团赴美国参加2014年激光与光电子国际会议；9月9至14日，张爱林赴意大利参加第七届钢及复合结构国际会议；9月16至25日蒋毅坚随中国教育国际交流协会团组赴捷克参加EAIE年会及展览，同时赴奥地利和匈牙利参加“留学中国教育展”；9月22至30日，郭广生率团赴加拿大、美国、韩国进行校际交流，商谈全面推进人才引进、科研合作、并与部分院校签署校际交流协议；11月5至11日，张爱林赴中国台湾地区参加“第八届海峡两岸及香港钢结构技术交流会”；11月18至21日，蒋毅坚率团赴中国台湾地区访问有关高校，探讨双方合作交流事宜；12月4至20日，郑吉春参加教育部赴美国团组执行高校领导海外培训项目任务；12月4至23日，聂祚仁随北京市委组织部团组赴美国参加“科技创新驱动”专题培训班；12月14至21日，王秀彦率团赴柬埔寨、越南洽谈校际交流并签署协议。具体情况见表10-4。

表10-4 2014年出国及赴港、澳、台情况统计表

单位	临时出访（半年以下）				长期出访（半年以上）		赴台	合计
	国际会议（人）	交流访问（人）	讲学合作研究（人）	培训进修（人）	国家公派（人）	长期出国（人）		
机电学院	14	4	6	1	5	2	5	37
电控学院	15	0	14	3	3	0	1	36
建工学院	23	0	15	1	5	0	1	45
环能学院	35	0	8	2	4	0	3	52
数理学院	14	2	7	2	6	1	4	36
计算机学院	4	0	5	1	2	0	0	12
材料学院	30	1	11	1	2	0	4	49
经管学院	3	1	0	0	1	0	0	5
人文学院	5	4	3	0	1	0	1	14
建规学院	1	1	3	0	0	0	0	5
生命学院	14	0	8	0	1	0	4	27
外语学院	4	3	0	1	2	0	0	10
软件学院	2	0	4	0	0	0	0	6
实验学院	0	3	2	0	0	0	1	6
艺术设计学院	0	6	13	0	3	0	0	22
继续教育学院	0	0	0	0	0	0	1	1
体育部	0	0	2	0	0	0	0	2
激光院	9	1	2	1	0	0	0	13
固体所	7	0	3	0	1	0	3	14
循环经济院	0	0	0	0	0	0	0	0
高教所	0	0	0	0	0	0	0	0
马克思主义学院	3	0	0	0	2	0	0	5
交通学院	12	0	6	1	1	1	1	22
都柏林学院	2	3	6	1	0	0	0	12
北京科学与工程计算研究院	2	0	1	0	0	0	0	3
校直机关	18	17	8	4	0	1	10	58
合计	217	46	127	19	39	5	39	492

（邹曦芝 吴文英）

【国际会议】 学校共召开9次三个国家及以上的国际会议，分别为：5月22至24日举办2014北京城市洪涝灾害耐受度研究国际研讨会；5月23至24日举办中国动画与数字媒体教学国际研讨会；5月25至27日举办第十届亚太地区交通运输发展研讨会暨第二十七届国际华人交通运输协会年会；6月30至7月2日举办第二届纳米结构材料性能与结构表征研讨会以及自然通讯北工大研讨会；7月1至4日举办第四届国际演变算法大会EVOLVE；8月9日举办管理类多主体仿真国际学术会议；9月9至10日举办国际标准化组织第60技术委员会（ISO/TC60）第2工作组工作会议即ISO/TR 10064－1齿轮检验规范制定会议；10月9日至10日举办2014绿色低碳工程教育演示暨国际生态低碳城市发展论坛；10月16至17日举办经济全球化背景下的大学工程教育与教学国际研讨会，见表10-5。

表10-5 北京工业大学国际会议统计表

编号	国际会议名称	时间	主办学院
1	2014北京城市洪涝灾害耐受度研究国际研讨会	5月22至24日	建工学院
2	中国动画与数字媒体教学国际研讨会	5月23至24日	软件学院
3	第十届亚太地区交通运输发展研讨会暨第二十七届国际华人交通运输协会年会	5月25至27日	建工学院
4	第二届纳米结构材料性能与结构表征研讨会以及自然通讯北工大研讨会	6月30日至7月2日	固体所
5	第四届国际演变算法大会EVOLVE	7月1至4日	机电学院
6	管理类多主体仿真国际学术会议	8月9日	经管学院
7	国际标准化组织第60技术委员会（ISO/TC60）第2工作组工作会议即ISO/TR 10064－1齿轮检验规范制定会议	9月9至10日	机电学院
8	2014绿色低碳工程教育演示暨国际生态低碳城市发展论坛	10月9至10日	建规学院
9	经济全球化背景下的大学工程教育与教学国际研讨会	10月16至17日	国际学院

（胡萌萌　吴文英）

【来华留学生】 2014年，共有来自81个国家和地区各类长短期留学生1014人次，其中非学历生708人，包括普通进修生217人、语言生457人、预科生34人；学历生247人，包括博士研究生34人、硕士研究生69人、本科生144人，见表10-6；短期生136人。2014年，学历生毕业27人，其中，本科生14人，硕士研究生13人。来自爱尔兰国立都柏林大学、法国诺曼底商校、法国巴黎管理学院、美国中密苏里大学、德国斯图加特工业技术大学、荷兰南方应用技术大学、荷兰鹿特丹商学院、荷兰乌特勒支应用技术大学、芬兰拉普兰塔工业大学、芬兰奥卢应用技术大学、韩国交通大学、韩国湖西大学、韩国釜庆大学、日本佐贺大学等学校的近320人次校际交流院校学生在电控学院、建工学院、人文学院、外语学院、经管学院及国际学院学习进修，主要学习工程师项目课程、经济汉语课程及中国文化课程，课程全部采用中英双语授课方式。

表10-6 2014年学历留学生数据分类统计（单位：人）

序号	院系分布	层次分布			
		本科	硕士研究生	博士研究生	小计
共计		144	69	34	247
1	机电学院	8	1	1	10
2	电控学院	3	4	2	9
3	建工学院	17	4	4	25
4	环能学院	2	1	2	5
5	数理学院	0	0	3	3

续表

序号	院系分布	层次分布			
		本科	硕士研究生	博士研究生	小计
6	计算机学院	11	5	5	21
7	材料学院	0	0	1	1
8	经管学院	49	26	7	82
9	人文学院	9	1	0	10
10	建规学院	31	21	0	52
11	生命学院	4	1	5	10
12	外语学院	1	4	0	5
13	软件学院	7	0	2	9
14	艺术设计学院	2	0	0	2
15	马克思主义学院	0	1	0	1
16	激光院	0	0	1	1
17	固体所	0	0	0	0
18	循环经济院	0	0	0	0
19	高教所	0	0	0	0
20	体育部	0	0	0	0
21	交通学院	0	0	1	1

（周　园　吴文英）

【外事后勤管理与服务】 留学生公寓共有房间196间，2014年住宿率98%，春、秋两季学期及寒暑假，共住宿学生751人次。外教公寓28套，住宿率为51%。8月，公寓北楼28间标准间重新装修。9月，工大世通留学搬离留学生公寓，原7间办公用房经改造作为留学生宿舍投入使用。10月，公寓北楼主水管道改造。11月，公寓院落修整、铺设完成。12月，公寓健身房健身器材更新完成。2014年执行基础设施改造专款221.72万元。自筹资金改造10.38万元。执行设备购置专款64.84万元，用于新教学楼补充设备购置及公寓健身器材更新。自筹资金购置设备14.5万元，用于购置电热水器、电磁炉及新增宿舍家具。

（周莉莉　吴文英）

·管理与服务·

校务管理

【概况】 校务管理工作主要包括组织起草学校工作年度总结与计划，组织学校工作重大决策的调查研究和论证分析，拟定全校性规章制度，组织起草学校重要行政文件和学校行政决议、决定；组织学校党委常委会、校长办公会、书记办公会、党务行政专题会议，编写会议纪要，督促、协调会议决定及其他重要决策的贯彻落实；根据校领导的指示和授权，综合协调校党委、行政及院、部（处）的工作关系及有关事宜，做好督查督办工作；处理学校日常事务，组织、协调学校重大事项和大型活动，开展对外联络；负责学校依法治校和法律事务工作。

党委办公室、校长办公室（以下简称党办校办）是学校党委和行政的综合办事机构，承担组织协调、督查督办、公文处理、信息沟通、信访接待、机要服务、法律事务、信息公开、党（校）务公开、对外联络、信息统计、重要活动组织、综合管理服务等工作，下设综合事务室、文书机要室、督查督办室、秘书服务室、法治法规室、信息年鉴室。

2014年，党办校办围绕学校中心工作和年度重点工作，以科学管理、规范程序、强化服务为着力点，服务学校综合改革大局，努力建设学习型、服务型、创新型办公室，持续提升管理服务水平和工作效能。全力辅助顶层设计，积极推进学校内部治理结构改革，组织修改完善学校《章程》，7月报请北京市教委核准。推进校内管理机构改革和校院两级管理，牵头拟制《北京工业大学非教学科研机构设置调整方案》。组织学校二级非教学科研机构绩效考核工作，完成2013年二级非教学科研机构绩效考核结果分析报告，广泛听取意见，进一步优化考核指标设置、加强分类指导的导向，统筹协调2014年二级非教学科研机构绩效考核方案的制定和组织实施。出台《北京工业大学信访工作制度》、《北京工业大学校领导接待日制度》、《北京工业大学信息公开实施细则》。

着力加强办公信息化建设，不断提升管理服务效能，以新版办公自动化系统（简称OA系统）的全面投入运行为契机，基本实现办公网络化和无纸化，提高办公业务运转效率，OA系统获国家版权局软件著作权审核批准。强化运转中枢作用，提高服务学校改革发展能力。牵头学校争创党建先进校秘书组、会务组，党的群众路线教育实践活动领导小组办公室秘书组工作等任务。继续加强督查督办力量，2014年6月，党办校办专门设立督查督办室。

全年学校公章用印8.7万份，会议室服务919次，协调大型活动10余次，接待交流来访40余次，组织常委会、校长办公会80次，处理党政公文1670余件。起草、审查合同文本80余件，办理各类信访135件。完成科学楼四层会议室改造工程。组织完成2012年度校长基金教育管理研究课题结题工作和2014年度校长基金教育管理研究课题立项工作。《北京工业大学年鉴（2012）》参评北京市地方志编纂委员会办公室举办的首届北京市年鉴综合质量评比，获得教育类年鉴特等奖。

（苏雅洁　杜　峰）

【综合管理】 加强提升服务意识和服务水平，积极总结用章等工作规律，为教职工提供用章便利。全年实现全校60个部门公文、合同、协议、法律文书、各类证书等文件用章8.7万份无差错、无投诉；科学楼会议室服务919次；完成教工子女50人高中升大学备案工作；完成65人30年教龄相关表彰工作；配合新OA系统使用，实现会议管理网络化、精细化；每周汇总学校重要会议安排、制定一周会议表41份；合理调配闲置资产的再利用。

根据学校事业发展需求，继续完成4层会议室改造工程。重新设计4层楼道；重点修缮科学楼420、429会议室。改造后的会议室不仅能进一步提高会议保障水平，同时也成为向国内外展示北京工业大学综合实力及校园文化的窗口。

不断丰富校标纪念品的种类，目前的5大类30余品种较好地满足了广大师生员工的需求，在校际交流中凸显了较为强大的功能。

根据上级维稳要求，继续加强学校重要敏感时期和夜间总值班工作，其中安排敏感时期值班6次，91天273人次；节假日值班166天355人次。加强夜班值班人员队伍建设，明确值班工作职责要求，为创建"平安校园"扎实工作。在学校突发事件处置上，发挥组织、协调、联络、信息沟通的重要作用，及时妥善处理校内各类突发情况。

顺利完成北京市教委2013—2014学年高等教育机构（学校）统计工作评奖申报工作。市教委再次授予学校"2013年度北京市教育事业统计工作优秀集体一等奖"，科室工作人员获"优秀个人一等奖"。完成统计工作交接，协助改革与发展规划处完成2014－2015学年高等教育机构（学校）统计工作。

（周　刚　杜　峰）

【外联接待】 2014年协调校内兄弟部门共完成2011评审、全国大学生羽毛球锦标赛、国际柔性印刷大会、四六级考试等大型活动协调及外联接待工作，其中完成协调校领导班子外出调研学习、上级机关调研和兄弟院校交流来访接待40余次，其中接待人员516人次，局级及以上干部232人次；协调各类会议与大型活动中的领导、来宾出行用车300余次。

（任　炜　杜　峰）

【公文处理】 2014年，继续在公文处理的精和细、机要文件运转安全有序、精简文件简报等方面下功夫，努力提高学校公文质量及运转效率。严格把关公文处理过程，加强公文初审，严把文字关、政策关、法律风险关；进一步加强对全校文件简报的控制，凡是可通过校园网发布的公文，原则上不再印发纸质公文；非涉密公文原则上通过办公自动化系统办理，提高文件处理效率。全年共校核印发公文400余件，处理校内外公文730余件，处理机要文件540余件，传阅1770余人次。清退机要文件115件，销毁机要文件340余件，销毁内部文件资料1.6吨。完成文书档案归档35卷，机要文件归档8卷，实物归档6件，照片归档3件，党办校办获全校2013年度档案工作考核优秀。编印学校2014年规章制度汇编。

（喻金梅　杜　峰）

【信息工作】 紧密围绕学校中心工作，准确、全面、高效地做好日常信息编发、报送工作，同时认真贯彻落实并坚决执行中央八项规定和市委15条意见精神，严格控制简报数量，注重信息内容的挖掘。全年共编发《每周信息》42期，《北京工业大学简报》4期，《信息快报》9期，报党委（扩大）会信息39期，校长办公会信息29期，共约10万字。撰写、汇总包括高校综合改革讯息等文稿约计2万字，为辅政决策提供信息依据。

（苏雅洁　杜　峰）

【年鉴工作】 提升年鉴编写质量，突出重点，彰显特色，组织编写《北京工业大学年鉴（2014）》，发挥年鉴存史资政的积极作用。2014卷年鉴约80万字，图片120余幅，涵盖2013年学校在人才培养、社会服务、科学研究和文化传承方面的建设成果。

继续加强与中国版协年鉴工委、北京教育志办公室等单位的纵向联系以及与京内外高校的横向交流。按照北京市教委和市教工委的要求，按时上报《北京教育年鉴》文字47条、13000余字，图片33幅，视频4条。

2014年，《北京工业大学年鉴（2012）》参评北京市地方志编纂委员会办公室举办的首届北京市年鉴综合质量评比，获教育类年鉴特等奖。北京工业大学年鉴编纂工作自2004年启动，在学校党政领导的大力支持下，在全校编撰人员和编辑部的共同努力下，编纂工作不断规范，质量不断提升，《北京工业大学年鉴》已逐步成为学校对外交流展示的窗口和名片。

（苏雅洁　杜　峰）

【依法治校】 学校高度重视依法治校工作，坚持以人为本、科学治校、民主治校、规范管理，全面提升学校依法治校工作整体水平。2014年，以学校《章程》完善为切入点，研究推进现代大学制度建设。组织修改完善学校《章程》，于7月向北京市教委报请核准，并根据市教委章程起草领导小组审核意见组织《章程》多次修改工作，拟核准公布后实施。积极参与北京市教委组织的首都高校章程试点工作课题组，研究成果作为北京市高校章程制订及审批的重要依据。学校在全国高校、北京市高校工作会议上做章程建设工作交流发言3次。《北京工业大学强化法律风险防范 深化依法治校进程》报请教育部政策法规司拟刊发教育部简报。

前移法律风险防范关口，完善重大决策合法性审查机制。加强对学校重大决策的法律咨询和论证，在2014年学校重大合作办学、对外战略合作、学校管理体制改革及日常管理办学行为问题上，出具法律意见、提示法律风险、进行专项跟进，促使相关单位及时弥补制度缺失，调整管理方式和完善程序；进一步加强对合同的咨询、审查及法律风险把关，全面梳理学校合同管理相关业务流程、风险点、业务描述，提出风险点的具体防控措施，规范二级单位合同管理，二级单位合规性审查意识和合同质量进一步提升。起草、审查合同 80 余件；加强对规章制度的法律风险排查，修改、审查院、部（处）及学校拟发规章制度 40 余件，增强规章制度的合法性和合理性，降低法律风险。2014 年，共协调处理涉及诉讼（仲裁）案件 11 件，其中涉及劳动人事问题 3 件，涉及基建合同纠纷 2 件，涉及学生管理相关问题 3 件，涉及科研开发、知识产权纠纷合同 3 件，涉及案件标的共计 9000 余万元，较好完成了案件所涉及的包括案情分析会商、诉讼风险评估、证据收集、协调应诉等相关工作，有效维护了学校的合法权益。

搭建综合法律服务平台。2014 年，党办校办组织搭建了以依法治校专题网站——“工大说法”、法律咨询日、法律咨询热线、在线法律咨询为基础，校内外法律服务机构、专业教师、法官、律师、教育专家共同参与的法律服务平台。继续通过网站、个案咨询等多种形式，为学校及广大师生提供法律咨询服务，接受校内各单位各类咨询 200 余人次；组织协调师生到朝阳法院庭审观摩，举办法律讲座，以“弘扬宪法精神，建设法治校园”为主题，制作并在校园展出普法展板，在科学楼 315 室接受现场法律咨询。

（冯爱玲　杜　峰）

【信访接待】 2014 年学校严格按照“属地管理、分级负责，谁主管、谁负责，依法及时就地解决问题与疏导教育相结合”的工作原则，抓好信访程序、秩序规范和信访关键环节，提高信访处理实效。修订发布《北京工业大学信访工作制度》、《北京工业大学校领导接待日制度》。校领导接待日根据实际情况采取定点接访、带案下访和重点约谈等多种形式进行，为减少中转环节，提高解决问题的针对性和实效性，安排相关院部处负责人参与接待。为进一步加强校领导与广大师生员工的沟通交流，调研并与校工会、学生处配合推动校领导午间恳谈会的落实工作。全力推动群众合理诉求的有效解决，为学校发展以及和谐校园构建创造了良好的环境。

2014 年办理各类信访 128 件，218 人次。安排校领导接待 35 次，接待信访 28 件 60 人次。日常信访共处理群众来信来访 100 件 158 人次，含市委、市政府和市教委转来的群众来信 3 件；处理反映问题或对学校改革与建设提出建议的来访、来电 86 件，125 人次，信访结案率达 99%。

2014 年度信访工作呈现出以下特点：一是信访总量增加，重信重访及群访数量与上年度基本持平。2014 年办理各类信访总量比上年增加了 51%，增加比例与上年基本持平。二是信访人法律意识显著增强，信访事件处理难度加大。在住房、工伤等相关信访过程中，信访人查询政策法规、咨询相关政府部门，信访办公室则积极引导信访者充分依据法律法规及法律程序处理问题，坚守法律政策底线，确保学校的权益得到充分保障，依法依规办事。三是信访事件阶段性特征明显，涉及教职工切身利益的信访事项增多，集中反映学校年度工作热点问题。如本年度开展的岗位聘任、游泳馆关闭调整、新学科楼建设等工作。

（冯爱玲　杜　峰）

【二级非教学科研机构绩效考核】 为进一步加强和完善校院两级管理，北京工业大学从 2012 年起组织开展年度绩效考核工作，对二级非教学科研机构的绩效考核是其中重要的组成部分。作为学校二级非教学科研机构绩效考核工作的牵头部门，党办校办在总结 2013 年度考核工作的基础上，经广泛征求非教学科研机构、教代会和有关专家的意见，进一步调整了参评人员范围，简化了考核指标，并对各类测评群体的计分权重进行了优化，结合 2014 年度工作实际，制定了《2014 年度二级非教学科研机构绩效考核实施方案》。

2014 年二级非教学科研机构绩效考核范围包括学校职能部处、群团组织、直属单位共 33 个二级机构，考核内容包括工作完成情况、师生满意度及综合管理三个方面。考核程序依次为：各二级机构撰写 2014 年度工作总结，在信息门户开辟专栏公示各机构工作总结，遵照对口相关原则组织校领导、二级教学科研机构负责人、二级非教学科研机构负责人、师生代表 4 类对各机构的工作完成情况及师生满意度两项指标打分，组织相应部门对各机构的综合管理进行评价，经汇总计算得出综合排名，提交考核等级建议至学校绩效管理领导小组。经学校常委扩大会讨论审定，教务处、人事处、国际交流合作处、党办校办、研究生院、离退休工作处、宣传部、组织部为综合 A 等级，基建处、审计处、改革与发展规划处、纪委办公室、工会为单项A等级，其他机构为B等级。随后考核结果在校内公示。

（陈先伟 杜 峰）

【校长基金教育管理研究课题管理工作】 根据学校校长基金教育管理研究课题管理办法，认真做好2012年度课题结题管理工作。7月，课题管理办公室对50个在研项目开展了结题检查，各课题负责人提交结题报告书后，由课题管理办公室就其课题成果、支撑材料、经费使用等内容进行了检查和审核，45个在研项目通过考核，2个项目专家建议延期，3个项目申请延期。立项课题共发表研究论文71篇、撰写研究报告76篇、形成工作方案11个、制定文件78个、出版著作2本、开展实践活动50次、开发软件（系统）5个、研发课件1套，此外，还形成了案例集、党史知识题库、制度集等。此后，启动2014年度教管课题立项工作。根据专家评审并经校长办公会审议，2014年度共批准立项课题49项（党建方向共15项），其中重点项目11项，面上项目38项。

（苏雅洁 杜 峰）

【信息化建设】 新版OA系统获国家版权局软件著作权审核批准。新版OA系统综合利用了最新信息技术，实现办公自动化、网络化、无纸化，更加方便用户使用，系统涉及学校办文、办会、办事等主要办公业务的18个功能模块、42个业务流程，涵盖公文处理、重要会议（党委常委会和校长办公会）、干部请假、会议管理、信访管理、合同审查、个人办公等；系统与校园信息门户集成，全校60多个二级机构的系统用户采用统一身份认证，支持SSO单点登录。新版OA系统自2013年底投入使用至2014年底，办结会议申请1296次，重要会议议题申请108次，干部请假515次，收文332件，发文269件，校内呈文101件，会议纪要71件。

管理维护学校主页“学校领导”、“信息公开”栏目，维护党办校办主页，提高更新频率。信息公开以主动公开、突出重点、注重实效为理念，深化民主管理和民主监督，着力加强学校和教职工之间、各部门之间的信息沟通。

（苏雅洁 杜 峰）

【信息公开】 进一步完善信息公开工作组织机制，将信息公开与校务公开、党务公开工作有机结合，完善信息公开制度体系。4月，向学校教代会提交《北京工业大学校务公开工作报告》，加强学校和教职工之间、各部门之间的信息沟通；6月，为迎接厂务公开工作检查，报送《北工大“厂务公开民主管理”自查报告》；完善学校信息公开实施细则，根据教育部《信息公开事项清单》补充调整学校信息公开内容，专题向校长办公会汇报信息公开工作，按时向社会公众发布并向市教委报送《2013－2014学年度北京工业大学信息公开工作报告》，出台《北京工业大学信息公开实施细则》。

2013－2014学年度，主动公开学校信息，在学校门户网站显著位置发布北工大要闻、招生、招聘、人事师资、学位学科等重要信息683件，新闻网发布新闻986条，学校校园网公开校务信息507件，二级单位公开各类信息3812件。有效利用其他灵活载体公开信息，广播台播出736期节目，全年节目时长256小时。《北京工大报》出版发行12期报纸，发行数量每期约4500－5000份。手机报发送39期。官方微博2014年3月正式开通，共有粉丝1204020，关注406，微博1644。官方微信2014年2月18日正式上线，共发送46期，订阅人数6000余人。学校向各类媒体发布介绍学校相关工作情况，在社会主流媒体刊发新闻报道170余篇。“校长信箱”共收到有效信件124件，回复和有效办理100件。学校每年召开教代会、工代会，校长向广大教职工代表作工作报告，公开学校重要举措，听取意见和建议。第七届教代会第二次会议期间共收到代表提案45件，代表建议、批评和意见15件；第七届教代会第三次会议期间共收到代表提案19件，代表建议、批评和意见8件，闭会期间收到代表提案1件。学校提供档案利用6011卷次，1983人次；提供各类证明2278件，复印、拍照档案资料27890页，其中有89人次查阅了1798卷次的财会档案，复印、拍照档案11345页。此外，通过定期的学生约谈会，推进面对面信息公开交流，听取学生意见建议。

（苏雅洁 杜 峰）

发展规划

【概况】 2014年是学校全面深化改革之年，也是完成学校“十二五”规划目标任务的关键之年。为突出发展规划处的改革顶层设计职能，经2014年3月11日十届85次校党委常委扩大会议审议通过，发展规划处更名为改革与发展规划处。负责学校事业改革发展的顶层设计、战略规划编制及政策研究、“211工程”建设、重大专项管理、机构编制管理、信息统计等工作，对学校重大改革和决策进行调研、论证，为学校事业发展提供决策参谋与办学咨询。设有3个办公室，综合事务与信息统计办公室、改革政策与规划办公室、“211工程”建设项目管理办公室。2014年，学校全面深化改革领导小组办公室、专款管理工作小组办公室、中国高等教育学会地方大学教育研究会秘书处挂靠改革与发展规划处。这一年，紧紧围绕学校战略发展目标和年度工作重点，积极推进学校深化综合改革、机构调整、规划实施进展评估、“211工程”建设、专款统筹与管理、全校数据统计以及落实党的群众路线教育实践活动整改等方面工作，为推进学校事业发展打下了坚实基础。

（张力澄 王大勇）

【编制学校深化综合改革方案】 综合改革方案是新形势下学校全面深化改革的纲领性文件。调研国内外高等教育改革与发展趋势，结合“北京工业大学建设北京市教育综合改革试验特区”实际，提出学校深化综合改革方案讨论稿。在2014年5至11月共7个月的时间内，先后经3次学校党委常委扩大会议专题讨论、23次的修改与完善，编撰完成《北京工业大学关于加快创建国际知名、有特色、高水平研究型大学深化综合改革方案》，上报北京市，并将方案发布给学校正处级干部，作为学校各领域承接改革任务，推进改革进程的依据。

（高阿娜 李庆丰 王大勇）

【动态管理“十二五”规划实施进展情况】 战略规划的实施与监控是实现学校发展战略规划目标的重要环节。学校分别于2014年3月和9月，启动了“十二五”规划主要任务完成情况的数据统计、总结与分析工作，并在校长办公会上进行汇报。对“十二五”规划实施进展情况的监控从两个层面进行：“十二五”总体规划的实施进展情况分析，20个院（所、部）“十二五”目标责任书的进展情况分析。从师资队伍、人才培养、科学研究三大项中选取9小项关键指标作为观测点，把国际化情况纳入分析，撰写《北京工业大学“十二五”规划实施进展情况白皮书》，发布给全校正处级干部，为学校及各二级机构了解学校规划进展、改进工作计划，有针对性地提出规划实施举措提供了重要决策参考依据。

（高阿娜 刘增华）

【组建成立新型教学科研机构】 为主动适应国家和北京市高等教育改革发展的新形势，更好地服务于首都城市战略定位和实施创新驱动战略，打破学科及行政壁垒，促进交叉融合与资源共享，进一步促进高水平学科建设，增强科技协同创新能力，提高人才培养质量，创新体制机制，学校论证组建成立了6个新型教学科研机构，从而进一步提升了综合实力与核心竞争力。

成立北京古月新材料研究院。为更好地发挥学校学科优势，服务北京城市战略定位，服务区域创新发展，加快推进碳纳米材料制备技术的产业化应用，显著提升北京市新材料产业核心竞争力，经过1年半时间的充分调研、论证、申报等筹备工作，并报经北京市教委和科委审核，获得北京市机构编制委员会办公室正式批复，该研究院成为北京市级科研机构。2014年3月17日，学校发文正式成立北京古月新材料研究院，作为学校所属相当正处级全额拨款事业单位（工大发〔2014〕4号）。

成立北京科学与工程计算研究院。为加快推进基础学科与工科优势学科的交叉融合，形成与重大工程、重大产业结合的科学与工程计算前沿技术，更好地服务经济社会发展，面向国际前沿、探索体制机制创新，依托北京市战略科学家领衔，提出组建该机构，完成建设方案编制工作，并完成向北京市相关上级主管部门的申报等工作。2014年4月3日，学校发文成立北京科学与工程计算研究院，为学校在新形势下面向国际前沿、推进学科交叉、探索体制机制创新的一个新型教学科研机构（工大发〔2014〕7号）。2014年10月24日学校获得北京市机构编制委员会办公室的正式批复，该研究院成为北京市级科研机构。期间经多次汇报，反复协调沟通，修改、补充、完善事业单位法人设立登记（备案）材料，历时约1年半。

组建北京智慧城市研究院。为进一步服务首都城市战略定位，创新科技体制机制，探索新型政产学研用协同创新模式，完成了北京智慧城市研究院建设方案的论证工作。2014年11月26日，学校发文成立北京智慧城市研究院，作为学校所属跨学科二级教学科研机构，与神州数码控股有限公司共建（工大发〔2014〕43号）。

成立北京知识产权学院和北京知识产权研究院（二者简称北京知识产权院）。为贯彻落实党的十八届四中全会精神，主动适应依法治国的新形势，服务北京首都城市战略定位，同时也为了进一步深化学校综合改革，创新体制机制，发展和凝练办学特色，提高学校核心竞争力，起草了北京知识产权学院和北京知识产权研究院建设方案，2014年12月8日学校发文成立这两个机构，作为学校所属跨学科新型二级教学科研机构，与北京市知识产权局共建（工大发〔2014〕45号）。

成立微电子学院。为贯彻落实国务院发布的《进一步鼓励软件产业和集成电路产业发展的若干政策》（国发〔2011〕4号）和《国家集成电路产业发展推进纲要》（2014年）等推动集成电路发展计划的相关文件精神，主动适应集成电路产业发展新形势，完成微电子学院建设方案的论证工作。成立微电子学院，作为学校所属新型跨学科二级教学科研机构（工大发〔2014〕49号）。

（高阿娜　刘增华）

【调整组建非教学科研机构】 为承接综合改革任务，迎接学校内外部环境的变革，根据整体部署，学校立足于从战略层面转变学校发展方式，着力破解制约学校科学发展体制机制和重点难点问题，对二级机构的定位、职能、组织架构、编制和运行机制进行充分调研和论证，完成了新一轮的机构改革。进一步转变职能，理顺关系，提高管理效率，提升学校科学管理水平，先后成立了4个新的非教学科研机构、撤销2个机构、调整和明确了4个非教学科研机构的职能。

将印刷服务中心整体划转到后勤服务集团。本着有利于分类管理、整合校内资源、提高管理效率的原则，提出调整建议方案，6月19日，学校发文将印刷服务中心从挂靠单位党办校办整体划转到后勤服务集团（工大发〔2014〕29号）。

进一步加强港澳台工作。为更好地服务国家需求和新的北京首都城市战略定位，拓展港澳台交流的广度和深度，促进深度实质性的学术、学生、教师和文化等交流合作，7月20日，中共北京工业大学委员会发文提出进一步加强学校的港澳台工作，明确港澳台事务办公室的机构职能与组织架构（工大党发〔2014〕8号）。

组建科学技术发展院。为主动适应创新型国家建设和全国科技创新中心建设的需要，通过整合各种资源，形成推动科学技术研究发展、科教结合支撑人才培养与学科建设、促进科研成果应用的新格局，充分发挥研究型大学的科技创新引领作用，完成了成立科学技术发展院的组建方案。8月28日，发文成立科学技术发展院，撤销原科技处（工大党政发〔2014〕6号）。

成立招生办公室、就业创业指导中心。为进一步加强大学生的创业教育工作，全面提高就业指导和服务水平，同时也为了主动顺应国家和北京市新的高考改革方案，更加积极、快速地根据学科发展和市场需求调整专业结构，促进招生、培养环节的无缝衔接，提出调整方案，12月1日成立招生办公室和就业创业指导中心，撤销原招生就业处（工大发〔2014〕44号）。招生办公室负责全校本科生招生工作，为学校所属正处级行政部门，挂靠教务处，合署办公。就业创业指导中心负责全校毕业生的就业创业指导、就业推荐、就业派遣等相关工作，为学校直属二级单位。

成立学生发展指导中心。为主动适应高等学校学生工作的新形势，深化学校综合改革，积极探索学生工作的新方法和新途径，加强对学生发展的指导和引导，进一步提升人才培养质量，不断满足学生发展和成长成才需求，在深入调研和广泛征求意见的基础上，2015年1月5日成立学生发展指导中心，为学校正处级单位，并对学生工作部（处）（人民武装部）、校团委进行相应调整（工大发〔2015〕1号）。

（高阿娜　刘增华）

【组织实施二级教学科研机构绩效考核】 绩效管理是学校“十二五”规划目标实现的重要保障。通过绩效考核，对校院两级组织目标实施效果进行的过程监控，对二级机构目标、绩效完成状况进行评估并提出改进意见，提升学校任务制定的科学性，并促进管理政策更加完善。考核主要依据是学校与各二级教学科研机构签订的目标责任书。2014年5月，根据2013年底二级教学科研机构绩效考核的结果，进行了考核结果分析，撰写《北京工业大学2013年度二级教学科研机构绩效考核白皮书》，成为总结经验、分析不足、聚焦目标、安排未来工作计划的重要依据。

2014年10月23日，按照学校统一部署组织召开了二级教学科研机构绩效考核征求意见会，广泛听取了对绩效考核办法的修改意见，汇总并及时反馈给制定绩效考核指标体系的各部门。11月15日，召开绩效考核工作小组会议，分析了各方面反馈意见，讨论了绩效考核办法的修订方案。综合考虑学校内外部形式变化，完善指标体系；充分考虑学科差异，细化分类考核，调整指标体系；统筹考虑二级机构规模差异和发展定位差异，修订指标体系；强化信息化工作的考核，适度增加指标。11月21日召开校教代会组长联席会，表决通过了绩效考核实施方案；12月12日学校发布工大发〔2014〕47号文，正式启动了2014年度绩效考核工作。

2015年1至3月，学校召开绩效管理领导小组会议进行讨论、向校主要领导汇报绩效考核情况、校党委常委扩大会审定绩效考核结果、公示2014年度整体考核为A等级的二级教学科研机构名单。3月10日，工大发〔2015〕15号文正式公布2014年度的整体考核为A等级的二级教学科研机构名单。2014年度整体考核为A等级的二级教学科学机构是材料科学与工程学院、环境与能源工程学院、建筑工程学院、机械工程与应用电子技术学院、固体微结构与性能研究所。单项考核为A等级的二级教学科学机构是：建筑与城市规划学院、城市交通学院、电子信息与控制工程学院、应用数理学院、激光工程研究院。

（张力澄 刘增华）

【统筹全校专款预算】 根据学校统一部署，学校专款管理工作小组办公室设在改革与发展规划处，改革与发展规划处会同财务处，积极落实学校对校院两级管理的要求，紧密协作，完成2015年度全校专款预算申报。根据学校《北京工业大学专款项目管理办法（修订）》和《北京工业大学“十二五”专款重点投入指导原则》等文件精神，以“十二五”规划重点任务为基准，改革与发展规划处与财务处为主的多部门紧密协作，完成2015年度专款预算分配建议方案，涉及本科人才培养、研究生培养、队伍建设、科技工作、“211工程”学科建设、信息化与图书文献、后勤保障、实验室建设与管理等八个业务专款预算。

2015年全校专款申报积极探索下放二级学院财权，专款申报类型由单一的学校申报，增加了学院自主申报，由学院根据学校的规划，结合本学院建设目标，自主申报部分专款，为学校深化综合改革进行了积极探索。

（张力澄 李庆丰）

【完成“促进人才培养综合改革项目”追加专项经费管理】 “促进人才培养综合改革项目”是北京市教委为增强学生的实践能力和创新精神特别设立的一个追加专款项目。2013年12月12日，学校接到《北京市教育委员会、北京市财政局关于人才培养项目经费预算管理的通知》。2013年12月13日，郭广生校长组织召开专款管理工作小组会议，对该专款项目进行了协调和前期论证，学校指派改革与发展规划处代表学校组织申报。总项目申报书于12月14日上报北京市教委财务处。2014年3月，北京市批复经费额度9400万元。

4月，专款管理工作小组召开工作布置会，强调各专款管理部门要严格执行项目经费管理办法。7月，学校组织召开财经领导小组会议，审核批准该项目。在项目执行过程中，为保证资金使用效率，对项目进度进行了三次检查，积极推进专款执行进度。2014年12月9日，完成了由北京市教委、北京市财政局组织的社会第三方会计事务所来校的专项审计。

（张力澄 李庆丰）

【完成全校信息统计工作】 根据《北京市教育委员会关于做好2014年高校教育事业统计工作的通知》（京教办函〔2014〕38号），学校于9月19日召开全校各单位主管统计工作的领导及信息员参加的信息统计工作会。会上，首先强调了高校教育统计工作的重要意义，然后根据报表的五大类内容：学校基本情况，各类学生情况，教职工情况，校舍情况、资产情况和信息化情况，专职辅导员、心理咨询工作人员情况，进行了任务分解，明确总负责单位是改革与发展规划处。各类报表涉及20多个职能部处和二级教学科研机构。10月上旬，完成统计报表初稿，经过各级领导审核，于10月30日定稿并上报市教委。先后完成北京市教委的“就学出行”调查工作；完成北京市统计局和朝阳区统计局关于单位基本情况，劳动工资，财务状况，能源、水共四大类报表的定报和年报统计工作。

信息统计工作为上级部门和学校全面了解学校基本情况、学生及教工的层次结构、条件保障情况提供详细的基础数据资料，为学校的重大决策、顶层设计提供了有力的数据支撑。

（张力澄 刘增华）

人事管理

【概况】 人事管理工作主要包括全校人力资源配置与管理，包含教职工队伍的宏观编制规划与管理，各类人员引进及聘用，教职工队伍的规划、建设与培训，全校人员经费的预算与使用，教职工工资、保险及福利管理，各类人员的考核及合同的签订、续订、解除、终止工作，专业技术职务的评审与聘任，技术工人职业技能鉴定，博士后管理工作，人事信息与数据收集、管理与发布，人才交流中心管理等工作。

2014年，人事工作紧密围绕学校建设国际知名、有特色、高水平研究型大学的办学目标，积极稳妥地推进“1251”人才工程建设，坚持“优化调整、分类指导、提高质量、发挥特色”的工作思路，继续遵循“强高端、稳增长、调结构、保质量”的总体目标，继续深化落实“人才强校”战略，以《北京工业大学2014年党政工作要点》为指导完成各项工作。明确高层次人才队伍建设的方向、层次、重点和力度，内部培养和外部引进取得了优异成效，进一步完善了高层次人才管理和服务体系；加强博士后工作，试行师资博士后制度；创新人才招聘模式，优化人才引进体系；完善岗位管理机制，完成全员岗位聘任工作；规范教职工管理制度，营造风清气正、纪律严明的工作氛围；完成年度专业技术职务评聘和岗位分级聘用工作；多层次拓宽培训渠道，全方位构筑人才发展平台，不断丰富人才培养中常规性培训和专业化培训两大体系的内涵，首次举办管理重点岗位人员系列培训；进一步规范绩效工资管理体系，提高对高层次人才的社保待遇，切实解决特殊群体实际困难，提出“以社会保险为主体，商业保险为补充”的灵活聘用人员综合保障思路。组织承办各级人事人才工作会议，促进校内外工作交流，召开2014年人才工作会，牵头承办学校2014年教师节庆祝大会，组织全国地方工科院校人事工作研究会和北京高教学会师资管理研究会2013年年会。

（任 静 范 明）

【教职工队伍状况】（1）新增人员情况。2014年，北京工业大学新增人员126人。按学位划分：①具有博士学位97人，占总数76.99%。②具有硕士学位25人，占总数19.84%。③具有学士学位3人，占总数2.38%。④具有本科学历1人，占总数0.79%。按来源划分：①应届毕业生23人，占总数18.25%，其中博士8人，硕士15人。②录用归国人员21人，占总数16.67%，其中博士16人，硕士5人。③京内其他单位调入12人，占总数9.52%，其中博士8人，硕士4人。④博士后出站到校工作21人，占总数16.67%，其中本校培养博士后人员7人。⑤进站博士后43人，占总数34.13%，其中师资博士后22人。⑥军队转业干部5人，占总数3.97%。⑦科研助理1人，占总数0.79%。

（2）调离人员情况。2014年，北京工业大学调离人员44人，其中副高级及以上专业技术职务8人，中级及以下专业技术职务36人。按学位划分，其中博士26人，硕士13人，本科及以下5人。

（3）干部夫妻两地分居问题解决情况。贯彻落实《国务院批转公安部关于解决当前户口管理工作中几个突出问题意见的通知》（国发〔1998〕24号）及北京市人事局《关于解决中级专业技术干部夫妻两地分居问题的通知》（京人干字〔1993〕4号）精神，做好解决干部夫妻两地分居工作，对于体现学校对广大教师的关心，密切与教师的关系，促进学校稳定发展具有重要意义。2014年，学校共为8名教师解决夫妻两地分居问题。

（4）研究生“三助”管理。为全面培养研究生综合素质，提升研究生实际工作能力，学校2014年继续按照《北京工业大学关于聘任研究生兼任教学、科研、管理工作的管理办法》有关规定对研究生“三助”进行管理，2014年月均聘用助教、助管317人次。

（孙 磊 王 伟）

【高层次人才队伍建设工作】 2014年学校着力推进高层次人才队伍建设，队伍规模进一步壮大。新增教育部“长江学者”特聘教授1人；“国家自然科学基金杰出青年科学基金”获得者1人；“国家自然科学基金优秀青年科学基金”获得者1人；百千万人才工程北京市级人选1人；北京市“海聚工程”入选者12人；科技北京百名领军人才1人；北京市属高等学校高层次人才引进计划入选人员1人；北京市属高等学校特聘教授7人；北京市属高等学校长城学者培养计划入选人员3人；北京市属高等学校青年拔尖人才培育计划入选人员31人；北京市属高等学校创新团队建设提升计划入选团队3个；北京市“科技新星”计划入选者5人；北京市留学人员科技活动择优资助获得者2人。

（陆 媛 王 伟）

【专业技术职务聘任】 2014年，学校聘任各类各级专业技术职务138人，其中，正高级职务25人，副高级职务40人，中级职务56人，初级职务17人。另有15名在站博士后取得中级专业技术职务资格。

（陶明法 范 明）

【岗位聘任】 在2011年全员岗位聘任基础上，于2014年5至7月完成第二轮专业技术岗位（包括教师岗位和其他专业技术岗位）、管理岗位和工勤技能岗位聘任工作。各类各级岗位共计2121人聘任上岗。其中，教师岗位1273人，占比60%，其他专业技术岗位396人，占比19%，管理岗位362人，占比17%，工勤技能岗位90人，占比4%。

2014年岗位聘任中，有10人受聘校聘正高级岗位，18人受聘校聘副高级岗位。

（陶明法　范　明）

【岗位分级聘用】 在2008年分级聘用基础上并结合2014年全员岗位聘任工作，于2014年10至12月完成专业技术岗位（包括教师岗位和其他专业技术岗位）、管理岗位分级聘用工作。经个人申报、审核推荐、评审、公示、校长办公会审议等工作程序，各类各级岗位分级聘用共计609人。其中，教师岗位335人（正高级70人，副高级164人，中级101人），其他专业技术岗位189人（正高级1人，副高级45人，中级137人，初级6人），管理岗位85人（七级50人，八级35人）。

（陶明法　范　明）

【博士后管理工作】 发布《北京工业大学博士后工作管理办法》（工大人〔2014〕3号），积极推进师资博士后制度建设，借助博士后流动站的平台，对高学历青年人才在培养中使用、在使用中选拔，2014年首次招收了第一批师资博士后（A类）22人。

截至2014年底，学校博士后科研流动站共18个，在站博士后159人。本年度新进站博士后70人，其中：流动站自主招收62人，与工作站联合培养8人；博士后出站42人；退站1人。

2014年，在站博士后获中国博士后科学基金共26人，其中：获中国博士后基金第7批特别资助2人；获第55批中国博士后基金面上一等资助1人，获二等资助8人；获第56批中国博士后基金面上一等资助8人，获二等资助7人。首次入选国际交流派出项目1人，学术交流项目1人。获北京市博士后招收资助51万元，27人获北京市博士后科研资助，其中创新研发（A类）23项，学术交流（B类）2项，出版专著类（C类）2项。获朝阳区博士后招收资助10.5万元，13人获北京市博士后科研资助，其中创新研发（A类）11项，学术交流（B类）2项。

（罗之冰　范　明）

【名誉、兼职（客座）、顾问教授】 推进高层次人才交流合作，促进学校学科建设及高层次人才队伍建设工作。2014年，新聘名誉教授1人，新聘兼职教授8人，客座教授7人，顾问教授11人，续聘兼职教授1人，续聘客座教授1人。

（史　云　王　伟）

【培训、发展与教师资格认定】 （1）新教师岗位培训。10月20至21日，11月3至4日，全校共102名新教师参加岗位培训。培训内容包括参观校史馆、拓展训练、专题讲座、专项培训、专题交流及总结汇报等。

（2）管理重点岗位人员系列培训。9月18至19日，组织管理重点岗位人员培训，培训主要分为专题讲座和办公技能培训两大模块，160余人参加培训并取得合格证书。

（3）学历教育。2014年，取得博士学位16人，硕士学位30人。

（4）教师进修。接收教育部青年骨干教师国内访问学者2人，一般国内访问学者7人；接收青海民族大学单科进修教师11人。派出教育部青年骨干教师国内访问学者2人，一般国内访问学者3人；派往北京市属高校教师发展基地研修4人；参加北京市高等学校师资培训中心岗前培训结业52人。派出北京市高等学校师资培训中心国外访问学者12人；获得国家留学基金委公派出国资格24人。

（5）教师发展。7名教师入选学校“京华人才支持计划”、21名教师入选学校“日新人才培养计划”。

（6）教师资格认定。春季、秋季教师资格认定56人。

（郑　琎　范　明）

【工资】 （1）在职人员工资。①晋升薪级工资。根据《关于事业单位工作人员有关工资变动的具体规定》（京工改办〔2006〕12号），年度考核结果为合格以上人员每年晋升一级薪级工资。根据2013年度考核结果，学校有2768名教职工考核结果为合格及以上。2014年3月，为考核合格及以上人员晋升一级薪级工资，月人均增资30元。②修订绩效工资管理文件。2014年8月，学校出台了《北京工业大学绩效工资实施办法（2014修订）》（工大发〔2014〕33号）以及《北京工业大学绩效工资实施细则》（工大人〔2014〕15号）等绩效工资管理文件，对绩效工资结构进行了调整，对预算来源、发放与管理等方面进行了规范。③岗位绩效工资标准调整与兑现。学校依据2014年岗位聘任结果及绩效工资管理文件规定，在2014年10月统一进行了岗位绩效标准调整与兑现工作，并对2014年1至9月的新旧岗位绩效差额（不含2、8月）进行了补发。④专业技术职务晋升人员工资兑现。根据2014年6月专业技术职务聘任结果，在2014年10月，共为79人兑现专业技术职务晋升工资，人均月增资458元。⑤在职人员核增一次性绩效工资。依据上级单位通知要求，学校在2014年11月按照人均10000元的标准开展了一次性绩效工资核增工作。

（2）退休人员工资。增加退休人员补贴。2014年11月，根据北京市教育委员会《关于调整事业单位离退休人员补贴有关问题的通知》精神，自2014年1月1日起，增加退休人员退休补贴，此项增资涉及退休人员2494人（不含在朝阳区社保中心领取养老金的合同制工人，此类人员由社保中心发放），人均增资726元。

（3）津贴补贴。①节日补贴。2010年，北京市为各事业单位核增一次性绩效工资人均4000元。2011年开始，按照北京市教委传达的口头通知，此项绩效工资以节日补贴形式发放，每年发放4个节，每节1000元。2014年，学校在“元旦、春节、五一、十一”四个节日继续为教职工发放节日补贴。②防暑降温费。根据《关于调整工作餐等开支标准的通知》（工大校发〔2002〕62号），2014年7月，学校继续发放在职及退休人员2014年6至9月防暑降温费，发放标准为60元/人/月，共发放4个月，合计240元/人。③伙食补贴。根据《关于发放伙食补贴的通知》（工大发〔2009〕16号），2014年，学校继续为在职在岗人员发放伙食补贴。伙食补贴标准为220元/月，每年共发放10个月（2、8月不发放），按月统一发放到教职工校园一卡通中。④交通补贴。根据《北京工业大学关于提高教职工交通补贴的实施办法》（工大人〔2013〕10号），从2013年9月份开始提高教职工交通补贴发放标准，将原有的车贴标准统一调整到每人每月200元，每年发放10个月（2、8月除外），每月统一发放到教职工校园一卡通中。实施范围内人员工资项中车贴项目停止发放。2014年，学校继续为在职在岗人员发放交通补贴。⑤重阳节补贴。根据《北京工业大学关于发放重阳节补贴的实施办法》（工大人〔2013〕11号），从2013年10月起，为学校事业编制的离退休人员发放重阳节补贴，每人每年200元。2014年1月，学校为离退休人员补发2013年度的重阳节补贴。10月，发放了2014年当年的重阳节补贴。

（志 伟 刘 四 骆 琪）

【福利费收支情况】 2014年度，全校共提取福利费679.52万元，支出545.12万元，2013年底结转518.22万元，2014年底余额652.62万元。收支情况见表11-1。

表11-1 北京工业大学2014年度福利费用收支情况表 （单位：万元）

项目 \ 金额		总体提取及支出金额	学校管福利费	基层管福利费
上年结转1		518.22	422.31	95.91
收入	收入合计2	679.52	486.84	192.68
	其中：福利费提取额	679.52	486.84	192.68
	统筹费收入	0	0	0
支出	支出合计3	545.12	487.31	57.81
	其中：困难补助	31.99	10.9	21.09
	统筹费支出	43.85	43.85	0
	看病号及慰问职工支出	3.69	0.8	2.89
	残疾人慰问金	0.6	0.6	0
	离退休人员联谊及慰问支出	5.31	4.16	1.15
	北戴河休养（有毒有害人员）	2.32	2.32	0
	教职工体检费支出	47.89	19.39	28.5
	交通补贴	266.09	405.29	4.18
	女工疾病保险	1.82		
	遗属补助	33.65		
	重阳节补贴	105.12		
	其他	2.79		
结余	4=1+2−3	652.62	421.84	230.78

（志 伟 骆 琪）

【退休工作】（1）办理退休手续。2014年，学校办理退休手续的教职工共125人，其中在朝阳区人力社保局社会保险基金管理中心领取养老金的退休职工14人。

（2）延聘与提高退休费计发比例情况。①2013年12月，经校长办公会讨论通过，并于校内公示后，学校向北京市教委、北京市人力社保局上报了2014年3月1日至8月31日达到法定退休年龄，申请延聘及提高退休费计发比例人员名单。2014年4月，审批结果返回，情况如下：

批准延聘人员（10人）：

曹万林　曲延瑞　蒋国瑞
钟儒刚　钱伟量　王守法
宋永伦　周玉文　王淑莹
纪淑兰

批准提高退休费计发比例15%人员（1人）：

张毅刚

批准提高退休费计发比例10%人员（2人）：

张子明　王铁流

批准提高退休费计发比例5%人员（1人）：

尚春鸽

②2014年6月，经校长办公会讨论通过，并于校内公示后，学校向北京市教委、北京市人力社保局、北京市教工委上报了2014年9月1日至2015年2月28日达到法定退休年龄，申请延聘及提高退休费计发比例人员名单。2014年10月，审批结果返回，情况如下：

批准延聘人员（6人）：

杨建武　胡惠琴　李爱芳
廖湖声　刘建丽　张　丽

批准提高退休费计发比例10%人员（4人）：

马志成　赵　均　张　方
李　港

批准提高退休费计发比例5%人员（6人）：

蒋大林　陈　颜　郝　伟
于　颖　索艳军　李振泉

（刘　四　骆　琪）

【工勤人员技术等级鉴定】2013年12月，按照北京市下达的指标，学校经过校内选拔程序，共推荐23名工勤技能人员参加北京市技术工人职业技能鉴定考试。2014年，通过考试取得证书人员为25人（含以往2人）。具体名单如下：

国家职业资格三级（高级工）13人（含以往1人）

王锡连　冯晓娟　刘玉娟
李玉红　柏　茹　邢长江
张恩义　黄建革　杜　增
刘树生　李冬伟　苏　强
张建英（2012年）

国家职业资格四级（中级工）11人（含以往1人）

李　力　黄　明　廖　凌
胡兆祥　李志斌　张青美
房占云　兰凤林　阎学会
闫怡君　陈秀满（2012年）

国家职业资格五级（初级工）1人

花爱民

（志　伟　骆　琪）

【社会保险】截至2014年底，学校2631名事业编制职工（不含合同制工人）参加医疗保险、失业保险、生育保险、工伤保险四险，152名事业编制合同制工人参加北京市养老保险、医疗保险、失业保险、生育保险、工伤保险五险。

2014年学校共有27名教职工申领生育津贴74.79万元。

（凌　晨　骆　琪）

【残疾人就业保障金】根据北京市安排残疾人就业的相关政策，各单位均应按照单位在职职工总数不少于1.7%的比例安排残疾人就业。未达到1.7%比例安排就业的单位，需缴纳残疾人保障金。

2014年9月，学校完成2013年度残疾人保障金的申报。按照北京市安排残疾人就业比例不低于1.7%的政策规定，学校2013年应安排残疾人就业人数54人，实际安排残疾人员15人，没有达到政策要求的比例，缴纳残疾人就业保障金146.25万元。

此外，学校劳务派遣用工应安排残疾人就业人数9人，实际安排3人，缴纳残疾人就业保障金22.05万元。2014年学校缴纳残疾人保障金总计168.30万元。

（凌　晨　骆　琪）

【考核、合同】（1）年度考核。根据《北京工业大学绩效管理办法（试行）》（工大党政发〔2012〕6号）和《北京工业大学关于组织开展2014年度绩效考核工作的通知》（工大发〔2014〕47号），学校于2014年12月上旬起组织开展教职工2014年年度绩效考核工作。共有2904人参加年度考核，其中优秀488人，合格2334人，基本合格1人，不合格1人，考核不确定等级80人。

（2）合同管理。2014年，学校与新入校88人签订《北京工业大学事业编制人员聘用合同书》、26人签订《北京工业大学完全人事代理人员（非事业编制）聘用合同书》、与8人签订《劳动合同书（以完成一定工作任务为期限）》；学校与1365人续签《北京工业大学事业编制人员聘用合同书》，与43人续签《北京工业大学完全人事代理人员聘用合同书》。与3名完全人事代理人员解除或终止《北京工业大学完全人事代理人员聘用合同书》（其中终止1人，解除2人），与15名事业编制人员解除或者终止《北京工业大学事业编制人员聘用合同书》(其中终止 3 人，解除 12 人)。

（何喜军　王　伟）

【2014 年度绩效考核优秀教职工名单】

机电学院（27 人）
于信平　马建峰　马朝永
王红雷　王建华　龙连春
付　胜　刘丽丽　刘秀成
刘婧芳　宇慧平　孙树文
杨庆生　张　伟　张跃明
陈树君　陈维升　林家春
郎　凡　赵　京　昝　涛
胥永刚　郭　军　康存锋
程　强　蔡力钢　魏　娜

电控学院（25 人）
王兆明　冯士维　冯金超
司　农　吕胜富　朱江淼
刘　楷　许家群　孙泽长
李明爱　张　辉　张一鸣
张万荣　张印春　范国强
胡小玲　胡冬青　耿淑琴
贾克斌　贾松敏　柴　伟
徐　晨　韩红桂　鲍长春
窦慧晶

建工学院（30 人）
王　玲　王奎仁　王秋生
白正仙　邢雅茹　闫维明
纪金豹　李　力　李　冬
李　军　李　易　李　悦
李俊梅　吴　珊　张永祥
张明聚　张建伟　范爱丽
赵　旭　赵　密　赵雪锋
郝瑞霞　胡玉转　姚振瑀
贾俊峰　徐佐霞　曹万林
龚秋明　韩　强　简毅文

环能学院（24 人）
丁　莉　马国远　王景甫
白广梅　孙继红　纪淑兰
李夕耀　吴玉庭　何　洪
汪夏燕　陈永宝　钟嶷盛
班　旻　晏祥慧　郭　瑾
桑丽霞　康天放　彭永臻
程水源　曾　薇　谢亚勃
雷　艳　戴洪兴　魏　巍

数理学院（22 人）
万　欣　王　越　王雯宇
任志华　刘　磊　刘有明
刘红梅　江竹青　吴密霞
宋晏蓉　张　兵　张辉霞
范周田　周洪芳　赵金良
郝春林　胡京兴　姚海楼
崔　敏　程维虎　黎　勇
薛留根

计算机学院（20 人）
王　勇　王　猛　王宗侠
方　娟　石　勤　苏　航
李玉鑑　杨宇光　肖创柏
张铁桥　陈　彩　林　莉
郑　爽　段红峰　姜　伟
高红雨　崔　玲　梁　毅
蒋海华　韩德强

材料学院（26 人）
马　麟　王亚丽　文胜平
兰明章　朱满康　刘　宇
刘　滔　刘卫强　李永卿
李红梅　李淑波　杨建参
连　钠　吴中伟　汪　浩
宋晓艳　范爱玲　岳　明
金头男　周　正　贺定勇
席晓丽　梅　燕　常　雷
符寒光　雷永平

经管学院（16 人）
王　江　毛春华　田伟先
李　娟　李双杰　吴菲菲
迟远英　张文远　郝庆华
洪　涓　徐　磊　黄鲁成
崔　君　蒋国瑞　曾诗鸿
臧　维

建规学院（13 人）
王　威　王冰冰　刘　刚
孙　颖　杨昌鸣　赵之枫
胡　鸿　胡凤来　胡岷山
钱　威　焉　华　曹　严
韩宇翃

人文学院（10 人）
王　鹏　毕重林　刘金伟
李佳宁　杨　茹　杨晓利
聂孝红　曹飞廉　蔡扬眉
薛　菁

马克思主义学院（5 人）
丁　云　计　彤　田　园
李永华　陈洪玲

生命学院（12 人）
乔爱科　刘　伟　刘有军
李承杰　张　松　张　娜
郑大威　钟儒刚　盛　望
韩昀峰　曾程初　谢　飞

外语学院（14 人）
刁　榴　马晓梅　王　岩
王　虹　王雪霏　何岑成
张　丽　张俊英　张俊梅
陈　浩　郝秀兰　俞立芸
高玉英　梁梅红

体育部（6 人）
王茂春　李　刚　李晓甜
吴　悦　果　梅　薛红文

激光院（7 人）
吴世凯　陈　虹　陈继民
武　强　季凌飞　姜梦华
曹银花

软件学院（7 人）
丁淑杰　王素玉　朱　青
朱培毅　邱　凌　沈　琦
阎长顺

继续教育学院（11 人）
丁凤梅　马　勤　王学良
西　明　齐永利　李建平
杨　光　吴　朋　张　帆
胡俊江　崔　焰

艺术设计学院（30 人）
王文娟　王国彬　王毅强
刘　珍　刘　洋　李　波
李　桦　李　健　李　智
李惠东　杨　苗　杨慧艳
吴伟和　张　岩　张　琪
张　鹏　张起春　陈伶俐
陈珊珊　陈美娟　武云超
林　森　赵　航　赵　霞
赵志友　胡安华　钟　声
栾良才　黄　越　华樊萍

都柏林学院（2 人）
蔡立佳　樊　媛

交通学院（9 人）
王　扬　甘秀玲　严　海
李晓光　张　勇　陈艳艳
邵长桥　胡永利　韩　艳

固体所（5 人）
王　丽　王立华　肖卫强
张跃飞　韩晓东

循环经济院（3 人）

刘婷婷　吴玉锋　俞嘉梅
高教所（1人）
宋　微
实验学院（12人）
吕林正　孙　立　李　晗
杨　波　初建华　周伟明
周竞学　郑　鲲　贯　爽
查丽华　崔丽彬　游锋章
北京科学与工程计算研究院（2人）
张　伟　黄秋梅
科学技术发展院（4人）
王金国　卞慰萱　石照耀
史幼骢
图书馆（10人）
王月荣　刘彩娥　刘惠娥
阮平南　李祎雯　李振堂
郝　慧　贾舒敏　雷东升
魏　昱
校医院（6人）
丁琪瑛　李　瑄　李同英
周　峥　郝冬夜　胡广芹
后勤集团（47人）
马树良　王　丽　王万钢
王文忠　王选庆　车　莉
尹则明　卢国荣　冯淑敏
刘　明　刘　忠　刘　佳
刘文杰　刘顺利　刘雁章
齐文强　杜　增　杜明英
李玉春　李冬伟　李抱珠
李海雁　杨红霞　余运洋
辛保军　沐大春　张　洪
张永红　张雪梅　和福生
庞永艳　庞恒谦　房恩静
赵晓东　姜立新　姚西萍
夏金兰　党永红　高　蕾
涂　鸣　康汴良　阎学会
寇广平　韩　艳　路凤杰
梁志光　潘志红
投资公司（4人）
王则玲　沈　燕　赵力人
曹　炜
机关党委（78人）
王　伟　王　晶　王　普
王大勇　王凤珍　王丽君
王海玲　玉　林　白鸣镝
吕大庆　乔　虹　乔俊飞
刘　四　刘　巍　刘幸菡
刘宝生　刘洪利　刘海田
刘继茹　刘颜华　齐宗林
闫玉萍　许　菲　李　丽
李　敏　李　颖　李玉红
李四平　李庆丰　李国财
李国俊　李晓琛　杨　柳
杨　蕾　吴文英　邱晓飞
何喜军　余乙兵　邹曦芝
宋晋娜　张　超　张　楠
张力澄　张宇庆　张秀婷
张忠占　张金明　陈　巍
陈佳楠　郎　枫　林正华
罗　琼　罗之冰　胡家曦
侯艳艳　祖占良　晏爱琴
徐　明　徐世东　徐荣立
高　原　高　辉　高春娣
郭　福　席红福　曹　茜
康智云　章玉芬　葛卫华
董晓梅　喻金梅　程迪南
傅之丹　甄少磊　雷碧莲
廖宏伟　冀雅儒　魏中华

（何喜军　王　伟）

【待聘人员管理】 截至2014年底，人才交流中心人员共计61人。其中在职人员22人，退休人员39人。在职人员中含待聘人员16人（含待聘外派人员6人），离岗退养人员6人。2014年人才交流中心聘任到其他部门1人。

（任　静　骆　琪）

【完全人事代理人员情况】 （1）截至2014年12月，学校完全人事代理人员共计95人，其中校人员经费列支75人，学院经费列支20人。本年新增25人，减员34人（其中转编33人，退休1人）。

（2）社会保险及住房公积金管理。学校为完全人事代理人员缴纳养老保险、基本医疗保险、医疗补充保险、失业保险、生育保险、工伤保险及住房公积金。各项社会保险及住房公积金由北京市京才实业有限公司代理缴纳。

（凌　晨　骆　琪）

【产业编制人员情况】 截至2014年12月，学校产业编制人员共计5人。从2012年3月起，其养老保险、基本医疗保险、医疗补充保险、失业保险、生育保险、工伤保险及公积金由北京市京才实业有限公司代理缴纳。

（凌　晨　骆　琪）

【编制外长期劳动合同人员情况】 截至2014年12月，学校编制外长期劳动合同人员共计98人。

（凌　晨　骆　琪）

【劳务派遣情况】 截至2014年底，学校使用的劳务派遣人员共计515人。

（凌　晨　骆　琪）

财务管理

【概况】 2014年，财务工作努力多渠道筹集经费，进一步优化资源配置，着力提高管理服务水平。财务处是学校负责财务管理工作的职能部门，为学校事业发展提供财力保障和财务服务。其主要职能是按照国家有关法律法规和财务制度的规定，充分利用学校资源，依法多渠道筹集资金；依法开展会计核算，如实反映学校财务状况，及时提供财务信息；合理编制学校预算，努力节约支出，提高资金使用效益，对预算执行过程进行控制和管理；建立健全学校财务规章制度，规范学校经济秩序。财务处下设综合业务办公室、财务计划办公室、会计核算办公室、二级服务办公室、行政管理办公室。实行“统一领导，分级管理”的财务原则。

（张　震　杨松令）

【财务收支状况】 2014年学校全年事业收入总额为244408.49万元，比2013年减少19111.35万元，减少幅度为13.88%。学校事业支出总额为243479.08万元，比2013年增加33995.42万元，增长幅度为16.23%。2014年固定资产总额为450786.81万元，比2013年增加64333.28万元，增长幅度为16.65%。2014年学校财务收支状况详见表11-2、表11-3。

表11-2 北京工业大学总收入增长对比分析表（单位：万元）

收入项目/年份	2013年	占总收入比重	2014年	占总收入比重	本年比上年增减额	本年比上年增减%
运算栏次	1	2	3	4	5=3-1	6=5/1
财政补助收入	202071.94	76.68%	174016.11	71.20%	-28055.83	-13.88%
非财政收入	25105.17	9.53%	26940.54	11.02%	1835.37	7.31%
科研收入	36342.73	13.79%	40451.84	16.55%	4109.11	11.31%
基建拨款	0	0.00%	3000	1.23%	3000	100.00%
合计	263519.84	100.00%	244408.49	100.00%	-19111.35	-7.25%

表11-3 北京工业大学总支出增长对比分析表（单位：万元）

支出项目/年份	2013年	占总支出比重	2014年	占总支出比重	本年比上年增减额	本年比上年增减%
运算栏次	1	2	3	4	5=3-1	6=5/1
财政补助支出	152432.84	72.77%	197221.77	81.00%	44788.93	29.38%
非财政支出	24263.08	11.58%	25022.85	10.28%	759.77	3.13%
科研支出	31888.47	15.22%	21224.62	8.72%	-10663.85	-33.44%
基建支出	899.27	0.43%	9.84	0.00%	-889.43	-98.91%
合计	209483.66	100%	243479.08	100%	33995.42	16.23%

（刘颜华　杨松令）

【财务制度建设】 为了贯彻落实党中央关于改进工作作风、密切联系群众“八项规定”及实施细则，根据北京市财政局关于差旅费、会议费和培训费的管理规定，财务处起草并经校长办公会讨论通过，出台《北京工业大学差旅费管理办法》（工大发〔2014〕16号）、《北京工业大学会议费和培训费管理办法》（工大发〔2014〕15号），进一步加强和规范学校差旅费、会议费和培训费的管理，推进厉行节约反对浪费。为加强对2011经费的管理，出台《北京工业大学“2011协同创新中心”专项经费管理办法（试行）》（工大发〔2014〕11号）。

由财务处牵头，有关部处配合，收集、整理、汇总编写了《北京工业大学内部控制手册》。有利于切实增强学校经济活动的合规、合法，保证学校财产安全，保证财务信息真实完整，有效防范舞弊和预防腐败。

（张　震　杨松令）

【预算管理】 完成2013年年终决算和决算报表分析工作，按时完成2014年校内预算方案，通过校财经领导小组审议并上报校长办公会通过，并及时下达预算，保证了年度预算的正常执行。组织各专款主管部门完成2015年专款的评审、录入工作，完成302个项目的财务初审、复审及上报工作，协调专款主管部门配合教委完成上报项目的评审工作。

2015年部门预算增加学校自评的评审方式，由学校自己组织专家对学校2015年170个项目进行评审，财务处除制定自评方案和评审细则外，整理了相关的管理文件，并负责对这170个项目的专款评审报告、评审表及支撑材料等进行稽核。

（刘颜华　杨松令）

【资金筹集】 积极争取北京市委、市政府对学校的支持，为提高职工待遇提供资金保障；为保障学校基本建设投资，改善办学条件，拓展办学空间，与基建处一起积极为东区新建学科楼及综合服务中心争取财政拨款；合理确定贷款规模，努力降低资金使用成本；积极争取化债资金，2014年为学校化债数亿元，减轻了学校的财务负担。

积极争取科研减免税，2014年全年为162个科研项目办理免税和退税，减免增值税、营业税及附加税共计210.45万元。积极与税务部门沟通，利用国家的纳税优惠政策，为学校教职员工合理节约个人所得税数百万元。

（刘颜华 高辉 杨松令）

【会计核算】 全年处理会计凭证125636份，比2013年同期增长了21.34%，会计分录417705笔，比2013年同期增长了23.59%。

2014年度完成科研经费（包括市自然基金、国家自然基金、校内基金、重大专项、863计划、支撑计划、973计划）和专项经费的中期检查、决算审核共计1410项，接待课题结题审计108次，保障了学校科研工作的顺利进行；配合完成北京市教育委员会、北京市财政局开展的对市属高校2014年四类（基础设施定额、人才综合改革定额、教学质量提高、科研水平提高）1123个项目的专项检查工作；接待校内审计、校外审计、检察院会计查凭单近200次。

（高辉 杨松令）

【收费管理】 为提高收费效率，财务处采用银行划款、现场交纳、网上支付等多种方式，全面推进银行划款的学费收取方式，学费到款率从原来的70%左右增加到90%，提高了一次到款率。2014年财务处收费38038人次，为各院部举办的培训及会议现场收费8次，更改学生银行卡1300人次，为学校教职员工提供个人收入及纳税查询1500多人次。配合研究生的收费制度改革，与研究生院密切协作，在完成收费的基础上做好了硕、博士生奖、助学金的发放。

（王卉 杨松令）

【其他财务工作】 （1）采取各种措施，为教职工提供更好的服务。在一层报账大厅设立了专职“值班主任”岗位，在报账高峰期，每天由核算办公室主任带领2名同志7点到岗，处理收取直送、酬金直送业务，并解答报账问题，疏导报账人流；推出网络叫号服务系统，此系统可以达到教职工不用现场取号，直接在校内主页上取号，并看到前面排队人数，减少报销的等候时间；与多家银行协调，在南区设立新银亭，方便师生的取款和缴费；利用暑期时间，按照新《高等学校会计制度》核算要求，完成新旧科目的转换工作，尽力减少因会计系统变更给大家带来的不便；开通酬金入卡业务直送服务方式，使酬金入卡业务实现少等候、快处理；试开通大宗业务预约业务，报账高峰期单独增设酬金现金业务窗口，减少等候时间，有效缓解报账压力，方便师生。

（2）与科发院、国资处一起成立合署办公室，实现科研立项、结题一站式服务，使教师的立项、结题工作更加顺畅、便捷。同时，设计《科研免税确认通知单》等，简化流程，提高效率。

（3）继续探索二级服务方式，不断提高服务能力。2014年下半年，财务处先后到电控学院、数理学院、建规学院、计算机学院、生命学院、人文学院和艺术设计学院等7个学院进行财务制度宣传、解读和交流活动，并对提出的财务报销及专款申报等方面问题详细解答，及时收集财务工作意见和建议；开展3期课题组报账员培训，分别在本部及艺术设计学院展开，逾百名报账员参加培训。

（4）加强服务意识宣传。开展“服务质量月”活动，包括“假若我是报账人”大讨论。财务处员工提出服务口号；开展“爱财务、献计策”活动，就财务服务、预算管理等提出80余条建议；组织“财务服务标兵”投票活动，共计收到选票1147张，最终确定12人为“财务服务标兵”。

（5）加强网站建设，宣传财务政策。2014年建设财务处新网站，共发布财务处通知44条，发布报道13篇。随时更新通知及活动报道，保证信息的时效性，网站点击量5000余次。

（6）发挥指导监督作用。加强对后勤集团财务工作的指导和管理，向后勤集团派出财务主管人员。完成投资公司智源、中宇、世通、校友会、基金会等5个代管户的会计核算，规范智源公司等校办产业公司的会计核算流程，提高工作效率。完成都柏林学院的财务预算及会计核算工作，争取对外汇款的优惠政策，降低办学成本。结算中心为工会、校友会、基金会等代管账户的资金收付及银行结算办理业务15000笔。公费医疗办公室完成为全校教职工和学生公费医疗报销。

（高辉 武秀娟 杨松令）

资产管理

【概况】 2014年，国有资产与实验室管理处按照学校党政工作要点，科学优化资产配置，提升使用效益，有效实施精细化管理；以新学科楼实验室、公共平台建设为抓手，推进大型仪器设备开放共享平台建设工作；深化公用房、设备有偿使用和实验技术人员管理改革；推行全生命周期固定资产管理和能源使用管理，提升资源使用效益的任务要求，积极开展公用房核算、资产清查、规范采购流程、大型仪器设备平台建设、实验室管理及工大建国饭店的相关工作，同时强化日常管理，加强制度流程管理，努力为学校创造良好的社会效益和经济效益。

（倪 爽 祖占良）

【固定资产管理】（1）固定资产的日常管理。截至2014年12月31日，学校在账固定资产总额45.08亿元，按照固定资产国标大类，土地、房屋及构筑物价值20.75亿元；通用设备类价值19.51亿元；专用设备2.37亿元；文物和陈列品0.08亿元；图书档案类价值1.23亿元；家具、用具、装具及动植物价值1.14亿元。2014年新增固定资产7.15亿元，报废报损减少固定资产资产0.75亿元。

（2）国有资产产权登记工作。北京市财政局、北京市教委组织国有资产产权登记，学校据此成立国有资产产权登记工作领导小组，由国资处牵头，党办校办、纪委办公室、监察处、改革与发展规划处、财务处、基建处、科技处、审计处、人事处、后勤管理处、后勤集团、投资公司等12部门配合，历时5个月，顺利完成此项工作。截至2013年12月31日，学校国有资产总值94.02亿元。

（3）报表编制及数据提供。完成北京市财政局、北京市教委和学校的各类报表的编制，如："2013—2014年高基表（高基511表校舍情况、高基521表资产情况）"，市财政局2014年部门预算表，并为职能部处提供固定资产和公用房相关数据。

（4）资产管理员培训。2014年6月和12月，两次组织全校固定资产管理员进行培训，包括"高校资产管理信息系统"操作培训及对高校资产管理的现状问题进行研讨，同时邀请市属高校固定资产管理人员参加。有效提高学校固定资产与实验室管理人员的业务能力、业务素质和政策水平。

（李玉红 王一柏 王 晶）

【公用房管理】（1）新学科楼公用房分配工作。完成对理科楼建工学院、环能学院、材料学院、固体所、北京科学与工程计算研究院、北京古月新材料研究院和数字化医疗3D打印技术研发中心等7个二级机构公用房分配工作。完成新学科楼的平面图绘制、楼宇房间号编制及房间钥匙发放工作。

（2）全校行政办公用房调整工作。按照国家党政机关办公用房标准，学校成立由聂祚仁、冯虹、李四平牵头，国资处、党办校办、监察处、组织部、改革与发展规划处、人事处等6个成员单位参加的学校行政办公用房调整工作领导小组，严格落实责任制，完成学校清理整治办公用房工作，为教学科研腾出1790平方米。累计搬迁270余次，涉及37个单位。二级机构共调拨家具430余台（套）。解决科学技术发展院、财务处、国资处部分相关业务合署办公，调整58平方米的办公用房；为人事处高端人才，调整出132.61平方米办公用房。

（3）公用房核算及有偿使用工作。完成校本部19个二级机构公用房的核算工作。核算面积共10.32万平方米；根据学校财经收费领导小组确定的收费标准，进行房屋资源占用费的收缴工作。

（4）房屋构筑物报废。积极响应"学生综合服务中心"建设的要求，完成建筑物确认。收集相关历史资料，向北京市教委提交了11栋房屋构筑物的申请报废处置报告，已获批准。涉及拆迁的房屋建筑物面积合计5718.2平方米。

（5）实验学院管庄校区土地证办理。完成了管庄中心小学、建东苑小学分校、北京市第80中学管庄分校、北京城建集团、管庄乡政府共五家单位相邻土地的指界，剩余金隅集团建材机械厂指界进行了数度磋商，双方对解决争议边界的意见接近一致。

（6）为二级教学科研单位提供上门服务。去实验学院通州校区、继续教育学院等进行固定资产巡检，深入了解情况，讲解固定资产和公用房管理政策及核算办法，针对历史遗留资产问题，提出可执行方案，帮助解决相关问题。

（7）数据查询、出具资质证明。为全校各单位提供资产和公用房的数据查询，并出具相关资质证明，如为设计院、交通学院二级学会、体育部、校医院、建国饭店等单位出具土地及房屋证明等。

（8）地下空间检查。基于防汛工程、暑期安全、人防工程、国庆节期间安全及APEC期间的安全要求，校领导、国资处领导及其相关工作人员于2014年7月、9月、10月、12月期间，6次对基础楼、二教、材料楼、电教楼、科学楼、知行楼、人文楼等楼宇的地下空间进行巡查，并及时将发现的安全隐患通报给各主管部门和用户单位。

（王一柏 唐永新 王 晶）

【设备采购】（1）设备计划执行概况。2014年，北京市财政批复北京工业大学政府采购项目126个，总金额为41821.78万元。截至2014年底，累计完成政府采购招标125项，招标执行金额41124.72万元，共签署政府采购合同460个。2014

年执行协议采购2632.68万元，10万元以下设备的询价采购2192.20万元，共签署合同736个。完成授权支付招标采购4911.91万元。2014年办理仪器设备进口设备免税127单，减免税设备总金额13585.79万元。办理进口审批9个批次，计235件进口产品，涉及金额20018.36万元。2015年设备购置专款申报工作，申报项目23个，申报金额2390.87万元

(2) 招标代理和外贸代理机构遴选。2014年初，对学校2013－2014年招标代理机构、外贸代理机构进行了考核。共考核招标代理机构8家，外贸代理机构4家。

(3) 制度建设。加强内控体系的建设，重新梳理采购各个环节，积极与纪检监察部门沟通，完善业务流程，建立健全《采购合同档案管理》、《设备采购人员工作规范》、《合同汇签制度》、《协议采购管理办法》等内部制度十余项，修订后的制度更加规范、全面，完善了采购关键环节制约机制。

(4) 培训。6至11月，先后与机电学院等7个二级单位座谈交流。详细讲解不同经费的采购方式的流程，进口设备的管理及海关政策。

(5) 配合上级审计部门顺利完成学校专款的审计工作。设备科积极配合项目审计组，提供了相关的采购合同、招投标文件、相关的档案资料，顺利完成了该项目的审计工作。

【实验室管理】 (1) 实验室制度建设。累计修订《北京工业大学生物实验室安全管理规定》等内部管理制度23项，新增《病原微生物实验室生物安全环境管理办法》等内部管理制度8项。协助人事处制定实验系列正高级专业技术职务的评审细则。

(2) 开展实验室环境评估。对学校所有射线装置场所进行环境监测，累计射线装置环境监测38台/套，射线检测笔进行更换160人次，对新增的6台射线装置进行环境影响评价，完成学校《辐射安全许可证》的换证工作。

(3) 实验室隐患排查。组织进行全校实验室安全隐患检查8次，发出整改通知书2份。根据教育部与北京市教委要求，完成了2014年度北京工业大学安全生产大检查，APEC会议等假日、会议期间的实验室安全维稳任务和特种装置培训、建档工作。

(4) 废弃化学品回收。组织全校废弃化学品回收工作5次，累计回收废弃化学品17.63吨，处置金额合计60.8万元；组织完成生命学院六株艾滋病毒的销毁工作。与北京金隅红树林环保技术有限责任公司签订2014至2016年废弃化学品回收合同，化学试剂技术服务费单价由45元/千克减至35元/千克。

(5) 实验室工作人员保健。组织学校31名在有辐射环境中的工作人员参加避免职业健康体检，组织6名新增人员参加避免辐射安全培训。有毒有害人员保健津贴发放两次，金额合计6.4万余元，组织44名实验室工作人员参加疗养。

(6) 剧毒、易制毒品管理。对剧毒、易制毒等化学品进行购买的审批并上报北京市朝阳区禁毒委员会，制定剧毒品“小量箱”的具体实施办法。

(7) 实验室安全协调工作。配合上级部门及学校其他职能部处，完成北京市实验室专项调查工作，对全校实验室危险废物进行专项摸底调查。完成2014年学校首都文明单位申报工作实验室部分。完成北京节能环保中心清洁生产审核评估工作。

(8) 实验室信息化建设，完成国有资产与实验室管理系统中实验室安全管理系统的需求分析，进入系统开发和调试阶段。

(9) 公务车管理。完成2014年全校公务车维修、加油、保险等工作，共加汽油85278.95升，合计金额65万余元，共加柴油58893.39升，合计金额44万余元。保险管理40万元，维修管理43万元。

(张　宇　温　涛)

【平台管理】 (1) 截至2014年8月31日，学校10万元以上大型仪器设备共计1709台/套，新增193台/套，总值10865.69万元。其中40万元（含）～100万元291台/套，100万元（含）～160万元67台/套，160万元以上87台/套。

(2) 2014年对外开放共享的大型仪器设备112台，比2013年增加34台。开放测试收入354.38万元，其中材料学院208.11万元，固体所108.43万元，环能学院5.65万元，生命学院29.59万元，机电学院0.03万元，激光院2.57万元。

(3) 大型仪器设备对本科、研究生开放。联合教务处和有关学院举办大型仪器设备对本科生、研究生讲座及使用培训工作6次，对200名本科生及研究生进行了大型仪器设备的操作及应用的培训。

(4) 教学实验设备维修费管理。全年维修费支出96452元，其中人文学院15760元，机电学院14786元，生命学院4706元，数理学院1200元，交通学院60000元。

(5) 组织校内二级教学科研单位完成北京市教委“市属高校大型仪器设备使用及资源共享

专项检查”以及北京市教委“实验室信息统计上报”工作。

（6）2015年度学校新楼（包括教学科研楼、实验楼和艺术楼）设备购置专款申报的布置、材料收集审核整理、网上录入和申报材料的上报以及组织接待评审机构人员来校踏勘现场的工作，共计13个项目10199余万元。

（7）新学科楼建家论证工作。自2014年5月23日起，先后组织建工学院、环能学院、材料学院、化学性能分析测试中心、基础化学实验中心、固体所、3D打印技术研发中心、北京古月新材料研究院、北京科学与工程计算研究院等九家单位全部或部分通过论证，可分期分批搬迁进驻新学科楼。

（8）新学科楼开放共享平台（一期）建设。校级开放共享平台（一期）包括化学性能分析中心（环能学院部分）、基础化学实验中心、生化PI实验室，共计投入5099.86万元。其中环境保障及硬件设施于2014年12月下旬完成验收，大型理化分析仪器设备正陆续到货安装调试。

（9）平台管理模式及运行机制研究。出台北京工业大学大型仪器设备开放共享平台的运行和管理方案，制定了《公共测试分析中心管理体制与运行规定》、《北京工业大学PI责任制试行规定》等政策文件以及相关职责和管理分工的实施细则。以保证整个平台的运行能够平稳、持续发展。

（10）完成国有资产与实验室管理系统中实验室设备检测系统及大型仪器设备开放共享管理系统的需求分析及招标，现已进入系统开发和调试阶段。

（祝永卫　温　涛）

【综合管理】（1）人事工作。2014年3人入职，国资处现有人员19人，其中处长和副处长4人，固定资产和公用房管理3人，设备计划执行管理4人，实验室管理3人，平台管理3人，综合办公室2人。

（2）建章立制。修订校发、处发制度及配套流程30余项，如《北京工业大学固定资产管理办法》、《北京工业大学实验室工作条例》、《北京工业大学实验室安全生产工作条例》、《设备采购人员工作规范》、《印章使用管理规定》等。强化内控，实行了处内合同会签等制度，建立内部控制体系建设。

（3）公务用车使用管理划归后勤集团，完成公务用车的维修、加油、保险管理工作。

（4）6月10日和12月3日，两次组织全校各单位的固定资产、实验室管理和采购人员进行集中培训。6月11日，组织技术物资协会（片区会议）与北京市市属高校资产管理人员，针对高校资产管理中存在的问题进行了研讨；组织全校教师参加北京市高教学会技术物资研究会2014年学术征文，3篇获奖。

（5）工大建国饭店管理。北京工大建国饭店有限公司董事会委托浩华酒店管理顾问公司对北京工大建国饭店进行运营评估；2014年8月8日，学校与首旅建国酒店管理有限公司续签北京工大建国饭店委托管理合同；北京工大建国饭店获“首旅建国”2014年度“最佳酒店”提名奖（首旅建国开业运营的45家成员酒店中仅2家酒店获此荣誉）、“首旅建国”2014年度“安全先进集体”，以及“首旅建国”2014年“舌尖上的建国”地方特色精选大赛三等奖。

（倪　爽　祖占良）

基本建设

【概况】 学校校园总体规划和基本建设管理工作由基建处主要负责，下设综合事务办公室、工程前期办公室、合同预算办公室和工程监理办公室。主要职能是：依据学校学科发展规划制定校园总体建设规划，依照国家法律、法规，对学校新建、改建、扩建工程进行管理。2014年，结合党的群众路线教育实践活动，完善建设项目内部控制体系，加强内部管理，推进学校“十二五”规划相关工作目标的实施。艺术设计学院楼工程、第四教学楼工程完工并交付使用，其中，艺术设计学院楼工程获得北京市结构长城杯金质奖，第四教学楼工程获得北京市结构长城杯银质奖。

（张　健）

【前期工程】（1）校园规划工作。完成校园“一主三辅”四校区功能定位及规划编制工作，“一主三辅”四校区功能定位及规划编制工作于2013年9月启动，截至2014年12月，完成校本部总体规划修建性详细规划的编制工作，并报送至北京市规划委员会。完成管庄校区控规编制工作并报送至北京市规划委员会。

（2）工程前期手续办理。2014年10月，取得新区学科楼A区项目高压供电方案，并完成竣工发电；12月，完成新区学科楼A区供热站、一次线二次线热力供暖验收手续的办理工作；学生综合服务中心项目于2014年4月取得市教委的立项批复文件，7月取得市发改委立项批复文件，11月取得区规委核发的项目规划许可证，

12月取得消防设计审核意见书；12月，完成概算评审、施工图纸审核及周边树木伐移报审工作。

（3）设计过程管理。2014年度共处理新区学科楼各专业设计变更112个；10月完成逸夫图书馆改扩建工程可研报告编制、评审工作，完成方案深化设计和方案论证工作；完成学生综合服务中心项目初步设计图纸、概算图纸、施工图纸的设计过程管理工作并启动学生综合服务中心项目市政工程的设计过程管理工作；启动游泳馆改造工程的方案设计工作。

（4）招投标过程管理工作。2月，完成四教热力站及热力管线施工的招投标工作；3月，完成新区学科楼A区配电室施工项目招投标工作；5月，完成三、四、五食堂结构检测单位遴选的招投标工作；12月，完成新区学科楼结构试验室改造施工、新区学科楼园林景观设计和监理、学生服务中心周边管线迁移的四个专款项目招投标工作；12月，完成2014－2017年度基建工程招标代理机构遴选和新区学科楼园林景观施工招标工作；启动学生综合服务中心施工、监理的招投标工作。

（刘　剑　张　健）

【已竣工程】（1）艺术设计学院楼工程。总建筑面积48825平方米，主楼地上九层地下二层，3个艺术家工作室为3层，地下为框架剪力墙结构，建筑面积22446平方米，地上为框架结构，建筑面积为26379平方米；主楼建筑檐口高度为44.65米，安装电梯共6部，包含客梯4部、人防电梯2部。艺术设计学院楼工程于2012年8月11日正式开工，2013年8月12日结构封顶，2014年10月24日完成四方验收，2014年12月19日完成校内移交。艺术设计学院楼工程获得北京市结构长城杯金质奖。

（2）第四教学楼工程。总建筑面积25910平方米，由一栋单体组成，地上九层地下两层，地下为框架剪力墙结构，建筑面积5617平方米，地上为框架结构，建筑面积为20293平方米；主楼建筑檐口高度为43.45米，安装电梯共8部，包含客梯5部、消防电梯3部。第四教学楼工程于2012年8月18日正式开工，2013年8月10日结构封顶，2014年10月24日完成四方验收，2014年12月19日完成校内移交。第四教学楼工程获得北京市结构长城杯银质奖。

（3）市政热力二次线工程。新建热力换热站一座，位于第四教学楼地下一层，于2014年10月20日竣工；建设热力二次管线，长度为676米，管径为DN150，于2014年10月竣工验收。新增学校供热面积为45641平方米，采暖季负荷为2471KW。

（4）市政道路工程。第四教学楼及艺术设计学院楼周边道路铺设施工，总长度250米，宽度7米，已完工交付使用。工程于2014年6月25日正式开工，2014年10月24日完成四方验收。

（齐宗林　张　健）

【在施工程】 建工学院B区实验楼装修改造工程。根据建工学院需求，对B区实验楼地下一层、地下二层、二层、三层、四层及五层的部分房间进行装修改造。工程于2014年12月8日正式开工。

（齐宗林　张　健）

【合同、预决算工作】（1）根据市教委和市财政部门关于专项资金管理要求，完成艺术设计学院楼和第四教学楼项目及游泳馆抗震加固等2015年基础设施改造项目7879万元财政资金申报，按照项目执行进度编制《年度基建工程投资用款计划》，严格项目投资过程管理和审核，提高资金使用效益，落实资金审批程序和财务管理规定，完成基建工程资金支付8272万元。确保项目资金使用的合法性、安全性和有效性。

（2）严格执行工程投资管理规定和规范，完成学生综合服务中心施工招标控制价审核；加强合同审核和执行监管，完成25项工程合同审核签订工作；配合学科楼施工过程管理，建立多渠道询价机制，加强艺术设计学院和第四教学楼工程项目专业分包控制价、暂估材料设备价格审核控制，完成40项暂估材料认价工作。

（3）政府全额代建项目建筑人文外语楼项目竣工决算通过市发改委审计，批准项目决算投资16170.66万元。

（4）推进实验楼等学科楼二期四项目在工程竣工验收和竣工结算阶段跟踪审计工作，实现跟踪审计对基建项目实施全过程管理的跟踪指导。实行多部门、多层次联合审核机制，完成教学科研楼和实验楼竣工结算初步审核并上报审计复核，结算审核总额42492万元，初步审核审减4414万元。

（赵　宁　张　健）

【工程档案及统计】（1）完成实验楼、教学科研楼竣工档案向北京市城建档案馆移交工作，完成建筑人文外语学科楼竣工档案向校档案馆的移交。2014年基建处文书档案向学校档案馆归档工作；规范实验楼、教学科研楼、艺术设计学院楼、第四教学楼施工过程文件的日常管理，一年来收集、整理、发出文件、图纸共计500余件。

（2）依据市教委、市统计

局、市发改委等主管部门要求，每月定期完成实验楼、教学科研楼、艺术设计学院楼、第四教学楼工程投资数据及工程进度完成情况填表上传工作。

（赵 宁 张 健）

【内部管理工作】 （1）完善规章制度。结合党的群众路线教育实践活动，成立制度建设工作小组，梳理各项规章制度。对以前形成的基建处工作管理规程进行修订、补充与完善。2014年共补充2项、完善5项内部管理制度，形成基建处新版2014年工作管理规程。

（2）加强队伍建设。安排相关人员参加岗位聘任工作宣讲会，掌握政策，做好思想疏导工作，准备好教职工聘岗所需各种材料，保证教职工岗位聘任工作顺利进行。在专业技术职务评聘工作中，关心教职工切身利益，及时关注评聘要求，提前做好材料准备，做到不遗漏一人，维护教职工的利益。根据基建管理工作需要，及时补充专业人员，保证工程建设项目的顺利进行。

（3）重视宣传报道。利用院部处工作信息和部门网页，通过工程简报与新闻报道的方式，及时准确报道新区二期学科楼建设项目各阶段工程进度与重要事项，开辟“公示审计”专栏，准确报道各工程建设项目各阶段重大事件，做到“三公开”。制定基建处网站信息发布更新管理办法，提高基建处网站信息发布、版面更新的及时性与高效性，展现基建工作的公开与透明。

（4）完善建设项目内部控制体系建设。组织管理重点岗以上人员就基建处招标工作流程、基建工程暂估价材料管理流程、洽商变更管理流程、合同管理流程及竣工结算管理流程等5个流程图进行梳理、完善，建立更科学合理、更具操作性的新招标流程图。对各流程中所有风险点及防控措施进行详细筛选，抓好各流程的各个环节，提出配合审计、纪检部门开展监察工作的有效方法。以制度规范管理，实现基建工程阳光管理。

（5）推进信息化管理水平。利用学校召开信息化工作大会的契机，及时优化基建处校外网网页功能，提高外网网页使用效率。严格落实网站信息发布更新管理办法，熟练掌握OA系统的各项使用功能。

（6）细化资产与财务管理。2014年在行政办公室搬迁、腾退过程中，对已达到报废年限的36件资产进行调拨与报废，及时申报、购置、更换部分办公设备，为基建项目管理创造良好办公条件。在公车管理上，严格实行车辆登记制度，及时对车辆进行保养，排除故障，确保车辆不带故障上路。在财务支出上严把出口关，建立基建处办公经费收支情况统计表，对账目进行动态管理，树立开源节流意识。

（7）提升凝聚力建设。工会小组关心教职工生活，为生病住院职工送温暖；元旦为离退休老同志送祝福；关心教职工下一代的健康成长，“六一”儿童节为教职工子女送祝福；与党支部一起组织全体教职工开展“我登山、我健康、我快乐”为主题的登山活动，营造处内和谐氛围。

（赵 宁 张 健）

后勤管理

【概况】 后勤管理工作包括制定学校后勤发展规划、基础设施改造、组织项目招投标、校园环境整治、教职工住房管理、节能管理以及协调监督后勤甲方管理等。学校后勤管理工作由后勤管理处承担。后勤管理处下设计划管理办公室、综合管理办公室、住房管理办公室。主要职责：承担学校基础设施改造工程项目组织申报、论证、执行、管理工作；综合行政事务管理、学校能源管理及节能减排工作，冬季供暖管理、夏季防汛；教职工住房公积金、住房补贴管理、校管住房管理、房改售房，学校供暖费、物业费预算结算及博士后、引进人才住房等服务管理工作。

2014年，后勤管理工作以“三服务、两育人”为宗旨，切实加强后勤服务管理和监控，继续稳步推进后勤社会化改革，不断提高后勤服务管理水平，抓好基础设施修缮改造工程，建立和完善能源监控管理平台，做好教职工住房管理和落实房改、房补工作，完善反腐廉政措施，建立有效防控制度，协同后勤服务集团做好校内服务保障工作。

（顾 红 余 立）

【基础设施建设与专款改造项目】 2014年，后勤管理处负责基础设施改造专款项目，实验室改造正式纳入后勤管理处负责，已完成项目如下：

（1）科学楼四层会议室改造。天棚吊顶372.33平方米，铺设地毯102.83平方米，安装窗帘34.96平方米，安装木质装饰线34.08平方米，新作木质踢脚线35.86平方米，石材墙面改造14.85平方米，粉刷涂料248.9平方米，墙纸裱糊361.89平方米。

（2）建规学院专业评估教室改造。安装格栅吊顶1930.6

平方米，天棚吊顶35平方米，墙体隔断改造69.66平方米，喷刷涂料2600平方米，安装窗帘盒及窗帘杆142平方米，铺装木地板153平方米，铺装防静电活动地板1430.2平方米，安装各类灯具86套。

(3) 激光院实验室改造。天棚吊顶130.75平方米，铺设塑胶地面134.75平方米，墙体隔断改造面积381.1平方米，安装通风机9台，安装空调器5台，彩板门15樘，金属固定窗6樘，制作洁净专用操作台12.4平方米，电气配线改造467.32平方米，安装各类灯具26套。

(4) 第一教学楼卫生间改造及门更换。天棚吊顶742.44平方米，铺装地面防滑瓷砖761.45平方米，墙面粘贴瓷砖1882.56平方米，装修金属装饰线689.46平方米，安装教室防盗门160樘；卫生间防水门20樘，蹲坑台阶砌砖153.9平方米，安装洗脸盆40个，安装灯具70套。

(5) 留学生公寓基础设施改造。留学生公寓北楼改造，天棚吊顶132.34平方米，铺设塑胶地板122.7平方米，墙纸裱糊368.7平方米，安装各类门30樘，安装洗脸盆28套，安装淋浴器19套，安装普通灯具64套。留学生公寓西配楼改造，天棚吊顶改造102.56平方米，墙体隔断改造面积123.5平方米，铺设塑胶地板65.87平方米，墙纸裱糊390.08平方米，安装各类门7樘，安装普通灯具47套。

(6) 知新园应急指挥会议室改造。天棚吊顶214.05平方米，铺设塑胶地板187.89平方米，安装监控台10套，装饰电视墙1套，安装网络多屏处理器1套，安装高清信号混合矩阵1台，安装扩声系统设备26台，配备控制计算机2台，监控设备5台，椅子28套，安装空调器4台，安装各类灯具191套。

(7) 体育馆防汛工程改造。用混凝土垫高路面改造374.2平方米，铺设地砖377.3平方米，墙面抹灰处理202.4平方米，墙体做隔断改造43.7平方米，安装门3樘，碳钢通风管道制作安装81.98平方米，安装风机盘管2台。

(8) 软件实验室改造。天棚吊顶122.26平方米，安装防静电地板172.68平方米，铺装木地板116.45平方米，喷刷乳胶漆涂料213.63平方米，装修石材墙81.67平方米，墙纸裱糊181.06平方米，安装各类灯具58套。

(9) 电控学院电子科学技术实验室改造。天棚吊顶130.36平方米，喷刷乳胶漆450.67平方米，墙体做隔断改造137.66平方米，制作展柜76个，铺装木地板63.45平方米，安装各类门6樘，安装各类灯具86套。

(10) 奥运餐厅排风系统改造。天棚吊顶395.31平方米，安装不锈钢排烟罩13个，油烟净化器21台，新装排风口百叶窗61个，消声器30个，离心式通风机9台，风机盘管11台，配管1213.7米，铺设电力电缆409.95米，安装各类灯具132套。

(11) 中蓝公寓卫生间改造。洗脸盆安装256组，安装给水PPR管512米。

(12) 中蓝公寓食堂餐厅、后厨及操作间改造。天棚吊顶503.56平方米，粘贴墙面釉面砖216.32平方米，安装金属纱窗19樘，新作柜台23个，安装不锈钢洗池11个，铺设电气配线900米，小电器安装73个，安装配电箱16台，安装各类灯具79套。

(13) 中蓝公寓一期热力管线改造。挖沟槽土方156.34立方米，铺设混凝土路面182.64平方米，安装镀锌钢管768米，安装管道绝热材料23.3立方米，安装螺纹阀门18个。

(14) 中蓝公寓烟道防火保温改造。天棚吊顶863.53平方米，木护墙、木墙裙清理刷漆139.39平方米，清理刷涂料10687.03平方米，制作保温隔热墙面1939.2平方米，墙面防水、防潮856.8平方米。

(15) 高压设备电检测及二次供水改造。完成校东区、西区、中蓝公寓配电室检测试验，包括高压开关的机械试验、绝缘试验、温升试验、短时耐受电流试验、高压断路器开、断试验等。二次供水改造内容为，取消水箱，增加无负压供水罐及储水罐各一个，变频泵2台及控制柜改造等。

(16) 引进人才住房改造。校东区16套职工公寓天棚吊顶139.81平方米，安装复合木地板460.23平方米，喷刷涂料1645.76平方米，制作橱柜16个，安装金属门36樘，安装各类灯具79套等。校西区甲30楼4套公寓天棚吊顶41.81平方米，安装复合木地板156.92平方米，制作橱柜4个，安装金属门4樘，安装各类灯具39套等。

(17) 科学楼等中央空调清洗。风道清洗20000平方米，清洗风机盘管193台，清洗空气处理机28台，清洁出风口9300个。

(18) 天天餐厅及校南区206楼地下室改造。天棚吊顶216.53平方米，安装复合木地板78.75平方米，粘贴内墙釉面砖245.53平方米，铺装地面砖470.22平方米，安装门窗67樘，安装感烟探测器38个，安装各类灯具69套。

（19）北研楼、1号楼、7号楼学生宿舍装修改造。天棚吊顶693.6平方米，修补墙面、柱面168.3平方米，粉刷涂料32996.16平方米。

（20）学生宿舍一层防盗窗改造。为所有一层学生宿舍安装金属护窗栏1892.73平方米。

（21）基础楼、人文楼实验室改造。天棚吊顶512.6平方米，安装复合木地板231.57平方米，粉刷白色乳胶漆1023.35平方米，安装金属门16樘，金属窗10樘，安装各类灯具78套。

（22）后勤集团临时售饭点改造。在北区建立三个临时售饭点和三个临时食品售卖点。购置保温售饭车10辆，保温箱50个，光波炉5台，双眼鼓风灶4台，校园送餐车2台，售饭POS机系统16台等。

（23）校医院消防自动报警及灭火系统更新改造。安装感烟探测器147只，感温探测器5只，可燃性气体探测器1只，手动报警按钮11只，单输入模块12只，控制模块3只，广播模块5只，消防音箱16台，火灾声光警报器12台，楼层显示器5台，铺设报警总电线1274米，安装自动报警装置调试系统1个。

（郝旭文　余　立）

【节能工作】（1）由北京市建委、市教委、市财政局、住建部科技发展促进中心等单位牵头对学校节约型校园“能源监控系统平台建设”进行评审，专家组一致认为该项目符合住建部节能专项建设要求，予以通过。

（2）完成中蓝学生公寓、校内所有学生宿舍楼、知新园、奥运场馆、经管楼、旧软件楼、能源楼、金工楼、第一教学楼、礼堂、图书馆、团委楼、机电楼、环化楼、留学生公寓等远传电表的安装，共计800余块。实现远传电表在线监测，远传计量电表实现覆盖学校所有建筑物。完成软件楼变电配电室安装多功能电力仪表56块、安装具有远传功能变压器温控器2台、安装配电柜开关状态监测元件56套，并实现与能源监控系统的集成。

（3）国家环保部、北京市环保局、北京市发改委组成专家组对学校进行清洁生产审核工作，一致同意学校清洁生产审核验收通过。清洁生产审核工作是节约型校园建设的一项重要内容。本次清洁生产审核共产生了31项可行的方案，已实施的27项方案节约资金165.15万元，其中，节电214.1万千瓦时，节水1.65万立方米，节油4万吨，减少化学需氧量3.51吨，减少生活垃圾143吨，合计折标煤365.64吨。

（4）2014年，回收在校施工单位、有偿经营实体、校内住宅等水电气暖费用共计973万元。

（5）围绕落实学校“十二五”节能减排规划以及节能创新体系建设，开展管理创新和技术创新的探索与实践。通过强化节能管理，有效抑制了能源消耗量的增长速度，取得了良好的经济效益、社会效益和环境效益。2014年学校获“中国能效之星”四星级用能单位的光荣称号。

（史　鹏　余　立）

【住房管理】（1）职工住房管理。完成25户房改售房上报审核制证工作。对3名职工住房超标款进行资料收集、整理、核定。完成3名职工按经济适用房价格出售住房的售房前期准备工作；启动学校回购已售公房的前期准备工作。完成翠成122号楼的120套校周转住房的产权证办理及购房款结算工作。根据北京市教委《关于开展高校青年教师住房情况调查的通知》，认真核实校青年教师住房现状，并将住房相关信息和问题及时上报。按照校院两级住房管理体系的要求，与实验学院、继续教育学院、艺术设计学院共同做好异地校区职工住宅管理工作。

2014年申请专款173万元用于装修20套人才用房并配备相应的电器设备。为31名引进人员及50名博士后解决住房安置并提供了良好的生活居住环境。

（2）住房补贴及住房公积金管理工作。2014年学校在北京市住房公积金东城管理部建有住房补贴账户2919户，住房公积账户3354户，7月份按公积金管理部的规定，完成了全部账户的跨年清册、结息对账工作。2014年学校向北京市住房公积金管理部缴纳（含汇交和补交）住房公积金5566.33万元、住房补贴1678.24万元。2014年为445名教职工办理了住房补贴支取；为232名职工办理了住房公积金支取，为107名职工建立住房公积金账户。6月，按北京市教委工作部署，完成41名无房职工备案及51名职工住房补贴审核上报工作。

（3）供暖费及煤火费报销管理工作。截至12月中旬，共为1618户完成供暖费报销工作，支付供暖费537.76万元；为88名职工发放煤火费3.23万元。

（侯艳艳　余　立）

【防汛工作】 2014年，学校防汛工作坚持做到预案切实可行，重点区域重点预防，把责任制落实到岗、落实到人；完成《2014年北京工业大学汛期应急工作方案》、《2014年北京工业大学安全迎汛责任制》、《北京工业大学防汛预案》、《2014年防汛重点部位安全大检查统计表》的编制；进一步加强防汛物资的统一调配工作，做到分散存放，集中调配；加强防汛培训工作。

（顾　红　余　立）

【完成上级单位布置的工作】 2014年，后勤管理处牵头组织迎检，顺利通过北京高校控烟效果评估检查，为创建无烟校园环境奠定坚实基础。与市发改委、市节水办、市环保局、南磨房街道办事处等管理部门积极协调，配合完成相关工作，保证学校与属地和谐发展及各项工作顺利开展。

（史　鹏　余　立）

【践行群众路线，为教职工办实事】 加强党的群众路线教育实践活动整改方案的落实，努力为师生员工办实事办好事。开通大方居商务班车，解决了居住在大方居小区教职工的上下班问题；牵头相关部门现场办公，有效推进西三环56号院教职工住宅楼修缮问题；继续推进供暖费、煤火费报销一站式服务，减少教职工跑腿办事的烦恼；为减少冬季供暖出现问题，配合市政热力集团开展用户调研，并进行相应改造，及时了解各种情况，制定相应措施，将供暖工作做得更细致。

（侯艳艳　余　立）

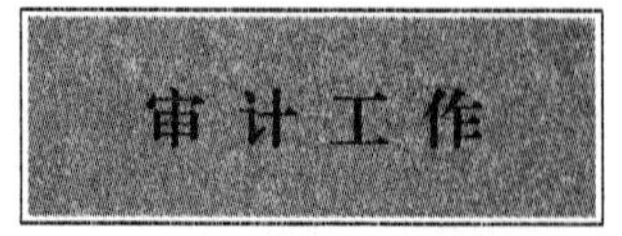

审计工作

【概况】 2014年审计工作紧扣科学审计主旨，继续提升审计工作质量及服务水平，有序推进各项审计工作，从全局的高度理解和处理问题，健全、完善和落实审计制度，发挥审计防范风险、促进发展、完善管理等方面的服务功能，强化对关键领域和重点环节的审计，加强内审力度，在加强内部控制、改善管理、防范风险、提高经济效益等方面发挥了积极的作用。

实施各类审计项目386项，审计总金额累计1082769.36万元，提出审计建议188条。其中：2013年预算执行审计1项，审计金额263519.84万元；财务收支审计2项，审计金额3，198万元；基建工程全过跟踪审计4项，审计金额9908.42万元；修缮工程审计78项，审计金额4251.38万元；修缮改造工程预算评审13项，审计金额1641.57万元；经济责任审计19项，审计金额12420.78万元；2013年决算审计1项，审计金额787829.37万元；审签科研经费268项。

（廖宏伟　李国俊）

【预、决算执行审计】 （1）完成学校2013年预算执行情况审计。在对2013年预算的总体执行情况审核基础上，重点审计2013年“三公”经费、会议费、差旅费、专款执行进度、专款预算调整、2011协同创新中心专款执行情况、政府采购环节、固定资产管理及财政资金以往年度结转等。审计中发现了在资金分配、预算执行、管理使用中的突出问题及存在的潜在风险和漏洞，提出加强校内预算评审、改进调研差旅费管理、增强对会计核算业务复核工作、提高会计质量等审计建议。（2）通过查阅相关账簿、抽查会计凭证，开展对2013年财务决算报表审计，审计金额787829.37万元。2013年决算报表反映了学校资产、收支及结余实际情况。

（廖宏伟　李国俊）

【基建修缮工程审计】 （1）2014年，继续对学校四个新建工程——实验楼、教学科研楼、艺术设计学院楼和第四教学楼项目实施全过程跟踪审计。充分发挥内审专业优势对造价咨询公司的工作结果进行复核，降低审计风险，有效控制了工程造价。截至2014年11月底，累计审计进度款付款9908.42万元；完成招投标文件及控制价审核5项，合同审核17项，暂估材料认价审核35项；审计咨询建议179条，工作联系单9份。实验楼、教学科研楼已进入工程结算基建处审核阶段；艺术设计学院楼、第四教学楼已竣工验收，工程进入收尾阶段。（2）2014年10月开始对学校新建学生综合服务中心项目的跟踪审计工作。与学校基建处配合，在项目过程前期准备阶段及招投标即开始进行跟踪审计工作，对学校总包招标的文件、控制价及工程量清单进行同步审计，加强项目投资控制，促进各项目科学规范管理。（3）加大修缮改造项目竣工结算自审工作力度，2014年完成的自审项目数量、审计金额和审减额较上年均有所增长。全年共审结修缮改造项目78项，送审金额共计4251.38万元，审减额612.43万元，审减率14.41%。其中，委托外审14项，送审金额3050.53万元，审减474.34万元，审减率15.55%；学校审计处自审64项，送审金额1200.85万元，审减138.09万元，审减率11.50%。（4）与后勤管理处配合，开展基础设施改造工程项目预算评审工作。2014年共评审13项，送审金额1641.57万元。（5）按照《北京工业大学审计结果公告试行办法》要求，将工程审计结果在审计处网站上向全校进行公示。

（廖宏伟　李国俊）

【经济责任审计】 根据学校的工作部署，2014年开展对26位领导干部离任经济责任审计工作。在关注遵纪守法的同时，进一步关注领导干部在政策执行、内部管理、资金使用等方面的绩效情况；努力提高领导干部守法、守纪、守规、尽责意识，不断提升经济工作管理水平，促进领导干部队伍的廉政建设。截至2014年底，共完成19个经济责任审计项目，审计金额12420.78万元。

【专项审计工作】 遵照北京工业大学2014年第23次、24次校长办公会决定，审计处负责对体育部、北京工业大学MBA教育中心近三年工作进行相关财务收支审计。经领导批准，聘请社会中介机构承担审计工作，按照《北京市内部审计基础工作规范（试行）》要求，对审计目标的确定、审计计划的编制、审计实施、审计报告等各环节进行质量控制，充分利用社会中介机构审计工作结果，结合学校实际追加审计内容，形成最终审计报告。审计金额3198万元，抽查凭证近3000张，发现被审计单位管理上存在的问题8项，提出审计建议6条。

（廖宏伟　李国俊）

【审计管理工作】 （1）学校高度重视审计工作，认真落实相关文件精神，校长主管审计工作。（2）积极宣传工大审计工作。迎接北京市审计局及内部审计协会领导到校调研指导。审计处长应邀在北京市审计局组织召开的内部经济责任审计培训交流会上做经验交流发言。（3）按照“逐年梳理，分步制定”的制度建设思路，2014年起草完成《北京工业大学内部控制审计实施办法》、《北京工业大学校办企业负责人经济责任审计管理办法》，修订完成《北京工业大学领导干部经济责任制审计实施办法》。（4）开展审计理论研究，受北京市内部审计协会委托，和北京公交集团成立联合课题组，代表北京市内部审计协会参加中国内部审计协会2014理论研讨论文大赛，获得三等奖。（5）加强审计队伍建设，2014年在新一轮岗位聘任中，在原有综合审计办公室、工程审计办公室基础上，增设财务审计办公室，2人参加高级会计师继续教育培训，4人参加北京市财政局组织的会计人员继续教育培训，1人参加北京注协CPA非执业会员远程继续教育培训，10人参加北京市内部审计协会及中国教育审计学会组织的内部审计人员后续教育培训。

（廖宏伟　李国俊）

对外合作联络工作

【概况】 为推进学校与地方政府、企业及其他高校的联络交流与合作，增进校友与母校感情，搭建校友交流平台，拓宽筹措办学资金渠道，拓展外部办学空间，争取海内外各界对北京工业大学发展的关心和支持，学校于2014年3月将校友会办公室更名为对外合作联络处，校友会、学校理事会、基金会秘书处挂靠对外合作联络处。

（程迪南　金　峰）

【对外合作】 3至12月，校党委书记郑吉春、校长郭广生带领校领导班子、职能部门和多个学科领域的教授专家，先后走访朝阳区、怀柔区、通州区、顺义区、昌平区、延庆县，工业和信息化部软件与集成电路促进中心，市环境保护局、知识产权局、经济和信息化委员会、交通委员会、经济技术开发区、国有文化资产监督管理办公室、中关村管委会，中关村发展集团、神州数码控股有限公司、京城机电控股公司、中国南车股份有限公司、北京金隅集团，中国建筑材料研究科学总院、机械科学研究总院、北京服装学院、北京印刷学院23家单位，接待秦皇岛市政府、工业和信息化部软件与集成电路促进中心、知识产权局、经济技术开发区、国有文化资产监督管理办公室、神州数码控股有限公司、京城机电控股公司、中国南车股份有限公司、东华软件股份公司、国核电力规划设计研究院10家单位来访。通过与上述26家京津冀区域的区县、相关委办局、知名企事业单位、兄弟院校的53次学习交流、调研需求，截至12月31日，已与市环保局、朝阳区教委、北京金隅集团、京城机电、中国南车、神州数码6家单位签订战略合作框架协议，有效促进双方政产学研用的融合，进一步落实学校开放办学的战略构想，提升服务区域经济社会发展的能力。

（程迪南　金　峰）

【校友工作】 （1）10月18日，举办第四届“二十年后来相会”毕业20年校友返校活动，以组织主题大会、安排专题活动、参观校史馆和场馆、共聚午餐等方式回顾学校历史、展现办学成就，凝聚校友力量、增进校友感情。

（2）举办71级留校校友毕业40周年聚会、北京校友分会合唱团排练、北工大校友健康医疗领域交流会、北工大“老五届”校友编委会讨论会。

（3）3月和10月，学校两次大型综合双选会设置校友企业招聘专区，搭建交流平台，为校友和师生提供服务。

（程迪南　金　峰）

【分会发展】（1）5月24日，北京工业大学校友总会北京市嵌入式系统重点实验室校友分会成立。

（2）10月18日，北京工业大学校友总会机电行业校友分会成立。

（3）12月6日，北京工业大学校友总会研究生会校友分会成立。

（4）12月14日，北京工业大学校友总会江西校友分会成立。

（5）12月25日，北京工业大学校友总会交通行业校友分会成立。

（程迪南　金　峰）

【基金筹措】充分调动校友支持母校发展的积极性，开拓基金筹措渠道，保证教育基金项目有效实施。

（1）做好学校图书馆企业家书屋和特色书架的捐赠工作。

（2）完成第18届中国大学生羽毛球锦标赛的捐赠工作。

（3）组织学生处、研工部和各学院各种奖学金的捐赠。

（4）创立任福田交通奖学金，筹资100万元。

（程迪南　金　峰）

【信息系统建设】（1）推进校友信息系统升级改造建设任务，校友总会网站新系统上线运行，推广使用。

（2）成立对外合作联络处网站，及时发布各种合作资讯和最新动态信息。

（3）开通校友总会官方微信，更新官方微博，向校友传递最新的学校资讯。

（程迪南　金　峰）

场馆管理

【概况】2014年，场馆管理中心围绕学校的中心工作，全面落实群众路线教育活动和党风廉政建设工作，积极践行社会主义核心价值观。立足学校，面向社会，在以优先满足学校体育教学、训练、学校大型活动和师生活动为主的前提下，加大对场馆进行多元化市场开发，不断提高场馆管理中心的整体管理水平，取得良好的社会效益和经济效益。

（吴　勇　王　普）

【场馆运行建设】（1）为师生提供羽毛球、乒乓球、篮球、排球、台球、合唱室、棋牌室、健身房等免费项目，为学校师生提供满意的服务。

（2）按照学校2014年全校组织机构调整的统一部署，场馆管理中心完成了学校游泳馆、地下五人制足球馆、南北田径场、网球场、篮球场、排球场归入到场馆管理中心统一运行管理的各项交接工作。完成场馆管理中心岗位聘任工作，开展安全消防知识、计算机知识、防汛工作、财务知识、场馆制度、服务礼仪以及空调、电力、显示屏、音响等岗位的通岗业务培训，从人员岗位、素质提高等多层面多渠道加强场馆队伍建设工作。

（吴　勇　王　普）

【场馆制度建设】进一步加强安全、财务、人员、场地管理等制度建设，完善场馆管理中心编制外人员人事制度改革，加强编制外人员招聘的管理，进一步完善员工考核制度，强化了工作流程设计和运转管理，切实推进了工作规范化、管理科学化，不断提高工作效能和服务水平。

（苑苏萌　吴　勇）

【场馆设施设备改造】2014年场馆管理中心完成体育馆外栏杆的整体粉刷，空调浅水井洗井，热身馆网球和羽毛球场地改造，北4入口防汛建设，健身房排风系统建设，地下五人制足球馆维修改造成训练馆，篮球场、排球场、网球场和田径场环境建设，田径场等新并入设施与体育馆联网的建设、排水改造，南区更衣室改造，礼堂座椅清洗，体育馆玻璃幕墙防冻封堵等20余个工程项目，进一步优化体育馆、礼堂、地下五人制足球馆、田径场等设施的环境，完善了场馆设施设备的使用和利用。为给游泳教学、训练和师生游泳健身提供更好的条件和服务，游泳馆暂停运行，进行整体修缮。

（苑苏萌　吴　勇）

【场馆安全】2014年场馆管理中心进一步加大安全教育管理力度，多次以安全生产为主要内容向班组、员工传达北京市及学校相关精神。要求班组、员工根据相关规定，长期部署，定期进行拉网式、无死角盲点大排查，对存在的安全隐患及时梳理、上报整改，保证场馆运行安全稳定。

（苑苏萌　吴　勇）

【场馆服务学校工作】（1）服务学校教学情况。2014年服务学校教学共计课时5536小时，总人次83040人次，班级173个。其中，体育馆羽毛球课总课时1024小时，总人次15360人次，班级数32个；体育馆体育舞蹈课总课时224小时，总人次3360人次，班级数7个；其他场馆体育教学总课时4288小时，总人次64320人次，班级数134个。根据活动场地小时应收金额为276800元，全部减免。

（2）服务学校训练情况。2014年服务学校学生训练共计5031场地小时数。其中校羽毛球队训练总时数2064场地小时数，校篮球队训练总时数829场地小时数，校排球队训练总时数584场地小时数，校足球队训练总时数640场地小时数，校团委舞蹈团训练总时数914场地小时数，根据活动场地小时应收金额为251550元，全部减免。服务学校教工训练共计313场地小时数。其中教工的篮球、乒乓球、舞蹈等204场地小时数，离退休职工书画、书法、舞蹈、棋牌、合唱等训练109场地小时数，根据活动场地小时应收金额为15650元，全部减免。

（3）服务学校师生文体活动情况。2014年场馆管理中心为全校师生提供了免费羽毛球、乒乓球、健身房、棋牌室健身时段。免费健身时段共计6344场地小时数，涉及14852人次，根据活动场地小时应收金额为317200元，全部减免。提供了优惠羽毛球健身时段（10元/场地小时），教职工优惠羽毛球健身时段共计6171场地小时数，涉及15403人次；学生优惠羽毛球健身时段共计9069场地小时数，涉及23466人次，根据活动场地小时应收金额为762000元，合计优惠减免金额为609600元。

（4）体育馆接待参观情况。2014年体育馆共接待市级领导和单位以及学校各学院和职能部处组织的各类参观及活动10场次，共计327人次。

（5）体育馆服务学校活动情况。2014年体育馆承接校内学校组织的开学典礼、毕业典礼、新生报到、毕业生双选会等活动4个，服务14190人。

（6）礼堂使用情况。2014年礼堂承接校内活动69场次，服务44660师生，使用时间共计656小时，其中免费时间445小时。

（倪晓茹　吴　勇）

【场馆市场开发工作】（1）对外承接的大小型活动情况。体育馆2014年对外共承接大小型活动27个，服务42640人次。体育馆2014年对外共承接校内活动10个，服务25000人次，根据活动场地小时应收金额为2450000元，全部减免。体育馆2014年对外共承接北京市教委、北京市科协等上级部门及学校合作单位活动9个，服务17300人次，根据活动场地小时应收金额为3030000元，合计减免金额为1748300元。礼堂2014年对外共承接活动21个，服务11450人次。礼堂2014年承接校内活动69场次，服务44660师生，根据活动场地小时应收金额为2624000元，合计减免金额为2581800元。其他场馆2014年对外共承接活动10个，服务12460人次。

（2）各类项目对外开放情况。羽毛球：共计32573个场地小时，服务84742人次。乒乓球：共计257个场地小时，服务618人次。篮球：室内共计90个场地小时，服务1434人次，室外服务22570人次。网球：共计1966个场地小时，服务5876人次。足球：共计24个场地小时，服务600人次。台球：共计1718个场地小时，服务6168人次。健身中心：共计3079个场地小时，服务15876人次，办理会员卡1184张。其他项目（沙狐球、棋牌、桌上足球等）：共计78个场地小时，服务184人次。

（3）场地费减免情况（校内及学校合作单位）。2014年场馆为服务学校及全校师生总计场地费减免8250900元。

（倪晓茹　王　普）

离退休人员管理

【概况】 离退休工作处负责全校离退休人员的服务、管理工作。离休干部实行一级管理，退休人员实行校院两级管理。3月，机关党委所属各部门的离退休人员管理服务事务划转至离退休工作处，学校开始对机关退休人员实行一级管理。学校离退休工作领导小组定期召开会议研究工作，各二级单位设有相应领导小组。北京工业大学关心下一代工作委员会（以下简称“关工委”）、北京工业大学老教授协会（以下简称“老教授协会”）和北京工业大学老教育工作者协会（以下简称“老教协”）挂靠离退休工作处。截至2014年12月31日，学校共有离退休人员2697人，其中离休干部100人，退休人员2597人。全年新退休人员125人；去世41人，其中离休10人，退休31人。学校设有4个老年活动站（室），13个老年兴趣活动队，定期开展活动。全年编印、寄送面向离退休人员的《常青藤》期刊4期，共4000册。

（桂小春　王丽梅）

【离退休党建和思想政治工作】 加强离退休干部党组织建设和思想政治工作，注重思想引领和党支部建设，2014年在全校离退休党支部中开展“与党同心，与祖国同行”主题党日活动。全年共组织各类支部工作、支部书记培训3次，共培训党员150人次。4月、6月和12月，分别召开离退休党支部工作会议、离退休党支部书记培训班。落实离休、局级干部政治待遇，坚持每月一次的离退休局级干部理论中心组学习。5月，举办离休干部学习班。5月和11月，分别举办离退休局级干部学习班，使理论学习深入到位。

（桂小春　王丽梅）

【成立离休与机关退休干部党委】 7月，经学校党委研究决定成立中国共产党北京工业大学离休与机关退休干部委员会，简称“离休与机关退休干部党委”，撤销原离休干部总支部委员会。11月，中国共产党北京工业大学离休与机关退休干部第一届委员会选举大会举行，选举产生首届党委。经学校党委审核批复，首届党委由7名党委委员组成。选举大会后召开首届党委第一次会议，选举王丽梅同志为书记，明确了党委委员任务分工。经过改选调整，离休党支部7个，退休党支部10个。截至2014年12月31日，共有党员264人，其中离休党员60人，机关退休党员204人。

（桂小春　王丽梅）

【离休服务管理工作】 2014年，学校100余位离休干部平均年龄已达86岁，普遍进入“双高期”，学校积极落实离休干部各项待遇，结合离休干部特点开展各项服务，提供周到细致的服务，帮助解决实际困难。加强日常沟通联络，工作人员固定联系离休干部，定期电话问候。在组织活动时充分考虑离休老同志特点，提供用车和服务上门。坚持定期寄送杂志期刊，送学上门。组织离休老同志休养1次，参加人员40人次。6月，组织离休老同志体检。坚持离休老同志节日、生日、生病、住院等“四必访”，坚持“七一”、“两节”离休干部逐门逐户走访慰问，全年共计走访离休干部200余人次。

（桂小春　王丽梅）

【退休服务管理工作】 校院两级协同做好退休人员服务管理。学校层面开展重点活动，指导二级学院做好退休人员的服务管理。（1）加强全校离退休人员信息统计工作，定期维护信息库。（2）品牌活动持续开展：1月，举行离退休老同志新春团拜会。4月，举办离退休老同志“益智健体、乐享晚年”系列活动。10月，举办离退休老同志金秋十月趣味运动会，近千名老同志热情参与。（3）加强走访慰问：全校普遍走访慰问退休老同志700人次，并及时解决实际困难。（4）根据需求做好学习培训服务：3至6月、9至12月开设书法、绘画和摄影培训班共5期，100余人参加培训。（5）开展文体活动，老同志参与率高。5月28日，在“与健康相伴，与祖国同行”北京高校老同志健身项目展示活动中荣获“康乐展示奖”。6月18日，老教师艺术团民族舞队参加“与党同心，与祖国同行”北京老教育工作者庆祝建国65周年文艺演出获好评。6月26日，参加北京市老年人体育协会举办的“第十七届老年健身项目表演赛”，获健身球项目第一名。9月24日至26日，举办离退休老同志迎国庆65周年书画展，展出60多名书画爱好者的93幅书画作品。（6）关心退休人员生活。6月至9月，分9期组织400多名离退休人员赴北戴河休养。（7）积极参加上级单位组织的各项活动。9月26日，退休教师20余人参加由市教工委举办的“2014年北京老教育工作者重阳节环门城湖公园健步走”活动。（8）注重加强离退休工作兼职干部培训，9月，针对新一轮岗位聘任后的兼职干部进行业务培训，加强对离退休工作理念认识、政策法规、方式方法等的学习，提高服务离退休人员工作水平。

（桂小春　王丽梅）

【召开新退休教职工欢迎会】 10月27日，离退休工作处与人事处联合组织召开新退休教职工欢迎会，77人参加。2014年，首次将新退休教职工欢迎会合并为每年一次，并固定在当年10月举行，方便为新退休人员提供集中服务。欢迎会由政策解读和联谊交流两部分组成，人事处负责人向新退休人员讲解退休人员工资和医疗保险政策，离退休工作处负责人介绍学校离退休工作内容和老教师社团活动，同时安排新退休人员的联谊与交流。

（桂小春　王丽梅）

【机关退休工作】 3月，根据学校机构设置调整，机关退休事务由学校机关党委划归至离退休工作处一级管理。机关退休人员来自机关28个职能部门，截至12月底，共有退休人员320人，其中党员204人，老教协会员140人。为方便开展工作，机关各部门混编为10个退休党支部、10个老教协工作小组，二者建制相同。经过工作机制改革与探索，机关退休事务已初步建立机关退休党支部与机关老教育工作者协会联席会议形式推进。6月，原挂靠党办校办的印刷服务中心退休人员事务由机关全部划转至后勤服务集团，10月，档案馆退休人员事务划归机关退休工作。12月，机关老教协分会完成换届选举。随后，10个机关退休党支部、10个机关老教协小组换届选举完成。加强机关退休人员思想建设，开展“与党同心，与祖国同行”主题系列活动，6月，组织机关120余名退休党员参观平北抗日纪念馆。9月，举行机关退休党员“与党同心，与祖国同行，共筑中国梦”演讲暨风采展示活动，100余名退休党员与10多名学生党员共同参加活动。12 月，举行机关退休人员联谊会，近 200 人参加活动。全年慰问机关退休党员、困难职工 40 余人次。同时，组织机关退休人员积极参加学校组织的各项活动。

（朱 静 王丽梅）

【涉老组织工作】 学校的涉老组织主要有三个：“关工委”、“老教授协会”、“老教协”。涉老组织在学校党政领导下，围绕学校中心开展工作。“关工委”主要围绕关心青年成长、加强教育教学督导、党建组织员工作开展工作。3 月、9 月，分别召开关工委工作会议；9 月 18 日，组织开展军训服装捐赠征集工作。“老教授协会”拥有注册会员 473 人；先后组织召开四次会长扩大会、理事会研讨工作，下设“常青藤”书画协会。10 月 28 日，中国老教授协会理工专业委员会 2014 年第二次工作会议在学校召开。“老教协”设有校院两级分会，共有注册会员 1027 人。老教协下设有老教师艺术团和老教师体育活动健身团。老教师艺术团下设合唱团、民族舞蹈队、宫廷舞队、时装表演队、国标舞队；老教师体育活动健身团下设台球队、乒乓球队、网球队、游泳队、常青健身队、健身球队。老教育工作者协会先后召开三次会议，研讨、部署工作；4 月 17 日，老教师艺术团和物资学院老教协一行 50 余人到耿丹学院交流联谊。5 月 21 日，涉老组织召开老有所为总结表彰，表彰了 9 个老有所为先进集体和 30 位老有所为先进个人。12 月 9 至 11 日，召开涉老组织年度工作总结暨研讨会；老教师艺术团、体育活动健身团和常青藤书画协会分别召开总结会。

（桂小春 王丽梅）

【所获奖励】 2014 年，学校离退休工作多次受到上级表彰。1 个集体获北京市先进集体表彰，1 名老同志获北京市先进个人表彰。学校共获北京市老干部工作系统表彰 6 项：4 月，学校获北京市教工委离退休干部处授予的“2013 年离退休干部信息先进单位”称号，并获“2013 年度北京教育系统离退休干部党支部优秀主题党日”三等奖；学校还获由北京市教工委、教委授予的北京教育系统老同志书画作品展优秀组织奖。学校关工委选送的主题活动“老少携手同心共筑中国梦”获北京教育系统关心下一代工作委员会“关心下一代优秀主题教育活动”二等奖、学校关工委获“北京教育系统关工委优秀信息单位”称号。

（桂小春 王丽梅）

机关党务工作

【概况】 机关党委是在学校党委的领导下，承担学校党政机关基层党组织建设、服务机关部门的党的基层组织。2014 年，机关在职职工 426 人，其中正处级干部 25 人、副处级干部 49 人。机关党委以争创“北京高校党建先进校”为契机，以扎实落实党的群众路线教育实践活动整改工作为抓手，围绕学校“十二五”规划和年度中心工作，按照“投入感情、走透工大、改进作风”的支部工作要求，抓好机关党支部组织建设和特色凝练，抓好机关工作作风建设和行为规范，增强机关职能部门服务学校发展的能力和水平，提高机关党的建设科学化水平。

（杨 龙 夏海州）

【基层党组织换届】 机关党委根据学校党委统一部署，筹备换届选举工作，成立换届选举筹备工作领导小组，制定工作方案。严格换届流程，经党支部和全体党员“两上两下”程序的酝酿和民主推荐，报请校党委研究同意并批复，形成了委员候选人预备人选名单。11 月 5 日上午，在校礼堂召开中共北京工业大学机关第五届委员会换届选举党员大会，差额选举产生新一届机关党委委员（刘玮、杨龙、张英、张国兵、陈佳楠、骆琪、夏海州）。11 月 6 日下午，召开第五届机关委员会第一次全体会议，选举夏海州为党委书记、张国兵为副书记，并确定了委员分工。

机关党委设置和调整党支部为 24 个，其中，按独立部门设置的有 21 个，联合党支部 3 个。9 至 10 月，组织了 21 个党支部换届。2014 年 5 月，机关党委 9 个退休党支部划转至离休与机关退休干部党委。

（杨 龙 夏海州）

【党的群众路线教育实践活动专项整治】 机关党委以加强机关作风建设为重点推进党的群众路线教育实践活动整改工作。在学校整改方案中，机关党委牵头 2 个专项整治。

一是专项整治“服务师生，优化办事流程，便捷服务渠道”。机关党委牵头科发院、财务处和国资处三个部门，多次召开会议集中研讨和实地调研，成立了提供一站式服务的科技综合办公室（知新园 108 室），10 月 20 日已经面向全校师生开展科技服务。

二是专项整治“力戒官僚主义，整顿机关一些部门存在的门难进、脸难看、事难办现象”。机关党委牵头制定了《北京工业大学机关工作人员行为规范》，分为五类十条。在制定过程中，强调把征求意见、教育引导结合起来，通过召开机关和学院工作人员、处级干部等3个专题座谈会，并以党支部为单位在全体机关工作人员中征求意见，汇集智慧、逐步引导、统一认识。

（杨　龙　夏海州）

【机关党建工作】 机关党委有24个党支部，党员340人，其中：在职人员党支部23个、党员313人；学生党支部1个、党员27人。2014年发展党员13人，转正17人，参加党校培训的积极分子25人。设立第二批“党员领导干部示范岗”和“党员示范岗”，把机关各部门党员正处级干部设为“党员领导干部示范岗”，在副处级干部及以下党员中设立“党员示范岗”，经组织申报评选，共设立了19个“党员领导干部示范岗”和46个“党员示范岗”，全部以展板形式公布岗位职责、目标及承诺。机关党委承接并安装各职能部门290块门牌、楼层指示标识以及21块部门主要业务流程展板。加强机关党支部书记的教育培训，在中国人民抗日战争纪念馆开展“勿忘国耻，聚力发展，践行社会主义核心价值观”主题教育活动，同时为党支部书记、支委购买《党支部书记的工作方法与领导艺术》、《新编党支部活动实用手册》等书籍，提高支部班子及书记的能力与素质。机关党委主动担负党风廉政建设主体责任，坚持把党风廉政建设同机关工作紧密结合，积极推进机关党风廉政建设工作。组织“共产党员献爱心”活动，260名党员、积极分子捐款共计17165元。

（杨　龙　夏海州）

【机关工会工作】 机关工会完成换届工作。11月26日下午，机关第二届工会委员会换届选举大会在人文楼举行，选举产生新一届机关工会委员会（马立民、王锋、龙英、叶红玲、杨龙、吴勇、夏海州）。在机关第二届工会委员会第一次会议上，选举夏海州为工会主席，叶红玲、王锋为副主席，并进行了委员分工。10至12月，选举产生105名机关工会会员大会代表和47名校教代会工代会代表，推选叶红玲为校教代会工代会机关代表组组长、王晶为副组长。

机关工会下设部门工会小组23个，426名会员。走访、慰问机关会员32人次，慰问金共计16500元；获校教职工篮球比赛男队冠军、女队第四名，获校教职工卡拉OK比赛第三名及最佳视频展示第三名。

（杨　龙　夏海州）

【机关计生工作】 “六一”前，承担校计生办资助的《儿童疾病及保健知识集锦》项目，制作30张光盘，用于儿童保健宣传。开具教职工生育服务证校内介绍信16件，收集14名新入职教职工婚育状况登记情况，为15名教职工办理奶费补贴，为20名教职工子女办理学平险。

（杨　龙　夏海州）

保密管理

【概况】 为加强学校保密管理工作，2004年4月，校保密委员会下设办公室（以下简称保密办），与学校党委办公室、校长办公室合署办公。2012年12月，保密办成为独立设置的正处级单位。保密办的主要职能：贯彻上级有关指示精神，对学校各单位保密工作进行有效的管理、指导、监督、检查、考核；负责日常保密管理工作，落实保密委员会交办的工作；组织开展保密工作宣传、教育、培训工作；检查保密安防措施的落实和保密工作开展情况，协助查处泄密事件。2014年，保密管理工作根据中央文件和北京市相关会议精神，按照“明确责任，落实制度，加强管理，保住秘密”的工作思路，从加强保密工作组织建设入手，强化涉密人员的安全保密责任意识，健全安全保密制度，规范安全保密管理，理顺安全保密工作机制，推进安全保密工作向着规范化、制度化方向发展。

（李　颖　白志强）

【组织建设与人员管理】 4月，在新一轮处级领导班子换届和处级干部选拔任用工作中，学校党委对保密办处级领导班子进行调整。保密办根据工作需要调整内部岗位，设置保密管理办公室，并完成工作人员聘任工作。对涉密人员进行全面梳理并完善信息库，依据涉密程度进行分类管理。严格履行涉密人员的审查审批制度，做好保密教育，实行逐级保密责任制。

（李　颖　白志强）

【制度建设与检查落实】 2014年，保密办对已经出台的管理制度进行梳理，按照“控制源头，加强检查，明确责任，落实制度”的原则，加强对涉密部门人员的监督和管理，进一步规范各涉密部门和网络信息管理人员的管理规章制度，严格各项保密措施。为把各项职责落实到实处，加大监督检查力度，坚持逢节必查、季度小查、年底大查的检查制度，深入到各涉密现场，对人员管理、要害部门部位、计算机使用、文件运行管理等进行认真查实。11月，对相关二级单位非涉密计算机进行现场检查，重点对一机上两网、防范措施不当、安全设置不合理的计算机予以清理；对文件运行和传阅的环节予以监督，对文件混放、管理不严等问题提出整改意见。

（李　颖　白志强）

【完善设施与技防系统】 11月，保密办对学院涉密部位开展现场调研工作，对新调整的保密办公室安装监控系统和防控系统，对重点涉密部位配置“三铁”（铁窗、铁门、铁柜）、“四防”（防盗、防火、防潮、防鼠）设施。12月，根据保密工作的要求和计算机信息管理与应用实际，界定涉密计算机21台，采购布置非授权外联监管系统、移动存储介质使用系统和单向导入系统。

（李　颖　白志强）

【教育培训与日常管理】 先后组织校内相关人员参加由保密认证委等上级主管部门组织的业务培训4人次，并在校内组织针对信息员和信息工作主管领导的网站建设与管理的保密培训。为提高计算机操作人员的技能和保密安全意识，多次请有关计算机网络工程师讲课，对计算机信息管理员进行系统培训，重点就计算机信息系统安全防范、个人设置、信息使用等内容开展交流学习，进一步明确计算机信息安全的防范措施。相关学院积极组织保密干部和保密要害部位工作人员、兼职保密干事等涉密人员参加有关保密培训。保密办与党办校办、科学技术发展院、保卫处、宣传部、信息处、档案馆等职能部门相互协调、密切配合，理顺日常保密工作机制。10月，与宣传部、信息处共同修订网站建设和管理规范、制定校园信息门户管理办法。全年认真做好涉密人员出国出境的审批和提醒，定期对涉密人员开展保密自查，加强档案管理，严格遵守计算机、移动存储介质的管理使用规定。

（李　颖　白志强）

信息网络

【概况】 2014年，信息处根据《国家中长期教育改革和发展规划纲要（2010—2020年）》、《北京市中长期教育改革和发展规划纲要》的精神，明确“智慧工大”建设目标，坚持以信息化促进学校综合改革，不断加强顶层规划和统筹管理，逐步健全管理体制与运行机制，充分发挥信息化在教学、科研、管理中的服务与支撑作用，全面推动学校信息化工作水平的提升。

（冀雅儒　林绍福）

【召开信息化工作推进会】 11月27日，学校首次信息化工作推进会在逸夫馆报告厅召开。校领导郑吉春、郭广生、张爱林、聂祚仁、刘建萍，校长助理李四平，学校高层次人才代表，信息化工作组成员，各二级机构信息化工作联络员，教师及学生代表约190人参加会议。会议回顾了学校信息化发展的历程和取得的成绩，展望了学校信息化建设由“数字工大”迈向“智慧工大”的前景，要求信息化工作必须顶层设计、规划先行、健全机制、明确职责、协同推进、资源共享、服务整合、务求实效，会议印发《信息化工作领导小组、工作组和专家咨询委员会工作机制》、《关于加强信息化工作的意见》、《“智慧工大”顶层设计框架》、《信息化项目管理办法》、《网站建设与管理办法》、《信息门户管理办法》、《校园一卡通管理办法》、《校园网建设与运行管理办法》等文件的征求意见稿。

（冀雅儒　林绍福）

【召开专家咨询委员会会议】 2014年，学校成立信息化专家咨询委员会，并于11月16日召开了信息化专家咨询委员会第一次全体会议。来自教育部、北京市经济和信息化委员会、北京市教育委员会、各兄弟院校以及国内IT龙头企业的14名专家被聘为信息化专家咨询委员会委员。会议审议通过《信息化工作领导小组、工作组和专家咨询委员会工作机制》、《关于加强信息化工作的意见》、《“智慧工大”顶层设计框架》等会议文件。

（冀雅儒　林绍福）

【应用信息系统建设】 （1）在系统建设方面：①统筹组织2015年信息化专款项目的规划和论证，包括内网综合服务平台、决策支持系统、校院两级协同办公系统、信息处项目管理系统等；②完成网站群平台升级改造，迁移和改版5个部门网站、9个学院网站和8个科研单位网站，基于原网站群平台新建站点11个；③完成正版化软件平台、校主页平台、科研系统（三期）等13个应用系统和网站的项目实施、上线运行服务及验收准备工作。

（2）在应用服务方面：①对公共数据库、信息门户网站、校主页、网站群平台、统一身份认证平台、质量服务评价体系、OA系统等服务器每日监控巡检，对学工、科研、教务、研究生系统服务器进行季度巡检；②开展校外网主页、综合信息支撑平台运维与应用服务，包括门户栏目、站点及用户群组维护、调查问卷等业务70余次；为教职工、博士后、科研助理等其他人员的入校、离校办理门户、无线和VPN等账户业务 1720 次。

（路 萍 林绍福）

【校园一卡通建设和服务】 （1）在校园一卡通应用建设方面：①完成校园一卡通自助服务系统（含 web、手机和语音自助服务）部署和上线运行，方便校园卡用户及时通过电脑、手机或者电话语音进行卡挂失、消费查询、卡余额查询等操作；②完成学校班车刷卡收费管理系统的部署上线等工作；③完成校园一卡通平台的升级改造工作和门禁系统续建工作；④配合后勤服务集团对第三食堂、第四食堂以及物资大厅进行相关设备拆除和迁建工作。

（2）在校园一卡通运行服务方面：全年累计发放校园卡（含补办）16845 张，保障了全校师生的学习工作生活服务；6 月，完成 2014 届毕业生离校工作，提供了离校刷卡登记、实时统计办理毕业手续人数等信息化服务；9 月，完成 2014 级新生数字迎新工作，制作校园卡 5000 余张，其中现场制卡 211 张，为广大新生入学提供了信息化服务与保障；此外，还支撑了研究生院科技夏令营、国际交流合作处短期留学生、全国大学生羽毛球锦标赛等活动的用卡需求。

（王凤珍 林绍福）

【校园网升级改造】 （1）校园网出口带宽扩容：3 月，完成校园网出口负载均衡设备的升级，使校园网负载均衡设备的带宽达 2Gbps。（2）邮件系统建设：7 月，对学校电子邮件系统进行升级，解决了邮件系统和浏览器软件的兼容性。（3）核心机房 UPS 系统建设：8 月，完成学校网络核心机房 UPS 系统的更换工作，首次采用模块化 UPS 系统为校园网设备提供不间断电源服务。（4）无线网络建设：3 至 7 月，累计安装无线 AP 设备 49 台，更换交换机设备 5 台，实现学校食堂的无线室内覆盖和新旧操场、西区教学楼宇周边及西门教学楼宇周边等重点区域的无线室外覆盖，为有线网络提供重要补充，方便师生的学习和生活。（5）网络接入与升级改造：协助后勤管理处完成能源楼、知新园、中蓝公寓等 14 座楼宇能源监控设备的网络接入，协助机电学院完成基础楼 12 层、金工楼等多处楼宇的网络升级改造。

（张 杰 林绍福）

【服务器群及存储系统建设】 （1）服务器群方面主要建设内容包括：①完成虚拟化服务平台的三期建设，形成以 4 台 IBM x3850 和 14 片 IBM 刀片服务器组成的虚拟化服务平台，提高了服务器硬件资源的利用率，有利于节省能源，降低功耗，减少成本；②为二级部门新部署服务器 22 台，其中虚拟服务器 17 台，刀片服务器 5 台，运行应用系统包括入党积极分子学习与考试系统、新网站群系统、IBM TPC 控制系统、移动 OA IPv6 服务系统、“康乐瘦”健康系统、北京工业大学空间结构研究中心系统、无损检测评价与研究所网站系统、校友系统业务平台、教务处网站、樊恭炼学院网站、首都社会建设与社会管理协同创新中心、新移动平台、Web 应用防火墙（WAF）日志服务器等。

（2）继续进行存储系统的扩容工作，包括：①生产中心新增 IBM V7000 存储 1 套，裸容量增加 32TB；②灾备中心新增 IBM V7000 存储 2 套，裸容量增加 64TB。通过进一步扩容，提高系统的可用性，使学校存储系统容量得到较大提升。

（耿志刚 林绍福）

【信息安全保障建设】 （1）进一步落实网络与信息安全责任，与宣传部合作完成二级单位网络与信息安全第一责任人和信息安全员的登记备案工作；（2）继续进行信息安全等级保护备案工作，全年新增和变更备案 27 个，申请撤销备案 26 个；（3）组织开展 2014 年网络信息安全检查，完成 46 个备案系统的《信息系统等级保护备案信息采集表》、《2014 信息系统等级保护自查表》、《信息系统资产表》填报工作；（4）对 134 个系统网站进行漏洞扫描，编制《北京工业大学网站与信息系统安全检测周报》；（5）对信息门户网站等 21 个重要系统进行远程渗透测试与风险评估，并根据评估结果完成安全整改；（6）完成国庆 65 周年、APEC 会议等关键时期的信息安全保障工作。

（路 萍 林绍福）

【校园网运维工作】 全年累计完成有线网络故障报修 162 次，无线网络故障受理 50 余次，电子邮件类报修 27 次，域名分配 23 次，校园网络设备、设备间运行状态、校园网重要应用系统网站的定时状态查询 2555 次，对中央机房重要设备硬件状态巡检 730 次，接听 2037 服务热线电话月均 440 次，累计受理信息门户密码重置 700 余次，受理网关账号密码重置 700 余次，受理邮件账号密码重置 700 余次，人工办理网关账号开户 51 次，人工办理邮件账户开户 40 余次。

（张 杰 林绍福）

【项目验收】 1 月，信息处组织信息化项目专家验收会议，以下 16 个项目通过了验收：

（1）信息化建设——“数字校园”业务应用系统建设三

期升级改造——毕业生就业服务平台建设；（2）信息化建设——移动OA办公自动化系统建设；（3）信息化建设——北工大信息网络安全建设（“十二五”一期）；（4）信息化建设——存储系统信息服务平台三期建设升级改造；（5）信息化建设——服务器群信息服务平台三期建设升级改造；（6）信息化建设——校园网核心节点万兆升级改造（一期）；（7）信息化建设——中蓝新公寓校园网建设；（8）信息化建设——无线网络四期建设升级改造；（9）信息化建设——通州校区网络机房改造；（10）信息化建设——中蓝公寓学生宿舍指纹门禁系统建设；（11）信息化建设——中蓝公寓二期学生宿舍指纹门禁系统建设；（12）学科与研究生教育——211工程－数字工大—审计系统；（13）信息化建设——2011年正版化软件建设升级改造；（14）信息化建设——中蓝新公寓校园一卡通应用建设；（15）信息化建设——校园一卡通中蓝新公寓食堂、水控系统及现有开水系统升级改造布线工程；（16）信息化建设——校园一卡通应用建设五期——门禁系统四期、幼儿园接送系统。

（冀雅儒　林绍福）

现代教育技术

【概况】 现代教育技术中心是北工大直属教学辅助单位，前身是成立于1978年12月的电教中心，1994年3月正式更名为现代教育技术中心。主要承担多媒体教学支持、网络教学支持、音像节目制作、教育技术研究、教育技术培训和相关专业硕士研究生培养工作。2014年在岗人员25名，其中正高级职称1名，副高级职称7名；硕士研究生学历14名。现代教育技术中心由教学支持部、音像制作部、网络教学部和教育技术研究室等4个业务部门和中心办公室组成，下设教学软件制作室、非线性音视频编辑室、教育在线服务器机房、外语调频台、300平方米演播厅和电视导播室。截至2014年12月，拥有固定资产4008件，合计约4266万元，使用面积约1000平方米。建设和管理204个多媒体教室、3个直播教室，总座位数17107个。

现代教育技术中心有经教育部教育技术协作委员会批准成立的“北京工业大学教育技术培训中心”，是全国教育技术协会高校理工科专业委员会副秘书长单位、北京高教学会教育技术研究会副理事长单位，承担北京地区高校精品课程资源网的研发、维护与评价工作。

现代教育技术中心积极开展科研工作，历年来获得省部级各类奖励25项，其中获得北京市优秀教学成果二等奖1项，北京工业大学优秀教学成果奖一等奖1项、二等奖2项。

（乔　虹　郭　煜）

【教育在线】 教育在线包括移动网络直播系统、视听课堂、教师多媒体与网络应用培训、北京市精品课程、北京工业大学精品课程、教学资源库、实验教学示范中心、多媒体教室网、名校公开课和调查问卷与课程测试系统等子网站。

到2014年底，教育在线系统内所有注册用户为30473人（其中教师用户1303人，本年度新增教师用户94人；学生用户29170人，本年度新增学生用户2838人），教师申请课程总数为774门，本年度新开课程64门；教师开设的班级总数为1844个，本年度新增班级275个。

2014年共进行网络视频直播活动9次，累计233场。从9月起，网络直播采用高清直播方式。2014年全年视听课堂新增视频课件51部、115集。现有视频课件1002部、2803集，视听课堂视频资源累计点击次数超过61万次。

结合北京工业大学“工程大师论坛”专项活动，视听课堂继续推出“工程大师论坛”专辑栏目。自2006年学校开始举办“工程大师论坛”学术讲座以来，截至2014年底，视听课堂“工程大师论坛”栏目讲座总数为144次，其中2014年为31次讲座，2014年的主要内容包括“电化学在水污染控制中的应用研究”、“Recent Progress of Advanced Spark Plasma Sintering（SPS）Method and Industrial Applications”、“耐热钢第四类裂纹”和“Failure Mechanisms IGBTs & VD-MOSFETs”等。

2014年，名校公开课平台的课程总数为269门，视频资源总数为4373个，总访问量为733391次，校内师生可免费共享优质视频资源。

调查问卷与课程测试系统使用率稳步提升，2014年发布的问卷总数为17份，答卷总数为2651份。

依托开源软件ffmpeg进行开发的音视频转换系统已经完成测试，已完成视听课堂总计1.3T资源的自动转码，为视听课堂采用flash流媒体格式做好前期准备。

（曹　茜　郭　煜）

【多媒体网络教学环境】 北京工业大学多媒体网络教学环境

覆盖学校南、北两大区域。学校南区共拥有多媒体教室101间，包括第三教学楼81间（含3间直播教室）、信息楼8间和经管楼12间，并有中控室1间。学校北区共有多媒体教室106间，包括第一教学楼79间和第二教学楼27间，并有中控室1间。

所有教室全部为网络集中控制型多媒体教室，教室内均配置计算机、投影仪、多功能讲台、中控主机及其他教学用设备。教师上课使用校园一卡通刷卡开机，通过本地控制系统集中管理各种教学设备，在控制面板上实现视频信号间的切换。教室内装有IP可视对讲系统，教师可以随时和中控室取得联系并获得及时帮助。

中控室内装有多媒体教室主控系统，使用集中控制软件通过校园网实现对各教室设备的远程控制和管理。配置IP可视电话通讯中心，实现中控室和教室的实时通讯。同时配置数字监控系统，实现数字化监控。为了多媒体教室设备的安全，配置安防报警系统。

为了配合学校校园文化建设，现代教育技术中心先后建设了第一、二教学楼和第三教学楼的大屏幕教务信息显示系统，并最终统一到一个信息发布平台上，集中发布和管理分布在三栋教学楼的36块高清屏幕，用于播放教务信息和宣传校园文化。

1月，北京市电子巡考系统北京工业大学部分建成并投入使用，现代教育技术中心对公共教室内所有摄像头进行统一规划，建成校长副控系统。

2月，对已运行8年的校南区101间多媒体教室完成升级改造，改造之后的多媒体教室使用更加方便、操作更加人性化。同时，改造后的学校南区多媒体主控室既可以做到集中管理全校所有的公共多媒体教室，也可以做到集中观摩全校教室的教学运行状况，极大提高了学校多媒体教室的管理效率和服务水平。

（徐　明　郭　煜）

【音像节目制作】 2014年，现代教育技术中心共计拍摄制作了300部（集）视频片。

为学校大型直播活动提供导播及录制服务，如2014年度学生毕业典礼、2014年度学生开学典礼、新生英语培训、校园歌手大赛、舞蹈团及交响乐团演出、人才工作大会、科技节及科技大会等大型直播活动；为学校各部门各学院拍摄制作了大量党政类、学术类、课程类及活动类视频；为环能学院拍摄录制实验专题片2部。同时已顺利完成所有视频资料的记录及存档工作。

完成了第三教学楼录播教室及学校礼堂高清视频直播系统的升级改造。经过设备测试及业务培训，新的系统可以保障各类录播、直播任务的顺利完成。在视频拍摄和制作上，已经完成了从模拟模式到高清模式的转换，同时进行了非线性编辑机房网络服务器的升级改造，已基本实现了视频的硬盘编辑及存储。另外还购置了一批航拍器、稳定器等拍摄设备，经过学习和实践，现在已运用在学校大型直播活动拍摄中。这些新的技术手段，为学校大型活动的视频拍摄提供了全新的航拍角度和流畅的运动镜头，进一步提高了视频拍摄的水平及质量。

在北京市创想杯微课大赛中，为学校参加大赛的教师制作了10部参赛作品，其中有5部作品分获一、二、三等奖及优秀奖。

（李　勇　郭　煜）

【音视频资料媒体管理网络数据库】 现代教育技术中心成立以来，每年拍摄、制作大量的教学片、专题片、重要新闻素材和会议资料。目前所有音像资料全部录入数字化音视频文件库及音视频资料媒体管理网络数据库。

系统包含四个资料子系统，一个后台管理系统和一个留言板系统。资料子系统分别是：

DVD资料库：收集以DVD为存储介质的节目，现有条目2215条。

VCD资料库：收集以VCD为存储介质的节目，现有条目151条。

MINIDVD资料库：收集以MINIDV为存储介质的节目，现有条目665条。

旧磁带光盘库：收集了2001年以前拍摄的部分1/2磁带、3/4磁带和VCD光盘，共有条目1270条。

在高等教育出版社主办的全国教育数字音像资源总库的建设中，音视频资料媒体管理网络数据库中的450部集音像资料，入选该资源库。

2014年，在以往资料数据库的基础上，增加新的硬盘存储视频资料共计211条。

（乔　虹　郭　煜）

【教育技术培训】 3月，现代教育技术中心自编培训教材《教育技术培训教程》出版。完成《教育技术发展通讯》第二期“微课、翻转课堂和教育在线”主题的编写、发布工作，面向教师发布，受益教师1500余人。

4月，参与北京工业大学教师教学发展中心第八期青年教师教学能力培训计划，负责教学基本功《媒体与教学》主题的培训部分，培训对象是新入职青年教师，本次培训50人。

6月，应马克思主义学院和人文学院邀请，完成微课制作主题培训，培训教师30人。

9至12月，现代教育技术中心与8个学院联合组织开展“建构21世纪新型课堂”主题培训，包括“教育技术应用的探讨”和“移动终端在教学上的应用”，每双周三下午培训，共培训8个学院教师200余人，并对培训内容和效果通过网络问卷做调查。

11月，现代教育技术中心建立微信公众号，并发布第一期内容。

（徐世东　郭　煜）

【科学楼演播中心】 科学楼演播中心包括演播室、控制室和非线编机房的部分设备。演播室总建筑面积约350平方米，演播拍摄区约300平方米。演播室灯光采用独具特色的行架管大密度布灯结构，演播室布光控制和照度完全达到中小型广播级演播室的照明水平。

前期设备包括4台松下AK—HC3500AMC演播室高清数字摄像机和1个10米摇臂。外拍设备是2台digital—Betacam记录格式的BVW—709P摄像机、2台DVCAM记录格式的DSR—570P摄像机，1台松下AJ—HPX2100MC高清摄像机和1台索尼HDW—800P高清摄像机。总控室是4讯道演播控制室，包括配套的4个摄像机控制器，摄像机调整面板，AV—HS450MC视频切换系统，还有1套由摄像机监视器、节目播出预监视器、附加信号源监视器和播出信号监视器组成的高清视频监视墙。音频信号分两级控制，前级在演播室二层，主要完成调音、处理和混合，合成信号送到主控室后可以进行二次混合分配，可以提供多路的信号输出。记录设备可以在digital—Betacam格式，数字高清HDCAM格式和硬盘录像机三种方式中任意组合选择。

后期设备主要由1套大洋HD9高清非编、1套Avid NC—DX高清非编、4台终端组成的ADIOS网络化管理高清非编系统和分别配有高标清记录格式的录像设备组成。

（宋　亮　郭　煜）

档案（校史）工作

【概况】 档案（校史）工作主要包括（1）国家档案法令、政策和规定的贯彻执行，全校档案工作的规划；（2）全校档案工作规章制度的制定、监督、指导和检查；（3）全校各类档案及资料的接收（征集）、整理、鉴定、统计、保管；（4）档案提供利用服务；（5）档案参考资料的编辑，检索工具的编制，档案信息资源的开发；（6）档案信息化建设，档案信息资源共享；（7）全校档案工作人员的业务培训；（8）档案宣传工作和教育活动；（9）档案学术研究和交流活动；（10）教工及学生人事档案管理与服务利用工作；（11）校史馆日常管理和维护，校史研究工作。

3月，学校成立校史馆，与档案馆合署办公，档案馆（校史馆）调整为正处级单位建制。档案馆（校史馆）既是学校档案校史工作的职能管理部门，又是保存和利用本校档案、开展校史研究工作的专门机构，编制11人，现有副高级专业技术职称1人，中级职称9人；硕士研究生学历6人。档案用房2553平方米，设有档案库房、办公室、借阅室、计算机房、装订室，密集架长度5360米。1997年晋升为“科技事业单位档案管理国家二级”。1987、1991、2003、2009—2012年度被评为北京市档案系统先进集体，2003年被评为北京市档案执法检查先进单位，2006、2008、2010年被评为北京高校档案先进集体。档案馆凭借规范扎实的基础业务工作，科学有序的管理方式，专业高效的提供利用服务，为学校的教学、科研、管理等各项工作的开展提供信息支持。

（赵宪珍　赵　明）

【档案馆库藏】 北京工业大学档案馆共有7个全宗。其中，北京工业大学全宗（1960年—）管理全校党政管理（文书）档案、教学档案、科研档案、基建档案、出版物档案、设备档案、财会档案、实物档案等203626卷（件）。北京联合大学经济管理学院全宗（1978年—1990年）2240卷。北京外贸学院分院全宗（1979年—1983年）133卷。北京计算机学院全宗（1978年—1993年）4013卷。北京艺术设计学院全宗（1958年—2005年）1372卷。华北水利水电学院全宗（1971年—2000年）687卷。国家建材管理干部学院全宗（1980年—2000年）1182卷。分布情况见图11-1。

（赵宪珍　赵　明）

【年度档案接收与利用统计】 2014年，进馆各类档案10260卷件（含会计档案4964卷），照片3329张，光盘70张；接收学生档案5543卷，发送学生档案4754卷。接待来馆利用者1839人次，利用档案6842卷

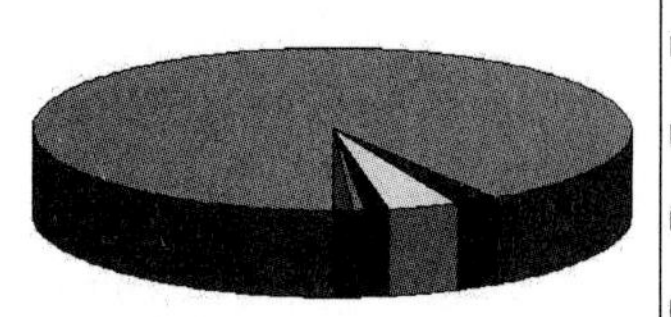

图 11-1　北京工业大学档案馆库藏全宗分布图

（件）次，出具各类档案证明2523份，网上访问量累计13449次。

（赵宪珍　赵　明）

【干部人事档案管理】　干部人事档案管理工作包括全校在职及退休等人员档案管理与利用。截至2014年12月，共管理人事档案6987份。全年接收新入校教工档案76份（含完全人事代理，科研助理等人员档案），转出档案34份。零散材料归档8609份。接待校内外公证、查借阅、复印档案材料771卷次，更换装具958套。

（赵宪珍　赵　明）

【校史馆与校史研究】　校史馆全年共接待校内外参观533人次，为樊恭烋学院学生夏令营、毕业20年校友返校、新教工培训等活动做好服务接待工作。对校史馆内容进行初步梳理，为学校55周年校庆做文案准备；与离退休工作处合作，进行校史实物征集。对馆内实物档案进行了核对、替补、换编号等工作。

校史研究是档案利用的重要形式，是挖掘学校历史、展现学校办学理念，传承大学精神的重要工作。2014年，档案馆（校史馆）与宣传部、离退休工作处、现代教育技术中心合作成立“口述历史”工作组，对学校历史上的重要人物进行采访，撰写采访提纲、采访手记，整理采访实录。配合宣传部制作学校简介“历史沿革”部分，梳理撰写历史大事记16条。

（赵宪珍　赵　明）

图书馆

【概况】　图书馆设有综合办公室、采编部、技术部、读者服务部、信息咨询部等五个部门。综合办公室承担行政、业务协调统筹和日常开馆的各种基本保障工作。采编部承担全馆资源建设包括图书期刊、电子出版物和数据库等所有馆藏的采访及纸本资源的编目，同时参加高校图书馆联机编目数据库的建设。技术部负责全馆计算机网络信息应用系统平台的建设，保障图书馆核心自动化集成系统、本地电子资源、论文提交业务系统等正常运行。信息咨询部负责信息咨询及馆藏电子资源和网上学术信息的整合利用、科技查新站运行、数字资源应用和图书馆建设对策研究，以及数字资源应用方面的对外合作与学术交流，承担全校检索课教学和图书馆用户培训工作。读者服务部负责馆藏各类书刊的流通和阅览服务。

图书馆在职正式职工62人，临时聘用人员1人。正式职工中，博士生2人，硕士生26人，本科生25人，大专生12人；正高职称2人，副高职称12人，中级职称34人。

2014年，图书馆可流通馆藏总数1475424册。校图书馆（含本部校区各单位资料室）、艺术设计学院、实验学院、继续教育学院共藏书2014116册，电子图书13013.36GB。

2014年12月，图书馆经教育部专家组审核评议被批准为教育部第六批部级科技查新工作站。

（范蔚蔚　阮平南）

【文献资源建设】　中西文图书、期刊和数据库采购都通过公开招标确定供货商。在中标公告发布后，及时与书商联系，明确图书馆需求，通过现采、目录和读者推荐等方式，进行图书订购。外文图书现场书展4次，中文图书现采8次。中文图书采购21194种，63349册，277.85万元。其中总馆科技197万元，12784种，38060册；社科80万元，8410种，25289册。外文图书110万元，1680种，1776册。

订购2015年中文期刊1063种，1073份；中文报纸31种，43份；外文版权期刊10种，10份；新获赠书并完成赠书296种、417册，工大文库7种11册。

全年招标中外文数据库67个，共计10112549元；完成所有数据库的DRAA在线订购流程以及与数据库商的线下协议签订工作；新增数据库3个，开通试用数据库50个。

规范编目数据审核流程，全面修订了数据校验审查的规范文档，完成所有新书的验收登到编目。修订电子图书工作细则，新增28种Wiley参考工具书西文电子图书的编目记录。

继续开展分馆建设工作，进行系统使用指导，为外语学院分馆购买补充教学科研用书。完成各分馆中外文图书期刊分类编目典藏审核工作，共计

4300余种。

（刘　健　阮平南）

【读者服务】 图书馆全年借书173311册，还书176212册。年到馆880724人次。

图书馆全年开馆天数为290天，每周平均开馆100.5小时（中蓝公寓105小时）。

为读者提供馆际互借与文献传递2790篇（册）；受理查收查引请求364项；检索收录文献4191篇，文献引用26895篇次；完成科技查新228项；全年共计240名本科生和968名研究生选修了科技文献检索课。组织计算机学院本科生新生教育1次。

为展示北工大出版社的特色出版物，图书馆于2014年9月22日在逸夫馆设立“北京工业大学出版社特色书架”，共展出图书163种。

4月23日至5月23日，举办“知识发现·2014·图书馆月”活动。举办“线上寻宝”，读者见面会、“开放存取”讲座，增加“我最喜欢的图书封面”等创新活动，得到广大读者的积极参与。举办“Igroup请你猜猜猜活动”，共8期，400余人次参与。

北京工业大学教学参考资源网新增4000多种教材及教参书；课程库中更新及新增数据1810条；完成超星视频课程与教参资源网的集成整合。

（万云芳　阮平南）

【交流合作】 6月17日，河南工业大学图书馆流通部主任一行3人到图书馆访问，就流通业务外包、图书借阅服务以及科技查新等问题进行交流。副馆长魏育辉等接待了来宾。

7月18日下午，图书馆与北京经开投资开发股份有限公司（以下简称“经开公司”）在经开公司会议室举行“战略合作框架协议”签约仪式。经开公司周世义总裁、经开公司党总支书记伍海峰、蒋毅坚副校长、阮平南馆长、王梦然书记、魏育辉副馆长等参加签约仪式。

9月10日，“出版社—图书馆资源共建”捐赠仪式在逸夫馆举行。蒋毅坚副校长、出版社郝勇社长、图书馆阮平南馆长、王梦然书记等参加捐赠仪式。

9月11日，国家法官图书馆一行3人到图书馆访问，双方就新馆建设所需的各种读者家具、设备等进行交流。

（魏育辉　阮平南）

【图书自动化系统的建设与管理】 2014年处理解决各类硬件设施问题79次；各类技术服务、解决问题、业务处理、新增服务、统计等维护管理220次；电子资源升级、数据更新、排错等维护管理62次。

审核发布研究生电子版论文2226篇，特优本科生电子版论文27篇，提交清华同方871篇。

开展新媒体服务：新增移动图书馆APP服务；通过微博及时发布图书馆相关信息、回复读者咨询197次，粉丝@北工大图书馆356次，评论168次，共处理微博荐购书目36种；新增离校提醒短信服务，全年向读者发送各类短信21020条；图书馆微信2014年5月7日上线，关注人数720人。

组织图书馆漏检整改3次；组织安全自查1次，弱口令修改1次；增强校外访问系统安全访问措施5项；安全培训2次。

全年实施8项服务措施，涉及迎新、二维码扫描、OPAC图书封面、季度使用报告、Shibbleth服务、自助流程优化等方面。

完成2台自助借阅机、2台UPS设备、10台服务器的实施及相关系统迁移；新旧馆门禁9个点的更换，研讨室3个门禁的实施；论文提交系统TPI升级6.0版本。

（郭振英　阮平南）

【党的建设】 2014年，在校党委领导下，图书馆党总支坚持党政联席会议制度，对馆内建设发展的各项工作集体研究决策。党总支紧紧围绕图书馆中心工作，认真学习、深入贯彻落实党的群众路线教育，深入开展思想政治工作，支持教代会工会工作，充分发挥党组织的战斗堡垒作用与党员的先锋模范作用，提升服务于图书馆发展与解决群众需求的工作层次。

1月14日，第二届图书馆教职工代表大会暨工会代表大会第二次会议在逸夫馆报告厅召开。大会主题为“推动深化服务、适应转型要求，努力提升图书馆为师生服务的水平”。

9月12日，图书馆退休支部党员前往大兴区采育镇，向采育镇兴采社区群众图书馆捐赠图书。本次图书馆退休支部依靠党员捐赠、馆藏剔旧和联合学校出版社等方式共募集图书1300余册及杂志千余本，全部捐赠给采育镇兴采社区群众图书馆。

10月5日下午，图书馆总支举行换届选举大会。总支应到50名党员，实到46名，大会通过无记名投票方式差额选举产生新一届图书馆党总支委员会（王梦然、刘俊武、范蔚蔚、刘彩娥、贾舒敏）。

11月28日，图书馆、都柏林学院工会教代会换届大会在逸夫馆会议室召开。图书馆、都柏林学院工会、教代会的代表、特邀代表参加会议。会议由图书馆上届工会主席刘俊武主持，审议相关会议文件，讨论涉及图书馆、都柏林学院发展建设以及教职工切身利益的有关问题，投票选举出图书馆、都柏林学院新一届工会委员会、教代会执委会、校两会代表。

12月15日，图书馆党总支召开党总支委员、支部书记研讨暨培训会。

（范蔚蔚　王梦然）

出版社

【概况】 2014年，北京工业大学出版社有限责任公司（以下简称出版社）图书出版总计667种，同比下降3%，其中，重印图书品种268种，同比增长8%，重印率为41%。发货码洋1.0868亿元，同比增长2.2%。全年银行回款3742万元，同比增长6.85%。全年入库码洋1.011亿元，同比下降3%，发进比为102%，同比增长10%。入库总册数为395万册，发货总册数为411万册。全年退货码洋1828万元，同比下降46%，退货率为13%，同比下降9%。

截至2014年12月31日，库存码洋8040万元，同比增长10%，应收货款实洋4450万元，同比增长12%，应付货款1600万元，同比增长5%，国有资产进一步实现保值增值。2014年，实现产品销售收入3014万元，实现利润270万元。全年上缴学校利润150万元，返还学校事业编制职工工资，上缴税水电取暖等各项费用79万元。

（朱　军　郝　勇）

【图书获奖及重点选题情况】 2014年，《蒋百里全集》被评为国家出版基金项目；《侯仁之与北京城》被选为“十二五”国家重点出版物规划增补项目，实现建社以来在国家级出版项目中（不含国家级图书奖项的评比）零的突破。《华夏文明史话》（全八册）输出台湾地区全球繁体字版权，数字出版工程项目获北京市“文创基金”资助。据中国版协发布的2014年度中国图书世界影响力海外馆藏排行榜，出版社在中国大陆500多家出版社中排105位，《创业的智慧》一书被评为“2014年度中国影响力图书”。

（朱　军　郝　勇）

【编辑、发行工作】 在2014年出版的总计667种图书中，编辑完成当年加工任务的图书421种，同比增加16%。

发行部在2014年中小学馆配市场停滞的情况下，发货码洋同比有较大提升，且对图书市场的运作进一步细化，全年发货折扣略有提高，退货同比下降。

（朱　军　郝　勇）

【加强管理工作】 2014年，出版社按照国家新闻出版广电总局和北京市新闻出版广电局的要求，进一步深化出版社内部机制改革，完善制度建设，特别是在提高质量上下功夫，建立出版社年度图书自查制度，扩大自查范围。职能部门努力提高服务意识、工作效率和办事水平，对出版社完成生产任务起到有效的保障作用。

（朱　军　郝　勇）

【党支部及工会工作】 2014年，按照上级党组织和工会组织的要求，出版社在投资公司党总支和工会的领导下，支部认真组织党员参加各级组织举办的活动，注意培养入党积极分子。工会根据出版社的工作特点开展活动，在关心职工生活，进一步理顺会员关系等方面做工作，取得好的效果；组织职工参加学校2014年教职工趣味运动会，在4个集体项目上获得较好名次。

（朱　军　郝　勇）

后勤服务

【概况】 后勤服务集团（以下简称后勤集团）下设党委、行政、财务和大项目4个办公室，以及饮食服务中心、物业修缮服务中心、学生社区管理服务中心、校园环境服务中心等11个中心实体，承担学校餐厅管理、运行及2万多名师生员工的就餐服务；学生宿舍管理服务；校内水、电、气、暖等设备的运行、管理及维修服务，校内建筑物的维修管理，家属区的物业管理；校园绿化环境养护、道路保洁，教学楼及办公楼公共部分的室内保洁；学校所管车辆、班车的运行管理和服务；校内物资大厅及烛光超市的运行管理；复印、喷绘、广告设计、印刷、照相及会务服务；全校有线电话的安装、报修、维护工作，报刊、信件的收发工作；校内报修、后勤服务咨询和投诉；教职工幼儿的入托及管理等工作。2014年6月3日，经第14次校长办公会议研究决定，印刷服务中心从党办校办整体划转至后勤服务集团。印刷服务中心共有28人，其中事业编制聘用人员9人、编制外聘用人员4人、退休人员15人。

根据学校岗位聘任工作要求，后勤集团2014年岗位聘任工作自6月3日启动，7月下旬结束。此次聘任首次与学校同步进行，面向全校公布岗位，接受个人报名、确定拟聘人选、审核公示等步骤，严格遵照学校要求做到公开、公平、公正。共设岗位353个，其中管理重点岗位34个、一般管理岗位34个、其他专业技术岗位14个、工勤技能岗位271个，经集团岗位聘任分委员会审议通过，共聘任310名员工，其中，管理重点岗位32名（含2名编制外聘用人员，1名其他部门调入）、一般管理岗位27名、其他专业技术岗位14名、工勤技能岗位237名（含2名其他部门调入）。

后勤集团狠抓安全管理，打造扎实有效的安全管理体系。开展安全生产宣传月，完善安全检查机制。通过安全制度学习、安全知识培训、安全环境营造、操作规程演练、安全隐患整改等有效措施进一步夯实安全工作基础。

2014年，后勤服务集团学生社区团总支荣获共青团北京市委员会颁发的“首都大学、中专院校‘先锋杯’优秀团支部”称号；学生社区管理服务中心获评校“先进基层单位”。刘佳获“首都绿化美化先进个人”，赵晶、侯东升获“北京工业大学优秀教育工作者”先进个人称号。后勤集团共有113名职工获学校年终考核“优秀”等级，其中编制外聘用人员68名。

（王秀梅　张彦军）

【党建工作】 4月30日，后勤集团新一届领导班子成立。张彦军任后勤集团党委书记，涂鸣任总经理、刘佳任副总经理兼后勤集团党委副书记、黄韬任副总经理兼学生社区主任和学生社区直属党支部书记。

后勤集团党委始终坚持“围绕集团中心工作，促进后勤和谐发展”的工作理念，全面加强集团思想政治、精神文明、文化素质和反腐倡廉工作。2014年，后勤集团党委着力组织建设，完成第四届党委换届。后勤集团党委原有党支部12个，其中在职党支部9个，退休党支部3个；党员234名，其中在职正式党员127名，预备党员8名，退休党员99名。10月，校医院党总支和学生社区学生党支部划转后，党支部增加至16个，其中新增在职党支部3个、退休党支部1个；党员293名，包括在职正式党员137名，预备党员21名，退休党员135名。2014年全年新发展党员24名，预备党员转正20名。12月3日，进行集团第四届党委换届，经过无记名投票，党员大会差额选举新一届集团党委委员9名（王延义、刘佳、张彦军、陈智慧、赵晶、姚建立、高蕾、涂鸣、黄韬）。截至年底，除校医院党总支和下设3个支部外，其余12个支部均已完成换届工作。

后勤集团党委始终把转变干部作风作为推动集团快速发展、和谐稳定的关键，通过定期召开党政联席会，对关系职工切身利益和集团长远发展的重要举措进行民主讨论，加强制度建设，坚持用制度管人、管事，提高创新意识、服务意识，把反腐倡廉工作落到实处，努力营造“为民务实、清正廉洁、维护大局、团结和谐”的良好氛围。6月13日，深入开展党风廉政建设自查自纠活动，特别针对公车私用、公款旅游、纪律涣散、招标采购、财务和资产管理等十大问题制定出整改措施，确保在规定的时间内完成自查自纠书面报告。7月9日，后勤集团举行2014年《党风廉政建设责任书》签订仪式，集团党政一把手分别与集团副处级干部、集团中层干部签订了任期内党风廉政责任书。同时，规范各中心的经营收入，大力推进联合采购工作，力争从源头上减少经济和责任风险。

后勤集团党委积极培育和践行社会主义核心价值观。6月，印发《关于深入开展社会主义核心价值观教育活动的通知》，要求利用下半年时间，通过宣传教育、学习讨论、撰写心得和提炼总结四个阶段，努力提供师生满意的后勤服务。活动期间，统一发放学习资料，投入专项资金支持党支部设立“党建知识库”，开设宣传栏26处，发放宣传折页180余份，党员提交学习体会62篇。9月、12月，后勤集团党委先后举办主题为“立民族大德、做后勤先锋”、“党的十八届四中全会依法治国解读”的报告会。12月18日，举办“树共同理想，展后勤风采，培育和践行社会主义核心价值观知识竞赛”活动，共有11个在职支部报名参赛，占支部总数的92%，直接参与人数超过120人。最终，幼教中心党支部荣获综合一等奖，机关党支部、校医院第二党支部荣获综合二等奖，学生社区学生党支部、物业第二党支部荣获综合三等奖，幼教中心党支部荣获最佳答题单项奖，机关党支部荣获最佳主题演讲和最佳风采展示单项奖。

12月，后勤集团党委按照学校党委的工作部署和《北京工业大学2014年度处级以上党员领导干部民主生活会工作方案》精神，以“严格党内生活，严守党的纪律，深化作风建设”为主题，制定《2014年度后勤服务集团领导班子民主生活会学习方案》。

后勤集团党委于“一二·九”运动七十九周年之日，组织15名新老党员赴中国人民抗日战争纪念馆进行集体入党宣誓活动；“七一”前夕，慰问80岁以上老党员，共同庆祝中国共产党成立93周年。

（高　蕾　张彦军）

【工会、职代会工作】 后勤服务集团工会职代会紧密围绕学校中心工作，充分发挥后勤服务的特点和优势，在后勤集团党政的大力支持下，认真履行职能，积极开展群众性文体活动，为集团各项工作顺利开展创建和谐团结的氛围。

10月，举办首届后勤集团层面的“趣味运动会”，200余名职工参加。

12月26日，召开后勤集团第三届工会暨职工代表大会第一次会议，完成工会换届工作，通过选举产生新一届工会和执委会委员。2014年，后勤集团工会召开了3次职工代表大会，广泛征求代表的意见建议，充分发挥职工代表民主监督作用，审议并通过《北京工业大学后勤服务集团十年人才发展需求计划》、《北京工业大学后勤服务集团奖励办法》、《北京工业大学后勤服务集团2014年岗位聘任实施细则》等文件。2014年，后勤集团工会荣获“北京市先进教职工小家”称号，并在学校工会年度考核中获评优秀等级。

（刘　佳　张彦军）

【计生、退休工作】 “六一”儿童节前夕，后勤集团组织了以“幸福的家”为题的第一届职工子女主题征文大赛，共收集集团职工子女征文20篇，并刊登在《北工大后勤心声报》。9月25日，举办“健康你我他”主题宣传活动，为职工编辑制作和发放《健康知识手册》1000余份。后勤集团被评为2013度校“计生工作标兵单位”称号。

2014年，后勤集团有退休职工411名，退休转街道人员10名。6月，组织退休职工到北戴河休养50人次。10月，组织300多名退休职工体检；组织200多名退休职工参加校“离退休趣味运动会”。11月，组织180余名退休职工赴南海子郊野公园进行“我运动、我健康、我快乐”健步走游园活动。在重阳节和年底，后勤集团党政领导带队走访慰问30名集团困难和高龄退休职工。

（高　蕾　张彦军）

【人事管理】 截至2014年底，后勤集团职工总数为931人，其中在编职工313人（含干部56人，工人252人，完全人事代理人员2人，产业编制人员3人），编制外聘用人员617人（含校聘编制外人员81人，劳务派遣人员368人，校聘劳务协议人员168人），其他1人。2014年，39名在编职工办理退休手续。

职工学历分布：研究生9人，大学67人，专科59人，高中和技校231人，初中及以下565人；职称分布：正高职称1人、副高职称1人、中级职称22人、初级职称17人；技师9人、高级技工74人、中级技工76人、初级技工72人、普工21人。2014年，具有参加技术等级培训资格人员：高级技工6人、中级技工5人。

2014年有2名人事代理聘用人员转为事业编制聘用人员。

（邵　健　张彦军）

【财务管理】 2014年，完成饮食服务中心和住宅物业服务中心财务的交接合并工作，实现后勤集团财务的集中管理。财务办公室主要负责后勤集团日常会计核算（其中包括后勤、幼教、饮食、物业4个账户的核算），预决算以及配合各有关单位接受学校内部及外部审计等工作。12月，后勤集团对饮食中心会计结账期进行调整，结账日变更为每月15日。

（寇广平　张彦军）

【饮食服务中心】 2014年，中心坚持ISO9001质量管理体系，坚持标准化食堂建设，克服市场原材料及用工成本不断上涨的压力，努力保持饭菜价格基本稳定。中心全年总回收达72957465.99元。2014年5月，根据北京市教委伙专会的要求，由中心牵头，对13所高校食堂的成本核算工作进行检查。

（1）中心工作。5月，中心在所属各个餐厅部门开展“优质服务质量月评选”活动。5月21日、6月25日组织2次农副产品展销大集活动，受到广大教职工的欢迎。为保障学生综合服务中心的顺利开工，中心于8月底完成三、四食堂的拆迁和人员分流工作。6月、12月，中蓝餐厅各挡口、清真餐厅完成招投标。12月27日，中心举办饮食服务中心岗位技术练兵烹饪比赛，促进提升服务水平。12月，对保洁、烟道清洗、灭蝇灭鼠灭蟑等进行招标。

（2）党建工作。2014年，中心党支部积极开展党的群众路线教育实践活动，以学习落实八项规定、作风建设和廉政建设为重点，多次组织全体党员学习交流活动。2014年，中心4名同志发展为预备党员，2名同志转为正式党员，党员人数共34人。

（姚建立　张彦军）

【校园环境服务中心】 中心下设办公室和6个班组，正式工30人，外聘人员105人。2014年，围绕规范管理、安全生产、优质服务开展中心各项工作。

（1）明确岗位职责，完善管理体制，加强制度建设。完成岗位聘任及交接工作，通过班组调整，使人员结构更合理，通过班长会制度，增加工作执行力度和监督力度。落实层级责任制，采取不定期抽查与班组自查相结合的办法，建立“安全隐患自查整治”登记备案制度和安全隐患及时上报制度，组织安全知识竞赛，确保中心各项安全工作落到实处。

（2）中心负责承担全校公共区域室内外保洁，教室管理，绿化养护，自行车摆放，垃圾清运，门前三包，扫雪铲冰，防汛抢险及学校各类大型活动的后勤保障任务。承担的室外道路保洁308300平方米，绿化养护208803平方米，室内保洁197724平方米，全年共清运垃圾4000余吨，恢复绿地7000

余平方米；完成接管学校东区新建16万平方米区域的前期准备工作。2014年购置清扫车，更新2台垃圾压缩储存设备，改造第一教学楼卫生间10个、更换教室防盗门160个，完成科学楼、人文楼、第三教学楼的外立面清洁。利用假期，完成科学楼部分卫生间除味改造、第一教学楼卫生间改造后的开荒保洁任务。申报2015年专款项目6项。积极承担大型活动的后勤保障任务，完成研究生入学考试等20余场大型考试服务及校运动会业等多项活动的保洁服务和环境布置任务。捡拾师生遗失物品162件，其中认领133件，上交保卫处29件，中心奖励拾金不昧职工31人。

（3）以党建促发展，加强党支部建设，组织开展核心价值观学习、辅导讲座，与学生社区党支部共建体验等活动，强化了党员党性观念和党员意识。中心组织6期岗位技能培训、1次保险知识讲座，职工的服务意识、操作规程、工具使用等技能得到提升。开展卡拉OK比赛、插花讲座、参观学习等集体活动，增强中心整体凝聚力。

（温海燕　张彦军）

【物业修缮服务中心】 2014年，中心加强中心各项管理制度，建立良好的物业修缮管理秩序，在本年度职工考核中，事业编制职工和编制外职工各有15人获评优秀。

（1）进一步完善安全生产各项规章制度，严格执行各项操作规程；建立安全、质量工作与年终考核、评优挂钩机制；加强劳动纪律，改进工作作风；加强材料管理站的库房管理，规范物流过程控制，强化材料仓库管理，严格执行采、管分开的物资供应制度；落实采购审批制度及物品的验收、归库工作。

（2）完成新区学科楼接收工作，成立综合维修站，并对实验室的设备安装及局部改造；完成供电站搬迁工作，改造电工工作用房、值班用房150平方米，完成彩钢工作棚85平方米配套改造工作。为做好三、四食堂的翻建，封堵影响正常使用的取暖、给水等管线65处，参与制定给水管线分支线路改迁方案；协调燃气集团申请燃气管线迁移和燃气灶具设备拆除的安全管理工作；参与制定电缆敷设迁移保障方案。配合完成三教空调机组的改造工作。安装远程计量电表700余块、主管线（分支管线）远程监控节能水表20余块。完成人文学院办公用房粉刷、交通学院阶梯教室改造、幼教中心污水改造等40余项工程。

（3）校外住宅物业管理。完成松榆西里17楼无障碍坡道的设计改造，完成农光南路27、28楼200余户外墙保温及更换塑钢窗的工作。完成各校外住宅点的季节性松土、浇水、除草、剪枝等各项绿化维护工作。完成校外9栋高层、18栋多层家属楼的供电系统、二次供水泵房、监视系统等的巡视检修和入户维修工作，对校内外80余部电梯的24小时监控和管理，年检合格率在98%以上。

（4）安全工作和党建工作。中心利用宣传板报等各种形式宣传安全知识，张贴安全图标，举办消防安全知识讲座和演练，提高中心全体人员安全意识；完成两个支部换届改选工作，组织党员积极分子开展社会主义核心价值观学习。

（刘文斌　张彦军）

【交通服务中心】 中心有正式职工20人，编外职工4人；各种类型车辆35部。中心实行经费承包岗位责任制，在保证完成学校各项任务的前提下，面向校内与社会开展预算外创收。中心各项规章制度健全，坚持为学校教学、科研及学校广大师生员工提供全方位的交通服务，并不断强化中心内部各环节的管理。

（1）日常工作。中心现有大班车线路5条，通勤班车6部，年发车辆3000余次，行程20余万千米，通勤班车年准点运行率达99.9%；同时，承担学校教学、科研、行政、外事、学生实习、体育比赛等运输任务。2014年，中心共计出车20000余次，行程近700000千米。

（2）安全工作。全体司驾人员在执行任务过程中，自觉认真地遵守交通法规，恪守职业道德，本着安全第一，任务第二的原则，全年未发生重大交通事故。

（黄俊岐　张彦军）

【通讯服务中心】 中心有正式职工12名，受中国联通北京公司七区局委托负责6739局电话的安装、维修和管道维护工作。承担学校所有报纸、杂志及信件、机要件的收发、征订等服务工作。

（1）电话管理。4名职工负责全校6739局近7000部电话的管理、维修、查号、传真、服务咨询等项工作，承诺24小时服务。全年装、移机193部，维修电话1448部，接听咨询电话2万余次，年回收超支电话费20余万元。

（2）邮政发行。坚持全年365天服务，工作日送报上门和大宗邮件上门服务。收发室的7名职工全年完成机要38574件，信函、汇款4051件，邮包5072件，挂号、挂刷35091件，平信、报刊等邮件270万件的接收、分发工作，总重近200吨。为全校各部门代订各类报纸杂志589种、2227份。完成以机要形式寄发、回收2014年研究生招生简章、考试试卷、录取通知书4000件；完成地址不详等信件的投递2000余封。

（刘文杰　张彦军）

【幼儿教育中心】 中心占地2480平方米，建筑面积1560平方米，全园共有9个教学班，小班4个、中班3个、大班2个，全园共收托幼儿278人（以招收北工大职工子女入托为主）。中心现有正式职工13人，完全人事代理2人，编制外聘用人员14人，合作办学教师9人，实习生10人，共48人。教师队伍专科及以上学历达100%。

（1）结合“大健康、大快乐”办园理念进行课程提升和各项活动。由武协专业教师任教武术课程，在2014年北京市少儿武术比赛暨第十一届幼儿武术比赛中，中心获集体项目二等奖及少儿武术比赛最佳组织奖。遵循《3－6岁儿童学习与发展指南》精神，开展远足、踏青活动，举办春、秋季亲子运动会，春游等活动。

（2）利用市拨专项资金改善办园条件。5月1至3日进行污水改造工程施工。更换班级空调14台，添置幼儿大型滑梯2组，购买玩具、教具及奥尔夫乐器若干，更换食堂炊具。对地下管道进行更换并铺设塑胶地面进行恢复。

（3）接受朝阳区一级一类幼儿园质量评估。9月，依据《北京市托幼园所分级验收标准》、《北京市托幼园所分类验收标准》，朝阳区学前办专家评估小组一行14人，对中心的办园方向、物质条件、人员条件、管理工作、保教工作、卫生保健和儿童身心发展，进行评估。

（4）积极参与公益活动，助力儿童健康成长。10月，中心应邀参加中国妇女发展基金会、中国幸福家庭系列活动组委会举办的“儿童饮食营养健康关爱行动”公益活动。11月，应邀参加由中国幸福家庭系列活动组委会与中国宋庆龄基金会联合开展的中国儿童快乐教育工程“平民小公主苏菲亚的‘菲’凡故事”活动。12月，中国幸福家庭系列活动组委会与迪士尼公司到中心中班举行迪士尼进课堂活动。

（5）关注幼儿健康，中心自筹资金为每班配置了1台空气净化器，以改善室内空气质量。11月，举办“首届教师技能技巧大赛”。内容包括音阶、边弹边唱、歌曲演唱、舞蹈、讲故事，达到“以赛促训”的目的，为中心更好地开展教育教学工作奠定了基础。

（赵 晶 张彦军）

【供应服务中心】 中心主要负责学校教学、科研和各职能部门所需的消耗性材料及师生日常生活用品的供应工作。2014年，中心有正式在编职工8人，编制外聘用人员2人。

（1）为教学、科研提供优质服务是供应服务中心工作的主线。供应中心2014年全年采购额为227.91万元，销售额为238.05万元，管理费为35.32万元。

（2）配合学校综合服务楼的建设，完成搬迁、安置工作。烛光超市于8月20日停止营业。物资大厅的场地问题得到解决。

（3）暑假期间，供应中心积极配合学生社区服务中心，做好新生宿舍必备生活用品的采购工作。

（4）12月中旬，在学校纪委办公室、国资处等有关部门参与下，完成自动售货机的遴选工作。

（5）2014年中心共办理在校学生公交IC卡5140张。

（冯淑敏 张彦军）

【文印服务中心】 中心下设复印室、设计制作室、摄影室及办公设备维修部，现有在编职工5人，外聘合同工11人。为学校教学、科研、行政办公及师生提供复印、打印、装订、彩色印刷、喷绘、条幅、照相、办公设备维修及会议会务一站式服务。

（1）2014年，中心加强内部管理，完善各项规章制度，试行绩效管理与统一考核的工作办法，不断增强职工的服务意识、提高工作技能，强化工作安全意识并严格遵照后勤全员竞聘上岗原则和程序，圆满完成岗位聘任工作。

（2）2014年，中心固定资产投入43万元，更新大型数码喷绘机、数码条幅机、数控裁纸刀、全自动覆膜工作平台等设备，自筹配套投入7.8万元，购置数码工程复印机、工作站等，积极配合学校信息化平台——智能文印服务系统建设，完成自助文印系统与校园一卡通结合方案。

（3）中心完成学校常态重大活动14项，圆满完成20项校级重大活动的设计制作与后期保障，为各类学术会议及社团活动提供技术支持与后期制作97项，承接25项校外会议及大型活动的会场布置。中心全年为学校和师生提供复印服务4.7万人次，约547万印量，比上年增加印量40万余张，为应届毕业生印制、装订论文1.9万余册，印制各类科研、教学、文件资料4万余册。

（4）设计制作室设计、制作宣传展板2500余块，设计制作大型背景19幅，学术论文及各类宣传海报2900余张，条幅180余条，名片570余盒，设计与印制各种画册与书刊26种，约29000余册。制作光盘2200余张，证书万余套，重大活动布场与保障26次。

（5）摄影室提供会务现场摄影保障27次。全年为学院拍摄毕业照18800余张，为师生提供摄影服务约1万人次，冲洗照片及制作影集等9.1万余张（套）。

（6）维修部为学校各单位提供定期设备寻访并提供快捷服务，以校内成本价维修各类办公设备1120台套，销售及维修额近60万元，并为APEC高官会提供文印设备及保障任务。

（赵晓东　张彦军）

【学生社区管理服务中心】 2014年，中心完成4595名毕业生离校退宿工作，4789名新生住宿接待工作；完成第三届全国优秀大学生科技夏令营、第二届E级方程式国际设计锦标赛和第十八届全国大学生羽毛球赛三项重大住宿接待和志愿者服务工作。

（1）举办北京市寓专会学生公寓用品展；改造学生公寓死扇防护网，安装开闭式防火防盗窗和铅封；为学生宿舍1至4号楼安装空调插座保护盒并检查宿舍限电装置，加强用电安全管理；为学生公寓配备楼内消防应急箱65套；结合“119消防日”组织新生参与消防演习，制作安全展板100余块，举办消防安全讲座；开展不定期的抽查与专项检查，保障学生社区的安全稳定。

（2）积极开展宿舍文化活动，展示工大学子精神面貌，举办公寓文化墙、“梦想JIA”主题居室美化环境月、文明离校等系列宿舍文化活动；与学生工作部共同推进学生社区辅导员制度，加强与学生工作各职能部处以及各学院的协作。

（3）加强学生组织建设，开展学生技能培训、“红色1＋1”暑期干训、“茶艺人生”知识讲座和“平板支撑挑战赛”等多项活动，实现学生自我教育、自我管理、自我服务。组织开展入党积极分子与后勤集团工勤岗位对接活动，营造“党员在社区、服务在社区、奉献在社区”良好氛围。

（4）2014年，中心获评学校先进基层单位，学生社区学生党支部获北京市委教育工委“红色1＋1”示范活动三等奖，学生社区团总支第三团支部在2012至2014年度首都大学、中专院校“先锋杯”竞赛评选活动中，获“优秀团支部”称号。

（黄　韬　张彦军）

【印刷服务中心】 中心原挂靠学校党委办公室、校长办公室。2014年6月，根据学校机构调整安排，为更好地分类管理、整合资源，中心正式整体划归后勤集团。截至2014年底，中心有正式职工9人，临时聘用人员4人；下设业务室、财务室、计算机照排、胶印车间、装订车间，各类印刷设备近30台件。主要承担学生教材、试题及办公文件的印刷任务。

2014年，中心进行了岗位聘任，进一步增强职工对本岗位重要性的认识。同时，注重加强内部管理，根据后勤集团工作特点，修订印刷服务中心的各项规章制度，特别是完善保密制度。按时保质完成全年教学及行政办公文件印刷任务，各类文件、试题、讲义等印刷任务用纸700余令，下达印刷任务书2000余件。

（杨宝坤　张彦军）

【报修服务中心】 中心主要负责报修、投诉、咨询、回访工作，以“及时、准确、耐心”为准则开展工作，对后勤集团内部的生产、服务质量和环境管理进行日常检查及跟踪回访；协助后勤集团安全工作负责人组织完成各项安全工作的布置、检查及整改监督；受理督办后勤的报修服务，调查处理投诉事项，接待师生报修咨询。

后勤服务热线24小时面向全校师生提供后勤服务，全年共接转报修6730次、咨询220次、投诉22次、回访1200次，协调处理紧急工作30次，安全检查20次。完成后勤服务集团的满意度调查工作，统计编制后勤服务集团满意度调查结果。为落实“数字后勤”的总体发展思路，开展调研等筹备工作。

（周福勇　张彦军）

医疗服务

【概况】 北京工业大学医院（以下简称校医院）是一级甲等综合医院，北京市医疗保险定点医院。校医院总建筑面积3235平方米，固定资产总值1400万元，20万元以上医疗设备21件，编制床位30张，开放床位30张。现有职工51人，其中在编42人，卫生技术人员43人（主任医师2人，副主任医师6人，主治医师、主管护师26人，初级医护人员9人），行政后勤人员8人。根据学校统一部署，按照学校2014岗位聘任原则和要求，经过个人报名、资质审核、面试答辩等环节后完成了校医院新一轮专业技术岗位聘任工作。

（陈智慧　田　莉）

【机构设置】 校医院设有内、外、妇、口腔、眼、耳鼻喉、中医、理疗8个普通门诊，设护理、医技、预防保健等7个业务科室。学校外设海淀门诊分部1个，艺术设计学院医务室1个。

（陈智慧　田　莉）

【医疗与预防保健】 2014年，校医院完成了对全校师生和附近居民的医疗保健工作。全年门诊89 447人次，急诊8673人次；心电图5 200人次，动态心电图、动态血压检查约110人次，B超检查约5779人次；检验科常规检查11250人次、生化检查12 467人次；放射科检查14500人次；入学新生及毕业生体检10 000人次；教工健康体检6 000人次，女工妇科体检1776人次；预防接种传染病疫苗 20 000 人次；进行各类健康教育讲座、宣传和对校内各种培训 25 次。

(1) 强化医疗质量管理。严格执行各项医疗政策及法律法规，建立健全医院各项规章制度，进一步完善各专业委员会职责，明确职责分工。工作中严格执行医疗规章制度和规范医疗操作，加大对医疗差错、医疗事故的管理力度，进一步提高医务人员的安全意识，未出现任何医疗纠纷。成立医院安全防范组织机构，建立医疗风险预警机制，继续参加医疗责任保险，为医务人员购买保险。

(2) 加强突发事件应急演练，提高突发事件的应急处置能力。完善各类应急预案，并组织了消防灭火、停电、食物中毒等突发事件应急演练。

(3) 加强医院感染管理，提高传染病防治水平。组织全院医务人员学习《医院感染管理规范》、《消毒技术规范》，组织常见传染病防治知识培训，提高医务人员对传染病的防治意识和诊疗水平，规范报告及处理程序，掌握常见传染病的发病动态，及时启动应急机制。

(4) 加强医德医风建设，强化服务意识。定期组织职业道德和医德医风培训，倡导以"健康为中心"实行"人性化服务"。通过增加体检项目、体检信息查询、开设健康教育咨询室等进一步转变职工的由单纯医疗转变为全方位服务的理念，吸引更多病人来校医院就诊。

（陈智慧　田　莉）

【医学教育】 继续开展医学教育，不断提高医务人员的业务水平。定期对医生、护士进行法律法规、传染病知识等方面培训及考核。2014 年，全院医务人员完成继续教育学分考核。全院医生均通过 2014 年医师定期考核。

（陈智慧　田　莉）

【党的建设】 2014 年，校医院党总支组织党员认真学习党的十八大精神，继续巩固和扩大党的群众路线教育实践活动取得的成果，使领导班子的建设和班子成员思想觉悟得到了进一步提高、作风进一步转变，干群关系进一步密切，为民务实清廉形象进一步树立；积极采纳职工群众的意见和建议，逐步健全和完善各项规章制度，加强科学管理，以作风建设的新成效凝聚广大党员、干部和群众，形成推动医院科学发展的强大力量。

根据学校要求，按时完成校医院工会换届工作，选举新一届工会委员 5 名；按时召开校医院三届一次职工大会。院工会积极开展丰富多彩的文娱体育活动，活跃职工文化生活，增强医院团队凝聚力。开展送温暖、送服务活动，及时看望慰问患病同志和家中有困难同志。计划生育工作获评校"计划生育工作标兵单位"。

（陈智慧　田　莉）

人口和计划生育工作

【概况】 2014 年，人口和计划生育工作坚持"以人为本，服务师生"理念，围绕难点、热点问题开展工作，推进学校人口和计划生育综合治理，确保人口和计划生育目标完成。

2014 年，服务在职职工 2669 人，流动人口 600 人，已婚育龄职工 1861 人，独生子女家庭育龄职工 1766 人，全年出生婴儿 58 人，计划生育率 100%，晚育率 91%。

（王　娟　黄彦萍）

【管理服务】 坚持"党政一把手亲自抓、负总责"，坚持计划生育目标管理责任制，落实"一票否决"制度；学校党政领导从多方面为计划生育工作创造条件、给予保证；营造师生共同关注、共同参与、共同监督的工作局面。

年初，布置 2014 年工作任务，提出工作要求，与基层单位签订计划生育责任书。

12 月 8 日，召开 2014 年度计划生育工作考核交流会，兑现目标管理奖励。环能学院、生命学院、校医院等 7 个二级单位获"北京工业大学 2014 年度计划生育工作标兵单位"。

拓展服务内涵，满足师生需求。举办"'庆三八'呵护女性健康保健"讲座、"呵护心脑健康保健"讲座；慰问生病、困难教职工和独生子女家庭；协助办理教职工子女保险、出险理赔手续；加强信息化建设；组织教职工子女参加北京教学植物园"踏青赏春花自然嘉年华"、"绿色北京——青少年自然体验活动"。

（王　娟　黄彦萍）

【宣传教育】 坚持宣传教育为导向，倡导婚育文明，构建和谐家庭，开展面向师生的宣传教育活动，营造人人关心、积极参与的和谐氛围。

2014 年，通过购买图书、杂志、光盘等进行常规宣传。向新婚、孕产妇、更年期等特殊人群赠送书籍、光盘，传播知识、促进健康；支持指导基层宣教活动；提供政策法规、办事流程咨询。3 月 26 日，举办"亲子共读，悦读越快乐"亲子阅读讲座，开通"幸福 1+1"QQ 群。12 月 1 日，举办"世界艾滋病日"大型校园宣传活动。

（王　娟　黄彦萍）

【队伍建设】 强化干部培训，提升管理水平，举办兼职计生干部业务培训 4 期。

（王　娟　黄彦萍）

【教职工计生管理】 严格依法

行政，规范审批程序。避免违法生育二胎事件1起。全年办理一孩《生育服务证》60人，二孩审批手续44人，教工入校离校计生关系变更手续145人，独生子女父母光荣证申请审批手续36人，集体户口教工婚育信息变更221人次，出具婚育状况证明97人。发放独生子女费、奶费、托补幼补费、一次性奖励等计划生育奖励费1547人，384860元。

（王　娟　黄彦萍）

【学生计生管理】 加强宣传、落实条例、强化管理、完善服务，加强学生计划生育管理工作。出具毕业生婚育状况证明4575人次，办理婚育审批手续115人次，一孩《生育服务证》43人，二孩生育审批手续4人，独生子女父母光荣证申请审批手续2人，开具婚育状况证明115人；举办学生计生宣传员培训2期，编制《学生计划生育工作手册》；组织学生参加中国计划生育协会2014年青春健康微作品创作大赛、青春健康管理培训班暨青春健康青年培训营活动；申请完成中国青年网络、中国计划生育协会青春健康高校项目。

（王　娟　黄彦萍）

【流动人口计生管理】 增强责任意识，创新工作思路，打造流动人口计生管理服务“一盘棋”的工作格局。做好流动人口计划生育日常服务管理工作，审核《流动人口婚育证明》注册104人；完成流动人口季度报表上报工作；组织流动人口参加副总理刘延东考察朝阳区计划生育生殖健康技术服务中心活动。

（王　娟　黄彦萍）

【计生联合会工作】 履行全国高校计划生育研究会副秘书长单位职能，参加中国高校计划生育协会成立论证会，参加高校计生协管理培训班暨高校同伴教育主持人培训班2期。

发挥北京高校计划生育联合会会长、秘书长单位作用，接待学习交流；编制计生干部及学生论文集；组织北京市高校参加中国计生协2014年青春健康微作品创作大赛。

（王　娟　黄彦萍）

·党建与思想政治工作·

组织工作

【概况】 2014年，根据学校调整非教学科研机构设置的统一安排，党委统战部、机关党委和党委组织部、党校合署办公，对外独立建制，新的党委组织部（统战部、机关党委、党校）负责承担学校组织部、党校、统战部和机关党委的原有职能，机关事务办公室原有的职能分解至机关相关部处。

2014年，组织部（统战部、机关党委、党校）以争创“北京高校党建先进校”为契机，以扎实落实党的群众路线教育实践活动整改工作为抓手，围绕学校“十二五”规划和年度中心工作，加强组织建设，完善工作制度，创新活动方式，凝练品牌特色，以党的先进性建设推进学校事业科学发展。

（高 原 李四平）

【党组织基本情况】 2014年，北京工业大学共有24个基层党委、3个党总支。基层党支部432个，其中在职教职工党支部151个、离退休党支部58个、学生党支部223个。

学校共有党员7437人，占全校总人数的29.18%。专任教师及教辅人员党员1180人，占该类人员总数的61.43%；管理人员党员497人，占该类人员总数的96.69%；工人党员120人，占该类人员总数的31.66%；学生党员4390人，占学生总数的22.19%；离退休人员党员1250人（以上数据不含耿丹学院）。

专任教师党员中，具有教授职称的党员187人，占教授总数的67.75%；具有副教授职称的党员355人，占副教授总数的72.75%；具有讲师职称的党员302人，占讲师总数的69.91%；其中35岁以下的青年教师党员218人，占35岁以下青年教师总数的71.95%。学生党员中，研究生党员3176人，占研究生总数的50.03%；本科生党员1214人，占本科生总数的9.04%（以上数据不含耿丹学院）。

耿丹学院党委共有党员254人，其中专任教师及教辅人员党员84人、管理人员党员30人、学生党员140人。

2014年共发展党员1089人，其中在职教职工18人，学生1071人。

（许 菲 李四平）

【党建工作】 （1）立足“三个坚持”，争创“北京高校党建先进校”。学校党委始终坚持“围绕中心抓党建、抓好党建促发展”，坚持“党要管党、从严治党”，坚持“顶层设计、创新发展”，不断加强和改善党对学校全面深化改革和促进事业发展的领导，在学校事业实现跨越式发展的进程中发挥了领导核心、政治核心、战斗堡垒作用。对照《基本标准》和党建新要求，以问题、整改、提升为导向，进一步落实校、院、党支部三级党组织党建工作责任制，夯实基层组织建设，凝练党建工作特色，形成了生动活泼的党建新局面，不断提升了学校党建工作科学化水平。2014年4月，学校获评“北京高校党建先进校”。

（2）聚焦“四风”，不断深化党的群众路线教育实践活动整改工作。年初，学校召开教育实践活动总结会，校领导班子教育实践活动开展情况的民主评议“好”和“较好”达到99.51%。截至年底，校领导班子整改方案中37个整改项目完成和基本完成达36项，9个专项整治完成和基本完成有8项。积极推动在职党员到社区报到为群众服务活动，6月以来，学校在全校范围内进行了动员与号召，本部22个院级党组织的123个教工党支部全部参与了此次潘家园街道的组织报到，同时，艺术设计学院、继续教育学院、实验学院与耿丹学院也已根据属地原则，积极联系了当地的社区党组织。学校150个教工党支部已全部参与到在职党员进社区报到为群众服务工作中来。

（3）统筹二级党委换届，深化“五型”党支部建设，不断增强党的基层组织活力和战斗力。①指导做好二级党委换届选举工作。自9月启动以来，历时2个多月，全校23个二级党委顺利完成换届选举工作，其中5个党委进行首届选举，首次在建工学院党委以党代会形式进行换届选举。

②持续推进“五型”党支

部特色化建设。以服务型为核心，以学习型、创新型为重点，深化“五型”党支部建设。按照党员年人均200元标准落实工作经费149.76万元，鼓励探索有实效、受欢迎的基层组织活动方式。挖掘、总结和凝练“五型”党支部建设实践中的好经验和典型做法，有的固化为长效机制，有的形成典型案例在全校推广。

③落实《中国共产党发展党员工作细则》(以下简称《细则》)，指导做好发展党员工作。9月10日全面启动对各级党员干部的辅导培训，并制定发展党员工作专项检查标准，12月份以自查和抽查的方式，督促检查《细则》落实情况。编制《北京工业大学发展党员工作手册（试行)》，规范了发展党员的各个环节，融入学校特色，以范例的形式把基层好做法在全校范围内进行推广，逐步使之成为北工大发展党员的工具书，并具体落实到工作中。进一步充实组织员队伍，新增补了1名特邀党建组织员，6名特邀党建组织员深入联系学院，进一步加强对基层发展党员工作的具体指导。截至12月底，全年共发展党员1089人。

④组织开展北京高校纪念中国共产党成立93周年表彰活动先进集体和先进个人的评选推荐工作。经过基层推荐、综合评审和公示，报市委教育工委评定，机电学院被授予“北京高校先进基层党组织”荣誉称号，3名同志被评为“北京高校优秀共产党员”。

⑤做好党员日常教育和服务管理工作。指导和检查各二级党委“教师党员在线学习”情况，人均完成12.5学时。在全校范围内组织开展“共产党员献爱心”集中捐款活动，共募集捐款10.16万元，参加捐款的党员2089人，流动党员1人，入党积极分子131人，群众81人。开展生活困难党员帮扶活动，全年慰问生活困难党员65人，发放慰问金6.63万元。做好党内统计工作，学校获市委教育工委“2013年党统工作全优单位”。完成454卷档案整理归档，其中“基本标准检查”和“北京高校党建先进校创建”文书档案424卷。

（高 原 李四平）

【干部工作】 (1)校级干部调整。2014年5月，中共北京市委组织部、市委教育工委启动了北京工业大学副校级领导干部民主推荐和考察谈话工作，6月，中共北京市委、市政府任命刘建萍、杜修力为北京工业大学副校长，市委教育工委决定刘建萍为北京工业大学党委常委。11月，启动了北京市属高校领导干部民主推荐和考察谈话工作，12月，免去龚裕同志北京工业大学党委副书记、党委常委职务，调任中国戏曲学院党委书记。

(2)处级干部队伍状况。截至2014年底，处级干部共计198人，其中正处级干部75人。处级干部中45岁及以下占76.26%，平均年龄44.32岁。其中，正处级领导干部平均年龄47.79岁，最年轻的34岁；副处级领导干部平均年龄40.84岁，最年轻的29岁。具有硕士以上学位的占83.57%，博士45.69%，硕士37.88%；具有高级专业技术职务的人数占总数的75.25%，其中具有正高级专业职称人员38.38%。女干部占总数的34.85%，民主党派、无党派人士干部比例达14.65%。

(3)处级干部任免。2014年，处级干部任免共353人次，其中任命248人次（新任或提任102人)，免职105人次。①新一轮处级领导班子换届。3至6月，在全校范围内开展新一轮处级领导班子换届及处级干部选拔任用工作。根据整体设计、分步实施的基本思路，按照先正处、后副处，先进行委任制、再进行公开选拔或竞争上岗竞争性选拔，并适时履行选任程序的顺序逐阶段完成。截至7月10日，共提任干部54人，其中提任正处级领导干部18人，占正处级干部总数的26.1%；提任副处级领导干部36人；占副处级干部总数的31.3%；干部交流共计55人。②面向海内外公开选拔。4月上旬，启动面向海内外公开选拔经管学院、计算机学院、生命学院、校医院院长工作。经过前期报名、资格审查，21名候选人参加面试。经面试答辩、评委打分、组织考察、学术鉴定、任前公示等工作环节后，最终确定2名同志分别任经管学院、生命学院院长，1名同志任计算机学院副院长（主持工作)。③干部空缺职位补聘选聘。7月以后，根据学校机构设置调整和处级干部队伍建设实际情况，继续空缺岗位干部补聘选聘工作，分别是：7月信息处处长、8月党委组织部部长、建工学院院长、科学技术发展院6个处级职位，11月党办校办主任，12月招生办公室主任、就业创业指导中心主任等。共提任、交流干部16人，其中正处级领导干部9人，副处级领导干部7人。④配合上级组织人事部门完成处级干部任职考察。2014年9月，组织部配合市委组织部完成组织部部长任职考察，12月配合教育部组织人事部门完成处级干部任职考察1人次。

处级干部选拔任用工作已形成比较规范的程序，对于合理配置干部、不断优化学校干部队伍结构、构建公开公平公正的选人用人环境起到积极作用。

（4）处级班子建设。①进一步明确岗位职责。新一轮处级领导班子换届后，进一步明确和调整处级干部的分工和职责，完成33个二级非教学科研机构和28个二级教学科研机构的领导班子成员分工汇总、印册工作。②组织撰写任期目标责任书。二级教学科研机构领导班子换届后，即组织新班子在广泛听取各方面意见和充分论证的基础上，集体研究、确定本机构任期责任目标主要内容。8月底召开任期目标责任书汇报会，进一步交流、研究责任书主要内容，并撰写任期目标责任书。经过组织二级机构与学校规划部门的沟通、责任书修改等环节，11月完成责任书的上报和审核工作，以便进一步完善二级机构领导班子考核、评价、监督、激励机制。

（5）干部培训。2014年度配合党校开展分层次分类别的培训学习，安排局级领导参加培训2人次，组织局级领导个人撰写理论学习文章，努力建设学习型领导班子和干部队伍。组织、督促全校处级干部在线学习，完成干部在线学习学员信息核对和报名工作，共有192名处级干部参加2014年度干部在线学习，完成率达100%。

2014年7月和10至12月，举办北工大“十二五”第八期、第九期处级干部培训班。

2014年度新派出挂职锻炼人员2人，接收挂职锻炼干部5人，校内民主党派同志挂职3人。

（6）管理监督与服务。①制定《中共北京工业大学委员会关于加强干部日常管理工作的几项规定（试行）》，完成干部统计年报工作。

②严格处级干部出国政审及外出请假、销假审批流程。办理局级领导因公出国或外出请假10人次。全年完成因公出国政审48人次，因私出国政审18人次，在OA系统中共办理处级干部外出请销假560人次，其中办完254人次，在办306人次。

③加强处级干部因私出国（境）证件管理。按照出国（境）证件管理规定，6月对全校处级干部因私证件进行集中管理，收到因私证件85本，港澳通行证46本，台湾通行证23本。使用因私证件严格执行OA系统请假程序，进行证照领用交还登记手续。

④做好干部个人事项报告和核查工作。上报局级领导个人有关事项报告、考核表。根据中央组织部印发的《关于进一步做好领导干部报告个人有关事项工作的通知》精神，从6至11月对处级以上领导干部进行个人有关事项报告抽查核实工作。截至2014年6月，共收到178份处级干部个人有关事项报告，录入数据库178份，并上报领导干部个人有关事项报告抽查核实方案。8至11月集中开展随机抽查核实工作，按照3%的比例随机抽查核实6人。其中，正处级干部2人，副处级干部4人。总体情况正常，已完成抽查核实工作总结上报工作。

⑤根据上级要求开展专项清查工作。2014年先后对“配偶已移居国（境）外的国家工作人员有关情况”、“干部参加社会化培训清理整顿”、“领导干部兼职及从事其他营利性活动”和“规范退（离）休干部在社会团体兼职问题”等情况进行核查工作。“配偶已移居国（境）外的国家工作人员有关情况”核查结果为无；“干部参加社会化培训清理整顿”核查结果为无（在职攻读硕博学位除外）；“领导干部兼职及从事其他营利性活动”核查结果1例，已处理；“规范退（离）休干部在社会团体兼职问题”核查结果2例，已处理。

⑥服务院士体检1人、局级领导体检10人，完成局级领导退休审批2人。

（7）干部考核。2014年1月，完成2013年度处级领导班子届满考核和领导干部年度考核，3至4月完成2013年度绩效考核分析报告。

2014年11月，按照《北京工业大学处级干部和处级领导班子绩效考核办法（试行）》，根据往年考核中存在的问题分析和前期征求意见结果，按照简化程序、科学评价的总体思路，制定《2014年度处级干部和处级领导班子绩效考核实施方案》，并从12月上旬起组织开展2014年度处级领导干部绩效考核工作。科学分类是指教学科研机构以机构为单位、非教学科研机构正处全体、非教学科研机构副处以分管校领导为单位，组织召开述职述廉会议，实现科学分类、对口管理。将往年网络和纸质民主评议改为述职述廉大会民主评议，所有参会人员现场对述职人员进行测评，填涂《北京工业大学处级干部年度考核民主评议卡》（机读卡），既确保了民主测评的参评率，又提高了数据统计工作的高效性和准确性。

12月20日起各类述职述廉会相续召开，其中：针对教学科研机构104名正、副处级领导干部的民主评议，以学院为单位共23场，1691人次参加评议，教学科研机构平均参评率为79.92%；针对非教学科研机构56名副处级领导干部、2名非领导职务的正处级干部、1名部门副职的正处级干部的民主评议，以分管校领导为单位共9场，554人次参加评议。12月29日学校举行全校非教学科研机构正职述职述廉会，校领导、全体正处级干部、教职工代表、民主党派代表、学生代表等共147人次参加会议，并对33名正职领导干部做出民主评议。

经赋值统计计算、与机构考核结果挂钩、干部工作领导小组研究，常委会最终确定30名正处级干部和25名副处级干部年度考核结果确定为优秀。

（江飒英　李四平）

【落实党管人才工作】（1）受北京高校党建研究会委托，组织开展《高校党管人才工作研究》，积极探讨新形势下落实党管人才工作的有效机制。

（2）根据市政工职评办和市委教育工委的工作部署，经北京工业大学思想政治工作专业职务中级评审委员会和北京市思想政治工作专业职务高级评审委员会的评审，1人取得高级政工师任职资格，1人取得政工师任职资格。

（3）北京市属企业外部董事人才推荐3人；“北京专家青海行”专家推荐1人；推荐8人参加北京市选调生培训班。

（4）2014年，经基层各单位组织申报，组织部审核，共推荐40人申报市委组织部优秀人才资助青年骨干个人项目，最终13人获得资助。

（杨　柳　李四平）

【党校工作】 北京工业大学业余党校成立于1986年，1997年3月正式更名为北京工业大学党校。2014年，党校创新党校管理培训方式，提高党校培训实效，共举办各类培训班9期、培训学员2974人次，推进党校培训的体系化建设。

党校在加强“笃学红帜”党校在线网站建设的同时，借助北京高校“大学生入党积极分子学习与考试系统”，拓展培训方式。推进党校校院两级管理体制建设，进一步明确院级党校的职责及要求，逐步实现入党积极分子、发展对象、党支部书记和党员教育培训的重心向院级党校转移，并专门下拨培训经费25.7万元支持院级党校建设。

（1）“十二五”第八期处级干部培训班暨学习习近平总书记系列重要讲话精神培训班。培训班在7月10至12日举办，新一轮处级领导班子换届和处级领导干部选拔任用产生的全校副处级以上领导干部180余人参加培训。郑吉春书记作开班动员，要求处级干部做到“四个坚持”：一要坚持以理论学习为支撑，深入学习和贯彻习近平总书记系列讲话精神；二要坚持以能力提升为载体，牢固掌握科学的思想方法和工作方法；三要坚持以作风建设为抓手，切实增强党性修养和纪律意识；四要坚持以深化改革为导向，服务学校发展大局创造性地开展工作。培训会上，党委副书记龚裕作干部工作报告，国家行政学院研究室副主任丁茂战、北京第二外国语学院党委书记冯培、市委教育工委副书记唐立军分别作“全面深化改革的总体布局”、“如何成为一个优秀的团队领导者”、“切实加强与改进高校教师思想政治工作”报告，全体培训班成员还观看了中央党校原副校长杨春贵《学习习近平总书记系列重要讲话中的立场、观点、方法》报告录像。培训期间，4名处级干部围绕“如何做好处级干部”在培训会上做交流发言，与会人员还以分组学习研讨、自学等形式认真学习了习近平总书记系列讲话。郭广生校长作总结讲话，他以国家和北京市发展为背景，分析了学校面临的新形势、新任务，重点阐述了如何深入推进校院两级管理，完善学校内部治理结构，激发基层活力的问题。

培训班期间，组织开展了2014年新任处级干部任职集体谈话和廉政谈话。郑吉春书记对新提任干部提出三点要求：第一，要立足学校事业改革发展的全局，明确处级领导干部的定位和要求；第二，要加强自身建设，不断提高思想政治素质和治校理教能力；第三，要恪尽职守，勤勉工作，树立高度的政治自觉，保持良好的精神状态，遵守严格的组织纪律，保持优良的工作作风，坚持无私的奉献精神。郭广生校长以6个问句式：是否具有坚定的信念和明确的目标，是否拥有先进的教育理念、了解国内外高等教育发展的趋势、掌握高等教育发展的规律，是否熟知党和国家的教育方针政策，是否在与岗位相关的学术领域具有较高影响，是否具有健康的体魄、健全的心理，是否具有坚强的品质、不懈的毅力和解决复杂问题的能力，引导新提任干部思考什么是合格的高校领导干部，并希望其早日成为一名优秀的高校领导干部。纪委书记冯虹对新任处级干部进行了廉政谈话，并提出了廉政纪律要求。

（2）“十二五”第九期处级干部培训班。10月10日至12

月12日，举办“十二五”第九期处级干部培训班，200余名处级参加培训。此次培训班是贯彻落实党的十八大、十八届三中全会和习近平总书记系列重要讲话精神，尤其是落实习近平总书记在党的群众路线教育实践活动总结讲话中提出的“坚持从严管理干部”的尝试，以处级干部履职能力建设为核心，培训安排每两周一次，分别就科研体制机制改革、人事人才政策导向与高水平师资队伍建设、党风廉政建设、培育和践行社会主义核心价值观、美国研究型大学的组织结构、领导和管理、学院民主管理与绩效考核以及公文处理工作及常用公文写作为主题安排5次活动对处级干部进行分层分类培训。

（3）以二级教学科研机构领导班子任期目标为主题，组织处级干部任期目标交流会。8月28至29日，全校正处级干部、25个教学科研单位的副处级干部等130人参加此次会议。在此次交流会上，25个教学科研机构的负责人分别就各机构要凸显的办学特色和相关学科拟达到的水平方面阐述了机构领导班子任期发展的总体目标和定位，从学科建设、人才队伍建设、教育教学与人才培养、科学研究与成果转化应用、国际交流与合作、服务北京建设、大学文化建设、党建和思想政治工作等方面交流了班子任期内着力争取的标志性办学成果，并着重阐述了实现任期目标的主要措施以及改革创新体制机制的措施。此次交流会对于二级教学科研机构进一步明确任期目标，增强二级机构领导班子的凝聚力和战斗力，推进工作的目标化、制度化、规范化和科学化起到了积极的促进作用。

（4）入党积极分子培训班。2014年，共举办学生入党积极分子培训班3期，培训学员1404人。学校党校创新培训形式，拓宽培训思路，实行课程“精品化”，安排的课程均获评北京高校入党积极分子“精品一课”。以第56期学生入党积极分子培训班为试点，对党校在线课程进行全面测试，为全面推进网上党校工作做好全面准备。在第57、58期学生入党积极分子培训班中，实行校院两级培训，做到理论与实践相结合、学校与学院相结合、线上与线下相结合、集中学习与自主学习相结合，着力提升党校培训的针对性和实效性。

（5）学生发展对象培训班。10月25日至11月1日，举办学生发展对象培训班，共有919名学员参加培训。本期培训班是《中国共产党发展党员工作细则》颁布以来北工大第一期学生发展对象培训班。党校根据学校党员队伍建设工作的实际情况，精心策划安排，推行“正处级党务干部上讲堂”，以此来抓好课程建设和师资建设，抓好培训组织，实现集中学习与自主学习相统一。同学们除了要参加集中学习外，还以小组的形式自主学习党章等内容，充分发挥学员自身的积极性、主动性，着力提升培训的质量和水平。

（6）协助做好北京高校党校协作组的各项工作。2014年，党校积极贯彻落实市委教育工委、北京高校党校协作组的指示精神，部署“大学生入党积极分子学习与考试系统”的应用，一年来，共有3期1404余名入党积极分子通过该系统学习党校课程，有利促进了党校培训工作的信息化水平。同时，推荐8名教工党支部书记参加北京高校优秀党支部书记示范培训班学习，生命学院教工第一党支部书记张淑芬2次应邀在培训班上以“三个特色 一个做法，基层党建创新持续化”为题做交流发言，推荐5名在校学生参加第十期高校大学生基层党组织负责人示范培训班学习。

（7）提升首都城市精细化管理水平专题研讨班。7月7至11日，举办提升首都城市精细化管理水平专题研讨班，105名来自北京市各委办局、区县、国有企事业单位的学员参加培训。本次培训班以提升首都城市精细化管理水平为主题，围绕城市规划、经济发展、社会管理以及城市的交通、水资源、大气环境等内容安排9个专题讲座、1次分组研讨。党校坚持以一流的师资办一流的培训班为宗旨，聘请校内外相关领域的一流专家、学者进行授课。同时，培训在坚持注重培训内容实践性的基础上，创新教学安排，引入“破冰”教学活动，旨在使学员在相识、相合、相融等环节活动中增进彼此间的认知了解，消除沟通壁垒，达到提升培训效果的目标。

（王立强　李四平）

【党建研究会】 北京工业大学党建和思想政治工作研究会成立于2000年9月，研究会会长由党委书记兼任，研究会秘书处设在党校办公室。

（1）参与北京市和北京高校党建研究会各项工作。5月，在北京高校党建研究会第九次会员大会上，北工大获评“北京高校党建研究会2011－2013年度研究会工作先进单位”，校党委书记郑吉春当选第九届理事会副会长、副书记龚裕当选监事会副监事长。

2月，推荐的1篇文章获评“纪念毛泽东同志诞辰120周年学术研讨会”论文二等奖；6月，推荐2篇文章参加“中国梦与中国共产党——学习习近平总书记系列重要讲话”征文活动。同时，协调做好北京高校党建研究会相关课题管理工作。

（2）协同组织党建课题征集立项工作。2014年，全校共申报教育管理研究课题——党建和思想政治工作课题21项，其中3项重点课题、12项面上课题获得立项。

（王立强　李四平）

宣传工作

【概况】 2014年，学校宣传思想工作认真贯彻党中央、北京市和学校的相关文件要求，紧紧围绕学校的中心工作开展，积极推进培育和践行社会主义核心价值观，落实党的群众路线教育实践活动，坚持思想引领，把握意识形态工作主动权，加强思想理论学习，整合内外宣传思想工作力量，务实推进大学文化建设，为学校实现建设国际知名、有特色、高水平研究型大学的工大梦提供精神动力。

（邱晓飞）

【思想政治建设】 深入学习贯彻党的十八大、十八届四中全会和习近平总书记系列讲话精神，以社会主义核心价值观为引领，围绕学校中心工作、有重点有层次地扎实推进思想政治教育工作，健全工作机制，狠抓落实，为学校事业发展提供坚实的思想政治保障。

（1）科学规划、扎实推进社会主义核心价值观的培育和践行工作。制定《北京工业大学培育和践行社会主义核心价值观实施方案》、《2014－2015年北京工业大学培育和践行社会主义核心价值观工作要点与任务分解》；制作社会主义核心价值观宣传板、宣传栏，大力宣讲社会主义核心价值观，积极开展培育和践行社会主义核心价值观路径研究。

（2）加强理论学习品牌建设，进行正面思想引导。制订《中共北京工业大学委员会关于2014年校院两级理论学习中心组学习安排的意见》，以精品理念做好校院两级理论中心组工作。邀请国家行政学院研究室副主任丁茂战为处级干部作“全面深化改革的总体布局”报告，邀请中山大学原校长黄达人教授作“高校师资队伍建设的若干问题”报告，邀请清华大学吴倬教授作社会主义核心价值观报告；校级理论中心组专题学习党的十八届四中全会精神；校级理论中心组成员赴朝阳区委、北京市环保局、北京市经济技术开发区、北京服装学院、北京金隅集团等11个单位进行交流调研；向校院两级理论中心组成员发放图书《世界社会主义五百年》，编印理论学习读物《思想理论动态》。制定《中共北京工业大学委员会关于学习宣传贯彻党的十八届四中全会精神的工作方案》；成立北京工业大学理论宣讲团，提供21个宣讲主题、开展菜单式理论宣讲，为各二级学院开展13场理论宣讲。

（3）系统推进青年马克思主义者培养工程班（以下简称“青马班”）建设，不断提高青年教师思政工作的实效性。继续做好第1期青马班的培养工作，筹备成立第2期青马班；组织青马班学员和辅导员代表40余人赴井冈山开展暑期培训；组织青年教师参与北京高校青年教师优秀社会调研成果评选，选送的10项申报成果均获批为2014年北京高校青年教师社会调研优秀成果（其中一等奖4项、二等奖6项）；组织青年教师参加北京市青年教师暑期社会考察工作；受北京市委教育工委委托，制定《北京高校青年教师社会实践基地建设与管理办法（试行）》，承担157家社会实践基地的日常管理工作，承办2014年北京高校青年教师社会实践基地工作会，组织教师赴社会实践基地开展活动。

（4）加强师德规范引领，大力推进师德建设工作。制定发布《北京工业大学教师职业道德与行为规范》；结合楼宇文化建设设计制作师德规范和社会主义核心价值观宣传展板；制作口袋书等宣传推广师德规范；在9个学院设立师德品牌项目，开展师德课题研究；完成“北京榜样”和“最美北京人”推荐等活动。

（5）组织形式多样的主题教育活动。在师生中开展“培育和践行社会主义核心价值观”主题征文活动，收到征文140篇；在教师中开展“培育和践行社会主义核心价值观、做工大好老师”主题教育活动；组织党员干部和师生代表5091人观看为庆祝南水北调中线工程通水创作的重大现实题材影片《天河》。

（6）做好精神文明建设工作。统筹组织2012－2014年度北京工业大学首都文明单位申报工作，2014年10月学校被教育工委列入首都文明单位公示名单。

（谢桂生　刘　冰　邱晓飞）

【意识形态管理】 深入学习贯彻习近平总书记系列讲话精神，围绕学校“立德树人”的根本任务，将培育践行社会主义核心价值观融入教育教学全过程，不断加强思想引领，牢固掌握意识形态工作的主动权和领导权。

密切关注师生思想政治状况，开展师生舆情动态调查。组织师生填写《2014 年高校师生思想政治状况滚动调查问卷》，召开教师思想政治状况滚动调查座谈会；收集敏感时期和敏感事件师生思想动态信息，上报舆情动态 13 次，包括习近平总书记北师大教师节讲话精神师生反响、香港占中事件师生看法等。

加强组织管理，扎实推进哲学社会科学发展。组织 20 名教师参加共 9 期的 2014 年北京高校哲学社会科学教学科研骨干研修班学习；组织北京市四个一批人才和高创计划申报工作。

（谢桂生　王　辉　邱晓飞）

【新闻宣传工作】 围绕学校中心工作开展，强化新闻策划能力，提升新闻报道质量，拓展新媒体应用，宣传学校改革发展成果和亮点特色，挖掘校园正能量，营造良好校园氛围，服务学校事业发展。

（1）新闻网整合网络资源优势，进一步凸显品牌效应，全面提升宣传工作水平。推出“聚焦大学工程教育”、“2014 年人才工作会特别报道”、“从‘数字工大’到‘智慧北工大’——信息化工作系列报道”等贴近中心工作的专题报道；全年发布新闻条目 926 条，90 万字左右，年平均日访问量均在 10000 次以上；评选出学校 2014 年度十大新闻，制作视频“2014 回眸”，并与现代教育技术中心合作，制作了十大新闻专题片；发送常规手机报 35 期，其中教师节特刊 1 期；10月，中英文外网改版工作完成，新中英文外网全面上线；2 月 18 日官方微信正式上线，截至 12 月共推送 84 期，关注人数 8400 人，最高单条点击量 30398 次，推出和工大的“秋”、北工大的都教授等原创作品广受好评，平台活跃度较高。

（2）校报注重以深度报道加大宣传力度，以稿件质量提升宣传水平，精心打造校内新闻宣传的高端平台。全年制作校报 12 期；新增《高端论教》、《践行社会主义核心价值观》2 个专栏；制作《教师节专刊》、《毕业专刊》2 个专刊；制作《人才工作会》、《信息化工作推进会》、《我和工大第一面》等 5 个专版；首发《让更多的大学生走向操场》、《校园能耗“瘦身”记》、《北京工业大学：为青年教师成长搭好梯子》等 9 篇原创作品被刊发在《中国教育报》、《中国科学报》、《北京晚报》等主流媒体；增加校园《人民日报》电子阅报栏独屏显示等传播方式。编辑部选送作品获 2013 年度中国高校校报好新闻二等奖 1 篇、三等奖 1 篇，2013 年度北京高校校报协会好新闻一等奖 1 篇、三等奖 4 篇；组队参加第五届首都大学生记者基本功大赛获优秀组织奖；2 名学生记者获 2014 年度北京高校优秀大学生记者称号。

（3）广播台通过传播校园信息，激发师生正能量，推进校园精神文明建设。广播台全年共制作节目 736 期，播出时长总计 106 小时。

（4）围绕重要新闻选题，加强对外宣传策划，扩大学校办学社会影响力。全年在《人民日报》、中央电视台、《光明日报》、《中国教育报》、《中国科学报》、《北京日报》等社会主流媒体刊发新闻稿件 180 余篇，共计 19 万余字。围绕学校中心工作和重要活动等重大选题组织策划长篇通讯稿件 25 篇。先后在中央电视台、中国教育电视台、北京电视台等媒体策划刊发新闻报道 19 篇，其中中央电视台刊发报道 3 篇，《本科生科技创新成果》、《APEC 志愿者》被央视新闻频道报道，《E 级方程式国际设计锦标赛》是学校主办学生活动首次以纪录片的形式被央视财经频道报道。全年组织接待社会媒体记者 200 余人次。

（王　锋　邱晓飞）

【校园文化建设】 以学校“十二五”大学文化建设目标为导向，加强统筹规划，开拓思路，挖掘学校精神品质与人文内涵，开展以人为本的文化建设，建设大学文化工作新格局。

建立学校视觉形象识别系统。制作完成新版学校宣传片；修订完成《北京工业大学简介（2014 版）》，确定了学校简介修订的工作周期及工作模式；制作完成工大手绘笔记本、钥匙包等校园文化创意产品。

注重学校人文环境建设，有序推进楼宇文化建设。完成学校南门社会主义核心价值观景观的设计及安装；与人民日报社签订《人民日报》电子阅报栏使用合同，使其成为学校校报、宣传片、校训等宣传阵地及学校相关信息的发布平台；完成新学科楼命名和更名工作；规划并实施学校楼宇文化建设工作；完成安装全校楼宇内社会主义核心价值观宣传和师德规范宣传展板。

（张　楠　邱晓飞）

纪检监察工作

【概况】 2014年，学校纪检监察工作以党的十八大、十八届三中、四中全会精神和十八届中央纪委三次全会、四次全会精神为指导，根据上级纪检监察机关的决策部署，认真落实党风廉政建设主体责任、监督责任，严明党的纪律，持之以恒改进作风，坚定不移惩治腐败，为学校改革事业发展提供坚强有力的政治保障。

（葛卫华 叶红玲）

【落实党风廉政建设责任制】 学校党委、行政领导班子认真学习领会党风廉政建设主体责任的深刻内涵和具体要求，高度重视反腐倡廉工作，不断健全完善领导体制和工作机制，切实加强对党风廉政建设和反腐败工作的组织领导，落实党风廉政建设主体责任。校纪委认真学习贯彻中央和北京市关于党风廉政建设和反腐败工作的最新部署，及时向党委汇报中央纪委、北京市纪委等上级部门关于党风廉政建设和反腐败工作的新精神、新要求，不断强化监督执纪问责，落实党风廉政建设监督责任。

（1）5月28日，学校召开党风廉政建设工作会议。校纪委书记冯虹作题为“聚焦党风廉政建设和反腐败中心任务，为学校改革发展提供有力保证”工作报告。报告总结回顾2013年以来学校党风廉政建设和反腐败工作，深入剖析当前学校廉政建设方面存在的问题及产生的原因，并就新时期、新形势下学校党风廉政建设和反腐败工作九个方面的主要内容和中心任务作全面部署：一是全体教师都要认清学校党风廉政建设和反腐败工作的严峻形势，进一步提高廉洁自律意识；二是全体党员领导干部都要进一步明确一岗双责，严格落实党风廉政建设责任制；三是进一步加强党的纪律建设；四是进一步严格落实八项规定，巩固党的群众路线教育实践活动成果；五是所有二级单位要针对党风廉政建设问题进行自查自纠；六是积极建立纪监审财联动机制，加大对案件查处力度；七是积极尝试建立有效的巡视监督机制；八是进一步加强专项治理力度；九是加快转职能、转方式、转作风，提高纪检干部队伍监督执纪问责水平。校党委书记郑吉春在会上作重要讲话。讲话针对2014年党风廉政建设和反腐败工作提出三点意见：一是全校各单位、各部门要以更坚定的决心深刻领会中央对党风廉政建设的要求，牢固树立反腐倡廉的政治意识；二是要以更严明的纪律持续推进作风建设和师德建设，坚决维护立德树人的纯洁高地；三是要以更有力的措施不断深化教育领域综合改革，确保反腐倡廉各项要求落到实处。讲话强调，党风廉政建设和反腐败工作是确保学校各项党政工作任务顺利完成的重要保障，学校作为北京市属高校中唯一的211高校，同时也是国家预防腐败局确立的30家廉政风险防控工作联系点中的唯一高校，必须以更有力的措施确保把党风廉政建设和反腐败工作引向深入。讲话指出，第一，要严格落实党风廉政建设责任制；第二，要坚持用制度管权管事管人；第三，要以零容忍的态度坚决惩治腐败。

（2）6月5日，学校党委印发《关于对党风廉政建设工作相关问题开展自查自纠的通知》。通知明确要求在全校范围内对党风廉政建设工作相关问题开展自查自纠（以下简称自查自纠工作）。各单位自查自纠时间范围为2011年1月至2014年3月，必要时对重要事项可以进行延伸和追溯。自查自纠工作主要内容包括十类问题：一是公车私用问题，二是会议费转存问题，三是公款旅游问题，四是学术不端问题，五是招考违规问题，六是纪律涣散问题，七是冒领费用问题，八是招标采购中行为不当问题，九是违反科研经费管理问题，十是财务、资产管理不严问题。截至7月底，全校各二级单位全部上交自查自纠工作报告和《党风廉政建设工作相关问题自查自纠登记表》。校纪委、监察处对自查自纠工作中发现的问题进行汇总分析，形成书面报告及时汇报学校党委。

（3）校纪委切实履行监督责任，督促各级领导班子和领导干部落实党风廉政建设责任制，督促党员、干部执行党的纪律和廉洁自律有关规定。74名正处级干部与分管校领导、123名副处级干部与主管的正处级干部分别签订《党风廉政建设责任书》。

12月15至19日，校纪委组织由各二级单位纪检员、学校党风廉政监督员和纪委办公室、监察处干部组成的联合督导考核小组，深入各二级单位对党风廉政建设工作进行督导并开展年终考核。考核内容为党风廉政建设责任制、领导干部廉洁自律、党风廉政宣传教育、监督检查和信访案件查处4个方面。考评结果作为二级单位领导班子、领导干部年度考核的重要依据。

（葛卫华 叶红玲）

【作风建设】 校纪委协助学校党委检查中央八项规定精神和市委十五条实施意见落实情况，加强对廉洁自律各项规定落实情况的执纪监督。结合党的群众路线教育实践活动，深入开展正风肃纪工作，开展针对“四风”问题的明察暗访。10月8日，冯虹带队对职能部处“慵、懒、散”现象进行专项检查，对工作人员加强岗位纪律要求，督促职能部处进一步转变工作作风。

（葛卫华　叶红玲）

【校内巡视检查】 结合学校各二级党委自查自纠情况和学校信访举报所反映的问题，校纪委、监察处先后组织对体育部、电控学院、后勤集团、现代教育技术中心、机电学院等5家单位进行校内专项巡视检查，分别针对体育特长生招生、科研经费、物资采购等问题进行监督检查，对发现的问题早提醒、早纠正。

（葛卫华　叶红玲）

【廉政风险防控管理】 从2012年学校出台《关于推进廉政风险防控管理“三个体系”建设的实施方案》以来，每年都采取不同举措进一步推进权力结构科学化配置体系、权力运行规范化监督体系、廉政风险信息化防控体系建设。2014年，校纪委针对高校科研项目管理和经费使用展开调研，监察处协同科技处修改完善科研经费管理办法等相关制度2项。

（葛卫华　叶红玲）

【专项治理】 根据学校党的群众路线教育实践活动整改方案中公务用车专项整治的要求，2014年1至7月，学校针对公务用车历史遗留的诸多问题，进行专项整治系列工作。

年初，学校成立公务用车治理领导小组。3月，领导小组先后组织4次公务用车管理与使用情况检查，对公务用车在非工作时间进出校园情况逐项记录并进行认真比对。检查结果显示：二级单位公车使用制度并不完善，公车使用登记记录并不健全，公车私用还一定程度存在。学校对所有涉及公车管理不善和公车私用问题的二级单位和使用人及时通报批评，并决定收回违规使用车辆。7月，学校召开公务用车治理部署会，明确公车一律实行“有偿使用、收支平衡”原则，由后勤集团交通服务中心对公车进行统一管理。

（葛卫华　叶红玲）

【转职能、转方式、转作风】 按照中央纪委对纪检监察工作提出的“转职能、转方式、转作风”的新要求，为大力推进“三转”，提高纪检监察干部队伍监督执纪问责水平，使纪检监察工作职能更加明确、方法更加科学、作风更加务实，校纪委结合工作实际，分期分批邀请职能部门负责人给纪检监察人员培训，梳理各部门主要业务和重要岗位容易产生的廉政风险，厘清重点监察监督事项，切实提高纪检监察人员的监督执纪水平和工作效率。

5月29日，纪委办公室、监察处邀请招生就业处解读学校招生业务管理工作对学校招生工作总体情况、艺术类招生考试、高水平运动员招生、自主选拔录取等方面的相关政策和具体做法做介绍。纪委办公室、监察处与招生就业处就如何做好主要业务流程和关键环节的廉政风险防控进行探讨交流。

11月26日，纪委办公室、监察处邀请国资处对纪检监察人员进行业务培训，详细介绍国资处的管理体系、组织机构、人员信息、工作职能、工作流程，集中讨论招标采购、授权支付招标、协议采购、询价采购等工作流程，并就设备采购、公用房、实验室建设、平台管理工作中的难点及风险点进行深入探讨。纪检监察人员从监督角度，对国资处的主要业务和重点岗位容易产生的廉政风险，和国资处工作人员进行深入交流，分析查找业务流程中的风险点，厘清需要重点监督检查的业务事项，进一步明晰学校国有资产管理过程中的权限和责任。

（葛卫华　叶红玲）

【党风廉政宣传教育】 学校党风廉政宣传教育以加强思想教育和党员领导干部廉洁自律为重点，构建“党委统一领导、各职能部门共同推进”的反腐倡廉宣传教育工作格局，开展形式多样、内容丰富的教育宣传活动。

（1）在党风廉政建设工作会议上，下发由首都教育廉政研究中心和校纪委编印的《高等教育领域职务犯罪警示教育案例》等学习资料。2014年新一轮处级干部到任后，学校党委开展新任处级干部任职集体谈话和廉政谈话。

（2）11月19日，学校召开党风廉政建设报告会。邀请中纪委监察部驻教育部纪检组副组长、监察局局长徐开濯作“十八大以来高校党风廉政建设新形势、新任务、新要求”专题报告。报告主要分为三个部分：一是学习领会新一届党中央、中央纪委反腐倡廉的坚定决心；二是讲解中央纪委对当前党风廉政建设和反腐败工作的一系列部署；三是结合高校实际，解读与讨论当前高校科研经费、校办企业、招生考试、学术资源、师德师风等重点领域和关键环节中党风廉政建设和反腐败工作需要注意与把握的几个问题。冯虹作总结讲话，总结了学校2014年度党风廉政建设系列工作，并对下一步工作提出要求：按照党中央关于落实党风廉政建设责任制“两个责任”的精神，各二级党委要进一步落实好主体责任，做到守土有责、守土尽责，纪检监察部门要敢于监督、勇于监督、铁面执纪；党风廉政建设没有旁观者，也没有局外人，教授和干部要警钟长鸣、防微杜渐，增强底线意识，做清正廉洁的表率。

（葛卫华 叶红玲）

【监察工作】 开展专项检查工作，加大对重点领域的监察力度。根据上级文件精神，纪委办公室、监察处、财务处等部门做好2014年春季、秋季教育收费专项检查工作，未发现违规收费现象。继续加大对物资采购、基建修缮等工作的监察力度，按照学校《招标采购管理办法》、《招标投标工作监督办法》等制度的要求，采取措施防范招投标采购程序中的招标代理机构遴选、校内专家参与评标等关键点的廉政风险。加大对特殊类型招生考试的监察力度，对试题印刷、试卷评阅、评委打分、现场录取等环节进行现场监督；开展学校2014年硕士学位研究生招生考试的自查工作，确保招生公平公正。11月，市教育纪工委、教委监察处对学校研究生招生录取情况和招生监察工作情况进行检查，对学校的招生及招生监察工作给予充分肯定。

（葛卫华 叶红玲）

【信访案件】 学校坚持有案必查、有腐必惩，切实解决发生在群众身边的不正之风和腐败问题。校纪委全年共受理信访41件次，反映问题的信件较往年有所增加，其中上级交办15件次，自收26件次；反映副处级以上领导干部的7件次，占17%。校纪委、监察处认真开展信访案件的初核工作，针对初核发现的问题，形成调查报告及处理建议，并按规定向学校党委和上级纪委进行汇报。诫勉谈话2人次。

（葛卫华 叶红玲）

【队伍建设】 为进一步增强纪检监察工作力量，学校在全员岗位聘任中增设正处级纪检员岗位，纪委办公室、监察处正式编制7人，其中正处级2人，副处级1人。

（葛卫华 叶红玲）

【调查研究】 以“首都教育廉政研究中心”为平台，积极开展高校党风廉政建设理论研究。调研报告《制度＋科技＋文化：三元视角的高校廉政风险防控框架研究报告》和《关于加强高校招标领域制度建设的调研与思考》分别获得2013年度北京市纪检监察调研成果一等奖和优秀奖。

（葛卫华 叶红玲）

学 生 工 作

【本科生思想教育概况】 北京工业大学学生工作部（处）、人民武装部负责学校本科学生思想教育与管理工作，下设3个办公室、2个中心，即学生事务管理办公室、党建与思想教育办公室、军训与安全管理办公室、大学生勤工助学中心和心理素质教育中心。2014年，学生工作部（处）、人民武装部以学习宣传贯彻党的十八大和十八届三中、四中全会精神为主线，结合学校实施质量工程和创新工程，认真落实学校“十二五”发展规划，围绕提高人才培养质量，促进学生全面发展的目标，着力解决影响和制约学生发展的难点问题，深入开展党的群众路线教育实践活动，推动学生党建工作和思想教育工作创新，深化素质教育，提升学生工作管理和服务的水平，为学生健康成长成才服务，促进学生全面发展、协调发展、可持续发展。

（陈春跃 高春娣）

【本科生党建工作】 （1）新生党员培训工作。深入学习和全面贯彻党的十八大，十八届三中全会和习近平总书记重要讲话精神，以加强党的先进性和纯洁性建设为主线，抓好基层、打牢基础，按照《北京工业大学2014级新生党员培训方案》，以团体成长小组的形式组织“新生党员适应”、“职业生涯规划”等专题培训。通过新生党员培训活动筑牢思想根基，促进学生党员尽快融入大学生活，服务群众、完善自我，培养先锋模范典型。

（2）红色“1＋1”支部共建活动。共有25个本科生党支部申报立项，与社区、企业、京郊农村等党支部建立共建关系，推进了党的基层组织建设。电控学院120241班党支部获北京高校红色“1＋1”示范活动二等奖，实验学院经管系学生党支部、学生会社团党支部分别获得三等奖，数理学院2012级本科生党支部、机电学院2013级硕士研究生第二党支部、软件学院工学硕士党支部、学生社区学生直属党支部、建工学院2013级硕士岩土党支部、材料学院本科生低年级党支部、生命学院本科生第一党支部、建规学院城乡规划本科生党支部等8个学生支部获得优秀奖。

（3）党员责任区划分工作。根据教育工委“思想引领工程”及学校“五型”学生党支部建设工作要求，在学生党支部中推进“五个一”工程，在学生学习、生活空间为每个学生党组织和学生党员划分责任区，组织学生党员在自己的责任区明确工作责任和工作要求，号召、带动全体学生践行社会主义核心价值观，提升大学生的道路自信、理论自信和制度自信。

（黄荟宇　高春娣）

【本科生思想政治教育】 （1）开展“践行社会主义核心价值观，争做工大好学生”教育实践活动。活动以“工大好学生”的标准确立为主线，以主题班会、主题党日和主题团日等教育活动为载体，开展“工大好学生”评选，通过选树典型进行事迹宣讲，形成人人学习、人人践行的浓郁氛围，把社会主义核心价值观教育融入学生的日常学习生活中。活动汇集了各学院的“工大好学生”十条标准共170条，通过微信公众平台展示学院讨论成果，发起点赞活动，微信点击量达4万余人次。

（2）班集体建设工作。组织开展2014年北京工业大学第三届“十佳班集体”评选活动，经学院推荐、网络展示、现场答辩、评委提问评分等环节，评选出10个“十佳班集体”和11个“十佳班集体”提名。北京工业大学环能学院110521班获得北京市高校“十佳示范班集体”荣誉称号，这是北工大学生班集体第三次获得该项荣誉。

（3）形势与政策教育。根据教育部社科司下达的《形势与政策教育大纲》，在课程授课内容及授课方式方面深入探索，继续推进形势政策课程体系的建设与改革。2014年课堂授课时间增加到32学时，共8个专题。设置任课教师和班主任双重管理模式，采用混合排课方式，定期组织教研组全体教师进行研讨、备课与授课。本学年共开设16个课堂，16名任课教师对2320名本科学生进行课堂教学，完成了授课任务512学时。

（4）安全教育。大力加强安全宣传教育工作，发放《大学生安全知识手册》，开展新生安全知识宣传，提高学生安全意识。开展2014级新生入学安全教育，与保卫处合作开展2014级新生公寓消防演练、2014级新生安全员培训活动。

（5）思想政治教育工作实效奖评选工作。2014年，学校开展第二届思想政治教育工作实效奖评审工作，实效奖申报共56项，涉及近年来学校在学生党建、思想政治教育和服务学生等方面做出的优秀成果，最终评选出特等奖2项，一等奖9项，二等奖13项，优秀奖32项。

（李　敏　高春娣）

【辅导员队伍建设】 （1）辅导员的选拔配备。学校在社会公开招聘4名辅导员，从应届本科毕业生中选拔17名优秀学生干部担任辅导员。

（2）辅导员学习培训。共组织了150余人次参加北京市各类辅导员专业化培训项目，学校作为北京市委教育工委首批设立的9所北京高校辅导员培训研修基地之一，举办2014年北京9所院校的新上岗辅导员培训和北京高校辅导员学业辅导专题培训，共接待北京市近150名高校辅导员培训学习。

（3）辅导员职业能力大赛。举办第一届辅导员职业能力大赛，以崭新的方式促进辅导员工作交流、提升辅导员工作技能，并最终评选出一等奖2名、二等奖3名、三等奖5名，鼓励奖13名。

（4）辅导员学术团队建设工作。完成辅导员学术团队成员信息的更新，开展辅导员学术沙龙活动，组织辅导员参与各级课题中期检查和申报等工作。在2015年度首都大学生思想政治教育课题中，北工大7项课题获准立项，包括1项重点课题，6项支持课题；开展北京市辅导员培训研修基地（北京工业大学）第二批课题立项工作，2014年共有15项课题给予立项，其中7项重点课题、3项委托课题、8项青年课题。有效提升了学校辅导员的学术水平和研究能力，进一步推动了辅导员队伍专业化建设，《创建辅导员学术团队，助推辅导员专业化发展》获2012－2013年北京高等学校党的建设和思想政治工作优秀成果二等奖。

（5）辅导员评优评先情况。学校共有3个集体获2013－2014年度北京高校德育工作先进集体称号、8名辅导员获2013－2014年度北京高校优秀德育工作者称号、3名辅导员获2013－2014年度北京高校优秀辅导员称号、1名辅导员获2013－2014年度北京高校十佳辅导员称号。6名辅导员获北京工业大学2014年优秀教育工作者称号。

（6）社区辅导员的选拔配备。在学校管理干部、青年教师和工作保研学生等群体中选拔社区辅导员，2014年共有48名兼职社区辅导员分配到18座本科生、研究生宿舍公寓，推进了辅导员工作空间的全覆盖。

（7）政治辅导员的选拔配备。自学校党委决定建立思想政治理论课教师兼任大学生政治辅导员制度以来，学生工作部和马克思主义学院积极推进政治辅导员工作，2014年共选拔13名思想政治理论课教师丁云、崔希福、姜海珊、高峰、赵大兴、鲍泓、李东松、陈洪玲、姜惠、杨茹、艾国、葛宏、田园，分别兼任13个学院的大学生政治辅导员。

（严 英 高春娣）

【学业辅导】 （1）北京工业大学杰出学子培育计划和杰出学子新生计划。组织开展第五期杰出学子培育计划和第四期杰出学子新生计划评选，共有608名学生入选，其中杰出学子培育计划200人，杰出学子新生计划408人，并为每名杰出学子配备了成长导师。完成第三期杰出学子培育计划和第二期杰出学子新生计划的结题工作。同时，学校对第四期杰出学子培育和第三期杰出学子新生计划进行中期督导。

（2）学生事务辅导工作。为方便学生，学校分别在中蓝学生公寓和学生处设立学生事务辅导室。具体工作由关心下一代工作委员会的老干部等有经验的退休教师和优秀学生助理协助开展。辅导室目前有6名辅导教师，每周一、周三、周五下午为学生提供学业辅导、发展辅导和生活辅导。

（3）学业推进与学风建设月计划活动。开展“优良学风、诚信考试，从我做起”——学业推进与学风建设月计划活动，共举办团体辅导4场。同时通过微信预约和电话预约等形式，开展个性化辅导，为学生提供学习方法和技巧指导。

（4）学习工作坊团体辅导工作。为创新学业辅导工作模式，促进学业辅导工作精细化，激发学生学习兴趣，提高学习效率，围绕入学适应、学习技巧、考研、出国、就业等专题，开设系列学习工作坊，以团体辅导的方式对学生进行发展性学业辅导。2014年共开设8期工作坊。

（张 超 高春娣）

【本科新生工作】 （1）新生工作评估。12月，组织召开2013级本科新生工作总结会，进一步促进新生工作的传承和深化，推动新生工作的定位思考、特色创新和创造性工作的开展。

（2）新生辅导员、班主任的配备与管理。学校为2014级新生配备新生班主任104名、新生专职辅导员36名、政治辅导员13名，为学生提供及时有效的指导服务。

（3）新生诚信档案工作。学校在2014级新生中开展建立大学生诚信档案工作，积极推进大学生诚信教育。诚信档案主要涵盖学业诚信、学术诚信、经济诚信、就业诚信、生活诚信等内容，是学生在校期间诚信状况的全面记录，是学生个人档案的一部分。建立学生诚信档案，记录学生诚信行为，作为学生评定奖学金、优秀毕业生和推优入党、推荐就业的重要参考依据。诚信档案的建立，是学校加强新生诚信教育，注重实践引领，把社会主义核心价值观教育融入课堂、融入生活的具体举措。

（4）新生引航工程。组织实施新生年计划，倡导“三早一晚”制度，实施新生行为养成“5个1”工程计划和“大学第一课”计划，举行新生升国旗仪式，实施杰出学子新生计划和基础课辅导计划，帮助新生适应大学生活、掌握学习方法、树立发展目标、坚定理想信念，为新生创造良好的成长环境，助力新生成长，引航大学人生。

（李 敏 高春娣）

【心理健康教育】 （1）心理健康教学工作。初步建立“1+4”心理健康课程体系。采用大班小班结合、引进校外优秀师资等方式完成《大学生心理适应指导》课程授课工作，并开设心理素质教育公共选修课6门，形成面向各个学院不同学生特点的菜单式讲座课的“1个核心，4个特色”多渠道、广覆盖、全方位，辐射状的心理健康课程体系。

（2）心理咨询与辅导工作。接待心理咨询来访师生897人次，开展大学适应性团体辅导、萨提亚个人成长工作坊、新生舞动工作坊、团体箱庭——情绪管理4个团体辅导工作坊，参加团体辅导的学生共计144人次，各学院（所）上报需要关注的心理危机学生共有190余名，全年心理咨询专兼职教师经手处理的心理危机案例14个，并发布《2014年北京工业大学学生心理健康状况调查白皮书》。

（3）心理素质教育宣传工作。开展以“友爱于心善行于微”为主题的心理健康宣传月活动和“心理梦工厂”开放日科普活动，宣传月作品获北京市一等奖2项和三等奖2项。此外中心积极完善微信平台建设，目前平台的总关注人数达到了1371人，微信平台共发布文章226篇，每篇文章日均被分享转发30次，日均被阅读249次。

（4）心理普查。2至5月，对全校学生进行网上全员心理普查，参测人数为8481人，被列为关注对象的学生共计237人；10至12月，对2014级新生进行新生心理普查，参测人数为2035人，被列为关注对象的学生共计434人。组织专兼职咨询师、学院心理负责教师与关注对象进行一对一、面对面的约谈，及时为学生提供心理咨询服务。

（5）心理培训工作。与中国传媒大学、北京第二外国语学院心理咨询中心开展三校联合督导工作，邀请心理治疗专家开展每月一次的督导工作，共计28个学时。组织100人次参加北京市委教育工委等机构举办的各类专业心理培训，共计3168学时。2014年5月16至19日邀请国际知名的萨提亚培训大师安娜·罗（Anna Maria Low）针对全校教师做“与人相遇，与己相遇”萨提亚模式个人成长工作坊，2014年12月24至29日邀请国内多位知名心理学专家为学校辅导员举办了大学生心理危机管理培训班暨心理健康教育研讨会。

（赵嘉路　高春娣）

【国防教育工作】（1）军训工作。6至7月，组织本科2013级17个学院共3905名学生参加了军事理论学习和军事技能训练，共评出971名优秀学员。

（2）征兵工作。学校共有11名大学生完成定兵并于9月光荣入伍，分赴海、陆、空、武警、二炮服役。

（3）国防教育活动。9月12日，北京工业大学国旗护卫队参加北京高校国防教育协会组织的第十四个全民国防教育日之第五届北京高校国旗仪仗队检阅式；9月30日，组织师生参加首个烈士纪念日向人民英雄敬献花篮活动；10月1日，组织师生参加国庆65周年天安门观升国旗仪式活动。北京工业大学国旗护卫队每周一举行升国旗仪式活动，组织本科生、研究生新生参加，同时安排各学院为新生进行“国旗下讲话”主题教育活动，加强新生爱国主义教育；在重大纪念日，如国庆节、国家宪法日，“一二·九”纪念日，在校园举行升国旗仪式，并组织学生参加，进行爱国主义和国防教育。

（于　磊　高春娣）

【学生事务管理】（1）毕业季活动和开学典礼。组织开展“真情寄语，心愿祝福”毕业祝福语征集评选、优秀毕业生评选及十佳毕业生评选、毕业典礼、毕业会餐等毕业季活动，评选出10名“十佳毕业生”和10名“十佳毕业生”提名，并从征集到的768条毕业祝福语中评选出最具感染力的十条致毕业生的祝福语。7月1日，2014届毕业典礼在北工大体育馆举行。9月2日，2014级新生开学典礼在北工大体育馆举行，校领导和5000余名本科生、研究生及留学生参加开学典礼。

（2）学生获奖。6月，在本科生中共评选出155名北京市优秀毕业生、319名北京工业大学优秀毕业生。9月，在2014级新生中评选出30名新生奖学金获得者，其中一等奖10名，二等奖10名，数学单项奖3名，英语单项奖2名，理综单项奖5名。11月，在本科生奖学金评定中，共评选出北京工业大学先进班集体30个、北京工业大学优良学风班31个（不含先进班集体）、北京工业大学优秀社区4个、北京工业大学三好学生448名、北京工业大学学习优秀奖1976名、北京工业大学科技创新奖361名、北京工业大学励志奖79名、北京工业大学优秀学生干部501名、科技之星奖2名、科技之星提名奖2名。国家奖学金获得者29人，北京工业大学校长奖学金获得者4个个人和2个团队。

（3）接待约谈。开展学生约谈会22次，有426名学生参加，其中本科生287人，研究生139人，共编辑《约谈会简报》22期。接待学生咨询83人次。

（陈春跃　高春娣）

【勤工助学工作】（1）政府及学校资助。国家励志奖学金获得者415人，发放金额207.5万元；国家助学金获得者1968人，发放金额625.78万元；减免学费73人，减免金额14.74万元；安排勤工助学工作岗位793个，发放勤工俭学经费54.1998万元；办理国家助学贷款10人，放贷金额5.7万元；下发教委拨款的学生伙食补贴、饮水通讯补贴1233人次，发放金额22.8105万元；国家生源地贷款386人次，放贷金额254万元；各类临时困难补贴、重大节假日补贴2386人次，发放金额35.6007万元；毕业生应征入伍服义务兵役学费返还42人，返还学费55.1万元。

（2）绿色通道。新生入学绿色通道共接待2014级家庭经济困难学生300人，其中本科生196人，研究生104人，为229名学生办理学费缓交手续，缓交金额130.4万元；发放爱心礼包200套，电信通讯爱心手机400部，免费被褥118套，总价值5.92万元。

（3）社会资助。北京青少年发展基金会希望工程北京捐助中心资助12人，资助额5.2万元；兴大助学基金会资助30人，资助额15万元；北京市慈善协会通过“爱心成就未来”项目资助70人，资助额21万元。中国扶贫基金会通过“新长城自强助学金”资助1人，资助额0.184万元；中国宋庆龄基金会通过“华泰汽车”助学工程项目资助1人，资助额

0.5万元；宁夏燕宝慈善基金会资助6人，资助额2.4万元；其他单位和个人资助共计3.39万元。

（李　颖　高春娣）

【研究生党建工作】 2014年，党委研工部联合组织部和学工部，牵头组织举办学生党支部书记培训班，通过理想信念教育、能力提升、特色工作展示等模块，采用专题报告、支书论坛、经验交流等形式，增强学生党支部书记的责任感和使命感，熟悉工作规律，掌握工作方法，提高工作水平，进一步增强学生党支部的凝聚力和战斗力，全面推进学生党支部的建设和发展。

以群众路线教育实践活动为引导，探索党员再教育工作方式和内容的改进；组织各研究生党支部、班级开展“立德、立业、立人”“我的中国梦”主题教育活动及红色“1＋1”主题活动；组织博士生参加首都高校博士生挂职锻炼活动；完成对研究生党员和研究生党支部的基本信息的统计工作，为研究生党建工作的开展打好基础；组织研究生观看重大现实题材影片《天河》，配合宣传部在研究生群体中开展培育和践行社会主义核心价值观的征文活动，共征集稿件74篇，全面推进研究生思想政治教育工作。

研究生工作部联合校团委、学工部、研究生院，通过北京工业大学研究生支教团发起成立“梦圆”教育基金，专项用于资助研究生支教团服务地的贫困中小学生完成学业，并在全校师生中开展捐款。

（罗　琼　任永方　高学金）

【科学精神与学风建设】 2014年，学校“科学精神与学术规范”教育宣传月历时54天，围绕“弘扬科学精神，恪守学术规范”的主题，以宣传教育为切入点，加强组织形式的多样化和活动内涵的系统化。共计有17个院、所申报“科学精神与学术规范”活动，最终共22项主题宣教活动被立项资助，并作为学术月期间主要宣教平台。各院、所通过调查访谈、“榜样的力量”主题宣讲、“实验室的一天”主题摄影大赛、微博创意大赛、漫画大赛、LOGO设计大赛、一站到底知识竞答、学术趣味定向越野、微信互动大赛及名家讲坛等一系列丰富多彩的学术与文体活动的开展，充分利用校园网及新媒体的重要作用将宣传教育的受益面达到了全覆盖，使科学精神与学术规范更加深入人心。全校累计直接参与“科学精神与学术规范”教育宣传月各项活动的研究生达1000余人。相继获评第三届首都大学生思想政治教育工作实效奖优秀奖、北京市科学道德与学风建设2013－2014年度优秀示范项目。

此外，学校积极拓展“科学精神与学术规范”教育的长效机制，规划、建设北京工业大学“科学精神与学术规范”教育基地。基地从宣传教育出发，通过科技作品、展板、书籍、论文、视频动画等展示方式，图文并茂地将科学精神与学术规范的内涵展示给师生，并策划通过基地开展创新先锋故事、学术规范教育、科技作品展演、良师益友课堂、专家学术坐诊等主题活动，进一步加强学术道德和学风建设，引领校园科研学术新风尚。

（罗　琼　任永方　高学金）

【研究生文化建设及新生始业辅导】 2014年，党委研工部通过新媒体平台推送《研究生复试手册》，制作并发放《研究生通讯》（迎新特刊）；举办校院两级新生入学教育活动，由副校长蒋毅坚、研究生院和党委研工部各主管领导、各学院院长或书记、学科带头人等，做针对性的政策解读和学习指导；依托校研会，配合科技节和学术月活动，组织“学海起航”、“博硕士风采论坛”、“名家风采讲堂”、“我与导师面对面”、“我与师兄师姐面对面”等学术活动，激发科研兴趣。开展两期“情定工大”交友活动，举办“走下网络，走出宿舍，走向操场”之周末去哪儿系列活动，包括校园趣味越野、乒乓球赛、三人篮球赛、体育庙会、瑜伽，参与学生人数共计2000人次，覆盖面广、影响力大，丰富课余生活，培养科学合理的健康生活理念，活跃校园文化。充分运用新媒体平台，及时发布研会工作信息，宣传时政热点，关注理论动态，倡导向上向善的正能量，校研究生会“微研”微博关注度达3295，微信关注度达1348。以迎新、学术月、科技节专题编辑印制3期《研究生通讯》，内容聚焦校园文化、学风建设及科技盛事等内容，受到广大师生好评。

在研究生新生中积极推进学生自愿投保，2014年共996名研究生参与投保，其中博士79人，硕士917人，解除学生及学生家长的后顾之忧。

研究生文化建设。以“融入同学、服务同学、真诚引导同学”为宗旨，以“引领研究生思想、服务研究生成长成才、维护研究生权益”为己任在思想引领、大学文化、学术科研、就业实践、权益维护、内部建设以及对外交流等方面开展了一系列卓有成效的工作。

举办研究生主题约谈3期，参与约谈研究生400余人次，约谈内容涉及在读研究生硕博连读政策、科技基金政策等。建立北京工业大学研究生骨干培训班学员考核机制，并把各院所研究生会干部纳入骨干培训班，通过新媒体平台对外发布培训内容信息，面向全校师生开展活动。邀请校内外专家学者以"如何打造高效团队"、"学生骨干领导力"、"传统文化与社会主义核心价值观"、"性格分析在学生管理中的应用"、"冠军教你玩数独"等主题为研究生干部进行深入培训。并安排集体出行参观国家典籍博物馆，进行了一次富有意义的"书香之旅"，在实践中学习，加深骨干成员的交流。

凝练北京工业大学研究生会文化精神，初步提出"勤学、明德、传承、创新"的研究生会文化符号及各部门发展口号：办公室"加强内部文化建设，打造综合服务中心"、学术部"凝聚工大精神，打造精品学术"等，设计制作了研究生会成立30周年LOGO。

（罗　琼　任永方　高学金）

【研究生德育干部队伍建设】 2014年9月，完成上一学年度40名助理辅导员考核与表彰工作，评选出31名优秀助理辅导员并授予荣誉证书。招聘2013—2014学年研究生德育助理辅导员41人并颁发聘书。

通过"研究生会骨干培训系列讲座"，从学会尊重和沟通、勇于担当、树立社会责任感和引领道德先锋等方面端正干部的品行，树立全心全意为同学服务的思想。

成立社会实践团，先后开展"阳光照进心灵、共享美丽中国"、"走进养老院、最美夕阳红"、"关爱弱势群体、共建和谐家园"、"走进新农村，放飞中国梦"等中科院设计院志愿者项目，研究生、本科生共百余人次参与其中；积极开展研究生就业经验交流会，邀请从工大毕业的各行各业的就业达人、创业达人进行职业规划指导和求职经验分享，惠及人数达400多人次。

（罗　琼　张　鑫　高学金）

【校研究生会成立三十周年文艺晚会及换届选举工作】 12月6日，召开校友总会研究生会校友分会成立会议，通过《北京工业大学校友总会研究生会校友分会章程》以及《北京工业大学校友总会研究生会校友分会第一届理事会建议名单》，并举办校研究生会成立三十周年文艺晚会。

12月，第十三届研究生委员会第十八次全体会议召开，选举研工部任永方为北京工业大学研究生会秘书长，选举产生新一任研究生委员会，选举梁文博、李秋然、陈卓、李子明、刘宏利、王媛璘、袁野为新一任常务委员。

（张　鑫　任永方　高学金）

【博士及博士后挂职锻炼】 组织选拔博士生赵辉到北京化学工业集团有限责任公司规划发展部部长助理岗位、赵琳到北京市规划委员会丰台分局局长助理岗位参加挂职锻炼。

（罗　琼　任永方　高学金）

【校园科技节】 9月11日至11月28日举办第四届北京工业大学科技节。本届科技节更加注重需求，鼓励院所合作和学科融合，充分激发学生的创造性。学工部、科技处、研工部组织新生参观学生科技作品展、本科生创新实践成果展、科技艺术博物馆等达3000人次；教务处举办科技竞赛优秀指导教师展等；校团委开展学生课外科技创新工作宣讲活动等。发挥院所主观能动性，20项科技活动立项。

科技节期间，校院两级共举办名家风采讲坛64场、博硕士风采论坛42场，42名科技之星参选、433项研究生科技基金立项，汇集18个院所、8个研究生工程实训室、7家校外产学研合作基地的学生科技作品百余件展览展示，并受邀参加了第九届中国北京国际文化创意产业博览会、第四届首都大学生创意集市、第三届首都大学生科技创新作品与专利成果博览会等一系列校外科技展览，受到社会各界和媒体的广泛关注。科技节已经成为北工大学生一年一度的科技盛会，也已成为展示学校人才培养质量、扩大社会影响、提升整体声誉的一个窗口。

从第四届学生科技作品展中精心挑选出十件作品参展文博会，会上北京市委教育工委揭晓了首都大学生第四届创意集市获奖作品名单，北工大3件作品荣获"创意之星"称号。北京市委教育工委副书记郑萼为"城市树邻"颁发了"创意之星"一等奖证书，这是本届创意集市评选出的唯一的一等奖作品。此外，"Bee蜂队动力皮筋车"及"渤海之翼"获"创意之星"三等奖，吸引众多观众参观。本届文博会也为北工大作品搭建了学生科技成果转化平台，参展作品凭借在科技、文化上的创新性以及较高的市场价值吸引了数家公司与作品作者洽谈成果转化合作。其中，作品"等离子扬声器"得到了北京中展博美展览公司、北京麦金世纪科技有限公司、中国能源集团联盟、北京迭戈知识产权代理有限公司等十余家公司企业好评，这些公司均表示愿意参与到该作品的生产进程中。作品"无人机机载带飞系统”得到北京朗玛峰创业投资管理有限公司的合作邀请。

（李晓京 任永方 高学金）

【研究生科技】（1）研究生科技基金。加强并完善研究生科技基金的服务和管理，进一步发挥科技基金立项和评审环节中对学生科研实践的指导和科学道德的宣传教育工作。10月13日举办研究生科技基金辅导报告会，全面讲解研究生科技基金申请的基本要求和注意事项，全校400余名研究生参加了本次活动。科技基金立项和结题环节的答辩工作面向全体学生开放，由专家组老师对项目进行点评、指导和打分。2014年，经过各学院初评和学校复核，第十二届研究生科技基金项目共按期结题408项，结题率达93%，资助金额为104.6万元；第十三届研究生科技基金项目立项433项，资助金额将达107万元；总覆盖研究生群体近3000人。

（2）研究生科技创新奖评定。2014年研究生科技创新奖从4月14日系统开通申报至5月3日截止，并经学院初评、图书馆核查、学校复审、全校公示后，共评选出2027项获奖成果，奖励金额共计251.36万元。其中特等奖34项，一等奖319项，二等奖349项，科研优秀奖1325项。

（3）研究生工程实训平台。继续完善并加强研究生工程实训平台的日常管理和参观接待工作。制定《研究生工程实训平台节能减排工作方案》，提高平台负责教师和研究生的安全节能意识；加大工程实训平台宣传力度，共16件产品参加校、市级学生科技作品展示，开展34个主题的项目宣讲周活动，48个委托项目全部招募满员，吸纳400余人入驻平台开展各类科技实训活动；研究生工程实训平台年接待学生实训3万人次；上级领导、来访人员1000余人次。

（李晓京 罗 琼 高学金）

【研究生事务管理】（1）研究生奖学金评定。9月19日启动2014年研究生国家奖学金评定工作，各院、所高度重视、广泛宣传、精心部署，认真做好各项工作的贯彻落实，共完成153名研究生国家奖学金的评审工作，其中博士生36名，硕士生117名。

2013－2014学年北京工业大学联通沃之“科技之星”的评选经学院初试推荐、网评与专家函评、校级现场答辩评审环节，共产生“科技之星”10人，“科技之星提名奖”10人。

2014年研究生学业奖学金共评选出校级研究生学业奖学金1827项，奖励金额共计258.47万元。其中个人奖包括学习优秀奖（一等）181人、学习优秀奖（二等）545人、社会工作奖427人、优秀研究生奖401人、励志奖246人；集体奖包括先进班集体5个、优良学风班15个、优秀团支部7个。

同时积极吸纳并推进企业奖学金工作，2014年由北京瑞源文德科技有限公司资助的瑞源德邻奖学金共评选出获奖研究生45名，其中励志学习优秀奖34名，励志科技实践二等奖11名，资助总金额为5.6万元。第二届三星奖学金共评选出科技创新实践奖8名，资助总金额为3.2万元。

（2）2014年度学生颁奖典礼。在典礼上对在文体活动、科技竞赛、各类奖学金获奖者代表等进行了表彰，并增加国际化版块，对优秀国际学生进行表彰，学生们对辛勤付出的优秀指导教师代表们表达了诚挚谢意。

（3）研究生优秀毕业生评选。2014年度北京工业大学校级优秀毕业研究生共96人，其中硕士82人，博士14人，其中71名毕业生获校级优秀学位论文。从校极优秀毕业生中择优推荐75名研究生获评北京市优秀毕业生。

（4）研究生助学金管理。2014年研究生工作部全面落实《北京工业大学完善研究生教育投入机制实施办法》，稳步实施研究生奖助体系新政策。对2013级及往届在校研究生：1月起，博士研究生助学金由1560元每人每月提高到2000元每人每月，全校共涉及在读博士生551名（委培生除外）；9月起，硕士研究生助学金由250元每人每月提高到700元每人每月，全校共涉及在读硕士研究生3261名（委培生除外）。对2014级研究生新生，全面推进研究生奖助新体系，207名博士新生基础奖学金标准为2800元每人每月，其中含导师资助部分500元每人每月（对于经济学、管理学、数学、统计学和理论物理学科，导师资助标准为300元每人每月）；1890名硕士新生基础奖学金为700元每人每月。

随着研究生收费、奖助学金体系及标准和相关配套政策与措施的稳步推进，“北京工业大学完善研究生教育投入机制实施办法”全面实施，为进一步深化研究生教育综合改革，全面激发研究生教育活力，推进“科研导向”的研究生培养奠定基础。

（周 雅 罗 琼 高学金）

统 战 工 作

【概况】 在校党委的领导下，党委统战部贯彻落实中央和北京市关于加强新形势下党外代表人士队伍建设工作的重要文件精神，以加强党在高校的执政能力建设和民主党派参政议政能力建设为主线，围绕首都高等教育改革发展大局和学校“十二五”规划发展任务，进一步完善统战工作机制，加强党外代表人士队伍建设，凝练民主党派和侨联等组织的工作特色，凝心聚力，稳步推进学校统一战线工作的科学化。

（吴 莹 夏海州）

【基本情况】 2014 年，北工大共有 6 个民主党派基层组织，包括民革支部、民盟委员会、民建支部、民进支部、致公党支部和九三学社支社。民主党派成员 266 人，包括民革 17 人、民盟 118 人、民建 25 人、民进 17 人、农工党 13 人、致公党 12 人、九三学社 64 人。

各级党派任职情况：在民主党派成员中 2 人任党派中央委员，2 人任党派市委副主委，5 人任党派市委委员，1 人任党派区委主委，2 人任党派区委副主委，6 人任党派区委委员。

各级人大、政协任职情况：在党外代表人士中 1 人任第十二届全国人大代表、常委，1 人任第十二届全国政协委员，3 人任北京市第十四届人大代表，1 人任北京市第十二届政协委员，8 人任区政协委员、人大代表。

党外干部任职情况：1 人担任校级领导职务、28 人担任处级领导职务。

（吴 莹 夏海州）

【制度建设】 制定并实施《北京工业大学党外代表人士双月例会制度》。双月例会是学校党委加强统战工作、发挥党外代表人士作用的重要举措，是搭建党外代表人士研讨学校统战工作并协商与党派相关的重要工作、主动参与学校民主管理和民主监督、为促进学校事业发展建言献策的一个重要形式。会议内容包括开展理论学习、通报重要工作、研究党派工作、落实建言献策等四个方面。原则上每两个月召开一次。

（吴 莹 夏海州）

【党外代表人士队伍建设】 (1) 贯彻落实《中共北京工业大学委员会关于加强新形势下党外代表人士队伍建设工作的实施办法》，集中组织二级党委推荐了 38 名无党派代表人士。编制“北京工业大学党外代表人士登记表”，细化统计信息。(2) 建立统战部部长约谈党外人士机制，加强沟通交流，了解业务发展并帮助解决实际困难。坚持“引进来、走出去”的思路，加强与市委统战部、市委教工委的联系，主动到民盟市委、致公党市委、九三学社市委等党派上级组织学习调研。(3) 贯彻落实《中共北京工业大学委员会关于党外后备干部挂职锻炼的实施办法（试行）》，经推荐、考察及征求意见，校党委常委会研究决定，确定 3 位党外后备干部挂职副处长，并召开党外后备干部挂职见面会。2012 至 2014 年，有 9 名党外后备干部在校内挂职副处级岗位，进一步充实了学校党外干部队伍。目前，校级领导班子中党外干部有 1 名；正处级干部中党外干部比例达 12%，副处级干部达 16%。民革党员崔铁宁副教授被评为中央统战部 2013 年度“优秀党外知识分子建言献策信息员”，民进会员刘斌云参与的《对北京市煤改气能源战略的分析与建议》获 2014 年度北京市民主党派优秀调研成果一等奖。

（吴 莹 夏海州）

【学习调研和教育培训】 (1) 以国防和重大历史事件教育为主线，以“聚力发展，践行社会主义核心价值观”为主题，组织党外人士先后到中国兵器科学研究院 201 所、北京航天城、中国人民抗日战争纪念馆等开展 3 次学习调研；集中组织观看重大现实题材影片《天河》，进一步增强党外人士的国防意识和坚定走中国特色社会主义道路的信心。(2) 推选 8 名党外代表人士参加中央统战部、市委统战部、市委教育工委、市侨联等上级组织举办的“北京市 2014 年党外中青年干部培训班”、“北京高校党外代表人士高级研修班”、“高校民主党派校级组织负责人研讨会”等各类教育培训。

（吴 莹 夏海州）

【民主党派建设】 (1) 2014 年，学校聘任 1 名特邀统战组织员，协助统战部指导民主党派做好成员发展工作，认真把好考察关和发展关。农工党、九三学社发展了 3 名成员。(2) 10 月 15 日，与民盟市委、市政协教文卫体委员会联合举办以“探讨学研产协同创新模式，共同促进首都科学发展”为主题的第四届首都学研产高层论坛。首都学研产高层论坛是“党盟共建”的特色项目，政府、企业、高校、科研机构的专家学者围绕主题开展交流研讨。在总结四届论坛经验的基础上，形成特色报告并申报北京高校统战工作特色项目。民盟北工大委员会被授予先进基层组织称号。(3) 持续开展“九三讲坛”活动。4月9日，举办“九三讲坛——2014年全国两会精神报告会”。已经撰写特色报告并申报北京高校统战工作特色项目。

（吴 莹 夏海州）

【民族宗教工作】 贯彻落实工大党发〔2012〕32号文件精神，党委统战部会同宣传部、学工部、研工部、保卫处及二级党委，联合开展抵御境外敌对势力利用宗教对高校渗透和防范校园传教工作。多次与马克思主义学院负责人交流，探索组建专门化的研究团队；主动与相关学院党委联系，指导做好专项工作。与学工部、研工部一起研究少数民族学生工作。

（吴 莹 夏海州）

【侨联工作】 (1) 11月，在北京市第十四次归侨侨眷代表大会上，校侨联主席李静教授连任常务委员，校侨联被评为北京市侨联工作先进集体，校党委副书记龚裕被评为归侨侨眷先进个人，3人被评为北京市侨联工作先进个人。(2) 9月，王金淑、王璞、宋晓艳3名新侨高层次人才分别荣获中国侨界创新人才、创新成果、创新团队贡献奖。(3) 积极创建“侨搭桥，五服务”特色工作。“搭建暖心桥，服务老侨生活；搭建事业桥，服务新侨发展；搭建育人桥，服务人才培养；搭建文化桥，服务社会建设；搭建爱国桥，服务国家发展”，进一步推进学校侨联工作创新发展。组织“关爱老年工程——健康电动车”捐赠活动。重点策划拍摄学校老归侨代表邱银福教授事迹，参加市侨联举办的“北京故事”主题微视频大赛。

（吴 莹 夏海州）

【女教授协会】 (1) 11月26日，在首都女教授协会第五次会员代表大会上，学校女教授协会会长王丽教授连任副会长，郑吉春教授被授予第二届首都“女教授之友”荣誉称号。(2) 2014年，设立“女教授素质工程研究项目”，经过项目申报及评审，最终资助7项重点课题和15项面上课题。

（吴 莹 夏海州）

保卫工作

【概况】 2014年，党委安全稳定工作部、保卫部（处）全面贯彻落实北京市委教育工委、市教委维护稳定工作部署，围绕学校“十二五”发展建设规划和教学、科研中心工作，以维护校园安全稳定为核心，紧紧抓住“平安校园”后续建设这一工作抓手，紧密依靠全校各单位和广大师生员工，落实各项安保措施，努力做好政保、治安、消防、交通、综合治理等各项安全保卫工作，及时妥善应对各类突发事件，切实维护学校安全稳定，较好地完成了各项任务。

4月，完成党委安全稳定工作部、党委保卫部、保卫处处级领导班子配备工作，6至9月，完成其他管理岗位、工勤技能岗位人员聘任。

12月，对下设4个三级机构职能进行微调，设治安与勤务管理办公室、交通与综合治理办公室、政保与综合事务办公室、消防与技防管理办公室。主要职责分别是：校内案件侦破、治安违规查处、重大突发事件调查、治安纠纷调解、重点部位治安保卫，外来人口、出租房屋、商业网点、公共场所、大型活动安全监督管理，校门卫、公共楼宇值守、校园巡逻以及“2110”出警服务等；交通安全建设与管理以及校内及周边治安环境治理；政保、户籍、综合事务及安全宣传教育；安全技术防范系统建设、监控中心运行管理及消防器材设备与设施配置维护、火险火灾扑救、隐患检查整改、危险化学品和放射源安全监督管理、施工工地安全监督管理。

2014年，学校获中共北京市委教育工作委员会、北京市教育委员会、首都社会管理综合治理委员会办公室、北京市公安局颁发的“平安校园示范校”称号。保卫处获2014年学校档案工作“优秀单位”称号。

（周雪梅 雷碧莲 刘 鹏）

【稳定工作】 开展维稳工作，确保校园安全稳定。(1) 细化方案，稳控到人，落实重点人各项工作措施，做好学校政治保卫工作。(2) 严厉打击校园非法传教活动，认真做好核查等相关工作，严防校园宗教渗透。(3) 积极关注少数民族学生，妥善做好相关工作、处置好相关事件。(4) 稳妥开展维稳工作，及时有效处置突发事件，确保各敏感时期校园稳定。共收缴“法轮功”等反动宣传品19份，光盘43张，信件、传真等9份。(5) 重视日常情报搜集研判，培训工作队伍，做好信息报送工作。全年共完成175人次学生出境政审，1名驾驶员“两会”保障政审，11人次学生入伍政审，85名师生参加中华人民共和国成立65周年9月30日天安门广场献花活动人员政审，120名师生参加10月1日升国旗仪式人员政审。出具无犯罪证明及政审材料81件，配合市公安局、安全局调查案件7起。为强化反恐维稳工作，为公安机关提供各类信息30余件。

（周雪梅 雷碧莲 刘 鹏）

【“平安校园”建设】 自2013

年9月荣获“平安校园”称号以来，党委安全稳定工作部、保卫部（处）按照“校党委统一领导，进一步夯实基础，常态实施、注重长效，围绕中心、服务大局”的工作原则，紧密依靠各二级单位和全校师生的共同努力，认真贯彻落实首都高校深入推进“平安校园”创建工作领导小组的意见和建议，针对存在的薄弱环节，进一步健全和夯实已有工作机制和工作基础，深入推进创建第二阶段的巩固完善工作和第三阶段的创新特色工作，在强化学校维稳体系建设、提升学校维稳工作实效和整体水平方面，取得进一步成效。

（1）进一步深化科技创安建设，切实提高学校安全管理与服务工作的科技水平。连续第三年开展消防自动报警及灭火系统改造，并开展老建筑楼消防应急疏散设施改造，在维护校园消防安全工作中发挥有效作用；以建设集网络化、数字化、高清化和智能化于一体的科学、先进、高效的安全技术防范系统为目标，正式启动学校安全技术防范系统升级改造工作，共投入1700万元专项资金。其中2014年一期工程已完成招标工作，总金额近750万元，已启动改造工作，预计2015年1月完工；2015年二期工程850万元项目已完成立项。此外，通过学校多渠道筹集资金，先期完成了科学楼、知新园、第三教学楼安防设备数字化改造。

（2）充分发挥“三中心一部”和网格化管理的有效作用，安全稳定信息搜集研判、突发事件应急联动处理、安全稳定等级防控、网络舆情监控引导、防邪教渗透、网格化管理等相关工作扎实推进，在学校维稳工作中发挥出积极作用。

（3）进一步强化基层单位安全稳定工作责任落实的考核力度，配合学校绩效考核工作领导小组积极听取二级单位反馈的建议，对二级单位安全稳定工作绩效考核指标内容和分值进行了调整。

（4）进一步强化学生安全教育的覆盖面，党委安全稳定工作部、保卫部（处）会同相关部门和各学院，按照大学生安全教育“1011”要求，长效开展学生安全教育工作，切实提高教育成效。保卫处与后勤服务集团、学生工作部和研究生工作部共同组织开展2014级本科生、研究生新生公寓消防逃生疏散演练，4819名学生参加演练活动；组织2014级本科生、研究生宿舍安全员和2014级本科生班级安全员、学生宿舍楼长和管理人员、国际学院宿舍管理人员近1000名师生参加专题安全知识培训和灭火器演练活动。

（5）在2014年2月首都综治委校园及周边综治专项组全体会议暨高校安全稳定工作会议上，学校获评首都高校“平安校园示范校”，并获得专项经费奖励。全市共有16所高校获此奖励。

（6）4月，北工大承担市委教育工委《首都高校“平安校园”建设长效机制研究》课题（二期）的子课题《首都高校安全稳定工作体制机制建设研究》。

（7）5月26日，保卫处立足“平安校园”创建成果，应邀到北京电子科技职业学院作“平安校园”创建工作交流学习，并于11月参加该校“平安校园”预验收工作，提升学校声誉和影响力。

（周雪梅　雷碧莲　刘　鹏）

【安全技术防范系统建设】 （1）技防工程建设。2014年学校投入专款436万元，保卫处开展了消防自动报警及灭火系统和消防应急疏散设施两个项目的更新改造工作。包括：校医院消防自动报警及灭火系统建设，环能楼、数理楼、旧图、信息楼4幢楼宇消防自动报警系统更新改造，全校31幢楼宇消防自动报警及灭火系统全面维保，全校1627处室内、外消防栓全面维保；全校26幢楼宇消防应急疏散指示标志和应急灯具改造，48幢楼宇消防应急疏散平面图设置，校园消防车通道设置以及重点要害部位消防标识牌设置。上述两项工程项目经公开招标后自8月11日起开始施工，预计2015年3月全部完工。通过上述工作，确保学校消防设施设备运行正常、与监控中心通讯正常。此外，配合财务处完成南区银亭消防自动报警设施和安防设施安装工作，提供安全技术保障，确保银亭按期开放使用。

（2）技防日常维保。做好校内技防和消防监控系统设施设备的日常维保工作，共更换维护摄像机13台、烟感探测器19个、消防手报11个、开关电源10个、收发器16个、14槽收发器电源1台、消防主机电源盘1台、云台摄像机电源1个、通讯主板1块等，并对奥运餐厅消防主机进行重新编程，确保设施设备良好运行。

（3）全年监控中心技防系统运行正常，发现1起火险，为案件侦破和事件调查提供数字录像光盘206张计331.2小时，破获盗窃监控设备案件1起，积极为校园安全稳定工作提供技术保障。

（4）根据校园交通规划，4月底保卫处完成人文楼、知行楼地下停车库智能化车辆管理系统建设；9月启动校门智能化车辆管理系统改造，预计2015年2月完工。

（周雪梅　雷碧莲　刘　鹏）

【治安管理】 狠压发案，力提破案，及时打击违法犯罪，妥善处理各类治安纠纷。2014年学校发生治安案件6起，包括学生涉购买仿真枪1起、学生涉嫌违纪1起、盗窃4起，其中破获盗窃监控设备案件1起，挽回经济损失2万余元。接报并妥善处理校内治安纠纷8起；受理师生员工捡拾物品18起，经工作找到失主并及时发还财物18起，挽回经济损失共计8000余元。

（周雪梅　雷碧莲　刘　鹏）

【消防管理】 （1）为确保校园平安，实现不出现火灾特别是不能出现重、特大火灾的目标，保卫处积极组织开展消防检查工作，重点加强节假日、敏感时期、春冬季以及APEC会议期间的消防检查工作。全年校内火险发生率相比2013年降低了33.33%。全年日常检查累计近180余次，共检查40多个二级单位、70余幢建筑楼，发现隐患31处，其中23处当场整改、4处限期整改合格、4处仍在整改中，大多数单位安全状况良好，未发现消防安全隐患。除寒暑假和重大节日前组织进行了5次定期综合安全检查外，针对校内外消防形势，配合学校组织开展了敏感期、“打非治违”、APEC会议、消防通道、实验室、冬季防火、隐患复检共7次消防安全专项检查，及时发现和消除火灾隐患，动态更新消防隐患台账，对在账隐患一追到底直至整改完成。开展曾发生火情部位复检、易燃物检查清理、重点绿地阻燃处理、消防泵房巡检、实验室危化及放射物品专项安检、春节期间燃放烟花爆竹校园网安全提示和除夕、初五、元宵节全天重点巡视等专项防范工作，收效良好，寒假期间校内未发生火情。

（2）全年保卫处完成全校11292具灭火器年度检修工作，并对80具老、旧、残、坏的灭火器进行报废处理。对校内5处消防泵房进行巡视检查，春秋两季定期进行启泵试水试压例行检测，确保良好有效。经公开招标于12月底完成学校9幢建筑楼宇消电检工作。

（3）加强对剧毒、放射、易燃、易爆等危险物品的安全监管，强化检查，掌握情况，落实措施，做好服务，确保安全。配合国资处完成校内10.84吨废旧化学试剂、2.18吨废旧化学容器的报废处理工作。对生命学院病毒药理研究室现存的3种HIV病毒株进行销毁，彻底根除传染隐患。

（周雪梅　雷碧莲　刘　鹏）

【交通管理】 （1）为加强校园机动车停放管理，确保校园交通运行畅通，依据《北京工业大学校园机动车停车管理办法》，采取多种方式，深入开展校园交通秩序整治，努力纠正校园内机动车随意停放现象，全年纠正违规停车行为2400余起，对经劝阻3次以上仍未改正的车主上网公示。

（2）全年为师生员工办理机动车出入证3106张，其中收费1379张、符合手续免费1727张。

（周雪梅　雷碧莲　刘　鹏）

【校卫队及综合治理】 （1）查验物品出校58车次，阻止贴小广告、推销人员135人次；收缴法轮功光盘43张，清理违章停车1270余辆；劝阻学生聚会不当使用明火2次，制止学生打架纠纷14次，处理偷窃自行车、跑水、火险等安全隐患14次，抓获盗窃自行车、骚扰滋事4起6人；送患病师生就医3人次，帮助醉酒人员回宿舍4人次，帮助校内单位和教工搬运物品81人次；发现办公室下班不断电96次113处、未锁门窗101次24处，并及时通知整改；发现未锁自行车18辆，帮其锁好并留条提示领回；捡拾各类卡、书包、钱包33次；敏感时期9次执勤共出动保安员180余人次。

（2）全年校内共举办各类活动338次，其中200人以上的大型活动154次。保卫处按照学校规定，对所有活动要求提前制定安全预案，经逐级审批后在保卫处备案，严把审核关，加强监督检查，确保活动安全。

（3）全年入校施工单位13个、施工人员2560人，校内教学、科研、后勤等编制外用工819人。保卫处与施工单位签订安全协议书，为230名施工人员办理了暂住证，并对相关人员加强安全教育，对工地及食堂、宿舍安检22次，发现隐患及时督促工地整改，确保施工安全。

（周雪梅　雷碧莲　刘　鹏）

【“2110”报警求助热线】 坚持“2110”长效应急机制，服务师生，应对突发。共接到“2110”报警求助电话20次（电梯困人、车辆轻微剐蹭、物品丢失、安全隐患等），经及时到位的工作，确保了学校正常的教学、科研秩序。

（周雪梅　雷碧莲　刘　鹏）

【安全宣传教育】 积极开展师生员工安全宣传教育和培训工作，努力提高师生员工安全防范意识和应对突发事件及非法侵害的自护自救能力。全年对义务消防队员开展培训85次计3455人次，对重点防火部位师生开展消防培训6次计1360人次。根据校内外交通形势在校园网适时发布交通安全提示，提高广大师生员工的交通安全意识。针对新生入学后安全意识淡薄、易出现各类安全问题的情况，保卫处联合研究生工作部、学生工作部向新生发放《大学生安全知识》240册。多次深入各学院和学生公寓等重点部位开展治安培训，与学生面对面交流校园安全工作。针对校园公共场所刑事、治安案件高发地点，及时做好治安防范宣传，根据实时情况及时多次在校园网发布、在校内主要公共区域张贴“治安安全防范提示”，在学生公寓及时发布警情通报，同时多次联合北京市公安局文保总队及学生部门对学生进行治安防范宣传教育，有效提高了广大学生的安全防范意识。在重点时段及案件高发期派保卫干部在易发案部位加强巡视，对突出的治安隐患进行专项打击，收到良好效果。

（周雪梅　雷碧莲　刘　鹏）

【安全专项检查】 组织完成寒假、暑假、国庆等5次全校安全检查，对查出隐患及时整改。

（周雪梅　雷碧莲　刘　鹏）

【信息综合和户籍管理】 （1）完成专款申报、技工职业技能鉴定申报及年终绩效考核、年鉴撰稿、固定资产管理、退休人员服务管理等综合事务性工作。（2）全年共归档文书27卷，图片43册、奖状（牌）3个。（3）审查办理各类户籍信件3661份，办理新生和教职工入户2111人、毕业生和教职工户口迁出3661人；组织2013级1968名非京籍新生及129名教工办理二代身份证。

（周雪梅　雷碧莲　刘　鹏）

工会、教代会工作

【概况】 2014年，北京工业大学工会深入学习领会习近平总书记系列重要讲话精神，积极践行社会主义核心价值观，认真贯彻落实上级工会的部署要求，紧密围绕学校中心工作，把表达和维护广大教职工群众的利益作为工作的出发点和落脚点，深入探索现代大学制度下的工会工作特色，健全完善校院两级工会教代会制度建设，着力突出工会教代会“建设年”和“换届年”的各项工作。着力深化内涵发展、推进权益维护、促进和谐工大，完成学校工会教代会工作要点和计划，为实现学校党委确定的“全心全意为教工服务，群策群力促学校发展”的工作目标，推动学校向着建设国际知名、有特色、高水平研究型大学的战略目标前进发挥积极作用。

校工会获2014年度北京市教育工会先进单位、特色工作奖等多个奖项。郭福、吴文英、张新平、崔素萍等4位教师获2014年北京市师德先进个人。

（刘　玮　王　普）

【教代会工会工作布置会】 3月7日，2014年教代会工会工作布置会召开。校党委副书记、工会主席龚裕，校工会委员、教代会各专门委员会主任、二级工会主席、校教代会组长、校经费审查委员会主任30余人参加会议。校工会常务副主席王普陈述今后一个时期教代会、工会工作的思路和要点，并对2014年的几项重点工作进行布置。龚裕强调要进一步探索在建设现代大学制度的进程中，依靠教职工办学，加强民主管理、民主监督的路径及载体。将工作创新点与学校发展的方向相结合，为学校的改革发展做出新的贡献。

（张亚红　王　普）

【召开七届教代会暨十二届工代会第三次会议】 5月14至16日，第七届教代会暨第十二届工代会第三次会议召开。副高职称以上教师、具有博士学位教师、副处级以上干部、民主党派负责人列席会议。会议的主题是：群策群力，破解改革难题，共同奋斗，实现规划目标。14日下午开幕式上，郑吉春致辞。郭广生作题为“坚持改革 开拓进取 全面推进高水平大学建设”校长报告；龚裕作题为“群策群力，破解改革难题，共同奋斗，实现规划目标”的教代会工会工作报告；提案专门委员会主任王燕琪作提案工作报告。15日全天，与会代表分组讨论学校工作报告、教代会工会工作报告和教代会工会相关文件，以及《北京工业大学教师职业道德与行为规范》、《北京工业大学教职工考勤管理办法》、《学校班车改革方案》、《北京工业大学财务报销规定》、《北京工业大学教职工处分暂行规定》等文件。16日下午大会闭幕式通报本次大会提案收集情况，通过教代会工会工作报告、提案工作报告、工会财务工作报告和大会决议，表彰优秀提案及提案承办先进单位。龚裕希望代表们继续认真履职、加强学习，做好年底二级教代会换届工作，为构建和谐校园做出贡献。

（张亚红　王　普）

【召开教代会组长联席会议】 6月5日，教代会组长联席会议召开，龚裕、校教代会组长或代表参加会议。人事处、财务处、后勤管理处负责人就两会期间代表们对学校相关文件提出的意见或建议的处理情况向校教代会组长进行反馈。龚裕在总结中指出，教代会组长联席会议制度在涉及教职工利益的文件制订过程中，起到了重要的桥梁纽带和上传下达作用，希望大家提出更多更好的建议，履行好代表职责，推动教代会组长联席会议制度的进一步完善。

（张亚红 王 普）

【七届二次教代会提案工作】 7月8日，2014年提案交付承办会召开。龚裕及提案承办所涉及的9个相关职能部处的负责人出席会议。2014年第七届教职工代表大会暨第十二届工会会员代表大会第三次会议期间，提案委员会共收到代表提案27件，其中提案20件，意见建议7件。代表提案内容涉及学校人才培养、教师发展、信息化建设、校园交通治理、楼宇改造及后勤保障服务等方面内容。5月6日提案工作委员会第一次会议初步讨论后，就代表所提提案和意见建议以《代表提案部门初核意见反馈表》的形式，分别向相关职能部门征求意见。在各部门反馈意见的基础上，并征询校工会负责人意见后，提案委员会再次审议确定：立为提案3件；立为意见建议21件；并案处理2件；不予立案1件。

12月3日，对代表提案、意见、建议的答复在网上公示，同时，在“教工之家”设立“提案及答复专栏”予以公示，公示期间，提案人或其他教职工对答复有疑义的，或有其他建设性意见，均可反馈到校提案委员会。

（张亚红 王 普）

【“工大杯”羽毛球赛】 3月24日，校工会举办“工大杯”教职工羽毛球团体比赛。本次比赛共21支球队参赛，约200名教职工参加，每支球队由8名队员组成，设有男单、女单、男双、女双、混双5个项目。本次赛事规则参考中国羽毛球协会最新发布的羽毛球竞赛规则执行。比赛团体前八名是：实验学院、机关二队、电控学院一队、机关三队、计算机学院、机电学院、建工学院、环能学院。

（朱 红 王 普）

【第四十届田径运动会（教工组）】 5月7、10日，学校举行第四十届田径运动会。400余名教职工参加34个田径项目的比赛。教工团体总分前八名依次是实验学院、数理学院、激光固体所、机电学院、材料学院、环能学院、人文学院、后勤集团。

（朱 红 王 普）

【秋季趣味运动会】 10月24日，举办教职工秋季趣味运动会，700名教职工参加5个团体项目：集体跳绳、呼啦圈接力、混合接力、翻牌游戏、拔河。

（朱 红 王 普）

【举办第二届教职工篮球赛】 9月17日至10月30日，由校工会主办，体育部、校教工篮球协会承办，人事处、宣传部、场馆中心和现代教育技术中心等单位协办第二届教职工篮球联赛。本次比赛共有22支球队报名，其中男子组12支参赛队采用“五人制”国际篮球通用规则，女子组10支参赛队采用“三对三”半场赛制，近200人参加比赛。比赛最后决出男子组团体前三名是校直机关、材料学院、电控学院。女子组团体前三名是材料学院、计算机学院、图书馆，计算机学院王猛和陈帆获最有价值球员称号。

（朱 红 王 普）

【太极拳协会成立】 9月9日，学校成立太极拳协会。成立仪式在体育馆羽艺飞扬厅举行，龚裕、王普出席，吴式太极拳第六代传人厉勇，太极拳协会会长陈帆以及太极拳协会成员代表等50余人参加成立仪式。

（朱 红 王 普）

【羽翼飞扬青年沙龙】 在校工会指导、青年教职工委员会的直接推动下，以搭建青年教师交流平台为宗旨的羽翼飞扬青年沙龙在2014年继续举办。全年共组织沙龙12次，主题涉及艺术、健康、科技和生活，300余人次的青年教师参加活动，成为青年沙龙的主人，活动实现广大青年教师学术、文化和思想交流的目的。

（刘洪利 王 普）

【青年教师社会实践活动】 7月17至23日，校工会开展青年教师社会实践，组织30名青年教师赴河南兰考和山东枣庄进行社会实践活动。围绕提高专业素养、坚定信仰理想、弘扬爱国精神三方面开展实践活动。活动中，青年教师开展教学、科研及管理能力培训，参观焦裕禄纪念园、铁道游击队纪念园、台儿庄大战纪念馆等爱国主义教育基地，走访兰考乡村、考察再生资源有限公司。青年教师将村情、社情、国情与自身的教学科研活动相结合，实现不同专业、各个领域的交流与共享。

（刘洪利 王 普）

【新教师“认家门”活动】 校工会于10月29日举行2014年新教师“认家门”活动。来自学校各教学科研机构、党政管理机构和直属单位的70余名新教师参加活动。活动由集中会议和开放式交流两部分组成，包括学校领导对新教师的寄语，交流沙龙和团队游戏等活动，新教师交流入校感想，以及工作、生活、个人发展中的问题和困惑。

（刘洪利 王 普）

【“声动工大”教职工卡拉OK大赛】 11月19日，校工会举办“声动工大”2014年北京工业大学教职工卡拉OK大赛。来自15个参赛单位的31名选手参加比赛，各二级工会的400余名教师观看比赛。此次比赛增设现场抽选曲目环节，并首设大众评审团确保比赛公平公正。比赛结果：建规学院获一等奖，数理学院、电控学院获二等奖，校直机关、人文学院、外语学院获三等奖，建工学院、数理学院获最具人气奖，校直机关、软件学院最佳视频展示奖，后勤集团、图书馆、材料学院等参赛单位获优秀奖。

（刘洪利　王　普）

【健康促进平台建设】 2013年，由校工会牵头，校医院、生命学院等部门共同参与筹建北京工业大学健康促进中心，作为统筹管理和促进教职员工身心健康的专门机构，“康乐瘦”健康促进平台即是在这样的大背景下产生。平台通过前期试运行、系统完善、人员培训、参与者数据统计等阶段，于2014年4月在全校范围内启动。200余名教职员工参与首批活动，46%的参与者表示通过参加活动有不同程度的体重减轻，11%的参与者“三高”问题有所改善，72%的参与者表示，通过使用平台记录每日体重和运动量的变化，能自觉控制饮食，并积极、主动地增加日常运动量。

（刘洪利　王　普）

【“情满工大”元旦联欢会】 12月31日下午，“情满工大”2015年北京工业大学元旦联欢会在校礼堂举行。学校领导、院士、教授代表、院部处负责人、民主党派负责人、工会教代会代表及青年教师代表观看演出。联欢会由外语学院院长助理邢涛、后勤服务集团副总经理兼党委副书记刘佳、城市交通学院党委副书记兼副院长翁剑成和人文学院青年教师李博主持。此次联欢会在整体氛围上突出一个“情”字，由“凝心聚力”、“情满工大”、“盼景生花”三个篇章顺序演绎。通过歌曲、舞蹈、诗歌、视频展示，从不同层面生动展现了学校在2014年的大事、要事、新事、喜事。

（刘洪利　王　普）

【社团协会工作研讨会】 为进一步推进学校教职工社团科学化、规范化建设，增进社团之间的沟通交流，11月5至6日，校工会组织召开2014年教职工社团协会工作研讨会，来自“百合”合唱团、舞蹈团、足球协会、篮球协会、乒乓球协会、太极拳协会的教职工社团协会的主要负责人和骨干成员近30人参加会议。北京体育大学副教授、国际级裁判徐刚为与会人员作“现代体育竞赛组织管理”讲座。合唱团、篮球协会等6个社团协会的主要负责人和骨干成员在会上作年度总结和经验交流，就各自社团协会基本情况和年度活动情况、实际效果和工作经验进行交流和介绍。

（刘　玮　王　普）

【女工活动】 校工会积极鼓励引导二级工会结合本部门特点，自行开展丰富多彩的“庆三八”等系列活动。同时，为关爱教职工身心健康，积极举办教师职业妆化妆技巧培训、“庆三八”呵护女性健康保健讲座等。为进一步落实健康工大理念，促进教职工每天一小时健身活动有效开展，开办健身球操培训班，参加人员210余人。

（李素珍　王　普）

【职工互助保险】 2014年办理保险入会会员共计91人。“在职女职工特殊疾病互助保险”895人，保费32876元；办理“在职职工重大疾病互助保险”155人，保费13950元。办理两险种理赔12人，赔付款108228元。

（李素珍　王　普）

【送温暖工作】 2014年，建立困难职工档案84户，发放慰问金89700元；慰问转街道职工17户，发放慰问金8500元。

做实暖心工程，加大帮扶力度，2014年出台《北京工业大学在职教职工重大疾病补助办法》，共慰问患有重大疾病的教职工9人，支付慰问金9万元。

精心打造职工服务平台，扎实开展关爱职工工作，举办“真情服务职工，暖心播撒校园”系列活动，联系纤丝鸟、凯瑞斯等品牌服装服饰走进校园，在保障质量的同时，以优势价格展卖，受到教职工欢迎。

完成北戴河休养工作。全年共组织北戴河休养22批，安排休养教职工1100人。

积极开展爱心基金宣传、申报工作，为重症、去世教职工申请爱心基金补助。

全年共办理发放京卡——互助服务卡95张。

（李素珍　王　普）

【财务工作】 2014年，校工会财务部在做好日常核算工作的基础上，认真贯彻落实总工办〔2014〕23号文件，严格执行八项规定，严格发票管理，在报销时实行报销人先查验后报销制度，规范发票报销工作。

获得2013年度财务工作规范化建设考核结果先进、2013年度财务竞赛先进单位、2013年度经审工作规范化建设考核优秀单位等奖项。

（李素珍　王　普）

共青团（学生会）工作

【**概况**】 2014年，校团委在校党委和北京团市委的正确领导下，坚持以邓小平理论、“三个代表”重要思想和科学发展观为指导，积极培育和践行社会主义核心价值观，深化并全面贯彻共青团四项基本职能，落实“两个全体青年”工作目标，努力将团的发展和青年的发展、学校的发展、社会的发展有机结合起来。校团委以思想引领为主线，以组织建设和学生干部培养为基础，以学生课外科技创新工作为龙头，加强校园文化建设，广泛开展就业见习、社会实践、志愿服务活动；发挥校院两级团组织优势，稳步推进共青团思想引领、成长服务、组织建设和队伍建设等工作，为青年学生的成长成才提供有力保障，为学校的建设发展做出积极贡献。

校团委设书记1人、副书记2人，工作人员6人，设综合办公室、学生实践工作办公室和艺术教育中心办公室，指导学生会、阳光志愿服务总团、学生社团联合会等学生组织开展工作。截至2014年底，全校共设立分团委18个、团总支8个、团支部542个，全校共有共青团员16113人。

（韩孟婷　马立民）

【**思想政治教育**】 以重大节日和纪念日为契机开展主题教育活动，在五四青年节期间召开青年代表座谈会，举办“悦读·工大”读书活动，在“一二·九”运动纪念日举行升国旗仪式。组织共青团、学生会干部通过集体学习、主题团日、交流座谈等形式深入学习领会习近平总书记系列重要讲话精神。成立“中国梦·社会主义核心价值观”学习践行团，邀请相关领域专家为学校团员青年作主题报告。搜寻校训背后的故事，以线下征文、线上讨论等形式开展活动，加强学生对校训内涵的理解。开展大学生学习和践行社会主义核心价值观现状调研，为开展核心价值观教育活动提供依据。加强新媒体思想政治教育平台建设，建立网络宣传员队伍，把握学生思想动态，强化网络舆情引导与处置。

（韩孟婷　李晓露　马立民）

【**基层组织建设与学生干部培养**】 继续实施“四三三”团建模式。面向各分团委、团总支开展共青团目标管理考核。实施“团支部凝聚力计划”，加大对“百强团支部”的培养和支持力度；开展第25届“闪光支部·青春风采”系列活动，全校共有260个团支部、近8000名学生参加；成立城市交通学院团委。开展2013—2014年度首都大学、中专院校“先锋杯”优秀团支部、优秀基层团干部、优秀团员、北京工业大学“五四”优秀及标兵团支部评选，共评选出“先锋杯”优秀团支部20个、优秀基层团干部20名、优秀团员20名，北京工业大学“五四”优秀团支部56个、标兵团支部15个。举办北京工业大学校级团校，培训学生骨干100人，举办俞敏洪“中国梦·青春梦”报告会等主题讲座5次、实践活动4次，选拔22名学生干部到校内机关部门挂职锻炼，选拔12名学生干部担任北京工业大学实验学校学生成长导师，组织学生干部开展10项团建课题研究。选派1名团干部挂职南磨房乡工委书记助理。

（韩孟婷　马立民）

【**社会实践**】 组建27支团队、组织230余人参与9大类暑期社会实践活动，学校荣获“首都高校暑期社会实践先进单位”，1个团队荣获全国优秀团队，10个团队荣获市级优秀团队，17项成果荣获市级优秀成果，3个项目分别荣获阿克苏诺贝尔中国大学生社会公益奖银奖1项、铜奖2项。开展就业创业见习活动，已建立就业创业见习基地43个，其中团中央级别2个，团市委级别3个，每年向学生提供见习岗位500余个，暑期组织400余名学生到北京现代、运通集团、裕兴公司等19个见习基地参加就业见习。与京仪集团签订就业创业合作框架协议，培育和孵化学生创业团队和创业项目。加强对第一届、第二届研究生支教团的组织与管理，组建第三届研究生支教团，共有成员11人。建立“梦圆基金”，专项资助学校研究生支教团支教服务地品学兼优的贫困学生完成学业，开展校内募捐活动。与南磨房街道开展区域化共建，开展新青年学堂、国学大讲堂、艺术沙龙等丰富社区青年文化娱乐生活的培训项目。继续开设通识选修课《志愿服务与社会实践》，共2学分、32学时，其中课堂授课环节24学时，实践环节8学时；共计240余名本科生通过该课程的学习实践，完成40余项、共计1200学时的社会实践和志愿服务活动。

（王丽君　马立民）

【**志愿服务**】 试行《北京工业大学志愿服务时长认证管理细则》，推动志愿者管理规范化。组织全校志愿者进行实名注册，共计26935名学生成为注册志愿者。加强礼仪志愿者、讲解志愿者等专业志愿者队伍建设，成立校球啦啦队，服务学校大型活动

50余次。与5个公益组织建立长期稳定的合作关系，开展2014APEC峰会、中国大学生羽毛球锦标赛、世界旅游城市香山峰会、全国E级方程式大赛、阿克苏诺贝尔中国大学生社会公益活动、“微爱校园行”免费午餐义捐义卖义演活动、“温暖衣冬”为贫困山区捐献衣物、“爱心包裹”、“无偿献血”、毛主席纪念堂、快乐活动营、中小学生行进管乐队比赛、全国中小学机器人大赛、first机器人大赛等志愿服务活动，参与学生10000余人，志愿服务时长35000余小时。暑期组织105名青年师生赴德国、美国、法国、比利时、西班牙、意大利、冰岛、芬兰、希腊、爱沙尼亚和台湾等11个国家和地区参与国际志愿服务活动，同时举办第二届北京工业大学国际志愿服务营地，组织来自墨西哥、意大利、法国、捷克、斯洛伐克、中国台湾等国家和地区的11名志愿者开展打工子弟小学支教、社区青年汇共建、文化交流等方面的志愿服务活动。

（侯学然　马立民）

【学生课外科技创新】 开展第十五届“星火基金”，面向院部处和教职工征集课题566项，经评审共立项450项，其中重点项目95项。开展2014年度“国家级大学生创新创业训练计划”，共立项86项，其中创新训练项目57项、创业训练项目24项、创业实践项目5项，学校获评“2012－2014年度国家级大学生创新创业训练计划实施工作先进单位”。开展首都“创青春”大学生创业大赛校内选拔赛，选拔10件作品参加市级竞赛并荣获金奖1项、银奖1项、铜奖6项，1件作品晋级全国大赛并获得铜奖。开展校级第七届“挑战杯”课外学术科技作品竞赛，征集作品64件，共评选出各类奖项30项。启动“星火”创业培训班，系统培训学生30人。聘请6名企业负责人作为学校“星火”创业导师，为学生创业团队提供个性化辅导。组建本科生科技创新宣讲团，深入学院班级开展宣讲30余场。选拔20余件学生作品参加首都大学生创新创意大赛、全国科普日等活动，1项活动获评全国科普日优秀特色活动，1件作品获得首都大学生科技创新作品与专利成果展金奖。

（王丽君　马立民）

【艺术实践】 学生合唱团在国家大剧院举办“歌剧专场音乐会”、在北京音乐厅举办“春日音乐会”、在人民大会堂参加芭蕾舞剧《红色娘子军》首演50周年纪念演出、参加中央电视台音乐频道《歌声与微笑》栏目获得北京赛区冠军。组织学生舞蹈团参加中央电视台《五月的鲜花》全国大学生文艺汇演录制。组织学生交响乐团在学校举办“二十年后来相会”校友返校活动暨“金色秋韵 蓝色梦想”专场音乐会，在国家大剧院举办2015年北京大学生新年音乐会。组织学生话剧团参加第四届中国校园戏剧节，荣获“优秀组织奖”和“校园戏剧之星”称号。举办“一二·九”运动纪念晚会，定期举办艺术沙龙、讲座等校园活动。

（侯学然　马立民）

【校园文化节】 以社会主义核心价值观教育为主线举办第四届校园文化节，涉及艺术、文化、体育三大类共计20场校级活动和18场院级活动，全校本科生、研究生及留学生直接参与活动人数达万余人。组织师生参与“民族艺术进校园”、“国家大剧院周末音乐会”等艺术活动，通过爱艺俱乐部向全校师生免费发放演出门票，覆盖全校师生3000余人。启动“三走”群众性体育锻炼活动，开展“校园千人马拉松”、“羽毛球赛”、“校园乐动力”、“户外社团嘉年华”、“工大夜行记”、“校园快闪”等系列活动。

（李　梅　马立民）

【学生会工作】 学生会现有会员12000余人，干部、干事249人，指导教师1人。召开第十九届学生会委员会第六次扩大会议，选举材料学院学生白涛担任新一届主席。举办“浓浓民族情”第三届民俗文化节、第二届“毕业季”跳蚤市场、“仲夏毕业趴”2014届毕业歌会、教师节送祝福、第一届新生跳蚤市场、荧光海洋跑、14级新生辩论赛、“我的校服我做主”工大文化衫设计大赛、“梦响工大，音你而在”第十五届校园歌手大赛等活动。向全校14级新生发放第13期《新起点》杂志。开展面向全校的权益大调研，并通过学生通气会将调研报告呈现给学校，帮助同学们向学校反映浴室、食堂等权益问题。组织学生会骨干成员到北京其他高校进行学习调研。

（单晓成　马立民）

【学生社团工作】 学校累计注册学生社团78个，其中学术类社团21个、艺术类社团20个、竞技类社团22个、公益类社团7个、实践类社团8个，在册会员4000余人。全年组织开展社团活动296次，其中面向全校学生开展社团权益日、社团文化节、圣诞晚会、工大杯速滑赛等大型活动46次。红十字会组织220名学生参加初级急救员培训，招募无偿献血志愿者，共有335人参与无偿献血工作。校峻野登山社被评为全国百佳体育公益社团。

（赵鹿阳　侯学然　马立民）

·学院与教学部·

机械工程与应用电子技术学院

【发展概况】 北京工业大学机械工程与应用电子技术学院(College of Mechanical Engineering and Applied Electronics Technology，以下简称机电学院)成立于1998年3月，主要由机械工程、力学和仪器科学与技术3个一级学科组成。2014年，机电学院设立机械制造及自动化系、机械电子工程系、机械设计及理论系、力学系、仪器科学与技术系5个系，机械工程训练中心和学院综合办公室。机电学院有工程力学国家级（北京市）实验教学示范中心、机械工程北京市高等学校实验教学示范中心，汽车结构部件先进制造技术教育部工程研究中心、先进制造技术北京市重点实验室、北京市精密测控技术与仪器工程技术研究中心、机械结构非线性振动与强度等4个国家/教育部级工程中心/北京市重点实验室，北京市焊接设备研究开发中心、北京工业大学机电技术研究所、工程数值模拟中心、管道完整性评价中心等4个研究机构。学院设有机械工程及自动化、测控技术与仪器2个宽口径本科专业，拥有机械工程、力学一级学科博士学位授权点，仪器科学与技术一级学科硕士学位授权点，机械工程博士后流动站、力学博士后流动站，拥有机械工程北京市一级重点学科，仪器科学与技术北京市重点建设一级学科，工程力学北京市重点建设二级学科。

2014年，学院有教职工147人，其中专任教师106人。学院有博士生导师27人、教授31人，副教授（高级工程师、副研究员）41人，其中具有博士学位的教师90人。

2014年毕业学生345人，其中，研究生202人（博士生24人，硕士生178人），本科生143人。招生435人，其中，研究生251人（博士生29人，硕士生222人），本科生184人。在校生1399人，其中，研究生729人（博士生110人，硕士生619人），本科生670人。

（魏　娜　何存富）

【学科建设】 机电学院有博士学位授权一级学科2个：机械工程、力学；硕士学位授权一级学科1个：仪器科学与技术；专业学位授权领域2个：机械工程、仪器仪表工程；本科专业2个：机械制造及自动化、测控技术与仪器；博士后科研流动站2个：机械工程博士后流动站、力学博士后流动站。

学院有北京市一级重点学科1个：机械工程；北京市重点建设一级学科1个：仪器科学与技术；北京市重点建设二级学科1个：工程力学。

2014年，新晋升教授1名，副教授2名，讲师2名，助理研究员3人，研究实习员1人；新引进博士、博士后共12人，其中在海外获博士学位5人。者江入选北京市第10批海外高层次人才，魏蓬生入选北京市特聘教授计划（短期），杨庆生入选北京市教学名师，程强入选北京市科技新星。机电学院有博士生导师27人、硕士生导师92人，教育部“长江学者”特聘教授1人，国家杰出青年基金获得者1人，国家级教学团队2个，北京市海聚工程入选者6人，国家优秀青年科学基金获得者1人，北京市新世纪百千万人才工程3人、北京市特聘教授6人、入选教育部“跨（新）世纪优秀人才支持计划”1人，北京市教学名师6人，北京市高层次人才资助计划2人，北京市长城学者2人，北京市高校学术创新团队5个、北京市拔尖创新人才5人、北京市科技新星12人，北京市中青年骨干教师12人，北京市青年拔尖人才4人。

（魏　娜　何存富）

【本科教学】 2014年，学院本科教学的中心工作紧紧围绕专业认证持续改进以及卓越工程师教育改革试点建设主题，以本科生培养目标以及毕业生要求的达成度为准绳，积极推行以学生为主体、注重学生能力培养的工程教育观念，倡导以启发教学、案例教学、互动教学、分组研讨、实验与理论紧密结合、综合能力考核等相结合的教学改革。

2014年，学院获“2014年

度本科教学质量管理工作优秀学院”，并已连续3年获该项荣誉。秦飞教授编著的《材料力学》教材入选第二批“十二五”普通高等教育本科国家级规划教材。杨庆生教授获第十届北京市高等学校教学名师奖，至此，学院共有6名教师获此殊荣。2名学生的毕业设计获评2014年校本科特优毕业设计（论文）。根据《北京工业大学修订2012版本科培养方案的指导性意见》并结合专业评估标准要求，完成2015版本科各专业培养方案。

11月2至5日，测控技术与仪器专业接受教育部工程专业认证专家的进校检查。专家查阅了测控专业课程教学档案、毕业设计（论文）、课程设计和综合实验、各种管理文件及支撑材料，并与部分教师、管理人员、毕业生及在校生进行座谈。

9月，太原理工大学机械工程及自动化专业的4名学生到学院进行为期一年的交流学习。这是继2011年之后学院接收的第三批交流学习学生。

机械工程训练中心完成修缮改造于4月交付使用。新购设备的安装、调试和人员培训基本完成；6月底，进行金工教学的试运行；9月，正式开展校本部的金工教学工作。12月10至12日，组织完成校金工大赛，竞赛包含钳工、3D打印和线切割等内容。

学院建立多级就业服务体系，开展专业化、信息化、全程化、全员化的“四化”就业服务，基本实现机构、人员、场地三到位。各系密切配合，采取有效措施，重点加强学生就业意识、择业观念和职业能力培养。教务管理工作办公室发布就业信息36条，组织学院招聘会4次；建立学生就业档案，定期统计就业动态，建立就业情况周报月报制度。2014届本科生毕业生143人，就业140人，待分配3人。

（李双新　刘志峰）

【研究生培养】 2014年度学院研究生教学工作的中心是提升学生考核评定标准，提高研究生培养质量，推进专业学位研究生专业试点工作，加强产学研培养基地建设。

2014年，学院机械工程协同创新研究生联合培养实践基地被评为“全国示范性工程专业学位研究生联合培养基地”，成为首批获得该项奖励的28个单位之一。学院工程硕士穆东辉获第二届“做出突出贡献的工程硕士学位获得者”荣誉称号。

为进一步推进博士生招生制度改革，积极探索适合拔尖创新人才的选拔方式和选拔内容，提高博士生生源质量，学院机械工程专业获学校批准为2015年博士招生申请考核制学科。

学院学位评定分委员会由11人组成，任期3年。学位评定分委员会主席由校学位评定委员会委员何存富教授担任，副主席由杨庆生教授担任。

为提高研究生教育质量，推进学位授权点评估相关工作，结合学校和学院实际，完成学院各学科研究生学位授予标准的制定工作。

杨庆生教授的《计算力学》、尚德广教授的《机械疲劳强度》获学校2014年研究生精品课程立项资助。机械工程专业博士研究生纪辉获学校2014年“博士生创新奖学金”资助资格。

7月，全国优秀大学生科技夏令营先进制造班学员来院参观。

2012年3月，经学院学位评定分委员会讨论通过，学院颁布实施《机电学院关于加强提高研究生培养质量若干措施》的管理办法。从该项制度实施以来，学院研究生学位论文在学校统一组织的后盲审中，平均成绩连年提升。

（刘　辉　范晋伟）

【科研工作】 2014年，学院到校科研经费7004万元，其中纵向经费4492万元，横向经费2511万元。纵向科研项目新立项目68项，其中国家自然科学基金项目16项，国家高技术研究发展计划（863计划）子课题2项，国家科技重大专项2项，国家重大科学仪器设备开发专项2项，北京市自然科学基金项目1项，北京市教委项目29项，北京市科委项目1项，横向科研项目新立项62项。2014年，申请专利240项，其中发明专利217项，实用新型22项，授权发明专利40项，实用新型专利18项，软件著作权66项。发表科研论文362篇，被SCI收录论文74篇、被EI收录论文114篇。出版教材或专著7部。

机械电子工程系汽车结构部件先进制造技术教育部工程研究中心组织学校各汽车研究团队、北京汽车行业举办汽车结构部件先进制造技术研讨会，以团队优势在北京汽车行业展现学校在汽车研究领域的整体优势。“空间曲线焊缝变极性等离子弧立焊自动焊接装备的开发”技术转让项目合同额1270万元。微特电机科技博物馆参加第四届北京科学嘉年华并获优秀组织单位奖。

机械制造及自动化系机械制造团队继续和北京第一机床厂、北人集团等单位合作，申请获批的国家科技重大专项“重型数控机床地基——基础和静压共性技术研究与应用”立项，合同经费额达517.64万元。3月25日，在北京市召开的2013年度北京市科学技术奖励大会上，学校为第一完成单位、由蔡力钢教授主持完成的“重型龙门数控机床大型结合面关键技术研究与应用”科研成果获北京市科学技术二等奖，应用此项成果研制的三台超重型装备替代进口产品销售收入达3.905亿元人民币，为国内重型机床龙头企业及相关用户带来较大的经济和社会效益。

机械设计及理论系苏丽颖副教授参与设计开发的国家重点项目“天文科技领域云”试用版公开测试。“天文科技领域云”是以中国天文数据中心的数据资源为基础，基于虚拟天文台技术和云计算技术打造的一个全生命周期数据管理与开放共享平台。

力学系秦飞教授与华进半导体封装先导技术研发中心有限公司签署“大学合作计划”协议，标志着学校成为国内从事先进电子封装技术研究的主要力量。北京工业大学强度检测所获中国合格评定国家认可委员会（英文简称CNAS）认可，标志着该所检验结果进入授权范围的国际互认行列。张伟教授团队成功承办优化算法领域盛会——第四届国际演变算法大会EVOLVE 2014；学院与加拿大多伦多大学、中国空间技术研究院通信卫星事业部联合成立“航天器系统与动力学国际联合实验室”；召开“计算力学软件及其发展趋势”研讨会，会议探讨学科前沿并对与会者起到启发和帮助作用。

仪器科学与技术系石照耀教授作为国际标准化组织第60技术委员会目前唯一的中国委员代表参与国际齿轮标准的制定。精密测控技术与仪器重点实验室成功承办2014齿轮精度国际新标准研讨会，标志着中国齿轮行业已经成为国际齿轮标准俱乐部的核心成员。根据中国知网学术资源总库，按作者对近十年来发文的总被引频次进行排名，吴斌、何存富教授分列第6、7名，被授予“2004-2013年《北京工业大学学报》高影响力作者”称号。

2014年，学院承办国家自然科学基金委科学仪器基础研究专款项目结题验收及中期检查学术交流会，继续举办“北京工业大学机械名师论坛”，营造学术氛围，提高学院影响力。同时，加强院校、院企交流学习，与北京卫星制造厂、北一机床厂、北人集团、南车集团等企业交流，洽谈合作，邀请太原理工大学等兄弟院校来院交流，在展示学院学术科研最新成果的同时，对于开发和应用更多富有潜力的科研项目，深入开展交流和合作及提升学院影响力具有重要意义。

2014年，学院教师共获批2015年度国家自然科学基金项目16项。学院教师的成果转化意识加强，与企业进行多方面合作，多项授权专利实现转让。

（魏　娜　秦　飞）

【党建工作】 截至2014年底，机电学院党委共有党支部32个，其中教工党支部7个，学生党支部21个，退休党支部4个。共有党员598名，其中在职教工党员87名，退休党员80名，研究生党员349名，本科生党员82名。全年共发展党员80人，预备党员转正58人。

2014年，机电学院党委按照校党委的工作部署和要求，坚持以党的十八大精神、十八届三中全会和四中全会精神为指导，紧紧抓住争创“党建工作先进校”活动的有利契机，凝练学院“铸学院之魂——造国之重器，育国之栋梁；立教师之德——求学高为师，修身正为范；聚学生之神——助快乐学习，促健康成长”的工作理念，以“支部工作向前半步”为党建工作特色，不断夯实基层组织建设，着力提高党建设科学化水平，充分团结和联系广大教职工，发挥桥梁和纽带作用，为学院的教学、科研和学科建设事业发展提供坚强的组织保障。

11月20日，完成学院第五届党委换届选举。经党员大会表决，372名同志以无记名投票方式从9名候选人中差额选举产生新一届院党委委员7人（刘立霞、刘志峰、许东来、杨庆生、何存富、陈树君、范晋伟）。第五届党委第一次会议进行了委员分工，组织委员：杨庆生；宣传委员：刘立霞；统战委员：范晋伟；保卫委员：何存富；纪检委员：许东来；青年委员：刘志峰。

2014年，学校争创“北京高校党建先进校”，机电学院作为基层党建的代表单位向入校专家组作党建工作汇报。专家组检查机电学院党建的档案材料，实地考察力学实践教学中心，对机电学院“支部工作向前半步”的党建工作特色给予高度评价。6月26日，北京高校纪念中国共产党成立93周年表彰大会召开，机电学院党委获“北京市高校先进基层党组织”荣誉称号。

2014年，学院继续改进工作作风，深入贯彻落实党的群众路线教育实践活动。2月25日，学院深入开展党的群众路线教育实践活动总结会。8月，按照学校从实深化党的群众路线教育实践活动整改工作要求，学院对照整改方案进行自查，切实转变工作作风，加强纪律建设，强化服务意识。在整治文山会海方面，学院修订了《机电学院会议管理规定》，从严控制会议数量、会期和参加人员规模，简化会议程序，严格会议经费管理；推行电子会议、减少纸质会议材料。在密切联系群众方面，学院制定了《机电学院党政领导干部联系群众制度》，党政领导班子成员对口联系1至2个系/支部，参与他们的民主生活会，参与各种联谊活动，深入了解教职工的真实想法和意愿。

2014年，学院以党风廉政建设工作相关问题自查自纠为抓手，加强对学院党风廉政工作的管理和监督。学院党委自5月28日起，在全院范围内对党风廉政建设工作相关问题开展自查自纠，每名教师上交学院一份自查自纠书面报告。对于1名退休教师存在科研经费管理混乱问题，学院及时对课题组相关人员进行调查，并向学校纪委汇报。12月16日，学校纪委领导与学院领导班子进行座谈，听取学院关于党风廉政建设的情况。

2014年，为落实依法治院方针政策，促学院科学发展，学院成立三级机构。7月，经学院院务会讨论并经院党政联席会议决定，成立机械设计及理论系、机械制造及自动化系、机械电子工程系、仪器科学与技术系、力学系、机械工程训练中心和综合办公室。每个系设系主任1名，负责所在系的教学运行管理和日常行政事务工作，并与党支部书记一起协助所在系的学科责任教授做好学科发展规划、专业建设等工作，发挥基层党组织在全面推进依法治教、依法治院中的战斗堡垒作用。

2014年，学院以振兴机械装备制造业为目标，成立机电行业校友会。10月18日，机电学院党委与就职于北京京城机电控股有限责任公司的北工大校友共同发起并筹建北京工业大学校友总会机电行业校友会。机电行业校友会作为机电领域的校友会，为学校从事机电行业工作的毕业生搭建平台。

2014年，院党委积极组织开展培育和践行社会主义核心价值观活动。11月6日，院党委、工会组织召开“金秋畅聊话发展”座谈会。会上，院党委书记陈树君详细介绍“践行社会主义核心价值观，做工大好老师”活动，布置2014年机电学院各支部党日活动安排。12月中旬，学院各教工支部提交活动策划方案，年底已实施完成。

2014年，学院着力进行教代会工会建设，增强学院和谐氛围。5月，学院组织召开教代会，围绕学校教职工考勤管理办法、财务报销规定、班车改革方案等展开讨论，广泛征求教职工意见，最终向校教代会提交关系师生利益的7份重要提案。

2014年，学院工会组织开展多种形式的理论学习和实践活动。3月31日，组织学院女教师开展“魅力女性礼仪先行”女性形象设计体验沙龙。5月，组织学院31名教职工参加第40届校运动会，获团体第4名成绩。6月8日，与人文学院联合举办“庆六一”主题活动。9月，开展“迎国庆·庆中秋冷餐会”，70多名教师参加活动。

2014年，学院着力搭建老有所为、老有所乐的活动平台，鼓励退休教师参与学院活动。9月23日，学院组织86名退休教师参观密云古北水镇。10月，组织65名退休教师参加学校离退休工作处举办的学校2014年离退休老同志金秋十月趣味运动会。

（刘美荣　刘立霞　陈树君）

【学生工作】 2014年，机电学院学生工作紧密围绕学校、学院中心工作，秉承“以人为本、求实创新”的学生工作理念，尊重学生个性需求，推进学生主体性发展。以“优学业促进之道，强工程教育之路”为指导思想，以服务和支持学生成长、成才、成功为主线，以思想政治教育、“机械之美”工程素质教育、学风建设、学生就业、新生入学教育、学生科技、特色文体活动和学生工作队伍建设为重点，着力创新工作方法，提高队伍工作水平，完善长效机制，实现学生工作的健康、可持续发展。

（1）思想政治教育。机电学院共有学生党员396人，其中正式党员340人，预备党员56人。2014年新发展学生党员75人，转正56人，100人参加57期、58期党校学习并顺利毕业，2014级新生中共有130人递交入党申请书。组织学生党支部书记和支委对发展学生党员工作《细则》进行专题培训；此外，联合环能学院、交通学院召开“支书论坛”。组织学生观看电影《天河》。学生党支部开展与城管大队互建、“低碳生活”宣传、访谈大学生村官、敬老院爱心传递等红色“1+1”活动。2013级研究生第二党支部与北京市第18中学党总支开展的科普与科技作品创作活动，获北京市红色“1+1”优秀活动提名奖。

（2）大学生日常管理工作。截至8月31日，学院硕士研究生就业率为98.88%，博士研究生就业率为100%，本科生就业率为97.2%。9月2日，学院组织召开2014级新生家长会、新生入学教育、新生班会等，介绍学校的相关管理规定、学院的发展历程、专业设置、师资结构、人才培养、教学和科研等情况，组建新生班委。在2013-2014学年的校级奖学金评定中，学院分别组织召开奖学金评定工作布置会、经济困难学生奖学金评定布置会以及国家奖学金、校长奖学金、科技之星、优秀学生干部和优秀班集体评选答辩会，本着公开、公正的原则进行奖学金评定。为激励学生努力学习，倡导良好学风，机电学院共设立3项社会奖学金，分别为：杨叔子院士奖学金、海拉奖学金、佳士科技焊接奖学金。

(3) 学风建设。①针对优秀学生开展杰出学子培育计划。学院10名第四期杰出学子培育计划和22名第三期杰出学子新生计划学生顺利结题。11名和23名学生分别入选第五期杰出学子培育计划和第四期杰出学子新生计划。②考研分享会。邀请2014级各专业优秀研究生参加，重点对电工学、理论力学、材料力学、工程力学这四门专业课进行交流。③组织英语四、六级模拟考试，使学生以最佳的状态迎接四级考试。④学风建设月。以降低学生挂科率、提高学生成绩为目标，开展集体自习、学风建设系列座谈会、“优良学风，从我做起”主题班会、“听课周”计划、先进典型宣传活动、“我的学习我做主”新生期末学习讨论班等相关活动。

(4) “机械之美”工程素质教育。教育活动包括美在感知、美在聆听、美在实践3个模块，通过组织学生参观科技节作品、2014年国际机床展会、北京现代汽车有限公司等激发学习动力，增强专业自豪感；通过举办名师讲坛、大师论坛、校友论坛，使学生感悟机械之美；通过开展硕博论坛、科技基金和星火基金申报、科技创新奖评比、科技竞赛、就业创业见习基地等活动为学生提供实践机会。2014年8月，在第七届“高教杯”全国大学生先进成图技术与产品信息建模创新大赛中，学院机械类代表队第四次蝉联团体一等奖，获个人奖项10项。2014全国大学生机械产品数字化设计大赛获一等奖1项、二等奖1项、三等奖2项的好成绩。学院学生参加首都高校第七届机械创新设计大赛竞赛荣获一等奖2项，参加全国高校第6届机械创新设计大赛竞赛获二等奖2项。同时学生积极参与2014年北京工业大学挑战杯课外学术科技作品竞赛，两件作品获一等奖1项、二等奖1项。

(5) 组织学院特色文体活动。参加2014年校“五四”舞蹈比赛，获二等奖及优秀组织奖。在第40届学校春季运动会中获体育先进学院和体育道德风尚奖。组织第6届“机电杯”足球赛，参加2014“工大杯”足球超级联赛并获亚军。研究生篮球队在学校“新生杯”篮球赛中摘得桂冠。学院举办第5届“无羽伦比”羽毛球赛、“机电杯”篮球赛等活动。

(6) 学生工作管理队伍建设。学院通过开展初级团校和中级团校培训增强学生干部的工作能力和凝聚力，建设一支高效团结、积极主动、受同学认可和支持的学生干部队伍。在辅导员管理方面，通过定期召开辅导员例会和培训会，交流先进经验，提高辅导员的管理能力。

2014年，机电学院获评2013级新生工作优秀学院、2014年北京工业大学就业工作优秀单位、2014年学生工作优秀学院。

(白　洁　刘立霞)

【国际交流】 2014年，应邀来访进行学术交流的外国专家学者25人次；新接收学历留学生1人。在校学历留学生12人；1月，接待法国CNAM学校短期项目留学生21人，开展为期3周的学习。

2014年，机电学院派出以教授、青年教师为主的出访人员参加国际学术会议21个团组；全年派出3名青年教师分别赴美国、德国参加为期半年或一年的出国进修、访学；2014年，机电学院与法国CNAM建立起研究生联合培养机制，且首次派出1名研究赴CNAM学习及实习一年。

(刘美荣　陈树君)

【继续教育】 2014年7月“机械工程及自动化”专业毕业51人，13人授予工学学士。2014年在读的2013级春季入学“机械工程及自动化”专业学生有45人，2015级春季招生86人。

(李双新　刘志峰)

【工程硕士】 2014年春季，2013级12名机械工程领域、1名仪器仪表工程领域工程硕士正式入学。2014年1月和6月共计18名机械工程领域、1名仪器仪表工程领域硕士研究生完成学位论文答辩并取得工程硕士专业学位。

6至12月，完成2014级机械工程和仪器仪表工程领域非全日制工程硕士研究生的招生宣传、网上报名、资格审查、初试和复试录取工作，共录取非全日制工程硕士研究生22名，其中机械工程17名，仪器仪表工程5名。

(刘　辉　范晋伟)

【学院与北京京城机电控股有限责任公司相关企业合作签约】

9月10日，学院与北京京城机电控股有限责任公司（以下简称“京城机电控股公司”）相关企业合作签约仪式在学校国际交流中心举行。京城机电控股公司下属企业北京北一机床股份公司总经理邹春生、北京天海工业有限公司副总工程师石凤文、京城华德液压公司副总经理李跃军、北人集团公司副总工程师卢成斌分别与何存富院长签署科技合作协议。此次签约是机电学院落实校企战略合作的关键性行动，标志着机电学院与京城机电控股公司的合作上升到更高层面。

（魏 娜 秦 飞 何存富）

电子信息与控制工程学院

【发展概况】 电子信息与控制工程学院（College of Electronic Information and Control Engineering，以下简称电控学院）由原北京工业大学自动化系与电子工程系在2000年合并而成。学院设有本科专业4个：电子信息工程、通信工程、自动化、电子科学与技术，拥有2个一级学科博士点、2个一级学科硕士点和2个博士后流动站，建立起从大学本科到硕士、博士各个层次的实验体系及人才培养基地。电控学院在校学生（全日制）总数2115人，其中本科生1299人，硕士生733人，博士生83人。截至2014年底，学院共有在职职工156人，其中专职教师124人。专任教师中：教授26人，副教授和高级工程师61人。学院设有自动化学科部、电子工程学科部、电子科学与技术学科部、电工电子实验教学中心，还拥有教育部“数字社区工程中心”、教育部与北京市共建的“北京光电子技术实验室”、“计算智能与智能系统”北京市重点实验室以及北京工业大学国际WIC研究院等。2014年电子信息与电工技术实验教学示范中心获批“国家级实验教学示范中心”。2014年学院有1人入选长江学者，同时入选科技北京百人领军人才；1人入选北工大“日新人才计划”，2人入选人才强教三期青年拔尖人才。学院重视高层次人才的引进，已有1名海外人才全部办完入职手续，拟申报海聚工程；1名海外人才正在办理入转手续，拟申报海聚工程。学院还相继聘任北京经济技术开发区推荐人才、千人计划、海聚工程入选者4人担任顾问教授，聘任中关村人才、千人计划、海聚工程入选者1人担任顾问教授。

（赵子涵 张 欣）

【学科建设】 学院现有一级学科博士点2个：控制科学与控制工程、电子科学与技术；二级学科博士点4个：微电子学与固体电子学、电路与系统、模式识别与智能系统、检测技术与自动化装置。一级学科硕士点2个：控制科学与控制工程、信息与通信工程，二级学科硕士点3个：物理电子学、电路与系统、微电子学与固体电子学。二级学科北京市重点建设学科4个：检测技术与自动化装置、信号与信息处理、模式识别与智能系统、电路与系统，以及二级学科北京市重点1个：学科微电子学与固体电子学。

（赵子涵 张 欣）

【科研工作】 2014年，学院切实落实学校“十二五”规划的各项指标任务，以学院“十二五”规划发展目标为导向，以科研为重点，科研工作取得新的突破。本年度到校科研经费达3989万元，比2013年略有增长。承担国家重大、重点项目的能力有所提升。2014年获批国家自然科学基金项目4项，其中国际合作项目1项，面上项目3项。国家973项目子课题1项，北京市科委、科技计划课题2项，北京市科技计划重点项目1项，面上5项。获北京市基金项目3项。获得国家授权发明专利52项，软件著作权50项，专利成果转让1项。

2014年，学院全面拓展科研合作渠道，积极争取科研合作机会。积极参与学校重点研究方向如3D打印、清洁空气、智慧城市等，承担3D打印北京市科技计划项目课题1项，组织教师申报清洁空气领域北京市科技计划项目，组织学院教师与北京市环保局数据监测中心、北京市环境科学研究院、中国联通研究院、北京轨道交通研究院、中国南车集团株洲所、北京市科委机器人方向主管工程师等进行交流沟通，获得中国联通研究院智能家居项目。

学院集中全力申报北京市高等学校校内实践创新基地，建设虚拟仿真平台，创新人才培养模式。加强学院的公共实验平台建设，加强电子工程学科部实验平台与电工电子实验平台的管理建设，努力办出专业特色，不仅扩大实验平台的使用面积，也增强了学院的科研实验力量。

学院还继续推进实验室建设与考核工作，统一制定实验室建设规划，对各实验室进行考核，进一步细化教辅系列人员考核制度，以鼓励教辅人员优质高效地完成实践教学任务，引导他们在课程教学之余开展创新实践活动，实现自身成长和学院发展二者双赢；规范实验室管理文件，明确实验室安全责任，与安全责任人签署责任书。配合学校安全检查组织实验室安全自查和检查，排查安全隐患，确保学院教学科研安全无隐患。

（毋立芳　张　欣）

【教学工作】（1）本科生教学

学院有4个本科专业：电子信息工程、电子科学与技术、自动化和通信工程，均是北京市特色专业，并获得品牌建设专业，处于专业优先发展的地位。

2014年，按照学校专业评估计划，学院各专业分别进行了两次校内专业评估，达到了以评促建的目的，为学院准备参加的教育部工程教育专业认证奠定了基础。按照学校部署，学院组织修订四个专业的2012版培养方案，于10月底召开了新版培养方案的论证会，形成了2015版培养方案。该方案在适合工程教育专业认证、精简学时、促进学生个性化发展方面，都进行了精心调整。学院按照新修订的教学培养计划落实各类教学环节，尤其是实习环节，2014年组织12级359名学生在市内15个单位进行为期一周的参观实习，分别到电控集团下属企业、通信之旅、天文台、集成电路设计园下属企业以及北京市科委下属企业等进行参观实习。学院还组织完成了校外人才培养基地的验收，并顺利通过了市教委组织的验收。2014年，学院所属的北京市级电工电子教学示范中心以优异成绩通过北京市组织的验收，学院还组织相关教师积极申报国家级电工电子教学示范中心。学院积极组织教师申报各类教学奖项：雷飞获得“北京工业大学教学名师”称号；张延华和刘鹏宇编写的教材《信号与系统》入选第二批“十二五”普通高等教育本科国家级规划教材；有8项2013年教学研究立项项目全部完成中期检查。学院持续开展青年教师教学能力和工程能力的提高工作，组织完成了重点课负责人和竞赛负责人中期考核；组织3场IET专家讲座、分别针对不同专业组织了5场2011级预资审宣讲会和4场2013级选课宣讲会，组织工程大师论坛20场，顺利完成新教师助课培训及优秀青年主讲教师的申报工作。学院坚持全面贯彻以人为本的教育理念，积极配合学校辅修和双学位的培养政策，2014年学院有6名学生进行了辅修学习，21名学生进行了双学位课程学习。同时，学院在4个本科专业中均开设了辅修和第二专业课程，招收1名学生来院进行了辅修学习。

继续贯彻学院以竞赛促进学生实际工程能力培养的理念，为加强学生实践能力培养，执行竞赛负责教师制度和科技竞赛预备营，确保学生科技竞赛的正常运行，提高学生实践动手能力。2014年学院科技竞赛预备营录取26人，20名竞赛老师指导，由TI公司无偿提供开发板用于学生训练，并为12级预备营的学生组织了5场大师讲座。学院学生科技竞赛取得多项国家级奖项。组织学生参加国际级竞赛15人次，其中6人次获奖；组织学生参加国家级竞赛135人次，其中114人次获奖，电控学院学生占65人次；组织学生参加省部级竞赛167人次，其中157人次获奖，电控学院学生占61人次；组织学生参加校级竞赛266人次，其中126人次获奖，电控学院学生占107人次；组织2014年“华大九天杯”第三届大学生集成电路设计大赛，共有21个学校98支代表队参加了比赛。学院还完成了2013年申报的北京市教育教学改革重点项目《面向首都电子信息人才大类培养体系的探索研究》（负责人：冯士维）的中期考核。另外，学院本科毕业学生的素质有了显著提高，2014年毕业的本科生考研率已达67人（334人）占20.1%；出国率达35人（334人）占10.5%。

（2）研究生教学

强化研究生培养质量的内涵式发展，努力提升研究生培养质量。认真执行和完成了具有学院特色的质量保证制度，如硕士答辩的末位监控制度、导师和团队成员答辩回避制度、博士论文的前盲审制度等。在学校例行的研究生论文盲审抽检中，研究生培养质量逐年提高。荣获校优秀博士论文2篇，校优秀硕士论文21篇。2014年学院共毕业硕士237名，博士17名，招收硕士245名，博士21名。学院力争在招生、培养、毕业环节平稳运行，努力提升研究生管理工作水平。招生质量及一志愿上线率稳中有升，通过科技夏令营和招生宣传等措施，2014年学院研究生招生质量有了很大的提高，学术硕士报名人数为931名，专业硕士报名人数为354名，增长比例为22%左右；录取的一志愿考生占88%，外校调剂生比例基本持平，占录取总数（245名）的12%；录取“211高校”生源90人，占37%，同比上年增加了4个百分点；其中，本校生源76人，占31%，外校“211高校”生源14人，占8%。2014年电控学院在“软件工程”领域工程硕士招生有了新突破，共计招收379名学生，分别在信息化管理与软件技术、集成电路与嵌入式和信息技术转移3个方向。学院根据这3个领域方向，对课程体系、课程设置等问题进行了调研、讨论，并确定了培养方案。

（冯士维　张　欣）

【学生工作】 2014年，学院学生工作按照“制度先行、队伍保障、危机预防、学风促进、重点关注、科技引领、党员示范、就业推进”的工作方针，扎实推进全员育人工作，较好地实现了“稳定、健康、学习好、就业好”的工作目标，也逐步形成“1032”大学生思想政治教育工作模式。

2014学年，电控学院在校学生（全日制）总数2115人，其中包括本科1299人，硕士733人，博士83人。2014年毕业生（全日制）共597名，其中：本科生346名，硕士生234名，博士生17名。2014年共招收学生（全日制）534名，其中：本科生268名；硕士生245名；博士生21名。2014年学院共有在读工程硕士180人、软件工程硕士378人，毕业52人。新招收工程硕士27人。

2014学年，电控学院共设立院级奖学金，学习标兵宿舍，本科生校级个人奖学金，研究生校级个人奖学金，集体奖，三星、海拉、北川、瑞源德邻等企业奖学金，本科生国家奖学金，研究生国家奖学金和科技之星等10项奖励，学生累计获奖935人次，8个班级获得集体荣誉。

学院共有112名学生获学院智育优秀奖、53名学生获学院德育优秀奖、30名学生获学院学习进步奖、18名学生获学院优秀学生干部；218名学生获校级学习优秀奖、57名学生获校级优秀学生干部、11名学生获校级励志奖、45名学生获校级科技创新奖、49名学生获校级三好学生；3名学生获本科生国家奖学金。

学院共有26名学生获校级研究生学习优秀一等奖、77名学生获校级研究生学习优秀二等奖、55名学生获校级研究生社会工作奖、49名学生获校级研究生励志奖、54名学生获校级优秀研究生奖、24名学生获研究生国家奖学金；学院共获310项校级科技创新奖。

电控学院本科3个班级获北京工业大学校级先进班集体；本科及博士13级等5个班级获北京工业大学校级优良学风班。120241班党支部获北京市红色1＋1党员示范活动二等奖。130241班获北京工业大学“十佳班集体”提名奖。

学院共有10名学生获海拉企业奖学金、22名学生获瑞源德邻企业奖学金、18名学生获北川奖学金，1名学生获三星企业奖学金，1名学生获“科技之星”奖。

（巩佳伟　张　欣）

【党建工作】 截至2014年底，学院共有25个党支部，其中教工党支部5个，学生党支部18个，退休党支部2个。共有党员631人，其中教工党员96人，学生党员462人（本科生89人，研究生373人），离退休党员73人。2014年学院新发展党员共99人，全部为学生党员。

2014年，学院党委和基层党支部团结带领全体党员积极参与学院的教育教学改革，大力支持科研工作，努力提升学院的科研水平；积极支持配合学院各项重大决策的实施，引领学院稳定发展。学院党委充分发挥政治核心作用，充分发挥基层党组织的桥梁纽带和战斗堡垒作用、通过扎实有效的基层党组织建设密切联系广大党员群众，促进学院各方面工作开展。对照基本标准，进一步加强基层党组织建设。各基层党支部对照基本标准，梳理各个方面的工作，查漏补缺，进一步提升组织建设和工作水平，为创建“党建先进校”贡献力量。加强学生党员思想教育和退休党支部建设。进一步充分发挥退休老党员的作用，继续开展“大手拉小手”党支部共建活动，组织老党员与学生党员开展共建活动。退休党员不但在思想上能够引领大学生的成长，而且在学业帮扶上也取得了很好的效果。

学院党委在认真学习贯彻十八大精神，落实北京市和“两委”要求的基础上，继续按照北京市《关于加强领导干部反腐倡廉教育的实施意见》，紧紧围绕建设社会主义核心价值体系，以保持党的纯洁性为目标，高度重视党风廉政建设工作，把此项工作列入党委中心工作的重要议事日程，精心组织、周密部署。

加强制度监督，继续推进基层民主制度建设和院务、财务实行预决算制，并通过教代会审核的制度。学院坚持院务公开制度，每项重大决定都经过学院领导集体商议共同决定；学院每次在院务会后通过邮件的形式将会议纪要发给全院教职工，使全院教职工对学院工作做到及时了解、及时监督。2014年11月，完成学院党委换届工作，选举出新一届党委领导成员。

领导干部全面履行“一岗双责”。学院理论中心组认真学习领会学校党风廉政建设工作部署以及《领导干部反腐倡廉建设知识读本》，积极贯彻落实《党风廉政建设责任制实施办法》、《2014年党风廉政建设和反腐败工作任务分工》，把严格执行“三重一大”制度作为贯彻党风廉政建设责任制的重要内容，进一步完善了电控学院2014年党风廉政建设和反腐败工作主要任务分工，做到任务落实、分工明确、责任到位，全面推动了领导干部履行“一岗双责”。签订党风廉政责任书，把党风廉政责任落实到位。

充分发挥工会教代会民主管理的重要作用，2014年10月召开了电控学院第六届工代会和第四届教代会，选举出新一届工会委员会和教代会执委会。会议认真总结了上一届工会和教代会工作，并对下一步工作进行展望。学院教代会审议通过了修订后的《电控学院子团队管理办法》，《电控学院奖惩制度》。两个文件针对目前科研团队存在的问题，以及原奖励文件的不足，加以完善，为学院未来继续发展打下坚实基础。

（王兆明　张　欣）

【对外交流】 学院重视对外交流与多渠道办学，2014年邀请美国、英国、加拿大、新加坡、澳大利亚等外国专家担任工程大师论坛主讲共9场，提高了学院师生的国际学术交流意识；学院师生赴英国华威大学、台湾新竹交通大学等学习、交流，承接法国巴黎国立科学与艺术管理学院短期项目教学，并与法国国立工艺大学、美国圣何塞大学、台湾交通大学等院校座谈，确定师生交流学习事宜。加大海外人才引进力度，2014年全职引进美国哥伦比亚大学博士后王朱伟，引进爱尔兰国家微电子研究中心研究员王文思等。重视留学生培养，目前学院有外籍本科留学生3人，硕士留学生1人，博士留学生1人，并专门为外籍留学生开设专业课程6门。加强考研引导与外语专业课程，聘请海外学者为学生进行学术就业报告，开拓学生们的国际视野。2014年本科生出国上研究生率为18.5%，超过学校11%的出国平均率。

（赵子涵　张　欣）

【北京市光电子技术实验室】 北京光电子技术实验室于1993年成立，2004年列入教育部和北京市共建的教育部实验室。主任和学术带头人由光电子和微电子学专家沈光地教授担任，学术委员会由国内外8名半导体专家组成。实验室的主要研究方向是：半导体发光电子器件与电子学、红外与紫外探测光电子学、超高速光电子学及其应用，极性宽禁带半导体材料与器件，石墨烯等纳米材料器件，自发电的探测系统。实验室提出了新的物理构想和新的器件结构，并研制出了具有国内领先、国际先进水平的半导体激光器、高效高亮度发光二极管、单芯片白光LED，中远红外探测器和外探测器、光子晶体器件、隧道再生多有源区半导体激光器和siGE/siHBT等。2014年，实验室共招收硕士研究生16人，博士研究生1人；发表论文21篇，申请专利8项。

（高志远　张　欣）

【数字社区教育部工程研究中心】 数字社区教育部工程研究中心于2001年成立，2004年8月通过验收，并纳入教育部工程研究中心的管理序列，同时聘任王普教授为数字社区教育部工程研究中心第一届主任。数字社区教育部工程研究中心是专注于中国数字社区与智能建筑领域技术研究、标准规范制定、产品开发和工程示范的科研基地。近年来，在教育部和学校领导的和支持下，中心迅速发展，主要开展数字社区、智能楼宇、智能信息系统、智能控制等方面的研究，主要涉及控制科学基础理论研究和应用。2014年，中心共承担各类研究项目21项，到校总经费512.638万元。科研项目主要包括国家自然科学基金、北京市自然科学基金、故宫博物院信息化发展规划及规划纲要课题等。中心潜心研究无流量计热量表、城市轨道交通车站空调节能与故障诊断方法研究、肺癌病情进展的建模研究等。中心开发了碘［125 I］密封籽源自动化生产线，填补了国内空白。组织学术报告会22场，600余人次参加；参加学术会议81人次，多人在会议上做小组报告。2014年，中心共发表学术论文56篇，其中被SCI、EI收录30篇次。获国家专利3项，计算机软件著作权13项。培养博士研究生7人；硕士研究生86人，其中3人获博士学位，22人获硕士学位。

（高学金　张　欣）

【北京工业大学国际WIC研究院】 北京工业大学国际WIC研究院（The International WIC Institute，WICI）是一种以全新的模式建立的教育研究机构，是国际学术组织网络智能协会（Web Intelligence Consortium，WIC）的实体研究机构。其核心研究内容为网络智能（Web Intelligence，WI）与脑信息学（Brain Informatics，BI）相互交叉融合的基础理论及其应用技术。研究院由WI研究室、BI研究室、磁共振成像脑信息学北京市重点实验室等组成。2014年，研究院拥有专、兼职教师10人，博士生导师4人。博士后入站1名，招收博士生1名、硕士生9名，毕业博士生1名、硕士生9名。在站博士后2名，在读博士生9名，在读硕士生27名。

2014年，研究院有2名博士生赴日本进行学术交流，并接收日本2名博士生为期1个月的来院研修。国际化人才培养模式已成为国际WIC研究院的显著特色。2014年，研究院获得973子课题1项，国家自然科学基金国际合作重点项目1项。

（黄佳进 张 欣）

【嵌入式系统北京市重点实验室】 嵌入式系统北京市重点实验室是系统级芯片（SOC）集成电路复合型设计人才的培养基地。自2003年成立以来，实验室建成为从嵌入式系统结构设计，软硬件联合设计，超大规模数字芯片（VLSI）设计与验证，模数混合芯片设计与测试，集成电路前端设计和后端设计的完整的SOC教学与科研平台。2004年，国家教育部批准实验室成为国家集成电路人才培养基地之一。2014年，实验室拥有专、兼职教师13人，其中北京市特聘教授、博士生导师1人，硕士生导师5人。学生57人，包括博士、工学硕士、本科毕设、外校委托培养硕士等。

实验室拥有完整的集成电路软硬件设计平台，有多台国际先进水平的信号分析仪、频谱分析仪、网络分析仪等大型仪器设备，以及高速FPGA集成电路设计验证平台。实验室从2009年开始进入双界面智能卡芯片的研究，已在不停车自动收费（ETC）和手机移动支付领域（NFC）取得阶段性的研究成果。实验室是北工大具有特色的产学研基地之一。从2006年开始，实验室与深圳瑞斯康公司合作，先后成功设计并量产了两款电力线窄带通信芯片，达到国内外同类芯片的最好水平，大量应用于国内多个地区的智能电网系统。2007年底与上海普然公司合作，研究开发有线电视网高速网络宽带接入芯片，2009年进入广电系统试用。该芯片已在2010年被美国Atheros/Qualcomm收购。

实验室学生培养的专业方向为嵌入式系统设计和无线通信中的数字、模拟集成电路设计。实验室以集成电路项目为基础，对学生进行理论基础与工程技能的专业培养。定期从国外聘请兼职教师来实验室集中授课。已培养的6名博士中有2名博士生完成在美国依利诺依大学香槟分校电子工程系为期1至2年的联合培养，1名博士生毕业后在美国Intel公司本部学习与工作，2名博士毕业生到爱尔兰都柏林大学进行博士后的研究工作。实验室每年多次接待国内外大学与公司的研究人员到实验室进行访问、交流以及短期科研工作。

（万培元 张 欣）

【计算智能与智能系统北京市重点实验室】 计算智能与智能系统北京市重点实验室于2013年6月由北京市科学技术委员会认定，聘任乔俊飞教授为重点实验室主任，中国工程院院士柴天佑教授为学术委员会主任。实验室围绕北京市经济建设和社会发展需要，致力于研究计算智能基础理论和智能系统研发，力求在计算智能、智能优化控制、智能信息化处理，以及认知科学与机器学习等方面取得重要科学研究成果。2014年实验室共主持和承担科研项目31项，总经费2119.036万元。其中，国家自然科学基金重点项目1项，国家自然基金杰出青年项目1项，国家自然科学基金项目4项，国家973计划项目1项，国家863计划项目（课题）3项，北京市科委科技项目2项。实验室在神经计算、智能信息处理和机器智能等方向形成特色，2014年实验室共发表（含部分录用论文）72篇，其中SCI论文20篇、EI论文52篇，国际会议论文17篇；申请发明专利48项，其中授权发明专利18项，软件著作权1项。实验室现有固定人员35人，2014年，新增长江学者特聘教授1人，北京市科技新星获得者1人，教授3人，副教授3人。招收博士生8人，硕士生45人；毕业博士6人，毕业硕士56人。

（裴福俊 张 欣）

建筑工程学院

【发展概况】 北京工业大学建筑工程学院（College of Architecture and Civil Engineering，以下简称建工学院）成立于1998年。学院下设3个系：土木工程系、市政工程系、建筑环境与设备工程系；9个研究所：岩土与地下工程研究所、结构工程与材料研究所、防灾减灾工程与防护工程研究所、道路与桥梁工程研究所、市政工程研究所、水资源与水工程研究所、城市水健康循环工程技术研究所、建筑节能减排研究所、工程建设与管理研究所；3个工程实验中心：工程结构实验中心、市政工程实验中心、建筑环境与设备工程实验中心。

学院有土木工程、水利工程2个一级学科。土木工程一级学科成立至今已有50余年的历史，土木工程系于1981年获我国首批硕士学位授予权，2003年获一级博士学位授予权，是北京市一级重点学科，目前土木工程一级学科下设有结构工程、防灾减灾工程及防护工程、岩土工程、桥梁与隧道工程、市政工程、供热、供燃气、通风及空调工程、土木工程材料及土木工程建造与管理等 8 个二级学科，其中结构工程为国家重点学科。土木工程一级学科在 2012 年度教育部第二轮学科评估中名列第 8。水利工程一级学科具有硕士学位授予权。

学院有教育部重点实验室 1 个、北京市重点实验室 2 个、土木工程国家级实践教学示范中心、土木工程国家虚拟仿真实验中心、北京城市交通协同创新中心、北京市高层和大跨度预应力钢结构工程技术研究中心以及国家自然科学基金创新研究群体 1 支、教育部创新团队 1 支、北京市学术创新团队 6 支等。

学院教职工 152 人，其中专职教师 114 人，具有博士学位教师 107 人，其中中国工程院院士 2 人、教授 43 人、副教授 44 人；其中中组部“千人计划”入选者 2 人、教育部“长江学者特聘教授”2 人、国家杰出青年基金获得者 2 人、新世纪百千万人才工程国家级人选 2 人、中科院百人计划入选者 2 人、教育部跨世纪和新世纪人才获得者等优秀中青年学者 6 人。另有特聘教授 4 人、兼职院士 1 人。学院现有博士生导师 37 人，硕士生导师 133 人，正高职称 46 人，副高职称 64 人。

2014 年，毕业生 528 人，其中研究生 252 人（博士 27 人、硕士 195 人、工程硕士 30 人），本科生 276 人。招生 646 人，其中研究生 351 人（博士 41 人、硕士 251 人、工程硕士 59 人），本科生 295 人。在校生 2301 人，其中研究生 1121 人（博士 205 人、硕士 705 人、工程硕士 206 人、留学生 5 人），本科生 1180 人（其中留学生 17 人）。

（许成顺　薛素铎）

【学科建设】 学院有土木工程一级学科和水利工程一级学科。土木工程一级学科是北京市重点学科，其中结构工程二级学科是国家重点学科。在 2012 年度教育部组织的土木工程一级学科评估中学校土木工程一级学科排名第 8。

2014 年，决定“211 工程”四期建设围绕学院传统优势方向建设“城市与重大工程安全减灾”项目、发挥学院交叉学科优势建设“绿色建筑与城市环境可持续发展”项目，并提出了建设国际知名、有特色的研究基地的建设目标和具体内容，其中“城市与重大工程安全减灾”项目已通过学校首批论证。

2014 年，以杜修力教授为带头人的“重大工程结构抗震与减震控制”团队入选国家自然科学基金创新研究群体，成为北京市属高校唯一一支入选国家级创新团队的队伍；在科学研究方面，学院新增 183 项科研项目，科研到款超过 1 亿元，是全校年到校经费首次超过 1 亿元的学院；在基地方面，受学校委托，以学院土木工程学科为主体跨学院和学科组织申报“智慧城市基础设施工程科技创新中心”，并召开“北京城市交通协同创新中心”2013-2014 年度工作会议暨科学技术委员会会议；在学术交流方面，通过开展小型高层论坛或专题研讨会，进一步提高学术交流水平和质量，举办“地下工程风险评估与分析高层论坛专题研讨会”、“城市地下空间灾害防控技术高层论坛”、“城市地下工程施工高新技术高层论坛”等 10 余次高层论坛和专题研讨会；在产学研合作方面，与国核电力规划设计研究院、长江三峡集团有限公司等初步形成战略协议意向，主要包括合作培养研究生和合作开展科学研究及成果的应用推广等。

（许成顺　薛素铎）

【教学工作】 2014 年，学院获批北京工业大学教育教学成果奖 5 项，其中获特等奖 1 项、一等奖 1 项，二等奖 3 项。获批“十二五”普通高等教育本科国家级规划教材 1 本。2014 届毕业生中 3 人获评校级本科特优毕业设计（论文）。硕士研究生中 20 人获校级优秀学位论文，博士研究生中 3 人获校级优秀博士论文。

2014 年新开课程 3 门，组织专家听课 214 门次。学院开设 20 门本科生创新实践课程。教师公开发表教学研究论文 30 余篇，作为主编单位出版本科生教材 3 本。2014 年 9 月，学院对 2014 级本科新生研讨课开展教学改革，共有 12 名教师为新生开设研讨课。

2014 年 12 月，学院完成 2015 级土木类专业培养方案的修订工作。计划从 2015 级开始按土木类专业（含土木工程专业 081001、建筑环境与能源应用工程 081002、给排水科学与工程 081003）进行招生。

9 月，学院与教务处联合承办第六届全国高等学校非力学类专业结构力学和弹性力学课程青年教师讲课竞赛以及教育部高等学校力学基础课程教学指导委员会结构力学和弹性力学课程教学指导小组 2014 年工作（扩大）会议，学校青年教师在此次讲课竞赛中获二等奖 1 项，三等奖 2 项。学院领导和土木系负责人共 4 人参加北京市第七届北京高校土木院系联席会。11 月 16 日，薛素铎院长在上海召开的第 12 届全国高校土木工程学院（系）院长（主任）工作研讨会做特邀报告。12月8至10日，学院举办高校土建类专业教育教学和人才培养工作研讨会。

6月，学院完成4名新到校教师参加学校助课培训考核工作，其中优秀1人，良好3人。9月，学院1名教师参加学校组织的英国华威大学双语教育培训。2014年，学院共资助16个本科教学团队开展教学研究工作。

（王　玲　李炎锋）

【科研工作】 2014年，到校科研经费1.05亿元，其中纵向科研经费7191万元，横向科研经费3337万元。纵向科研项目新立81项、横向科研项目新立109项，其中国家自然科学基金创新研究群体项目1项，国家科技支撑计划项目子课题1项，国家科技重大专项项目子课题1项，国家自然科学基金项目12项（其中面上项目9项，青年基金3项），博士后科学基金7项，北京市自然科学基金项目8项（其中重点项目1项，面上项目4项，青年基金3项），北京市教委科研计划面上项目6项，科学研究类专款科技创新平台5项。在研项目总计430项。

2014年学院获省部级科学技术进步奖二等奖1项（第一完成单位）、三等奖1项，国家社会力量奖7项。发表论文513篇，其中以第一单位SCI检索42篇，EI检索126篇。出版专著1部，编著1部，教辅类参考书及其他著作4部，参编国家及行业标准2部。授权发明专利103项，实用新型专利15项。学院教师在国际学术机构、国家一级、国家二级或省部级学术机构中担任学术任职80余项。

（徐笑然　许成顺）

【党建工作】 学院党委完成城市交通学院成立后其所属党员的组织关系交接，下设36个党支部。其中在职教工支部7个，退休教工支部1个，学生党支部28个。学院共有党员671人，其中在职教工党员86人，占在职教工总数56%；退休教工党员53人，占退休教工总数55.8%；学生党员532人；其中本科生党员77人，占学生总数6%；硕士研究生党员405人，占总数51%；博士研究生党员50人，占总数26%。2014年150人参加了学校党校学习，新发展党员112人（本科生81人，研究生31人），预备党员转正85人。

在职职工中有民主党派成员12人。包括民革1人，民盟4人，民建1人，农工党1人，致公党1人，九三学社4人，其中中央委员1人；市委委员3人，市政协委员2人（常委1人），市特约工作人员2人；区委主委1人、副主委1人，区政协委员2人。

针对学院教职工各党支部任期已满的情况，2014年9月开始对学院7个教职工党支部换届选举，各支部选举出新的党支部书记和委员。11月26日，建工学院党委第四届委员会届满，经上级党委批准，按照学校的部署，学院召开第五届党委换届大会，经与会党员充分酝酿讨论，根据多数党员的意见确定候选人之后，采用无记名投票差额选举的办法，选举产生新一届院级党委委员会7人，其中学院班子6人，班子中具有高级职称6人。

学院党委迎接争创党建先进校入校检查，在完成前期《建党基本标准》达标检查验收的基础上，总结经验、查找问题、落实整改措施，充分展现及推动学院党建事业的成效与发展，获专家肯定。

组织开展党的群众路线教育实践第二阶段工作。完善学院各项规章制度，建立《建工学院意见和建议办理制度》等相关制度3项，从制度上确保教育实践活动整改落实建章立制环节的稳步推进。

认真落实党委主体责任，党风廉政建设年初有部署、年终有总结；加强宣传教育，提高党员干部廉政意识；制定完善细化党风廉政建设相关措施。组织各支部学习《廉政准则》，把《廉政准则》学习情况列入基层支部考核标准，将学习贯彻《廉政准则》与落实“一岗双责”相结合，与党员年底考核、奖惩相结合，并且要求每个教职工都填写自查报告，签订党风廉政个人有关事项报告，起到预防监督作用。

加强师生思想道德建设，践行社会主义核心价值观。利用网络、墙报、宣传橱窗等各种载体学习宣传十八大精神，营造浓厚的学习宣传氛围。通过向每一位党员发放新《党章》、印制学习资料，广泛宣传《党章》基本知识，切实贯彻《党章》。

按照学校党委工作要求，以党的群众路线教育实践活动为契机，进一步加强服务型党组织建设，拓宽党组织、党员联系服务群众渠道，学院7个在职党支部与社区党建相互联动，构建共同参与、共同服务、共同建设的区域化党建工作格局。

组织党员开展丰富多彩的主题党日活动，教职工基层党支部围绕学院中心工作，结合工作实际，树立党员形象，力争在工作岗位上发挥先锋作用，进一步健全支部生活和党员活动记录。分别举办在线学习专题交流会、爱国主义题材摄影展等主题党日活动。退休党支部开展“与党同心 与祖国同行”主题党日活动，重温入党誓词。

学生党支部组织本支部成绩优秀的入党积极分子及预备党员对“学困生”进行“一对一”帮扶；多个支部组织考前集中辅导复习的“考前讲堂”，受到学生欢迎和认可；开展“践行社会主义价值观”工大好学生讨论、“学生党员先锋工程”、“爱国主义主题党日活动”主题教育活动；暖通本科二党支部召开专业未来规划经验交流会；本科结构三支部新发展对象到朝阳区皮村同心打工子弟小学支教。

组织学生党支部书记系列培训会：组织党支部书记聆听《共产党员修养与青年大学生成长》、《培育和践行社会主义核心价值观》、《利用新媒体做好青年思想政治教育工作》报告3次，组织全体党支部书记参观2014“中关村国家自主创新示范区展示中心”，组织召开支书论坛讨论报告会，对工作实务进行经验交流和探讨，提高学生支部书记的实际操作能力。

二级工会、教代会认真履行职责，做好换届工作，为学院发展建言献策。2014年11月学院召开教代会工会、换届选举大会，全面总结过去三年的工作并以无记名投票方式选举产生新一届教代会工会、委员。学院教代会、工会从完善自身制度建设入手，修编明确了一系列文件，包括《建工学院工会经费使用与管理办法》、《建工学院福利费使用办法》等；继续坚持开展以“打造健康工大，丰富文化生活，关爱青年成长”为主题的多项活动；充分发挥参与民主管理的职能，协助学院顺利完成2014年学校第一轮聘岗考核和第二轮全员岗位聘任工作；开展丰富多彩的活动，全力支持离退休、计划生育工作。

（邢雅茹　李　悦）

【学生工作】 2014年，本科生奖学金共有844人参评，其中3人获国家奖学金，56人获国家励志奖。获校级先进班集体1个，获校级优良学风班4个，校级优秀团支部5个；获校级学习优秀奖170人，校级优秀学生干部46人，校级三好学生43人，校级励志奖11人，校级科技创新奖30人。学院其他各类奖学金获得者共计227人次。

研究生奖学金评定共有452人参评，其中获校级先进班集体1个，校级优良学风班2个，研究生国家奖学金25人，优秀研究生奖58人，校级学习优秀奖95人，校级社会工作奖59人，校级励志奖45人，研究生科技创新奖特等奖2人、一等奖20人、二等奖70人。

学生科技活动方面，本科生获第七届全国大学生节能减排社会实践与科技竞赛一等奖1项、二等奖1项、三等奖1项，第三届北京市大学生建筑结构设计竞赛一等奖1项、二等奖2项，“大金空调杯”第八届中国制冷空调行业大学生科技竞赛（华北赛区）三等奖2项。国家级大学生创新创业训练计划立项6项，校级星火基金立项23项，校级结构设计大赛（趣味组）一等奖8项，校级结构设计大赛（专业组）一等奖3项、二等奖6项、三等奖6项，校级交通科技竞赛一等奖3项、二等奖4项、三等奖4项，校级水创新设计竞赛一等奖2项、二等奖3项、三等奖4项，11月举办第十届建工学院“创新杯”科技论文大赛，一等奖1项、二等奖3项、三等奖4项。研究生第十二届科技基金立项36项。

（郝　娜　李振兴）

【继续教育】 从2000年起，学院承办继续教育夜大性质土木工程专业专升本科班。依据“按需施教，注重实效”原则，培养符合社会需要的应用型技术人才，办学规模逐渐扩大。从招生以来，共毕业552人。2014年，在校生208人。

（赵雪锋　李炎锋）

【对外交流】 举办“2014北京城市洪涝灾害耐受度研究国际研讨会”、“第十届亚太地区交通运输发展研讨会暨第二十七届国际华人交通运输协会年会”，参加台湾高雄大学大学生科技竞赛，接待美国、挪威、澳大利亚、日本、新加坡等多个国家20余人次到学院开展短期学术交流，与部分教授达成共同建设科研团队意向，40余人次参加国际学术会议或参加科技竞赛，公派出国联合培养博士生5人。在科研合作、教师交流、合作培养本科生与研究生方面取得实质性进展。

（肖　兢　许成顺）

【城市与工程安全减灾教育部重点实验室】 实验室主任杜修力。2014年，实验室新立项纵、横向科研项目共131项，相关成果获省部级科技进步一等奖1项、二等奖1项，发表SCI、EI论文75篇，发明专利35项。2014年，培养博士后3人，共授予博士学位10人，硕士学位68人。承办“全球华人交通运输工程会议”、“城市地下空间灾害防控技术高层论坛”、“边坡稳定性分析及预测预警研讨会”等专题研讨会；同时与国核电力规划设计研究院、长江三峡集团有限公司、交通运输部科学研究院等初步形成战略协议意向，主要包括合作培养研究生及合作开展科学研究及成果的应用推广等。新增国家自然科学基金委员会创新研究群体1个，培养国家自然科学基金优秀青年基金获得者1人、学校“京华人才”1人、学校“日新人才”1人，引进北京市“海聚工程”入选者1人。实验室2014年度设立校内重点基金4项、面上基金2项、校外开放课题2项。

（李　易　杜修力）

【北京市工程抗震与结构诊治重点实验室】 主任杜修力。2014年，实验室新增教育部创新团队1支。共完成国家科技支撑、国家基金重点等纵横项目试验20余项，新增承担国家自然科学基金面上项目6项、北京市自然科学基金项目4项。承担大型社会服务性项目，如“超高层建筑施工模拟与监测”、“隧道施工自动监控量测系统研究”等。新增科研经费2300余万元，相关成果获北京市科技进步二等奖1项、社会力量奖3项、发明专利49项、授权实用新型专利9项，发表SCI、EI检索论文79篇。授予博士学位8人，硕士学位52人。承办“第四届全国再生混凝土学术研讨会”，“桥梁结构动力学与工程安全”等会议，聘请国内外学者做土木工程学术前沿系列讲座10余次。实验室2014年度设立校内重点基金3项、面上基金1项、校外开放课题2项。

（李　易　杜修力）

【北京市水质科学与水环境恢复工程重点实验室】 负责人张杰。实验室2014年的研究方向继续围绕水环境恢复理论与技术的核心展开。2014年市政学科专业招收博士研究生7人，环境工程专业招收博士研究生5人，进站博士后2人，出站博士后1人。新立项科研项目32个，其中国家级及国际合作项目13个。发表论文138篇，其中SCI26篇、EI32篇。专利申请65项，授权发明专利12项。实验室人员参加国际会议12人次。根据实际研究工作需要，进行部分实验室调整，提高本科实验室使用效率，增加重点实验室公共实验区域，同时，在实验室四楼开拓260平方米的敞开式实验区域。

（杨　宏　薛素铎）

【北京市高层和大跨度预应力钢结构工程技术研究中心】 主任张爱林。该中心在2011年9月校长办公会批准成立的北京现代钢结构工程技术中心基础上，于2013年6月由北京市科委认定为北京市高层和大跨度预应力钢结构工程技术研究中心，聂建国院士任学术委员会主任。中心以北京工业大学为主，联合北京航空规划建设发展有限公司、北京建工集团、中铁建设集团等单位，以产学研协作方式，加强研究成果转化和应用。中心研究团队人员30人，其中教授8名、博士生导师6名，固定人员中80%为博士。中心现有研发基地面积4635平方米，仪器设备总值近5000万元。中心研究成果获中国钢结构协会科技进步特等奖和一等奖，华夏建设科技进步一等奖等。中心主编国家标准《预应力钢结构技术规程》，参编国家标准《钢结构设计规范》，主编湖南省地方标准《装配式斜支撑钢框架结构技术规程》。成果还获“中关村国家自主创新示范区新技术新产品”认证，已被京津冀地区10余个热电厂露天煤场改造项目的可研报告采用。

（刘学春　张爱林）

【土木工程国家级实验教学示范中心】 主任杜修力。中心包括岩土、建材、结构等11个职能实验室，实验教学涵盖土木工程、建筑环境与设备工程、交通工程等6个专业，承担13门课程的实验教学任务，每学年参加实验的本科生350余名、研究生200余名，另外承担其他相关专业本科生的实践环节。中心实验教学教师总数88人，其中专职35人、兼职53人，专职人员中专职实验技术人员13人。中心现有实验室面积7197平方米，仪器设备2180余台（套）、资产总值7000余万元。2009年6月，被评为北京市级实验教学示范中心，同年11月被批准为国家级实验教学示范中心（建设单位）。2012年，通过教育部组织的国家级实验教学示范中心建设验收。2014年，中心投入120多万元用于实验设备购置和环境建设，完成建设项目10余项。

（李振宝　李炎锋）

【土木工程国家级虚拟仿真实验教学示范中心】 主任杜修力。2010年开始依托土木工程国家级实验教学示范中心筹划建设土木工程虚拟仿真实验教学中心。虚拟仿真实验教学中心采用网络、多媒体、人机交互等技术构建高度仿真的虚拟实验平台，通过将虚拟实验手段融入到课前预习、课上实训和课后实践等环节中，最大限度地提高学生的综合能力。中心分批购置了专业虚拟仿真分析软件30余套，并通过引进和合作开发等完成10余套虚拟实验教学平台的建设，服务国家级特色专业——建筑环境与设备工程、北京市品牌专业——土木工程以及校级特色专业——给水排水工程的课程建设。中心下设10个虚拟仿真实验教学平台，形成校、院、中心（平台）的三级管理机制。2013年建设成为国家级虚拟仿真实验教学示范中心，2014 年分别在第十二届全国高校土木工程学院院长会议、第四届“土木工程结构试验与检测技术暨结构实验教学”研讨会和全国国家级实验教学示范中心土木组年会上交流和介绍相关建设经验。

（李振宝　李炎锋）

【北京工业大学建筑勘察设计院】 院长王奎仁。设计院成立于 1964 年，2002 年取得建筑甲级资质，2003 年取得勘察乙级资质。现有技术人员 45 人，其中国家一级注册建筑师 4 人、国家一级注册结构师 4 人、注册设备工程师 2 人、注册电气工程师 1 人、注册岩土工程师 2 人。

在设计院近几年中小学项目完成较多并获得好评基础上，设计院制作完成了《中小学项目专辑》。在第七届北京工程勘察设计行业协会换届选举中，王奎仁院长当选为理事。

（王奎仁　薛素铎）

【北京工业大学抗震减灾研究所】 2014 年承担的东台市城市抗震防灾规划、如东县地震应急避难场所布局规划及 6 个应急避难场所方案设计通过专家技术评审。新承担滨州市、马鞍山市、昌黎县、武威市等多个城市抗震防灾规划编制项目。江苏省沿江沿海地区抗震防灾综合防御体系项目通过专家技术评审。负责组织申报并通过了中国工程建设协会立项的三部行业标准，《木结构古建筑检测技术标准》、《木结构古建筑安全性鉴定技术规范》《木结构古建筑抗震鉴定标准》，参编行业标准《镇（乡）村建筑抗震技术规程》。

（苏经宇　薛素铎）

【北京工业大学空间结构研究中心】 主任薛素铎。2014 年，中心在研的有国家自然科学基金重大研究计划集成项目子课题等纵向科研课题 14 项，横向科研课题 6 项。发表学术论文 34 篇，获国家发明专利 5 项，参编行业标准 1 部，出版著作 1 部。中心组织师生参加国内外学术会议 30 余人次。承担 15 门本科和研究生课程的教学及本科生毕业设计。在校研究生 45 人，其中博士研究生 7 人、硕士研究生 38 人。2014 年毕业博士 3 人、硕士 10 人、工程硕士 1 人。1 部教材入选第二批“十二五”普通高等教育本科国家级规划教材。1 人获校优秀教师称号，指导校本科生特优毕业设计论文 1 名、指导国家奖学金者、北京市优秀毕业生（硕士）及北京工业大学优秀毕业生（硕士）1 名。作为中国钢结构协会空间结构分会的挂靠单位，研究中心承担分会的所有组织活动。

（吴金志　薛素铎）

【中国勘察设计学会抗震防灾分会】 为了提高行业设计技术水平，提高抗震防灾从业者的积极性，分会筹备设立全国工程勘察设计行业“优秀抗震防灾专项奖”，并已经中国勘察设计协会同意，拟在 2015 年开展评奖工作。分会于 2014 年 8 月 18 日在北京市召开中国勘察设计协会抗震防灾分会全国减隔震产品专业会员成立大会，确定第一届专业委员会会员单位、正、副主任委员单位、秘书长等。受住房和城乡建设部委托，分会对当前国内已建的减隔震建筑进行调查统计，摸清底数。配合地方有关部门和组织开展抗震防灾相关咨询、培训、科技发展和技术推广工作。

（苏经宇　薛素铎）

【中国钢结构协会空间结构分会】 12 月，在徐水召开五届五次常务理事会：传达总会六届七次常务理事会议精神，审议秘书处和各专业委员会的工作报告，进行入会单位审批和会员单位清理；2014 年共发展新会员 46 个，按自动退会清理 11 个；研究 2015 年亚太空间结构会议（APCS2015）的各项准备工作；对分会简章部分内容讨论修订；审批第九届空间结构奖及第十四次膜结构企业会员等级评审和第六届膜结构企业等级会员复审结果；增补理事单位 5 个；补选薛素铎秘书长为常务理事并代行理事长职责主持工作。9 月，组团赴巴西利亚参加 IASS-SLTE 2014 会议。

（吴金志　薛素铎）

【岩土与地下工程研究所】 所长杜修力。2014 年，新引进教师 2 人，现有教师 24 人。获国家自然科学基金重点项目 1 项，国家自然科学基金面上项目 1 项，国家自然科学基金青年基金项目 2 项，参与国家 973 计划项目 1 项。获 2014 年度北京市科技进步一等奖、中国铁道学会科学技术二等奖各 1 项。4 名博士研究生和 30 余名硕士研究生通过学位论文答辩。主持召开国际会议“第十届亚太地区交通运输发展研讨会暨第二十七届国际华人交通运输协会年会”，主持召开地下工程领域国内高端学术研讨会 5 次。发表学术论文 70 余篇，专著 1 部，获国家发明专利授权 5 项。8 人次出国考察和学术交流，聘请外国专家讲学 12 次。2014 年底，研究所负责设计的北京工业大学大型地下工程综合模拟试验平台土建完成验收。

（姚爱军　薛素铎）

【结构工程与材料研究所】 所长李悦。2014 年 2 名教授退休，结构力学方向 4 名教师调整至本所。现有教师 24 人，其中教授 10 人、副教授 9 人。2014 年共承担科研项目 74 项。获北京市科学技术二等奖1项（排名1，曹万林等）、华夏建设科学技术奖一等奖1项（单位排名1，曹万林等）、高等学校科学研究优秀成果二等奖1项（排名1，李悦等）、中国建筑材料科学技术奖励二等奖1项（李悦）。组织全国会议2次，主编或主持修订国家行业标准、地方标准等4本。获国家发明专利34项。发表学术论文120余篇，其中SCI 12篇，EI 33篇。获北京工业大学优秀教育教学成果奖特等奖1项（曹万林等）和二等奖1项（李永梅等）。在读博士研究生39人，硕士研究生144人。

（白正仙　薛素铎）

【防灾减灾工程与防护工程研究所】 所长闫维明。现有科研与教学人员10人，包括教授5人、副研究员4人，讲师1人。研究所紧密结合全国大中城市、村镇的建设需求，主要研究方向为工程抗震、结构控制和城市综合防灾减灾以及结构健康监测。2014年承担科研项目20余项。承担沉管隧道水下接头抗震性能模拟及振动台试验、非对称独塔自锚式悬索桥健康监测、墙式金属扭剪阻尼器的工程应用、圆钢管混凝土尺寸效应研究等技术服务与技术开发项目。发表期刊学术论文62篇，其中被SCI、EI收录27篇。获国家发明专利8项，实用新型专利2项。到校科研经费500余万元。在校博硕士、研究生80余人，其中博士研究生12人、硕士研究生70余人。2014年毕业博士5人、硕士31人。培养博士后2人，参加国际国内学术会议18人次，聘请外国专家讲学1次。

（闫维明　薛素铎）

【道路与桥梁工程研究所】 所长杜修力。现有教师15人，其中教授7人，副教授5人、讲师3人。研究所紧密结合国内道路与桥梁工程建设的需求，主要从事道路、桥梁与隧道工程的规划、设计、咨询以及教学和研究工作。2014年承担国家自然科学基金面上项目、国家自然科学青年科学基金项目、北京市自然科学基金项目、博士后科学基金（北京、中国）以及企事业单位科研项目等30余项，其中包括国家973计划项目1项、“十二五”科技支撑项目1项、国家自然科学基金面上项目（含青年基金）8项、公路与铁路国家重点工程建设科技攻关项目2项；获中国工程爆破协会科学技术奖一等奖1项、中国公路学会科学技术奖三等奖1项；发表论文70余篇，其中SCI收录7篇，EI收录18篇；主持撰写规范1部；主持及参加国内外学术活动25人次。在读博士研究生13人、硕士研究生56人。

（高文学　薛素铎）

【市政工程研究所】 所长李星。目前有成员11人，其中博导4人、教授4人，副教授3人，讲师2人，工程师1人，助教1人。从事城市给水工程及污水工程、城市给排水管网工程和建筑给排水工程的教学和科研工作。2014年，在研的科研项目包括“十二五”国家水污染控制重大专项子课题4项、“十二五”国家科技支撑计划项目子课题1项、国家自然科学基金6项和北京市自然科学基金重点项目1项、北京市自然科学基金项目4项、教育部博士点学科专项科研基金1项、其他科研课题10余项，合同额800余万元，到校科研经费500余万元，发表论文60余篇，获专利、软件著作权15项，转让专利10项，获北京市水利学会科技进步一等奖1项、市政工程优秀博士论文奖1项。在校博、硕士研究生70余人，其中博士研究生18人、硕士研究生58人。2014年毕业博士4人、硕士18人。

（李　军　薛素铎）

【水资源与水工程研究所】 所长张永祥。学科带头人为王浩院士。现有教师10人，其中教授2人，副教授5人，讲师3人。跨学科研究生导师5人。具有水利工程一级学科硕士点，2014年开始一级学科招生，招收水文学及水资源、水力学及河流动力学、水工结构工程与水利水电工程专业方向研究生，招收硕士研究生13名，在读硕士研究生37名。跨学科在土木工程专业招收博士研究生3名，在读博士研究生9人。依托建工学院结构工程和水环境恢复工程的研究优势开展研究生教学、科研和设计工作。科研项目包括技术牵头国家科技支撑计划项目1项，主持国家科技支撑计划课题1项。完成国家水污染控制重大专项子课题2项、北京市科委重大科技项目子课题1项，国家部委项目2项以及横向项目4项。2014年到校科研经费近600万元。出国学术交流活动3人次，举办水利学科建设研讨会和技术研讨会3次，参加国内外学术活动15人次，聘请专家讲学1次。发表论文30余篇。培养硕士生30余人。

（张永祥　薛素铎）

【城市水系统健康循环工程技术研究所】 所长张杰。成员7人，其中院士1人，教授3人，副教授2人，讲师1人，博士后2人。博士生导师3人，硕士生导师7人。研究所立足于国内迫切需要解决的实际问题，以现代生物技术、新型材料技术、化学技术、信息技术等为支撑点，通过高新技术手段的集成与融合，发展工业废水、城市污水资源化以及城市给水深度处理的新理论与新技术。2014 年获国家自然科学基金 1 项、到校科研经费 400 余万元；1 人入选中青年科技创新领军人才；发表论文 40 余篇；授权发明专利 20 余项；培养硕士研究生 20 余人。

（李　冬　薛素铎）

【建筑节能减排研究所】 所长赵耀华。现专职教学研究人员 16 人，其中院士 1 人，国家“千人计划”1 人，中科院“百人计划”1 人，教授 6 人、副教授 8 人。研究所主要从事可再生能源、建筑节能减排、建筑热湿环境及建筑火灾科学等领域的科学研究。目前承担国家“十二五”科技支撑计划项目、国家自然科学基金、建设部技术与产业化推广项目、北京市自然基金重点项目、北京市科委及北京市教委等纵向课题及横向科研项目 10 余项。2014 年到校科研经费 600 余万元，发表论文 60 余篇，申请专利 10 余项。

（赵耀华　薛素铎）

【工程建设与管理研究所】 研究所 2014 年成立，所长白勇，现有专职教师 9 人，兼职教师 2 人，其中北京市属高等学校高层次人才引进 1 人，教授 1 人，教授级高工 1 人，副教授 4 人，讲师 3 人。本学科培养工程建设与管理等方面的高级技术人才和管理人才，具有桥梁工程、结构工程、地下工程及工程管理专业硕士点。每年招收硕士研究生 20 余名、本科生 30—40 名。目前承担国家自然科学基金和省部级科研基金面上项目、北京市教委项目等 10 余项，企业委托项目多项，年均经费近 500 万元以上，发表论文 100 余篇，出版专著 2 部，授权国家发明专利 10 余项。

（张文学　白　勇）

环境与能源工程学院

【发展概况】 北京工业大学环境与能源工程学院（College of Environmental and Energy Engineering，以下简称环能学院）是在原化学与环境工程学系和热能工程学系的基础上，于 1999 年 1 月组建而成的，涉及环境科学与工程、动力工程与工程热物理、化学与化工等多个学科领域。设能源科学与工程系、环境工程研究所、化学化工系、环境科学系、汽车工程系、制冷与低温工程系及北京市化学实验教学示范中心 7 个教学与科研机构。有环境科学、环境工程、应用化学、新能源科学与工程、能源与动力工程 5 个本科专业，环境科学与工程、动力工程及工程热物理 2 个一级学科博士学位授权，应用化学二级学科博士学位授权，环境科学与工程、动力工程与工程热物理及化学工程与技术 3 个博士后流动站，环境科学与工程、动力工程及工程热物理和化学工程与技术 3 个一级学科硕士学位授权，物理化学二级学科硕士学位授权，环境工程、动力工程和化学工程 3 个工程硕士授权及 2 个北京高等学校实验教学示范中心（化学实验教学示范中心和热能与动力工程实验教学中心）。拥有教育部“传热强化与过程节能”重点实验室（同时也是北京市“传热与能源利用”重点实验室）、北京市“区域大气复合污染防治”重点实验室、北京市“绿色催化与分离”重点实验室（2014 年新增）、北京市“水质科学与水环境恢复工程”重点实验室（与建筑工程学院联合建设）、北京市“污水脱氮除磷处理与过程控制工程技术”研究中心、北京市“污水生物处理与过程控制技术”国际科研合作基地、“新能源汽车”北京实验室（与北京理工大学联合建设）。环境科学与工程一级学科、热能工程二级学科是北京市重点学科，化学工程与技术是北京市重点建设一级学科。

学院有教职工 128 人，其中专任教师 87 人，博士生导师 30 人，正高职称 34 人，副高职称 34 人，具有博士学位的教师 84 人。

2014 年，毕业 291 人，其中，研究生 144 人（博士生 23 人，硕士生 103 人，工程硕士 18 人），本科生 147 人；招生 390 人，其中，研究生 199 人（博士生 27 人，硕士生 152 人，工程硕士 20 人），本科生 191 人；在校生 1301 人，其中，研究生 592 人（博士生 104 人，硕士生 401 人，工程硕士 87 人），本科生 709 人。

（钟嶷盛　程水源）

【学科建设】 学院在 2014 年博士后科研流动站申报工作中取得进展，化学工程与技术学科获批博士后科研流动站。至此，学院共拥有 3 个博士后科研流动站：动力工程及工程热物理、环境科学与工程以及化学工程与技术。环境工程专业通过全国工程教育专业认证。

目前学院拥有一级学科博士学位授权学科 2 个，二级学科博士学位授权学科 1 个，一级学科硕士学位授权学科 3 个，二级学科硕士学位授权学科 1 个；2 个全日制专业学位授权学科；3 个工程硕士培养领域。一级学科北京市重点学科、二级学科北京市重点学科、一级学科北京市重点建设学科各 1 个，各学科主要研究方向见表 13-1。

2014 年，学院拥有“北京市区域大气复合污染防治”北京市重点实验室、“绿色催化与分离”北京市重点实验室；教育部“传热强化与过程节能”重点实验室（同时也是北京市“传热与能源利用”重点实验室）；1个北京市工程技术研究中心：北京市污水脱氮除磷处理与过程控制工程技术研究中心；1个北京市国际科技合作基地：污水生物处理与过程控制技术国际科研合作基地；3个共建实验室：北京市水质科学与水环境恢复工程重点实验室、流域水环境与生态技术北京市重点实验室、新能源汽车北京实验室；2个北京市实验教学示范中心：北京市化学实验教学示范中心、北京市热能与动力工程实验教学示范中心。

按照学校工作部署，学院学位授权学科合格评估工作于2014年底启动。2014年，学院录取全日制硕士研究生152人（含推免生17人），其中学术学位硕士研究生89人，全日制专业学位硕士研究生63人。全日制专业学位硕士研究生占硕士录取总人数的41%，与上年相比增幅19%。同时，共招收博士研究生27人，在职人员攻读硕士专业学位（非全日制工程硕士）20人。2014年春、夏两季共授予学位134人，其中博士学位11人、硕士学位74人、工程硕士学位39人。2014年，学院共有研究生592人，其中：硕士401人，博士104人，工程硕士87人。

新增博士生导师2人，新增学术学位硕士生导师5人。认定博士生导师4人、新引进学术学位硕士生导师2人、专业学位硕士生导师1人。新增专业学位硕士研究生校外兼职导师18人。

表13-1 北京工业大学环境与能源工程学院各学科主要研究方向

学科	研究方向
环境科学与工程	1. 污水处理与水污染控制工程
	2. 大气污染控制工程
	3. 环境污染防治与规划管理
	4. 环境化学与监测
	5. 固体废弃物处理与资源化
动力工程及工程热物理	1. 可再生能源利用及先进环境能源理论与技术
	2. 强化传热传质理论与工程应用
	3. 制冷低温系统及其环保节能理论与技术
	4. 车辆及动力系统节能、净化与控制
化学工程与技术	1. 绿色化学与精细有机化工
	2. 工业催化与纳米科学
	3. 膜科学与化工分离技术
	4. 材料化学理论及应用
	5. 先进材料合成及催化应用
物理化学	1. 能源材料物理化学
	2. 催化化学
	3. 纳米材料物理化学
	4. 界面物理化学与分离技术
应用化学	1. 有机化工与绿色化学
	2. 工业催化与环境保护
	3. 微流控技术与应用
	4. 膜科学与分离技术
	5. 纳米及功能材料的制备及应用

（裴宝弟 程水源）

【教学工作】 学院加强制度建设，进一步规范本科教学各个环节，推进教学过程的规范化管理，推进工程型、复合型、国际化本科人才培养。重点抓好2014级大类教学计划制定、2015版教学计划和培养方案的制定、教育部工程教育专业认证、教授和副教授为本科生上课制度及班主任队伍建设。

学院连续第四年获得校教学质量工作管理优秀学院，环境工程专业顺利通过教育部工程教育专业认证，学院教师发表教学论文19篇，张红光教授获学校教学名师奖；李钒出版“十二五”国家规划教材《冶金与材料热力学》。2014年接受国际交换生2名，联合培养青海民族大学学生4名。本科毕业生获校优秀论文5篇，其中特优论文1篇；获第七届全国大学生节能减排社会实践与科技竞赛二等奖1项、三等奖2项，在2014年华北地区大学生制冷空调科技竞赛中获一等奖3项、二等奖3项、三等奖3项成绩，110521班荣获北京高校“十佳示范班集体”称号。由学院彭永臻教授为第二完成人的教学成果“扬长补短，强化团队，寓教于研——地方高校提高研究生培养质量的研究与实践”获2014年国家级教学成果奖二等奖。

（张　颖　郭　航）

【科研工作】 2014年，学院到校科研经费5656万元，其中，纵向科研经费4654万元，横向科研经费1002万元。新增973课题1项、国家科技支撑攻关计划1项、重大国际合作研究项目1项、公益性行业科研专项6项、教育部新世纪优秀人才1项、北京市自然科学基金项目2项（重点项目1项）、北京市教委科研计划重点项目1项、北京市教委科技成果转化与服务项目2项，获批国家自然科学基金项目20项，其中面上项目14项，青年科学基金项目5项，联合基金1项，获资助总经费1343万元，创近年新高。

学院在研“973”计划课题8项（牵头5项），“863”计划课题5项（牵头2项），国家科技支撑计划攻关计划2项，国家科技重大专项1项，公益性行业科研专项8项，国家自然科学基金项目45项，北京市自然科学基金项目14项。

学院授权发明专利52项，实用新型专利17项，软件著作权4项，发表科研论文297篇，其中SCI124篇，EI66篇，出版著作2部。在国际顶级化学学术期刊*Chemical Reviews*上发表学术论文1篇，该论文为学校首次以第一完成单位、第一作者身份*Chemical Reviews*上发表的学术论文。

北京市热能与动力工程实验教学示范中心顺利通过验收，专家组对示范中心的建设成效、示范效应和发展目标等方面给予高度评价。

学术影响力持续提升。根据科技部中国科学技术信息研究所“2014年中国科技论文统计结果”，2013年度，北工大SCI学科影响因子前1/10的期刊论文为92篇，其中环能学院42篇，占总数的45.7%，全校排名第一。配合学校组织承办“2014青年千人化学、能源、环境领域联合研讨会”，70多位国家“青年千人计划”入选者出席本次会议，围绕科研进展、团队建设、项目与基金申请、科研产出等方面展开讨论。

（孙秀红　李建荣）

【党建工作】 环境与能源工程学院共有基层党支部29个，其中教师党支部8个、学生党支部18个、退休党支部3个。党员554人，其中在职党员89人，退休党员70人，学生党员395人。入党积极分子242人，2014年共发展党员64人。

学院党委开展党风廉政建设工作，落实党委主体责任和党风廉政建设责任制，认真开展党风廉政建设和防腐败自查自纠工作，按照党风廉政建设任务分工，落实“一岗双责”。学院党委以争创“北京高校党建先进校”为目标，充分做好争创北京市党的建设和思想政治工作先进普通高等学校的迎检工作，高度重视，成立了专项工作领导小组和工作组，按照《基本标准》入校检查反馈意见，全面梳理2010年以来学院党建工作，整理10类共30余卷支撑材料。在北京市“党建先进校”考察组进校考察中，学院积极配合学校完成考察工作。

按照学校党委的要求，学院党委完成换届工作。全院召开党员大会采取无记名投票方式差额选举产生新一届委员会委员7名，并在第一次全体会议上选举产生书记和副书记。

按照校党委的要求，学院领导班子结合学院实际，集中开展党的群众路线教育实践活动整改自查工作，严格按照学校相关文件精神，对行政办公用房进行调整。同时学院领导班子加强会议和文件管理，大行勤俭节约之风，进一步精简会议文件，减少会议数量。

12月，学院第六届工代会暨第三届教代会第一次会议顺利召开，会议选举产生新一届工会委员会委员7人，教代会执行委员会委员7人，参加学校“双代会”代表12人。学院教代会工会发挥联系群众、民主党派和无党派人士的桥梁和纽带作用，从源头参与学院决策，起到监督作用。

（安 然 夏国栋）

【人事工作】 学院共有教职工128人，其中专任教师87人，博士生导师30人，教授34人，副教授与高级工程师34人，具有博士学位的教师84人。

完成2014年全员岗位聘任工作。在岗位设置过程中，学院坚持公开、公正、透明，按需设岗，水平业绩优先的指导思想。以学科建设为核心，紧密围绕“十二五”学科发展规划，突出学院建设重点。学院入选北京市属高校高层次人才引进计划1人，入选北京市属高校特聘教授计划2人，入选北京市属高校“长城学者”培养计划1人，入选北京市属高校青年拔尖人才培育计划3人，入选北京市科技新星1人，入选北京工业大学“日新人才”2人。

完成2014年专业技术职务评聘工作，全院共有3名教师晋升正高职称，1名教师晋升副高职称，7人评为中级职称。配合学校完成岗位分级工作。

修订《环境与能源工程学院教学科研人员工作量考核办法》、《环境与能源工程学院教学科研奖励办法》、《环境与能源工程学院绩效考核暂行办法》，制定《环境与能源工程学院人才引进工作管理办法》，完善学院人事人才工作制度体系。

学院被评为北京工业大学人才工作先进单位。

（钟巍盛 程水源）

【学生工作】 贯彻全员育人的工作理念，以社会主义核心价值观教育为引领，以学生党建工作和思想教育工作为着眼点，开展大学生思想政治教育工作，提升学生工作精细化水平。

严控标准，凸显党建团建在学生工作中的重要地位。发展党员63人，预备党员转正79人。组织党支部、团支部开展学习和社会实践。星火基金立项39项；国家大学生创新性试验计划项目7项。结合专业特色，开展绿色文化节、环保袋设计大赛、班徽设计竞赛、世界冠军进校园等品牌活动。学院分团委获得学校五四红旗团委称号，1个队伍获2014年度首都大学生暑期社会实践优秀成果。

召开辅导员班主任联席会，明确分工，确立学风班风建设工作新模式。2014年招收本科生191名，研究生178名。举办2014级新生师生见面会等活动，促进新生学风建设。2014年度，获本科生国家奖学金1人，研究生国家奖学金16人；国家励志奖学金27人；校“科技之星”2人，提名1人。本科生共有213人、研究生共有96人获校院各类奖学金；3人获三星奖学金，10人获TOTO水环境奖学金，10人获桑德集团奖学金。校优良学风班4个，优秀团支部4个，标兵团支部1个、优秀班集体2个，北京工业大学十佳班集体1个。获北京市三好学生称号2人；北京市优秀班集体1个；北京市十佳示范班集体1个。完成2014届毕业生就业工作，本科生就业率98.64%，研究生94.44%。

获批第十二届研究生科技基金一般项目29项，重点项目3项顺利结题；获批第十三届研究生科技基金一般项目30项，重点项目4项获得立项。在221项研究生科技创新奖项，获特等奖14项，一等奖35项，二等奖61项。

2014年度获校学生工作优秀学院称号。2名辅导员参加首届辅导员职业能力大赛并获奖，2人获校思想政治实效奖，1人获北京高校优秀辅导员称号。

（班 旻 谢亚勃）

【教育部传热强化与过程节能重点实验室】 2014年毕业硕士生19名，毕业博士研究生3名。招收硕士研究生33人，博士研究生8人。实验室仪器设备总值达3899.2万元。承担科研项目37项，合同经费3366.135万元，全年到校项目经费1353.585万元，其中纵向科研项目26项（国家级项目14项，市级项目12项），横向科研科目11项。获得专利授权16项（其中发明专利4项），申请专利46项。共发表学术论文104篇（其中国际期刊31篇；国内核心期刊40篇；国际会议论文12篇），其中SCI收录28篇；EI收录45篇。

2014年，重点实验室在服务社会、增强自身建设和影响力方面取得进展。（1）在熔盐传热蓄热及太阳能热发电、单螺杆压缩机膨胀机方面的产学研有实质性突破，获得中投亿星的专利转让费1200万元；（2）成立太阳能热发电和节能减排2个校企联合研究中心并获得700万元的资助；（3）以教育部传热强化与过程节能重点实验室为主要建设单位的北京市热能与动力工程专业实验示范中心通过项目验收；（4）吴玉庭研究员获中国国家自然科学基金会—英国自然与工程研究理事会组织间重大国际合作交流项目1项；（5）获“973”C类项目“大规模超临界压缩空气储能系统的基础研究”子课题“中高温熔盐储热材料与储热单元传热强化机理”1项；（6）桑丽霞研究员申请的课题“大容量高温熔盐蓄热的基础和关键技术研究”获北京市自然科学基金重点项目资助；（7）沧州四星资助实验室在沧州建立10千瓦分布式太阳能热电联供系统的示范系统；（8）中石油西气东输管道公司资助实验室进行单螺杆膨胀机输气管道压力能回收装置的研发；（9）吴玉庭研究员承担的“973”项目“规模化太阳能热发电的基础研究”子课题“熔盐传蓄热过程中流动与传递规律研究”结题，课题验收评价为“优”；（10）王景甫教授承担的“973”项目“工业余热高效综合利用的重大共性基础问题研究”课题“提高余热发电效率的基本原理、关键技术及集成优化方法”通过项目中期检查，并获“优”；（11）潍柴动力资助的“柴油机余热热功转换系统研究”项目通过潍柴动力公司验收；（12）刘中良教授指导的博士研究生张广孟获吴仲华优秀学生奖和校优秀博士论文。

2014年，桑丽霞研究员为第一作者的论文“TiO2 Nanoparticles as Functional Building Blocks”，作为美国化学会期刊*Chemical Reviews*的封面论文之一发表（2014，Vol.114，No.19，pp9283－9318）。*Chemical Reviews*是国际化学化工领域影响力最高的学术期刊之一，为美国化学会最权威的综述性期刊，2014年公布的影响因子位列所有学术期刊第三。

马重芳教授当选国家太阳能热利用技术创新战略联盟专家委员会副主任，刘中良教授当选新一届中国工程热物理学会理事，吴玉庭教授当选中国化工学会储能工程专业委员会委员，《储能科学与技术》杂志编委，1人入选北京工业大学“日新人才”。

1名博士生参加国际会议（The 2014 International Conference on Energy and Environment Research），论文获得会议的“优秀口头报告奖”；3名研究生获国家奖学金；4名硕士生获校优秀硕士论文；1名本科生毕业论文获2014年校本科特优毕业设计（论文）。

（吴玉庭　王　焱　夏国栋）

【对外交流】（1）2014年的重要来访交流有：1月，新加坡国立大学（National University of Singapore）何健中教授访问水污染控制研究室。2月，昆士兰大学（University of Queensland）袁志国教授访问水污染控制研究室。3月，美国卡内基梅隆大学（Carnegie Mellon University，USA）机械工程系23名的学生在3名教师的带领下到传热强化与过程节能教育部重点实验室进行为期3天的实践和考察，苑中显教授、郭航教授分别作学术报告。4月，麻省理工学院（Massachusetts Institute of Technology）曾家英研究员为师生做题为“石墨烯及类石墨烯新纳米材料的探索与应用”报告。5月，美国德克萨斯南农工大学金斯维尔分校（Texas A&M University－Kingsville）2名教师来学院进行“材料化学与生物材料化学”短期英文授课。

（2）学院教师参加国际学术交流活动主要有：1月，李红旗教授应邀赴美国参加2014年中美两国低温室效应替代制冷剂评估国际会议。3月，吴玉庭研究员和桑丽霞研究员赴美国德克萨斯州达拉斯市参加由美国化学学会举办的第247届国家化学和能源材料大会（247th ACS National Meeting & Exposition）并宣读论文。3月，程水源教授、王湛教授、李坚教授应邀参加2014中国（北京）国际过滤技术高峰论坛暨展览会，程水源教授在会上作主旨报告。4月，曾薇教授、崔有为副教授、李夕耀实验师应邀到澳大利亚昆士兰大学（University of Queensland）进行学术交流。5月，马国远教授应邀赴加拿大参加第11届国际能源署世界热泵大会（IEA Heat Pump Conference）；王景甫教授等2人赴台湾参加应用能源国际会议（International Conference on Applied Energy）并宣读论文。6月，郭秀锐副教授应邀赴加拿大参加城市环境污染2014年年会（Urban Environmental Pollution 2014）。6至7月，刘中良教授赴帕维亚大学参加为期23天的短期学术交流。7月，吴玉庭研究员、陈夏讲师赴美国参加第22届国际压缩机工程会议（International Compressor Engineering Conference）并宣读论文；李艳霞高级实验师和侯俊先博士赴西班牙马德里参加2014年国际能源与环境研究会议（2014 International Conference on Energy and Environment Research）并宣读论文。8月，吴玉庭研究员、桑丽霞研究员、鹿院卫教授等5人赴瑞士参加第13届可持续能源技术国际会议（The 13th International Conference on Sustainable Energy Technologies）并宣读论文；李红旗教授应邀赴日本京都参加第15届国际传热学大会（The 15th International Heat Transfer Conference IHTC－15）；郭瑾副教授应邀赴韩国参加国际会议（The 2014 World Congress on Advances in Civil，Environmental，and Materials Research）。9月，刘中良教授赴英国参加兰卡斯特大学第12届国际燃烧与能源利用会议（12th International Conference on Combustion and

Energy Utilisation）并宣读论文；郭航教授和叶芳副教授赴美国参加第九届天地应用两相系统国际会议（The 9th International Conference on Two-phase Systems for Ground and Space Applications）并宣读论文；张彦琴副教授赴英国华威大学（University of Warwick）进行为期三个月的访学；郭秀锐副教授作为访问学者赴加拿大英属哥伦比亚大学（University of British Columbia）访学（为期一年）。10月，王景甫教授、张新欣参加在土耳其召开的“第4届核与可再生能源国际会议”（4th international conference on nuclear & renewable energy resources），并宣读论文；夏国栋教授、郭航教授和叶芳副教授赴韩国首尔参加第十届亚洲微重力会议（The 10th Asian Microgravity Symposium），并宣读论文；仇滔副教授作为访问学者赴美国韦恩州立大学（Wayne State University）进行为期一年的访学。11月，杨庆副教授赴日本参加第九届国际水协会（IMA）农业国家污染治理问题讨论大会。

（安 然 程水源）

【校友返校庆祝活动】 10月18日，学校举行“二十年后来相会”毕业20年校友返校庆祝活动，环能学院共接待94届校友30名。学院召开校友座谈会，介绍学院发展状况，并动员校友发挥力量，建立和发展与企业科研合作平台，共同促进学校事业的发展。

（徐庆辉 宛小炜）

应用数理学院

【发展概况】 北京工业大学应用数理学院（College of Applied Sciences，以下简称数理学院）成立于2000年1月，由学校应用数学系和应用物理系合并而成。学院现设有大学数学教育教学中心、大学物理与实验教育教学中心、基础数学系、应用与计算数学系、信息与运筹学系、统计学系、信息光电子系、应用与凝聚态物理系、理论物理系9个系（中心）和学院行政、教务、学生工作、科研研究生工作、继续教育等办公室，学院还设有信息与计算科学、普通物理、近代物理、应用物理和演示物理5个教学实验室和北京工业大学物理实验中心、北京工业大学统计研究所、北京工业大学应用数学研究所、北京工业大学微纳信息光子技术研究所，中国现场统计研究会和中国现场统计研究会生存分析分会挂靠北工大，张忠占任中国现场统计研究会副理事长，程维虎任中国现场统计研究会常务理事兼秘书长，薛留根任中国现场统计研究会生存分析分会副理事长。

学院设有信息与计算科学、应用物理学两个本科专业，数学、物理学、统计学为一级学科博士学位授权点，具有应用统计硕士专业学位授予权。与激光工程研究院共建光学工程国家重点学科，凝聚态物理、光学为北京市重点学科；概率论与数理统计、应用数学为北京市重点建设学科。学院设有数学、物理学和统计学3个一级学科博士后流动站。

学院教职工145人，其中在职专任教师109人，教辅与管理人员26人，工勤岗1人，在站博士后5人，离岗退养4人。高级专业技术职务中教授28人，其中博士生导师20人，副教授47人，教师中研究生学历所占比例为93.57%；博士比例为81.65%。

2014年毕业学生218人，其中研究生毕业84人（学术型硕士研究生66人，全日制专业学位硕士研究生5人，博士研究生13人），本科生134人。2014年招收本科生153人，研究生123人，其中学术型硕士研究生79人，全日制专业学位硕士研究生17人，博士研究生27人。

（黄锦秀 王 术）

【学科建设】 数理学院有一级学科博士点3个：物理学、数学、统计学。其中物理学包含3个二级学科：理论物理、凝聚态物理和光学；数学包含4个二级学科：基础数学、计算数学、应用数学、运筹学与控制论；与激光院共建国家一级重点学科和一级学科博士点：光学工程；全日制专业学位硕士授权点1个：应用统计。二级学科北京市重点学科2个：光学、凝聚态物理；二级学科北京市重点建设学科2个：概率论与数理统计、应用数学。一级学科博士后流动站3个：数学、物理学、统计学。

2014年，学院获校优秀博士学位论文1篇，校优秀硕士学位论文12篇，校博士生创新奖2人。获校研究生精品课程立项5项；2人获北京工业大学青年导师国际化能力发展计划资助。

（李晓梅 翟天瑞）

【教学工作】 2014年，制定“应用物理学”和“信息与计算科学”专业的2015版本科培养方案和教学计划。落实国家级精品课程“概率论与数理统计”的录制工作。继续聘请国家级教学名师陈信义教授实施大学物理实验班的分层教学。

本年学院教师编写并出版

多部专业教材，发表教育教学研究论文16篇；程维虎教授获北京市教学名师称号，刘宇星副教授获校教学名师称号。获2014年校级优秀教育教学成果二等奖4项。

学院本年组织“工程大师”论坛和“名师讲坛”讲座14次。组织承办校内数学建模竞赛、物理实验竞赛、数学竞赛以及物理知识竞赛。组织学生参加2014年美国大学生数学建模竞赛、北京市大学生物理实验竞赛、北京市大学生数学竞赛以及全国部分地区大学生物理竞赛。获奖情况如下：2014年度美国大学生数学建模竞赛（MCM/ICM）共有6个队获奖，其中4队获得一等奖（Meritorious Winner），2队获得二等奖（Honorable Mention）。北京市大学生物理实验竞赛共有5队获奖，其中一等奖1项，二等奖1项，三等奖3项。学校学生代表北京市参加第五届全国大学生数学竞赛决赛，以非数学专业类第14名的成绩获第五届全国大学生数学竞赛（非数学类）决赛一等奖，是学校在大学生数学竞赛中取得的突破性成绩。获第六届全国大学生数学竞赛（预赛）暨第二十五届北京市数学竞赛一等奖2项、三等奖4项。第三十一届全国部分地区大学生物理竞赛一等奖1项，三等奖2项。

共有133名学生参加毕业设计，其中应用物理学专业55人，信息与计算科学专业78人。共5人获得优秀毕业论文，其中1人获特优论文完成2014届毕业资审及毕业和学位授予工作。

学院本科专业“信息与计算科学”3个班、“应用物理专业”2个班，每年在校本科生约620人，共配备班主任20人，主要由中青年教师组成，其中有博士学位的16人，副教授7人，讲师10人。2014级新配备班主任5人，与新生班院领导联系人共同关注新生学业成长。

（周　游　江竹青）

【科研工作】 2014年，学院科研项目到校总经费1184.8098万元，其中纵向经费1143.275万元，横向41.5348万元。学院在研科研项目121项，其中纵向项目112个，横向项目9个。学院申报国家自然科学基金31项，获批资助6项，（不包括专项基金）共获资助金额398万元；获北京市自然科学基金资助1项，资助金额8万元。获得北京市教委科研项目3个。

学院教师发表论文共220篇，其中被三大检索期刊收录160篇；出版学术著作及编著3部；获得国家发明专利6项，实用新型专利7项，计算机软件著作权3项；获省部级科技进步奖1项。

（张东玲　徐大川）

【师资队伍建设】 2014年，新进专任教师5人，其他专技人员1人；引进北京市“海聚工程”入选者2人，其中1人与都柏林学院联合申报。北京市“海聚工程”入选者宋仁明、王维真、张家伟、杜东雷、王荣平、严峰分别于6－12月期间来学院进行讲学与合作研究，与所在研究团队进行学术研讨，同时就其最新科研成果多次做学术报告。程维虎获北京市教学名师称号，王丽连任首都女教授协会副会长。

（黄锦秀　王　术）

【党建工作】 2014年9月，固体微结构与性能研究所党支部及党员组织关系于，整体划转入应用数理学院党委。应用数理学院党委2014年共有24个支部，其中在职教师党支部10个，教师、学生混编党支部1个，学生党支部11个，退休党支部2个。党员人数为387人，其中在职党员98人，退休党员47人，学生党员242人。入党积极分子199人。本年发展学生党员42人，其中本科生10人，研究生32人；转正39人，其中本科生10人，研究生29人。

学院党委以“围绕中心抓党建，凝心聚力促发展”为理念，加强学院领导班子建设，提高服务师生的能力与水平；贯彻落实党风廉政责任制，在师生中加强党风廉政宣传教育；利用学院党委和基层支部换届的契机强化组织建设，在广大党员中深入开展践行社会主义核心价值观主题教育活动，以“工大好老师、工大好学生”标准讨论为载体注重对学院师生员工的思想引领，在学院倡导和营造团结稳定、和谐发展的良好氛围。

加强党组织建设，完成学院党委和教工党支部换届工作。10月，指导学院教工党支部严格按照程序完成调整和换届工作。新成立理论物理系教工党支部，举办党支部书记培训，规范党支部活动，发挥党支部的战斗堡垒作用。11月，顺利完成学院党委换届工作。11月21日，应用数理学院党委换届选举大会在学校礼堂召开。参会的236名正式党员通过无记名投票方式差额选举产生中共应用数理学院第五届委员会。同日，召开第一次党委委员会议，选举学院党委书记和副书记，并进行委员分工。

强化党员教育。学院党委通过组织党员听理论辅导报告、开展党史竞赛等不断提高党员的思想认识水平，发挥党员先进性。组织践行社会主义核心价值观师生党员座谈会。42名教师党员参与共产党员献爱心活动。22名教师党员参加北京市教育工委组织的培育和践行社会主义核心价值观征文活动。在全体教师中倡导“以实际行动争做人民满意的教师”，通过开展“工大好教师”标准的讨论，组织“数理先锋”团队的青年教师与北京市教学名师面对面交流、与经验丰富的老教授座谈。

重视工会教代会工作，加强学院民主建设。通过开展学院首届凝聚力运动会、中医义诊、新年联欢会，营造团结向上的学院氛围；通过走访慰问困难教职工，将组织的温暖传递给大家；发挥教职工民主参与学院建设的积极性，事关学院教职工切身利益的事项均经过教代会代表表决通过后实施。组织教工参加校运动会，获团体总分第二名和体育道德风尚奖；参加校教工篮球联赛，获道德风尚奖和女子组第六名；参加校教工卡拉OK比赛，获二等奖。12月17至19日召开应用数理学院、固体所第四届工会代表大会暨第四届教职工代表大会第一次会议，选举产生新一届工会委员会委员、教代会执委会委员、参加学校两代会的代表。会后分别召开应用数理学院、固体所第四届工会委员会及教代会执委会第一次会议，选举产生工会主席、副主席和执委会主任、副主任。

（张义泉　周洪芳）

【学生工作】 学院以“立德、立业、立人”和“我的中国梦”为主题，以学生发展为本，以两个支部——学生党支部和班级团支部为单位，以学生会、研究生会为活动载体，扎实开展学生思想教育、学风建设、学生科技活动和社团活动，丰富学生的课余生活，提高学生的沟通能力、表达能力、团队合作能力和心理素质等。

学生党建工作。学院党委重点加强对于《中国共产党发展党员工作细则》的宣传、学习和贯彻落实。定期召开学生党建工作例会，通过学习文件、观看示范光盘、邀请党建组织员讲解、应知应会测试等形式，不断深化学生党员干部对《细则》的认识和理解。学院建立并完善全员参加、分类培训的二级党校培训框架。主讲教师由院党委委员、政治辅导员、组织员、离退休干部、现任教师等组成。针对不同年级、不同培训对象，设置不同的培训内容。紧密围绕学习党的十八届四中全会精神和积极践行社会主义核心价值观组织。

学生科技工作。学院承办了校第十四届“智慧三人行”数学建模竞赛。全校共有524组学生参赛，最终10组学生获奖。在全国数学建模竞赛中，全校共有34队参赛，最终获全国二等奖1项、北京市一等奖2项及北京市二等奖2项。在全美数学建模竞赛中，学院获一等奖1项、二等奖1项。在北京市大学生物理实验竞赛中，学院获一等奖1项、二等奖1项、三等奖3项。在校科技节期间，学院承办“数物之妙可问天”系列科普讲座，分别邀请中国科学院数学与系统科学研究院袁亚湘院士、胡旭东研究员、西安交通大学徐宗本院士、北京师范大学赵峥教授做学术报告。

学院新增本科生星火基金立项28个，新增国家级大学生创新创业训练计划立项8个。第十三届研究生科技基金立项中，学院共19个项目获支持，其中重点项目4项，一般项目15项。第十二届研究生科技基金结题中，学院共有3个重点项目和18个一般项目完成结题。

学生就业工作。学院定期召开针对毕业生的就业工作推进会，讲解就业相关政策及就业流程的办理等。邀请校外知名企业家举办企业家就业讲坛，并与企业签订就业服务合作协议。组织毕业生试讲活动，邀请学校教学督导专家点评。学院出台《北京工业大学应用数理学院关于进一步促进就业工作的若干意见》。

学院2014届本科毕业生共134人，其中信息与计算科学专业81人，应用物理学专业53人；2014届研究生毕业生共84人，其中博士研究生13人，硕士研究生71人。截至2014年10月底，本科生总体就业率为94.78%，签约率为74.63%，其中信息与计算科学专业就业率为96.30%，应用物理学专业就业率为92.45%；研究生总体就业率为100%，签约率为89.53%，其中博士研究生签约率100%，硕士研究生签约率87.32%。

学生获奖情况。学院本科生中有1人获国家奖学金，1人获三星奖学金，6人获北川奖学金。88人获校级学习优秀奖，22人获校级优秀学生干部奖，17人获校级科技创新奖，21人获校级“三好学生”荣誉称号，3人获校励志奖，1个班级获校“优良学风班”称号。在学院设置的院级奖学金中，34人获院级学习优秀奖，15人获院级优秀学生干部奖，6人获院级科技创新奖，15人获院级“三好学生”称号，2个班级获院级优良学风班。研究生中有10人获国家奖学金，2人获三星奖学金，3 人获北川奖学金，32 人获校级学习优秀奖，其中一等奖 8 人，二等奖 24 人，19 人获校级社会工作奖，19 人获校级优秀研究生，14 人获校级励志奖，2013 级物理班获学校“五四”标兵团支部和先进班集体的荣誉称号。此外还有 1 人获“科技之星”提名奖。2013－2014 学年，学院研究生共获科技创新奖 130 项，其中论文类成果 109 项，专利类成果 21 项。5 月，在“我的中国梦·我的青春责任”北京工业大学第四届校园文化节闭幕式上，由学院本科生表演的蒙古族舞蹈《鸿雁》获二等奖。

2014 年，学院获“2014 学生年度获奖最佳学院”。院学生工作办公室主任杜娜获校首届辅导员职业能力大赛一等奖及校第二届思想政治教育实效奖个人组二等奖。110612 班班主任丁晓红被评为 2014 年北京工业大学优秀教育工作者。

（杜　娜　杨东升）

【对外交流】 学院开展学术活动 120 余次，其中邀请外籍专家 50 余人次，举办大型学术会议 8 次。

（张东玲　徐大川）

计算机学院

【发展概况】 北京工业大学计算机学院（College of Computer Science，以下简称计算机学院）由原北京计算机学院、北京工业大学计算机系和计算中心合并而成。计算机学院设计算机应用技术系、计算机系统结构系、软件系、信息安全系 4 个系以及计算中心、计算机体系结构实验中心 2 个实验教学基地。涉及可信计算、计算机软件与理论、智慧城市感知大数据、人工智能与知识工程、模式识别与图像处理、多媒体技术与图形学、计算机系统与控制、软件工程与软件自动化、计算机网络与应用技术、智能信息系统与数据库技术应用、加固型计算机等多个研究方向。

学院有专任教师 79 人，其中，教授及研究员 11 人、副教授及高级工程师 39 人；具有博士学位的专任教师有 53 人。此外，中国工程院院士沈昌祥担任计算机学院名誉院长。学院拥有国家级有突出贡献专家 1 人，国家教学名师 1 人，北京市海聚工程短期项目 2 人。

2014 年，毕业学生 391 人，其中本科生 247 人（2010 级 228 人，往届遗留学生 19 人），研究生 144 人，包括博士研究生 11 人，硕士研究生 133 人。招收全日制本科生 218 人、硕士研究生 146 人、博士研究生 7 人。在册全日制学生 1473 人，其中研究生 482 人（博士 55 人，硕士 427 人），本科生 991 人。

（晋媛媛　石　勤）

【学科建设】 计算机学院拥有一级学科博士点 1 个：计算机科学与技术；工程硕士授权领域 2 个：计算机技术、软件工程；博士后流动站 1 个：计算机科学与技术；北京市重点学科 2 个：计算机应用技术（二级学科）、信息安全（交叉学科）；北京市重点建设学科 1 个：计算机软件与理论（二级学科）。学院有北京市重点实验室 3 个：多媒体与智能软件技术实验室、可信计算实验室、大规模流数据集成与分析实验室（共建）。

（王　猛　丁治明）

【教学工作】 2014 年，教学工作的基本思路是：以提高教育教学质量为核心，以提升教师专业素质为关键，以校内专业评估为抓手，以提高本科人才培养质量为目标，不断深化教育教学改革，优化教学管理，加强内涵建设，使学院教学工作平稳、有序地进行。2014 年，学院共开设 163 门课程，296 个教学课堂，理论课和实践课的开出率均为 100%。教授、副教授（除出国进修、生育）为本科生上课率达 100%。

学院教师 76 人参与并完成 2010 级本科生的毕业设计指导工作。253 名学生参加毕业设计，其中优良率为 51%。有 9 人论文入选校 2014 年度优秀毕业设计论文摘要选编，3 人论文推荐为特优毕业论文。

完成 2011 级本科生推荐免试攻读硕士研究生工作。2011 级推荐免试攻读硕士研究生总数为 26 人，其中计算机科学与技术专业实验班 11 人，普通班 10 人，信息安全专业 5 人。

学院邀请 SAP 中国大数据架构部技术总监卢东明研究员、中国科学院自动化研究所王飞跃教授、德国波茨坦大学 Christoph Meinel 研究员、新加坡南洋理工大学黄广斌研究员、中国科学院软件研究所丁丽萍研究员等专家学者做工程大师论坛报告 11 场，500 余名学生参加。

学院全面开设 2014 级本科生新生研讨课，共计 8 个课堂，邀请学科带头人和责任教授授课，帮助学生转换学习方式，适应新的学习环境，通过引领学生探讨计算机科学领域的前沿，激发新生求知欲、好奇心和学习兴趣，培养学生的创新意识和探索精神。

学院继续加强物联网工程新专业建设和信息安全卓越工程师计划工作，为承担主要课程的教师提供各种培训机会，并继续与企业合作完善物联网教师实训平台，共同培养教师的工程实践能力。

青年教师4人参加助教教师培训，并通过专家组验收结业。

继续推进北京高校计算机信息类专业群建设。选派教师去北京航空航天大学听课，组织校际教师短训班等教学交流活动。1月9至12日在北京举办20余名高校教师参加的计算机组成原理培训班；5月10日举办70余名高校教师参加的“高校MOOC课程建设交流会暨MOOC课程制作培训班”；5月24日，举办200余名高校师生参加的北京大学生科研成果展示与经验交流会。

计算机科学与技术专业、信息安全专业顺利完成校内专业评估，评估结果分别为优秀和良好。

（段红峰　王　丹）

【科研与研究生教育】 2014年，计算机学院继续依托“十二五”规划和“211工程”建设规划，进一步凝练学术研究方向，对“计算机科学与技术”一级学科及下属的二级学科进行科学定位，分层次、有重点地进行学科建设，不断提升学科核心竞争力。

2014年，到校科研经费总额1520万元，其中纵向经费583.4万元，占到校经费总额的38.4%；横向经费928.5万元，占到校经费总额的61.1%，其余为校级经费8万元。项目集中申报情况：国家自然科学基金申报10项；北京市自然科学基金申报10项，获批3项，其中面上项目2项，预探索项目1项。2014新立项的重要科研项目有：基于fMRI数据的潜在抑郁症生理、心理特征挖掘方法研究（973项目子课题）；面向网络事件的跨平台异质媒体语义协同与挖掘（国基金重点合作项目）；专利关联网络构建关键技术与专利资源深加工（国家科技支撑计划子课题）。此外，2014年在研的其他重要科研项目有：国基金重点项目2个，国基金专项项目1个。2014年正式发布2个国家标准：可信平台主板功能接口GB/T 29827－2013和可信连接架构GB/T 29828－2013。

规范研究生教学运行机制，鼓励教师进行教学方法改革。修订了课程大纲以及招生简章；制定了各类研究生学位授予标准；加强研究生课程建设，包括教学内容、教学方式、教材、多媒体课件及网络教学资料等；建立研究生课程听课制度；逐步完善和健全研究生课程质量评价系统、研究生培养过程监控办法及学位论文质量监控制度。

学院共组织学术报告10余场，拓宽教师、学生视野。学院组织研究生培养、产学研研讨会2次，对高水平SCI论文的撰写、产学研基地的建设、研究生的培养质量、学科建设的发展等议题进行交流和研讨。

重视研究生招生工作。完成2014年全国优秀本科生科技夏令营（信息班）学院方面的报告、参观和座谈等接待工作；免费发放近五年专业学位研究生专业试卷；积极参加由学校组织的全国性的招生宣传10场；学院导师利用讲学、开学术会议、项目合作、交流等机会到全国著名高校进行招生宣传等。2014年计算机学院生源质量有了较大提升。

（王　猛　冀俊忠）

【党建工作】 2014年，计算机学院党委在校党委的领导下，完成计算机学院党委换届工作。与行政共同带领全院广大师生，全面贯彻落实党的十八大、十八届三中全会、四中全会精神，加强党的思想、组织和作风建设，努力推进学院“十二五”建设规划制定的目标，促进学院的可持续发展。

学院党委始终将党政领导的思想作风和工作作风建设放在重要位置。院党委以群众路线教育实践活动为契机，在推进领导班子建设、发挥工会教代会作用、搭建青年教师发展平台、彰显学科特色、完善管理制度、发挥基层党组织的核心和保障作用等方面进行了整改。党政领导班子在工作中注重相互配合，共同推动教学、科研工作的开展。

学院现有党员447人，其中在职教工党员70人，离退休教职工党员99人；学生党员278人；有基层党支部25个，其中：在职教职工党支部7个，离退休教职工党支部3个，学生党支部15个。2013年，发展党员99人，转正115人。2014年，学院共发展党员106人（含教工1人），转正81人。

学院党委重视对基层党支部活动的指导，通过开展多种形式的活动，增强基层党组织的创造力、凝聚力和战斗力。2014年7月，计算机学院7个在职教工党支部到潘家园街道武东社区报到，为群众服务，增进了学院党建和社区党建的相互联动。同时，深入开展学生党支部“红色1＋1”活动。学生党支部分别与北工大南磨房路南离休党支部、双井街道、东城区民安社区等基层党组织开展了“红色1＋1”共建活动，2012级硕士研究生第二党支部获评2013年北京高校红色“1＋1”示范活动优秀奖。

充分发挥党员的模范带头作用，增强党员的责任意识和使命感。在日常的教学、科研、管理工作中，党员的先进性得到了充分的体现。为加强对新生的管理，挑选本科生党员或积极分子担任助理辅导员，帮助新生适应大学环境、融入大学课堂。针对学业有困难的学生，学生党支部一直开展学业帮扶活动。学院鼓励学生参与志愿服务，传播志愿服务精神。每年学生参与志愿服务约500人次。学生2014年参与APEC志愿服务53人、青海省民和县支教2人，通过党团支部为“梦圆”基金捐款4960.8元。

在党风廉政建设方面，学院党委积极贯彻执行党风廉政建设责任制，认真落实“三重一大”。学院党政班子切实履行主要领导“第一责任人”的职责，开展全院党风廉政建设和反腐败工作，执行学院党政领导班子成员“一岗双责”，确保党风廉政建设责任主体到位。党政领导班子坚持民主集中制，在学院的发展定位、学科建设规划、制度的修订完善、队伍建设等重大问题，以及关系到教职工职称、津贴、人事安排等工作，均集体讨论决定。对事关学院改革发展全局的重大问题和涉及教职工切身利益的重要事项，广泛听取党员和群众的意见建议。学院积极落实学校关于开展党风廉政建设自查自纠工作要求，顺利完成党风廉政自查自纠工作，推动学院党风廉政建设工作落到实处。12月，开展党风廉政责任制自查工作。

在党风廉政宣传教育方面，学院党委在入党积极分子及发展对象培养、预备党员转正前党组织谈话中加入廉洁教育内容；开展毕业生廉洁教育，在广大毕业生中营造廉政的职业文化氛围。在学生中开展学术道德与学术规范宣传教育系列活动，举办“扫科学精神雾霾，还学术规范蓝天”为主题的微信互动大赛，发扬勇于攀登、不断进取的学术精神，营造尊重科学、诚实守信的学术文化氛围；举办系列博硕风采论坛，促进研究生形成严格的学术规范意识和素养，推进学生层面的科技创新。

学院党委重视民主管理和民主监督，充分发挥工会、教代会的参政议政作用，完成工会、教代会换届工作。学院坚持工会主席和教代会执委会主任参加院务会议，参与学院内有关教职工利益的决策。坚持将工会、教代会的工作纳入到学院的总体工作计划中，为工会、教代会工作提供经费保障。学院教代会坚持将广大教工关注的、涉及教工切身利益的制度作为教代会审议的重要内容，比如：绩效奖励的分配，优秀教师推荐，院工会、教代会活动方案及经费预算，学院教职工考核办法等。

（晋媛媛　石　勤）

【学生工作】 以理想信念教育为核心，促进学生的学业成长和全面发展。针对新生特点，开展新生入学教育。学院组建了本科生助理辅导员队伍，制定《助理辅导员工作守则》和《助理辅导员工作细则》；召开2014级迎新会，名誉院长沈昌祥院士寄语新生要珍惜大学生活，乐于吃苦，做国家栋梁之才；开展图书馆资源讲解会、科技节感悟分享活动、国家奖学金答辩观摩会、青海民和中学善款捐赠活动；由知名教授或系主任为各系做专业认知报告。通过《人工智能》电影观看、科技节参观感想撰写、国家奖学金申请者答辩观摩会、微信平台推送中外计算机发展史和图灵奖获得者简介等举措，开展新生的专业启蒙教育。

深入培育和践行社会主义核心价值观，提高学生思想政治教育工作的时效性。“放飞青春梦、卓越伴我行”主题教育活动被评为学校重点项目。结合主题团日活动，开展了“我为社会主义价值观代言”主题短剧大赛、“情动工大，羽你同行”团支部羽毛球挑战赛和科技节“小V驾到”等主题活动，参与学生1000余人次。开展志愿服务活动，参与APEC志愿服务53人、青海省民和县支教2人，1支学生志愿团队获第三届阿克苏诺贝尔中国大学生社会公益奖项目铜奖及校优秀团队。

服务学生成长成才，提升学生事务管理科学化水平。关注学生心理健康，有序开展心理咨询中心组织的网上心理测评、新生心理普查，组织参与心理健康宣传月活动。坚持每月更新重点关注学生库，实施动态追踪维护。在节假日，学院慰问外地生源、北京远郊区县、家庭经济困难的学生。关心帮助贫困生，为贫困生安排勤工助学岗位，审核通过157名学生申请国家助学金。推进宿舍文化建设，制定《计算机学院宿舍文明公约》，2014级各班均签订《宿舍文明公约承诺书》，开展“创意宿舍名”、“明星宿舍”论坛等活动，充分发挥宿舍育人的作用。

贯彻落实就业工作“一把手”工程，学院2014届毕业生就业率97.44%，签约率为88.75%。采取的工作举措主要包括以下几个方面：建立杰出校友库，发挥校友在人才培养各环节的作用；通过企业参观、就业见习、院内招聘会等方式，建立用人单位长效合作机制；完善就业见习基地建设，完善选拔体系，规范考核机制。

坚持公平公开公正，做好奖学金评定工作。2014 年，学院本科生获国家奖学金 2 人，校级三好学生 39 人、学习优秀奖 155 人、优秀学生干部 39 人、科技创新奖 12 人；研究生获国家奖学金 9 人，学校科技之星提名奖 1 人，校级优秀研究生 31 人、学习优秀一等奖 14 人、学习优秀二等奖 43 人、社会工作奖 31 人，获校级科技创新奖 116 项。企业奖学金方面，27 名个人和 4 个集体获得北川奖学金，1 名本科生获三星学习优秀奖，18 人获瑞源德邻奖学金。2014 年度，学院共有贫困生 277 人，其中本科生获国家励志奖学金 30 人、国家助学金 157 人、校级励志奖 6 人，研究生获校级励志奖 13 人。

2014 年，本科生星火基金立项 38 项、研究生科技基金立项 29 项（含 2 项重点）、国家大学生创新性计划立项 9 项。计算机学院学生参与多项学科赛事，获国际级赛事奖励 12 人次、国家级赛事奖励 20 人次、省部级赛事奖励 34 人次，参赛和获奖人数均有提高。学生获全球极限编程大赛 2014 年中国区第 3 名（全球第 29 名）、全国大学生电子设计竞赛嵌入式专题邀请赛一等奖、ACM/ICPC 亚洲区（鞍山站、北京站、上海站）铜奖、全国软件专业人才设计与创业大赛全国二等奖、美国大学生数学建模竞赛一等奖等奖项。计算机学院获评 2014 年科技节最佳组织学院。

加强辅导员、助理辅导员、学生干部队伍的建设和优化，提高管理的科学性和专业化。2014 年，13 人次先后参加各类专业培训，1 人获批校教育管理研究课题 1 项，1 人获校第一届辅导员职业能力大赛二等奖。

（李幸河　晋媛媛）

【对外交流】 学院重视对外合作与交流工作。支持研究生导师参加国际学术会议，加大青年教师的培养力度。2014 年接待国外专家短期访问 2 人次，外国留学生在读 23 人，在校本科生参加 3+1 校际交流学习 10 人，参加寒暑假短期交流 6 人，研究生 1 人，开展国际合作项目 1 项。与澳大利亚詹姆斯·库克大学的合作办学项目 2014 年在册学生 217 人，毕业 67 人。

（李幸河　王　丹）

【计算机科学与技术专业顺利完成校内专业评估】 12 月 1 日—2 日，由中国工程教育认证协会计算机类专业委员会副主任周明陶等 5 名工程教育专业评估专家组成的评估专家组应邀对计算机学院计算机科学与技术专业进行了为期 2 天的入校考查。在前期完成自评报告审查的基础上，进行了面对面交流、实验室考查、在校生座谈、毕业生代表座谈、用人单位代表座谈、任课教师访谈、支撑材料调阅审查等各个环节的考查。在评估专家意见反馈会上，专家组对计算机科学与技术专业的建设给予充分肯定，建议今后在制度建设和执行方面进一步落实毕业要求的达成、实施和评价，使教学与管理更加精细化。计算机科学与技术专业校内评估结果为优秀。

（段红峰　王　丹）

【信息安全专业顺利完成校内专业评估】 12 月 3 至 4 日，由中国工程教育认证协会计算机类专业委员会委员、资深认证专家北京中科辅龙计算机技术股份有限公司董事长唐卫清研究员为组长的专家组一行 5 人对计算机学院信息安全专业进行了为期 2 天的入校评估。专家组考查了实验中心、计算中心、可信计算北京市重点实验室、信息安全实训基地。通过访谈教师及管理人员、召开在校学生、毕业生、用人单位代表座谈会，专家组进一步了解和核实自评报告反映的办学状况。专家组还查阅了专业人才培养方案和课程大纲、学生的试卷、毕业设计（论文）、课程设计报告、实验报告和实习报告以及各类质量管理文件等，全面考查信息安全专业的办学情况。专家组对信息安全专业学生的培养质量表示肯定，指出该专业将网络安全和可信计算等最新研究成果融入人才培养中，具有鲜明的特色，同时建议在课程体系完善和制度建设方面进一步落实培养目标和毕业要求的达成和评价。信息安全专业校内评估结果为良好。

（段红峰　王　丹）

【计算机学院本科生团队获全国大学生电子设计竞赛——嵌入式专题邀请赛一等奖】 全国大学生电子设计竞赛是由教育部、信息产业部举办的国家级竞赛，是面向大学生的群众性科技活动。在计算机学院教师韩德强、王宗侠指导下，王念、丛义昊、王彪三名本科生组队参加该项比赛。经过前期的学习及设计实现，完成了上肢辅助复健系统。最终凭借作品“上肢辅助复健系统”获嵌入式专题邀请赛一等奖。

（李幸河　晋媛媛）

【承办全国软件分析与验证研讨会】 12 月 13 至 15 日，“2014 年全国软件分析与验证研讨会（2014 Conference on Software Analysis and Verification，简称

SAVE)”在北工大举办。会议由中科院软件所国家重点实验室主办，计算机学院承办。150余名来自全国各高校和研究机构的师生参会。研讨会为期3天，共有45场学术报告。

（杨红丽　丁治明）

【第十四届北川奖学金】 北京工业大学“北川奖学金”由TIS株式会社设立，每年评选一次，年奖学金总额200万日元，奖励对象为学校IT相关专业的本科生、研究生。自2001年实施以来，已有792名个人或集体获得该项奖励。2014年北川奖学金修改评审条例，细化评定资格，同时扩大奖励范围，获奖学生涉及电控学院、数理学院、计算机学院、软件学院、都柏林学院、交通学院的71名个人和5个集体。

（李幸河　石　勤）

【召开中国可信计算技术创新与产业化论坛（2014）】 6月27日，中国可信计算技术创新与产业化论坛（2014）在北京裕龙国际酒店举行。本次论坛在中国工程院指导下，由北京工业大学、中关村可信计算产业联盟、中国工程院信息与电子工程学部共同举办，旨在促进中国可信计算技术创新和产业化发展，为构建可信计算产业发展的良好生态环境起到引领作用。本次论坛从产、学、研、用等不同角度介绍了中国可信计算领域取得的成果，探讨了可信计算下一步的发展方向。中国工程院副院长陈左宁院士、公安部网络安全保卫局袁旭阳副局长、北京工业大学副校长吴斌等领导，中国工程院院士沈昌祥、魏正耀、费爱国等专家，全国信息安全标准化技术委员会、国家信息技术安全研究中心、中国信息安全测评中心等国家信息安全专业机构及国内可信计算领域企事业单位代表200余人参加会议。

（张建标　冀俊忠）

【举办第一期可信计算培训班】 12月22至24日，可信计算北京市重点实验室与中关村可信计算产业联盟（以下简称“联盟”）共同举办第一期可信计算培训班，张爱林副校长到会致辞。培训对象为联盟会员单位的CTO和技术骨干。培训以可信计算技术结构框架为主体、以可信计算主体标准（规范）为核心，成体系的讲解可信计算核心关键技术，使各会员单位技术负责人对可信计算体系架构和关键技术建立系统的理解，为联盟后续开展布局现有产品、深化产业链合作、打造生态环境等工作奠定基础。

（张建标　冀俊忠）

材料科学与工程学院

【发展概况】 北京工业大学材料科学与工程学院（College of Materials Science and Engineering，以下简称材料学院）于1997年正式成立，现下设3个研究所、3个教学系、2个中心、1个学院行政机关，分别为环境材料与技术研究所、功能材料与器件研究所、材料加工技术研究所，金属材料系、非金属材料系、资源循环材料系，学院实验教学中心、学院工程试验中心和学院行政机关。学院现有材料科学与工程和资源循环科学与工程2个本科专业，材料学、材料物理与化学、材料加工工程3个硕士学位授权点，拥有材料科学与工程一级学科博士学位授权点，材料科学与工程一级学科博士后流动站，材料学国家重点学科，教育部“长江学者奖励计划”特聘教授岗位，北京市特聘教授岗位，新型功能材料教育部重点实验室，北京市生态环境材料及其评价工程技术研究中心，北京市材料科学与工程人才培养基地。学院以电子信息、环境与能源、城市建设和国防军工等领域功能和结构材料研究、制备及成形加工和应用开发为主体，结合首都经济社会发展需求，重视材料与资源能源和环境的协调发展，建立了优势明显的生态环境材料与材料环境协调性评价、难熔金属与稀土功能材料、绿色连接新材料技术和有实力的先进结构材料、光电材料等学科方向，形成了以环境友好为主导的多门类材料专业人才培养、科学研究和技术开发的办学特色，在国内外产生了广泛影响。

2014年，学院招收材料科学与工程专业（实验班）本科生84人，资源循环科学与工程专业本科生28人，硕士研究生141人，博士研究生27人，工程硕士7人；毕业材料科学与工程专业本科生71人，资源循环科学与工程专业本科生6人，硕士研究生105人，博士研究生13人，工程硕士4人。在读本科生412人，硕士生380人，博士生83人，工程硕士32人。在职教职工143人，院士2人（兼职1人），博士生导师26人（兼职2人），正高职称37人，副高职称50人；新进教师4人，退休2人；聘请国内外大学和研究所的著名学者20余人为客座教授。

学院围绕“创建特色学科、培育实用人才”，以研究生和高水平本科生培养为核心，培养工程技术的实用型人才为目标，贯彻“厚基础、重特色”的专业人才培养和教育教学主导思路，设立公共基础课、一级学科公共专业基础课和方向模块课的“三段式”课程教学体系，构建形成了本科生和硕士、博士研究生一体化培养的完整教育体系。

（王国红　季景书）

【学科建设】 2014年，材料学院顺利完成学校“211工程”四期重点学科建设项目立项的首轮论证，经过校专家评议投票，原则上进入学校确定的7个第一批可立项的项目名单，并成为3个“面向前沿的优势特色学科项目”之一。

材料学科“211工程”四期重点学科建设的指导思想是坚持以环境友好为显著特色的主导方向，突出已有的优势学科方向，加强相关学科的合作，开拓有基础的特色新方向。在“211工程”三期项目建设成果的基础上，整合优势资源，凝聚3个研究方向的研究力量，体现3个二级学科之间的交叉和融合，强调创新和集成优势，全面提高整体水平，发现新的学科增长点。在这一指导思想下，学科建设主要内容是保持以环境友好、资源循环为特色的先进材料研究优势和推进产业化，加强建设国家战略性新兴产业背景的高效能源及其相关材料与制备技术方向。定位于解决本学科前沿、国家及地方经济建设中的基础科学研究、技术发展和应用工程化中的关键问题。四期建设总体目标是通过建设一流平台，团聚一流队伍，培养一流人才，使学科整体处于国内一流、国际知名水平，部分研究方向达到国际先进水平。争取实现国家级科研基地或重点实验室的突破，并取得一系列科学研究、教育教学和人才培养标志性成果。

2014年，依托学院北京市生态环境材料及其评价工程技术研究中心的“中关村开放实验室”挂牌成立。该实验室为第八批“中关村开放实验室”，以开放性和资源共享为特点，将形成产学研相结合的新机制，推动科技成果产业化。

依托学院的“碳基纳米材料北京市国际合作基地”获批。该基地的建立将有利于促进本学科与日本、德国、美国等国家的知名高校或研究所在碳纳米材料相关领域开展广泛的学术交流与合作，致力于将碳纳米管（CNTs）、石墨烯（Graphene）等先进炭材料更好地应用于结构增强、功能材料、环保、储能等领域。

此外，本年度学院还持续推进“首都资源循环材料技术协同创新中心（2011协同创新中心）”等科研平台和基地建设，并完成了学院2015年度“211工程”以及重点学科建设专款的论证和申报工作。

（瞿志学　王金淑）

【教学工作】 2014年，学院材料科学与工程专业率先示范，完成校内本科专业试点评估工作，获得优秀。材料科学与工程专业申请获批2015年工程教育认证。修订了2012版培养方案，对照工程教育认证标准和材料类专业国家标准，重点修订培养目标和培养要求，调整总学分和课程体系，形成《北京工业大学材料科学与工程专业2015版培养方案》和《北京工业大学资源循环科学与工程专业2015版培养方案》，并通过专家论证。2014年，学院逐渐深化本科生实践教学改革，鼓励本科生参加高水平科技竞赛活动，提升学生创新实践能力。组织学生参加高水平专业竞赛4个，获得团体奖3项，个人奖4项。学院本科专业首次实行深入式生产实习，有效提升学生实践能力，并以此为契机建立多个校外实践基地。学院全力建设资源循环科学与工程专业校内教学实验平台，依托学科的教学科研共享平台已初具规模。与实践教学相关的教研项目“面向北京材料行业的卓越工程师实践能力培养”获批北京市教研教改项目立项。学院强化青年教师工程能力培养，鼓励青年教师积极参与校内外工程能力培训。召开本科生班主任培训会，为班主任搭建交流、学习共享班级管理经验的平台。学院深化落实校学位与研究生教育改革精神，完善博士申请考核制，硕士一志愿上线率125%，博士招生人数创历史新高。加强研究生培养过程管理，推行专业学位硕士研究生校外培养合作协议和双导师制，与企业积极探索建立产学研基地合作关系，进一步健全产学研基地管理制度和管理办法；学科经费资助研究生出境参加学术会议并公派研究生出国联合培养。推行研究生学位论文前盲审制度，多次讨论并制定各类研究生学位授予标准，保障学位论文质量。

专业学位研究生培养研讨与导师培训。为推进工程教育改革，进一步规范专业学位硕士研究生管理制度，保障专业学位硕士研究生培养质量，学院于11月召开了工程教育研讨会暨导师培训会，参会人员包括材料工程硕士校内外导师和研究生代表。会议邀请校外专家就专业学位研究生的培养介绍经验。本次会议为校内外导师搭建了一个充分交流的平台。

（杜　玮　崔素萍）

【科研与实验室工作】 2014年，材料学院依据“十二五”发展规划，继续以“合格人才培养、创新团队建设、高水平学术研究、高质量技术服务、高标准学科与基地建设”为核心，以“资源循环、环境友好新材料与技术”为特色，围绕“生态环境材料与技术、稀土功能与难熔金属材料、高性能结构材料、先进连接材料与技术、光电信息与高效能源材料”等重点研究方向开展科研与实验室管理工作，在人才培养、科学研究、基地建设、国内外交流与合作等方面取得丰硕成果。

2014 年，新增“863”计划课题 2 项、“973”计划课题 1 项、国家科技支撑计划 1 项；国家基金项目 20 个，其中包括杰出青年基金 1 项，优秀青年基金 1 项，面上项目 9 个；北京市基金 8 项，其中重点项目 1 个，面上项目 5 个；北京市教委科研计划项目 9 个。发表论文 200 余篇，SCI/EI 检索 166 篇。申报专利 182 项，授权专利 85 项。编撰著作 3 部。作为第一单位编撰地方标准 2 部。到校科研经费 5715 万元，其中纵向科研经费 3408 万元，横向科研经费 2275 万元。获得省部级奖项 5 项。

继续推进首都资源循环材料技术协同创新中心（2011 协同创新中心）等科研平台和基地的建设工作。获批碳基纳米材料北京市国际合作基地。北京市生态环境材料及其评价工程技术研究中心参加并通过北京市科委组织的绩效考评。

学院组织召开“建材联合会科教委三届一次会议”、“北京工业大学新型纳米光电能源材料设计及器件应用研讨会”、“北京工业大学先进铁电与介电材料研讨会”、“新型功能材料教育部重点实验室材料国家级科研基地建设学术交流会”；联合西安交通大学金属强度国家重点实验室主办的第四届东亚焊接技术论坛（4th East Asia Symposium on Technology of Welding & Joining）及亚洲焊接联合会工作会议（Asian Welding Federation Meetings, AWF）；受邀参加“协同创新，应对挑战—京津冀在行动”。邀请 31 名国内外专家学者来院进行学术交流。学院教师参加美国、德国、加拿大、法国、韩国、日本、澳大利亚等国家的国际会议 17 次，外出访问交流 13 次，出国进行学术交流共 30 人次。

2014 年 6 月，“北京市生态环境材料及其评价工程技术研究中心”挂牌成为第八批中关村开放实验室，完成相关领域产业发展研究报告，通过第八批中关村开放实验室运行一年评估及 2014 年度考核。

组织“学校新学科楼收费标准”意见征询和反馈工作，进行材料楼和新学科楼房屋资源信息核对和问题反馈，组织 2014 年的房屋核算与收费工作。完成新学科楼布置规划工作，组织新学科楼实验室修缮设计，整理新学科楼实验室家具技术参数，申报新学科楼搬迁专款、窗帘购置专款等。

截至 2014 年 12 月，全院拥有资产 4864 台件，总价值 22183.7 万元，其中 10 万元以上大型设备 314 台件，价值 18131 万元。配合北京市党建先进校评选、高招咨询、夏令营等活动，组织接待实验室参观检查 17 次。

（刘素坤　杜文博）

【党建工作】 材料学院共有 27 个党支部，其中在职教工党支部 8 个，退休教工党支部 1 个，学生党支部 18 个。共有在职教师党员 99 人，退休党员 43 人，在校学生党员 288 人。2014 年，发展学生党员 52 人、教职工党员 1 人，学生预备党员转正 49 人。

10 月 9 日，院党委正式启动换届工作，27 个党支部参与候选人提名。经过各党支部“两上两下”产生 11 名提名候选人。11 月 24 日中午，召开全体党员大会，差额选举产生学院党委委员 9 名。11 月 24 日下午，新一届院级党委召开了第一次全体会议，以无记名投票等额选举产生材料学院党委书记雷永平和副书记岳德钰。

12 月 25 日，材料学院在逸夫馆，报告厅组织召开学院处级干部述职述廉大会。全院共有 112 名教职工参加。学院 6 名处级干部结合本年度内德、能、勤、绩、廉方面的表现，做岗位履职情况汇报。委会人员现场填涂评议卡。

根据《北京工业大学 2014 年度处级以上党员领导干部民主生活会工作方案》要求，12 月，学院领导班子通过集中学习、自主学习、广泛征求意见、逐一深入谈话以及认真撰写检查对照材料等步骤，充分做好民主生活会的前期准备。通过民主生活会，检查班子和个人在“四风”方面存在的问题，院领导班子及其成员针对反映和查摆出的问题，有针对性地提出整改方案和整改措施，明确完成时限。

学院认真学习执行发展党员工作新规定，对照《中国共产党发展党员工作细则》及《北京工业大学发展党员工作流程》要求，重点对学生党员发展进行全面检查，针对学生入党积极分子、学生党员骨干、学生党支部书记、团支部书记进行了 4 场有关学生发展工作内容的解读会。党员发展工作做到了“控制总量、优化结构、提高质量、发挥作用”。

基层党团组织建设和先进青年培养方面，以社会主义核心价值观体系内容为主题，开展学生党支部红色“1＋1”活动、学生党员先锋工程、“工大好学生”、“工大好老师”标准大讨论等主题活动，组织教职工和学生党支部观看重大现实题材影片《天河》并组织观影座谈，进行“青年马克思主义者培养工程班”学员推荐和培养等工作。

认真开展党内统计工作，做到信息及时更新，确保党内统计的准确性。材料学院党建各项经费使用严格按照学校组织部及院党委的规定进行，账目清楚、管理精细，及时向各党支部通报各项经费使用情况，年底将全年党费收缴、使用和管理情况以及党员活动经费使用和管理情况在全院进行公示，尽量使有限的经费在党建工作中发挥最大的作用。

学院党委重视退休教师的生活与学习，为退休教师开展各项活动提供场所，解决经费等困难，积极组织退休教师摄影展、秋游、趣味运动会、新年团拜会等。院党委及工会安排专人走访慰问生活困难党员、离退休老教师和生育女教师。

（刘　昕　雷永平）

【学生工作】 2014 年，材料学院学生工作以学业推进和科技创新为重点，以完善学生工作制度建设和服务职能为保障，启动研究生始业辅导和本科生新生年计划，在学校“文化节”和“科技节”两大品牌活动中努力搭建和完善大学生成长、成才的平台，结合学校党的群众路线教育实践活动，深入开展践行社会主义核心价值观系列活动、“三立”主题教育活动，全面推进思想建设、组织建设、学风建设和文化建设。

积极开展研究生始业辅导和本科生新生年计划。在 2014 级材料专业实验班中全面实施本科生导师制，为共 85 名学生在大一第一学期配备本科生导师 70 人，其中博士生导师 15 人，硕士生导师 43 人，青年骨干教师 12 人，其中具有博士学位的导师 66 人。坚持每周一次主题活动，坚持“三早一晚”；在学生党团支部中开展践行社会主义核心价值观主题活动、红色“1＋1”活动、五型党支部及团校建设、“立德、立业、立人”主题教育活动；由学生会、研究生会组织博硕风采论坛、学术道德知识竞赛、参观实验室等活动。

积极组织指导学生参加学生科技活动，培养学生动手实践、科技创新精神。继续开展学院自主研发无铅焊料 U 盘制作体验活动，并首次开展铝制手电筒制作活动，共计 100 余人次参加；申报星火基金 14 项，其中重点项目 3 个，学生发表论文 1 篇；参加国家级大学生创新创业训练计划项目 4 个。在国家级学生竞赛中获佳绩：第三届全国大学生金相技能大赛获三等奖 1 项，第二届“蔡司·金相学会杯”高校大学生金相比赛获一等奖 1 项、三等奖 2 项；2014 年高教社杯全国大学生数学建模竞赛本科组二等奖 1 项、全国大学生数学建模竞赛北京赛区甲组一等奖 1 项；第五届全国混凝土设计大赛三等奖 1 项；第五届全国优秀艺人风采大赛金奖 1 项。12 月，学院成立主要由爱好材料专业的学生构成，面向全校学生开展相关活动的校级学术性学生社团——材料学社。

2014 年，学院共有 464 人获国家级、校级或院级奖学金，包括国家奖学金 18 人，国家励志奖 16 人，校长奖学金 1 人、科技之星 2 人，校级研究生科技创新奖 201 项。同时增设院级基础奖学金带动基础课学习。集体奖方面，荣获校十佳班集体 1 个，校优秀标兵团支部 1 个，校优秀团支部 3 个，校优良学风班 1 个。

学生工作在学校组织的各类评比中获北京工业大学学生工作优秀学院、五四红旗团委、第四届科技节优秀组织奖、“我的中国梦·我的青春责任”第四届校园文化节闭幕式暨学生艺术展演优秀组织奖、北京工业大学优秀科普作品征集活动优秀组织奖、体育先进学院、第四十届田径运动会学生团体总分第六名、体育道德风尚奖共 8 项荣誉。

（连　钠　岳德钰）

【工会教代会】 2014 年，材料学院共有工会会员 148 人。学院工会教代会在校工会和学院党委的领导下，紧密围绕学校、学院的中心任务，积极开展各项工作：通过全院教职工的共同努力，材料学院工会在四十届校运动会上获团体总分第五名，并连续三年获体育道德风尚奖以及体育先进学院的称号。在工大教职工篮球联赛中，材料学院教职工男女篮球队均夺得冠军。在“工大杯”校羽毛球团体赛中获男子单打第三名；在校卡拉 OK 比赛中获三等奖。在校工会教代会年度考核评比中，连续第三年获优秀教职工之家称号，被评为学校五个优秀学院之一。

学院工会组织召开青年教师座谈会、学术沙龙，认家门等活动；请中医大夫上门为教师义诊；组织教职工开展“幸福的家庭”DIY 作品展；组织开展学院趣味运动会，材料学院秋季棋牌赛等活动并组织职工参观台儿庄大战纪念馆；慰问生病困难教职工。

学院教代会在民主管理与监督、涉及教职工权益事项的决策、提案工作及自身制度化建设方面继续开展工作。组织学院职工为学校发展献计献策，提交多份高质量提案；同时审议学校和学院拟出报告10余政策项并及时反馈意见。

（刘燕琴　雷永平）

【新型功能材料教育部重点实验室】 2014年，重点实验室承担国家973计划4项，863计划6项，国家科技支撑计划2项，国家自然科学基金32项以及多项省部级项目及企业合作项目。发表论文100余篇，申请国家发明专利80余项，授权发明专利39项，科研成果获省部级一等奖1项。在高层次人才培养方面，新增国家杰出青年基金获得者1人、国家优秀青年基金获得者1人。在科学研究方面，实验室在“配合－沉淀”体系稀缺金属循环再造理论与应用研究、超细/纳米WC基硬质合金制备科学与应用技术、典型城市矿产资源回收提取与再利用、材料工业流程环境负荷分析技术等研究方向实现重要理论突破和建立创新技术。在学术交流方面，本年度召开“新型功能材料教育部重点实验室/材料国家级科研基地建设学术交流会”。由重点实验室主任聂祚仁教授主持，邀请相关研究领域校外专家开展学术讲座，并基于本年度重点实验室开放课题进行学术交流。

重点实验室突出生态环境材料科学与技术的优势基础，逐步形成材料学科基地建设的整体思路、发展目标和运行机制，不断积累学术成果，为申报国家级科研基地奠定重要基础。

（宋晓艳　聂祚仁）

经济与管理学院

【学院概况】 北京工业大学经济与管理学院（School of Economics and Management，以下简称经管学院）成立于1997年。目前经管学院学科包括管理学、经济学两大门类。经管学院设管理科学与工程学科部、应用经济学科部、工商管理学科部及北京经济社会发展研究院、中国经济转型研究中心、能源政策研究中心等研究机构，还设有技术与研发管理实验室、商务智能实验室、企业管理模拟与仿真实验室、电子商务实验室、MBA实验基地、研究生创新基地等实验设施。学院设有信息管理与信息系统、工业工程（软件工程）、国际经济与贸易（工业外贸）、金融学、统计学、工商管理、市场营销、会计学8个本科专业，应用经济学和管理科学与工程2个一级学科博士学位授权点与一级学科硕士学位授权点、人口资源与环境硕士学位授权点、企业管理硕士学位授权点，工商管理硕士（MBA）专业学位授权点、国际商务、工程管理、公共管理（MPA）专业学位授权点，设有管理科学与工程专业博士后流动站。管理科学与工程学科一级学博士学位授权点为北京市重点学科、国际贸易学与数量经济硕士授权点为北京市重点建设学科。

2014年，经管学院教职工109人，其中专任教师95人。专任教师中，院士1人，博士生导师（含兼职）12人，教授17人，副教授48人，其中具有博士学位的教师70人。本科生招收296人，毕业304人；硕士研究生招收173人（其中MBA工商管理硕士104人），毕业217人；博士研究生招收12人，毕业23人；工程硕士招收225人，毕业38人。在校学生共2507人，其中：研究生1062人（博士生97人，硕士生242人，MBA工商管理硕士245人，工程硕士478人），本科生1310人，留学生135人。

（李军英　刘　超）

【教学工作】 2014年，校本科教学督导专家组依据《2013－2014年度本科教学质量工作计划》，对学院进行教学质量管理工作水平评估。分别听取教学院长的工作汇报、主管学生工作书记的工作情况汇报，并与教学院长、学生工作书记和班主任教师交流，经专家对各学院评估打分及现场汇报综合考评，最终确定经管学院为本年度本科教学质量管理工作优秀学院。这也是学院第二次被评为优秀。

按照学校统一部署，学院面向全校开设2011级和2012级国际经济与贸易和会计学2个专业的周末辅修、双学位，面向2013级学生增开金融学专业的周末辅修、双学位招生，截至2014年12月，共有辅修双学位学生670余人。完成2013级和2014级在亦庄开发区管委会、华联印刷科技集团股份有限公司、北京同仁堂科技发展股份有限公司制药厂等企业参观实习工作，受益学生约700人。

杨松令、尚洪涛、王宛秋、刘亭立、李佩的“基于多维度能力培养的会计学课程群立体教学体系的构建与运行”获2014年北京工业大学优秀教育教学成果奖一等奖。刘亭立获青年导师国际化能力发展计划资助。李娟的2篇论文获北工大学2013年度教育教学论文研究论文奖励。

全年有9名学生进行校际交流，有16人通过转专业进入经管学院学习。共有9人入选优秀毕业论文摘要，其中2篇被评为优秀毕业论文。依据学生在校学习成绩及科研等情况从应届毕业生中推荐25人免试保送攻读硕士研究生。

（崔 君 关 峻）

【研究生工作】 2014年，7人获北工大年度优秀硕士学位论文奖励（含博士1人）；组织工程硕士专业学位IPMP认证工作，23人获得D级认证证书，32人获得C级认证证书。

6月26日，参加全国项目管理领域工程硕士培养院校与IPMP认证推广工作研讨会。9月13—15日组织IPMP的C级和D级认证，为配合学科点专项评估和自评估工作，研究生办公室重新编制经管学院研究生管理制度汇编，并组织了全体研究生导师专题培训，将全院的研究生管理工作纳入更加规范化、科学化管理的轨道。2014底，配合学校完成新增博士生导师遴选的学院初审工作，共有10名申请人通过初审。

（林 屹 刘 超）

【科研工作】 2014年，经管学院发表学术论文192篇，出版专著13部。立项项目53个，合同总经费672.33万元，到校经费538.22万元，其中纵向项目18个，合同金额272.33万，到校162.72万；横向项目31个，合同金额394万，到校369.5万；校级项目4个，合同金额6万，到校经费6万。2014年新获国家基金项目3个。其中：李娟教授获国家自然科学基金项目1个，合同经费61万；曾诗鸿副教授获国家自然科学基金项目1个，合同经费60万元；乔小勇副教授获国家社会科学基金项目1个，合同经费15万元。经管学院院内立项“中青年拔尖人才项目”共计44个，金额175万元。

经管学院组织召开了“第二届京津冀制造业协同发展学术研讨会”。本次研讨会从多角度对京津冀制造业协同发展进行剖析，一批高水平研究成果在会上得到交流。学院还主办了“2014年北京管理系统多主体建模与仿真国际会议”、“第五届中国技术未来分析论坛”、“京津冀都市圈高端制造业与生产性服务业协同创新研究研讨会”等3个学术会议。

杨松令、刘亭立的专著《上市公司大小股东关系：基于共生理论的研究》获“北京市第十三届哲学社会科学优秀成果奖”二等奖；

（王庆华 唐中君）

【党建工作】 2014年，经管学院共有在职教师党员70人，退休教师党员44人，学生党员343人，党员合计457人。学院党委下设31个党支部，其中：5个教工党支部，分别是管理科学与工程党支部、应用经济学党支部、工商管理党支部、院行政党支部、退休教师党支部；26个学生党支部，其中本科生党支部9个，研究生党支部17个。

11月5日，学院党委召开第四届换届选举大会，选举产生了新一届党委委员，学院教工党支部也完成改选工作。

党风廉政建设工作。6月9日，学院召开党风廉政建设工作暨相关问题自查自纠工作部署会，成立学院党风廉政建设自查自纠工作领导小组，院党委与学院班子成员、重点岗人员签订党风廉政建设责任书，全院全体教师员工针对十类问题填写自行设计的《党风廉政建设个人有关事项自查表》，逐条核查并写出书面整改意见，达到了学习与防范的目的。2014年，学院在职教工党支部与潘家园社区建立了帮助对接工作，并进行了报到。配合社区开展各项活动，发挥高校党员的专业优势，为社区排忧解难，发挥党员先锋模范作用。院党委、院工会教代会关心教师及离退休教师生活，走访慰问共计30余人次。

12月10日下午，学院党委举行“社会主义核心价值观”专题报告会。此外，还组织党校专题讲座、党支部新发展党员培训会及党员信息采集系统培训会、科学精神与学术规范宣传月项目“我们支部的科学精神与学术规范宣传月”、“面对面讨论”、“先锋引路”、“老师讲堂”、“新媒体互动”、学风宣讲团等共计20余场，以政策学习、读书交流、时事政策剖析、先进党员事迹学习、学风宣讲等促进各党支部间的横向交流。响应学校关于学生党员深入社区党支部，在实践中服务群众的号召，学院积极申报“红色1＋1”党支部共建项目，2013级应用经济研究生党支部和本科生01党支部共2个学生党支部立项并结题。学院党务干事刘丽萍获评2014年北京工业大学优秀教育工作者。

学院党委以加强党的执政能力建设和先进性建设为主线，把党员发展工作作为加强基层组织建设的主要措施。2014年有200名学生参加党校的学习，有90名学生加入了党组织；有90名同志按期转为中共正式党员。党员人数占学生总数的31％。学院党委在学生党支部探索推行“四色党员预备期”，进一步细化对预备党员的考察和培养工作。“四色预备期”已经成为院党委基层组织工作创新品牌。

（刘丽萍　李　娟）

【学生工作】 学生思想教育工作方面，积极开展“立德、立业、立人，我的中国梦”和“践行社会主义核心价值观”主题教育活动，在班级层面召开“争做经管好学生”主题班会，在团支部中开展“争做经管好支部”短剧大赛活动，在党支部中开展“争做经管好榜样”优秀学生评选活动。

2014年，学院本科生中3人获国家奖学金，40人获国家励志奖，321人次获校级奖学金，19人入选杰出学子培育计划，37人入选杰出学子新生计划，10人获北京市优秀毕业生；研究生中9人获国家奖学金，133人次获校级奖学金，11人获北京市优秀毕业生。本科生获批“星火基金”项目52项、“国家大学生创新性试验计划”11项，获校级“挑战杯”竞赛金奖1项，铜奖2项，1人获“科技之星”称号；研究生科技基金获批21项，科技创新奖获批98项。131152班获校“十佳班集体”称号，131141班获校“十佳班集体”提名，4个班级获校级优秀班集体称号，5个班级获校级优良学风班称号，4个团支部获校级优秀团支部称号，9个团支部获“百强团支部”称号。学院获学校运动会学生团体总分第三名、体育先进学院和体育道德风尚奖，获学校学生辩论赛第一名、学校艺术展演一等奖。学院被评为“2014年度学生年度获奖最佳学院”。

学院全年举办就业政策和就业指导讲座5场，就业宣讲会38场，邀请44家企事业单位参加学院专场招聘会，发布就业信息213条，提供就业岗位390余个。2014年本科生签约率90.29%，就业率100%；硕士研究生签约率86.81%，就业率100%；博士研究生签约率91.30%，就业率95.65%。全院平均就业率为99.79%。2014届毕业生中，支援西部建设12人，志愿服务基层181人。学院获得“2014年北京工业大学就业工作优秀单位”。

学院开展以“优良学风、诚信考试、从我做起”为主题的“学业推进与学风建设”活动，组织学生以班为单位举行主题班会，辅导员深入课堂开展“听课周”计划；做好学生的心理健康教育工作，组织497名新生完成心理测评；提高学生安全意识，开展新生安全教育讲座和安全员急救培训；增强大学生国防意识，积极开展征兵工作，推荐2名学生征兵入伍，完成279名2014级学生的军训工作；做好勤工助学工作，完成183名特困生助学金的认定工作，为105名学生提供兼职工作岗位；加强深度辅导，建立新生电子档案，加强与学生家长的沟通，辅导员下课堂89次，下宿舍57次，确保全年无学生安全事故发生。

（张雅妮　袁　文）

【实验中心】 经管学院实验中心遵循“以人为本、知行统一、体验感悟、全人教育”的实践教学理念，秉承学院培养应用型人才的目标，注重模拟仿真的体验式教学，注重学生的实践动手能力和创新能力的培养，建立创新实验管理体制，创新实践教学内容。实验中心总面积1021平方米，计算机约300台。在北京市和学校的支持下，近五年来累计投入设备资金约600万元，有企业模拟与仿真实验室、沙盘模拟实验室、金融模拟实验室、物流管理实验室、电子商务实验室、研究生创新基地等实验室，主要满足学院本科生和研究生教学的需要，同时也面向全校开放。部分实验室通过门禁系统和监控系统实现无人值守开放。实验中心面向全院，为学院的教学和科研提供服务，管理实验中心的各项设备，保证教学与科研设备的正常运行，促进学院的信息化建设，支持教师自主开发实验教学软件，并在适当条件下承担学院教师实践课程项目培训。

2014年，实验中心的建设包括：完成项目“本科生培养——实验室建设——经管学院企业资源计划管理实验室建设”，主要建设内容是由工业和信息化部软件与集成电路促进中心负责协调，与微软（中国）有限公司共同组建“微软院校ERP实验平台”。协作进行“211工程”项目“促进人才培养综合改革一优化学科专业结构一经管跨专业协同创新建设”的有关教学方面的建设，为工商管理、应用经济学各本科专业更新教学软件。在实验中心进行的实验课程数52个，实验学生数约700人/年，实验人时数约10万/年。由中心独立承担的实践课程有面向学院开设的“ERP沙盘模拟”、“现代企业经营决策仿真”等课程，面向MBA开设的“企业竞争模拟”、“ERP实务”等课程，以及面向全校开设的“企业竞争模拟大赛”。

7月，中心作为学校参加中国大学生计算机设计大赛的组织单位，组织经管学院和艺术设计学院共计9支队伍参赛，其中信管专业本科生台晓禹和隆晓文的作品《选课指南》获北京市一等奖、全国三等奖，创造参赛最好成绩。10月指导学生参加第十九届GMC中国赛区赛事，第三十五届国际企业管理挑战赛，有2支队伍进入半决赛，并有1支队伍获得中国赛区一等奖。

（葛志远　关　峻）

【对外交流】 学生出国及赴港澳台交流。截至2014年12月，经管学院共有学生39名学生赴海外及港澳台地区进行交流，其中8名本科生参加“3＋1”留学项目，3名研究生参加国际学术会议，并有13名本科生和研究生参加2014国际志愿者活动，15名本科生参加寒暑假或其他短团，学生在国外学校均获得学习好评。

招收留学生。2014年经管学院共招收海外留学生81人，其中所招收的学位留学生人数达30人，非学位生51人；“中国经济与商业文化课程”是学院面向留学生开设的全英文学分课程项目，2014年通过荷兰乌特勒支应用技术大学的海外辅修专业课程教学评估，成为学校唯一一个被海外大学纳入本科辅修课程教学计划的国际课程。这一项目为14名教师提供用英文授课的教学机会，同时还成为与外国大学签署互免学费进行学生交流的平台。

鼓励教师进行海外交流，促进教师国际化能力发展。全年参加海外学术会议和开展学术访问超过10人次，接待来访海外大学共4所。通过参加海外学术会议和开展国际学术访问，促进了学院国际学术交流的开展。2014年学院获得青年导师国际化能力发展计划资助1项。

举行国际学术会议，拓展国际合作科研渠道。7月19日，在国际交流中心召开由北京工业大学主办、经管学院承办的2014年管理系统多主体建模与仿真国际学术会议（IC-MSMS）。此次会议取得了2项成果：（1）确立了开展跨学科研究管理系统建模与仿真的基本思路；（2）通过了构建学术交流和联合培养年轻人的初步方案。通过组织国际会议扩大了学校的国际影响。

2014年，学院共聘请了来自美国、日本、韩国、意大利、新加坡和爱尔兰等国家的10余名专家学者来校学术交流。通过学术交流，为师生提供了与国际著名学者交流、了解学术前沿的最新进展的机会，有助于国际学术合作的开展。

（孙立香　刘会政）

【“大数据前沿”专题研讨会】 2014年5月15日，经管学院联合计算机学院和中国科学院软件研究所在国际交流中心共同举办“大数据前沿”专题研讨会。来自工信部电子工业标准化研究院、首信、博大光通、公安部三所、数字冰雹等单位专家及北工大师生60余人参加研讨会。会议由可信计算北京市重点实验室副主任李健主持。丁治明研究员做题为“感知大数据存储、查询、分析及大数据安全”的大会报告。李京文院士从大数据对经济社会的影响和应对方面进行了剖析。与会人员就大数据与复杂事件、大数据的学科建设、标准化研究等问题进行探讨。

（杨正东　刘　超）

【第五届中国技术未来分析论坛】 7月11日，经管学院召开第五届中国技术未来分析论坛。来自中国科技发展战略研究院等研究机构和来自西安交通大学等20余所大学的专家、师生以及来自海尔等企业的代表共计100余人参加会议。论坛围绕跨领域研究概念界定、理论框架研究、技术预测与跨领域研究规划安排、基于专利技术的跨领域与技术预测研究、技术识别与技术预测路径与方法、领域技术与产业发展预测研究、跨学科研究理论基础与路径等展开，同时研讨科技服务业质量规则。学院黄鲁成教授做“跨领域研究现状及展望”的报告，翟东升、吴菲菲、苗红等教授分别做“面向企业的专利导航平台研究”、“3D打印技术现状与研究主题发展趋势”、“外国科技服务业规则及借鉴”、“客观分析方法与技术路线图”的报告。

（吴菲菲　刘　超）

【第二届京津冀制造业协同发展学术研讨会】 11月23日，经管学院承办“第二届京津冀制造业协同发展学术研讨会”。来自河北、天津、北京和其他省市的相关单位领导、专家、学者等100余名代表参加会议。会议围绕“京津冀制造业协同发展战略与规划”、“京津冀制造业协同发展产业对接、运行机制和保障措施”、“京津冀制造业与生产性服务业融合及污染防治的协同与合作建设”三个专题进行学术交流，共有30多名专家学者作专题报告。本次研讨会从多角度对京津冀制造业协同发展进行剖析。

（吴菲菲　刘　超）

【经管学院第四届党委换届选举工作】 11月5日，经管学院党委换届大会在校礼堂召开。李娟作题为“全面加强和改进党建与思想政治工作，促进学院事业发展再上新台阶”的任期工作报告，李双杰作党费收缴及使用情况报告，校纪委书记冯虹宣读了校党委有关同意经济与管理学院党委换届工作的批复。经过投票，大会选举产生学院新一届党委委员7人。换届选举大会后，召开新一届委员会第一次全体会议，会议选举产生新一届委员会书记、副书记。

（袁　文　刘　超）

【经管学院第四届工会及第三届教代会换届大会】 11月28日，经管学院召开第四届工会第三届教代会换届大会，38名正式代表参加会议。李娟致开幕词，校工会常务副主席王普到会讲话。刘超作学院工作报告。赵立祥作工会、教代会工作总结报告，李军英作工会经费及福利费收支情况的报告。会议审议通过《经管学院财务管理办法》。大会采取无记名投票方式选举了新一届院工会委员9人和院教代会执委会委员7人，还选举了参加校教代会代表11人。

（刘会政　刘　超）

人文社会科学学院

【发展概况】 北京工业大学人文社会科学学院（College of Humanities and Social Sciences，以下简称人文学院）成立于2000年3月，由原北京工业大学社科部、德育教研室、文学研究所、艺术教研室和心理咨询中心等单位合并而成。首任院长为著名社会学家陆学艺教授。人文学院现有社会学、社会工作、广告学和法学等4个本科专业（其中广告学和法学专业还面向全校招收第二学士学位和辅修专业学生），以及专门招收留学生的汉语国际教育专业；有社会学一级学科硕士学位授权点和社会工作硕士专业学位授权点。社会学是北京市重点建设学科，也是北京工业大学“211工程”重点建设学科和学院重点建设学科。人文学院下设社会学学科部（含社会学系、社会工作系、社会学与社会工作实验室）、广告学系、法律系和大学生文化素质教育中心（含文学教研室、艺术教研室）等4个三级教学单位，以及院务办公室、教务办公室、科研与研究生管理办公室以及学生工作办公室等4个管理部门。学院现有1个北京市哲学社会科学研究基地——北京社会管理研究基地，与北京市党政部门和科研部门合作共建研究机构4个：北京社会建设研究院（与北京市委社会工作委员会共建），首都文化创意产业研究中心（与北京科学技术研究院共建），当代中国信访与社会治理研究中心（与北京市信访矛盾分析研究中心共建），北京市残疾人社会组织研究中心（与北京市残疾人联合会共建），学院还下设社会学研究所、文化创意产业研究所、人力资源研究中心、现代广告研究中心等科研机构。

人文学院共招收本科生150人，研究生16人；毕业本科生124人，就业率98.39%，研究生13人，就业率100%。在校本科生564人，硕士研究生50人，学位留学生8人，其中研究生1人，本科生7人。截至2014年底，学院共有教职工67人，其中专任教师53人；专任教师中有教授5人，副教授20人；具有博士学位的教师36人，占专任教师的68%；40岁以下教师17人，占专任教师的32%。人文学院现有教育部社会学类专业教学指导委员会委员1人，北京市新世纪社科理论人才百人工程人选2人，北京市青年骨干教师6人，北京市属高校青年拔尖人才2人，北京工业大学教学名师2人；2014年有2人入选“圆明园学者”；学院原有北京工业大学“京华人才”1人，“日新人才”3人，2014年新增“日新人才”1人。

（唐　军　杨　茹）

【学科建设】 经过积极筹备，人文学院于2014年获批社会工作专业硕士学位授权。认真组织社会学学科的校内自评估论证。

2014年，学院拥有学术型硕士研究生导师23人，兼职专业学位硕士生导师6人。在学校统一部署下，学院组织进行了社会学硕士学位和社会工作硕士专业学位授予标准的制定，加强学位授权点建设，提高研究生培养质量。重新修订研究生培养方案，除延续科学精神和学术规范教育、开题查新、论文查重等措施外，还设置论文前盲审环节，为提高学位论文质量提供进一步保障。2014年，学院共招收16名硕士研究生，并首次招收1名留学生；一志愿录取报考率达1：4.3。社会学继2012和2013年后再次实行自划线招生，总分高于国家线10分，公共课和专业课分别高于国家线6分和34分。

（唐　军　杨　茹）

【教学工作】 继续以提升教学工作管理水平，提高人才培养质量为重点工作，努力改进教学工作中存在的问题，不断加强教育教学研究。学院教学管理工作进一步制度化和规范化，教学工作稳步推进，完成预期目标。

稳步实施2012版教学培养方案，开展2015级教学计划的修订工作。完成5个本科专业正常教学、毕业实习、毕业论文指导和答辩等工作；完成社会学和社会工作专业的宽口径培养的整合工作，形成良好的分流工作程序，完成专业分流后的教学工作。2014 年共有 124 名本科生完成毕业设计，1 人获校特优论文，4 人获校优秀论文，20 人论文成绩优秀。共对 127 名学生进行资审，达到毕业资格的学生 124 人，3 名学生因故不能按期毕业。

完成新一届双学位和辅修专业学生的招生宣传和录取工作。增加广告学专业录取考试环节，提高生源质量，保持教学运行稳定；2014 年广告学招生 16 名，法学招生 18 名。继续积极推进新生研讨课建设，4 个专业形成了有效且富有特色的教学模式。

实践教学的形式和内容持续改善和充实，形成具有特色的人文社科专业实践教学体系。整合实验室，提高使用率，为提高学生创新能力和动手能力提供了平台，学生科技竞赛取得较好成绩。学生获时报金犊奖金奖 2 项、佳作奖 1 项、优选奖 13 项、优秀奖 25 项，北京工业大学获得大陆地区大学组唯一的“年度最佳学校金犊奖”。在全国大学生广告艺术大赛中，学生获二等奖 2 项、三等奖 1 项、优秀奖 8 项。学生获北京市大学生模拟法庭竞赛中二等奖 1 项、最佳文书奖 1 项，京津地区高校社会学基本知识竞赛冠亚军，第六届中国社会工作大学生论坛论文三等奖 1 项，北京市大学生人文知识竞赛三等奖 1 项。此外，社会学专业组织“调研中国”活动，鼓励和资助社会学专业本科生进行社会实践和社会调查的活动，形成系列社会调查报告。青年教师朱涛、曹飞廉、李阿林 3 人分别获得 2014 年北京市教工委青年教师社会实践调研项目资助。

注重毕业生的跟踪和信息反馈工作。通过追踪调查已经毕业生的就业适应能力、职业发展等信息了解学生培养环节中的优势和不足。各个专业分别进行毕业生的调查问卷分析，通过班主任联络和校友推荐等方式，积极联系毕业生填写问卷。同时，各专业请用人单位对毕业生进行能力和素质评鉴，全方位掌握毕业生的情况。

根据学校专业评估的精神和要求，学院提前启动专业评估工作。制定专业评估的工作方案，组织教师认真学习评估指标体系，组成工作小组有序开展工作。积极向兄弟学院学习，推进评估工作。2014 年，学院召开 1 次启动工作会议、4 次系主任工作例会、1 次月度工作汇报，1 次经验交流分享会议。50 余名教师参加专业评估工作。

学院素质教育中心承担学校文学艺术类的通识课程，提供了音乐舞蹈、传统文化、摄影篆刻等课程。初步形成涵盖人文、艺术、社会科学等领域的人文素质教育课程体系。学院共开设人文素质教育选修课 71 门次，受益学生 7000 余名。教师杨晓利的摄影课程“摄影的实用性与艺术性漫谈”继 2013 年 10 月被教育部认定为“国家精品视频公开课”，2013 年 12 月在教育部“爱课程”网站上线后，2014 年 1 月在“网易”网站上线，2 月在教育部“中国大学生在线”网站上线，4 月被中国高等教育学会评为大学素质教育精品通识课。

青年教师助课培训有序进行，为新教师分别安排导师，完成助课工作。学院聘请学校专家定向听课，问诊教学，反馈问题，进行个性化交流与指导。学院还派出年轻教师外出参加会议和培训，提高教学水平。

学院积极组织学院教师进行教育教学研究活动，获 2014 年北京工业大学优秀教育教学成果奖一等奖 1 项、二等奖 1 项。

（杨　荣　杨　茹）

【科研工作】 2014 年，学院新增科研项目 30 个，其中国家社科基金项目 2 个、北京市社科基金项目 1 个、北京市教委项目 4 个、横向课题 23 个；全年到校科研经费 487.9 万元。科研项目覆盖学院现有的社会学、法学、传播学、心理学、教育学、文学和艺术学（素质教育）等专业领域，青年教师获资助的项目稳步增长。横向项目中政府部门委托资助的决策咨询类项目所占比重进一步提升，参与《北京市 2020 年城市规划修编》和《北京市“十三五”农民工管理服务规划》的论证。

2014 年，学院教师共发表论文 95 篇，其中在 CSSCI 和北大中文核心期刊上发表论文分别为 24 篇和 9 篇。出版著作教材 14 部，其中《北京社会建设分析》年度报告自 2010 年以来连续出版第 5 部，在社会上和学术界产生积极反响。从 2013 年起，该年度报告由人文学院与中共北京市委社会工作委员会共同完成。

7 月，学院举办“社会建设的理论与实践”论坛，这是学院连续第 8 年在中国社会学会学术年会主办论坛；12 月，与中国社会学会劳动社会学专业委员会联合举办“劳动关系理论与方法国际学术研讨会”，来自美国等国家和地区的 100 多名学者参会，研讨会就当前国内外劳动关系研究的前沿问题展开探讨。法学、社会工作等专业也结合专业特点举办系列学术研讨会。陆学艺学术思想研究中心邀请国内外著名学者共举办“北京工业大学陆学艺学术讲座”7讲，举办“当代中国农村改革历程学术研究会”等学术活动，取得良好反响。

推进北京市级2011协同创新中心——“首都社会建设与社会管理协同创新中心”建设。拓展协同创新合作单位与团队，与国家人力资源和社会保障部、北京市人力资源和社会保障局等政府机构构建新的政学研合作关系，与中国社科院等科研团队携手开展大型学术活动，协同创新中心一批重要的科研成果被北京市相关委办局采纳转化为政策。

（胡建国　杨　茹）

【党建工作】 截至2014年底，人文学院党委共有党支部13个，其中在职教工党支部6个（人文学院4个、马克思主义学院1个、高等教育研究所1个），退休教工党支部1个；学生党支部6个（人文学院4个、马克思主义学院1个、高等教育研究所1个）。党员总数252人，其中在职教工党员76人，占在职教工总数的71.70%；35岁以下青年教师党员占青年教师总数的69.23%；学生党员139人，占学生总数的20.14%，其中本科生党员71人，占本科生总数的12.59%；研究生党员68人，占研究生总数的53.97%；退休教工党员37人。本年度学院党委新发展党员36人，其中本科生29人，研究生7人。

人文学院党委按照学校党委统一部署，深入学习贯彻落实党的十八大、十八届三中、四中全会和习近平总书记系列讲话精神，充分发挥院级党委的政治引领作用、基层党支部的战斗堡垒作用、党员的先锋模范作用，不断深化党的群众路线教育实践活动成果，为中心工作的开展提供坚强的政治保障。

学院党委认真对照《基本标准》指标内容和任务分工，完善支撑材料，以及学院自查报告和特色报告，3月，迎接第七次北京市党建和思想政治工作先进普通高等学校评选工作入校和入院考察。

人文学院党委积极进行领导班子的建设工作。7月，配合行政制定领导班子三年任期目标。11月，组织完成人文学院第二届党委的换届选举工作。在党委换届中，经过民主选举，三个教学科研机构的主要行政领导成为党委委员，进一步为党政协调配合提供组织保证。同时，结合全员聘任工作，学院党委协助行政做好人文学院、马克思主义学院三级机构负责人的民主测评、配备选拔工作。

有序推进群众路线教育实践活动，着力开展专项整治，不断加强制度建设。9月，学院党委向校党委提交《关于从严从实深化党的群众路线教育实践活动整改工作领导班子自查报告》。

做好支部书记的培训和培养，党员发展工作。就发展党员工作的有关新规定组织支部书记进行培训。各党支部开展理论学习、参观交流等活动。特别是联合支部结合系内工作、专业评估组织教师集中学习和讨论。

人文学院党委始终重视制度建设和制度落实。坚持贯彻民主集中制原则、党政联席会议制度、领导班子民主生活会制度、党委会会议制度、党务和院务公开制度，评优评先和发展党员等各方面的公示制度。

学院党委高度重视和组织做好党风廉政建设工作。学院党委和所有副处级干部、每名教师都签订《党风廉政建设暨风险防范责任书》，将廉政风险防范责任落实到岗位和责任人。严肃开展自查自纠活动，坚决杜绝违规违纪现象出现。7至8月，调整了办公用房，领导干部公用房全部达到标准，调整出教授工作室5间，确保每名教授都有独立的工作室，整修了3个会议室。

积极配合学院中心工作。在整体发展规划落实、学科建设特别是社会学学科建设、社会服务工作的继续顺利开展方面，与学院领导班子一起先后完成新一轮岗位聘任、处级领导班子换届及干部选拔任用、三级机构人员调整、岗位分级聘用等多项工作。12月，组织和参加学院领导班子成员及教职员工的年度考核。

做好宣传思想工作，积极组织参加校院两级中心组的理论学习，督促领导干部完成在线学习。加强教职工的思想教育，根据教学科研工作实际，邀请中国社会科学院副院长李培林等专家作报告；开展社会主义核心价值观教育，开展“好老师”标准的讨论。配合宣传部，组建理论专家宣讲团，面向全校师生进行党的理论政策宣讲。通过优秀教师及优秀教育工作者评选，弘扬正气，增强凝聚力。人文学院教师王鹏、蔡杨梅、杨晓利，马克思主义学院教师高峰、钱伟量被评为北京工业大学优秀教师，其中，钱伟量为优秀教师标兵；杨茹、丁云被评为北京工业大学优秀教育工作者。

学院党委充分发挥学院工会的沟通交流作用，在党政工密切配合下，支持工会开展活动。同时积极发挥教代会的作用，做好民主决策，专门召开多次党委会议、党政工和教代会联席会议，探讨民主管理的制度建设。在 2014 年全员聘任、绩效考核、民主评议、制度制订等方面都充分尊重教代会的意见建议。11 月，学院党委组织完成人文学院第五届工会和第三届教代会的同步换届工作。在2014 年的校工会年度考核中，人文学院工会获评优秀。

重视做好统战工作。坚持学院领导联系民主党派教师制度，配合统战部确认民主党派成员情况。向统战部推荐无党派人士。

学院关爱退休教师的身心健康。全年共看望生病住院、80 岁老教师等 19 人次，帮扶慰问退休生活困难党员 3 人次。

（王　静　杨　茹）

【学生工作】 2014 年，人文学院学生工作在学校、学院党委的领导下，坚持以学生发展为本的理念，以推进专业人才培养为核心任务，进一步深化和丰富学院立体化思想政治工作体系内涵，加强“理想信念教育、心理健康教育、人文素质教育”贯穿始终的思想素质教育，推进“新生年级适应教育、二三年级发展教育、毕业年级就业教育”的学业辅导教育，健全院、系、班三级联动的育人机制，努力构建全方位、全过程、全员育人思想政治工作体系。

学生党建方面，巩固“红色讲堂”品牌，凝练主题，丰富形式，全年共举办 8 讲，包括新生入党启蒙教育、入党积极分子、发展对象入党前教育和党员党性教育。邀请国防大学战略部专家、人文学院和马克思主义学院理论专家做“社工 & 义工”、“解读《世界社会主义五百年》”、“我国面临的安全形势及战略对策”、“端正入党动机，忠诚于对党的追求”、“立民族大德，做青年先锋”等主题党课。结合学校“学生党员先锋工程”实施“学生党员先锋行动计划”，将计划与新生入学教育紧密结合，发挥学生党员先锋模范带头作用，服务、引领新生，加强新生入学的朋辈辅导。3 个学生党支部获校红色“1+1”活动立项并结项。贯彻落实《中国共产党发展党员工作细则》，组织专题培训，加强指导，严把发展质量，全年共发展党员 36 人，党员总数 139 人，其中本科生 71 人（比例：12.63%），研究生 68 人（比例 54.4%）。

学生活动方面，结合“立德、立业、立人，我的中国梦”主题，组织了“人文梦伴我行，遇见来自星星的孩子”志愿服务活动、“感恩父母：谁能这样爱我”自我成长小组活动、“国际社工日”宣传活动、关注自闭症儿童志愿者招募活动、走进“七彩小屋”募捐义演活动和志愿服务等教育活动。结合“践行核心价值观，争做工大好学生”主题，学院在班团组织开展了主题班会，研讨“工大好学生”标准，组织学生干部研讨确定学院的标准，同时团学层面组织学生去敬老院、星星语等机构开展志愿服务活动。在校园文化节中，组织开展北京工业大学首届人文知识竞赛，全校共有 350 名学生参赛，选拔 2 支队伍参加市级人文知识竞赛，获北京市人文知识竞赛三等奖 1 项。在校舞蹈比赛中，学生组队参赛节目“红·畅想”获得二等奖。结合“走出宿舍，走下网络，走进操场”主题，开展“乐动青春”每天健康一小时活动、“春华秋实杯”新生班级排球联赛、新生体育节、羽毛球赛等体育活动。积极营造学院人文文化氛围，组织毕业生欢送晚会、“心连新，梦飞扬”新生欢聚会、“魅力人文，飞扬青春”奖学金颁奖晚会。科学精神与学术规范教育宣传月中组织研究生开展了“学术规范微视探讨”和《人文社科类在校研究生培养与发展状况调查》活动。心理健康宣传月中，获校二等奖 1 项、首都大学生心理健康节微电影作品三等奖 1 项，学院获校“优秀组织奖”。

学业推进方面，针对新生将新生教育分为“适应、融入、探索、规划”四个阶段循序推进。适应阶段完善《人文新生攻略手册》，组织学院迎新大会、学籍管理规定解读、学生管理规定解读、入党启蒙教育，自我成长小组活动、新生班级排球联赛、体育节等活动，达到学院文化认同、师生情感认同、学生自身认同的目的，增加新生的归属感。融入阶段，举办 6 讲学院初级团校、“班徽设计大赛”、实施“学生党员先锋行动计划”联系宿舍制度等，帮助学生实现“五融入”，即融入学院、融入专业学习、融入优良学风、融入班级同学、融入学生组织。探索和规划阶段，针对新生进行发展状况问卷调查，分析新生发展状况，开展学业预警、鼓励新生自我职业生涯规划。针对大二、大三学生进行发展教育，分专业组织“杰出学子新生计划”和“杰出学子培育计划”中期督导和申报工作；组织学生参与各类社会实践志愿活动，完成了 APEC 志愿者的选拔和服务工作，9 名学生参与 APEC 会议周志愿服务工作，20名学生参与水立方欢迎晚宴活动志愿服务工作；近100名学生参与劲松社区“老年家园”、“和谐雅园”、“星星语”教育研究所、“七彩小屋”志愿服务活动，在毕业生中分类别、分层次、分阶段开展6场就业推进会、2讲企业家论坛，通过小型招聘会、短信服务平台、网络服务平台、就业状况月报制度、就业推进例会制度等多种途径和多样化策略推进学生就业。2014年学院共有毕业生137人，就业率为98.54%，其中本科生124人，就业率为98.39%，升学率为22.58%；研究生13人，就业率为100%。

学生科技方面，深化“专业竞赛、素质能力竞赛、科研项目”三位一体的科技活动体系内涵，提升学生科技和人文素养。学生获全国大学生英语竞赛二等奖1项、三等奖1项、“金川杯”第七届全国大学生节能减排社会实践与科技竞赛全国三等奖1项、“紫禁城杯故宫文化产品创意设计大赛”银奖1项，获“助学、筑梦、铸人”全国征文大赛一等奖1项、首都高校思想政治理论课学生社会实践优秀论文特等奖1项，“BOOKS易”希望工程激励行动项目团队入选全国优秀项目团队并赴港、赴法交流。在科研项目活动中，学生获校挑战杯（哲学社会科学类调查报告或论文）二等奖1项、三等奖1项。获批国家大学生创新创业实训项目5项、本科生获批星火基金16项，重点7项，研究生重点科技基金2项。学院再次获“年度最佳学生获奖学院”。

2014年，学院获校十佳班集体1个、校先进班集体2个，优良学风班3个，五四优秀团支部2个，首都先锋杯优秀团支部1个；国家奖学金1人，国家励志奖学金17人，三星奖学金1人；评选出校三好学生21人、校学习优秀奖77人、校优秀学生干部21人、励志奖3人、科技创新奖25人。研究生（含马克思主义学院）中获国家奖学金2人、三星奖学金1人、研究生科技创新奖二等奖1人、学习优秀奖一等奖学金3人、学习优秀奖二等奖学金9人、研究生社会工作奖5人、优秀研究生奖5人。

（姚爱华　杨　茹）

【国际交流】 2014年，人文学院的国际交流活动广泛开展。（1）留学生教育教学工作。截至2014年底，人文学院共有留学生17人，其中学位生8人，非学位生9人。新增本科留学生4人（广告学1人，法学1人，汉语国际教育1人，社会学硕士研究生1人）、交换生9人。（2）协助在校本科生参加学校出国交流交换项目。人文学院出访学生37人，其中长期的11人；获北京市高等学校学生公派境外学习奖学金A类2人，B类7人。（3）人文学院教师因公出国（境）共12人次。（4）接待国外来访学者5人次。

【首都社会建设与社会管理协同创新中心】 2014年，首都社会建设与社会管理协同创新中心（以下简称中心）按照“高等学校创新能力提升计划”的要求，围绕服务北京的中心工作，建立不同类型、不同层级单位之间的协同创新机制。针对高校、政府等不同的协同创新合作单位，构建不同的合作机制，以推进社会服务与科学研究领域的能力与水平。

以科学研究为主线，中心建立了以学术平台为核心的运行体系，设首席科学家1人，负责中心的学术事务。根据研究目标和任务，下设3个协同创新平台、2个研究中心，每个平台分设若干研究方向。学术平台设首席教授1人，研究方向设责任教授1人。首席科学家、首席教授、责任教授和研究中心主任分别对中心、平台、研究方向和研究中心的学术事务负责。中心的目标和任务分解到各平台和方向，各平台和方向具体承担中心团队建设、科学研究、人才培养等具体任务。在中心日常事务的决策上，中心设主任1名，副主任2名，建立中心主任与责任教授联席会议制度，落实中心日常工作开展。

以人才培养为主要目标，通过协同促进教育教学模式的创新。坚持的理念，将人才培养目标与北京经济社会发展目标紧密结合，发挥现有社会学学科优势，通过协同机制整合政府、高校和社会组织资源，完善社会建设专业人才能力体系，优化社会实践环节，提高学生社会服务和社会管理的能力，形成专业人才培养的创新模式。中心通过机构联动为学生提供实践基地，以研究—服务—需求为导向，丰富学生社会实践内容，通过政府—社会—高校的分类协同机制，提升学生社会实践层次，建构并完善专业能力—创新能力—协同能力相结合的社会建设专业人才能力体系。

（胡建国　杨　茹）

建筑与城市规划学院

【发展概况】 北京工业大学建筑与城市规划学院（College of

Architecture and Urban Plannning，以下简称建规学院）成立于2003年4月，现有建筑学、城市规划、工业设计三个系，并设有建筑与城市形态设计、城乡规划设计、建筑与城市绿色环境技术、历史文化遗产保护、建筑与城市防灾减灾、公共艺术与景观设计、工业产品设计等7个研究所，学院为中国城市安全与防灾规划学术委员会、全国城市抗震防灾规划审查委员会、中国照明学会三个国家级委员会的挂靠单位。2014年，学院获批“北京市历史建筑保护工程技术研究中心”。

学院拥有建筑学、城乡规划学和设计学3个一级学科和建筑学专业硕士学位授予权。建筑与土木工程工程硕士点为国家专业学位试点单位。其中，建筑学为北京市重点建设学科。建筑学专业连续5次通过全国高等学校建筑专业本科（五年制）教育评估，学生毕业授予建筑学专业学士学位，享有国际认证资格。建筑学学科在教育部组织的全国一级学科评估中曾获得第13名；建筑学专业入选教育部卓越工程师教育培养计划项目试点专业、获批教育部特色专业建设点。学院与北京市建筑设计研究院联合成立首批北京市政校外人才培养基地，获批北京高等学校市级人才培养模式创新试验区（建筑学综合应用型人才培养模式创新试验区），获批建筑学国家工程实践教育中心（与北京市建筑设计院共建）。

学院综合实验中心由建筑与城市绿色环境技术实验中心、建筑模型实验室、虚拟现实实验室、历史建筑测绘实验室组成，具有先进实验设备。

2014年，学院进一步深化落实“十二五”规划各项目标，基本完成任务指标。积极规划未来三年发展，进一步凝练方向，按影响力和核心竞争力细化落实推进各方面工作，组织并通过了建筑学、城市规划2个专业本科、研究生的住建部专业评估。继续深化学院工作量计算办法和职称评审办法等的修订，建立长效激励机制。

学院有教职工81人，其中专业教师68人，教授13人，副教授22人。教师中具有博士学位的教师35人。此外有双聘院士1人，博士生导师4人，国外大学客座教授3人。

在校生878人，其中研究生191人，本科生687人。在读本科国外留学生29人，硕士留学生41人，工程硕士71人。2014年招生228人，其中研究生67人，本科生161人。

（苏晨阳　戴　俭）

【学科建设】 2014年5月，建筑学和城市规划专业顺利通过住建部研究生教育评估。

6月，学院申请并获批北京市科委“北京市历史建筑保护工程技术研究中心”，这是学院首个北京市工程技术研究中心。

10月，由建规学院主办、中际国润（北京）低碳科技有限公司协办的“2014绿色低碳工程教育演示会暨国际生态低碳城市发展论坛”举办。来自中国、美国、英国、澳大利亚、西班牙和新西兰等国家的专家学者及本校师生近200人参加会议。

12月，由“北京市历史建筑保护工程技术研究中心”举办“历史建筑保护技术研讨会”，国内外专家学者、教师、研究生150余人参加研讨会。来自意大利、日本和联合国的国际著名专家作专题报告。

（赵之枫　戴　俭）

【教学工作】 2014年，学院结合3个专业的评估，加强教学改革力度、以评促建，稳步推进校企和国际合作教学，提高学院的整体教学水平、强化学生的实践能力，教学管理制度化和体系建设稳步推进。

学院建筑学专业和城乡规划专业通过住建部全国专业评估委员会评估，工业设计专业通过校内专业评估。

校企合作的深度和广度得到加强。学院卓越工程师培养工作计划有步骤分阶段落实，在第一批卓越生成功培养的基础上，第二批20名卓越生参加3年级暑期设计院见习和企业导师拜见会。

学院城市规划专业获全国城市规划专业指导委员会城市设计竞赛二等奖1项和佳作奖2项，全国城市规划专业指导委员会城市社会调查竞赛佳作奖各1项；建筑学专业获全国建筑学专业指导委员会优秀学生作业展评3项优秀作业奖和1项优秀教案奖，工业设计专业学生获中美创客大赛奖。

学院获校级教育教学成果一等奖1项、二等奖2项。

（陈　喆　戴　俭）

【科研工作】 2014年，学院到校总经费2898.7848万元，其中横向2474.6863万元，纵向424.098万元。科研项目新立项65个，其中国家自然科学基金项目3个、科技部“十二五”科技支撑计划项目2个、北京市自然科学基金1个、教育部人文社科项目1个。申请外观专利2个、实用新型专利5项、发明专利1项。出版论著10部，论文116篇。在国际国内竞赛及论文获奖24项。

（赵之枫　戴　俭）

【党建工作】 2014年，学院党委整合基层支部建设，由2013

年的11个整合为9个，其中在职教工党支部2个、离退休教工党支部1个，学生党支部6个（本科生党支部3个，研究生党支部3个）。党员共计223人，其中在取教工党员45人，占在职教工总数的54%；学生党员178人（本科生党员72人、硕士生党员106人），占学生总数的20%；离退休党员4人。专任教师党员中，具有高级职称10人，博士以上学历20人，硕士以上学历32人，35岁以下青年教师10人。新发展党员38人（本科生32人、研究生6人），预备党员按期转正30人。截至2014年底，共有92名师生参加业余党校学习并结业，其中12名学生入党积极分子被评为优秀学员；申请入党师生145人。在北京市高校纪念中国共产党成立93周年表彰大会上，学院党委书记杨昌鸣教授获北京市优秀共产党员称号。

加强领导班子自身建设和作风建设，坚持定期召开学院党政领导班子例会；提倡民主的工作方式和按制度办事的工作作风，书记和院长、班子成员之间经常学习和交流（每月一次理论学习）。在党风廉政建设和群众路线教育实践活动中，认真履行《领导班子成员落实群众诉求整改工作台账》、《领导班子成员和学院党委委员下班级进支部联系群众制度》；深入基层各系、各支部访谈座谈共计92人次；发放校院领导班子和领导干部作风建设情况征求意见表80份，归纳合理性的意见和建议20余条；签订学院各级干部廉政建设暨风险防范责任书。

学院党委把提高党员的政治业务素质作为2014年党建工作的一项重要内容，结合学校部署的“积极培育和践行社会主义核心价值观，争做工大好老师”以及师德建设等工作，不断加大对党员干部的教育管理力度。通过参观（宛平城纪念馆、新农村建设风貌等）、座谈会、红色读书月、张贴宣传展板等各种形式组织师生党员干部积极培育和践行社会主义核心价值观，坚定理想信念，塑造良好的师德形象；讨论整理12条“工大好老师”标准12；推选出院级好老师3人、好学生6人。

加强党员队伍建设，院党委继续推行“三建制、两推优、三公示、一审察”为主要内容的“三二三一”机制，实施“三三两两”党外青年教师关怀激励引导培养机制；严格按照《2014年北京工业大学发展党员工作流程（试行）》要求履行发展党员工作的各个环节，保证党员队伍综合素质的高标准；在组织部学生党员发展工作抽查中，学院的党员发展工作及档案资料的完整度获好评。

1至6月完成学院领导班子换届及全员聘岗工作；11月19日，完成学院党委换届工作，选举出中共建筑与城市规划学院第二届委员会委员7人并召开第一次全体会议；在职教工党员全部完成12学时的党员在线学习任务；完成工会、教代会换届选举工作，产生新一届工会委员、校院两级教代会代表；在三个学院级别的换届大会上，院长、党委书记、工会主席分别做工作报告，包括《学院财务及收支情况报告》、《党费收缴及经费使用报告》、《工会会费使用报告》，并向教职工传达学院深化管理制度改革的相关情况。

学院党委重视发挥教代会、工会、统战等工作作用，组织教职工参观新农村；举办金秋趣味运动会、“传承五四精神”交流会，加强教师之间的沟通和凝聚力；院党委书记带队慰问教师、坚持“九九重阳节，浓浓生活情”为退休教师送温暖等系列活动。

（赵亚珍　杨昌鸣）

【学生工作】 2014年，学院规范辅导员队伍建设与管理，坚持例会制度和辅导员、班主任考核制度。有专职辅导员4名，兼职辅导员1名，班主任14名。

本科生获北京市三好学生2名，北京市优秀学生干部1名，北京市优秀班集体1个，北京工业大学先进班集体3个，北京工业大学优良学风班4个，北京工业大学“十佳班集体”1个，北京工业大学优秀团支部1个，北京工业大学“标兵团支部”1个。本科生获国家奖学金1人、国家励志奖学金2人、杨叔子院士奖学金1人，获校级奖学金173人次、院级奖学金79人次；研究生获国家奖学金3人，获校级奖学金54人次、院级奖学金25人次。入选校级杰出学子新生计划20人。

学院2014届毕业生177人，学生就业率达100%。7名本科生获“北京市优秀毕业生”称号，14名本科生及4名研究生获“北京工业大学优秀毕业生”称号。加强人才培养调研与学生就业指导工作，先后举办8场招聘会和宣讲会，开展毕业生论坛、企业家论坛，启动就业推进月，调研4家用人单位，获“2014年北京工业大学就业工作优秀单位”。

学院立足学生科技，搭建平台。承办“北京工业大学第十四届空间形态设计大赛”，8人3组分获一、二、三等奖，10组获入围奖，完整参赛323

人次。1组获北京工业大学“挑战杯”三等奖。研究生参加北京工业大学第十二届科技基金项目评审，获资助项目20个，其中重点1项。

学院立足学生专业，搭建平台。推进学风建设和学生学业发展计划，获“2013级新生工作优秀学院”称号；3月，组织开展“学院专教文明建设”系列活动；4月，开展“三走”活动，建立体育用品小站，鼓励学生开展体育锻炼；5月，开展“践行社会主义核心价值观”主题教育活动，举办家长开放日活动、二年级和毕业生作品展、承办北京工业大学第三届“科学精神与学术规范”宣传漫画大赛；8月，城乡规划本科生党支部与大兴区梨花村党支部共建“探讨乡镇规划问题，服务新农村建设”，获2014年北京工业大学红色“1＋1”优秀项目；9月，学校科技节活动展出学院多项科技作品，其中“中美创客”一等奖作品“城市树林”，得到广泛关注；10月，举办2014新生才艺展示晚会；12月，举办奖学金颁奖典礼；进行“五校联盟”校际交流与联谊；“党旗下的大讲堂——让盲人触摸建筑”党支部活动汇报获北京市践行社会主义核心价值观优秀案例奖 。

高度重视特殊群体工作。学院新设立“1＋1”光明育人计划暨“李农奖助学金”，资助2名有潜力新生和1名需救助新生；学院定期开展心理培训与辅导工作，针对心理委员和心协成员开展舞动治疗培训，组织心理讲座；开展贫困生座谈，关注少数民族及偏远地区学生的生活、心理状况。

（袁莉敏　韩　薇　杨昌鸣）

【对外交流】 2014年，学院教师参加国际学术交流活动主要有：6至7月，惠晓曦、廖含文等教师带领9名学生参加在韩国全南大学举行的建筑与城市设计夏令营。7月18至28日，张建教授、赵之枫教授和廖含文一行赴英国考察生态村庄规划和建设。10月10日，新西兰奥克兰大学建规学院院长伊丽莎白·艾特肯·罗斯（Elizabeth Aitken Rose）教授访问学院，戴俭院长、胡斌院长助理会见来宾，双方就教学科研合作事宜进行商谈，罗斯教授为全院师生作题为“新西兰历史街区保护”的学术报告。

（胡　斌　戴　俭）

【举办国际低碳生态城市发展论坛】 2014年10月9－10日，建规学院举办2014绿色低碳工程教育演示会暨国际低碳生态城市发展论坛。来自中国、美国、英国、澳大利亚、西班牙和新西兰等国家的专家学者及本学校师生约200人参加会议。会议围绕世界绿色低碳建筑技术的最新发展、小型绿色建筑体系、计算机模拟技术在绿色设计中的应用、国内外生态建筑工程设计案例人才培养，以及国际低碳生态城市发展等方面进行了主题报告和研讨，并以圆桌会议的形式为北京市城市环境的改善和生态化发展提出建议。

中国城市科学研究会秘书长李迅教授致开幕词，建规学院院长戴俭教授、副院长陈喆教授、城乡规划系主任张建教授担任大会主席。国际绿色建筑和生态城市研究及实践领域的知名学者担任主讲嘉宾，包括英国卡迪夫大学建筑学院院长菲力浦·琼斯（Philip Jones）教授、美国城市生态建设委员会主席理查德·罗杰斯特（Richard Register）教授、新西兰惠灵顿维多利亚大学、英国首例绿色建筑设计金奖获得者罗伯特（Robert Vale）教授等。学院戴俭教授、肖中发博士作题为“装配式绿色农宅建筑体系研究”的报告。

（胡　斌　戴　俭）

生命科学与生物工程学院

【发展概况】 北京工业大学生命科学与生物工程学院（College of Life Science and Bio－Engineering，以下简称生命学院）成立于2002年10月。生命学院设生物医学工程系、生物系、药物研究所、肿瘤研究所、实验中心，生物医学工程教学实验室、北京市饮料及食品添加剂质量监督检验站、环境与病毒肿瘤学北京市重点实验室和北京抗病毒药物国际科研合作基地。在“211工程”重点学科建设项目支持下，生命学院建设了以病毒与药理学研究为中心，配备了国际先进的仪器设备的新医药与生物工程研究基地。学院设生物医学工程、生物技术、食品质量与安全3个本科专业，拥有生物医学工程和生物学2个一级学科硕士学位授予权，生物医学工程工程硕士专业学位授予权，生物医学工程一级学科博士学位授予权和生物医学工程一级学科博士后流动站。生物医学工程学科是北京市重点学科。

截至2014年底，生命学院在编教职工83人，其中院士1人，博士生导师13人，教授18人（包括研究员），副教授（包括高工及副研）24人。本年毕业生139人，其中，博士研究生11人，硕士研究生61人，本科生67人。招生202人，其中，博士研究生24人（其中4

人为留学生），硕士研究生 76 人，工程硕士 7 名，本科生 95 人。在校生 606 人，其中，博士研究生 59 人，硕士研究生 228 人，工程硕士 14 人，本科生 354 人。

（徐　莲　黄映辉）

【学科建设】 生物医学工程一级学科，拥有博士生导师 13 名，硕士生导师 39 名，新增校京华人才 1 名、日新人才 1 名，引进博士后 1 名、师资博士后 2 名，海内外招聘院长 1 名。进一步明确发展方向，并完善相对应的 3 个平台的建设：抗病毒生物医学工程应用平台，抗肿瘤生物医学工程病因、诊断与防治平台，心血管医学工程检测、治疗与开发平台。引领国际科技前沿的项目有：抗 HPV、HIV 病毒疫苗方面，3 项多载体疫苗正在开展临床试验，其效果超过现有疫苗；抗病毒中药的研究进入临床研究阶段，是首个被证明具有直接抗病毒作用的中药复方；心血管医学工程方面，提出并量化了机械卸载治疗心衰的生物力学特性，并研制人工心脏泵样机 1 套；数字化医疗方面，开发全景齿科数字化样机 1 台。

（常　宇　黄映辉）

【教学工作】 2014 年，学院邀请 2 名北京市特聘教授（美国德州大学冯雨生教授、香港中文大学陈基湘教授）来学院进行为期 2 个月的短期讲学；主编和出版教材 4 本（吴水才等，《医学信号处理及应用》，北京工业大学出版社，2014 年；温瑞兴、肖向茜主编，《药理学实验教程》，北京工业大学出版社，2014 年；Andrzej Kolinski 编，王存新主译，《蛋白质模拟的多尺度方法》，科学出版社，2014 年；廖满媛，副主编，《大学生职业生涯规划与发展》，首都师范大学出版社，2014 年）。

2014 年，学院举办 3 次“工程大师”讲座：吴永宁（卫生部食品安全风险评估重点实验室主任）；万宇平（北京勤邦生物技术有限公司常务副总经理兼技术总监）；郭明洲（中国人民解放军总医院教授）。

学院本科毕业生的研究生平均升学率为 36.2%。

2014 年，获北京工业大学优秀教育教学成果二等奖 1 项。

（谭京敏　吴水才）

【科研工作】 2014 年，生命学院到校科研总经费为 1359.7 万元，其中纵向经费 969.7 万元，横向经费 390.0 万元。在研纵向项目 51 个，新增国家自然科学基金项目 6 个，其中青年基金 2 项；新增国家科技重大专项和国家基金应急管理项目各 1 个。在横向项目 20 个，其中到校经费大于 100 万元的项目 2 个，均为心血管病方面的应用研究。

抗病毒药物和疫苗研究方面，2014 年中药复方“ZL－1”获新药临床批件（批件号：2008L03836），即将完成 IIb 期临床研究；复方 KA08 作为传染病重大专项，已完成临床前及部分临床预探索工作，正申报临床批件；采用 MAGI Test Luciferase 方法研究了载药纳米颗粒对 HIV－1 生活周期中药效学，以二氧化硅载药的纳米颗粒表现出良好的水溶性和稳定的理化性质，细胞毒性降低，抗病毒明显提高。抗肿瘤药物和疫苗研究方面，针对食道癌的 HPV 感染开发多载体序贯免疫疫苗的研究，该疫苗可以诱导机体产生针对 HPV L1 蛋白的细胞免疫和体液免疫应答性。医学工程研究方面，提出并量化了机械卸载治疗心衰的生物力学特性并开发人工心脏泵样机 1 套；3D 打印技术在手术设计中开始临床试用；中风康复机器人中医手法实施系统用于临床实践；研制出全景齿科数字化样机 1 台。

生命学院科研基地建设工作运行稳定，基地召开“抗病毒与抗肿瘤药物研究 2014 年中期研讨会”、“环境与病毒肿瘤学北京市重点实验室 2014 年度学术委员会会议及学术交流会”以及“抗病毒药物北京市国际科技合作基地 2014 年工作总结会”，按时向学校以及主管部门提交运行总结报告。生命学院依托科研基地建设工作，召开学术研讨会和学术交流会，有力促进了各学科之间的交流沟通，加强了学院各学科之间以及学院与兄弟单位间的合作力度，为推进新型抗病毒和抗肿瘤药物的研究开发工作搭建良好科研平台。

生命学院发表科研学术论文 140 余篇，其中 SCI、EI 已收录 60 余篇；2014 年申报国家发明专利 41 项，实用新型专利 2 项，软件著作权 10 项；国家发明专利授权 13 项，实用新型专利 1 项。

生命学院积极开展国际国内合作交流，提高人才培养质量，推动学院发展。全年邀请国外专家 20 余人次来院合作交流与访问；学院的师生参加国际国内学术会议 80 余人次，大会交流论文 20 余篇，其中在大会上做特约报告 12 人次。8 月，生命学院协办“4th International Conference on Dynamics, Vibreation and Control（上海）”会议，9 月协办“鼻咽癌专题研讨会”，在一定程度上扩大了生命学院的学术影响力，提高了一线科研教师的学术知名度，对学院的学术研究工作起到推动作用，对外搭建了合作研发的桥梁，为进一步开展科学研究和成果转化工作奠定学科基础。

（刘巧丽 常 宇）

【党建工作】 2014年，生命学院党委共有12个支部，其中教师党支部3个、学生党支部8个、退休党支部1个。党员198人，其中在职党员52人、退休党员7人，教工党员59人、学生党员139人，入党积极分子109人。发展党员29人。

学院党政领导班子在校党委领导下，通过学习贯彻党的十八大、十八届四中全会、习近平总书记系列讲话精神以及开展党的群众路线教育实践活动、培育和践行社会主义核心价值观等系列活动，开展学院的思想建设、组织建设和制度建设等党建工作。

学院在学校党委的统一部署下，完成北京市党建标准检查及北京市党建先进校迎评工作。10—12月，学院完成第四届党委换届、支部换届、工会换届工作。11月26日，全院党员大会完成党委换届，换届后党委委员由7人组成；各支部由3名委员组成；12月初工会完成换届，由6名委员组成。

学院新一届党委完成党风廉政的自查自纠以及领导班子和领导干部整改方案落实情况自查的工作，全院各级干部重新签订了党风廉政责任书，使党风廉政建设贯彻到学院的具体工作中，为学院的健康发展提供了政治保证。在制度建设方面新增《生命科学与生物工程学院党风廉政建设责任追究制度》。

在践行社会主义核心价值观的活动中，学院党委组织全院师生聆听“传统文化与社会主义核心价值观”、“中共十八届四中全会《决定》解读”的理论宣讲报告，观看电影《天河》并开展观感讨论。分别开展“新党章”导学，“社会主义核心价值观”导学等活动；分别组织万东医疗调研、国家纤维检测中心调研和柯瑞生物调研等活动，了解用人单位需求，促进横向科研合作与交流。同时，在三级机构改革中各支部发挥基层党支部凝聚人心、促进和谐和发展的积极作用。

学生支部建立书记工作例会制度，开展支部考核制度，实施新的党员发展细则，严格按程序发展党员。本科支部积极开展红色“1＋1”等特色活动。

学院工会继续营造“关爱生命、关注健康”的学院文化，倡导健康工作、健康生活。进一步促进工会小组三级小家的组织建设，继续开展女教工联谊慰问、儿童节妈妈讲堂、师生羽毛球比赛、秋季趣味运动会等活动，丰富教职工的业余文化生活。学院团委坚持以党建带团建，开展健康文化与疾病防治宣传等活动。形成党政工团齐抓共管、搭建具有生命科学与生物工程学院特色的育人平台，促进学院的和谐发展。

统战工作方面，学院在无党派代表人士中推荐了2名教师。

马雪梅、张松被评为校优秀教师；钟儒刚、廖满媛被评为优秀教育工作者。本科生第一党支部获北京高校红色“1＋1”示范活动优秀奖。在北京市教育工委主办的第十、十一期北京高校基层党组织负责人示范培训班上，教工第一党支部书记张淑芬代表学校做大会交流发言。

（韩彩玲 孙治荣）

【学生工作】 2014年，学生工作继续以“立德、立业、立人”、“我的中国梦”为主题，开展丰富的思想政治教育活动，促进学风和院风的建设。

继续开展疾病日及食品安全宣传教育的系列宣传活动，开展了“你我共同参与，依法防治结核”的结核病宣传、“应对糖尿病，立即行动”的糖尿病预防宣传日等活动。红丝带志愿者走出校园，开展打工子弟小学和黑庄户地区的支教活动，走访敬老院、慰问松堂临终关怀医院等活动，在第27个“世界艾滋病日”，学院联合朝阳区疾控中心、校医院等部门于12月1日在校园举办第十二届“世界艾滋病日”大型校园宣传活动。在科技活动中，鼓励学生开展科研活动，本年度星火基金项目结题19项，国家创新性实验计划结题2项，国家创新性创业计划结题2项。北京工业大学挑战杯课外学术科技作品竞赛获一等奖1人、二等奖1人。

在第四届工大科技节中，举办高水平名家讲坛、博硕士风采论坛、国际交流沙龙、企业家论坛活动等20场特色科技活动；4项作品参加“科技节学生科技作品展”。第十二届研究生科技基金结题12项；第十三届研究生科技基金共立项12项，其中重点项目1项。

在2014年就业工作中，学院继续加强市场调研与学生就业能力的培养与提升，先后走访多家重点就业单位，并针对毕业生开展细致的集体辅导与个体辅导。本年共139人毕业，全院一次性就业率为97.12%，签约率为87.77%。本科生毕业人数67人，整体升学率接近40%，一次性就业率为95.52%，签约率为82.09%；研究生毕业人数61人，一次性就业率为98.36%，签约率为

91.80%；博士生毕业人数11人，一次性就业率与签约率均为100%。

在第三届北京“生物医学工程新星杯”学术论文演讲比赛中，1人获三等奖，2人获优秀奖，学院获优秀组织奖。1人获第一届北京工业大学“简历制作”大赛二等奖，1人获第五届“未来之星”职业生涯规划大赛二等奖。

本科生奖学金评定中，共262名本科生参与。6人获国家级奖学金，86人次获校级奖，105人次获院级奖，1人获首届“三星”奖学金。国家级奖励中：1人获国家奖学金，5人获国家励志奖。校级奖学金中：1人获校长奖学金，1人获校级励志奖，13人获校级三好学生奖，52人获校级学习优秀奖，13人获校级优秀学生干部奖，6人获校级科技创新奖。院级奖学金中：50人获院级学习优秀奖，16人获院级三好学生奖，23人获院级优干奖，3人获院级科技创新奖，6人获院级英语单项奖，7人获院文体竞赛奖。另外，131041班获校“先进班集体”称号，131041、111031班获校“优良学风班”称号。

研究生奖学金评定中，共178名研究生参与。4人获国家奖学金，78人次获校级奖励，5人次获院级奖励。校级奖励中，获校“科技之星”1人，学习优秀一等奖8人，学习优秀二等奖24人，优秀研究生18人，社会工作奖18人，励志奖9人。院级奖励中，获突出贡献奖5人；硕士生13级一班获优良学风班。研究生科技创新奖评定中，共84项获奖励，其中特等奖2项、一等奖24项、二等奖11项、优秀奖47项。

2014年学院获学生工作优秀学院奖。学生工作队伍中，1人被授予“北京工业大学优秀教育工作者”称号，1人获北京工业大学“辅导员职业能力大赛鼓励奖”。

（廖满媛　李承杰）

【对外交流】 2014年，学院共接待26人次来访，其中外籍院士4人次，外籍教授19人次，普通外籍专家3人次。派出18人次教师赴境外进行访问交流和参加学术会议，其中2人赴英国参加“EB病毒发现50周年学术研讨会”，2人赴香港参加“全球华人公共卫生协会周年大会”，1人赴美国参加“美国生物医学工程学会2014年会”等；1人赴英国华威大学进行3个月培训，1人赴香港中文大学进行为期14天的培训与学习，1人赴美国宾夕法尼亚州立大学进行6个月的高级国外访问学者项目等。录取4名全日制留学生，攻读生物医学工程博士学位。接收3名法国本科生到实验室进行短期学习，1名韩国留学生进行一个学期的课程学习，2名美国博士生到实验室分别开展1个月和3个月的合作研究。2名博士生获国家留学基金委资助，赴美国进行一年的联合培养，5名学生赴境外参加学术会议和短期培训，2名外国留学生分别赴香港和印度尼西亚参加学术会议。

（冯　浩　黄映辉）

外国语学院

【发展概况】 北京工业大学外国语学院（College of Foreign Languages，以下简称外语学院）成立于2003年3月，有外国语言文学一级学科1个，外国语言学及应用语言学二级学科1个。2014年，学院设有英语系、大学英语教学一系、大学英语教学二系、研究生公共英语教学系、都柏林教学系、东方语系（日语、韩语、法语、德语）及学院行政办公室、教务办公室、学生工作办公室、语言中心、图书资料室等行政机构。

学院设有英语（商务）、日语（商务）等2个本科专业，拥有外国语言学及应用语言学1个硕士点。

学院在职教职工96人，其中专任教师82人。专任教师中，硕士生导师10人，教授4人，副教授27人，具有博士、硕士学位的教师占教师总人数的75.2%，主要承担全校博士生、硕士生、本科生公共英语课程教学工作，以及学院本科生专业课程。

2014年，教学工作。毕业学生84人，其中：研究生8人（硕士生8人），本科生76人。招生70人，其中：研究生9人（硕士生8人），本科生61人。在校生303人，其中：硕士生25人，本科生278人。

（王　虹　何岑成）

【学科建设】 2011年外语学院在申报外国语言文学一级学科点并成功获批后，对原外国语言学及应用语言学科点的人员和组织机构进行了调整。本学科设外语教学研究、中外语言文化对比和商务外语三个研究方向。2014年外语学院新增硕士生导师4名。

（王　虹　何岑成）

【教学工作】 外语学院承担全校本科生、研究生的大学英语教学工作，同时承担小语种（日语、韩语、法语和俄语）外语选修课程的教学工作。现有英语、日语、韩语本科专业；

下设英语系、日语系、韩语系、大学英语教学部、公共研究生英语教学部5个系部；学院紧密围绕学校本科人才培养目标，统一思想、提高认识，转变教学管理理念，结合教学实际，构建讲究实效、易于操作、符合外语应用型复合人才培养目标的教学动态管理模式，有效地提高教育教学管理质量。

2013届本科毕业生共有76人参加毕业论文设计，其中3人获校级优秀论文。

4月，英语专业四级考试中，2012级学生考试通过率达到92%，高出理工类大学平均通过率40.5个百分点，高出全国平均通过率31.9个百分点。

学院2014年获北京工业大学优秀教育成果二等奖3项，获校级教学名师奖1人。12月被评为北京工业大学教学质量工作管理优秀学院。在实践教学环节中，学院为外语专业和全校学生共举办6场工程大师论文。

（郝秀兰　李丽华）

【科研工作】 2014年外语学院共有科研项目22项，总经费146.5万元。其中，教育部人文社科项目1项，经费10万元；北京市教委项目10项，经费112万元；校教育教学项目10个，经费23万元；校博士科研启动基金项目1个，经费1.5万元。

2014年，外语学院教师发表论文39篇，其中具有正高级职称人员发表论文8篇，占比20.5%；具有副高级职称人员发表论文16篇，占比41.0%；具有中级职称人员发表论文14篇，占比35.9%。出版著作6部，其中具有正高级职称人员出版著作3部，占比50%；具有副高级职称人员出版著作2部，占比33.3%；具有中级职称人员出版著作1部，占比16.7%。

全年参加各种学术交流74人次，其中国际学术交流23人次，国内学术交流49人次，与港澳台地区学校交流11人次。外语学院主办的学术会议3场次，155人次参加。

（靳秀琴　承　红）

【党建工作】 2014年，外语学院党委下设11个党支部，其中学生党支部4个，在职教工党支部6个，退休党支部1个；共有党员105人，其中学生党员52人，在职教工党员42人，退休党员11人；本年新发展党员16人，入党积极分子共106名，其中学生105名；申请入党人员19名。

学院党委在校党委领导下，围绕学院中心工作，开展学院师生党员的思想政治教育活动，进一步完善教工、学生党员发展等制度建设；加强党团基层组织建设，鼓励基层党团组织创新工作方法和形式，督促各党团支部积极开展特色活动，充分发挥各基层党团支部的先进模范带头作用，增强党团组织凝聚力，各基层党团支部积极组织开展“践行社会主义核心价值观”、“做工大好老师”、“做工大好学生”主题活动。

学校党建工作获评“北京市党的建设和思想政治工作先进普通高等学校”，外语学院党委为迎接第七次北京市党建和思想政治工作先进普通高等学校评选工作入校考察，认真总结近年来党建和思想政治工作的成效及经验，整理完成支撑材料，以评促建，完成学校党委各项任务，全面提升学院的党建和思想政治工作科学化水平。

11月，外语学院党委完成换届选举工作，包括学院在职教职工、退休教师和学生共计62名正式党员、14名预备党员参加换届选举会议。选举大会之后，新一届党委召开第一次委员会，通过无记名投票，选举产生了新一届党委委员和党委书记、副书记，并进行分工。院党委书记：王燕霞；副书记：龚文静；组织委员：马晓梅；宣传保密委员：何岑成；青年委员：陈浩；纪检委员：张丽；统战委员：刘宇慧。

外语学院依据学校党委的工作要求，推动党的群众路线教育实践活动的深入开展，学院领导班子认真落实教育实践活动的要求，切实将主题教育活动和推动工作紧密结合，严抓各项工作落实，听取对教育实践活动整改方案落实情况和深化作风建设的意见，学院党委在全校、全院师生中广泛收集对校、院两级领导班子和成员作风建设中存在的突出问题和对搞好教育实践活动的意见建议。针对学校领导班子和领导干部征求意见建议汇总材料29条，针对学院领导班子和领导干部征求意见建议汇总材料51条。

6月，外语学院按照学校党委自查自纠工作的安排，召开学院党政联席扩大会议，部署学院自查自纠工作，强调全体教职工要高度重视党风廉政建设工作，严肃认真开展自查自纠工作，制定整改措施，并完善相关制度，确保学院各项工作顺利进行。外语学院领导班子与学院副处级领导干部以及各三级机构党政负责人签订党风廉政建设责任书，扎实做好学院的党风廉政建设工作。

学院民主党派工作取得新进展，民主党派人士13人，在学院的建设和发展过程中发挥了积极作用。学院的民革、九三学社、民建、民盟、致公党等成员通过参加所在党派的各类、各层次的培训学习，提高政治和政策水平在大是大非面前与党中央保持一致。

学院党委注重发挥工会、教代会的组织作用，积极建设小家，以开展“多层次、多元化”的工会活动为载体，履行各项职能，共同推进学院事业的发展。12月，在学院党委领导下，组织完成了学院第二届教代会、工会的换届工作。

（王　虹　王燕霞）

【学生工作】 2014年外语学院学生工作紧密围绕校院工作重心，以学生成长为教育理念，以学生成长规律与要求为导向，以培养学生个性素质为目标，营造良好的班风、院风，将学生政治素质、业务素质和能力素质的培养有机地结合起来。

树立模范作用，发挥组织力量。2014年外语学院共发展党员16人，新生党员1人，开展院级党课4次、党支部书记及全体党员培训2次，提高党员党性。学生党支部开展专业课、基础课帮扶活动，助力学业成长，发挥党员在学习中的模范带头作用。此外通过寻找身边的榜样活动，增强同学间的了解，加深集体凝聚力，发挥榜样作用。

外语学院与李大钊故居继续开展共建，为其提供英文讲解志愿工作，服务对象均为德国学校的学生。学院本学期共派出6名学生担任英文讲解员。5月7日，北京工业大学第三届“外院杯”外文影视配音大赛总决赛在外语学院学生活动中心举办。3支韩语队伍、3支日语队伍和6支英语队伍。本次比赛通过现场和网络宣传吸引了包括电控、生命、计算机、经管、人文等校内学院的选手，同时邀请到传媒大学的参赛队前来参赛，并晋级到决赛环节。6月13至30日，外语学院2011级全体在校生开展了第三届传神公司专业实习活动，47人前往武汉翻译实训基地进行行业学习。11月19日，外语学院在京体游泳馆举办第六届“友谊杯”羽毛球赛，共有26名学院学生及30余名留学生参与活动。11月26日，“青春无染·印象外院”北京工业大学外语学院2013—2014学年奖学金颁奖典礼在校礼堂举办。12月10日下午，外语学院的师生前往首都经济贸易大学，针对学习情况、学风建设、活动举办、课程建设等多方面展开交流讨论。

科技引领，带动学风。外语学院“杰出学子计划”选拔出4名2012级学生和8名2014级新生，导师队伍包括教授1名、副教授3名、讲师6名；十四届星火基金所有9个项目全部结题，第十五届星火基金申报16个项目获批立项，国创项目立项5个，包含1个创业实践项目。

外语学院2014届毕业生共84人，其中本科生76人，研究生8人。全院毕业生签约率为83.33％。本科生就业率93.42％，研究生就业率100％，全院就业率94.05％。出国继续升学率占全院的34.21％，本科生读研率为5.26％。

（周文智　龚文静）

【对外交流】 2014年，外语学院专门设立主管国际交流工作的院长助理一职，并在全院公开招聘。国际交流成为学院全面工作中的一个重要组成部分。

2014年，先后共有8名外籍教师在学院任教，分别教授西方文论、英语学术论文写作等研究生英语课程，英语口语、英美文学选读、商务日语写作、日语中级口语训练、日语语言学概论、日语基础写作、日本经济专题讨论、日本报刊选读、日本经济等专业外语课程以及大学英语二级和三级等相关课程。除了日常教学以外，外籍教师还受邀参与指导学院组织的各类外语竞赛活动。

共邀请3名外籍专家来院为师生进行专业讲座交流。派遣赴国外进行长期学习交流的教师1名、短期2名，有3名教师分别赴美国、英国、芬兰等国参加了5人次涉及文学、语言学等专业学科的国际学术会议。

学院共派出交换生28人参加校级长期交流项目，其中本科生26人、硕士生2人，分别前往美国缅因州大学、美国纽约州立大学布法罗分校、英国罗汉普顿大学、爱尔兰都柏林大学、荷兰乌德勒支大学、英国曼彻斯特大学、法国巴黎高商学院、中瑞典大学、日本佐贺大学、日本金泽大学、日本国士馆大学、日本信州大学、日本熊本大学、日本神户夙川学院大学等14所高校开展交流学习活动，合作学校及形式不断增加。此外有6名学生赴德国、美国、比利时、法国等4个国家参加国际志愿者项目，7名学生参加英国华威大学、澳大利亚新南威尔士州立大学、美国马里兰大学、韩国仁荷大学开展的短期交流项目。在交换生中获国家公派境外学习奖学金1人，校公派境外学习奖学金29人，占全部出国人数的81.09％。

在留学生培养方面，与国际学院紧密合作，负责培养4名来自俄罗斯和塔吉克斯坦的硕士研究生和1名来自越南的本科生。短期留学生方面，接待了荷兰乌特勒支应用科技大学学生团一行17人进行为期10周的汉语学习和中国文化实践考察活动，开设汉语语言课程以及中国经济、文化、社会、哲学、农业等方面的系列讲座。学院共开展2个国际班项目，10至12月共有17名荷兰留学生前来学习学术课程；8月，日本留学生前来开展文化交流活动。丰富国际学生的学习项目资源。此外，硕士留学生为3人。

外语学院举办1次交流项目说明会，邀请往届交流学生代表介绍留学期间学习和生活经验。

（邢 涛 柴晶晶 何岑成）

【校内外赛事】 2014年1月16—20日，外语学院举办"第五届工大辩论训练营及邀请赛"。共35组选手参赛，其中三分之一来自外校，包括中国石油大学、中国农业大学、东北大学秦皇岛分校、长春师范大学、辽宁大学等学校。北工大共有11名学生分获一、二、三等奖。

4月，外语学院承办全国大学英语竞赛北京工业大学赛初赛，共计787人参赛，其中：特等奖1人，一等奖4人，二等奖12人，三等奖24人。

10月9日，北京工业大学英语演讲比赛决赛在人文楼报告厅举行，来自9个学院的22名选手参赛。本次比赛的优秀选手代表学校参加2014外研社杯英语演讲比赛和北京市大学生英语演讲比赛。比赛最后评选出特等奖1名，一等奖2名，二等奖5名，三等奖14名。

11月，第二届外研社杯全国英语写作大赛，2人获三等奖。

11月25日，外语学院举办第二十届中国日报社"21世纪·可口可乐杯"全国英语演讲比赛北京工业大学校园选拔赛。经过第一轮网络初赛，共有20名选手参加落地赛。北工大2人获一等奖，代表学校参加在国际关系学院举办的京津地区赛。另有5人获二等奖，5人获三等奖，8人获优秀奖。

11月26日，外语学院主办第十八届"外研社杯"全国大学生英语辩论赛北京工业大学校园选拔决赛/表演赛。15支队伍进行了全天四轮辩论初赛，比赛采取四队制的英国议会制辩论形式，最终，4支积分领先的队伍晋级决赛。最终，2队获特等奖，2队获一等奖，另有7支队伍分获二、三等奖，2人获最佳辩手称号。

12月20日，中国日报社、可口可乐大中华区联合主办"第20届中国日报社'21世纪·可口可乐杯'全国英语演讲比赛北京赛区总决赛"，共有来自北京地区各高校的32名选手同台竞技。2人代表北京工业大学参加此次赛事，获二等奖。

（郝秀兰 李丽华）

【语言中心】 外语学院新语言中心于2010年9月投入正常运行，主要承担以下任务：满足全校约5000余名本科生大学英语、外语通识选修课以及外语学院本科专业、研究生的日常教学需求；自主学习中心为全校本科生提供课外免费自主学习英语平台，学生可以通过学习平台真正做到听、说、写完全自主学习；为外语专业学生提供大量英语课外素材，相关听力资料与英文原声电影等；为参加四、六级机考的学生提供仿真机考训练系统，模拟真实的考试环境，提高四、六级考试的通过率；承担外语学院专业四级、专业八级外语水平考试。中心服务器现为全校师生提供以下网络课程：新视野大学英语网络版；雅信达英语学科平台；四、六级网考仿真平台；网络考试及绩效考核平台；外贸单证与实训平台；研究生英语学习平台。

语言中心拥有教学服务器20余台、终端型语音实验室12间（40座）、电脑+终端型语音实验室8间（34座）、自主学习机房1间（144座）、外语专业同声传译教室1间（38座）和专业外语多媒体语言教室6间，中心服务器提供6种网络课程及教学辅助软件平台供全校学生使用，具有自主式学习功能，拥有与教学大纲相配套的、适合教学与学生自主学习的开放式语音资料库，具备多媒体教学功能。

（刘 冉 何岑成）

软件学院

【发展概况】 北京工业大学国家示范性软件学院（School of Software Engineering, A National Pilot Software College，以下简称软件学院）成立于2001年3月，为首批35所国家示范性软件学院之一。学院设有软件与网络工程系、嵌入式软件与系统系、信息与服务工程系、数字艺术系；设有物联网软件研究室、物联网器件研究室、物联网服务研究室、物联网数字应用研究室。拥有北京市物联网软件与系统工程技术研究中心、北京高等学校实验教学示范中心。学院拥有国家首批软件工程一级学科博士授权点和博士后流动站，拥有软件工程硕士学位授权点，拥有软件工程和数字媒体技术2个本科专业。软件工程（嵌入式软件与系统）和软件工程

（数字媒体技术）获批教育部特色专业，软件工程（嵌入式系统方向）和数字媒体技术两个专业入选教育部首批“卓越工程师教育培养计划”。获批国家人才培养模式创新实验区建设项目、国家级工程实践教育中心，获得第六届高等教育国家级教学成果二等奖和北京市教育教学成果一等奖、第七届北京市高等教育教学成果二等奖，嵌入式系统课程群教学团队获得国家级教学团队和北京市优秀教学团队称号，嵌入式系统学术团队被评为北京市学术创新团队。

截至 2014 年 12 月，软件学院有专职教职员工 62 人，其中事业编制 37 人，非事业编制 25 人。专任教职工中专任教师 39 人（事业编制 30 人，非事业编制 9 人）。专任教师中，博士生导师 7 人，教授 11 人，副教授 13 人，讲师 15 人。具有博士学位的教师 21 人，外籍教师 3 人，国家“千人计划”专家 1 人，北京市“海聚工程”入选者 1 人，北京市特聘教授 3 人，北京市讲座教授 1 人。此外学院还聘请了 90 名专家学者、企业家和其他高校教师担任兼职教师，其中外籍兼职教师 25 人。软件工程博士后流动站在站博士后 1 人，访问学者 3 人。

软件学院有本科、工学硕士、工程硕士和博士完整的人才培养体系。目前在校生 2788 人，其中本科生 551 人（含留学生 7 人），研究生 2237 人。研究生中，博士生 13 人（含留学生 2 人），工学硕士生 32 人，工程硕士生 2192 人。

（丁淑杰　刘宏珍　侯义斌）

【学科建设】 2014 年，学院立足于已有的特色优势，通过整体推进与重点突出相结合、扩大规模与提高质量相结合的方式加强学科队伍建设，引进高端科研人才，以软件工程学科为主导，创新学科建设链，为教师搭建学科平台，培养学科带头人和学术骨干，全面提高学科队伍建设水平。

学院重点建设软件工程一级学科博士/硕士学位授权点，继续建设软件工程（物联网软件与系统）、软件工程理论（计算机软件与理论/北京市重点建设学科）、软件工程技术（嵌入式软件技术）、软件服务工程（数字媒体、数字艺术、云服务）4 个二级学科方向，为全面建设软件工程一级学科打下坚实的基础。

学院组织、论证“211 工程”四期建设方案，该项目针对中国智慧城市建设提出的新问题、新需求，依托软件工程一级学科，开展“面向智慧城市的物联网关键技术及应用协同创新研究”，提升学校软件工程一级学科领域软件工程物联网软件与系统的学科水平，同时加强高层次人才的建设，提高人才培养水平。该项目正在进一步规划与论证中。

2014 年，学院承担“211 工程”学科建设项目“促进人才培养综合改革—优化学科专业结构—基于 IPv6 的物联网无线传感平台建设”。该项目采用最新的 IPv6 物联网协议设备、物联网传感设备等物联网领域开发工具、器件，为学校师生开展相关研究和创新能力培养、创新成果的研究，提供有效实践环境。通过该项目建设，建立基于 IPv6 的无线传感器网络科研平台，提供无线传感器网络的基本原理、信息采集、无线通信及感知数据处理等方面的实验支持，支持了北工大软件工程一级学科的建设。

（康　路　王晓懿　黄樟钦）

【本科教学工作】 2014 年，软件学院教学工作全面贯彻落实学院“十二五”发展建设规划，结合学校《北京工业大学关于进一步提高人才培养质量的若干意见》精神，以探索人才培养新模式、提高人才培养质量为目标，加强教育教学研究，深化教育教学改革，推进高素质应用型创新人才的培养。认真研究国际工程教育方面专业认证的指标要求，积极做好专业评估和认证的前期准备工作，积极探索工程教育的新要求新模式新方法；认真总结经验凝练成果，不断提高学院的教育教学水平和人才培养质量。

学院共有 2 个本科专业，2014 年之前分别是软件工程专业 2 个班、软件工程专业（嵌入式软件系统方向）实验班 1 个班和数字媒体技术专业 2 个班。2014 年学校改革了招生方式，采用大类招生、普通班与实验班合并为实验班等方法，因此 2014 级本科生分别是软件工程（实验班）3 个班和数字媒体技术专业 2 个班。2014 年，学院以提高教育教学质量、加强教学过程管理为根本目标，以新一轮全员聘岗为契机，重新调整院教学管理人员及岗位职责，修订部分教学管理文件。同时以“质量工程”和“卓越工程师教育培养计划”为主线，突出实践教学，创新培养模式，为适应新的招生形式，修订 2014 级培养方案，将原有的普通班、实验班 2 套培养方案采用合并后专业方向模块化方式。同时，根据学校 2015 版培养方案指导性意见，制定 2015 版培养方案、教学计划的讨论稿。这次修订工作主要依据工程专业认证、专业教学指导委员会的要求，以及社会对人才的需求，通过对国内外同类院校、同类专业的调研结果而制定的。

学院以“国家人才培养模式创新实验区”和“教育部特色专业”建设为载体，积极推进各项教学改革，深化人才培养模式的研究与改革。目前承担校级教育教学研究项目6个，发表教育教学改革论文2篇，获第十四届全国多媒体课件大赛高教工科组二等奖1项。

11月，完成教务处根据市教委《关于开展北京市高等学校实验教学示范中心验收工作的通知》精神组织的专家组中心验收工作。专家组在听取汇报、质询答疑、现场考察和查阅材料后，以北京市级实验教学示范中心评估指标体系为依据，按照验收指标评分表、验收自评报告要求，对示范中心的建设成效、示范效应和发展目标等方面进行检查和评价，对中心的建设工作给予了充分的肯定，最后以综合成绩98.2分、特色工作9.6分的优异成绩通过验收。

12月，完成学校组织的校内专业评估工作的准备工作。

（邱 凌 朱 青）

【研究生培养】 继续加强研究生培养及质量保障体系建设。及时修订培养方案，完善课程体系建设；积极举办高水平学术报告，构建浓厚学术氛围；继续加强质量监控，提升研究生学位论文质量。为进一步保证研究生教育质量、推进学位授权点评估工作，根据学校相关要求及进度安排，学院积极组织制定完成学术学位博士、硕士以及专业学位硕士学位标准的制定工作，为确保研究生培养质量奠定良好基础。

2014年，学院获国家第一届“工程硕士实习实践优秀成果获得者”荣誉称号专业学位硕士研究生1名，新增研究生精品课程建设2项、全国工程专业学位研究生教育指导委员会自选课题立项3项、北京工业大学优秀硕士学位论文5篇。

为进一步提高非全日制工程硕士的培养质量，根据教育部及学校的有关精神及要求，完成非全日制工程硕士学位授予标准的制定工作，依据该标准修订2015年非全日制工程硕士研究生的培养方案。6月和11月，分别完成163人、143人的答辩及学位授予工作。

（邱 凌 梁付娟 黄樟钦）

【科研工作】 2014年，软件学院科研经费到款846万元，其中纵向经费570万元，横向经费276万元。学院新立纵向科研项目13个，横向项目19个，校级项目1个。学院教师发表高水平科研论文74篇，其中SCI收录12篇，EI收录41篇（含11篇同时被SCI收录，6篇已发表待检索），ISTP收录4篇；申请专利24项，其中发明24项；授权专利8项，其中发明8项；申请软件著作权36项，获得软件著作权32项。

学院积极推进在研项目，取得标志性阶段成果。学院重点开展了国家发改委重大专项“基于IPv6移动物联网的交通车辆安控终端研制及应用示范”课题的研究工作，并与北京公交集团合作，在北京市公交系统中进行应用示范，目前该项目已经进入结题验收阶段。学院承担的国家科技支撑计划重大课题“技术成熟度和价值评估及交易指数研究”完成了项目的主体研究工作，进入结题验收阶段。学院承担的“面向开放式网络的动态博弈访问控制模型与方法”等3项国家自然科学基金项目进展顺利。

学院积极申报各类科研项目。2014年，学院获国家发改委物联网技术研发及产业化重大专项“物联网接入关键技术及终端设备研制”课题。申请获批国家高技术研究发展计划（“863计划”）“智能终端的电子取证关键技术研究及应用示范”项目。申请获批北京市自然科学基金2项。

学院切实落实国家及北京市科研政策，积极推行“京校十条”。学院依托“北京市物联网软件与系统工程技术研究中心”，联合北京市公交集团公司，神州数码等国内外行业龙头企业，面向重大行业的实际需求，开展技术研究及应用示范，着力推进学院科技成果转化。

（康 路 王晓懿 黄樟钦）

【党建工作】 软件学院党委下设10个支部，共有党员215人。其中，在职教工党支部2个，学生党支部8个。在职教工党员38名，研究生党员147名，本科生党员30名。2014年，发展教工预备党员4人，发展学生预备党员36人。截至2014年底有学生入党积极分子110人。

学院完成基层党委和支部的换届选举工作。5月，学院党委以2014年北京工业大学党风廉政建设和反腐败工作会议精神为指导，完成学院党风廉政建设自查自纠工作。并与领导班子成员、系室主任、管理重点岗人员签订《党风廉政建设责任书》，明确具体岗位责任人的岗位职责和廉政职责。同时与每名本科生和研究生签署《北京工业大学大学生诚信考试承诺书》。6月，为进一步加强服务型党组织建设，学院教工党支部与潘家园松榆西里社区建立服务意向，利用学院的资源优势，发挥软件学院教师的学科背景，为社区提供与软件工程相关的科普类教育、技术类教育的帮扶和支持。10月开始，以践行社会主义核心价值观活动为契机，围绕“践行社会主义核心价值观，做工大好老师”主题，以支部为单位组织讨论，较好地发挥了党员的先锋模范作用。10月，学院党委组织开展“学孔子、悟师德”主题讲座，并向教师发放《北京工业大学教师职业道德与行为规范》手册。

学院高度重视大学生思想政治教育，大力加强学风建设。学生党支部通过开展学业辅导、考前串讲等活动切实服务同学，每学期围绕主题教育活动开展支部内建活动，加强支部凝聚力和活力。近两年，学院先进班集体、优良学风班保持数量的基础上向低年级发展。2014年，130800和130811班获北京工业大学十佳班集体提名。学院认真开展国防教育和学生军事训练，配备有经验负责任的教师带领学生参加军事训练和军事理论的学习，参训学生所在连队获“优秀连队”、“优秀作风连队”等称号，近半数学生因表现突出获“优秀学员”，全院参训学生军事理论一次通过。

重视民主管理和民主监督，充分发挥工会、教代会的参政议政作用。学院工会、执委会分别完成围绕岗位聘任、绩效考核工作，考勤管理办法、学院人才工作文件等的意见征集工作。学院工会启动“日行万步”教工健身活动，以快乐健走、团队健走、科学健走为主要方式。组织教职工参加校工会的各项活动，参加“声动工大”2014年教职工卡拉OK比赛，获优秀奖，学院提交的比赛选手视频获最佳视频奖。组织参加学校趣味运动会，获得单项比赛三等奖。

（张娉蕊　刘　芳　朱　青）

【学生工作】 2014年，软件学院学生参加各类科技竞赛、基金项目500人次。其中星火基金立项28个，科技基金立项21个，国家大学生创新创业计划立项6个。共获得国际级奖项1项，国家级奖项7项，省部级奖项58项，校级奖项数十项。

学院学生在美国大学生数学建模竞赛中，获一等奖1项；2014年“创青春”首都大学生创业大赛中，获二、三等奖各1项；2014 Aisa Graph Reallusion Award 3D 48小时 Live 动画大赛中获最佳影片奖1项；首届Reallusion Award 2014 中国区iClone 48小时创意3D动画总决赛中，获特等奖1项；第五届“蓝桥杯”全国软件专业人才设计与开发大赛全国决赛中，获得三等奖1项，学院获最佳组织奖；第三届首都大学生科技创新作品与专利成果展示推介会中获金奖1项。

学院全年共组织讲座、培训等科技活动54场，累计参加1400余人次。学院重视并积极推进创业培育工作，与教育部教育管理信息中心合作举办2014“创想中国”大学生创业嘉年系列活动和创业训练营系列活动。在2014年校“科学精神与学术规范”教育宣传月中获“优秀组织奖”，并在2014年校科技节中连续第四年获得“优秀组织单位”称号。

学院大力开展学风建设，结合多种平台教育开展新生入学教育工作；带领新生参加行业内尖端会议，以激发学生专业热情；建立“1帮1”帮扶机制、家校共建机制以督促学生重视学业；借助“新生杰出学子”、“星火基金”等平台，提高学生的科研热情，学院获校级“新生工作优秀学院”称号。

在志愿活动方面，软件学院阳光志愿分团组织了一系列公益活动，暑期社会实践中的“光爱学校”志愿团队获2014年度首都大学生暑期社会实践“优秀成果”和“优秀团队”称号；在体育活动方面，软件学院羽毛球队获校级羽毛球比赛女单第一；在校级研究生三人篮球赛中，获全校亚军。

学院在学生就业方面，始终坚持“走出去，请进来”的就业指导理念，根据《软件学院毕业生就业推进计划》，对所有应届毕业生进行就业意向调查和指导。举办第三届“软件学院就业招聘嘉年华”活动，邀请8家业内知名企业来院专场招聘。截至10月31日，软件学院整体就业率100%，名列全校第一，同时获2014年校级“就业工作先进集体”称号。

2014年，学院共面试保送研究生13人，其中外推2人到北京大学软件学院。在奖学金评定中，本科生147人次、260次获校院各级奖学金，研究生25人获评校级学习优秀奖，13人获评社会工作奖，13人获评优秀研究生，3人获评励志奖。同时，获研究生科技创新奖20项。学院获校级十佳班集体提名2个、先进班集体1个、优良学风班5个，优秀团支部2个，校优秀毕业生9人，市级优秀毕业生10人，市级三好学生1人，市级先进班集体1个；国家奖学金3人，国家励志奖学金10人；北川奖学金6项个人奖和2项团体奖，三星奖学金1人，IBM奖学金1人。此外，为鼓励集体建设，软件学院首次设立院级集体奖，共有3个集体获奖。

（赵正艳　刘永平）

【国际交流】 2014年，学院大力支持教师的国际交流活动，支持引进国际交换生，完善国际化办学条件，加强与国际企事业单位的合作。学院聘请长期外籍专家、教师4人，学院教师出国（境）参加国际交流、国际会议共2人次。学院接收6名外籍留学生入院学习，其中长期学习博士研究生2名，长期学习本科生3名，EPIS项目法国短期留学生1名。

5月，学院主办了“中国动画与数字媒体教学”国际研讨会。来自美国纽约视觉艺术学院、日本早稻田大学、清华大学、北京电影学院、中国传媒大学等国内外20所高校的专家学者和来自中国图形图像学学会、搜狐畅游公司、中视典公司等学会和企业代表参加会议。会议的召开对掌握数字媒体技术前沿动态、深入探索专业领域研究方向、增强科技创新能力、促进国际化学术交流和办学、提升软件学院国际国内知名度有积极意义。

（康　路　黄樟钦）

【实验室中心建设】 2014年，为更好地发挥实验室在学院科研、学科及教学工作中的作用，学院将实验中心更名为实验室中心，着重加强科研、学科、教学及实训平台的建设。在本科教学实验室方面，重点建设中央支持地方的信息类工程实训平台及科技创新平台、基于云计算的软件工程实训基础平台、嵌入式软件与系统综合实习平台和移动互联网应用开发平台。“软件学院实验室开放管理系统”正式投入使用，初步实现实验室资源的预约及信息查询。

（俞　敏　黄樟钦）

【招生工作】 2014年，根据教育部招生政策的改变，积极调整工作思路和工作方法，全力拓展生源渠道，加大招生宣传力度，注重生源质量，为学院的学科建设及科研工作做好生源的组织工作。

积极开展研究生招生工作，参加10场全国研究生招生咨询会，开展现场宣传和咨询，同时走访9个城市的工科院校进行招生讲座，重点走进“211工程”学校和“985工程”学校开展针对性招生宣讲。利用全国优秀大学生科技夏令营的机会开展宣传咨询，吸引优质生源。2014年，学院录取研究生共131人（博士研究生2人、学术型研究生15人、专业学位研究生89人、非全日制研究生25人）。

着重推进非全日制工程硕士的招生工作，与朝阳区人力资源和社会保障局联合培养在职软件工程硕士。

（蒋有明　刘永平）

【北京市物联网软件与系统工程技术研究中心】 2014年，北京市物联网软件与系统工程技术研究中心加强科研基地建设，新成立物联网理论与结构研究室、物联网软件研究室、物联网器件研究室、物联网服务研究室、物联网数字应用研究室、物联网安全研究室等研究机构，负责工程中心科研工作、技术成果转化工作及科研实验室建设。

根据北京市科委的要求，工程中心开展2011－2013年绩效考评工作，系统地梳理三年来工程中心所承担的国家及北京市重大项目及取得的成果，明确工程中心技术成果转化工作所产生的贡献，顺利通过北京市科委组织的工程技术研究中心绩效考评工作。通过梳理总结，进一步明确工程中心的建设目标，制定未来三年发展规划。

（杨璐璐　黄樟钦）

【北京实验教学示范中心验收】 2014年11月20日，学校召开北京工业大学北京市级实验教学示范中心验收会，学院软件工程实践教学示范中心接受验收专家组现场考评。软件工程实践教学示范中心主任朱青教授，从示范中心的建设思想、建设现状、建设成效以及示范中心的特色4个方面，介绍软件工程实践教学示范中心自2009年7月被评为北京市级实验教学示范中心（建设点）以来在实验教学、实验队伍、管理模式、设备与环境等方面的建设情况，并向专家组展示中心的实验教学效果、教学成果以及中心富有成效且具有推广意义的建设特色。专家组在查阅材料、听取汇报、质询答疑和现场考察后，对中心的建设工作给予充分的肯定，并提出改进的方向，一致同意软件工程实践教学示范中心通过验收。

（俞　敏　邱　凌　朱　青）

【研究生学位论文标准制定】 2014年，为进一步保证研究生教育质量，推进学位授权点评估相关工作，学院根据《北京工业大学关于制定研究生学位授予标准的指导性意见》要求，依据博士研究生、学术学位硕士研究生和专业学位研究生的培养特点，结合国务院学位委员会制定的《一级学科博士、硕士学位基本要求》、全国工程硕士专业学位教育指导委员会制定的《工程硕士专业学位基本要求》以及2012版北京工业大学研究生培养方案等文件，制订完成了博士、学术学位硕士以及专业学位工程硕士学位标准的制定工作，为确保研究生培养质量奠定良好基础。

（邱　凌　梁付娟　黄樟钦）

【动漫与数字媒体教学研讨会】

2014年5月23至24日，学院举办“中国动画与数字媒体教学”研讨会。会议邀请来自清华大学、北京电影学院、中国传媒大学、日本早稻田大学、美国新泽西州罗格斯大学、中国图形图像学学会的专家学者和来自国内20所高校的同行以及来自搜狐畅游公司等的企业代表。与会代表围绕会议主题，从战略发展高度和行业发展视角，交流国内动画与数字媒体教育领域的前沿动态，探讨该专业国家质量标准与国内各高校相关专业教学计划的关联情况，分享在数字动画与数字媒体教学、生产和制作方面的新原理、新技术、新设备及新应用。

（林　华　朱　青）

【岗位聘任】 2014年3至7月，软件学院进行岗位聘任工作。经过岗位设置、申请人答辩、学校和学院岗位评审和聘任委员会核定，45人受聘各类各级岗位。聘任教授岗位5人，副教授岗位11人，讲师岗位9人，教辅人员5人，管理人员15人。

（丁淑杰　刘宏珍）

【三级机构调整】 2014年9月，根据学院工作发展需要，为进一步完善管理体制加强团队建设，学院完成三级机构调整和设置。调整后的机构包括4个系：软件与网络工程系、嵌入式软件与系统系、信息与服务工程系、数字艺术系。4个研究室：物联网软件研究室、物联网器件研究室、物联网服务研究室、物联网数字应用研究室。教辅和管理部门包括：实验室中心、综合办公室、教务办公室、学生办公室、招生办公室。共13个机构。

通过此次机构调整工作，教师按照教学任务和科研学科方向，分属系和研究室管理，责任明确，任务明晰。全院围绕学院“十二五”规划的具体指标为工作基础，开展人才培养、科学研究、学科建设和管理工作，争取获得标志性办学成果。

（丁淑杰　刘宏珍）

艺术设计学院

【发展概况】 北京工业大学艺术设计学院（College of Art and Design，以下简称艺术设计学院）设有工业设计、视觉传达设计、数字媒体艺术设计、服装设计、美术、工艺美术、环境艺术设计7个系；16个专业方向：产品造型设计、展示艺术设计、家具设计、平面设计、多媒体网络传播、商业摄影、动画、数字媒体艺术设计、服装设计、雕塑、绘画、装饰艺术设计、金工首饰设计、室内设计、景观艺术设计、空间装饰（博物馆）。

学院有编内在岗教职工195人，其中专任教师134人。专任教师队伍中，教授10人，副教授及其他副高级职称38人，讲师81人。具有博士学位教师8人，硕士学位教师85人，在职攻读博士学位5人，在职攻读硕士学位16人。

2014年，参加毕业资审学生370人，365人取得毕业证、学位证。录取研究生18名，其中，攻读工业设计工程专业学位10人、设计学学术学位8人。招收本科生372人（含留学生2人）。在校学生1531人。

根据学校统一部署，学院先后完成领导班子换届、学院学术委员会、学位委员会、教代会换届及全员岗位聘任工作。学院共有180名教职工参加2014年岗位聘任，包括教师岗127人、专技岗16人、管理岗26人、工勤岗11人，其中有39人晋升岗位等级。

完成学院域名（www. bjiad. cn；www. bjiad. com. cn；www. bjiad. www. bjut. edu. cn）注册工作。

（孙慧丽　孙大力）

【学科建设】 2014年，学院艺术硕士学科点获批。完成“211工程”四期重点学科申报。组织工艺美术、绘画、雕塑三个目录内专业的设置申报工作。组织院内各专业完成校内评估工作。成立艺术与设计理论研究所，为学院师生学术研讨搭建平台，理论与专业相互促进。成立工艺美术系。5月，学院邀请文乾刚等20余名中国工艺美术大师到院座谈，剖析专业，共商工艺美术学科发展方向。

结合学院领导班子换届，对新学科楼使用和学科建设领导小组及委员会成员进行调整。孙大力院长和林志远书记任组长，成员由党政联席会成员组成。明确委员会下设3个临时工作组，分别负责新学科楼建设相关工作。学院新学科楼基建工程于10月完成，并通过竣工验收。

（林志远　孙大力）

【师资培养】 环艺系教师赵航被评为北京工业大学教学名师。工业系教师刘洋获“2015科技北京百名领军人才”及“2014中国工业设计十佳大奖”。

（林志远　孙大力）

【教学工作】 完成2014年招生报名及专业考试工作。报考人数13249人，计划招生本科380人（含外省190），录取376人，报到368人，未报到8人；本科留学生2人。组织报考和推荐免试研究生工作，共录取研究生18名。完成2015级研究生推免工作。共接收13名推免研究生，其中本校10名，外校3名。完成2013级本科生的专业方向分流工作。组织教学工作并组织申报、审核校、院级选修课程。全学年提供56门次选修课和3520人次选课机会。组织落实2015版培养方案修订工作。编制学院2015版培养方案基本框架，参与各专业方案研讨，统计分析各专业方案的异同，审核各专业培养方案等。完成专业建设2014年专款分配及2015年专款申报工作。完成700多门次课程的网上评教工作，为学校评估等工作提供数据保障。完成教师相关项目中期检查材料汇总上报，组织论文奖励、优秀教育教学成果奖申报、教学名师申报。完成2014届原始资料归档工作。

（李国平　廖　伟）

【科研工作】 认真做好科研管理基础建设工作，提高科研服务水平。多渠道、便利教师申报科研项目，增强科研信息服务的能力。加大组织申报科研项目工作力度。学院全年共完成科研立项33个（含3个省部级科研项目），其中纵向科研项目10个，横向科研项目23个，共获得科研合同经费近700万元，总到账经费606万元。组织多项科研学术活动，加强与院外学术团体之间的交流合作。

学院组织完成纪念反法西斯战争胜利69周年专题展——《伟大贡献——中国与世界反法西斯战争》展陈设计项目。学院特色资源库建设获北京市教委优秀资源包建设奖2项。学院教师年内共发表论文50篇；出版著作7本，著作3本、作品集2本、编著1部、艺术专刊1本；教师参展43项，其中国际级5项、国家级17项（全国美展参赛4人）；科研成果获奖多项，其中一等奖2项、金奖2项、银奖1项、优秀奖1项、提名奖1项等。

服装系教师武梅作品《纹样设计》参加“教育部教育管理信息中心大赛”获一等奖。在第14届全国多媒体课件大赛中数字媒体教师吴伟和作品《纹样设计》获一等奖。学院组织学生参加多个设计大赛，在“2022北京冬奥会申办主题海报设计”6组作品入围前10名，在大赛中，在“为坐而设计”、“首届中国体育器材创新设计大赛”、“第三届卡萨帝创意设计大赛”、“第六届全国大学生广告艺术大赛”、“2014中国大学生计算机设计大赛”等赛事中获一等奖5项、二等奖11项、三等奖15项。学院获第一届全国青年运动会传播元素组织奖、第十五届白金创意全国大学生平面设计大赛最佳组织院校奖，视觉系教师胡安华获优秀指导教师奖。

（马文丽　邹　锋）

【实验室建设】 2014年，北京工业大学“博物馆展陈设计与空间实现北京重点实验室”承担省部级纵向课题5项，合同金额163万；各类横向课题8项，合同金额305.2万；发表论文7篇。6月17日，重点实验室在京召开主题为“博物馆设计、实践与应用”的会议，围绕“形态学在博物馆展陈设计实践中的应用与意义”以及“博物馆照明论坛前期讨论会”等展开研讨。10月，由中国博物馆协会、中国文物信息咨询中心、北京工业大学联合主办，博物馆展陈设计与空间实现北京市重点实验室承办的“第二届全国博物馆文化产品创意设计推介活动”正式启动并于12月闭幕。5月，学院正式成立实验室管理中心，统一实验室管理，保障资源共享。完善学院实验中心各项使用管理制度。通过实践课程有效支持教学科研工作，本年度实验中心承担课程5856学时，上课学生人数1728人；课余对学生开放1529学时，参与学生485人；12名学生利用实验中心资源，参加各类竞赛获奖。在保障教学实践、科研项目开展的基础上，以新学科楼建设为契机，进一步推进实验中心各专业实验室建设，继续面向全院开设陶艺、网印、蜡扎染、漆艺、首饰设计、珐琅配饰设计、流行首饰设计等选修课。

（王　浩　邹　锋）

【党建工作】 （1）领导班子建设。坚持参加校院两级理论中心组学习、处级干部培训，促进领导班子政治理论水平和业务管理能力进一步提升。年内1名班子成员参加国外中期培训学习。坚持民主集中制原则，提高领导班子民主、规范、科学的决策水平。学院党委统一思想、宣传到位、严格程序，完成换届工作各项任务。在人事任免、资金使用等重大事项决策上，坚持党政联席会制度集体讨论决定。

（2）党建和思想政治工作。组织落实好校党委关于“北京高校党建先进校”评选后续各项要求，夯实基础，强化规范。积极开展党建宣传和党员发展，加强党员教育，全院共有党员360名，其中学生党员201人（含29名研究生党员），在职教师党员105人，离退休党员54人。发展接收预备党员3批76人；转为正式党员91人；毕业生党员转出96人；办理组织关系暂存3人；组织两批100人党校学习；组织院内党课讲座2次，学员100人，共有123人提交入党申请书，占学生总数的12.45%。

检查全院22个党支部工作，进一步规范支部组织生活，结合学习《中国共产党发展党员工作细则》，组织支部书记培训。进一步加强学生思想政治工作，坚持培育和践行社会主义核心价值观，强化学生思想和素质教育实效。紧密围绕学院人才培养目标，继续深入开展各类主题教育活动，将高质量专题讲座与主题教育活动相结合，学生党支部开展贴近专业、贴近生活的学习活动。开展“践行社会主义核心价值观、争做工大好学生”活动，围绕社会主义核心价值观“三个倡导”的基本内容，各系党支部、各班经过讨论归纳出10条工大好学生标准；坚持全员育人，落实“教育教学一体化”长效机制；落实《北京工业大学2013－2015学生党员先锋工程实施方案》，以党建带团建。

（3）党风廉政建设。严格落实中央“八项规定”和市委十五条意见精神，以及学校具体要求，全院逐渐形成厉行节约、反对浪费、勤奋敬业、清正廉明的良好风气。对大额经费的使用，坚持集体讨论决定，书记、院长双重审核。坚持对廉洁自律和廉政建设落实情况进行检查，年终进行述职述廉，自觉接受组织和群众监督。

（4）工会、教代会工作。保障广大教职工的民主权益和合法权益；组织开展趣味运动会、摄影作品大赛等各项群众性的文化娱乐活动，丰富教职工业余生活。发挥工会在构建和谐校园中的积极作用，做好学院教职工的思想和服务工作，为整体迁入工大做好思想和行动上的准备，努力解决好教职工思想、工作和生活中遇到的困难。认真贯彻执行离退休政策，探望离退休老教工，切实做好对离退休同志的服务管理工作；组织离退休同志开展春出游、疗养等有利于身心健康的积极向上的文体活动；坚持每年走访慰问离退休老教师，切实将学院的关怀落到实处。

（5）安全维稳工作。院党、政一把手共同负责，组织落实招生、军训等重大活动，做好节假日和敏感时期的安全维稳工作，及时化解工作中出现的矛盾纠纷，消除校园内存在的各类安全隐患。

（蒋一凡　林志远）

【学生工作】（1）党建带团建，扎实推进党团建设。协助完成党员统计任务。开展各项主题教育活动。继续在学生党员中开展红色“1＋1”新生辅导活动，1个老生党员帮带1个新生宿舍，指导新生适应大学生活；9名新生参加学校党校学习。举办院级团校，以“时间都去哪儿了”、“我的未来不是梦”、“欢乐一家亲”为主题面向全院各级学生干部举办，针对学生干部反映强烈的时间管理、职业规划、班级建设等方面困惑邀请指导教师专题讲座，请高年级的优秀学生干部做经验交流。

（2）重视新生教育工作。2014级新生中本科生男生113人，女生255人，研究生男生8人，女生10人。本科生北京生源207人，占56%；研究生本校生源13人，占72%。学院遵循“以学生为本”和“一切为学生服务”的工作理念，将入学教育作为新生思想政治教育和专业培养的重要环节，帮助新生了解学院历史、感悟工大精神。每个班都配备高年级学生干部作为学生助理辅导员，协助辅导员做好工作。

（3）就业措施落实到位，实施各系就业工作责任制。重视学生创业意识和能力培育。视觉系学生吕凯的艺美童心少儿美术教育中心项目入围“全国大学生创业基金”全国总评审。全方位、多途径营造就业工作良好氛围，举办“年轻向上的力量”学院专场招聘会，20余家用人单，提供400多个工作岗位。

（4）建设双平台，推进多层次学业辅导。组织学生参加提升专业基本功和创新能力的活动。组织开展“科技节”相关活动，组织学生参加校内外各类作品展，激发学生专业潜质。落实“杰出学子新生计划”、“杰出学子培育计划”，本年度第三期杰出学子（2010级）和第二期杰出新生（2012级）结题，第三期中10人继续攻读硕士学位。落实学习预警制度，做好对学习困难生帮扶工作。

（5）坚持服务和管理育人，营造学生健康成长的良好氛围。落实班级联系人制度，严格执行宿舍管理制度。做实做细特困生群体工作，提供岗90个，帮助贫困学生约700人次，支出勤工助学资金约12万元。

本科生奖学金共评出国家奖学金3人、校级三好学生31人、校级优秀学生干部56人、校级学习优秀222人、科技创新奖23人、校级励志奖10人及众多院级同类奖项共计381人，获奖人数（不含助学金）占本科学生总数的25.73%，校级优秀班集体3个，校级优良学风班7个，支出奖学金34万余元。2013－2014学年度研究生奖学金共评出校级学习优秀奖一等奖2人、二等奖5人，社会工作奖3人，优秀研究生2人。

（于明秀　董　静）

【对外交流】 继续稳步推进已有的、持续性较好的国际、境外合作项目。6月，工业系师生携作品第三次参加国际米兰家具展。7月，继续参加由美国Art Center设计学院举办的“E级方程式国际设计锦标赛”(Formula E Design Championship)，9名学生前往美国参加全球总决赛，获多个奖项。6月、11月，法国巴黎AUTOGRAF设计学院师生一行19人与学院环艺系4名教师和17名学生开展为期各一周的教学互访及WORKSHOP设计交流合作，双方合作完成“北京工业大学艺术设计学院新楼环艺系教学区改造”主题空间课题设计。

学院以课程讲授、设计专题和竞赛的合作为突破口，邀请16名外籍设计专家来校开展不同层面多种形式的学术交流与合作；聘请日本建筑结构设计师新谷真人、建筑设计师隈研吾、著名建筑与工业设计师黑川雅之为校聘教授；聘请德国原斯图加特设计学院原院长克劳斯·雷曼、宝马公司Georg Allmandinger为院聘教授。积极开展访学项目，有1名教师赴韩国援教，3名教师赴意大利、美国访学。41名学生出国参与校际合作交流项目。招收2名攻读学位外籍留学生，首次实现留学生零的突破。共有国内外业内知名专家来学院举办专业讲座27场；师生参加90项国内外展览、赛事；教师参加大型学术研讨会4场；为社会完成设计任务8项；国内外校际交流16次。

（刘　阳　陈美娟　孙大力）

【后勤保障】 维修、更换老化设备，保障教学。根据学院新学科楼建设委员会工作安排，结合学院“十二五”发展目标和人才培养模式的调整，开展2015年新学院学科楼建设相关专项经费的申报，在多次实地考察的基础上先后完成了家具样品设计、市场调研、需求研讨，以及申报材料的整理和论证等项工作。盘点固定资产，为学院搬迁做准备。

（李　玲　赵志友　王毅强）

【完成《伟大贡献——中国与世界反法西斯战争》展陈设计】 2014年9月3日，中国人民抗日战争暨世界反法西斯战争胜利69周年纪念日之际，由中共北京市委宣传部、中国人民抗日战争纪念馆主办、中国抗日战争史学会协办的《伟大贡献——中国与世界反法西斯战争》专题展览开展。该展览以“同一条战壕，同一场胜利”为理念，由艺术设计学院和校属北京天图文化创意产业集团共同完成。展陈设计运用展陈艺术与科技手段，将展览的5个单元、8大重点严谨合理地陈列在专题展厅空间之内。此前，学校于7月8日接到《伟大的贡献——中国与世界反法西斯战争胜利》专题展的展陈设计任务，7月9日，学校专门成立“北京工业大学纪念反法西斯战争胜利日展陈设计工作领导小组”，校党委书记郑吉春和校长郭广生担任组长，副校长张爱林任副组长。艺术设计学院发挥设计学科的专业优势，由各学科责任教授、中青年教师和研究生组成研究团队，与天图公司组成设计组和工程实施项目部，经过50天奋战，最终以高质量、高水平的展陈设计为国家的抗战纪念活动献礼，得到中央有关部门及北京市领导的肯定。

（邹　锋　孙大力）

【学院教师主持设计“独立自由勋章”雕塑】 7月7日，习近平总书记与全国政协主席俞正声一同参加纪念全民族抗战爆发77周年仪式，并与参加过抗日战争的老战士，以及2名少年儿童一起，为“独立自由勋章”雕塑揭幕。该雕塑由学院邹锋教授设计团队主持设计，由“独立自由勋章”浮雕中英文、装饰纹样组成，材质为锻铜贴金，长4米，宽3.2米。整座雕塑寓意中国人民为追求和平正义、捍卫民族独立自由而不畏强暴、不怕牺牲的斗争精神。作为纪念活动的主体标志，“独立自由勋章”雕塑将永久存放在中国人民抗日战争纪念馆广场。

（马文丽　王　浩）

马克思主义学院

【发展概况】 北京工业大学马克思主义学院（College of Marxism）成立于2011年3月，下设马克思主义原理、中国特色社会主义、中国近现代史、德育和自然辩证法等5个教研室和1个行政办公室，马克思主义学院与人文学院同属人文学院分党委。马克思主义学院承担全校思想政治理论课教育教学、科学研究、马克思主义理论学科建设及研究生培养任务。截至2014年底，马克思主义学院（校本部）共有教职工32人，其中专任教师30人；专任教师中现有教授5人，副教授18人，具有博士学位的教师17人，占全体教师的56.7%。教师中现有全国高校优秀思想政治理论课教师、北京市高等学校教学名师1人，北京市新世纪社科理论百人工程优秀人才、北京市宣传文化系统“四个一批”人才1人，北京市青年骨干教师5人，北京市属高校青年拔尖人才2人，北京工业大学“日新人才”4人。2014年度，2名教师入选北京市属高校思想政治理论课中青年骨干教师择优资助计划，1名教师被评为北京高校思想政治理论课教学能手，1名教师获得“北京高校优秀德育工作者”称号，1名教师被评为北京工业大学优秀教师，2名教师被评为北京工业大学优秀教育工作者，1名青年教师入选北京工业大学“日新人才”培养计划。

（尤　欣　李东松）

【学科建设与研究生培养】 学院现有马克思主义理论一级学科和科学技术哲学二级学科硕士学位授权点，共有硕士生导师21人，在校硕士研究生36人（其中马克思主义理论学科20人，科技哲学学科16人）。2014年，学院配合党委研究生工作部组织的学风建设活动，采取各种措施，加强科学精神和学术规范教育，在每一届研究生新生教育活动中都纳入科学精神和学术规范教育内容；在研究生开题环节加入自查新环节、在毕业论文审查前加入查重环节；在党委研工部支持下，开设“文科研究生学术规范与论文写作”观摩研讨课。根据2012版研究生培养方案要求，积极推动马克思主义理论一级学科点和科学技术哲学二级学科建设工作，对研究生培养方案进行修订，调整研究方向，加强专业课程建设，特别加强开题环节、中期检查和答辩工作方面的严格要求，同时针对全国研究生培养方式的改革，初步形成加强研究生导师队伍建设的方案。2014年毕业研究生10人，就业率100%。

（丁　云　李东松）

【教学工作】 学院承担全校本科生和研究生的思想政治理论课教育教学和本院研究生的培养及其他教学工作。

在北京市教工委主办的北京高校社会主义核心价值观教学演示活动中，1名教师被评为北京高校思想政治理论课教学能手。7月，2014届毕业生中开展的北京工业大学“立德树人榜样”我心目中最喜爱的老师评选中，1名教师入选。9月，2门研究生课程获得学校研究生精品课程建设立项。1名教师被评为2014年度北京工业大学教学名师。

通过多种方式落实社会主义核心价值观教育进课堂工作。举办“培育和践行社会主义核心价值观与思想政治理论课教学改革”座谈会，进行专题研讨，各教研室结合相关课程进行集体备课；组织参加全国高校“培育大学生社会主义核心价值观与思政课教学方法改革研讨会”及相关培训11人次。

继续推进思想政治理论课考试方式改革，进一步发挥考试对于教与学的指挥棒的作用。全面推行《中国近现代史纲要》和《思想道德修养与法律基础》2门课程考试改革，实行过程性、开放化和分阶段的考核，加强试题、试卷库的建设。《马克思主义基本原理》课的个别课堂进行开放性考试改革，把课外研究性阅读和课堂研讨与考查结合起来，学生学习的主体性得以增强，显著提高了到课率和听课率。

在课程建设方面，6月，钱伟量教授主讲的国家级精品视频公开课——“科学究竟是什么？——科学本性的哲学与社会学探讨”同时在“爱课程网”和“网易公开课”正式上线。

继续深化实践教学环节改革。7月，组织2012级本科生实践成果评比，通过分组答辩的方式，共评选出一等奖6个；二等奖16个，三等奖11个，共有170名学生获奖。在此基础上，组织优秀学生实践成果参加“2014年首都高校思想政治理论课学生社会实践论文”评选，共获特等奖1项，二等奖1项，2名教师获优秀指导教师奖，学校获优秀组织奖。

继续加强现代教育技术手段的学习和应用。6月，邀请现代教育技术中心的教师为思想政治理论课教师做微课专题培训；“思想道德修养与法律基础”课首次在都柏林学院和樊恭烋学院进行慕课教学试点。

（尤　欣　李东松）

【科研工作】 2014年新增北京市哲学社会科学基金一般项目2个，北京市教工委思想政治理论课专项课题5项，北京市教委项目4个，纵向项目合同金额共计53.8万元，实际到款金额29.7万元；新增横向课题9项，横向合同金额合计79.7万元，实际到校金额72.7万元。共发表论文27篇，其中在CSSCI期刊发表论文7篇，发表EI论文2篇，国际会议论文1篇。出版编著著作1部，参编著作4部。

在学术交流方面，9月，1名教师参加清华大学主办的“历史虚无主义的新动态、新表现”学术研讨会；10月12日，马克思主义学院与北京市自然辩证法协会在北工大共同主办第五届北京城市发展战略论坛暨2014年北京市自然辩证法研究会年会；11月，马克思主义学院6名教师参加“当代大学生思想政治教育模式暨思想政治理论课骨干教师培养”研讨会；邀请校外专家讲座4场，参加国际会议2人次。

继续开展“马克思主义与

当代中国发展论坛”活动，全年共举办学术讲座2场，马克思主义理论和科技哲学学科的教师，研究生，以及人文社科学院社会学、法学等学科的教师，研究生80人参加论坛报告会。

参与学校“2011首都社会建设与社会管理协同创新中心”工作，主持“首都社会建设与社会管理协同创新中心”基础理论平台和“首都社会组织培育与管理体制创新”项目的研究工作，全年马克思主义学院共有17名教师参与协同创新中心的研究工作，超过全院专任教师的60%。

（徐珍泉　李东松）

【全员德育工作】 根据大课堂教育的理念，积极参与校园文化建设，延伸课堂教学内容，积极开展党的理论、方针政策宣讲，努力在学校全员德育体系中发挥重要作用。

深入推进政治辅导员制度。继续推进和完善思想政治理论课教师兼任政治辅导员制度，使之常态化，13名政治辅导员共为各二级单位上党课、辅导报告、形势政策报告或新生入学教育等16场。

成立理论宣讲团，开展党的理论、发展政策宣讲。与宣传部联合成立北京工业大学理论宣讲团，学院共有14名骨干教师参与，理论宣讲团围绕党的十八届四中全会精神、社会主义核心价值观、中国特色社会主义等主题开展理论宣讲。

与校宣传部合作，创办内部刊物《思想理论动态》（月刊），以简短的篇幅汇集比较有代表性的理论观点和思想文化领域的新闻热点，并依据马克思主义的立场和观点加以简要评论，以便于学校领导和各二级单位负责人及时掌握当前的思想理论动态，为进一步做好学校党建和大学生思想政治教育工作，正确引导大学生积极培育和践行社会主义核心价值观提供参考和借鉴。

组织“青年马克思主义者培养工程班”师资团队，为学校培养具有马克思主义理论素养的青年干部发挥作用。开设本科生和研究生层次的与思想政治理论课教学内容相关的选修课，营造以马克思主义和社会主义核心价值观为引领的先进校园文化。

（丁　云　李东松）

【协办第五届北京城市发展战略论坛】 由北京市科协主办、北京自然辩证法研究会承办、北京工业大学马克思主义学院协办的第五届北京城市发展战略论坛暨北京自然辩证法研究会七届四次理事会于10月12日在北工大召开。本次会议旨在从交叉学科角度研讨北京城市发展过程中的战略和指导思想，关注北京城市发展中存在的问题和面临的挑战，梳理北京城市管理大思路。论坛共有12名专家分别作“北京城市功能疏解问题研究”、“北京水资源紧缺问题的思考”等主题演讲。七届四次理事会重点围绕北京自然辩证法研究会会刊《科技、人文与社会（第2期）》的发布、研究会增补会员和增选理事的情况介绍、“首都功能定位与京津冀一体化”综合性论坛筹备情况的汇报和讨论研究会活动计划等方面展开。

（丁　云　李东松）

【成为北京高校研究生思想政治理论课研究会副理事长单位】 5月31日上午，“北京市高等教育学会研究生思想政治理论课研究会成立大会暨北京高校研究生思想政治理论课教学研讨会”在中国人民大学召开。来自全市50余所高校的马克思主义学院负责人和研究生思想政治理论课教育教学负责人100余人参加会议。李东松被聘为北京市高等教育学会研究生思想政治理论课研究会第一届理事会副理事长，并在会议上就北京工业大学研究生思想政治理论课建设思路及状况做专题发言。

（丁　云　李东松）

城市交通学院

【发展概况】 北京工业大学城市交通学院（College of Metropolitan Transportation，以下简称交通学院）成立于2013年12月，由学校交通运输工程、计算机科学与技术、控制科学与工程3个优势学科和师资队伍组建而成，主要以学科交叉为特色开展交通领域的学科建设、人才培养、科学研究及服务社会工作。学院设智能交通系、交通工程系、道路与轨道工程系3个系，拥有国家级省部共建“国家重点实验室”培育基地1个，拥有北京城市交通协同创新中心、北京市城市交通运行保障工程技术研究中心2个研究中心，以及交通工程北京市重点实验室、多媒体与智能软件技术北京市重点实验室和智能交通关键技术交通行业重点实验室3个重点实验室。

学院设有交通工程1个本科专业，以及交通运输工程、计算机科学与技术、控制科学与工程3个一级学科博士和硕士学位授予点，1个博士后流动站。截至2014年底，学院有教职工52人，其中专任教师47人；专任教师中，具有博士学位教师45人，博士生导师11

人，硕士生导师29人，正高职称15人，副高职称18人，有国家杰出青年基金获得者1人，中共中央组织部“千人计划”1人，“新世纪百千万人才工程”国家级人选1人，“长城学者计划”入选者1人，北京市科技新星5人，北京市青年拔尖人才3人，“北京工业大学京华人才”培养计划入选1人，“北京工业大学日新人才”培养计划入选2人。

本年毕业85人，其中，研究生52人（博士生7人，硕士生45人），本科生33人。招生162人，其中，研究生102人（博士生16人，硕士生86人），本科生60人。在校生478人，其中，研究生308人（博士生77人，硕士生231人），本科生170人。

（周　亮　翁剑成）

【学科建设】 学院有本科专业1个：交通工程（实验班）；博士学位点3个：交通运输工程、计算机科学与技术、控制科学与工程；硕士学位点5个：交通运输工程、计算机科学与技术、控制科学与工程、物流工程、计算机技术；项目博士后流动站1个：交通运输规划与管理；工程硕士招生领域2个：交通运输工程、计算机技术；高校教师在职攻读硕士学位招生专业2个：交通运输规划与管理、道路与铁道工程；北京市重点学科2个：道路与铁路工程、交通运输规划与管理；北京市重点建设学科1个：道路与铁道工程。

学院现有1个国家级省部共建“国家重点实验室”培育基地，拥有北京市2011“首都世界城市顺畅交通协同创新中心”以及交通工程北京市重点实验室、多媒体与智能软件技术北京市重点实验室、北京市城市交通运行保障工程技术研究中心和智能交通关键技术交通行业重点实验室。学校签订战略协议，与北京市交通委员会战略共建北京工业大学城市交通学院、北京市交通研究中心、北京市交通信息中心和北京市交通节能减排中心的研发分中心，全面实现资源共享。实验室总面积超过9000平方米，其中10万元以上大型仪器设备107台件，仪器设备总价值6098万元。学院新建设基地2个，见表13-2。

【教学工作】 2014年，通过全院和外请专家及用人单位大讨论，制定2014版交通工程（实验班）和2015版交通运输类本科培养方案，并分别撰写教学计划、教学大纲及课程简介等。共计毕业33名本科生，其中1名学生获校特优毕业设计论文；2014年交通学院交通工程专业全部实现实验班招生，共招收60人，学院为60名新生全部配备团队导师；交通工程专业于2014年底通过校内专业评估；全年举办14场工程大师论坛；学生发表论文38篇，获得专利7项。

2014年，学院主办第六届北京工业大学交通科技大赛，参与人数近50人，选送的获奖作品获全国大学生交通科技大赛二等奖2项、北京市交通科技大赛三等奖1项。学院学生获国家级大学生创新创业训练计划项目2个；获校级星火基金重点项目2个，一般项目4个。

全年教师共计23人次到8所国内高校开展教学调研；共计9人次参加校外师资培训；举办交通学院青年教师教育技术培训，学院全体在编的40岁以下青年教师20人参加培训；4名新入职教师完成新教师助课。

2014年，资助本院教师出版教材4部；发表教学论文1篇；取得软件著作权1项；获批1项校级教育管理课题，推荐申报了2项校级教育教学成果，其中，1等奖1项，2等奖1项；院级教育教学立项18个，并完成中期考核。

（彭秀芳　翁剑成）

表13-2　2014年城市交通学院新建设基地

基地类别	基地名称	批准部门
行业重点实验室	城市公共交通智能化交通行业重点实验室	交通运输部
协同创新平台	交通运输部城市综合交通协同运行及超级计算协同创新平台	交通运输部

（周雨阳　陈艳艳）

【科研与实验室】 到校科研经费2800万元。其中纵向科研经费882万元，横向科研经费1914万元；纵向科研新立项17个、横向科研新立项31个，其中国家自然科学基金项目2个，国家基金重大项目2个，国家基金青年基金1个，国家科技支撑计划6个，北京市自然科学基金项目1个，北京市教委面上项目2个，创新平台项目2个，重点实验室项目1个；获北京市创新人才培养计划（原新星计划）1个，北京市科委科研计划2个，在研项目总计

53个。

2014年获省部级以上奖励3项。新增北京市级科研基地2个，主持国际学术会议2次，发表论文157篇，出版科研专著3部。申请发明专利18项。外请专家作学术报告17次。

【党建工作】 交通学院党委于2014年7月成立，11月，学院党委第一届党委委员选举大会召开，以无记名投票方式差额选举产生学院第一届党委委员，王文杰、尹宝才、边扬、周亮、郑建彬、荣建、翁剑成7人当选。学院党委第一次全体会议选举王文杰为中共北京工业大学城市交通学院党委第一届委员会书记，翁剑成为副书记。截至2014年12月，学院有14个党支部，其中在职教职工支部4个，本科生支部1个，硕士生支部7个，博士生党支部2个。

学院共有党员227人。在职教职工党员35人，占教职工总数67.3%；教职工党员中具有博士学位29人，具有硕士学位的5人，副高以上职称21人；学生党员191人，其中本科生党员15人，占本科生总数8.8%，硕士生党员143人，占硕士生总数61.9%，博士生党员33人，占博士生总数42.9%；31人参加学校党校学习，新发展党员24人（本科生9人、硕士生15人、博士生0人），预备党员转正7人；在职职工中有民主党派成员3人，包括民盟2人、九三学社1人。

学院制定《城市交通学院院务公开实施办法》、《城市交通学院党政联席会议制度及议事规则》、《城市交通学院领导班子民主生活会制度》、《城市交通学院党委委员会例会制度》等系列制度，完善集体决策机制，提升决策能力，保证权力在制度下，在群众监督下运行，加强学院反腐败工作建设，推动廉政风险防控。6月，学院先后召开党风廉政建设自查自纠工作动员会和推进会，成立由学院领导班子成员及三级机构负责人组成的工作组，组织领导班子及全体教工参观“高等教育领域职务犯罪警示教育展”，深化落实党风廉政建设自查自纠工作。11月，学院围绕“培育和践行社会主义核心价值感，做工大好老师”为主题邀请学者来院作专题报告，组织开展观看影片《天河》、参观焦庄户地道战遗址、发放警示教育简报等系列教育活动。

（周　亮　郑建彬　王文杰）

【工会教代会】 11月26日，召开交通学院工会成立暨第一届教职工代表大会，正式成立交通学院工会和教代会。大会按照民主程序，选举产生了交通学院第一届工会委员会委员，王文杰、严海、张勇、郑建彬、曹静5人当选；第一届教职工代表大会执行委员会委员，丁文鹏、代桂平、孙立山、严海、张金喜5人当选。截至2014年12月，交通学院会员总人数50人，工会小组4个。以教代会为载体，推进学院民主管理，审议和通过院长年度工作报告，审议和讨论通过学院年度绩效考核办法、年度考核办法等与教职工利益密切相关的文件；围绕学院工作，工会积极开展了趣味运动会、羽毛球健身、卡拉OK比赛、地道战旧址参观等活动，促进了学院教职工的融合和交流。

（严　海　王文杰）

【对外联络】 2014年，学院教师参加各类境外举办的国际学术会议共计10人次，出国进修和培训2人次。建院初期，学院成立工作调研小组，出访调研京内外高校11所。

10月18日，学院迎来“二十年后来相会”校友返校活动，近20名交通校友与教师代表任福田、肖秋生、刘金凤等师生参加校友茶话会。12月25日，北京工业大学校友总会交通行业分会成立大会召开，大会通过《北京工业大学校友总会交通行业校友会章程》、《北京工业大学校友总会交通行业校友分会第一届理事名单》，任福田教授当选理事长，9名交通领域杰出校友当选副理事长。

（周　亮　翁剑成）

【学生工作】 2014年，学院学生工作主要围绕机构完善、制度建设、党团建设、招生就业、学风建设、奖学金评定、学生科技、勤工助学与心理辅导等几个方面开展。

机构完善。学生划转完成，院团委、学生会、研究生会成立，设立学院学生工作指导委员会暨学生科技指导委员会，成立了交通学院教师家长联席会，吸纳40名学生家长成为第一届教师家长联席会委员。

制度建设。学院制定一系列学生工作相关制度，包括《学生工作指导委员会暨学生科技指导委员会制度》、《城市交通学院研究生奖学金评定办法》、《北京工业大学城市交通学院本科生奖学金评定条例细则》、《北京工业大学城市交通学院国家励志奖学金评审办法》、《团队导师兼辅导员工作助理管理办法》，《交通学院辅导员工作条例》等。

党团建设。学院紧密围绕党建带团建的学生工作思维，开展了“我是交通人——我为社会主义核心价值观代言”和“交通人微课堂”系列活动，全面践行社会主义核心价值观普及传统文化、巩固思想建设。

学生党支部开展系列活动，选拔和推荐本科生党员与积极分子担任学院新生班团队导师助理兼辅导员工作助理；组织党支部书记及支委听取《共产党员修养与青年大学生成长》等系列报告，到“中关村国家自主创新示范区”、国家博物馆、军事博物馆进行参观学习、学生党员集体观看电影《天河》、共同学习《中国共产党发展党员工作细则》。学院第一期党员发展对象培训班顺利举行；2012级交通硕士党支部和计算机硕士党支部与北京市地铁运营有限公司机关党支部建立友好支部关系，并推荐参加北京高校红色“1＋1”示范评比活动。

招生就业。学院完成赴浙江省本科招生宣传工作，完成2014届本科生和研究生毕业就业派遣工作；2014年学院招收交通工程专业本科实验班学生60名，硕士研究生86人，博士研究生16人；毕业生共计85人，其中本科生33人，硕士研究生45人，博士研究生7人；全院2014年整体就业率98.82%，其中本科生就业率96.97%，硕、博士生就业率100%。

学风建设。学院组建本科生教育工作团队，为新生设立团队导师以及团队导师助理，在开学初期召开“院长第一课”，在2014级本科新生班级中搭建学习兴趣小组，每周定期进行集体晚自习，并在学期末开展高等数学、线性代数等课程的期末强化课堂。

奖学金评定。2014年本科生奖学金共有46人参评，其中获国家奖学金1人，国家励志奖6人，北京市三好学生奖1人；校先进集体1个，优良学风班1个，优秀团支部1个，校学习优秀奖21人，优秀学生干部5人，三好学生5人，科技之星提名2人，励志奖1人，科技创新奖6人，其他各类本科奖学金获得者共计25人次；研究生奖学金评定共有163人参评，其中获国家奖学金3人，校优秀研究生20人，校研究生学习优秀一等奖8人，学习优秀二等奖23人，社会工作奖21，励志奖3人，北川奖学金3人，瑞源德邻奖学金5人，2012级交通运输工程硕士班获校优良学风班称号。

学生科技。本科生获全国大学生交通科技大赛二等奖2项，北京市大学生交通科技大赛三等奖1项；校星火基金结题3项（其中推荐优秀项目2项），校交通科技大赛一等奖1项、二等奖3项、三等奖4项。研究生获得科技创新奖48项，其中一等奖7项，二等奖5项，优秀奖36项；共有11个项目获批第13届校科技基金，第12届研究生科技基金共结题16项；设立院级研究生科技基金和多媒体与智能软件技术北京市重点实验室开放基金。启动院级本科生科技新苗培育计划、科技大赛作品培育计划，通过设立专项资金鼓励学生开展课外科技实践，提高动手能力，本学年中，科技新苗计划立项6组作品，科技大赛作品培育计划立项10组作品。

勤工助学与心理辅导。在节假日期间，学院领导走进学生宿舍慰问家庭经济困难的学生，关心帮助特困学生，为特困生安排勤工助学岗位，并审核通过27名学生申请国家助学金；通过助管、助教、德育助理辅导员等方式给予9名学生生活补助；学院实时关注学生心理健康，有序开展心理咨询中心组织的全院同学网上心里测评，组织参与心理健康宣传月活动。

（郑建彬　翁剑成）

【北京城市交通协同创新中心】 北京城市交通协同创新中心（原首都世界城市顺畅交通协同创新中心）由北京工业大学联合北京交通大学、清华大学、北方工业大学、北京建筑工程学院、北京市交通委员会、北京市公安局公安交通管理局、交通运输部公路科学研究院、北京城市排水集团有限责任公司、北京市政路桥建设控股（集团）有限公司共9家单位共同建立。

中心以协同创新解决以北京为代表的特大城市快速发展期的交通拥堵这一世界性难题为目标，打造“国家急需、世界一流”的交通创新体系，聚集和培养一批拔尖创新人才，深化完善“政产学研用”的协同机制，构建国际化的资源开放实验平台，凝聚成为具有国际影响的特色鲜明的学科群，形成“基础研究—技术创新—成果应用”的一体化创新模式。

2014年，中心牵头主办世界大城市交通发展论坛，城市交通协同运行及绿色发展国际研讨会，京津冀区域交通一体化协同发展论坛等国际会议和论坛，力图将中心打造成为交通科技领域国家级研究基地、复合人才培养基地、国际学术交流与合作基地等，为发展中国家特大城市快速发展期的交通问题的解决提供理论、技术支持与示范。

中心全年承担国家级、省部级项目10余个，横向合作及其他项目30余个。中心成员共发表论文120多篇，被SCI、EI或ISTP检录102篇，出版学术专著4部，译著2部。

（李海舰　陈艳艳）

【北京市交通工程重点实验室】 该实验室是北京市唯一与科技部共建的“国家重点实验室”培育基地。主要有智能交通信息与控制技术、交通规划与仿真技术、驾驶行为与交通安全、路面性能分析与材料再生技术等研究方向。

实验室折算面积约3886平方米，建有交通安全、交通规划仿真、交通系统控制、驾驶行为、交通信息、智能交通、道路工程实验室。拥有10万元以上仪器设备约100台（件），有驾驶模拟舱系统，动态脑电仪、眼动仪、驾驶适性检测系统、光导材料细空隙测定仪、动态GPS等仪器、实时噪声检测仪、路面厚度检测仪等设备。

2014年，实验室作为牵头单位主持承担国家重点基础研究发展计划（973计划）项目1项，承担国家科技重大专项项目1个，国家自然科学基金项目6个，省部级项目19个，横向合作及其他项目50个。在研项目总经费2533万元，年度科研到款经费2320万元。获省部级奖励4项，发表学术论文56篇，其中被三大检索的论文达41篇；获国家发明专利2项，软件著作权8项，标准1部，出版著作6部。

实验室师生参加交通工程领域的国际和国内会议30人次，包括TRB年会及ITS世界大会等，在各类会议上共作报告15人次。

（秦焕美 陈艳艳）

【任福田奖学金】 2014年12月，交通工程学科的创始人任福田先生代表北京工大福田交通工程咨询有限公司向北京工业大学教育基金会捐赠人民币100万元，设立北京工业大学“任福田”交通奖学金，专项用于奖励城市交通学院品学兼优的本、硕、博学生，全面支持学院人才培养、学生创新和教育发展。

（郑建彬 翁剑成）

北京一都柏林国际学院

【发展概况】 北京工业大学北京一都柏林国际学院（Beijing－Dublin International College at BJUT，以下简称都柏林学院）是教育部批准由北京工业大学与爱尔兰国立都柏林大学（University College Dublin，以下简称UCD）联合组建的国际化学院，于2012年9月正式成立。都柏林学院是北京工业大学二级学院，是北京工业大学的正式教学机构，实施本科高等学历教育，旨在培养具有国际视野、精通中西文化、善于创新、综合素质高、具有国际竞争力的高端国际化创新型人才。学院设有软件工程（Software Engineering）、物联网工程（Internet of Things Engineering）、金融学（Finance）和应用统计学（Applied Statistics）4个专业，教育部批准的本科生招生规模为1100人/年。

2014年，学院共有教职工84人，其中中方行政人员8人，外方行政人员4人，专职负责教师3人，中方授课教师44人，外方授课教师25人。截至12月31日，学院共有在读学生471人。一年级新生216人，其中物联网工程专业55人，软件工程专业48人，金融学专业113人；在读二年级学生231人，其中物联网工程专业71人，软件工程专业41人，金融学专业119人；三年级物联网工程专业学生24人。

都柏林学院办学得到社会广泛关注，2014年，经过网络投票、专家评审等环节，学院获新华网“中国影响力中外合作院校”荣誉称号和新浪教育盛典“最具综合实力中外合作院校”荣誉称号。

（樊 媛 刘中良）

【教学工作】 2014年，学院在2013年全面引进UCD先进人才培养体系与课程计划基础上，不断完善和改进学院的教学管理，不断提升教学质量，同时就各专业培养方案进行研讨，结合两校实际情况对教学计划进行调整。学院现有2012级、2013级和2014级三届共471名在读学生，分别就读于物联网工程、软件工程、金融学三个专业共19个教学自然班。依据学院教学计划，2014学年开课共计49门课程，其中北工大讲授26门，都柏林大学讲授专业基础课23门。

学院于7月中旬正式启动学院教务管理系统，以最大限度地实现教学管理过程中的信息共享和交流。根据学院需求，系统设有基础数据、培养计划、教学任务、排课、选课、排考、毕业管理、成绩、评教、实验实践、问卷调查等模块。

学院汲取都柏林大学的理念搭建了Moodle学习管理系统，为学生、教师提供信息化交流渠道，使教与学的过程变得轻松且有效，提高学院的教学和教学管理水平。该系统是学院任课教师与学生互动的主要平台之一。中外籍教师通过该系统完成课程资料共享、作业收发批改、在线测试评分等工作。

2014年，学院院长、教务长及相关教师深入课堂听课，召开教学工作会、任课教师座谈会，学院搭建平台与任课教师沟通教学方法，了解学生学习情况，确保教学质量。为得到学生反馈，学院多次组织学生召开教学工作意见会、恳谈会，听取学生对教学工作的意见与建议，向学生解释教学过程中的各种情况。教务长每学期召开1次学生教师联席会，通过学生代表获取学生的诉求。

学院就教学工作进行梳理，推进学院教务管理工作纳入学校教务管理体系，进一步完善学校教务处、学院和各个教学单位在教学工作中的分工与合作，加强教学质量监控与信息反馈，推进英语与基础课程教学运行管理工作向更高水平发展。

为推进学院课程改革，学院开设爱尔兰特色体育教学。Gaelic Football（爱尔兰足球）教学于9月13日正式启动；推出爱尔兰舞蹈课，邀请爱尔兰舞蹈专业人士对学生进行培训，取得良好效果；学院学生参与《思想道德修养与法律基础》慕课课程学习，通过线上结合线下的多种教学过程互动。

（冬雪冰　蔡立佳）

【党建工作】 2014年，学院有5名教工党员，组织关系隶属中共北京工业大学联合委员会。9月25日，学校党委发布《关于对部分基层党组织进行调整的决定》；成立中共北京工业大学联合委员会，下设图书馆党支部、体育教育部党支部、都柏林学院党支部都柏林学院党支部下设教工党小组和学生党小组，教工党小组在党支部领导下，结合学院实际开展特色党日活动。

学院加强学生党建工作，发展20名学生加入党组织；现有学生党员28名，其中正式党员8名，预备党员20名；学生党小组在党支部领导下，围绕“学生党员发展”和“支部建设”开展工作，尤其重视学生党员的教育与培养；推荐16名学生参加学校第57、58期入党积极分子培训班，30名学生参加学校第1期发展对象培训班。截至2014年12月，学生入党积极分子共26名，发展对象13名，45名学生递交入党申请书。学院党校是支部建设的一大特色，学院党支部以院级党校形式加强学生党员教育工作，共开展院级党课培训3次，先后组织学生党员前往“中关村国家自主创新示范区展示中心”、中国国家博物馆《复兴之路》展览参观学习，观看爱国电影《天河》等。

（康　娜　蔡立佳）

【学生工作】 2014年，学院以学习为中心，以氛围建设为切入点，围绕教学开展学生工作，以“扩展国际视野，提升责任意识”为主线，将思政教育与素质教育有机结合，做好学生教育、管理与服务工作。

开展三大主题品牌活动，其中，爱尔兰文化周、圣帕特里克节等系列文化交流活动5场，文化育人科技节活动4场，学术育人系列讲座3场，申报4项星火基金项目并顺利结题，开展“Future Leaders Program”（英才企培计划）8场，覆盖学生达260人次。共有30名学生获“体验爱尔兰奖学金”进行为期11天的短期访学。完善学生支持服务体系建设，从学生服务与指导团队、朋辈辅导等方面搭建学生支持服务体系。

加强新媒体建设，官方微博累计粉丝近19万人，微博“北都君”形象已具有一定影响力；持续推进微信订阅号和服务号搭建工作，其中，订阅号服务学生校园生活和学习，及时发布通知或新闻，传递正能量，粉丝已达800余人，服务号推送学院每月大事记，是考生和家长获取都柏林学院招生信息、了解学院发展进程的重要平台。

（康　娜　刘中良）

【对外交流】 2014年，接待爱尔兰来访官员和教师7批36人次，包括爱尔兰总统迈克尔·希金斯（Michael D. Higgins）、爱尔兰财政部长迈克尔·努南（Michael Noona）、爱尔兰外交贸易部长查理·弗拉纳根（Charlie Flanagan）、爱尔兰都柏林市市长克里斯蒂·伯克（Christy Burke）、UCD校长安德鲁·迪克斯（Andrew J Deeks）、波兰奥波莱工业大学副校长克日什托夫·马利克（Krzysztof Malik）和SAP公司全球高级副总裁安德烈亚斯·赫克曼（Andreas Heckmann）等。

12月9日，爱尔兰总统迈克尔·希金斯（Michael D. Higgins）、爱尔兰财政部长迈克尔·努南（Michael Noona）、爱尔兰外交贸易部长查理·弗拉纳根（Charlie Flanagan）等一行访问中国。学院8名学生代表拜访爱尔兰总统迈克尔·希金斯（Michael D. Higgins），双方就如何搭建中爱文化交流平台等问题进行探讨。

9月5日，爱尔兰都柏林市市长克里斯蒂·伯克（Christy Burke）一行到访北工大并出席北京一都柏林国际学院2014级新生开学典礼暨北京一都柏林国际学院与北京商务中心区管理委员会战略合作框架协议签约仪式。

5月20日，UCD校长安德鲁·迪克斯（Andrew J Deeks）及其高层管理团队一行12人访问北工大。校党委书记郑吉春、校长郭广生会见UCD校长代表团，表达了以北京—都柏林国际学院为核心、深化两校全面合作的愿望。UCD校长安德鲁·迪克斯（Andrew J Deeks）表示，北京—都柏林国际学院的建立使都柏林大学国际化发展中的战略性一部，学校高层管理团队此次访问，就是要更好地开展北京工业大学与都柏林大学的合作，更有针对性地支持北京—都柏林学院的发展。

（樊 媛 蔡立佳）

【都柏林学院联合管理委员会】 北京—都柏林国际学院联合管理委员会（Joint Management Committee of Beijing－Dublin International College at BJUT，以下简称JMC）是都柏林学院的最高管理与决策机构，由北工大校长郭广生和爱尔兰国立都柏林大学校长安德鲁·迪克斯（Andrew J Deeks）担任联合主席，其他委员包括北工大副校长蒋毅坚、国际交流合作处处长吴文英、教务处处长郭福、都柏林学院院长刘中良，爱尔兰国立都柏林大学副校长格里·奥布赖恩（Gerry O'Brien）、中国研究院院长王黎明（Liming Wang），都柏林学院教务长大卫·菲茨帕特里克（David Fitz Patrick）。

10月27日，北京工业大学北京—都柏林国际学院第一届联合管理委员会第3次会议在北工大召开。会议回顾学院2013—2014学年运行情况，听取关于2013—2014学年北京—都柏林国际学院运行情况的工作报告，讨论学院教学、学术及招生相关问题。会上通过2013—2014学年财务决算报告，并对2014—2015学年财务预算及学院财务相关问题进行讨论。会议还就设立专项科研基金、探索多种培养模式、鼓励两校在校生交流学习、深化两校教师间交流等问题进行深入讨论。

（樊 媛 刘中良）

实验学院

【发展概况】 北京工业大学实验学院（The Pilot College of BJUT），按照北京工业大学和通州区人民政府合作办学协议，于2007年1月迁入通州，位于通州区潞苑南大街89号，占地15.3万平方米，总建筑面积6.2万平方米，是一所工、经、管、法多学科综合学院，下设信息工程系、经济管理系、信息管理系、建筑与环境系、文法系、机电工程系、基础教学部（含数学、物理、英语、体育、政治5个教研室）等6系1部，及学院办公室、学生工作办公室、教务办公室等10个行政处室。本科设有电子信息工程、信息管理与信息系统、计算机科学与技术、会计学、土木工程、法学、国际经济与贸易、工商管理等8个专业，专科设有网络系统管理、国际经济与贸易、市场营销、工商行政管理、会计电算化、旅游管理、文秘、建筑工程技术、汽车运用技术等9个专业。

学院深入贯彻党的十八大精神，以“执行力建设年”为主题，观念转变为先导，依法治校，继续巩固党的群众路线教育实践活动成果，注重管理实效，坚持规模和质量相统一，着力加强教师队伍建设，结合首都经济和社会发展，围绕北京工业大学建设“世界知名、有特色、高水平研究型大学”的办学理念，在管理创新、教育创新、实践育人、产教融合上形成抓力。切实服务通州区“北京城市副中心”建设，发挥“桥梁”、“窗口”与“基地”作用，组织教师主持或参与通州区政府部门多领域课题调研和报告的起草与制定，与多个政府部门合作建成校外实训基地，签署校企合作协议，取得积极进展。

学院共有教职工301人，其中专任教师156人。专任教师中，有教授5人、副教授44人、讲师70人，专任教师中硕士及以上学历的教师占70%以上。学院聘用学科专业指导教授12人。引进教师9人，其中博士8人、硕士1人。

毕业学生936人，其中本科生405人、专科生531人；招生932人，其中本科生405人、专科生527人；截至2014年底，在校学生3236人，其中本科生1634人、专科生1612人。

（全 明 穆怀勇）

【教学工作】 2014年，完成7个专业本科培养方案修订。本科申请并获批“文化产业管理”专业，高职申请并获批“工程造价”、“工商企业管理”和“国际商务”3个专业，制定了《实验学院专业评估实施方案》并启动本科7个专业评估工作。

完善办学机制，成立“学术委员会”指导与保障教学工作质量；成立“实验学院学生学籍与学业指导委员会”提高学籍管理工作决策与实效。

以“卓越工程师”和“中法工程师”班为平台，推进教学改革。首批13名中法工程师班学生赴法国进行后期学习，课程衔接良好；“按照工程师的行为逻辑进行学习”，“电子线路设计”和“工程实践训练”等校企共建课进一步推进；注重教学模式和方法的更新，2014年实验学院举办首届微课比赛，20教师参加；在第十四届全国多媒体课件大赛中李华芳获高教文科组三等奖。

学院新增实习基地5个，基地总数达36个，实习基础利用率逐年提高。坚持“以赛促学，以赛促教”模式，全学院学生参加竞赛25项，参赛124队1432人，获一等奖8队40人，二等奖12队63人，三等奖13队111人，其中获国家级奖项5队68人。2014届本科生407人通过毕业设计，其中13名学生的论文被评为校优秀毕业论文，3名学生论文被评为特优论文。

教师123人次进入实习基地锻炼，以增强教师的工程职业背景，促进教学能力的提升。学院举办首届“教学名师奖”评选活动，同时参加通州区骨干教师的评选活动，邱菊、张青妹和杨兔珍3名教师获实验学院“教学名师奖称号”，其中邱菊和张青妹获北京工业大学教学名师称号；郭瑞莲等9名教师获通州区级“骨干教师”称号。

完成基础课对接。由北京工业大学督导专家及在职教师组成验收小组，通过教师说课、专家听课等环节，完成对基础部5个学科（数学、物理、外语、体育和政治）47名教师的教学对接验收工作。

（杜淑君　石秀丽）

【科研工作】 2014年，学院以“通州区社会建设研究指导与评估中心”、“通州区经济社会发展研究基地”、“文化创意产业研究基地”等6个研究基地为平台，全面深化与通州区的合作，承担通州区社会建设调研课题9项、通州区政策研究研究室委托研究项目1项。参加通州区民政局的各项评审活动，起草和制定《北京市通州区社会组织具备承接政府职能转移和购买服务资质认定及目录编制管理办法》、《通州区民政局向社会组织购买服务项目实施办法》、《通州区民政局购买社会组织服务资金管理办法》等文件；负责完成通州区民办非企业单位规范化建设评估工作，并修订评估标准；向通州区有关部门提交《中国社会建设报告蓝皮书·北京社会建设报告2014解读》、《通州区社区网格化管理调研报告》、《深度融合，全面推进，健全通州区网格化综合服务管理体系的建议》；编辑出版《2014年通州区社会建设与社会治理研究文集》。

学院国家部委级项目立项工作取得突破，获批2014年度教育部人文社会科学研究一般项目，教育部第48批留学回国人员科研启动基金资助项目。

科研成果奖励获得新进展。获2014年北京高校青年教师优秀社会调研成果奖一等奖1项、二等奖1项；2014年北京工业大学优秀教育教学成果奖特等奖1项；第三届通州区教育教学成果奖一等奖2项、二等奖2项、三等奖1项。

科研管理制度建设不断加强。学院制定《北京工业大学实验学院教师科研工作考核办法》、《北京工业大学实验学院科研办工作流程》、《北京工业大学实验学院博士基金管理办法》等相关文件。

（李翕然　石秀丽）

【学生工作】 注重培育和践行学生社会主义核心价值观，不断加强思想政治教育、心理健康教育、辅导员班主任队伍建设，不断提升学生自主管理自我发展能力，努力开创德育工作的新局面，获北京工业大学2014年度“学生工作优秀学院”荣誉称号。

注重新生工作，深入开展学业导航，重视学生的实践能力和团队精神培养，充分利用骨干学生的影响作用，推动良好学风的树立。组织新生参观科技作品展，开展丰富多彩的校园文体活动竞赛，举办新生运动会等活动。新生工作本年度获北京工业大学“2013级新生工作优秀学院”。

2013—2014学年奖学金在学院2010级至2013级3个年级中进行评定，42个班1250名学生参评，共评出国家级、校级、院级共3个级别的11类奖项。学习优秀奖的评奖比例达98%，同比增长19%，科技创新奖的人数也从42人增加到61人。2013级工商1班继获北工大先进班集体之后，参加北工大十佳班集体的评选并成功入围，成为学院首个获奖班级。

关心学生心理健康发展，开展主题为“友爱于心，善行于微”的心理健康关爱月活动，共完成933名新生的心理普查，并对86名分数超过标准的学生进行了约谈筛查，建立重点关注学生心理档案，组织完成了29个班级的大学生心理适应指导课，同时开展6次主题为“走进内心，探索自我”的团体心理辅导工作。

为帮助学生提高社会责任感，展现青年学生关心社会，服务社会的精神风貌，2014年11月19日学院组织开展以“让爱心点亮生命之光”为主题的无偿献血活动。共有170名体检合格的学生完成献血，学院获北京市献血办公室颁发的“2014年度北京市无偿献血先进单位”荣誉证书。

加快推动辅导员队伍建设，制定了实验学院辅导员三年规划实施方案，要求每位辅导员根据自身实际，制定“三年专业发展规划”，就辅导员政治理论水平、工作技能要求、职业发展进阶目标提出要求。

加强就业指导，构建就业指导课程体系，利用网络课堂资源，尝试使用“翻转课堂”教学法，提高就业指导课程教学效果。开展就业研究工作，利用组织招聘活动充分服务毕业生，本年度组织毕业生大型招聘会两场，涉及60家用人企业、近千个工作岗位，2014届本科毕业生就业率99.26%，签约率98.52%；专科毕业生就业率100%，签约率98.43%。荣获“2014年北京工业大学就业工作优秀单位”荣誉称号。

（解丹坤　郭　颖）

【党建工作】 实验学院党委下设14个党支部，其中10个教工党支部、4个学生党支部。共有党员305人，其中教职工党员187人，学生党员118人。2014年新发展党员85人。学院另设2个离退休党支部，共有离退休党员56人。

学院党委结合学校要求和自身实际，紧紧围绕深化党的群众路线教育实践活动、培育和践行社会主义核心价值观、提高工作执行力主题，深入学习贯彻党的十八大及十八届三中、四中全会精神和习近平总书记系列重要讲话精神，认真落实关于密切联系群众，改进工作作风，加强师德建设，强化执行力等各项举措，不断加强“学习型、创新型、民主性、服务型、和谐型”基层党组织建设，注重增强党员、干部的宗旨意识和服务意识，努力提高教职工思想素质和工作能力。进一步加强党风廉政建设，构筑惩防体系。

为发挥引领和示范作用，院党委不断加强班子建设，从自身抓起，促进学院的整体发展。经党政联席会数次讨论，制定了《实验学院领导班子任期目标责任书》，明确学院发展方向和目标；完善《实验学院党风廉政建设责任制实施办法》，落实《群众路线整改方案》，解决和完善一系列制度难题和工作难题；召开以“严格党内生活，严守党的纪律，深化作风建设”为主题的民主生活会，通过认真抓好学习教育、广泛征求意见、逐一深入谈话谈心、细致梳理问题、认真撰写对照检查材料等环节，促进班子成员的理解和沟通。同时，为通州区法院、社工委、文明办等多部门提供智力和人力支持，既提高教师的实践能力又服务了地方发展。

（周　敏　王明生）

【日立集团高层来实验学院交流研讨】 3月13日，日立信息与通信集团高层到访，与北京工业大学及实验学院相关领导、专业教师围绕如何“与日立合作搭建产学研国际合作交流平台，共同合作建设校企共建课程”进行研讨，会议对校企共建课程的可行性、方法和目标，进行了深入探讨，就如何推进与实施开设“软件工程实践课程”的具体方案达成共识。周竞学院长受校长委托，为日立集团红林先生颁发“北京工业大学客座教授”聘书，对方表示愿意在专业人才培养以及协助实验学院服务通州社会建设等方面做出努力和贡献。

（张文利　范青武）

【软件专业人才设计大赛获佳绩】 3月22日，第五届“蓝桥杯”全国软件专业人才设计大赛（软件类）北京赛区比赛成功举办，学院信息工程系30名学生参加该项比赛，最终获得C/C++程序设计本科B组一等奖1人，二等奖2人，三等奖4人；C/C++程序设计高职高专组二等奖2人，三等奖2人；Java软件开发本科B组一等奖2人，二等奖1人，三等奖3人；Java软件开发高职高专组优秀奖2人的好成绩。

（和　薇　范青武）

【爱尔兰都柏林城市大学代表团首访实验学院】 3月26日，爱尔兰都柏林城市大学（Dublin City University））执行校长吉姆·道林（Jim Dowling）、国际部主管西尔维亚（Sylvia）女士以及中国代表处首席代表一行应邀来学院进行交流访问。双方对未来计划开展的多个合作项目进行详细洽谈，就信息工程系电子信息工程专业卓越工程师计划学生赴爱尔兰进行国际交流活动以及硕士合作项目达成共识。

（王卓峥　范青武）

【校外实践基地揭牌】 5月30日，学院与通州区人民检察院“校外实践基地”签约仪式隆重举行。学院领导和检察院领导签署合作协议并共同为实践基地揭牌，双方互相表达了建立长期友好合作关系的意愿，共同规划合作前景，确定了法学专业学生进入法庭进行真实场景学习实践的具体事宜，检察院领导希望学生在实践中能够增长见识、经受锻炼、融入社会、提高能力，自觉承担法律宣传的社会义务，并自觉投身青年学生的法制教育和辅导工作。同时，双方就合作开展课题研究和调研工作以期增强自身理论和科研实力达成一致。学院聘请通州区检察院3名检察官为特聘指导教师。

（邓春颖　席志国）

【全国机器人大赛获奖】 2014中国机器人暨Robocup公开赛分别于8月9至10日在北京航空航天大学（分项赛）、10月10至12日在合肥（决赛）进行，来自学院信息工程系机器人协会的20余名参赛学生分别参加 Robocup 中型组、武术擂台及舞蹈机器人等项目的比赛，经过排位赛、小组赛及淘汰赛，最终获冠、亚、季军及一等奖等多个奖项。

（刘旭东　范青武）

【与通州区住建委签署校企合作协议】 9月26日，学院与北京市通州区住房和城乡建设委员会在住建委会议室完成校企合作签约仪式及合作相关细节交流讨论，区住建委领导、高级工程师及学院部分领导和教师出席仪式。

会议研讨双方合作解决工程实际和工程管理问题等内容，学院领导介绍了学院作为服务地方经济建设窗口的办学定位，表示通过校企合作，能够加强教师的工程实践能力，为学院办学质量的提高、具体教学计划的制定和教师工程水平的加强提供有力帮助，同时能够体现培养应用型人才，满足企业对人才需求的办学理念。双方确定了企业专家到校授课、学院教师到企业顶岗学习及学生实习安排的具体内容。

（赵　源　孙　立）

【法律援助】 根据首都文明委《关于命名第一批首都学雷锋志愿服务站（岗）、示范站（岗）的通知》，首都文明办联合市委社工委、首都综治办等部门组织开展学雷锋志愿服务示范站（岗）金牌、银牌项目评审活动，实验学院法律援助站法律援助志愿服务获“首都学雷锋志愿服务示范站金牌项目”称号，成为通州区唯一获得此项称号的团队。2014年学院文法系师生到志愿者服务站为老百姓提供法律援助服务100余次，受到社会一致好评，为学院服务通州做出了贡献。

（徐步云　席志国）

继续教育学院

【发展概况】 北京工业大学成人高等教育始于1980年。1992年底，在原北京工业大学夜大学、北京联合大学经济管理学院成教部的基础上建立了北京工业大学成人教育学院。2003年第14次校长办公会研究决定，“北京工业大学成人教育学院”更名为“北京工业大学继续教育学院”。2004年4月，第5次校长办公会决定，继续教育学院与原北工大西区分部进行教育资源整合，统称继续教育学院（College of Continuing Education）。

2014年，继续教育学院管办兼顾，坚持以内涵式发展为中心，改善办学条件，夯实教学基础建设工作，稳定学历教育规模，积极开发培训市场，构建继续教育培训项目平台；加快成人教育教学管理系统的建设与使用工作，形成用制度管人办事的长效机制。学院的三级管理机构设置为：院务办公室、学历教育部、非学历教育部、后勤服务中心，教学部、图书馆及机房由学历教育部统一管理。截至2014年12月31日，共退休5人，在职人数为73人（包含1人内退，1人长期病休），退休人数为197人。

毕业学生2623人，其中本科生1751人，专科生872人。计划招生1917人，实际招生1840人，其中北京地区1406人（本科生1060人，专科346人），外埠434人（本科生315人，专科119人）。

4月，按照学校统一部署，进行学院全员聘岗工作，学院处级领导干部2正2副；不含处级领导干部共聘岗64人，其中教师岗位26人，其他专技岗4人，管理岗17人，工勤岗17人；7人执行退休保护政策。

（李建平　党　杰）

【学历教育】 成人本、专科学历教育在校生6468人。学历教育学生主要分布在校本部（东校区）、花园村（西校区）、北京地区4个教学点和外省市的7个函授站。

2014级共招收高中起点本科、高中起点专科、专科起点升本科等各类新生1840人，招生专业包括：国际经济与贸易、计算机科学与技术、艺术设计（视觉传达艺术设计方向、环境艺术设计方向）、绘画专业、电子信息工程、机械工程及自动化、土木工程、工商管理、会计学、电子商务、工商企业管理、计算机信息管理专业、建筑工程技术等专业。

学院结合成人教育的特点，继续加强教学质量管理工作，注重期中教学检查，对发现的问题及时处理。坚持督导组专家听课，并组织督导组专家和学院全体教师座谈，共同探讨提高课堂教学质量问题。

内蒙古自治区教育厅开展函授站教学评估，学院作为主办院校，完成了所属2个函授站的教学评估自查报告。

2014年北京市教委高教处举办了北京地区继续教育学生计算机应用竞赛。学院组织了4个代表队参赛，获得三等奖。

（种国慈　党　杰）

【党建工作】 2014年，继续教育学院完成党委换届工作，党委书记：邢永利，党委副书记：种国慈，党委委员：李建平、陈嫒、文然、胡俊江、郑爽。下设8个党支部，其中教工党支部4个，离退休党支部4个，支部书记也同时换届完成。现有党员127名，其中教工支部党员37名，离退休支部党员90名。全年5名预备党员均按期转为正式党员。

院党委积极组织推进党的群众路线教育实践活动，开展了院级领导班子集中学习、专题研讨活动、院级领导班子征求意见座谈会、院级领导班子召开专题民主生活会和通报会、院级领导班子“回头看”专题交流会、基层党支部专题组织生活会等活动。认真研究制定学院领导班子整改方案并进行对照自查；完成公务车使用及领导干部办公用房配备二项专项整治。结合“北京工业大学在职党员到社区报到为群众服务工作”，组织全院在岗党员到海淀区甘家口街道西三环社区报到登记并参加服务活动。

学院充分发挥学院二级教代会、工会作用，支持学院教代会代表切实履行代表职责，积极参与校院两级民主管理与监督；支持工会开展奥林匹克森林公园徒步走、元大都遗址赏花等活动。

重视离退休教职工工作。组织退休老同志参加体检、春游、秋游、学校趣味运动会等活动，组织探望和慰问患病老干部。坚持做好统战工作，邀请党外人士参加学院干部工作会议及有关专题会议，通报学院工作。

（邢永利　党　杰）

【学生工作】 加强学院内学生工作的统一协调，促进学历教育学生和非学历教育学生的交流融合。抓好开学典礼、入学教育、奖学金评定等工作。2014年分别组织了新生报到、新生开学典礼和入学教育，让学生了解校院情况、学籍管理规定、学生管理规定等。

经学院奖学金评定小组评定，2014年评定奖学金：共评出优秀学生干部22人，优秀毕业生62人。

加强花园村校区宿舍调配和管理。加强班主任建设与管理，共配备17人（其中：校本部13人、花园村4人）担任56个教学班（其中：校本部45个、花园村11个）的班主任，其中兼职班主任8人（其中：校本部6人、花园村2人）。对现有班主任进行整合与培训，强化业务学习。

（邢永利　党　杰）

【非学历教育】 国家级专业技术人员继续教育基地。2014年获批国家级专业技术人员继续教育基地，获得中央经费310万元的支持。启动了涉及十个领域的专业科目指南编写工作，初步建立了基地运行的管理组织架构；编写了教学组织管理、学员考核管理、教学科研管理、培训登记管理、培训经费管理、后勤保障管理以及规范的培训效果评估、跟踪反馈等基地管理制度。

北京市专业技术人员继续教育基地。学院代表学校负责北京市专业技术人员继续教育基地的建设工作，编写《市级基地筹备期项目建设方案（2013—2015）》。构建继续教育基地的管理体系，编写系列管理制度，并按北京市要求在装备制造、信息、生物技术、新材料、生态环境保护、能源资源、防灾减灾、现代交通运输、文化创意、现代服务业等十个领域开展培训，开展了专业技术人员的知识更新培训，编写了培训教材和讲义。

北京市技师研修项目。承接北京市人社局北京市技师研修成果展示课题，承接维修电工、电气设备安装工、制冷工及机械设备维修工4个班次的研修项目，及时交流管理经验，严格论文写作环节。

国家一级注册建造师继续教育项目。被评为“全国建筑工程专业国家一级注册建筑师继续教育先进培训单位”，全年共培训437人。

国际合作教育培训项目。全年HND项目共有35名学生毕业，获得英国高等学历证书。

非学历项目开发管理工作。继续推行教育培训项目管理制，扶持、监管已开展的项目，加强各类培训资质的管理工作。工程建设与管理培训项目面向全国水利行业共举办7期培训班，培训885人次；编纂《中国水利工程建设监理工程师考试大纲及公开部分的试题库》；高级交流培训项目共举办6个种类18个班次的培训，参训学员850人次。先后赴北京市人力资源与社会保障局、北京电控集团等10余家单位开展培训工作调研，邀请同行、培训需求单位到学院考察座谈，听取对教育培训工作的意见，制定培训工作计划及师资队伍规划。加强队伍建设研究，认真梳理岗位设置，制定教职工职业规划。

（陈　嫘　党　杰）

【北工大留学人员创业园】 截至2014年12月，留学人员创业园累计吸引创业企业95家，在园留创企业71家，在园留学归国人员总数98人，注册资金总计2.3亿。新增入园企业12家。

创新服务手段、提升服务能力。成立北工大留创园创业金融服务平台，主办项目融资推介会1次，组织园区企业参加10次项目推介会。先后与10余家银行、担保公司、金融服务公司开展合作，协助6家企业获得北京海外学人中心“开办费”共计60万元。帮助6家企业获得中关村管委会“创业启动资金”共计60万元。

组建能力提升专业委员会。与北理工留创园、丰台留创园发起成立了中关村留创园协会能力提升委员会，组织了知识产权工作培训、创业园主任投资能力培训、政府专项申报工作研讨会等一系列活动。

进一步加强和完善公共服务平台和技术服务平台建设。园区进一步与北工大开放实验室、学院、科研院所加强联系，使有需要的企业能够及时得到专业指导并实现资源共享。新增创业导师4人，举办3场金融知识及企业商业模式的培训，有针对性地解决创业企业在发展中遇到的难题。

协办2014“春晖杯”创业大赛。北工大留创园继续作为“春晖杯”创业大赛的协办单位、“春晖杯”创业大赛的创业基地，全程参与项目宣传、评审、推广、对接等活动。2014年9月参加“春晖杯”海外工作团，赴纽约、旧金山进行项目对接与海外赛区颁奖活动，得到海外多家媒体的报道。2014年12月“春晖杯”入围项目在广州留交会举办项目对接洽谈活动。

创新孵化模式。作为发起单位之一，创建“中关村移动新媒体创新产业联盟”。2014年举办“寻找下一个移动互联网爆发点”主题沙龙、投资问道、“电商时代的微营销”沙龙、“创业启动的困惑”、“App运营与社会化媒体营销”等一系列活动，涉及城市包括北京、上海、深圳、广州、天津、成都、西安等，参加人数超过5000人，通过互联网直播和分享覆盖人数超过5万人，和联想之星、创新工厂、虎童基金、车库咖啡、IC咖啡、中国移动、北大互联网创业协会等投资机构或社会组织建立战略合作关系。

（陈　嫘　党　杰）

【后勤保障】 2014年，学院后勤服务中心保障教学区、生活区的水、电、暖、气的正常运行，做好日常的使用管理和维护维修工作。对学院空调设备进行全面的清洗保养，更换玻璃钢篮球篮板，对供暖锅炉系统进行大修维护，改造排污系统和供电线路。负责学院的基础设施建设和专项工作。完成了东院1号楼更换屋面板的施工。在两会、APEC会议等重要时段，加强维稳和安全防范工作，对全院安全及消防设施增加检查，对重点部位加强巡查。完成三虎桥南路17号院等老旧小区改造的申报与施工，加强与街道、社区的合作，做好绿化、综合治理和环境卫生管理工作。

（邢永利　党　杰）

国际学院

【发展概况】 北京工业大学国际学院（College of International Education）成立于2011年4月，与国际交流合作处、港澳台事务办公室联合办公。国际学院是学校专门负责留学生教学和管理的机构，承担留学生研究生、留学生本科生、非学历留学生的汉语教学及相关必修课的教学工作。2014年学院增设综合办公室、培养办公室、留学生招生办公室、留学生事务办公室、对外汉语教研室、国际课程教研室等教学与管理机构。11月，汉语国际教育专业从人文学院划归国际学院。截至2014年底，国际学院共有教职工26人，其中在编专任教师6人，在编管理人员8人，合同制教师4人，院聘教师8人。

（吴　艳　吴文英）

【教学与科研】 2014年，在教育部“扩大规模、提高层次、保证质量、规范管理”的来华留学生教育工作方针的指导下，国际学院的教学工作积极落实学校国际化发展专项战略规划，根据《北京工业大学关于对2012版本科培养方案进行修订的指导性意见》和《北京工业大学国际本科生培养指导意见（试行）》，进一步规范学院的教学管理工作，稳步推进教学工作，不断提高留学生培养的质量。

国际学院以不同基础的国际学生为教学对象，开设汉语精读、阅读、口语、听力、写作、视听等主干课程和中国文化学习及体验课等72门次课程，落实全英文授课的“中国概况”和“中国文化”2门研究生课程，解决了2011－2013级英文培养的国际研究生3学分的校公共学位课和3学分的综合素养选修课相关问题。此外，学院进一步加强教学实践活动，组织留学生“汉语日”、“百词大赛”、“作文比赛”等活动，征文并编印留学生刊物“留学工大记忆4”；组织3场汉语水平（HSK）考试，78名留学生参加考试。

学院共有来自81个国家和地区各类长短期留学生1014人次，其中非学历生708人，包括普通进修生217人，语言生457人，预科生34人；学历生247人，包括博士研究生34人、硕士研究生69人、本科生144人；短期生136人。2014年，学历生毕业27人，其中，本科生14人，硕士研究生13人。11月，学校将原设在人文学院的汉语国际教育专业划到学院。12月，学院召开教学工作研讨会，论证汉语国际教育专业的培养方案和教学计划。

6月，国际学院成立培养办公室，聘任2名专职教务人员，负责留学生教学管理。学院在编专职教师6名，合同制教师4名；院聘教师11人次，校外人员13人次，校内教师36人次。学院派遣1名教师到美国缅因州立大学教授汉语课程，1名教师赴荷兰南方技术大学教授汉语课程。

国际学院“优化教学与管理体系，提升国际学生培养质量”课题获2014年北京工业大学教育教学成果二等奖。获批北京市社会科学基金项目1项。

（董晓梅　吴文英）

激光工程研究院

【发展概况】 北京工业大学激光工程研究院（Institute of Laser Engineering，以下简称激光院）于2000年5月在原国家产学研激光技术中心基础上组建而成，主要由物理学、光学和光学工程三个学科组成。2011年激光院作为承担单位获批北京市激光应用技术工程技术研究中心。激光院设有光学工程、物理学一级学科博士、硕士学位授予权和博士后流动站。拥有光学工程国家一级重点学科，和光学北京市重点学科。

2014年，激光院有教职工53人，其中专任教师33人，其他专业技术人员9人，师资博士后3人，普通博士后3人，管理人员5人。专任教师中，博士生导师12人，正高级职称教师11人，副高级职称教师16人，具有博士学位教师41人，博士化率达到77.3%。

本年毕业研究生50人，其中博士研究生13名，学术型硕士生26名，专业型硕士生9名，非全日制工程硕士2名。2014年招收研究生90人，其中博士生16人，学术型硕士研究生36，专业硕士学位学生33名，非全日制工程硕士5名，直博生3名。

（陈　虹　王　璞）

【学科建设】 在学校统一部署下，激光院完成“211工程”四期重点学科建设项目立项工作。“新型激光源及其先进制造技术”作为面向前沿的优势特色学科项目原则上通过首轮论证。2014年下达“211工程”建设专款1110.10万元，申报学科建设专款总计800万元，支持“学科建设－211工程－半导体激光熔覆成形系统”和“学科建设－211工程－激光加工微结构测试平台”。

（陈　虹　王　璞）

【队伍建设】 2014年，学院新增教师7名，其中师资博士后3名，普通博士后2名，专任教师1名，其他专技1名；退休教师1名。英国曼彻斯特大学李琳入选第十批“海聚工程”短期项目，闫胤洲入选第十批“海聚工程”青年项目，英国南安普顿大学冯宪被聘为北京市特聘教授。完成了博士后流动站评估工作。完成了岗位聘任工作及岗位分级聘用工作。激光院获2014年学校档案工作考核优秀单位。

（王　淳　肖荣诗）

【教学工作】 进一步加强研究生的招生宣传力度，到华中科技大学、安徽大学进行研究生招生宣传。严抓研究生开题以及中期考核质量，加强毕业生论文研究工作的审核，本年度毕业的博士研究生、学术型硕士研究生的论文全部进行前盲审。针对物理学（光学）、光学工程2个不同学科，建立导师按计划申报的招生制度。制定光学工程博士、硕士学位以及工程硕士专业学位授予标准，修订非全日制工程硕士培养方案。制定激光院推荐北京工业大学优秀博士、学术型硕士、专业型硕士学位论文评选办法。新增研究生精品课程1项。开设国际化课程“光科学与工程概论”和“激光微纳加工技术”。

（陈　南　赵　艳）

【科研工作】 2014年，激光院科研到校总经费2558.56万元，其中纵向科研经费1144.11万元，横向科研经费1414.45万元，新立项科研项目46个。承担的重点、重大科研项目包括：1个国家973计划项目、3个国家863计划项目、1个项国家自然科学基金重点项目、1个国家重大科学仪器开发专项。“北京市激光应用技术工程技术研究中心”完成北京市科委组织的科研基地三年绩效考核。2014年新增省部级国际合作基地——“数字化医疗3D打印国际合作基地”。“用于材料加工的高功率超短脉冲光纤激光器”实现专利成果转化200万元。

学院全年共发表论文95篇，其中：国外学术刊物58篇，国内学术刊物37篇，会议论文6篇；被SCI收录42篇，被EI收录37篇。申报专利96项，授权专利6项，其中发明专利3项，实用新型3项，撰写专著4部。

新增大型仪器设备129台，总价值1500万元。完成北京市教育委员会关于开展市属高校大型仪器设备使用及资源共享情况专项检查。完成WQZB质量管理体系综合评议、变更确认审核和民品质量管理体系第二次监督审核工作。

（陈　虹　王　璞）

【党建工作】 2014年11月激光院第一届党委成立。通过无记名投票，差额选举方式选举产生党委委员7人。激光院党委共有7个党支部，其中教师党支部3个，学生党支部4个；党员142名，其中在职党员33人，退休党员3人，教工党员36人，研究生党员96人；发展党员10人，预备党员转正8人。继续巩固和扩大党的群众路线教育实践活动成果，加强理论中心组学习，深入推进廉政风险防范管理工作。12月5日，召开激光院第一届教代会、工会换届大会。通过无记名投票，差额选举方式选举产生新一届教代会、工会委员5名。

（张　力　肖荣诗）

【学生工作】 2014年，激光院学生工作的总体思路是服务与管理。关注学生思想动向，提高对学生突发事件的应急处理能力。2014级硕士党支部在的抗战名将纪念馆举办以“重温峥嵘岁月，感受革命情怀”为主题的党日活动。11月21日，组织师生观看电影《天河》。11月，组织以“爱国·敬业·诚信·友善”主题的系列活动。开展研究生自习室文化建设。获北京工业大学2014届研究生新生篮球赛季军、2014“工大杯”乒乓球团体赛团体总分第一名、2014年研究生工作优秀单位。

（张　力　赵　艳）

【对外交流】 激光院网站经过全新改版于2014年10月正式对外发布。激光院共接待各级各类参观来访300余人次，参加国际学术会议20余人次，举办“光科学与工程”前沿系列学术报告26场。聘期短期外专专家交流讲学12人次，博士研究生马云峰公派至美国加州大学伯克利分校学习1年。承担国际热核聚变实验堆（ITER）计划国际合作项目“ITER校正场SCC线圈盒激光拼焊技术研究”。积极参加北京市科技周相关活动，“激光玻璃切割、内雕技术”项目参加北京市科技周首场现场活动，实验室在科技周期间向社会公众开放。激光院获学校国际交流与合作工作单项考核A等级。

（陈　虹　肖荣诗）

固体微结构与性能研究所

【发展概况】 北京工业大学固体微结构与性能研究所（Institute of Microstructure and Property of Advanced Materials，以下简称固体所），由物理学家张泽院士领衔创建，前身是“北京工业大学显微分析测试中心”，成立于2003年12月，是一个跨领域、跨学科，集“分析测试服务”、基础研究和应用研究及研究生教学和培养为一体的综合性研究机构。固体所的研究方向包括材料科学、凝聚态物理、纳米科学与技术交叉学科等重要的学科领域，是北京工业大学重要的研究与高端人才培养基地之一。以固体所为主体，固体微结构与性能北京市重点实验室在2012年获得认证。

固体所现有教师24人，其中院士1人，“国家杰出青年基金”获得者2人，教育部“长江学者”特聘教授2人，“新世纪百千万人才工程国家级”人选1人，北京市特聘教授2人，博士生导师5人，硕士生导师13人，具有高级职称人员14人，具有博士学位的13人。形成了以张泽院士为核心、结构合理的学术梯队。主要研究方向和特色包括：研究及发展先进“显微学”表征技术、装置及设备；跨尺度先进材料显微结构与性能关系研究；研究发展新材料、新器件及新应用。

在“211工程”项目的支持下，固体所实现了跨越式发展。开发了具有国际领域原创性和先进性的“超高分辨透射电镜双倾力学行为研究”实验平台。承担了国家重大科研仪器设备研制专项（2000万元）、国家973项目、国家重大基础研究专项项目、国家自然科学基金重点项目（牵头1个、合作2个）、国家杰出青年基金项目、国家科学仪器基础研究专款项目、国家重大仪器专项子课题以及其他国家及省部级科研项目近50个；申请发明专利20余项；近年获得国家自然科学基金资助金额约6000余万元；科技部、北京市等资助项目约1700余万元。部分研究成果入选“2007年中国高等学校十大科技进展”；“211工程”—“先进材料的结构/性能控制及表征”三期重点项目以优秀成绩通过验收。固体微结构与性能北京市重点实验室获得认定。

固体所在《自然通讯》（*Nature Communications*）、《物理评论快报》（*Phys. Rev. Lett.*）、《纳米快报》（*Nano Letters*）、《材料学报》（*Acta Mater.*）、《科学》（*Science*）等国际顶级学术刊物上发表学术论文30余篇；培养出“国家杰出青年基金”获得者韩晓东教授（2008年）；教育部“长江学者”隋曼龄教授、韩晓东教授（2009、2012）；2008至2014年，引进了“千人计划”入选者

1人，“海聚工程”入选者3人；4名教师入选“北京市科技新星计划”，3名教师入选“北京工业大学日新人才计划”；1名博士毕业生获“全国百篇优秀博士论文奖”，1名博士毕业生获得“全国优秀博士论文提名奖”，4名博士毕业生获得“北京市优秀博士论文奖”，1名博士获“北京工业大学校长奖学金”，4名学生获“国家奖学金”。

（桑洪峰　韩晓东）

【学科建设】 结合新增仪器设备以及自主研发设备的性能和功能，开辟反映国际学术前沿的新研究方向，在此研究基础上，增设有益于提高研究生学术能力培养的专业内容，提高研究生在国际学术舞台学习交流的能力。同时，2014年，通过合作研究等多种形式积极开展学科建设。

（桑洪峰　韩晓东）

【科研工作】 2014年，固体所主要研究工作包括：发展透射电镜下原位力学、电学性能测量装置；并基于原创的技术，重点解决了金属材料和半导体薄膜、纳米线拉伸变形过程中的一系列基础科学问题，发表SCI论文20余篇，包括：*Nano lett*. 1 篇，*Adv. Mater*. 1 篇，*Nature Communication* 2篇等。

（桑洪峰　韩晓东）

【党建工作】 固体所党支部在数理学院党委领导下，紧密围绕学习党的十八届四中全会精神、积极践行社会主义核心价值观的目标，按照习总书记对青年提出的“勤学、修德、明辨、笃实”的要求，以座谈会、主题党日等活动，进一步加强党建与思想政治工作建设，营造和谐环境，促进所风建设。切实关心教职工生活，积极帮助解决涉及教职工切身利益的实际问题，努力改善教学、科研工作条件。本年共发展党员5人，预备党员转正2人。参加党校学习的学生共7人，结业7人。

（桑洪峰　毛圣城）

【学生工作】 固体所结合本单位特点，开展学生活动。组织“工大好学生标准”座谈会，参加焦庄户地道战遗址的参观，组织观看电影《天河》，组织奥林匹克公园活动，参加学校组织的纪念“一二·九”运动升旗仪式。继续坚持每周三下午的学生工作报告，由学生本人汇报近期科研进展及成果；聘请国内外同行专家进行学术交流活动。

2013－2014学年获得优秀研究生奖5人，研究生学习优秀奖8人，研究生社会工作奖6人，研究生励志奖4人，国家奖学金奖2人。固体所博士班被评为优良学风班，固体所2013级团支部被评为优秀团支部。

本年共获研究生科技创新奖12项。第十二届科技基金顺利结题4项，第十三届科技基金立项4项，获得博士创新基金2项。参加研究生院资助的国际会议2个。组织研究生参加国内重要的学术会议，获最佳论文奖2项，获最佳电镜摄影奖1项，2014电镜年会优秀论文奖1项。

固体所积极开展就业政策讲座，注重信息畅通和个别辅导，有效提高就业率。2014年共有18名研究生毕业，其中硕士16名、博士2名，毕业生就业率为100%。

（桑洪峰　毛圣成）

【对外交流】 2014年，邀请20人次国内外高水平同行专家来校做学术报告和开展合作研究；主要研究成员2014年参加国内外学术交流10余次。聘请国内外知名专家学者30人来所讲学，开拓师生们的视野，营造良好的学术氛围。

（桑洪峰　毛圣成）

【举办第二届纳米材料表征与性能会议】 由北京工业大学，中国电子显微学会，科技部，中国自然科技基金委举办的第二届纳米材料表征与性能会议于6月29日至7月1日在北工大举办。来自美国、瑞典、荷兰、新加坡、澳大利亚和中国的在材料学、物理、化学类领域的知名学者报告国际前沿工作。

张泽院士出席并对中国高精尖端仪器的现状发展及趋势做建设性报告。李晓东、潘小青、孙长清等海外知名学者就电子显微学科技前沿科学做报告。

（桑洪峰　毛圣成）

循环经济研究院

【发展概况】 北京工业大学循环经济研究院（Institute of Circular Economy，以下简称循环经济院）是致力于循环经济研究的跨学科研究机构，成立于2005年4月。依托学校多学科优势，承担和参与国家“863计划”项目、国家自然科学基金、中国工程院、教育部等重要课题数十项；近些年来在*RSC. Advance*、*Resources, Conservation and Recycling*、*Environmental Pollution*、*Environmental Science and Technology*、中国环境科学、金属学报、资源科学等一流学术期刊上发表学术论文百余篇。与政府相关部门、各高校科研机构、社会行业各界等建立广泛的联系。

（姜　尚　吴玉锋）

【学科建设】 参与“资源循环

材料协同创新中心”建设，并依托北京市教委科研基地建设项目，设立院级科技创新基金，进一步完善资源节约与循环利用实验室软硬件，搭建城市矿产与循环经济公共研发平台，成功申报全国再生金属行业“城市矿产综合评价”重点实验室。加强师资队伍建设，1名教师入选北京市海聚工程计划，1名教师入选北京市科技新星计划，3名教师成为博士研究生导师，1名教师晋升副教授。

（姜　尚　吴玉锋）

【人才培养】 结合“资源环境与循环经济”交叉学科的博士和硕士的首批硕士博士培养情况，对“人口、资源与环境经济学”和“资源环境与循环经济”专业研究生培养方案进行了修订，研讨制定学位标准。为本科生开设“资源经济学”等7门课程；为研究生开设“生态经济学”等10余门课程，完成“人口、资源与环境经济学”和“资源环境与循环经济”研究生培养方案确定的教学任务，并在课程内容上不断更新国外最新前沿知识传授，提高专业外语应用和交流水平。

（姜　尚　吴玉锋）

【科研工作】 协助完成由材料学院、循环经济院共同参与的国家863项目预验收；参与国家战略性金属再生利用创新驱动科技重大专项申报、北京市科委项目征集活动等。通过联合主办“再生金属领域技术预测及十三五科技发展规划研讨会”，协助中国有色工业协会再生金属分会成立学术委员会。组织申报各类科研课题，年度承担各类科研项目19项，到校经费总计365万，主持制定3项行业标准，参与制定1项国家标准、2项行业规范，获得行业标准优秀奖一等奖和三等奖各1项。学院教师担任循环经济领域国家级学术组织常务理事、理事、专家委员等学术职务共计15人次。

（姜　尚　吴玉锋）

【党建工作】 以学习、贯彻党的十八届三中、四中全会精神为主线，围绕教学、科研中心工作开展学院党建。深入开展群众路线实践教育活动，全面推进学院工作的民主化和制度化，积极探索建立健全教育、监督、制度建设并重的工作体系和预防体系，切实履行党风廉政建设工作职责。完成学生党支部和研究生会换届工作。举办“学理论，读经典”主题演讲比赛；学生党支部与顺义区木林镇业兴庄村党支部开展红色“1＋1”共建活动；举办“加强学术道德，恪守学术规范”主题论坛，加强科研学风道德体系建设。

（姜　尚　吴玉锋）

【学生工作】 积极开展培育和践行“社会主义核心价值观”系列主题活动，以学生干部、党员为骨干，深入学习，组织开展演讲、交流和理论研讨，注重将思想交流成果落到实处。组织研究生科技基金项目申报和实施，2014年度获得基金项目支持6个，其中重点项目2个，鼓励研究生新生开展科研实践探索。加强研究生培养制度建设，发布研究生参加国际会议制度文件，引导学院师生瞄准相关领域国际期刊论文水平和国内外研究前沿开展相关研究工作。资助研究生参加国内外重要学术会议（国际会议5人次，国内会议10余人次），其中参加“International Conference on Waste Management and Technology 9th”论文获会议最佳论文奖，并被国外SCI期刊接收。修订研究生奖学金条例，优化激励机制，完善成果评价体系，鼓励研究生产出高水平科研成果，多名研究生获校级奖励和院级奖励，2人获国家奖学金、8人获校级奖学金、3人获院级奖学金；1名研究生获环保部主办“新型城镇化与城市环境管理”征文二等奖；3名研究生获校级研究生建模竞赛特等奖；3名研究生获校级“挑战杯”课外学术科技作品竞赛优秀奖。坚持“让学生满意毕业，促学生心系母校”的工作理念，实现2011级研究生100％就业，就业单位主要为事业单位和大中型国有企业。

（姜　尚　吴玉锋）

【服务交流】 积极参与国家循环经济发展相关活动，应邀参加国家发改委园区循环化改造课题评审会、工信部工业绿色转型发展试点评审会、商务部再生资源回收体系建设研讨会以及2014战略性新兴产业培育与发展论坛、第十四届再生金属国际论坛；应邀参加中国再生资源回收利用协会年会、第九届中国国际回收大会等会议，并均作大会报告。积极开展北京市资源环境相关科学研究和咨询活动等，承担北京市发改委《北京市循环经济评价指标体系及统计制度研究》、《城市矿产回收和利用量统计方法研究》和北京市市政市容委《北京市再生资源产生和回收量统计方法研究》等多项课题研究。积极开拓国际化交流合作，邀请密歇根大学徐明教授来校作“*Environmental Footprint of the Chinese Economy*”主题演讲；与密歇根大学、瑞尔森大学等国外高校建立合作关系，吸引部分教师加盟北京市高精尖中心计划；选派4名研究生参加“Global Conference on

Environmental Study”及“The IAFOR North American Conference on Sustainability Energy & the Environment”会议，并做专题学术报告。

（姜　尚　吴玉锋）

北京科学与工程计算研究院

【发展概况】 北京科学与工程计算研究院（Beijing Center for Scientific and Engineering Computing）经2014年3月25日十届88次校党委常委扩大会议研究决定，正式成立。11月14日十届115次校党委常委会研究决定：聘请杜甫·哈特（Peter Deuflhard）教授担任北京科学与工程计算研究院院长。2014年，研究院共有全职工作人员5名（4名教师，1名管理人员），兼职教授2名。

北京科学与工程计算研究院是在新形势下面向国际前沿、推进学科交叉、探索体制机制创新的一个新型教学科研机构。具有独立法人资格、设立独立治理结构，采用理事会领导下的院长负责制。主要职责是：面向国家和北京市经济社会发展的重大需求，围绕交通、环境、医疗、生物、信息、航空航天等相关领域的重大实际问题，与学校优势学科协同创新，推动学科交叉，开展科学与工程计算等数学领域的学科建设、科学研究及服务社会工作，推动首都区域相关产业发展；创新人才培养模式，承担数学及相关领域的国际化、高层次人才培养工作。

（李　柯　黄秋梅　张　伟）

【学科建设】 9月，研究院以“211工程”四期申报为契机，分别召开理事会、院务会讨论研究院学科发展方向，确定研究院的5个研究方向。研究方向1—算法驱动的数值分析与科学计算，由许进超教授、Peter Deuflhard院士领衔；研究方向2—交通与离散优化，由Rolf Moehring教授领衔；研究方向3—虚拟医学，由Peter Deuflhard院士领衔；研究方向4—系统生物学与复杂数据，由聂青教授、Peter Deuflhard院士领衔；研究方向5—流固耦合及其应用，由张伟教授，许进超教授领衔。

10月20日，北京科学与工程计算研究院参加“211工程”四期重点学科建设项目答辩会。张伟副院长分别从项目定位、学科现状、资源共享与融合、项目团队、服务北京、体制机制创新、预期建设成效等7个方面进行汇报，重点介绍研究院的各个研究方向。

（李　柯　黄秋梅　张　伟）

【国际化教学】 9月16—29日，北京科学与工程计算研究院特聘教授罗尔夫（Rolf Moehring）来校为研究生开设交通与工业应用范例研究课程，30名学生和部分青年教师听课，学生来自应用数理学院、交通学院、电控学院等院所。

（李　柯　黄秋梅　张　伟）

【实验室建设】 9月，北京科学与工程计算研究院克里斯汀（Christian Hege）教授和教师赵欣苑分别与国内外主流的可视化设备的供货商进行沟通，协商可视化设备配置及其相应实验室装修、改造等事宜。已经基本完成可视化各项设备的详细参数方案。

9月26日，青岛大学丁洁玉副教授应邀来研究院做学术报告，报告题目为“虚拟现实技术概述”，详细介绍虚拟现实技术的发展历程。

（李　柯　黄秋梅　张　伟）

【国际学术交流】 9月3—6日，国际著名数学家、美国加利福尼亚大学大学聂青教授应邀访问学校。9月4日下午，聂青教授在生命学院做题为“干细胞：从简单模型到大数据”（*Stem Cells: From Simple Model to Big Data*）的学术报告，与10余名生命学院教授开展学术讨论；9月5日，北京工业大学副校长、北京科学与工程计算研究院法人蒋毅坚会见聂青教授，并就研究院未来的发展方向进行研讨，聂青教授为研究院的发展指明方向，将“系统生物学与复杂数据”确定为研究院的研究方向之一。

12月26日，内华达大学拉斯维加斯校区数学与信息科学学院孙澎涛副教授应邀来研究院做学术报告，与师生讨论流体动力结构相互影响等学术问题。

（李　柯　黄秋梅　张　伟）

【“计算流固耦合动力学”暑期学校】 7月13至19日，学校举办“计算流固耦合动力学”暑期学校。15日上午，“计算流固耦合动力学暑期学校及科学与工程计算新进展会议”在学校开幕，蒋毅坚，欧洲科学院院士、北京科学与工程计算研究院院长杜甫·哈特（Peter Deuflhard）出席开幕式并致辞，国际著名离散优化专家罗尔夫（Rolf Moehring）教授、北京科学与工程计算研究院副院长张伟教授等多名计算流固耦合动力学领域专家出席开幕式。来自清华大学、北京大学、厦门大学等30多所高校和研究机构的100多名专家和研究生参加会议。本次会议安排报告10余个，内容广泛，涵盖流固耦合动力学、高维非线性系统的复杂动力学、自适应有限元方法，以及压缩感知等多个热点领域，来自世界各地的10余名专家学者为学生授课。

（李　柯　黄秋梅　张　伟）

【筹建工作】 8月底，北京科学与工程计算研究院进驻理科楼M八层方案通过学校论证，启动装修改造工作。

9月3日，北京科学与工程计算研究院参加基础设施改造专款项目评审论证会，会上汇报了项目立项的必要性分析、项目实施后的预期效果，与会专家提出评审意见；按照评审意见，研究院完善基础设施改造专款项目申报书。

9月初，北京科学与工程计算研究院申报的2014设备购置专款获得批准，获批金额为130余万，购置电脑、打印机、相机等通用设备及办公家具。

9月17日，“211工程”一学科建设一大型设备购置论证会召开，会上研究院做关于高性能计算平台专款申报的答辩，设备经费预算500万元；9月22—23日，北京科学与工程计算研究院参加学校2015年办公设备购置专家论证评审会、2015年基础设施改造类项目专家论证评审会，会上汇报了项目的立项依据、项目内容、项目实施效果，会后，根据专家修改意见，研究院修改申报书，并提交国资处。

10月11日，按照财务处的工作安排，研究院完成2015年专款录入工作；此次共完成3个专款录入工作，分别高性能计算平台专款500万，基础设施改造专款项目150万，办公家具及通用设备专款14万。

9月17至18日，面试4名申请到研究院做博士后研究的博士；10月和11月，研究院分别面试英国牛津大学、北京航空航天大学、北京邮电大学、西安交通大学5名博士生，来校开展博士后研究工作。

（李　柯　黄秋梅　张　伟）

高等教育研究所

【发展概况】 北京工业大学高等教育研究所（Institute of Higher Education，以下简称高教所）成立于2006年6月，其前身是1979年成立的工业教育研究室、1986年成立的高等教育研究室。高教所是集教育科学研究、教育政策咨询、人才培养、教育学术交流为一体的教学科研机构。现有教育部战略研究培育基地“北京工业大学地方高水平大学发展战略研究中心”、北京市哲学社会科学研究基地“首都工程教育发展研究基地”。

2014年，高教所共有教职工8人，其中专任教师6人，正高级职称2人，副高级职称3人，具有博士学位6人。

高教所在校硕士研究生40人，其中2012级13人，2013级12人，2014级10人，延期毕业5人。2014年招收教育学一级学科硕士研究生10人。

（张德忠　肖　念）

【学科建设】 拓展学科平台体系。2月，获批北京市哲学社会科学研究基地—首都工程教育发展研究基地；5月，获批“教育硕士”专业学位授权，完整搭建了国家—省（市）部级层面的研究与学科发展平台。

教育学学科的水平和知名度迅速提升。11月，“首都高等工程教育研究中心”1项重点课题“基于‘卓越工程师培养计划’的建筑学专业‘开放式’教学体系的综合改革研究”和1项联合项目“基于COOP理念搭建校企合作平台，探索高素质制药工程专业人才培养新模式”获批北京市教改立项；11月，全国大学学习科学研究会组织成员单位参加了“全国大学教学论坛”的分论坛，全国大学学习科学研究会理事长郭广生作“以教会学生学习引领教与学的改革”主题报告并主持主论坛。

人才队伍建设持续推进。2014年，新增北京市“拔尖青年培育计划”1人，校“日新计划”1人，校“青年导师国际化培养计划”1人。

（苏林琴　肖　念）

【教学工作】 进一步明确培养标准。5月，修订《教育学学术学位硕士研究生培养方案》，明确将通过预答辩作为申请学位论文答辩的必要环节之一；10月28日，召开“‘教育硕士培养方案制定’培训及研讨会”，深入探讨培养目标、课程设置、学位论文、教育实践等问题，制定《教育硕士专业学位硕士研究生培养方案》；12月，制定“教育学硕士学位授予标准”及“教育硕士专业学位授予标准”，对高教所教育学硕士学位、教育硕士专业学位授予标准做出详细要求；12月17日，以“统一认识、明确质量内涵、实现全面提升”为主题召开每年一次的“高教所教育教学工作研讨会”，促进教育学科内涵式发展。

继续强化和完善过程管理。坚持学术研讨制度，组织学术研讨17次，学术汇报120人次；完善学位论文管理制度，对预答辩、同行专家匿名评审、答辩评阅等培养环节在制度上做出明确规定，严控论文质量；对1名研究生作结业处理。

截至2014年底，高教所教

育学硕士研究生导师共21人，其中高教所专任导师5人；申报教育硕士研究生导师共22人。

（宋 微 肖 念）

【科研工作】 2014年在研国家、省部、市、校级科研课题近30项，年到校科研经费98.96万元。新增国家、省部级以上课题4项：教育部科技司战略研究重大课题1项“区域高校创新体系建设及其支撑引领经济转型和新产业发展研究”，北京市社科规划基金年度项目1项“MOOC学习质量研究：基于用户体验视角”，北京市社科研究基地一般项目1项“基于有效反馈的高校教师教学质量持续改进机制研究”、青年项目1项“首都工程教育专业认证的现状、问题及对策研究——基于《华盛顿协议》视角”；新增北京市级课题3项：北京市科研计划面上项目1项“建设世界城市背景下地方高水平大学国际化人才培养模式研究”，北京市教改立项重点课题1项“中国加入《华盛顿协议》背景下首都高等工程教育专业认证与建设研究”，北京市人民政府教育督导室委托课题1项“北京市民办高等学校督导评价和工具研究”；新增校博士科研基金1项“北京市属高校教师科技创新效率研究”；新增横向委托课题1项“落实和扩大高校办学自主权研究”。

成果数量、质量稳步提升。师生参加国内外学术会议80余人次，提交会议论文13篇，发表论文21篇；肖念、关少化应邀分别在“第十五届全国大学教育思想研讨会”、“两岸四地大学教学文化与教师发展学术研讨会”作主题发言；出版专著《迈向教育高度发达的社会——国际比较视野下的高等教育体系》。

（苏林琴 肖 念）

【国际交流与合作】 2014年深入推进学术、师生的国际交流。专业选修课《高等教育发展与研究前沿讲座》聘请境外专家授课：5月21日，邀请德国卡塞尔大学乌尔里希·泰希勒（Ulrich Teichler）教授举办“高等教育与工作世界”、“欧洲高等教育：博洛尼亚进程的迷思与现实”等系列讲座；9月29日，邀请美国天普大学刘兴才博士作“促进国际学生流动的院校因素研究”学术讲座；专业选修课“高等教育的国际进展”首次采用全英文授课。

12月1至5日，邀请美国明尼苏达大学尤京·艾伦教授作“美国研究型大学的行政管理和评估项目”、“美国博雅教育发展史及明尼苏达大学的实践、课程变革——以‘日出项目’为例”、“美国研究型大学的组织结构、领导和管理：明尼苏达大学的例子”、“研究型大学的教学与管理”等系列讲座。

本年1名教师赴美国明尼苏达大学访学6个月、1名学生赴芬兰坦佩雷大学交换学习5个月。10月，制定《北京工业大学高等教育研究所—芬兰坦佩雷大学高等教育研究所（HEG）交换生选拔暂行办法》和《交换生协议书》。

（王绽蕊 肖 念）

【党建工作】 每月定期召开组织生活会。改选学生党支部干部3人，研究生会干部6人，聘任助理辅导员1人。2人转为正式党员，3人成为预备党员，8人成为入党积极分子，研究生党员18人（其中预备党员3人）。5月17日，研究生党支部与大兴区采育镇山西营村开展“一帮一”志愿服务行动，并联合高教所研究生会、团支部开展“志愿与学术同行——访民情、惠民生”红色“1＋1”基层志愿服务活动。

（齐书宇 肖 念）

【学生工作】 2014年，高教所坚持“学生自我管理”原则，强化“自我管理、自我监督、自我教育、自我服务、自我提高”文化氛围，获“北京工业大学第二届思想政治教育工作实效奖”二等奖，“2014年北京工业大学就业工作优秀单位”。

开展科技节活动。获第十一届校研究生科技基金1项、高教所第二届科技基金4项结题，获第十二届校研究生科技基金2项，高教所第三届科技基金4项，立项较上增加20%；研究生获校科技创新二等奖1项、科技创新优秀奖4项。

加强毕业生就业指导，鼓励学生参加社会实践。12名毕业生全部就业，连续3年就业率保持100%；23人参加在北京市人民政府教育督导室、北京市学位委员会办公室及校内管理部门提供岗位的社会实践，占在校生的65.7%。

奖、助工作。2013级研究生班获校“优良学风班”、1篇毕业论文获校“优秀硕士论文”、3人获校“优秀研究生奖”、5人获校“研究生科技创新奖”、1人获“研究生国家奖学金”、1人获校“研究生学习优秀一等奖”、6人获校“研究生社会工作奖”。

（齐书宇 肖 念）

【社会服务】 2014年，智库建设成效显现。共提交各级各类咨询决策报告5份，其中向教育部科技委提交“地方高水平大学科技创新治理体系现代化—美国的经验”、“建立‘校地联盟’创新地方高水平大学与区域科技合作机制”、“地方高水平大学科技体制及运行机制的现状、问题与对策”专家建议3份，向北京市教委提交“民办高等学校规范化办学监督制度与机制研究”及“应用型大学人才培养质量评价体系研究”研究报告2份并被采纳；向全国地方高水平大学联盟提供《2014年地方高水平大学综合改革快讯》；向学校提交《关于学部制改革的文献调研》、《关于大学综合改革的文献调研》、《中国大学“十三五”规划编制的文献调研》等调研报告。

建立可持续化的社会服务机制。6月14日，连续第六年承办由国务院教育督导委员会办公室、北京市教育委员会、北京市人民政府教育督导室委托的“现代教育治理与教育督导改革——北京2014教育督导与评价研讨会”。

（金保华　肖　念）

【首都工程教育发展研究基地】 按照北京市哲学社会科学研究基地建设要求进行基础和运转机制建设。（1）智库建设：连续第二年协助北京市教育委员会开展2013－2015年教育教学改革立项和项目中期检查。（2）基地项目申报组织工作：2014年10月，通过开放课题的方式，在“首都高等工程教育研究中心”的8个成员单位和校内，组织申报2014年度北京市社会科学基金“首都工程教育发展研究基地”项目，经过专家评审，向市社科规划办推荐4项基地申报项目。（3）学术交流：组织成员单位参加7月4至5日在清华大学召开的“跨部门合作：工科硕士培养和工科教师发展”第四次国际工程教育工作坊、10月16至17日在北京工业大学召开的“经济全球化背景下的大学工程教育与教学国际研讨会”。

（关少化　肖　念）

【地方高水平大学发展战略研究中心】 中心2013年8月获批教育部战略研究培育基地。2014年，承担教育部科学技术战略研究项目“区域高校创新体系建设及其支撑引领经济转型和新产业发展研究”，完成教育部科技委战略研究重大课题“地方高水平大学科技体制与运行机制改革”，提交研究报告1份，专家建议3份，采纳专家建议1份。

10月13日，由全国地方高水平大学联盟主办的“2014年全国地方高水平大学发展峰会”在郑州大学举行。地方高水平大学发展战略研究中心主任郭广生代表联盟致开幕词并做大会总结，地方高水平大学发展战略研究中心副主任张爱林做大会交流发言，会议通过《着力推进综合改革，促进高水平大学建设——2014年全国地方高水平大学发展峰会郑州宣言》。

10月，中心编写完成《2014年地方高水平大学综合改革快讯》。

（金保华　肖　念）

【教育研究通讯】 接收稿件147篇，刊发81篇（约50万字），其中刊发校内稿件58篇，占71.61%；刊发校外稿件23篇，占28.39%。刊发高级职称以上人员稿件45篇，占55.56%。新增“高校科技”、“管理方略”、“高等工程教育”等栏目。完成北京市新闻出版局年审，与百余家全国高校高等教育研究机构、高等教育类期刊编辑部建立联系，进一步有针对性地优化交流范围。

（金保华　肖　念）

体育教学部

【发展概况】 北京工业大学体育教学部（Department of Physical Education，以下简称体育部）成立于1990年（前身为体育教研室）。体育部现有教职工39人，其中教授3人，副教授17人，讲师13人，助教3人，教辅人员2人，行政管理1人，具有高级职称教师的人数比例达到51.4%。现有硕士生导师1人，国际级裁判1人，国家级裁判5人，一级裁判25人，博士1人，具有硕士及以上学位的24人。

（王茂春　薛红文）

【党建工作】 体育部党支部于2014年整体划归联合党委，并完成体育部党支部换届选举。共有党员37人，其中在职党员25人，离退休党员12人。党支部围绕学校和体育部的“十二五”发展规划，坚持以科学发展观统领工作全局，不断强化党支部思想、制度、组织、宣传和作风建设。坚持民主生活会制度，处级干部在线学习和党员在线学习完成率均达100%。严格按照北京工业大学党员发展细则开展党员发展和预备党员转正工作。

（王茂春　刘振卿）

【工会工作】 2014年12月完成体育部工会、教代会换届选举工作，共有工会委员3人，教代会委员5人。工会、教代会坚持定期召开工作会议，研究讨论各时期的工作方案。结合专业开展体育部教师小型体育竞赛和趣味运动会；举办北京工业大学第二届教工篮球赛；召开体育部全体在职教职工和退休人员参加的迎新辞旧新年联欢会；9月和12月两次组织体育部离退休教师座谈会，共谋体育部发展；10月组织离退休教师到古北水镇参观学习，年底组织看望老教师。

（赵桂生　刘振卿）

【高水平运动队建设】 学校共有7个高水平运动队，分为重点队（羽毛球、男子篮球、游泳）和传统队（足球、男子排球、女子排球、女子篮球），教练员12名，运动员132名。2014年，体育部共完成4910学时的工作量，人均491学时。羽毛球队在第十八届全国大学生羽毛球竞标赛中获得甲A组男子团体冠军、甲B组女子团体亚军、男子双打冠亚军、混合双打亚军、男子单打季军。男子篮球现有队员14名，在2014年全国大学生篮球比赛（CUBA）中取得第四名。游泳队在第十四届全国大学生游泳竞赛中取得乙A组（专业组）总团体第一名、女子团体第一名、男子团体第三名；乙B组（校内组）总团体第二名、男子团体第一名、女子团体第五名。在北京市大学生游泳冠军赛中取得总团体第二名、男子团体第二名、女子团体第二名。男子排球在北京市高校男子排球甲级联赛中获得高水平组第4名。女子排球在首都高等学校2014年“盛超杯”排球联赛第4名。足球队在首都大学生五人制足球联赛中获得北京地区第1名、华北地区第7名。女子篮球在北京市高校篮球联赛中获得第7名。学校获得北京市高校阳光体育联赛一等奖。

（王　佳　李　鑫）

【科研与学科建设】 换届成立新一届体育教学部学术委员会，主任：韩新君，委员：谢伦立、李欣、薛红文、刘振卿。李岩负责的课件《游泳》在全国第十四届多媒体课件大赛中获二等奖；李晓甜的《游泳课一爬泳划臂技术》在北京市“创想杯”微课大奖赛中获一等奖；果梅、张川、胡朝霞等在全国和北京市课件大赛中获得3项优秀奖；在首都高等学校第十七届体育科学论文报告会中，刘振卿的论文获得二等奖，薛红文、果梅、张海鹰、胡朝霞、谢伦立、韩新君等的论文分别获得三等奖；李晓甜在第三届国际体育科学与学校体育学术论文报告会中获二等奖；男子篮球队获得2014年北京工业大学校长奖学金；薛红文获2013—2014年度北京高校优秀德育工作者、2014年北京工业大学优秀教师、2014年北京工业大学优秀教育标兵荣誉称号；李鑫、赵惠茹、刘鹏飞等获2014年北京工业大学优秀指导教师荣誉称号。

（李晓甜　韩新君）

【教学工作】 体育部承担全校的公共体育课，共开设15个运动项目。其中必修课151个课堂、选修课9个课堂，负责校内7支高水平运动队的训练课和学生的课外体育活动。所有教师都承担着本科一线教学工作，体育部获“2014年本科教学质量管理工作进步学院”称号。

（李晓甜　薛红文）

【群众体育】 “工大杯”足球超级联赛共有7个学院210人参赛，都柏林学院获得冠军；“工大杯”女子学生排球联赛，建工学院和人文学院分获冠、亚军。乙组男排参加北京市大学生男子排球联赛获第3名；男篮协会队参加北京市CUBL联赛、北京市大学生超级联赛并代表学校参加“NB”慢跑联盟北京站公益赛活动。乒乓球协会举办工大乒乓球“新生杯”单打赛、团体赛，参加人数近500人；北京市大学生乒乓球锦标赛，获得男子双打第五名。参加北京市大学生形体礼仪大赛，获第1名。组织70人的代表队参加北京市高校秋季田径运动会和趣味运动会，获得甲组第7名的成绩和体育道德风尚奖。由校工会、教工篮协、宣传部主办，体育教学部承办的第二届教职工篮球联赛取得圆满成功，成为全方面展示教职工风采的又一平台。

（杨海涛　岳　杰）

·2014 年 大 事 记·

1月

2 日　中关村发展集团董事长于军、总经理许强一行来学校交流座谈，郑吉春、郭广生等校领导及有关部门负责人参加座谈，双方就科技产业园区建设等合作方向开展交流。

3 日　郑吉春、郭广生带队赴北京市环保局学习交流，市环保局局长陈添等领导及有关处室负责人参加座谈，共谋实质性合作。

6 日　校领导班子全体成员赴朝阳区委交流座谈，朝阳区委书记程连元等班子主要成员参加座谈，共谋区校深度合作与共同发展。

7 至 9 日　学校举行教授岗位聘期学术交流会。167 名教授参加学术交流，重点介绍聘期内取得的教学科研进展、代表性研究成果和岗位任务完成情况。学校两院院士、校领导班子成员等作为评议专家出席会议。

10 日　龚裕、王秀彦主讲的 2 门党课获评第三届北京高校入党积极分子“精品一课”，党校获“优秀组织奖”。

14 日　全国大学生“走下网络、走出宿舍、走向操场”主题群众性课外体育锻炼活动试点工作启动会在学校召开。北工大是参加试点的 10 所高校之一。

16 日　青海民族大学校长何峰一行来校，郑吉春会见来宾，郭广生等参加座谈，双方就进一步深化合作关系、推进对口交流工作开展交流。

26 日　市委组织部副部长闫成来校，看望慰问学校全国模范教师、国家教学名师、北京市优秀共产党员彭永臻教授。

27 日　市政府教育督导室副主任关国珍来校，看望慰问寒假留校学生及家庭经济困难学生，并与留校学生代表座谈。郭广生等校领导及相关部处负责人参加座谈。

28 日　北工大出版社申报的《蒋百里全集》项目获 2014 年度国家出版基金资助。

2月

14 日　中共北京工业大学委员会十届五次全委（扩大）会暨 2014 年工作部署会在逸夫馆报告厅召开。会议传达学习了习近平总书记对北京工作做出的重要批示，宣布 2013 年校长嘉奖决定，总结学校 2013 年工作并部署 2014 年工作。200 余人参加大会。

18 日　学校官方微信正式上线，微信公众号为“北工大”（微信名：BJUT1960）。这是继工大手机报上线后，学校加强新媒体建设的又一举措。

20 日　市委常委、市委教育工委书记苟仲文会见欧洲科学院院士及德国柏林博兰登堡科学与人文院院士、北京市战略科学家、北工大全职教授杜甫·哈特（Peter Deuflhard），德国柏林工业大学教授、北工大名誉教授罗尔夫（Rolf Moehring），美国宾州大学教授、国家“千人计划”特聘教授、著名数学家许进超。郑吉春、郭广生等参加会见。

21 日　学校在 2014 年北京高校宣传教育工作会议上作题为“掌握主动权 激发正能量 助力新跨越”交流发言。会议颁发了第三届首都大学生思想政治教育工作实效奖，北工大 2 项工作成果获奖，其中一等奖 1 项，优秀奖 1 项。

24 日　北京市哲学社会科学规划办公室、北京市教育委员会发布《关于建立首都工程教育发展研究基地的决定》，这标志着以北工大为依托单位建立的“首都工程教育发展研究基地”正式成为北京市哲学社会科学研究基地。

25 日　学校在逸夫馆报告厅召开深入开展党的群众路线教育实践活动总结会。市委第 32 督导组成员，校级领导班子成员，近 3 年退出校级领导班子的老同志，院士，处级干部，教授代表，全国和北京市党代表、人大代表、政协委员及党外代表人士等参加会议。与会人员对开展群众路线教育实践活动情况进行民主评议。

28 日　2014 年首都综治委校园及周边综治专项组全体会议暨高校安全稳定工作会议召开，北工大等 16 所高校获评“平安校园示范校”，并获专项经费奖励。

3月

1日 学校举行2014年自主选拔录取考生面试，159名获面试资格的考生参加面试。

3日 北京市“党建先进校”第二考察组入校考察。市委教育工委副书记、市教委主任线联平等担任组长。郑吉春代表学校作题为“全面加强和改进党建与思想政治工作 促进国际知名、有特色、高水平研究型大学建设再上新台阶”的工作汇报，郭广生作补充汇报。考察组审阅学校党建工作支撑材料，并召开专题座谈会，实地走访部分院所、实验中心等，深入考察学校党建和思想政治工作各方面情况。

5日 学校以宣讲倡议、参与知识问答、交流座谈、志愿者校园服务、帮扶打工子弟小学学生等多种形式在学生中开展学雷锋纪念日活动。

12日 学校新浪官方微博正式开通。官方微博的基本功能定位为关注社会热点、传递学校资讯、促进沟通交流、凝聚师生合力，加强品牌塑造等。

13日 法国皮埃尔和玛丽居里大学（又称巴黎第六大学）校长让·香巴斯（Jean Chambaz）教授、索邦大学国际处和驻华办负责人到校访问。郭广生会见来宾，蒋毅坚等陪同。

14日 学校成立全面深化改革领导小组，负责全校深化改革工作的统筹协调、整体推进、督促落实。

14日 张新平教授指导的2011届博士生冯胜飞的博士学位论文被评为2013年全国优秀博士学位论文，乔俊飞教授指导的2011届博士生韩红桂的博士学位论文被评为2013年全国优秀博士学位论文提名论文。

15日 电控学院2012级实验班学生魏润宇获第五届全国大学生数学竞赛决赛非数学专业组一等奖。

17日 学校成立北京古月新材料研究院，该研究院为北工大所属相当正处级全额拨款事业单位，是依托北工大的北京市级科研机构。

17日 郑吉春、郭广生带队赴北京金隅集团交流，北京金隅集团有限责任公司党委书记、董事长蒋卫平等领导参加座谈，共同探讨全面深化校企合作事宜。

24日 郑吉春、郭广生率校领导班子赴顺义区交流，顺义区区委书记王刚，区委副书记、区长卢映川等班子主要成员参加交流座谈，共同探讨搭建区校合作平台。

25日 国家节能中心评选出全国高校第一批（国家第二批）星级能效单位，北工大获“中国能效之星”四星级用能单位称号。

26日 学校召开2014年处级领导班子换届及处级干部选拔任用工作动员大会。

28日 学校举行专业评估启动暨工程教育认证报告会，本次评估计划至2015年秋季结束，从学生、培养目标、毕业要求等7个方面（一级指标），42项指标（二级指标）对全校本科专业进行综合评价。

29日 北京高校国防教育协会会员代表大会在京举行，学校获“北京高校国防教育先进单位”称号，同时获2013年国防教育网络知识竞赛优秀组织奖。

31日 北京市环境保护局与北工大合作协议签约仪式在逸夫馆报告厅举行。根据合作协议，双方将发挥各自优势，开展前瞻性基础和应用研究，提高北京市环境保护科学管理与决策水平。

31日 中瑞典大学校长安德斯·索德赫姆（Anders Söderholm）教授一行7人到访，吴斌会见来宾。双方就9月选拔4名人文社科类学生赴中瑞典大学交换学习达成共识。

4月

2日 郑吉春、郭广生率校领导班子赴北京经济技术开发区考察学习，开发区工委副书记、管委会主任梁胜等班子主要成员及有关单位负责人参加交流座谈，共同探讨双方协同合作，服务北京经济社会发展。

3日 成立北京科学与工程计算研究院。研究院由北京市战略科学家、欧洲科学院院士杜甫·哈特（Peter Deuflhard）教授领衔；具有独立法人资格、设立独立治理结构，采用理事会领导下的院长负责制；按北工大所属相当正处级单位管理。

4日 学校决定从2014级开始，试办以北工大原校长樊恭烋命名的“北京工业大学樊恭烋学院”（简称“樊恭烋学院”，英文名称：Fan Gongxiu Honors College，BJUT）。学院定位是：高等工程教育人才培养模式创新实验区，下设办公室，挂靠教务处。

4日 学校聘请国际欧亚科学院院士、原国家建设部部长汪光焘同志担任城市交通学院名誉院长。

18日 学校获评“北京市

党的建设和思想政治工作先进普通高等学校”。

15 日　“我的中国梦 我的青春责任”学校第四届校园文化节——学生合唱团春日音乐会在北京音乐厅举行。

16 日　北工大等 60 家单位发起成立中关村可信计算产业联盟。该联盟是由中国工程院沈昌祥院士提议、经北京市民政局批准、具有法人资格的社会团体。

17 日　郑吉春、郭广生率校领导班子赴通州区学习交流，通州区区委书记王云峰等班子主要成员及有关单位负责人参加交流座谈，共同探讨校区协同合作。

17 日　秦皇岛市政府副市长张锋，秦皇岛经济技术开发区管委会、驻京联络处等单位负责人等一行到访，就京津冀协同发展背景下如何加强科技合作、科技成果转化等主题座谈交流。

18 日　北京经济技术开发区工委副书记、管委会主任梁胜率班子主要成员及北京经济技术开发区生物医药、先进制造、电子信息等领域知名企业高层次人才到校考察交流，探讨深度合作对接。郑吉春、郭广生等领导班子成员，中国科学院院士曾毅，相关职能部处负责人及学院专业教师参加座谈。

23 日　北工大学生健康工程、第四届校园文化节、“走下网络、走出宿舍、走向操场”群众性课外体育锻炼活动启动仪式在校新田径运动场举行。团中央学校部副部长李骥、团市委副书记杨海滨，蒋毅坚、吴斌，北工大师生代表等约 2000 人参加活动。

24 日　郑吉春、郭广生率校领导班子赴怀柔区考察交流。怀柔区区委书记齐静、区长常卫等班子主要成员参加交流座谈，共同探讨区校合作新模式。

24 日　丹麦科技大学副校长 Martin P. Bendse 教授到访，蒋毅坚会见来宾。双方探讨进一步加强合作的详细领域和措施。

25 日　学校公布学科楼命（更）名结果：新建学科楼分别命名为第四教学楼、艺术楼、理科楼，建工东楼更名为交通楼。

27 日　2014 年校园开放日活动在新田径运动场举办。同济大学、西安交通大学、北京交通大学等京内外 20 余所兄弟院校参与活动。

29 日　应欧美同学会·中国留学人员联谊会副会长、中国留学人才发展基金会理事长、中共中央对外联络部原副部长马文普邀请，郭广生等一行赴欧美同学会洽谈合作事宜。

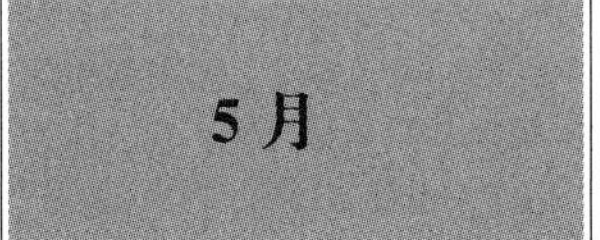

5月

4 日　举行“勇担青春责任·践行中国梦想”——纪念五四运动 95 周年青年代表座谈会。郭广生出席座谈会并与 16 名青年师生员工代表交流。

4 日　郑吉春、郭广生率校领导班子赴中国建筑材料研究科学总院学习交流，中国建筑材料研究科学总院院长姚燕，党委书记、副院长王益民等参加座谈，共同探讨推进双方深度合作。

7 日　举行汪光焘教授名誉院长聘任仪式暨交通学科发展座谈会，交通运输部党组成员、运输司司长刘小明，北京市交通委员会主任周正宇，郑吉春、郭广生、左铁镛，校领导班子成员，城市交通学院师生代表等参加活动。

8 日　举行第五届“未来之星”职业生涯规划大赛决赛。本届大赛自 3 月 10 日启动，校内 16 个学院的 200 余名学生参加，旨在进一步增强大学生职业生涯规划意识，提高大学生的实践、就业和创新能力。

8 日　举行 2014 年科学精神与学术规范教育宣传月活动闭幕式。蒋毅坚、相关职能部门负责人、各学院党委副书记和学生代表共 200 余人参加活动。本次宣传月活动以“弘扬科学精神，恪守学术规范”为主题，3 月中旬开幕，为期 54 天。

10 日　第 40 届田径运动会在新田径运动场举行。郑吉春、郭广生、龚裕、李京文，以及相关学院部处负责人出席开幕式，蒋毅坚主持开幕式。本届运动会学生组共有 23 个比赛项目，教工组共有 34 个比赛项目，全校千余名师生参加比赛。

10 日　举行纪念陆学艺先生逝世周年学术座谈会，北京工业大学陆学艺学术思想研究中心成立。中国社会科学院学部委员景天魁，中共十八届中央候补委员、中国社会科学院副院长李培林，中共北京市委社会工作委员会书记、北京市社会建设工作办公室主任宋贵伦，北工大校长郭广生为中心揭牌。

11 日　承办 2014 年首都高校大学生武术比赛。本次比赛由市教委及北京市大学生体育协会主办，共分为长拳类等十大类别项目，来自 32 所北京高校的 409 名武术运动员参加比赛。北工大学生在 4 个项目中获第一名、3 个项目中获第二名、1 个项目中获第三名，学校获比赛突出贡献奖及精神文明奖。

12 日 QS 亚洲大学排名公布，北工大亚洲总排名为第118 位，较上年上升 8 位，稳居大陆高校前 30。QS 世界大学排名（QS World University Rankings）是全球最具影响力的大学排名之一，QS 亚洲大学排名（QS Asian University Rankings）是 QS 世界大学排名的延伸，于 2009 年首次发布，每年更新。

12 日 泰国国家教育标准和质量评估办代表团一行 25 人到访，蒋毅坚会见来宾。双方就教学质量保障体系及相关评估机构等交流。

13 日 北京市人大常委会主任杜德印率北京市人大代表团到校调研北京市国际友好城市建设成果，市人大常委会副主任孙康林、秘书长赵义参加调研。市外办主任赵会民，副主任张谦、向萍，北工大校领导等陪同调研。杜德印主任强调，北京友城建设应结合国家整体外交战略和北京市自身的功能定位，强化北京与国外首都城市在科技、教育、文化、卫生等领域的交流与合作，突出特色，扎实推进，取得实效。北工大已与北京市的 13 个友好城市的 20 所大学开展了学生交流、科研合作等多种形式的务实合作。

14 至 16 日 学校召开第七届教代会暨第十二届工代会第三次会议，会议主题是：群策群力，破解改革难题，共同奋斗，实现规划目标。郑吉春致开幕词，郭广生作题为“坚持改革 开拓进取 全面推进高水平大学建设”的学校工作报告，龚裕作题为“群策群力，破解改革难题，共同奋斗，实现规划目标”的教代会工会工作报告。

15 日 北工大与北京金隅集团有限责任公司合作签约仪式在国际交流中心举行。北京金隅集团党委书记、董事长蒋卫平，党委常委、副董事长王建国等领导班子成员及金隅集团各部处、公司负责人，北工大郑吉春、郭广生等校领导班子成员及相关院部处、项目负责人参加签约仪式。聂祚仁主持签约仪式，郑吉春、蒋卫平在仪式上讲话，郭广生和王建国代表双方签署战略合作框架协议。

15 日 以“科学生活 · 创新圆梦”为主题的 2014 年全国科技活动周暨北京科技周主场在全国农业展览馆新馆开幕。学校组织重点实验室科研项目参展。国务院副总理刘延东，北京市委书记郭金龙，科技部部长万钢，科技部党组书记、副部长王志刚等领导参加 2014 年全国科技活动周暨北京科技周现场活动，并莅临北工大展区参观。郑吉春、郭广生、聂祚仁等向刘延东等领导汇报北工大协同创新工作情况。

18 日 北工大在 2014 年全国大学生机械产品数字化设计大赛决赛中获一等奖 1 项、二等奖 1 项、三等奖 3 项。

20 日 北京市副市长杨晓超在市政府会客厅会见爱尔兰国立都柏林大学新任校长安德鲁 · J. 迪克斯（Andrew J Deeks），北工大党委书记郑吉春、校长郭广生，爱尔兰驻华大使康宝乐（Paul Kavanagh）、北工大副校长蒋毅坚，以及爱尔兰都柏林国立大学代表团成员等参加会见。杨晓超副市长指出，两校合办的北京—都柏林国际学院在社会上赢得了良好的声誉，不仅是两校合作的典范，也是北京市与都柏林市两城友谊的结晶，是中国和爱尔兰友好交流的成果。

20 至 21 日 爱尔兰国立都柏林大学校长安德鲁 · J. 迪克斯（Andrew J Deeks）教授一行 12 人到访。郑吉春、郭广生会见校长代表团，双方签署了校际学生交换协议。

21 日 北京市科技周北工大分会场暨北京工业大学老有所为总结表彰、朝阳区惠民“六个一”、春泉基地庆六一大型科普活动在校礼堂举行。

21 日 2014“创想中国”大学生创业嘉年华活动启动。该活动由教育部教育管理信息中心主办，中国大学生创业培训项目办公室、北工大团委、软件学院，以及创想天投（北京）教育科技有限公司承办。

22 日 北京市委常委、教育工委书记苟仲文听取北工大郑吉春、郭广生对学校近期重点工作的汇报，并参观北京城市交通协同创新中心。苟仲文书记对该中心的建设成果给予肯定，并强调中心应进一步紧密结合北京市的交通需求，发挥协同创新优势，为北京市的交通决策、治理提供支持。

22 日 北工大参与小学体育美育发展工作签约仪式在国际交流中心举行。北工大与板厂小学、天坛东里小学、陈经纶中学帝景分校、垂杨柳中心小学、劲松第四小学、工大附中首城国际分部 6 所学校现场签约，共同推进 6 所小学的体育、美育、艺术教育和学生科技素养的培养工作。北京市委常委、教育工委书记苟仲文，市教委副主任付志峰，原北京教科院副书记、高校参与小学体育美育领导小组办公室主任甘北林，北工大郑吉春、郭广生等校领导班子成员出席签约仪式。

23 日 2014 年岗位聘任工

作布置会在校礼堂召开，校领导、全校处级干部、教职工代表 900 余人参加会议。郑吉春主持会议并作总结讲话。会议对 57 名 2011－2013 年聘期考核教师责任岗位业绩突出人员进行表彰，郭广生作题为“深化改革 激发活力 努力实现学校发展目标”的动员讲话，吴斌就 2014 年岗位聘任作具体说明。

24 至 25 日 学校 2 项学生作品参加第九届全国大学生交通科技大赛决赛，均获全国二等奖。大赛由教育部高等学校交通运输与工程学科教学指导委员会主办，来自 103 所高校的 252 件作品参赛，共评出一等奖 8 项、二等奖 24 项、三等奖 32 项、优秀奖 16 项。

24 至 25 日 学校学生在北京市教育委员会主办的 2014 年北京市大学生电子设计竞赛中获多项奖励，共获一等奖 3 项、二等奖 8 项、三等奖 10 项。

25 日 学校学生参加由北京市教育委员会主办的第三届北京市大学生建筑结构设计竞赛，获 A 组赛题二等奖 1 项，B 组赛题（结构方向）一等奖 1 项，B 组赛题（桥梁方向）二等奖 1 项。

25 至 27 日 承办第十届亚太地区交通运输发展研讨会暨第二十七届国际华人交通运输协会年会。此次会议的主题是“可持续交通运输系统的发展与挑战——规划、设计、建设、管理与维护”。郭广生、聂祚仁到会致辞，国家自然科学基金委员会、北京市自然科学基金委员会等资助单位领导，130 余名代表参加会议。

25 至 28 日 美国缅因州立大学法明顿分校（UMF）校长凯瑟琳·福斯特（Kathryn A. Foster）到访，参加北工大与美国缅因州立大学法明顿分校建立合作交流关系 25 周年庆祝活动。

27 日 2014 国家大剧院青少年普及音乐会北京工业大学学生合唱团歌剧专场演出举行。郭广生、刘建萍，学校相关院部处领导与学生、家长代表观看演出。这是学校首次在国家大剧院举办歌剧专场演出。

28 日 “我的中国梦·我的青春责任”北京工业大学第四届校园文化节闭幕式暨学生艺术展演在校礼堂举行。波兰奥波莱工业大学原校长泽吉·斯库比斯（Jerzy Skubis），美国缅因州立大学法明顿分校校长凯瑟琳·福斯特（Kathryn A. Foster），北工大校长郭广生，北京舞蹈学院副院长王伟及学校近 1000 名师生参加活动。

28 日 学校召开国际研究生导师座谈会，蒋毅坚、9 名学校相关学院的国际研究生导师，以及相关部处负责人参加座谈会。

28 日 2014 年北工大党风廉政建设工作会议在逸夫馆报告厅召开。校领导班子成员，校党委委员、纪委委员、党风廉政监督员，副处级以上干部，院级纪检员和部分教职工代表 200 人参加会议。郭广生主持会议，郑吉春作重要讲话，冯虹作“聚焦党风廉政建设和反腐败中心任务，为学校改革发展提供有力保证”专题报告。

29 日 郑吉春当选北京高校党建研究会第九届理事会副会长，龚裕当选监事会副监事长。北工大获评北京高校党建研究会工作先进单位，王守法获研究会工作贡献奖。

29 日 北工大获批 4 个硕士专业学位类别，分别是社会工作硕士、教育硕士、艺术硕士、公共管理硕士。

6月

2 日 美国明尼苏达大学 Masonic 癌症中心主任斯蒂芬·S. 赫克特（Stephen S. Hecht）教授受聘北工大名誉教授，并为学校师生作题为“吸烟导致癌症的预防与机理研究进展”的学术报告。

5 至 7 日 北京高校辅导员培训研修基地（北京工业大学）举办 2014 年“学业辅导”专题培训班，共有来自北京 39 所高校的 84 名辅导员参加培训。

6 日 法国国立工艺学院（Cnam）新任校长奥利维耶·法鸿（Olivier Faron）等 5 人代表团到访。郭广生、蒋毅坚会见法国国立工艺学院校长代表团。

8 日 北工大学生在第七届中国大学生计算机设计大赛北京市级赛中获佳绩。其中，4 支代表队获一等奖，6 支代表队获二等奖，5 支代表队获三等奖。

9 日 学校召开以“聚力发展”为主题的党外代表人士双月例会制首次会议。龚裕，学校各民主党派负责人，侨联主席，各级人大代表、政协委员，无党派代表人士等 24 人参加会议。

10 日 北工大男篮获第十六届中国大学生篮球联赛（CUBA）全国第四名，创造了学校男篮 30 年来历史最好成绩。

10 日 学校召开以“基层党员发展工作”为专题的特邀党建组织员研讨会。

11 日 教育部副部长刘利民到校考察北京城市交通协同

创新中心，了解中心在北京交通问题解决中发挥的作用。市教委副主任郑登文、校长郭广生陪同。刘利民副部长建议中心进一步面向世界发展中国家的交通共性问题，紧密结合以北京市为代表的特大城市交通需求特点，发挥中心协同创新优势，开展重大课题攻关。

12 日　国家知识产权局局长、中国科学院院士申长雨到校调研科技工作和知识产权工作，郭广生、聂祚仁等参加调研座谈。

13 日　郑吉春、郭广生率班子和有关部门负责人赴京城机电控股公司学习交流。京城机电控股公司董事长兼党委书记任亚光、总经理仇明、总工程师杜旭东等主要成员参加交流座谈。

14 日　学校在第 23 届时报金犊奖大赛中获金奖 2 项、银奖 1 项、佳作奖 1 项、优选奖 13 项、优秀奖 25 项，并获“年度最佳学校金犊奖”荣誉。

16 日　郑吉春、郭广生率校领导班子成员赴北京市交通委学习交流，市交通委主任周正宇等班子成员参加交流座谈，共同探讨政校协同合作，服务北京社会发展。

17 日　郑吉春、郭广生率校领导班子成员赴北京服装学院考察交流，北京服装学院党委书记呼文亮、院长刘元风及全体班子成员参加座谈会，共商校际合作。

18 日，北京市副市长杨晓超在郑吉春、郭广生陪同下，考察学校北京城市交通协同创新中心，并听取学校近期重点工作汇报。

18 日　第八期青年教师培训暨 2014 年研究生新导师培训结业典礼在逸夫馆报告厅举行。第八期青年教师培训共有来自 12 个学院的 43 名青年教师参加并获结业证书，其中 9 人获“优秀学员”称号，研究生新导师培训共有来自 18 个学院（所）的 67 名新导师参加并获结业证书。

20 日　北京市审计局局长吴素芳、副局长张秋一行到校调研内部审计工作。郭广生、冯虹，审计处、财务处等部门负责人参加调研座谈。

24 日　2014 年“共产党员献爱心”集中捐献活动在科学楼大厅举行，校领导班子成员带头捐款。活动总共募集捐款 10 万余元，所捐款项将全部交至北京市慈善协会。

24 日　郑吉春、郭广生率校领导班子和有关部门负责人赴中国南车股份有限公司学习交流。中国南车股份有限公司董事长郑昌泓、总裁刘化龙、副总裁兼财务总监詹艳景等公司高层参加交流座谈。

24 日　承办 2014 年北京高校青年教师社会实践基地工作会。会议由北京市委教育工委主办。市委教育工委副书记郑萼出席会议并讲话，北京高校青年教师社会实践工作协调小组成员代表、北京高校青年教师社会实践基地代表、高校宣传部长参加会议。

24 日　张爱林代表学校以“落实北京奥运三大理念，建设绿色节约型北工大”为题，在节约型学校建设——北京百所高校校长论坛暨节能减排第二次校长专题培训会上作典型经验介绍。本次论坛由北京市教委和北京市发改委主办，在京高校领导和节能主管部门负责人 180 余人参加会议。

24 至 25 日　举办纳米能源与纳米医学：材料、科学与技术学术研讨会。蒋毅坚到会致辞。来自英国、加拿大、意大利，以及国内近 20 所知名院校、研究所的专家、学者，国家自然科学基金委员会、北京市海外学人中心的领导等 60 余人参加会议。

25 日　召开国家集成电路人才培养基地建设与发展研讨会。郭广生、蒋毅坚，国际化战略校长顾问杨长聚，学校相关单位负责人和教师参加会议。

25 日　召开国际学生结业毕业典礼暨国际师生表彰会。郭广生、蒋毅坚、相关院部处负责人以及各学院主管外事领导、外事秘书、教学秘书等参加。

25 日　党委书记郑吉春，校长郭广生率班子成员赴神州数码控股有限公司交流。神州数码控股有限公司董事局主席郭为、总裁闫国荣，神州数码集团副总裁李岩等参加交流座谈。

26 日　北京市委常委、市委秘书长赵凤桐到校视察北京城市交通协同创新中心。郑吉春、张爱林、蒋毅坚、龚裕陪同视察。

26 日　学校党委、基层党组织和共产党员在北京高校纪念中国共产党成立 93 周年表彰大会上获表彰。郑吉春、龚裕、薛素铎，以及获奖先进基层党组织代表和优秀共产党员参加大会。材料学院博士研究生郑木鹏作为获奖代表作题为“我把青春献给党”的主题发言。

26 日　北工大 2014 届毕业生座谈会举行。郭广生、王秀彦、吴斌，相关部门负责人和研究生会、学生会主席，20 名 2014 届毕业生代表参加座谈。

26 至 27 日　中共北京市委外事工作领导小组办公室、北京市人民政府外事办公室、北京市人民政府港澳事务办公室组织召开北京市因公出入境工作会议。学校获“北京市因公出入境工作先进单位”称号。

27 日　学校与中关村可信计算产业联盟、中国工程院信息与电子工程学部共同举办中国可信计算技术创新与产业化论坛（2014）。

27 日　北京市教委组织召开高等学校参与北京市中小学发展工作推进会，会上，北工大校长郭广生与朝阳区教委主任孙其军签订共同举办北京工业大学实验学校的协议。

30 日　召开纪念建党 93 周年座谈会。校领导郑吉春、郭广生、龚裕、冯虹，党委常委薛素铎，部分基层党委书记、院长、学院副书记、教工及学生党支部书记代表参加座谈。

30 日　北京市委组织部副部长闫成到校慰问左铁镛院士。

30 日　郑吉春看望慰问学校党员代表蔡少甫、彭永臻、李宝富。

30 日　2014 年毕业歌会在校礼堂举行，郑吉春、郭广生等校领导与近千名毕业生一同观看演出。

7月

1 日　2014 届毕业典礼在学校体育馆举行。王秀彦主持典礼。郭广生作题为“至知、至仁、至勇，成就精彩人生”的主题讲话。中国工程院院士李京文、沈昌祥、刘加平，校领导郑吉春、张爱林、蒋毅坚、龚裕、冯虹、聂祚仁、吴斌，以及各学院负责人、导师与 4500 余名毕业生和家长参加典礼。

1 日　中共北京市委组织部、市委教育工委在学校召开北京工业大学干部宣布会，宣布市委、市政府任命决定：刘建萍、杜修力任北京工业大学副校长。市委组织部副部长闫成，市委教育工委常务副书记刘建，市委组织部宣教政法干部处、市委教育工委干部处领导出席会议，学校领导班子全体成员参加会议。

2 日　“211 工程”四期建设立项工作布置会在逸夫馆报告厅召开。全体校领导，院士，校学术委员会委员，A3 岗及以上教授，学院、研究所、相关职能部（处）、直属单位正职领导参加会议。张爱林就“211 工程”四期建设立项工作作具体布置，郭广生作“211 工程”四期建设动员报告，校学术委员会主任左铁镛院士在会上讲话，郑吉春主持会议并作总结讲话。

2 日　召开 2014 年度引进高层次人才工作交流会。中组部千人计划入选者等 19 名高层次人才参会交流。市委组织部人才工作处、市人力社保局专家与博士后工作处、市科委人事教育处负责人，校领导郭广生、吴斌、刘建萍、杜修力，国际化战略校长顾问杨长聚，相关二级机构负责人，部分科技新星、京华日新、博士后代表参加会议。

2 日　学生暑期实践活动启动仪式暨学生干部挂职锻炼总结大会在逸夫馆报告厅举行。会上，学校团委与北京京仪集团有限公司团委签订了大学生创业孵化基地协议，与北京现代汽车有限公司团委和北京太和睿信企业管理顾问有限公司团委签订了共青团青年就业创业见习协议。

3 日　北工大党组织到潘家园街道社区集中报到仪式在潘家园街道社区服务中心二层小报告厅举行，学校在职党员到社区报到工作全面启动。

3 日　2013 级学生军训正式开营。郑吉春、郭广生、王秀彦、吴斌分别出席校本部、艺术设计学院和实验学院的开营仪式，各学院党委副书记和 2013 级辅导员、班主任以及 2013 级全体学生参加开营仪式。

6 日　召开第一届招生考试委员会第一次全体会议。王秀彦主持会议，吴斌宣读北京工业大学第一届招生考试委员会成立的决定。

7 日　由北工大艺术设计学院邹锋教授主持设计的“独立自由勋章”雕塑在纪念全民族抗战爆发 77 周年仪式上揭幕，作为纪念活动的主体标志，“独立自由勋章”雕塑将永久存放在中国人民抗日战争纪念馆广场。

7 日　机电学院杨庆生教授和数理学院程维虎教授获第十届北京市高等学校教学名师奖。

7 日　北工大电工电子实验教学中心、机械实践教学实验中心、化学实验教学中心和物理实验中心等 4 个北京市级实验教学示范中心通过北京市高等学校实验教学示范中心验收。

8 日　郑吉春、郭广生率班子成员赴北京延庆县学习交流，探讨校县协同合作，服务北京经济社会发展。北京市委第十六督导组组长、市政协常委、市政协教文卫体委员会主任王守法，延庆县县委书记李志军，县委副书记、县长李先忠等班子成员及有关单位负责人参加交流座谈。

8 日　学校召开 2014 年提案交付承办会。龚裕，校工会、校提案委员会以及涉及提案承办的 9 个相关职能部处负责人参加会议。七届教代会暨第十二届工代会三次会议期间，共收到代表提案 27 件，其中提案 20 件，意见建议 7 件，经提案委员会审议确定提案 3 件，意见建议 21 件，并案处理 2 件，不予立案 1 件。

9 日　原中共中央政治局常委、国务院副总理李岚清同志向学校捐赠南京青奥会火炬。这是李岚清同志继 2012 年捐赠北京奥运会火炬和广州亚运会火炬后，再一次为学校捐赠珍贵藏品。

10 日　学校 3 名新侨高层次人才获第五届中国侨界贡献奖。其中，王金淑获中国侨界贡献奖创新人才奖，王璞的"高功率超短脉冲光纤激光器"成果获中国侨界贡献奖创新成果奖，宋晓艳带领的"北京工业大学金属纳米材料稳定性研究与应用创新团队"获中国侨界贡献奖创新团队奖。

10 至 12 日　校党委举办"十二五"第八期处级干部培训班暨学习习近平总书记系列讲话精神培训班。180 余名新任正、副处级干部参加培训。龚裕主持会议并作干部工作报告，郑吉春作开班动员，郭广生作总结讲话，全体校领导出席会议。

11 日　郑吉春、郭广生率班子成员赴北京昌平区学习交流，探讨校区协同合作，服务北京经济社会发展。昌平区区委书记侯君舒、区长张燕友等班子主要成员及相关委办局负责人参加交流座谈。

14 至 19 日　学校举行 2014 年第三届全国优秀大学生科技夏令营，来自全国 63 所重点高校的 150 名在校本科生参加夏令营。

14 日　郑吉春、郭广生率班子成员赴机械科学研究总院学习交流，机械科学研究总院院长李新亚等领导参加座谈交流，共商校院深度合作。

14 至 25 日　2014 国际体感交互设计研讨会及体感交互设计工作坊在北工大举办。来自荷兰代尔伏特理工大学、法国国立高等纺织工程学院、同济大学等 30 余所学校的师生以及企业设计人员参加研讨会。研讨会的主题是"未来交互"，为学生提供学习最新体感交互设计和应用技术的机会。

15 至 19 日　组织开展 2014 年暑期青年教师井冈山培训。学校青年马克思主义者培养班学员、辅导员代表 40 余人参加。郑吉春、郭广生、王秀彦指导培训并分别参加"美丽工大"与"通识教育"以及"当代青年人的责任"专题座谈会。

18 日　北工大游泳队夺得第十四届全国大学生游泳锦标赛团体冠军，共获 11 枚金牌、18 枚银牌、8 枚铜牌，获乙 A 组（专业组）男女团体总分冠军、乙 A 组男子团体季军、女子团体冠军，乙 B 组（高水平组）男女团体总分亚军，乙 B 组男子团体冠军、女子团体第五名、体育道德风尚奖。3 人获优秀运动员称号。

27 日　学校艺术设计学院与美国艺术中心设计学院（Art Center College of Design，简称 ACCD）联合主办的 2014 年 E 级方程式国际设计锦标赛（中国区赛）在学校体育馆举行。来自全国 14 所高校的 28 支队伍参赛。北工大"BEE"队、同济大学"壹"队、中国美术学院"S－DNA"队分获一、二、三名，吴斌为获奖队伍颁奖。

27 日　新生录取通知书颁发仪式在北京市密云县第二中学举行，郭广生向密云二中 2014 年考取北工大的 49 名新生颁发录取通知书。

28 至 30 日　北工大学生参加"哈工大杯"第十六届全国机器人锦标赛暨第五届国际仿人机器人奥林匹克大赛，获 1 项冠军、2 项亚军和 1 项季军。

29 日　北工大与北京京城机电控股有限责任公司合作协议签约仪式在国际交流中心举行。北京京城机电控股有限责任公司董事长、党委书记任亚光，总经理仇明等公司领导，北工大郑吉春、郭广生等校领导班子成员及相关学院、部处负责人参加签约仪式。张爱林主持签约仪式。双方签订战略合作框架协议、人才合作战略框架协议、数字化医疗 3D 打印项目合作意向书。

29 日　北工大出版社的图书选题——《侯仁之与北京城》被列入《"十二五"国家重点图书、音像、电子出版物出版规划》增补项目。

8月

1 至 15 日　作为大气污染治理技术研发标志性研究院所，北工大受邀参加由科技部、北京市、天津市和河北省共同主办的"协同创新应对挑战——京津冀在行动"科技专题展。

5 至 10 日　第 18 届全国大学生羽毛球锦标赛在学校体育馆举行。本次比赛为期 6 天，共有 1000 余场比赛。其间，"校长杯"比赛共有 63 名来自教育部、高校和省区市有关厅局领导干部参赛。本届大赛共产生 20 枚金牌、20 枚银牌、35 枚铜牌。北工大羽毛球队共获金牌 2 枚、银牌 3 枚、铜牌 1 枚，学校获中国大学生体育协会羽毛球分会颁发的"优秀组织奖”。

7 至 8 日　承办国家“千人计划”专家联谊会青年千人委员会 2014 年化学、能源、环境领域联合研讨会。研讨会由北京市委组织部、国家“千人计划”专家联谊会青年千人委员会主办。来自相关领域的国家“青年千人计划”入选者，科技部人才中心、国家自然科学基金委计划局、中共北京市委组织部、北京市人力资源和社会保障局、北京市教委、北京市科委、北京市外国专家局等单位的有关领导，北工大北京市科技新星计划入选者，校级“京华人才”、“日新人才”入选者 100 余人参加会议。

12 至 15 日　机电学院硕士研究生闫德宝和博士研究生孙敬龙论文 Subsurface Damage Distribution of Ground Silicon Eafers 获第十五届电子封装技术国际会议（ICEPT 2014）优秀论文奖（Outstanding Paper Award），指导教师秦飞教授。ICEPT 会议是国际电子封装领域四大会议之一，本届会议在近 500 篇论文中评选出优秀论文 18 篇。

18 日　北工大学生在第 11 届信息安全与对抗技术竞赛（Information Security and Countermeasures Contest）中获分组对抗赛一、二、三等奖和优秀奖。该赛项由中国信息协会信息安全专业委员会主办。

18 至 20 日　北工大学生参加“成理杯”2014 年全国大学生计算机博弈大赛暨第八届全国计算机博弈锦标赛，获 5 项一等奖和 1 项二等奖，其中，亚马孙棋项目首次获全国冠军。

21 日　学校地震研究所和中国留学人才发展基金会联合组织地震前兆小型国际研讨会。欧美同学会·中国留学人员联谊会副会长、中国留学人才发展基金会理事长、中共中央对外联络部原常务副部长马文普，北工大聂祚仁到会致辞。来自美国、意大利、中国大陆及台湾地区的 10 余名专家参加会议。

22 日　国家教育体制改革领导小组召开第二届国家教育咨询委员会成立暨第一次全体会议，左铁镛院士再度受聘为国家教育咨询委员会委员。

24 日　北工大学生在“中国软件杯”大学生软件设计大赛中取得佳绩，2 支队伍获全国一等奖，1 支队伍获全国优秀奖。2 名教师获大赛优秀指导教师称号，学校被大赛组委会评为“最佳学校组织奖”。

26 日　中美大学生男篮友谊赛在学校体育馆举行。本次比赛是第三届中美大学生体育文艺周的一部分，参赛双方为北京工业大学男子篮球队与美国德雷塞尔大学男子篮球队。中国大学生体育协会专职副主席兼副秘书长薛彦青，美国国际大学生体育联合会官员尼尔斯·赫金森，北工大王秀彦、吴斌等参加活动。

26 日　学校国际志愿服务活动顺利完成。2014 年暑假期间，学校共有 105 名青年赴美国、德国、法国等 11 个国家和地区参与国际志愿服务。

26 日　机械工程协同创新研究生联合培养实践基地被评为“全国示范性工程专业学位研究生联合培养基地”，成为首批获该项奖励的 28 个单位之一。

28 日　郑吉春、郭广生率校领导班子赴北京市国有文化资产监督管理办公室（简称“文资办”）学习交流，探讨推进深入合作。文资办党委书记张慧光，党委副书记、纪委书记赵磊等参加交流。

28 日　举行第一届研究生支教团总结会暨第二届研究生支教团出征仪式。王秀彦、吴斌参加会议。会后，郭广生慰问第一届研究生支教团成员，并将其北京高校领导干部理论学习体会文章评选一等奖奖金 1000 元（图书卡）赠送给第二届研究生支教团成员。

28 至 29 日　召开二级教学科研机构领导班子任期目标汇报会。郑吉春、郭广生等校领导班子成员，全校正处级干部，25 个教学科研单位的副处级干部参加会议。张爱林、吴斌、杜修力分别主持会议。

29 日　郑吉春以“立德树人兴教圆梦”为题，在北京高校培育和践行社会主义核心价值观工作部署会上作交流发言。

29 日　高春娣获 2014 年“全国优秀教育工作者”荣誉称号，此次教育部共授予 200 名同志“全国优秀教育工作者”荣誉称号，其中北京市获此殊荣的同志共 5 名。

29 日　举办樊恭烋学院 2014 级新生选拔夏令营，57 名学生参加选拔。其中 30 名学生将成为樊恭烋学院首批学生。

31 日　北京工业大学实验学校揭牌暨 2014 年秋季开学典礼在校礼堂举行。市教工委副书记郑萼，北工大郑吉春，朝阳区委常委组织部部长张革，朝阳区委教工委书记周炜为北京工业大学实验学校揭牌。北京工业大学实验学校由劲松三中、劲松四中合并组成，由朝阳区与北工大共同对学校进行管理、指导和监督。

31 日　召开新学期工作布置会。全体校领导，学术委员会、学位委员会、教学指导委员会成员，全校 A3 岗以上教授，全校处级干部共计 278 人参加会议。吴斌、张爱林、聂祚仁、王秀彦、蒋毅坚围绕其分管工作进行具体部署。郭广生回顾了学校上半年工作的完成情况，并针对下半年学校党政重点工作进行全面部署。郑吉春主持会议并作总结讲话。

9月

1日　学校正式成立科学技术发展院，撤销原科技处。

3日　学校与天图集团共同打造完成的《伟大贡献——中国与世界反法西斯战争》专题展览在中国人民抗日战争纪念馆展出。

4日　2014级新生开学典礼在学校体育馆举行。中国工程院院士李京文、刘加平，全体校领导，各学院和相关职能部处领导以及5000余名新生参加开学典礼。典礼由吴斌主持。郑吉春致辞，校领导和院士分别为2014级新生奖学金获得者颁发荣誉证书，来自各学院的新生代表依次在“立德、立业、立人”、“我的中国梦”主题背板上签下入校誓言。开学典礼后，郭广生主讲“勇担责任，不负青春”的开学第一课。

4日　学校教学成果《扬长补短，强化团队，寓教于研——地方高校提高研究生培养质量的研究与实践》获2014年国家级教学成果奖二等奖。至此，学校共有7项国家级教学成果奖二等奖。

5日　北京市市长王安顺会见爱尔兰都柏林市市长克里斯蒂·伯克（Christy Burke）一行并举行友好会谈。郭广生应邀出席会见。爱尔兰驻华大使馆大使康宝乐（Paul Kavanagh），北京市教委主任线联平及相关市委办局的负责人一同参加会见。

5日　北京工业大学－都柏林学院2014级新生开学典礼暨北京－都柏林国际学院与北京商务中心区管理委员会战略合作框架协议签约仪式举行。爱尔兰都柏林市市长克里斯蒂·伯克（Christy Burke），北工大校领导郭广生、蒋毅坚，国际化战略校长顾问杨长聚，校长助理李四平，北京商务中心区管理委员会常务副主任李国红等参加活动。

5日　北京市教委副主任何劲松到校调研校园建设工作。郑吉春、郭广生、张爱林、杜修力陪同。调研组察看了新区学科楼二期工程建设施工现场，参观了第四教学楼多媒体教室及阶梯教室，听取了“一主三辅”四校区规划及重点建设需求的专题汇报。

9日　庆祝第30个教师节表彰大会在逸夫馆报告厅召开。郑吉春、郭广生等校领导班子成员，学校教职工代表参加大会。吴斌主持会议。大会表彰了2013年获学校及市级以上奖励的先进集体和先进个人。

10日　郑吉春、郭广生分别走访慰问学校教职工代表。

10日　学校召开争创党建先进校工作总结会暨学习贯彻《发展党员工作细则》培训会。郑吉春、郭广生等校领导班子成员，校特聘党建指导专家，各学院党委书记、副书记、党务干事、校特邀党建组织员、院级组织员、党支部书记、争创“先进校”工作组成员参加大会。龚裕主持会议。郑吉春做争创党建先进校工作总结。

10日　首次召开本科生人才培养联席会，建立本科生人才培养联动机制。郭广生、王秀彦、吴斌出席会议并讲话。教务处、学工部、研工部、招生就业处、校团委、学生社区相关人员、各学院本科生培养相关负责人以及研究生会、学生会主席参加会议。

11日　第四届北京工业大学科技节开幕式暨学生科技作品展启动仪式在人文楼大厅举行。郭广生、王秀彦、蒋毅坚、吴斌，北京市科学技术协会党组成员、副主席周立军，市委教育工委宣教处领导，学校产学研合作企业、媒体代表，校内相关部门负责人和新生代表共200余人参加仪式。本届学生科技作品展开放时间为9月11至26日，其中11至19日为实物展出期。

12日　召开培育和践行社会主义核心价值观暨学习习近平总书记北师大讲话精神座谈会。王秀彦，校长助理李四平，宣传部、学工部、研究生工部等相关职能部处负责人以及部分二级学院党委书记参加座谈会。

12日　天津理工大学校长荆洪阳、副校长魏克一行到校调研交流。郭广生、吴斌，相关院部处负责人等参加座谈，双方就实践教学、专业建设、人才引进、对外合作以及自主招生交流。

12日　北京市教委副主任叶茂林，北京市教委委员、高等教育处处长黄侃等一行6人到校调研学校深化改革工作情况。郭广生、聂祚仁、吴斌，以及相关部门负责人参加调研座谈会。调研期间，叶茂林副主任一行在郑吉春、郭广生陪同下，参观了“蓝之绽放”第四届北京工业大学学生科技作品展、北京城市交通协同创新中心。

15日　《北京工业大学学报》被北京市新闻出版广电局评

为北京市属优秀学术期刊，并被列入北京市支持鼓励精品及优秀公益性报刊项目名单。

16 日　由北京工业大学、中共北京市委社会工作委员会和社会科学文献出版社联合主办的《2014 年北京社会建设分析报告》蓝皮书发布会在学校举行。

16 日　2014 级迎新晚会在校礼堂举行。

17 日　教职工篮球联赛在校体育馆开幕。

17 日　召开信息学科发展座谈会。

18 至 19 日　学校开展管理重点岗位系列培训，160 余人参加。培训分为专题讲座和办公技能两大模块。

19 日　学校新版中文门户网站（http://www.bjut.edu.cn/）、英文门户网站（http://english.bjut.edu.cn/）正式上线。

19 日　在巴西举行的国际壳体与空间结构学会（IASS）国际学术研讨会上，建工学院薛素铎教授指导的博士研究生刘人杰获第 12 届国际壳体与空间结构半谷奖（IASS Hangai Prize），并应邀作大会发言。

20 日　台湾新竹交通大学副校长谢汉萍访问学校，北京市教委委员、高等教育处处长黄侃，学校改革与发展规划处、人事处、教务处、研究生院、国际交流合作处、投资公司、电控学院相关负责人参加座谈会。

22 日　召开党外后备干部与挂职部门领导见面会。

23 日　学生合唱团受邀参加中央芭蕾舞团经典芭蕾舞剧《红色娘子军》首演 50 周年大型纪念演出。

24 至 26 日　离退休老同志迎国庆 65 周年书画展在体育馆举办。

26 日　举行本科专业评估推进会，以专业评估为契机推进教育综合改革。

26 日　由学校开发的数字化医疗 3D 打印模板导向技术成功应用在内蒙古自治区肿瘤医院微创介入中心为 1 名上颌窦癌患者实施的放射性粒子植入术即组织间放疗中。

28 日　中关村科学城工作组来学校指导工作，听取北工大中关村创意设计创新园、智慧工业服务创新园建设项目的汇报。

9 月　以杜修力教授为带头人的“重大工程结构抗震与减震控制”团队成功入选国家自然科学基金创新研究群体。该团队是北京市属市管高校第一支入选国家自然科学基金创新研究群体的团队。

9 月　化学工程与技术学科获批博士后科研流动站。至此，学校共拥有 18 个博士后科研流动站。

10 月

8 日　桑丽霞研究员的论文“TiO2 Nanoparticles as Functional Building Blocks”在美国化学学术期刊 Chemical Reviews 发表。这是学校首次以第一完成单位、第一作者身份在 Chemical Reviews 上发表学术论文。

10 日　工业和信息化部软件与集成电路促进中心主任卢山一行到学校交流座谈。

10 日　举办“十二五”第九期处级干部培训班。

10 至 12 日　学校学生在 2014 中国机器人大赛暨 Robocup 公开赛中获冠军、亚军、季军各 1 项，一等奖 2 项，二等奖 5 项，优秀团队奖 2 项。

12 日　第五届北京城市发展战略论坛在学校举行。

12 至 13 日　郭广生、张爱林等参加 2014 年全国地方高水平大学发展峰会。

14 日　郑吉春、郭广生率班子成员和有关部门负责人赴北京市知识产权局学习交流。

15 日　举办 2014 年离退休老同志金秋十月趣味运动会，近千名离退休老同志参加。

15 日　郭广生会见德国斯图加特应用技术大学校长海纳·福兰克（Rainer Franke），双方签署学生交流协议。

15 日　由民盟北京市委、北京工业大学、北京市政协教文卫体委员会共同举办的第四届首都学研产高层论坛在北京民主党派人民团体大楼举行。

15 日　学校 4 门课程入选国家级精品视频公开课。

16 日　学校年鉴获首届北京市年鉴综合质量评比特等奖。

16 至 17 日　举办经济全球化背景下的大学工程教育与教学国际研讨会。来自美国、德国、法国、日本等 12 个国家的 21 所高校的大学校长、工学院院长、相关教授以及来自中国国内相关政府部门、高校、研究院所和企业的 200 余人参加会议。

17 日　举行校院两级理论中心组学习，邀请国家教育咨询委员会委员、教育部学科发展与专业设置专家委员会主任、中山大学原校长黄达人教授作“大学管理与人事人才工作”主题报告。

18 日　举行“二十年后来相会”北京工业大学 94 届毕业生返校活动主题大会暨“金色秋韵 蓝色梦想”学生交响乐团专场音乐会。

18 日　学校校友总会机电

行业校友会成立。

18 至 19 日　教育部、科技部联合主办第七届全国大学生创新创业年会。年会期间，经国家级大学生创新创业训练计划专家工作组遴选，学校与全国其他 55 所高校和 5 个地方教育行政部门获评“2012－2014 年度国家级大学生创新创业训练计划实施工作先进单位”。

19 日　党校第 57 期学生入党积极分子培训班在知新园二层报告厅开班。

20 日　学校召开“211 工程”四期重点学科建设项目立项首轮论证会，17 个院（所）牵头申报的 19 个项目进行评审。

21 日　召开能源管理工作专题会。

21 至 23 日　由学校和北京印刷学院主办，中科院苏州纳米技术与纳米仿生研究所、全国印刷电子产业技术创新联盟和中科院化学所等多家单位共同承办的第五届国际柔性与印刷电子大会（International Conference on Flexible and Printed Electronics，ICFPE）在学校举行。这是我国首次主办国际柔性与印刷电子大会，也是全球唯一的柔性与印刷电子领域的专业性学术会议。

22 日　召开网站及新媒体建设与管理工作会议。

24 日　2014 年学生暑期实践活动成果报告会暨 APEC 志愿者出征仪式在校礼堂举行。

24 日　学校“十二五”第九期处级干部培训班第二次培训在逸夫馆报告厅举行。

24 日　学校 364 亩新征地建设全部完成，艺术设计学院、第四教学楼工程顺利通过竣工验收，并获 2013－2014 年度北京市建筑（结构）长城杯奖。

27 日　郭广生参加北京高校学习贯彻党的十八届四中全会精神座谈会，并做主题发言。

27 日　北京－都柏林国际学院联合管理委员会第三次会议在国际交流中心召开。爱尔兰国立都柏林大学校长安德鲁·J. 迪克斯（Andrew J Deeks），北工大郭广生、蒋毅坚，联合管理委员会其他成员参加会议。

28 日　学校与中国南车股份有限公司正式签署战略合作协议。

28 日　北京数字化医疗 3D 打印协同创新联盟正式成立。

29 日　学校召开 2014 年人才工作会。会议主题是：坚定不移地推进人才强校战略，全面深化人事制度改革，构建高水平人才队伍。

29 日　2015 届毕业生校园综合双选会在体育馆举办，共有约 3000 多名学生、210 余家用人单位参加双选会，招聘岗位约 6000 个。

30 日　唐山市教育委员会书记、教育局局长刘绍辉、唐山市教育局副局长周燕来以及唐山市 14 个县区的教育局局长、中学校长一行 28 人到校调研考察。郑吉春、郭广生会见考察团一行。

30 日 学校教师在 2013 年北京市属高校“创想杯”多媒体课件制作与微课大奖赛中获 11 个奖项，其中一等奖 1 项、二等奖 3 项、三等奖 3 项、优秀奖 4 项。

31 日　荷兰阿姆斯特丹自由大学校长贾普·怀特（Jaap Winter）一行 4 人访问学校。

10 月　学校 12 名候选人正式入选北京市第十批“海聚工程”。2009 年至今，学校已正式入选“海聚工程”57 人。

10 月　学校 8 本教材入选第二批“十二五”普通高等教育本科国家级规划教材书目。

11月

6 日　学生作品“养之道有限公司”获 2014 年“创青春”全国大学生创业大赛首都金奖、国家铜奖。

7 至 10 日　学校在第十四届全国多媒体课件大赛中再创佳绩，共获 26 个奖项。其中，一等奖 1 项、二等奖 2 项、三等奖 3 项、优秀奖 18 项，学校获优秀组织奖。

12 日　学校获“第四届中国校园戏剧节组织奖”，学生姚震凭借在其自编自导自演短剧《少年强》，被授予“校园戏剧之星”称号。

16 日　学校成立信息化专家咨询委员会。

16 日　学校学子参加第六届全国大学生广告艺术大赛并获佳绩。共获全国赛区二等奖 4 项、三等奖 1 项、优秀奖 20 项。

18 日　学校成立航天器系统与动力学国际联合实验室，并与中国空间技术研究院通信卫星事业部、多伦多大学机械与工业工程系在国际交流中心举行签约揭牌仪式。

19 日　学校举行党风廉政建设报告会。

19 日　校院两级理论中心组学习、“十二五”第九期处级干部培训班第三次培训在逸夫馆报告厅举行。

20 日　东华软件股份公司董事长薛向东、副总裁高书敬一行访问学校，共商校企合作。

22 至 23 日　2014 年全国天灾预测总结会议暨翁文波院士逝世 20 周年纪念座谈会在学校举行。

23 日　第二届京津冀制造业协同发展学术研讨会在学校举行。

24 日　学校学生论文《漂泊的浮萍——新生代外来务工人员工作稳定性的调研报告》获 2014 年高校思想政治理论课学生社会实践优秀论文评选特等奖。

24 至 25 日　北京市第十四次归侨侨眷代表大会召开。学校侨联被评为先进集体，龚裕被评为归侨侨眷先进个人，3 人获评先进个人。

26 日　“创新与融合·北京智慧城市研究院成立大会暨智慧北京高峰论坛”在学校举行。

27 日　学校召开首次信息化工作推进会。

28 日　北京建筑大学党委书记王建中一行到校调研交流。

28 日　2014 年北京工业大学科技节闭幕式暨学生年度颁奖典礼在校礼堂举行。

11 月　学校在全校学生范围内开展“践行社会主义核心价值观，争做工大好学生”教育实践活动。

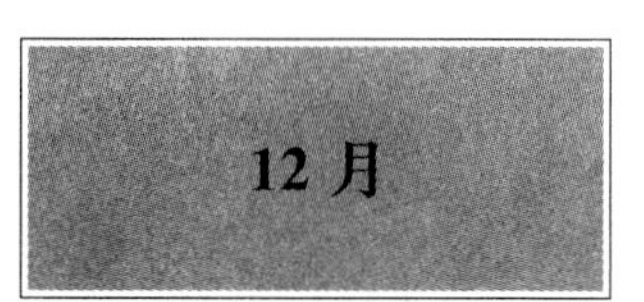

12 月

1 日　各学院、教学部（研究所）学术委员会完成换届工作，共有 25 个学院、教学部、研究所独立组建了学术委员会。

2 日　学校承办 2015 年北京大学生新年音乐会。

3 至 4 日　举办“弘扬宪法精神，建设法治校园”全国法制宣传日暨首个国家宪法日系列宣传活动。

4 日　召开学位与研究生教育督导组专家会议，审查各学科学位授予标准，完成督导组专家换届工作。

4 日　召开奥波莱孔子学院理事会。郭广生、蒋毅坚、国际化战略校长顾问杨长聚，波兰奥波莱省副省长托马斯·考斯图斯（Tomasz Kostus）、奥波莱工业大学校长马利克·图坚道夫（Marek Tukiendorf）等 11 人参加会议。

5 至 8 日　学生作品“大城市旧城区高架公交系统设计”在 2014 全国三维数字化创新设计大赛中获北京赛区特等奖和总决赛数字化建筑方向一等奖。

6 日　学校举行研究生会成立 30 周年校友座谈会暨校友总会研究生会校友分会成立会议。

7 日　学校“艺美童心少儿美术教育中心”学生创业团队获“全国大学生创业基金”全国总评审二等奖。

7 日　学校峻野登山社在团中央学校部、全国学联秘书处主办的全国首届百佳体育公益社团评选活动中，获“全国百佳体育公益社团”称号。

8 至 9 日　爱尔兰总统希金斯访华之际，在中山音乐堂亲切会见校长郭广生。希金斯指出，北京一都柏林国际学院促进了爱中两国教育交流。会见后，郭广生与蒋毅坚应邀出席希金斯总统商务早餐会。

9 日　举行“怀爱国之情，壮强国之志，筑兴国之梦”纪念“一二·九”运动 79 周年升国旗仪式。

9 至 13 日　郭广生带队围绕高校综合改革、高层次人才队伍建设、人才培养与学科建设、科技协同创新、大学生文化素质教育、国际化战略推进等内容调研武汉理工大学、华中科技大学、湖南大学等 7 所高校。

10 日　美国马里兰大学副校长罗斯·来温（Ross Lewein）等一行 4 人访问学校。蒋毅坚会见来宾，双方就学生交换的模式及学分换算等细节进行探讨。

11 日　学校学生科技作品应邀参展第九届中国北京国际文化创意产业博览会，3 件作品获首都大学生第四届创意集市“创意之星”称号，其中，作品《城市树邻》获创意集市“创意之星”一等奖。

13 至 14 日　当代中国农村改革发展历程学术研讨会在学校举行，农业部政策法规司原司长郭书田应邀作题为“1978 年以来中国农村改革历程回顾与展望”的主旨演讲。

14 日　学校成立江西校友分会。

15 日　国务院机关事务管理局，北京市发改委、财政局，北京节能环保中心、统计局等单位组织北京市“节约型公共机构示范单位”授牌仪式，学校获“节约型公共机构示范单位”。

17 日　环能学院 110521 班获 2014 年北京高校“我的班级我的家”“十佳示范班集体”荣誉称号。

18 日　完成基层党委换届选举工作。二级党委换届工作自 9 月启动，共有 23 个二级党委完成选举工作，其中换届选举 18 个单位，首次选举 5 个单位。

19 日　再生金属领域技术预测及“十三五”科技发展专项规划工作会在学校召开。中国工程院院士左铁镛，工信部节能司副司长毕俊生，郭广生、龚裕等领导和专家以及有关行业协会和产学研代表 150 余人参加会议。

20 至 21 日　召开历史建筑保护技术国际学术研讨会暨北

京市历史建筑保护工程技术研究中心成立大会。意大利、日本及国内著名建筑历史学家、建筑遗产保护学家、考古文博学家，建规学院师生等 100 余人参加。

25 日　召开财务“服务质量月”会议。服务质量月期间，先后开展“财务服务进学院”、“财务服务标兵”评选、“爱财务献计策”等活动。全校 1147 名师生直接参与“财务服务标兵”投票。杜修力副校长为财务处 12 名“财务服务标兵”颁发证书。

25 日　学校与市交通委联合主办京津冀区域交通一体化协同发展论坛。交通领域专家、学者及师生 130 余人参加论坛。

25 日　学校校友总会交通行业分会成立大会暨北京工业大学“任福田”交通奖学金发布仪式举行。

29 日　召开群众路线教育实践活动领导小组办公室会议，具体部署 2014 年度处级以上党员领导干部民主生活会工作。

31 日　2014 年就业、新生工作、本科招生工作总结会暨招生办公室、就业创业指导中心揭牌仪式举行。

12 月　学校获批教育部学术学位研究生课程建设首批试点单位。

（苏雅洁　张　英　杜　峰）

·人 物·

院士简介

中国工程院院士　左铁镛

左铁镛　材料科学专家，1936年生于北京。

1958年毕业于东北大学；1958—1991年在中南工业大学历任教授、博导、副校长；1991—1996年任国家教委科技司司长；1995年当选中国工程院院士；1996—2006年任中国科协副主席；1996—2004年任北京工业大学校长；现任北京工业大学学术委员会主任，兼任国家咨询委员会委员、国务院学位委员会委员、教育部科技委员会副主任等社会职务。

左铁镛院士从事高等教育和科学研究50余年，成果丰硕。在难熔金属材料、稀土功能材料、铝镁材料及其加工等科技方面做出了重要贡献，是我国难熔金属、铝镁材料及加工学科的主要带头人之一。现已发表学术论文300多篇（被SCI、EI引摘160余篇），出版专著8部，获国家、省部级奖励15项。1991年被评为国家有突出贡献中青年科技专家；2000年被评为北京市先进工作者；主讲的“材料科学与工程学导论”2006年被评为国家精品课程；2006年获中国工程院光华工程科技奖；2007年获第三届北京市高等学校教学名师奖和教育部第三届高等学校教学名师奖；2008年获北京市教育教学成果特等奖；2008年主持的“资源、环境及循环经济”交叉学科获北京市重点学科；2008年被评为国家“973”计划重要贡献者和中国有色工业改革开放30年有影响人物；2009年获国家教育教学成果二等奖、中国产学研合作促进奖。2010年被聘为最高人民法院首批特邀科学技术咨询专家。2011年被评为北京高校育人标兵。2012年，作为首席专家，领衔承担国家“863”主题项目“废旧稀土及贵重金属产品再生利用技术及示范”；牵头申报的国家首个“资源环境与循环经济”交叉学科获批招收博士、硕士研究生（工学、经济学）。近年，指导并参与首都资源循环材料协同创新中心建设工作；主持中国工程科技中长期发展战略研究项目《我国特大城市生态化转型发展战略研究》。

（姜　尚　吴玉锋）

中国工程院院士　李京文

李京文　技术经济学与数量经济学家和工程管理专家，1932年生于广西陆川。

1951年考入武汉大学经济系，1953年秋被送选到莫斯科留学，1958年毕业并获经济工程师称号和经济学硕士学位。回国后先后在河北省计委、国家计委、北京经济学院、国家建委、建材部和国家建材总局等单位工作，担任技术员、工程师、教研室主任、处长、司长、办公厅主任、总局局长助理等职。1985年至1998年任中国社会科学院数量经济与技术经济研究所所长和经济学科片领导组组长。现任中国工程院院士、中国社科院学部委员、主席团成员、北京工业大学经济与管理学院院长，北京经济社会发展研究院院长、北京工业大学现代制造业基地主任和首席专家。

李京文院士是第七届、第九届全国政协委员，全国政协经济委员会委员、第八届全国人大代表。1988年被中共中央组织部选拔为国家有特殊贡献专家，并被国家科委、人事部选定为国家级有突出贡献的中青年专家；1991年获国务院颁发的政府特殊津贴；1994年被俄罗斯科学院选为外籍院士；1995年被聘为俄罗斯人文科学院院士；1998年被选为国际欧亚科学院院士；1999年被选为世界生产率科学院院士；2001年当选为中国工程院院士；2006年当选中国社会科学院学部委员并任学部主席团成员，同时担任国家中长期科技规划总体组顾问委员会顾问；2009年当选中国管理科学与工程学会理事长、中国生产力学会、中国城市经济学会、中国技术经济研究会等学术团体副理事长职务。

李京文院士长期致力于科技进步、生产率、经济形势分析与预测、工程项目技术经济评估、资源与环境、可持续发展和区域规划等领域的研究。他较早提出了符合中国实际的工程技术经济论证理论与方法，采用科学方法对中国经济做年度与长期预测和产业结构与地区发展的研究，曾主持多项国家重大工程项目论证和环渤海经济圈、中部五省、海南、深圳等地区经济发展战略规划等项目；曾担任三峡工程、南水北调工程、京沪高速铁路等重大工程项目技术经济论证专家组负责人。主持国家重大课题“技术进步与产业结构”、“中国经济形势分析与预测”、“1996～2010年中国经济发展预测”、“1998～2050年中国经济发展与预测”、“生产率与中国经济增长”、“经济增长方式转变综合研究”、“北京市经济增长与产业结构优化（1996～2010）”等项目的研究工作，近年主持研究的重大项目有：“矿产资源可持续发展战略的经济分析与宏观政策”、“城市化中的经济问题”、“中国油气资源可持续发展战略的立法与政策措施研究”、“区域经济问题研究”、“技术标准与科技研发协调发展战略理论研究”、“振兴老工业基地及其可持续发展研究”、“青藏铁路运营效益及政策支持研究”，“长江三峡水利枢纽工程阶段性评估一财务及经济效益评估”、“我国中长期工程技术规划一综合组、总体组”、“防灾减灾能力建设研究”、“我国铁路自主创新模式研究”、“辽东、京东、山东经济协调联动研究”、“我国‘十二五’规划宏观经济政策研究”，以及国家“863”重大攻关课题“高速磁浮交通系统在长大干线适用性一宏观技术经济问题”等重大课题的研究工作。2005年以来，以李京文院士为首组建了“北京重大经济社会问题研究”创新团队，每年为北京市政府及有关部门提供《北京经济形势分析预测》、《北京现代制造业发展研究报告》、《艾滋病对我国经济和社会影响的分析及其控制机制》等研究报告，为政府部门提供决策参考。参与中国工程院“三峡水利枢纽阶段性评估”的研究工作任项目顾问，并主持了“中国铁路技术创新模式研究”、“高速磁浮交通技术创新及产业化研究”、“‘十二五’规划政策支撑研究”等国家重大课题以及国家自然科学基金项目“基于自组织理论的台海两岸经济系统运行机理研究”的研究工作。

已出版《迎接知识经济新时代》、《中国经济：“十五”预测与21世纪展望》等专著50余部以及与美国科学院院士乔根森等人合作编著《生产率与中、美、日经济增长》；发表论文500余篇，同时还撰写了上报中央和省市领导的内部报告30余篇；获国家科技进步一等奖2项、二等奖3项、三等奖1项；省市哲学社会科学一等奖1项、二等奖10多项；获“五个一工程”奖、孙冶方经济学奖和多项省部级科技进步奖。培养博士生60余人、硕士生70余人及博士后10人。所主持的博士后研究方向包括老工业基地改造、能源战略与政策、大型工程项目评估，生态经济学、支持中国粮食生产及发展的财税政策，同时还负责其他重大项目的研究工作。

（李军英　李京文）

中国工程院院士　张杰

张　杰　给水排水工程专家，1938年出生于辽宁本溪。

1962年毕业于哈尔滨建筑工程学院（现哈尔滨工业大学）给水排水工程专业。1985年获日本大阪大学博士学位。1992年获政府特殊津贴，1995年被评为吉林省设计大师，1996年被评为建设部和国家“八五”攻关先进个人，1997年当选为中国工程院院士。

张杰院士曾任中国市政工程东北设计研究院总工程师、副院长；1999年任哈工大教授、博士生导师，同时兼任建设部科技委员会委员，中国市政工程东北设计研究院名誉院长、顾问总工程师，全国高等给水排水工程学科专业指导委员顾问，中国土木工程学会水工业分会副理事长，全国给水排水情报网副主任，国家城市给水排水工程技术研究中心工程技术研究委员会副主任等职务。2000年兼任北京工业大学教授、博士生导师，水质科学与水环境恢复工程北京市重点实验室主任。

张杰院士在水质科学与水环境恢复工程领域的主要学术贡献和工程成就：(1) 提出水环境恢复理论，指出城市水的健康循环是恢复良好水环境，实现水资源可持续利用的根本途径。在此理论指导下完成了“深圳特区城市中水道系统规划”、“大连市海水与污水资源战略研究”和国家中长期科学与技术规划子专题“城市水系统健康循环研究”等项目，为中国的水环境恢复注入了崭新的理念。(2) 在国内外首次提出生物固锰除锰机制，并应用于工程实践，纠正了传统误区，解决了半个多世纪来地下水除锰难题，确立了生物除锰技术，改变了众多水厂只能除铁不能除锰的现状，主持创建和运行了数座大中小型生物除铁除锰水厂，使中国在该领域跃居国际先进水平。(3) 在国内率先开发了城市污水净化再生全流程，主持创建了国内首座污水再生水厂并被评为国家“八五”优秀示范工程，开创了中国城市污水回用事业，并跻身于国际先进行列。(4) 开发了厌氧一好氧活性污泥除磷技术，在普通二级生化处理中可同时完成去除营养盐磷的任务，而且污泥不膨胀，出水水质良好，有替代传统活性污泥法的必然趋势，用于大连开发区 6 万立方米每天的污水厂的 A2 /O 系统，在未增投资的情况下，改造成 10 万立方米每天的三级深度污水处理厂，被评为国家优秀示范工程。(5) 在低温低浊湖泊水净化、低温生化等工程技术方面进行广泛的工程实践，均取得良好效果。(6) 主持和完成了长春、大连、沈阳、齐齐哈尔、哈尔滨等城市重大给水排水工程设计数 10 项，推动了寒冷地区给水排水工程技术的发展。

张杰院士完成国家科技攻关 9 项，主持长春等城市重大给水排水系统工程设计 36 项，大中型 92 项，承担国家重大科技专项子课题 5 项。培养博士硕士研究生 50 余名，发表论文 300 多篇，出版著作 9 部。曾获吉林省科技进步一等奖，国家科技进步二等奖、三等奖，建设部科技进步一等奖，黑龙江省、吉林省科技进步一等奖，华夏建设科技进步二等奖。2013 年承担工程院重大和重点咨询项目各 1 项。培养博士研究生 3 名、硕士研究生 3 名，发表论文 20 余篇。

（李 冬 薛素铎）

中国科学院院士 曾 毅

曾 毅 病毒学、肿瘤学家，1929 年生于广东揭西。

1952 年毕业于上海第一医学院。中国科学院院士，法国国家医学科学院外籍院士，俄罗斯医学科学院外籍院士，美国马里兰大学人类病毒研究所兼职教授，博士、博士后导师。

1974—1975 年英国格拉斯哥病毒研究所客座研究员，从事肿瘤基础研究。1986—1987 年在法国国家科学研究中心作为客座研究员从事 HIV 和 EBV 的研究。现任北京工业大学校学术委员会副主任，北京工业大学生命科学与生物工程学院名誉院长，中国疾病预防控制中心病毒病预防控制所院士实验室主任，国家性病艾滋病预防控制中心首席科学家，中国合格评定国家认可委员会(CNAS) 资深顾问，中华预防医学会名誉会长，全球病毒网络中心（Global Virus Network）科学顾问委员会执委，中国病毒网络中心主任。曾任中国预防医学科学院病毒学研究所所长及院长，三届国务院学位评审组成员，卫生部科技评审委员会副主任，世界卫生组织全球顾问委员会和肿瘤专家顾问委员会委员，国际微生物联盟执委，中国预防性病艾滋病基金会会长，中华预防医学会会长，联合国亚太地区艾滋病与发展领导论坛指导委员会执委，世界卫生组织肿瘤专家顾问组成员，中华医学会常务理事，中国合格评定国家认可委员会生物安全专业委员会主任，北京工业大学生命科学与生物工程学院院长。

1956—1960 年，从事脊髓灰质炎病毒，减毒疫苗免疫，肠道病毒、麻疹病毒的研究。1960 年起从事肿瘤病毒研究。从 1973 年开始研究 EB 病毒与鼻咽癌的关系，建立了一系列鼻咽癌的血清学诊断方法，应用血清学指标可以在发病前 18—20 年预测鼻咽癌发生的可能性，使早期诊断率从 20—30%提高到 80—90%，挽救了大批病人的生命；在国际上首次从高分化和低分化鼻咽癌建立细胞株，发现高分化癌细胞也带有 EB 病毒基因和抗原；发现 HLA 与鼻咽癌发生有关的一些易感和抵抗基因，鼻咽癌高发区的一些中草药、植物和食物带有 TPA 等促癌物，人鼻咽部的厌氧杆菌能产生促癌物丁酸；在国际上首次证明在促癌物 TPA 和丁酸的协同作用下，EB 病毒感染的人胎鼻咽部黏膜组织在裸鼠能诱发 T、B 细胞淋巴瘤和人鼻咽癌。这是 EB 病毒诱发人鼻咽癌的直接证据，同时也提供了研究鼻咽癌病因多因素和作用机制的模型；已研究出 EB 病毒疫苗，获国家药监局批准，正在进行临床试验，证明 EBV LAMP 2 疫苗能提高鼻咽癌患者的特异性细胞免疫；80 年代，中央电视台曾拍摄曾毅科研团队有关 EB 病毒研究成果，题为“与魔鬼打交道的人”的纪录片；90 年代，法国中央电视台来华拍摄题为“希望来自中国 Hope from China”的纪录片，并在法国电视播放两次。在国内首次研究了 HTLV—1 病毒在我国的分布及其与成年人 T 淋巴细胞白血病及神经系统疾病的关系；研究 HPV 与宫颈癌的关系；证明食管癌有 HPV16 或 18 型等病毒核酸抗原，HPV18 E6E7 单独或与促癌物、致癌物、放射等因素协同作用能诱发正常胎儿食管上皮细胞癌变；表明 HPV 在食管癌发生中起重要病因作用，正在研究多种 HPV 新型疫苗；研究 HHV—8 病毒在我国的流行分布及其与卡波西肉瘤和艾滋病的关系；首次应用人乙肝病毒与黄曲霉毒素协同作用诱发人胎肝细胞癌变并建立了细胞株，带有HBV病毒；证明蓝藻毒素能诱发永生细胞癌变。从1984年起开展艾滋病毒（HIV）和艾滋病的研究，证明1982年HIV随血液制品从美国传入中国，1983感染中国公民，1986年分离到第一个中国的HIV－1毒株；进行HIV－1分子流行病学的研究，建立了HIV的快速诊断方法，诊断试剂盒获卫生部批准。一直从事艾滋病宣传教育和干预及HIV药物和疫苗的研究和解决早期我国HIV的诊断问题。研制的治疗艾滋病中药已经国家药监局批准上临床试验。正在研究的多载体序贯和重复应用的HIV疫苗，DNA和MVA疫苗已获国家药监局批准上临床试验，已完成Ⅰ期试验，另一种腺病毒疫苗刚获得批准，即将上临床试验。

曾毅院士共发表中英文论文600余篇，著书6本，论文集4本（2009年），曾毅院士集1部（2014年）。曾获国家杰出贡献中青年科学家称号，政府特殊津贴，获国家和省部级科技成果奖20余项及陈嘉庚医药科学奖。2006年获英国Belly－Martin基金会艾滋病防治贡献奖，2008年获中华医学会科技奖一等奖和中华预防医学会公共卫生与预防医学发展贡献奖，2009年获北京市科技二等奖，2012年获美国马里兰大学人类病毒研究所“公共卫生终身成就奖”，2013年获中华医学科技奖二等奖。

（冯　浩　曾　毅）

中国工程院院士　沈昌祥

沈昌祥　信息安全专家，1940年出生于浙江奉化。

1965年毕业于浙江大学数学系，从事计算机信息系统、密码工程、信息安全体系结构、系统软件安全（安全操作系统、安全数据库等）、网络安全等方面的研究工作。他先后完成重大科研项目20余项，取得一系列重要成果，曾获国家科技进步一等奖2项、二等奖3项、三等奖3项，军队科技进步奖10余项。这些成果在信息处理和安全技术上有重大创造性，多项达到世界先进水平，在全国全军广泛应用，取得显著效益，在中国信息安全保密方面取得突破性进展。

沈昌祥院士被授予海军模范科技工作者荣誉称号，是国家有突出贡献的中青年专家、第七届全国人大代表，1996年获军队首届专业技术重大贡献奖，1995年5月当选中国工程院院士，2002年获国家第四届光华工程科技奖。发表学术论文200余篇，著有《实时系统软件设计》、《信息安全工程导论》、《信息安全》和《信息安全导论》等专著，作为编委主任主持出版了《信息保障技术框架》和《银行信息安全知识读本》2本著作。

沈昌祥院士现任国家信息化专家咨询委员会委员，北京大学、清华大学、浙江大学、中科院研究生院、上海交通大学、国防科技大学、海军工程大学、解放军信息工程大学等多所著名高校的博士生导师，国家密码管理委员会办公室顾问，国家保密局专家委员会主任，国家信息安全等级保护专家委员会主任，公安部“金盾工程”特邀顾问，中国人民银行信息安全顾问，国家税务总局信息技术咨询委员会委员。

（刘　毅　石　勤）

中国工程院院士　刘加平

刘加平　绿色建筑、建筑热工与建筑节能领域的知名专家，1956年出生于陕西大荔。

1982年毕业于西北大学物理学专业，1986年获西安建筑科技大学建筑技术科学工学硕士学位，1998年获重庆大学建筑技术科学工学博士学位。1992年晋升副教授，1996年破格晋升教授。1999年任澳大利亚新南威尔士大学荣誉访问教授。2011年当选为中国工程院土木、水利与建筑工程学部院士。

刘加平院士兼任教育部2011计划咨询专家委员会委员，科技部绿色建筑与城镇化领域科技计划项目专员，国家自然科学基金委工程与材料学部第四、第五届咨询委员会委员，中国建筑学会建筑物理学会副理事长，北京市“北京学者”专家咨询委员会委员，国际人居环境工程设计学会（International Society of Habitat Engineering and Design）执委会委员等社会职务。

刘加平院士长期从事绿色建筑、建筑热工与建筑节能设计的基础与应用研究，专攻建筑热工与节能的基础理论和设计方法，潜心于地域民居建筑演变和发展模式的理论探索和工程实践，是中国该领域杰出的科学家之一，主要学术贡献和工程成就：（1）揭示了传统民居建筑适应地域气候、节约能耗经验的科学机理，建立了研究创作地域性低能耗建筑模式的原理和方法，组合运用地域适宜性节能设计技术，完成包括黄土高原新窑居建筑、四川灾区生态民居建筑在内的4种低能耗建筑模式并付诸实践，建筑节能率达75%以上。（2）针对太阳能富集地区，研究建立“等热流”建筑热工设计原理和方法，优化得到适宜西藏高原的组合利用太阳能采暖技术方案，主编以被动式和主动式太阳能采暖为主的西藏自治区建筑节能和采暖设计标准，这是迄今国内外唯一全部采用太阳能采暖的地方性标准，已在西藏自治区全面推广。建成藏牧民定居点太阳能示范建筑，建筑节能率达86%。(3) 提出并率先开展对传统民居建筑中蕴涵的“冬暖夏凉”节能经验进行科学化与技术化研究并用于低能耗建筑设计之中。坚持建筑节能设计理论研究与工程实践相结合，与建筑师合作，完成各类建筑节能设计工程20余项，面积超过100万平方米。

刘加平院士是中国建筑物理学科第一位国家杰出青年科学基金获得者（2001年），是中国建筑学学科第一个国家创新研究群体科学基金“西部建筑环境与能耗控制理论研究”学术带头人（2009年）。主持完成国家自然科学基金资助重点项目、重大国际合作项目、863项目等14个；累计在陕北、云南、西藏、四川、青海、宁夏等地主持完成多种类型低能耗建筑示范项目100余万平方米；主持的科研项目获国家科技进步奖及省部级奖励10项，国际学术奖励2项；出版专著教材8部，国内外公开发表研究论文150余篇。教学方面，多年来刘加平院士累计培养博士后6名，毕业博士生48名、硕士生100余名。先后被授予2007年度全国模范教师，2012年省级优秀共产党员，省级师德楷模称号，是2012年何梁何利基金科学与技术进步奖获得者。

（谢静超　薛素铎）

北京工业大学2014年各级人大代表、政协委员名单

第十二届全国人大常委	侯义斌
第十二届全国政协委员	王　璞
第十四届北京市人大代表	杜修力　高向宇　李寿梅
第十二届北京市政协常委	李德胜
第十二届北京市政协委员	崔铁宁
第十五届北京市朝阳区人大代表	刘赵淼　张延庆
第十二届北京市朝阳区政协副主席	高向宇
第十二届北京市朝阳区政协委员	邹　锋　刘有军　李　杨　卢清国
第十三届北京市东城区政协委员	纪常伟

北京工业大学2014年民主党派人士在各级党派中担任职务的名单

九三学社中央科技委员会主任、九三学社中央监督委员会委员、全国人大财经委员会委员	侯义斌
农工党中央委员、农工党中央资源环境专委会副主任	赵耀华
九三学社中央科技委副主任、九三学社北京市委委员	杜修力
致公党北京市常委、致公党朝阳区委员会主任、致公党北工大支部主任委员	高向宇
民盟北京市委员会副主任委员	李德胜
民革北京市委委员、民革中央教科文卫体委员会委员	崔铁宁
九三学社北京市朝阳区副主任委员	卢清国
民盟北京市朝阳区副主委、民盟北工大委员会主委	刘有军
民建北京市朝阳区委委员、民建北京市朝阳区委经济科教委员会主任、民建北工大支部主任委员	李　杨
九三学社北工大支社主任委员	张金喜
民进北工大支部主任委员	郝　伟
民革北京市朝阳区委委员、民革北京市朝阳区委青年工作委员会主任委员	邢　涛
民建北京市朝阳区区委委员	黄海峰
民进北市市委资源环境委员会委员	刘斌云

（统战部　提供）

北京工业大学2014年正高级专业技术职务名单

教授

艾 国 鲍长春 蔡力钢 蔡永泉 曹万林
曾 薇 曾程初 常 宇 陈 哲 陈洪玲
陈树君 陈彦江 陈艳艳 陈阳舟 陈子勇
程曹宗 程水源 程维虎 迟远英 崔 明
戴 俭 戴洪兴 戴铁军 邓金祥 邓宗才
丁治明 杜文博 段立娟 樊洪明 范晋伟
范周田 冯 虹 冯能莲 冯士维 冯秀珍
付 胜 高春娣 高景峰 高坤元 高文学
高向宇 龚秋明 顾力刚 关 峻 关宏志
郭 福 郭 航 郭 霞 郭广生 郭明珠
郭伟玲 韩新君 郝瑞霞 何 洪 何存富
贺定勇 侯义斌 侯育冬 胡惠琴 胡建国
胡江碧 胡利明 黄海峰 黄鲁成 黄永畅
黄樟钦 霍 达 纪常伟 纪淑兰 冀俊忠
贾克斌 贾荣建 贾松敏 江竹青 蒋国瑞
蒋毅坚 蒋宗礼 焦敬品 金头男 居鹤华
康天放 孔德慧 雷永平 李 冬 李 坚
李 静 李 军 李 农 李 欣 李 悦
李爱芳 李伯龙 李春华 李德胜 李东松
李凤明 李红旗 李惠东 李建更 李建军
李建强 李建荣 李剑锋 李寿梅 李双杰
李小延 李晓琴 李晓阳 李炎锋 李玉鑑
李云燕 李云章 李振宝 栗卓新 梁岩松
廖湖声 林 森 林志远 刘 超 刘 克
刘建丽 刘有明 刘宇慧 刘增华 刘赵淼
刘志峰 刘中良 龙连春 卢清国 鹿院卫
路德春 栾良才 罗云敬 吕胜富 马 捷
马国远 马民涛 聂松林 聂祚仁 彭良雪
彭一江 彭永臻 亓路宽 钱伟量 乔爱科
乔俊飞 乔元华 秦 飞 邱文革 曲延瑞
全惠民 荣 建 阮平南 阮晓钢 尚德广
盛 望 施云惠 石秀丽 宋晓艳 宋晏蓉
宋永伦 隋曼龄 孙 威 孙宝岐 孙光民
孙继红 孙艳丰 孙玉荣 孙治荣 索红莉
唐 军 陶连金 涂 鸣 汪 浩 汪夏燕
王 波 王 丹 王 丽 王 民 王 璞
王 群 王 珊 王 术 王 为 王 伟
王 越 王 湛 王大虎 王大勇 王国华
王吉有 王金淑 王景甫 王立春 王如志
王守法 王小逸 王新华 王志海 王志宏
韦 奇 尉海军 毋立芳 吴 斌 吴宝晶
吴菲菲 吴水才 吴伟和 席晓丽 夏国栋
夏志东 肖荣诗 谢伦立 徐 晨 徐大川
徐文青 薛 毅 薛留根 薛素铎 闫 红
严 辉 杨昌鸣 杨昌勇 杨建武 杨庆生
杨士林 杨松令 杨文通 杨晓东 杨孝宽
姚爱军 姚海楼 叶 青 尹宝才 于乃功
于志辉 余跃庆 俞春喜 苑中显 岳 明
翟东升 张 建 张 荆 张 丽 张 琪
张爱林 张海斌 张汉林 张红光 张建标
张建伟 张金喜 张久兴 张明聚 张钦喜
张万荣 张微敬 张新平 张兴兰 张延华
张延庆 张一鸣 张亦良 张永安 张永祥
张忠占 赵 京 赵立祥 赵丽娇 赵耀华
赵之枫 钟儒刚 周俊英 周恕义 周玉文
朱 青 卓 力 宗 刚 邹 锋 左铁镛

研究员

陈 涛 陈继民 崔素萍 段建民 范 明
符寒光 龚 裕 龚先政 关佳亮 韩晓东
季凌飞 李 娟 李 强 李 星 李国俊
李洪泉 李平雪 李庆丰 李四平 李振泉
刘丹敏 刘建萍 刘世炳 刘有军 马东辉
马雪梅 穆献中 桑丽霞 石 勤 石宇良
苏经宇 唐中君 王 普 王淑莹 王秀彦
王绽蕊 王智勇 吴文英 吴玉庭 肖 念
肖创柏 闫维明 杨艳玲 张 伟 张 欣
周竞学

教授级高工

陈 超 杜修力 高 风 蒋建敏 兰明章
毛 征 秦 华 石照耀 王智慧 王子明
杨 宏

研究馆员

魏育辉

主任医师

胡广芹 田 莉

（人事处 提供）

北京工业大学2014年名誉、兼职（客座）、顾问教授聘任名单

名誉教授（新聘）：
史蒂芬·赫克特（Stephen S. Hecht）

兼职教授（新聘）：
陈祖煜　陈　添　戴玉强　周正宇　刘海滨
潘　涛　佘远斌　李尚志

客座教授（新聘）：
红林徹也　斯特林（Shelton Leslie Stringer）
村川英一　麻宁绪　黑川雅之　隈研吾　新谷真人

顾问教授（新聘）：
严子梦　谢良志　吴汉明　刘　明　范振灿
胡邵京　杨云春　唐　莉　邱荣国　安海谦
金　攻

兼职教授（续聘）：
周丰峻

客座教授（续聘）：
罗本进

（人事处　提供）

北京工业大学2014年博士生导师名单

机电学院（共29人）　蔡力钢　陈树君　丁华锋　范晋伟　何存富　焦敬品　李德胜　李凤明　李剑锋　李晓阳　刘赵淼　聂松林　秦　飞　尚德广　石照耀　宋永伦　孙建桥　王　民　王新华　吴　斌　杨建武　杨庆生　杨晓东　余跃庆　张　伟　张裕明　赵　京　祖武争　卢振洋

电控学院（共25人）　鲍长春　冯士维　郭　霞　胡　斌　贾克斌　贾松敏　刘　克　吕长志　乔俊飞　阮晓钢　孙光民　孙　捷　王　普　王志海　毋立芳　吴武臣　徐　晨　于　非　张万荣　张延华　张一鸣　钟　宁
刘际明（兼职）　吴景龙（兼职）　姚一豫（兼职）

建工学院（共38人）　曹万林　陈　超　陈彦江　戴福初　邓宗才　杜修力　高文学　高向宇　关宏志　霍　达　李　冬　李　军　李小军　李　星　李炎锋　李　悦　李振宝　刘加平　路德春　陶连金　王国权　薛素铎　闫维明　杨　宏　杨艳玲　姚爱军　张爱林　张　杰　张明聚　张延庆　张毅刚　张永祥　赵耀华　郑　宏　周玉文
马国伟（兼职）　王　浩（兼职）　周福霖（兼职）

环能学院（共30人）　程水源　戴洪兴　党超镔　范伯元　高景峰　郭广生　郭　航　何　洪　纪常伟　纪树兰　康天放　李　坚　李建荣　刘中良　马国远　彭永臻　佘远斌　孙继红　孙治荣　汪夏燕　王淑莹　王　湛　吴玉庭　夏国栋　叶　青　曾　薇　张国俊　张红光　陈　添（兼职）　任阵海（兼职）

数理学院（共27人）　Peter Deuflhard　Rolf　Möhring　程曹宗　程维虎　邓金祥　黄永畅　江竹青　李高荣　李　静　李寿梅　李云章　刘有明　彭良雪　宋晏蓉　王大勇　王　丽　王　术　王维真　徐大川　徐文青　薛留根　杨士林　姚海楼　张海斌　张新平　张忠占　郭柏灵（兼职）

计算机学院（共16人）　蔡永泉　丁治明　段立娟　冀俊忠　蒋宗礼　李玉鑑　沈昌祥　肖创柏　杨宇光　张建标　高　文（兼职）　郭百宁（兼职）　黄庆明（兼职）　陆汝钤（兼职）　徐茂智（兼职）　赵春江（兼职）

材料学院（共26人）　陈子勇　崔素萍　杜文博　郭　福　贺定勇　侯育冬　雷永平　李晓延　栗卓新　聂祚仁　宋晓艳　索红莉　汪　浩　王　波　王金淑　王　群　王如志　王志宏　席晓丽　严　辉　岳　明　张久兴　左铁镛　古月文志　徐滨士（兼职）　姚　燕（兼职）

经管学院（共12人） 冯 虹 黄海峰 黄鲁成 李京文 刘 超 阮平南 王守法 吴国蔚 杨松令 张永安 赵立祥 宗 刚

建规学院（共4人） 戴 俭 马东辉 苏经宇 杨昌鸣

生命学院（共21人） 常 宇 胡利明 刘有军 罗云敬 马雪梅 乔爱科 盛 望 吴水才 闫 红 曾程初 曾 毅 钟儒刚 董俊兴（兼职） 高 月（兼职） 贺福初（兼职） 钱小红（兼职） 孙启鸿（兼职） 王 林（兼职） 王升启（兼职） 吴祖泽（兼职） 杨晓明（兼职）

软件学院（共9人） 何泾沙 侯义斌 黄樟钦 李建强 廖湖声 杨胜齐 朱 青 沈绪榜（兼职） 张 涛（兼职）

交通学院（共17人） 陈艳艳 陈阳舟 段建民 郭继孚 黄建玲 孔德慧 刘小明 荣 建 施云惠 孙艳丰 尹宝才 张金喜 卓 力 黄 艳（兼职） 孙小端（兼职） 汪光焘（兼职） 周 伟（兼职）

激光院（共15人） 陈继民 陈 涛 胡安明 季凌飞 蒋毅坚 李 港 李平雪 李 强 刘富荣 刘世炳 王 璞 王智勇 肖荣诗 叶征宇（兼职） 谭平恒（兼职）

固体所（共7人） 韩晓东 李晓东 刘丹敏 隋曼龄 孙 威 张 泽 夏定国

共有博导276名，其中兼职导师34名。

（研究生院 提供）

北京工业大学2014年满30年教龄人员名单

丁晓红 杜明英 冯栖孙 郭冀江 郝建国
胡凤来 康天放 邝劲筠 李抱珠 李春平
李 港 李 桦 李 梅 李荣慧 李淑琴
李文成 刘万春 刘晓慧 刘彦章 刘中良
卢清国 马丽波 马长明 蒙陆平 欧阳放
潘志红 庞艳玲 秦克羽 任海元 沈 琦
史 鹏 宋 青 太荣祥 谭京敏 王吉有
王 幸 王秀钢 王振岐 吴明华 吴学庆
邢永利 熊兆华 许东来 许俊龙 杨兔珍
余跃庆 张 丽 张明聚 张 千 张士瑛
张文斌 赵玉洁 钟儒刚 周解刚

（党办校办 提供）

·毕 业 生 名 单·

北京工业大学2014年度授予博士学位人员名单
（合计177人）

授予博士学位者包括：工学博士学位141人、理学博士学位13人、管理学博士学位23人。

机械工程与应用电子技术学院
（工学博士合计22人）

工程力学

胡海良　易桂莲　刘　夏　王冬梅　赵明慧
安　彤　郭士军　吕书锋

机械工程

孙志娟　王　锋　王晓峰　吕　炎　胡建忠
刘小冬　任崇刚　刘宗发　肖毅川　蒋　凡
李　云　宋晓磊　张　白　焦兵锋

电子与信息工程学院学院
（工学博士合计17人）

电路与系统

蒋　斌　李晓明　夏丙寅　张　媛

微电子学与固体电子学

乔彦彬　齐浩淳　毛明明　王　旭　丁春宝

检测技术与自动化装置

曹智文　张春晓　周俊静

模式识别与智能系统

盖彦荣　陈启丽　李会民　刘经纬　韩　广

建筑工程学院
（工学博士合计24人）

建筑与土木工程

李清清　韩俊艳　姜厚停　金　浏　宋　刚
宋　坤　宋晓胜　肖　锐　赵　锐　胡家玮
王朝朝　刘朝峰　高占远　李　晰　刘才玮
侯本伟　许维炳　刘伟岩　邓月超　董振华
解咏平　赵乐乐　唐　潇

交通运输规划与管理

金光浩

环境与能源工程学院
（工学博士合计21人）

热能工程

勾昱君　李　彬　焦永刚　张广孟　朱永明

应用化学

曹梅娟　林　立　王　峰　刘晓军　任　博
周跃男　吉科猛　宋丽云　刘　威

环境科学

樊守彬　李国昊　陈　鑫　薛　瑞

环境工程

唐晓雪　张为堂　张宇坤

应用数理学院
（工学博士合计2人、理学博士合计13人）

光学工程

于振华　杨登才

数学

屈德宁　张　岩

概率论与数理统计

李　蕊

理论物理

章新友

凝聚态物理

卫　斌　周晓亮

光学

何惠梅　苏雪琼

统计学

吕　颖　杨随根　张俊飞　田瑞琴　李万斌

计算机学院
（工学博士合计8人）

计算机应用技术

王　汀　肖春华　陈荣鑫　蒋玉茹　田国忠

张　涛　肖　鹏　梁　鹏

材料科学与工程学院

（工学博士合计 13 人）

材料科学与工程

王　鸿

材料物理与化学

葛海燕

材料学

高　杨　左建华　王庆峰　张　义　刘柏雄
张喜珠　王亚丽　孙博学

材料加工工程

王清宝　周　虎　祝弘滨

经济与管理学院

（管理学博士合计 23 人）

管理科学与工程

朱连滨　罗晓梅　董承华　纪诗奇　金　峰
文　献　孙　义　何喜军　杨正东　冯志明
刘晓燕　庞　柒　李晨光　韩建飞　柳应华
杨柳青　王亢抗　张　超　赵晓东　吴菲菲
刘李鹏　王　猛　Kim Bo Kyun

激光工程研究院

（工学博士合计 14 人）

光学工程

杨武雄　辛立军　于　峰　刘　江　徐　洋
邹江林　徐　宏　杨　超　刘友强　张国伟
李　飞　陈立元　孙　哲　武　强

生命科学与生物工程学院

（工学博士合计 14 人）

生物医学工程

王继峰　李　康　郝　润　辛红兴　李莉莉
赵　淼　陈丹瑛　曹敏军　赵鹏翔　尹海龙
李贤煜　许先进　陈　素　赵琳娜

城市交通学院

（工学博士合计 6 人）

计算机应用技术

李敬华　薛　娟

交通运输规划与管理

叶　臻　关　伟　张兴俭　赖见辉

北京工业大学 2014 年博士毕业生、结业生名单
（合计毕业生 184 人、结业生 1 人，不含留学生）

机械工程与应用电子技术学院（合计 24 人）

工程力学

毕业生（9 人）

胡海良　易桂莲　刘　夏　张　强　王冬梅
赵明慧　安　彤　郭士军　吕书锋

机械工程

毕业生（15 人）

孙志娟　王　锋　张飞斌　王晓峰　吕　炎
胡建忠　刘小冬　任崇刚　刘宗发　肖毅川
李　渊　蒋　凡　李　云　宋晓磊　张　白

电子信息与控制工程学院（合计 18 人）

微电子学与固体电子学

毕业生（5 人）

乔彦彬　齐浩淳　毛明明　王　旭　丁春宝

模式识别与智能系统

毕业生（5 人）

盖彦荣　陈启丽　李会民　刘经纬　韩　广

结业生（1 人）

马航英

电路与系统

毕业生（4 人）

蒋　斌　李晓明　夏丙寅　张　媛

检测技术与自动化装置

毕业生（3 人）

曹智文　张春晓　周俊静

建筑工程学院（合计 27 人）

土木工程

毕业生（25 人）

杜晓霞　李清清　陈红娟　韩俊艳　姜厚停
宋晓胜　金　浏　宋　刚　宋　坤　肖　锐
刘朝峰　赵　锐　胡家玮　王朝朝　高占远

刘伟岩　李　晰　刘才玮　侯本伟　许维炳
邓月超　董振华　解咏平　赵乐乐　唐　潇

交通运输规划与管理

毕业生（2人）

叶　臻　金光浩

环境与能源工程学院（合计23人）

热能工程

毕业生（5人）

勾昱君　李　彬　焦永刚　张广孟　朱永明

环境工程

毕业生（3人）

唐晓雪　张为堂　张宇坤

环境科学

毕业生（4人）

樊守彬　李国昊　陈　鑫　薛　瑞

应用化学

毕业生（11人）

曹梅娟　林　立　王　峰　刘晓军　李　慧
王　磐　任　博　周跃男　吉科猛　宋丽云
刘　威

应用数理学院（合计15人）

数学

毕业生（2人）

屈德宁　张　岩

概率论与数理统计

毕业生（1人）

李蕊

光学工程

毕业生（2人）

于振华　杨登才

光学

毕业生（2人）

何惠梅　苏雪琼

理论物理

毕业生（1人）

章新友

凝聚态物理

毕业生（2人）

卫　斌　周晓亮

统计学

毕业生（5人）

吕　颖　杨随根　张俊飞　田瑞琴　李万斌

计算机学院（合计11人）

计算机应用技术

毕业生（11人）

赵明茹　姜广智　李小青　王　汀　肖春华
陈荣鑫　蒋玉茹　田国忠　张　涛　肖　鹏
梁　鹏

材料科学与工程学院（合计13人）

材料学

毕业生（8人）

王庆峰　刘柏雄　王亚丽　左建华　张喜珠
高　杨　张　义　孙博学

材料加工工程

毕业生（3人）

王清宝　周　虎　祝弘滨

材料物理与化学

毕业生（1人）

葛海燕

材料科学与工程

毕业生（1人）

王　鸿

经济与管理学院（合计23人）

管理科学与工程

毕业生（23人）

朱连滨　王海燕　罗晓梅　董承华　纪诗奇
金　峰　文　献　孙　义　何喜军　杨正东
冯志明　刘晓燕　庞　柒　李晨光　韩建飞
柳应华　杨柳青　王亢抗　吴菲菲　刘李鹏
王　猛　张　超　赵晓东

激光工程研究院（合计13人）

光学工程

毕业生（12人）

杨武雄　于　峰　刘　江　徐　洋　邹江林
徐　宏　杨　超　刘友强　张国伟　李　飞
陈立元　孙　哲

光学

毕业生（1人）

杨　志

生命科学与生物工程学院（合计 11 人）

生物医学工程

毕业生（11 人）

李　康　郝　润　辛红兴　李莉莉　赵　森
陈丹瑛　曹敏军　赵鹏翔　李贤煜　许先进
尹海龙

城市交通学院（合计 7 人）

计算机应用技术

毕业生（2 人）

李敬华　薛　娟

交通运输规划与管理

毕业生（5 人）

韩亚楠　孟　虎　关　伟　张兴俭　赖见辉

北京工业大学 2014 年度授予全日制学术学位硕士人员名单（合计 1080 人）

授予全日制学术学位硕士人员包括：哲学硕士学位 4 人、经济学硕士学位 41 人、法学硕士学位 19 人、教育学硕士学位 12 人、文学硕士学位 8 人、理学硕士学位 115 人、工学硕士学位 838 人、管理学硕士学位 43 人。

机械工程与应用电子技术学院（工学硕士合计 136 人）

工程力学

李　翔　齐文文　顾梦元　陈　杰　宁文龙
项　敏　周冬冬　刘　娜　陈　凯　沈　莹
刘来国　赵石雷　吴　鹏　韩长录　王亭亭
王　莉　段建维　栾　鸾　张颜明　李春洋
马叶朋

固体力学

章　菲　黄传实　王红艳　邢春雷

机械工程

许腾云　李　根　陆　明　罗　锐　张敬莹
李端端　孙　雪　吴婷羽　洪　豪　王志远
王卓婷　陈凯康　李凤蛟　杨占锋　杨　洋
梁晓霞　陈　雪　王立博　潘明辉　罗　平
张化波　马金宝　张兵兵　马淑慧　范晓慧
赵俊涛　沈　昌　张　翠　朱莉莉　王高波
吴　灿　苏国火　刘玉杰　张　昊　付博研
马　建　陆婷婷　郝智生　孟　冬　熊日伟
胡　东　冯　伟　黄学梁　刘华江　王丽鹏
张俊林　段志刚　龚志奔　张安庆　陈明辉
刘　洋　李　显　张坤生　高　燕　谷春青
熊　威　王旭平　马　兰　万　梦　黄晓欧
韦康成　郭毓博　李立明　王　聪　尚佳宁
张　雨　李小鹏　陈立强　曹方莉　殷文佳
邵　磊　刘振涛　王　聪　宋江勇　孙振杰
崔朋威　刘恺洛　菅迎宾　杨　靖　谭福涛
鹿怀庆　孟志鹏　姚子良　刘　松　姜　波
胡涛涛　臧　纯　杨　行

流体力学

刘丽昆　范国军　陈从连

仪器科学与技术

田　博　闫　昊　郭　松　高　虎　王　芳
孙欣蓉　徐庆龙　方　舟　罗　侃　谢　辉
王宜祥　郑　然　高　博　杨　申　王新健
徐营赞　朱海业　郭莹慧　刘吕亮　胡洪平

电子信息与控制工程学院（工学硕士合计 189 人）

电路与系统

何慧征　王　亘　刘　瑞　曹　瑜　赵像楠
李红岩　白海钏　李　瑶　王　园　周　超
安　山　智　鑫　孟宪波　冯飞雪　邓少华
魏振利　成　博　庞子涵　褚　彬

控制科学与工程

郭载勋　刘燕楠　张思民　张国祥　张良坪
付　霁　姜伟昌　侯天龙　李　翔　曾笑尘
詹　伟　郭　楠　魏洪宇　廖智舟　高　琳
王　爽　闫　彤　马圣策　张英坤　邓志超
杜润强　许建波　王莉莉　刘海静　牛经龙
郭　振　谢训鹏　刘鹏飞　焦全文　郭晓燕

申祥升 于淼淼 史丽晓 贾 真 苏星宇
陈焕朝 张 波 赵伟伟 谢鹏飞 杨刚杰
卢园园 郭 创 张剑坤 周 宇 齐小龙
武 雁 万 敏 孙荣毅 葛慧琴 罗 江
王 琳 马 勇 李雨晨 毛燕鹏 李 欣
刘 鑫 房圣超 刘 璇 徐 鹏 解 涛
王静涛 王旭红 尹晓琳 杜怀颖 孙永芳
张 旭 汤海博 郭 兵 尤名利 毕岩磊
姚俊琴 耿凌霄 徐 丽 王文学 许少鹏
冯 瑛 朱可鑫 Halid Mahama

微电子学与固体电子学

王晓玲 郑 雷 高 栋 穆 辛 邓 兵
陈 宇 刘 涛 周新田 齐佩佩 张惠惠
曹伟伟 陈成菊 胡 勇 张燕峰 鲁 东
朱保彬 霍文娟 陈 翔 周孟龙 俞 鑫
张 松 高 原 陈茂兴 张卿远 张本云
王 强 贾 京 崔文凯 吴 波 杨利鹏
樊 星 崔 明 贾旭光 屈继敏 张飞飞
林 超 徐 洋 刘 朝 金银姬 胡 杰
刘龑达 唐 军 黄廷昭 吴旭文 乔 龙
陈 博 宋元营 王 健 庄晓青 黄雪晴

物理电子学

任海强 韩明夫 李佳莼

信息与通信工程

岳云峰 彭 博 王志东 王慧琪 吕海坤
李振伟 张 蒙 马大为 王 虹 张 倩
白贻杰 温 静 武文强 姚丽晓 张静文
李文雪 李红蕊 雒海瑞 郑庆阳 吴文娟
吴珍荣 周晓琳 邢晴晴 张 燕 袁建建
刘 凯 史新庆 王丹萍 梅家平 张一行
魏 洁 张 琳 李依睿 沈浩杰 周 鹏
刘 晗 颜凤辉 严海涛

模式识别与智能系统

马航英

建筑工程学院

（工学硕士合计144人）

水利水电工程

王 康 邵钰清 陈淑珍 王璞如 张昭锋
王一凡 徐天杰 蔡东明 薛 潇 刘 伟

土木工程

何 欢 闫冬梅 刘 新 白 龙 遇 行
雷 枝 李红艳 吕 琦 宁方端 高 英
翟长达 赵慧乾 张 波 何冠文 封 光
揭鹏力 田治州 王 刚 王成波 吴春冬
王相宝 王 妍 魏婷婷 徐萌萌 赵海燕
张 慧 申宏权 周小龙 张劲爱 王 浩
苏志杰 冉克显 胡 琨 解 朋 张志达
王 慧 童 欢 姜 超 孙彬彬 侯西明
于传鹏 赵海明 张 倩 刘凯凯 张霄杰
姚 兰 阮大威 戴租远 周冬至 胡剑民
程舒锴 程 娟 刘 扬 徐琪泽 闫静茹
滕 飞 李 靖 杨龙江 宋优优 赵 飒
张 岩 赵明帅 薛 涛 张新发 苏丰阳
占鹏云 丛茂林 高全雷 耿克普 吴 洋
田相凯 孙丽娟 张振鹏 陈 娟 于磊磊
曹 飞 王 力 赵 熙 辛光涛 王 哲
程永欢 郭凯敏 王俊华 冯 俊 丁兆旺
周雨龙 张远博 张聪聪 任金柱 刘国洋
王 斌 高伟楠 赵 见 刘 畅 牛贵龙
高继民 任丽艳 吴 宣 张功良 苏东霞
顾 运 刘常敬 张 达 孙 宇 王春香
杨 卓 甘庆午 刘焕光 邬 艳 李德祥
宋佳强 杨 帆 朱 敏 唐 颖 刘海建
熊 斌 边 江 胡桂霞 陈紫光 刘 岩
徐聪聪 王林成 王慧琛 叶三宝 侯鹏程
邓 超 张 浩 王景景 田青芸 冯 娜
曹元义 唐超群 阎方方
Jumbe Raphael Daud

环境与能源工程学院

（工学硕士合计66人，理学硕士合计8人）

化学工程与技术

王 任 房玉娇 杜子昂 巩莉丽 杨 柳
葛 菊 张 倩 郑海洋 庄胜利 杨文涛
高 静 韩 文 范明辉 刘虎冰 王 萌
王朝明 郭月月 张正林 汪 林 汪 伟

环境科学与工程

吴桂霞 刘 红 王 玲 梁增强 王洪明
李 浩 沈海涛 操沈彬 刘潮清 张慧娟
尹 晶 翁冬晨 刘青松 徐竹兵 任睿杰
张鹿笛 赵蓓蓓 刘 超 吕玲玲 冯 辰
卢鹏飞 白鑫龙 王海平

热能工程

周小龙 郭莲莲 王远亚 王银治 崔武军
蔡 萌 黄素格 张 健 吉威宁 王昭毅
王国瑞 张 辉 刘丽华 吴 铄 赵晓华
江宦明 马 艳

物理化学

王啸波 冯雅楠 焦 娇 敖洪亮 岳影影
孙玉成 吴泽源 徐梦迪

制冷及低温工程

赵 洋 孙 乐 历 帅 张小琳 张 伟
马天琦

应用数理学院

（理学硕士合计 67 人）

数学

滕　宇　张　琪　龚俊超　冯俊锴　刘薇薇
孔德志　晋凤凤　解　慧　尚　娟　范　姣
韩文静　宋　蕾　李睿婕　王　蒙　侯圣峦
谢　超　刘小杰　曹　欢　王　彦　谢兵清
刘　涛　林　路　李海斌　寻　雪　陈奕辰
陈向辉　张晋芳　尹小娜　郑　琳　郝　琛
闫　朔　赵　婷　禄晓龙　裴慧敏　魏　露
张晨霞　王　慧　陈　琳　刘　海　郑　琎
何　扬　崔　嵩　马琼宇

物理学

袁嘉敏　尹丽丹　邹如飞　高丽阳　欧阳丽婷
高学飞　董信征　马思津　白冬梅　张　健
李彦林　王冬冰　满天龙　鲁　毅　刘北云
范金帛　尤琳琳　吉轩廷　刘　影　王剑波
王　强　韩文辉　王　震

凝聚态物理

陈　鹏

计算机学院

（工学硕士合计 110 人）

计算机科学与技术

扈　莹　陈福伟　郭　鹤　张龙伯　马　凯
高春梅　张　远　万亚君　林曦君　杨文文
秦　雨　何　明　佘超杰　刘宝矿　高陆百慧
冯亚超　尹创业　钟宏燕　杨　普　权跃龙
乔　然　马　骏　张艳华　汪　栋　时福林
陈焕君　高凯明　王翠霞　李维岩　张　璇
隋少鹏　王晓霞　朱　青　王振振　倪德娟
张恒庆　夏　娟　戴良斌　苗　雨　蔡文君
信学峰　李娟娟　霍淑啸　赵晓燕　吴金源
郭　俊　谢军奇　尤静威　向　宇　张　振
戴　岩　米亮亮　翟海超　黄海勇　孟凡坤
唐　熠　谈　建　邸　亮　林　青　王玉凤
孙浩扬　刘　畅　赵秋红　余　飞　于成龙
邵珠兴　吴正一　杨一言　李　瑞　翟梦轩
王　影　刘美林　管洋洋　董　敏　杜芳华
姚治成　武辰之　应文娟　黄　亮　王钰佩
陈丽丽　潘震西　钱清华　杨亚坡　王宏洋
孙久琦　李　凯　薛　波　程会敏　贾　鑫
孙　洁　邢利菲　李俊杰　李　同　武　哲
刘明慧　刘国财　席　涛　甄教明　闫　智
郭　良　周德海　翟　飞　赵伟明　朱　浩
孙丽坤　李润华　刘乐伟
Tahadray Jean Tsitaitse
Gadosey Pius Kwao

材料科学与工程学院

（工学硕士合计 78 人）

材料科学与工程

徐青青　彭怡刚　郑慧娟　王晓雅　李　哲
刘思涵　董诗婕　王　赛　李　超　魏建勋
刘庆祎　吴兴轩　胡江源　王　蕊　王紫悦
白建涛　赖伟鸿　于海霞　李　朱　王丽丽
乔印凯　吴丽娟　乔　虹　郭　杰　周媛媛
王　虎　兖文涛　李建勇　滕海柱　李叶凡
李　绵　张小龙　杨海鑫　朱文光　李文斌
段成辉　戴小伟　茹文霞　罗小根　孙中国
朱　洁　于　斐　刘相革　丁元利　王　清
邵艳丽　朱庆强　刘洪亮　丁艳凤　陈程程
张东梅　张　飞　黄恩帅　夏　涛　刘　曼
张　静　丁红园　田丽纷　朱晓岗　庞　艺
王　超　吴海荣　梁文龙　孟易辰　齐文刚
邓凝丹　王　瑶　李思思　高　鹏　李小康
孙鹏志　樊继业　王淑萍　徐明锋　仲　麒
陈延军　张志超　秦子超

经济与管理学院

（管理学硕士合计 43 人，经济学硕士合计 34 人）

管理科学与工程

李非凡　杜　同　蔡万江　朱哲君　张欣琦
胡应兰　张　静　王晓微　陈　建　李　倩
庞　婷　彭巧语　郭洋洋　祁艳菲　王若琳
李晨颖　黄正亮　吕　静　杨学君　韩光林
史艾娜　宋凯捷　李　倩　马羽翔　王莹莉
王龙飞　刘继青　张　宁　夏煊泽

企业管理

宋　微　杨砚斐　曹锦平　昝星灼　白　玫
葛振猛　牛海源　朱圣伟　艾　虎　张　伟
刘璐琳　杨海龙　董家岐　果　梅

应用经济学

孙　涛　李婧怡　高　岩　王祯意　单　双
赵文轩　李明哲　丁毅斌　马　超　胡　娜
康媛媛　赵　婧　叶　超　苗　冉　廉明鸽
李　铭　李　聪　夏　可　崔华涛　王曦晨
杨　攀　肖　华　王　亮　康若冰　袁博文
狐咪咪　肖龙翔　姜　暾　肖雅薇　王振宇
郭　超　马　晨　魏晓欣　龙茂森

建筑与城市规划学院

（工学硕士合计24人）

城市规划与设计

郭晓宇 褚占龙 仇晨思 滕 林 方 波
殷俊峰 贾 博 郭耀斌 刘如意 米 莉
夏晶晶 郭 洁 Henry Kokulo Demawu
HONG Sung Jai

建筑设计及其理论

吴雪杨 邵立芳 李育涵 王雪娇 刘东顺
刘颖洁 王希京 许雯婷 SONG MI YOUNG
韩 薇

激光工程研究院

（工学硕士合计23人，理学硕士合计2人）

光学工程

曹文深 苏全双 米庆改 刘先晖 郑 杨
牛建强 孔晓芳 马 然 赵建军 赵方舟
杨 春 季 良 姜 靖 郭志婕 黄 超
刘 斌 王 欣 陈 欣 聂 朦 赵 恒
李政委 李燕苹 马 颖

物理学

郭 威 葛琪妮

人文社会科学学院

（法学硕士合计13人）

社会学

张映池 莫 非 王 寅 安晓旭 房博男
范园园 廖灿亮 戚 丹 闪 鑫 熊 煜
王 起 胡 备 张鸿俊

生命科学与生物工程学院

（理学硕士合计30人，工学硕士合计14人）

生物化学与分子生物学

刘 鹏 李维翠 钟艳艳 范腾蛟 王婷婷
李少晖 曾 婷 白 玉 方 军 韩 笑
袁 迪 郭正原 程 湛 刘蕴琦 肖环兰
叶三仙 侯庆霞 吴同超 王占洋 盛志辉
胥少华 赵 晨

生物物理学

吴 萍 刘 畅 王 娇 张丽霞 王世华
李政政 刘海庭 张弘古村

生物医学工程

王得水 张 琰 马 帅 任晓辰 白 帆
翟 飞 夏 翾 张 娅 员锐娟 何 浩
李 硕 许 菲 段小伟 王小虎

软件学院

（工学硕士合计9人）

计算机科学与技术

李海翔 李 兴 陈正阳 何 欣 张云渡
豆培培 张 洁 孟锦润 牛志慧

固体微结构与性能研究所

（工学硕士合计8人、理学硕士合计8人）

材料科学与工程

张 滔 韩广达 卢 艳 单海权 张 虎
王少博 安 栋

材料学

马红柳

物理学

李 宪 付皓予 蒙 月 郑 阳 丁文强
李海鑫 王国辉 王疆靖

高等教育研究所

（教育学硕士合计12人）

高等教育学

李 可 曹慧超 冯少丽 顾沛卿 卢晓梅
王 飞 杨 薇 贯 爽 张宇庆 郭林彬
张丽娟 付 强

循环经济研究院

（经济学硕士合计7人）

人口、资源与环境经济学

薄纯鑫 高会苗 李金平 唐盛涛 张 彪
王宗帅 杨丽杰

马克思主义学院

（哲学硕士合计4人，法学硕士合计6人）

科学技术哲学

冯 晶 李 娜 郝智涌 谢周梁

马克思主义中国化研究

艾 辰 杨雨晗 刘梦凡 陈郅荣 魏 波
李历铨

城市交通学院

（工学硕士合计37人）

道路与铁道工程

汪怡然 王雪如 常向征 曹建平 王文涛

丛铖东　贾冬冬　宫秀青　马小龙　朱明岩
吕凤娇　李学会

计算机科学与技术

王一山　申文龙　吴　刚　徐　欢　刘　洋
吴　鑫　左宇鹏　刘喜恩　陈　冉

交通运输规划与管理

熊　燕　刘　花　乔国梁　贺亚静　李昱瑾
史盛庆　王　尧　曹　雨　林　栋　张伟伟
徐红领　王　萌　刘　涛　杜洪吉　张之虎
梁科科

外国语学院

（文学硕士合计 8 人）

外国语言学及应用语言学

李肖彬　丁　森　巩　冉　贺　霞　龚　旻
相永华　申　斯　胡文婷

北京工业大学 2014 年度授予全日制专业学位硕士人员名单（合计 434 人）

授予全日制专业学位硕士人员包括：工程硕士学位 300 人、应用统计硕士学位 5 人、国际商务硕士学位 29 人、工商管理硕士学位 80 人、建筑学硕士学位 20 人。

机械工程与应用电子技术学院

（工程硕士合计 41 人）

机械工程

刘兴奇　冷小强　崔辰悦　王　然　张　超
尹汪雷　张立红　闫军生　李　熙　赵向丽
王晓亮　郝　宇　张　敏　梁亚栋　王子健
胡　勇　徐　雷　宫苏梅　王翠翠　王　岚
邢金超　申凤梅　刘江辉　夏龙飞　李　飞
吴兴华　李耀明　贾存锋　毕鹏飞　张　杭
刘晓娜　徐鹏跃　龙腾宇　孙　婷　宗大圣
曹　宇　王志伟　郑德荣　王　克　罗　兵
莫代一

电子与信息工程学院学院

（工程硕士合计 46 人）

电子与通信工程

岳　晨　张　璋　陈　晞　刘　杰　李　志
宋　玮　茅雪涛　王　鹏　刁蒙蒙　张之祥
李　萌　高宇辉　褚丹丹　曲劲松　王　慧
张桥桥

集成电路工程

王新君　李春桥　白　澍　李鑫辉　赵　利
关童童　邵翔鹏　王鹏鹏　王俊山　崔高增
刘云康　倪乐斌　崔　茜　裘武龙　黄泽昕

控制工程

李　涛　赵东畅　羡慧竹　苏　航　高江杰
王伟贤　李　振　徐　敏　杨汝军　张清路
王莹莹　梅意城　薛吉星　冯金兰　杨　东

建筑工程学院

（工程硕士合计 45 人）

建筑与土木工程

何苗苗　张戊晨　杨　萍　程焕英　程　洋
李云刚　崔　冬　王　成　胡　筱　杜强强
苏兆阳　宋　辉　裴　泽　过　旸　李　月
周龙壮　孙静博　郑玉苹　牟善庆　袁　威
浦继伟　孟海东　石　松　董　松　刘　芳
孙　佳　李　方　郭　慧　宋晋魏　赵玉龙
周明科　张　洁　司　琦　王伟强　刘冰玉
赵　荔　崔少明　王俭龙　孟成成　王宏利
周利军　尹晨晨　董兴国　王　岗　程少南

环境与能源工程学院

（工程硕士合计 27 人）

动力工程

王明明　张海亮　郭　青　张艳楠　蔡　博
张芳龙　刘汉雨　刘　刚　彭　璟　李　静
占子奇　程　睿

环境工程

杨锦辉　辛振兴　刘　欢　袁　泉　马　欣
赵晓龙　杜改芳　宋姬晨　代　颖　朱玲玲
张　丽　武　静　马　梦　凌　鹰　董怡君

应用数理学院

（应用统计硕士合计 5 人）

应用统计硕士

孙　可　吴　杭　白月明　邓　荻　朱晓瑞

计算机学院

(工程硕士合计24人)

计算机技术

刘　畅　段晨辉　宋　辰　徐文韬　孙　健
邹起辰　徐壮壮　段树盛　王　萌　崔日云
李　江　刘鹏飞　焦　朗　闫小侠　潘秋月
郑　帆　王晓曦　冯云贺　李　战　张　皓
马　良　何宛宛　韩　民　刘　娴

材料科学与工程学院

(工程硕士合计27人)

材料工程

焦　俊　李康宁　梁　旭　王　辉　叶　颖
张繁星　刘　飞　王利平　李靖旸　朱兆玮
姜　雯　李冠群　袁　杰　张　龙　常　诚
王雪晴　李青柳　杨亦龙　张　萌　高　健
岳绍阳　金　鑫　陈　玮　陈立佳　李晓宁
李瑞卿　朱陆军

经济与管理学院

(国际商务硕士合计29人，
工商管理硕士合计80人)

国际商务硕士

宋　洋　隗爱迪　宋　晴　郭　超　杨　帆
余伊琳　姚东璞　李　楠　崔　森　郝冬雅
张　健　张　雄　徐　婷　周宏华　宋　峥
王逸阳　李亚楠　刘姣姣　林弘一　邢子怡
张金凤　张　杨　徐一凡　王　湛　姚雪峰
Feng Liping ALFEROVA ANASTASIIA
CHIKEZ KAMWANG NOELLA
Le Thu Thuy

工商管理硕士

杨海建　张红波　陈永权　张　扬　李　仁
刘晋堂　关志青　房　超　杨松江　刘凤琴
沈广隶　贾春媛　张静丽　杨崇耀　万　川
蔡　婧　王　陆　丁　茜　常　虹　徐健晖
韩宝杰　姚捷飞　王中念　林　杨　李晨辉
刘　洋　郑怡然　杨　峤　杜　俊　吴　宇
刘子凡　谭延瑞　刘　杰　张同新　刘建涛
刘　菲　董　静　万冬平　王春霞　杨小宁
王英杰　刘　红　付昌昌　陈　涛　薛　平
沈志东　刘　伟　赵　宁　高志升　赵　维
刘太昭　卢桂容　吴春宁　庞筱鲜　王学兵
孙大力　董曙光　孙显利　于学德　杜志刚
赵国庆　刘　洋　於　蕾　项　越　吴翔杲
秦　凡　朱江江　卫利鹏　唐　燕　胡婷婷
王　鑫　魏　凌　李庆申　付　强　张鹏程
孙　宁　刘　伟　白　皓　邓　俭
Taras Frolov

建筑与城市规划学院

(工程硕士合计10人，建筑学
硕士合计20人)

工业设计工程

裴　朵　彭艳珊　苏　文　徐金玉　柴　妹
侯奕屹　戴晶晶　董　雪　刘立强　张　偞

建筑学硕士

艾力夫　邓旭光　高　镝　曲青青　赵　蕊
汪中林　刘玄烨　陈恺蒂　周春江　田亚男
马瑞敏　韩　雪　曹雪怡　赵怡冰　崔　璇
周　锦　赵　月　张　杰　刘　颖　宁　剑

激光工程研究院

(工程硕士合计9人)

光学工程

凌　晨　胡　星　李　峙　陈艳荣　潘云龙
王　昊　张学辉　赵自强　匡鸿深

生命科学与生物工程学院

(工程硕士合计17人)

生物医学工程

宋　涛　吕宝北　王　玉　杨爱清　殷文聪
孙蒙蒙　郭恒西　程然然　邓雄威　任晓君
李开祥　仝艳艳　汪孟冉　赵田田　孙瑞婷
刘晶晶　卢　可

软件学院

(工程硕士合计41人)

软件工程

高　潮　张沛沛　王　森　罗　丹　张　杰
王建辉　张潇筱　吴　颖　张　健　王洁茹
赵家彦　孙东华　万志江　任雪松　李治勃
石一楠　杨　帆　王　飞　李　杨　席　敏
崔　勇　孟凡连　宋晓青　郑路路　杨　建
柳文辉　李振中　王旭东　刘江曼　郝世龙
王雅懿　龙　垄　李晓璇　孙妮娜　李小龙
张琳琳　史秀鹏　毛佳伟　高　虹　孟天宝
王林静

城市交通学院

(工程硕士合计13人)

计算机技术

边　威　王　茹　魏兴华　熊林欣　朱婷婷
郭晓明　郭铁柱

交通运输工程

王月玥　黄一晨　冯继平　刘亚飞　杨子帆　刘佳佳

北京工业大学2014年度授予非全日制工商管理硕士专业学位人员名单（合计14人）

经济与管理学院（14人）

工商管理硕士

蔡建忠　付　军　后　卫　吕宏斌　闰　超　魏　垒　杨　凯　杨雪松　张凤娥　张　杨　赵蓉婷　朱海龙　李　庚　刘　硕

北京工业大学2014年度授予非全日制工程硕士专业学位人员名单（合计532人）

机械工程与应用电子学院（专业学位19人）

机械工程

张玉霖　梁　赟　宋震方　李延民　杜志宏　吴庆梅　宋铠钰　陈建辉　高兴利　武丽艳　赵永成　李晋炜　费　清　孙凯峰　赵新国　高建龄　王　雷　陈　曦

仪器仪表工程

李柳竺

电子信息与控制工程学院（专业学位45人）

控制工程

张　鲁　何晓艳　高　鑫　洪　亮　历　莉　葛　铭　黄　欣　薛永亮　徐　昊　赵金亮　于二团　萧宇博　郝高峰　刘喜松　万　阳

电子与通信工程

袁若波　陈海思　李　龙　冯　超　沈唯真　曲永譞　张羽希　崔　云　赛　凯　刘　月　何晓光　宋毅恒　弓　健　杨　蓓　张　臣　王　攀　张　隆　刘　涛　李欣华　樊　菲　穆　尧　马　挺　徐　磊　董霄雷

集成电路工程

王糖祥　张聪聪　张耀仁　李俊斌　吕贵涛　孙晓红

建筑工程学院（专业学位30人）

建筑与土木工程

许　鹏　秦　彤　杨　蕾　曹　婧　刘　存　朱岩松　路东雁　石　磊　李　会　时欣荣　赵　昕　张红贤　关春昊　王洪国　李生涛　柏永生　解　鹏　张　硕　刘　磊　王晓辉　康　宇　李文超　孙广策　罗国强　张保国　周寡磊　孙德恩　崔维华

交通运输工程

刘　斌　李　威

环境与能源工程学院（专业学位12人）

动力工程

赵　娜　权　威　肖　航　王玉同　武根峰

环境工程

穆志斌　艾　冰　孟宪彬　姜　薇　孙冀垆　任　玥　王　琦

计算机学院（专业学位19人）

计算机技术

张　叶　阎旭东　李　翔　赵　越　梁紫藤　刘　涛　李　哲　赵　伟　陈　刚　陈禹龙

张陆　周潇　吴奇　徐宏昌　姜腾
刘宝凯　冯福强　钱鲲　聂嵩

材料科学与工程学院

（专业学位4人）

材料工程

王士山　王岩　刘伟泉　赵伦

经济与管理学院

（专业学位45人）

项目管理

陈京松　韩彬　李文海　孙树魁　康瑶
凌怡婧　李然　刘洋　王昕宇　刘传水
曹晓林　张远　李宁　陆晴　刘俊
陈立东　徐侠飞　黄俊　张子潇　席德宇
邵天奇　牛学伟　郭一峰　张小鹏　张洋
柴琪　曲贽　闫伟　贺翠玉　贺文博
刘铮　尤岩　马磊　蔺牧笛　黄炳蔚
王鹏

物流工程

李博　贾斌　郭广旗

工业工程

王武　刘莉　杨毅　刘倩　马志斌
付华

建筑与城市规划学院

（专业学位17人）

建筑与土木工程

朱军勇　赵海立　李晓明　贺尔军　历娜
李文玲　袁园园　韩星　丁海茹　魏晓明
史慧芳　朱子君　孙克　王茜　郑荣
李璇　耿渊

软件学院

（专业学位329人）

软件工程

张宇　袁钧　刘晶　张应刚　宋玮
高星　赵晓蕾　王凯　赵星冶　刘军
杨春娇　张洪彬　吕晓飞　孙雨　于众
刘新星　刘珣　董良　吴丹　诸葛智慧
李海峰　张广军　王鹏　郭征　丁亚周
聂金全　初康敏　王楠　叶楠　高宇宏
陆利坤　李雷　高玲娣　吴悦　许启晓
代斌　逄涛　崔岩平　姜华　高旭
高林　胡静远　常志顺　卢万生　仲崇军
刘鹏飞　孔令慧　张镭　凌东龙　李宝川
陈德春　宋朝　刘昊　王蕾　刘振奎
陈玲玲　郑碧嶷　梁启凤　吴培　王鹏
张珂　宋鸿梅　张辉　刘鹏倩　张远利
朱凯　孙岩　桑健博　段晓宇　武琨
董雪峰　刘顺利　刘岑　胡高峰　朱锐
樊迪　丁宇　朱捷　何绍伟　隗晔
杨赤婧　班守猛　汪俊　陶宗华　高江江
杨茂森　庄欠林　王皓　吴昊天　刘飞
李可夫　杨俊玉　张燕　吕峰　赵娟
吴晓伟　张淼　郭子靖　袁超　马培赓
王志凯　赵冠楠　刘艳伟　蔡晨新　藏迪
付晓　蒋晓明　刘镇川　李超　姚芳
赵楠　肖永庄　齐莉梅　陈冬明　张鹏
孟令缔　李赫　李炎　尹子龙　朱小舟
白海江　何苗　陈媛媛　于新剑　刘艳伟
马雪莲　路天华　曹硕　郝雅潇　孟钰宇
王茂春　熊启阳　韩永新　宋明辉　赵燕燕
李欣　张萍　解梦超　明立松　刘振杰
王峥　代鹤勇　黄胜男　张静　王雅
房媛　郑蕾蕾　武雅涛　朱蕊　孟浩
张景彪　李倩　白冰　赵晓婷　蔡珉
张泽波　滕洪亮　刘双雨　于春权　李军红
张兴轶　苗文伟　黄战军　蔡冰　常冬
赵轩　姜旭　赵全文　杨磊　蒋晓明
吴宝庆　周亮　张鑫　孟祥昆　杨勍
赵曦　张晖　傅晓琦　张爱香　常烁莹
龚红顺　尹鑫　胡杰　李志强　刘江
曾彪　付强　张海鹰　徐颖　戚军
刘惠　董菲　吉立伟　齐辰雄　肖山
杨旭　闫东　金鑫　徐卓　吴博
徐小梅　张锦雷　钟颖　廖劲松　董鹏飞
陈嵩　于楠　赵吉斌　耿嘉晨　关淼
孙玉　许彬　韩德玥　冯睿　赵振越
梅若海　朱秀哲　徐浩　仇慧琴　程雯雯
俞必忠　江涛　倪泰乐　吴金龙　姚子杰
景晶　李丹丹　李敏　苗鹏　朱磊
施韵佳　王京晶　付琳　王禹　苏腾
于迪　邓超　周子杰　刘伟韡　胡松
张灵宇　魏炜　吴芳　贾英新　聂帅
陈靖南　宋唯佳　刘美玲　翟雅薇　李晓娜
闫倩　苏阳　徐明　倪萌　方博
苗蕾　刘洋铭　安然　魏宁　刘雅婧
常小军　张丹　肖慧璁　李一楠　李宏波
王志富　戚书骞　关强　杜瑞源　陈珊珊
武梅　赵庆　迟晓琳　刘森　张鹏
黄超　张娜　成建强　马颜　宋楠楠

王文雅 杨　帆 姜　南 黄　浙 宋丽媛
程　玉 尉潇日 马艳艳 王彦龙 于　波
刘欣烨 刘英元 于海龙 荣　辉 袁烁锋
蒋祖樱 范永辉 陈军良 张宇峰 邓　佳
赵紫薇 靳世杰 谢沂伯 严　一 王韶婷
余　琦 刘金生 王京明 祁丽洁 周　燕
孙文杰 颜　莹 马中梅 李启功 樊文静
马慧栋 马　荣 刘占恩 金显花 马文锦
马怀远 瓦卓玛 马央姆 马晓琴 高　志
许丽欣 李建阳 张丽娟 袁　瑛

激光工程研究院
（专业学位 2 人）

光学工程

钟国舜 曹贺鑫

城市交通学院
（专业学位 10 人）

交通运输工程

汪相征 王晓旭 李成瑞 刘晓闽 胡　亮
杜志强 丛　涛 王亚培 赵　迎 张　旭

北京工业大学 2014 年硕士毕业生、结业生名单
（合计毕业生 1511 人、结业 1 人，不含留学生）

机械工程与应用电子技术学院
（合计 178 人）

固体力学

毕业生（4 人）

章　菲 黄传实 王红艳 邢春雷

流体力学

毕业生（4 人）

袁红金 刘丽昆 范国军 陈从连

工程力学

毕业生（21 人）

李　翔 齐文文 顾梦元 陈　杰 宁文龙
项　敏 周冬冬 刘　娜 陈　凯 沈　莹
刘来国 赵石雷 吴　鹏 韩长录 王亭亭
王　莉 段建维 栾　鸾 张颜明 李春洋
马叶朋

机械工程

毕业生（88 人）

许腾云 李　根 陆　明 罗　锐 张敬莹
李端端 孙　雪 吴婷羽 洪　豪 王志远
王卓婷 陈凯康 李凤蛟 杨占锋 杨　洋
梁晓霞 陈　雪 王立博 潘明辉 罗　平
张化波 马金宝 张兵兵 马淑慧 范晓慧
赵俊涛 沈　昌 张　翠 朱莉莉 王高波
吴　灿 苏国火 刘玉杰 张　昊 付博研
马　建 陆婷婷 郝智生 孟　冬 熊日伟
胡　东 冯　伟 黄学梁 刘华江 王丽鹏
张俊林 段志刚 龚志奔 张安庆 陈明辉
刘　洋 李　显 张坤生 高　燕 谷春青
熊　威 王旭平 马　兰 万　梦 黄晓欧
韦康成 郭毓博 李立明 王　聪 尚佳宁
张　雨 李小鹏 陈立强 曹方莉 殷文佳
邵　磊 刘振涛 王　聪 宋江勇 孙振杰
崔朋威 刘恺洛 菅迎宾 杨　靖 谭福涛
鹿怀庆 孟志鹏 姚子良 刘　松 姜　波
胡涛涛 臧　纯 杨　行

仪器科学与技术

毕业生（20 人）

田　博 闫　昊 郭　松 高　虎 王　芳
孙欣蓉 徐庆龙 方　舟 罗　侃 谢　辉
王宜祥 郑　然 高　博 杨　申 王新健
徐营赞 朱海业 郭莹慧 刘吕亮 胡洪平

机械工程（专业学位）

毕业生（41 人）

刘兴奇 冷小强 崔辰悦 王　然 张　超
尹汪雷 张立红 闫军生 李　熙 赵向丽
王晓亮 郝　宇 张　敏 梁亚栋 王子健
胡　勇 徐　雷 宫苏梅 王翠翠 王　岚
邢金超 申凤梅 刘江辉 夏龙飞 李　飞
吴兴华 李耀明 贾存锋 毕鹏飞 张　杭
刘晓娜 徐鹏跃 龙腾宇 孙　婷 宗大圣
曹　宇 王志伟 郑德荣 王　克 罗　兵
莫代一

电子信息与控制工程学院
（含嵌入式实验室合计237人）

物理电子学
毕业生（3人）

任海强　韩明夫　李佳莼

电路与系统
毕业生（20人）

何慧征　彭　超　王　亘　刘　瑞　曹　瑜
赵像楠　李红岩　白海钏　李　瑶　王　园
周　超　安　山　智　鑫　孟宪波　冯飞雪
邓少华　魏振利　成　博　庞子涵　褚　彬

微电子学与固体电子学
毕业生（50人）

王晓玲　郑　雷　高　栋　穆　辛　邓　兵
陈　宇　刘　涛　周新田　齐佩佩　张惠惠
曹伟伟　陈成菊　胡　勇　张燕峰　鲁　东
朱保彬　霍文娟　陈　翔　周孟龙　俞　鑫
张　松　高　原　陈茂兴　张卿远　张本云
王　强　贾　京　崔文凯　吴　波　杨利鹏
樊　星　崔　明　贾旭光　林　超　徐　洋
刘　朝　金银姬　胡　杰　刘襲达　唐　军
黄廷昭　吴旭文　乔　龙　陈　博　宋元营
王　健　庄晓青　黄雪晴　屈继敏　张飞飞

信息与通信工程
毕业生（38人）

岳云峰　彭　博　王志东　王慧琪　吕海坤
李振伟　张　蒙　马大为　王　虹　张　倩
白贻杰　温　静　武文强　姚丽晓　张静文
李文雪　李红蕊　雒海瑞　郑庆阳　吴文娟
吴珍荣　周晓琳　邢晴晴　张　燕　袁建建
刘　凯　史新庆　王丹萍　梅家平　张一行
魏　洁　张　琳　李依睿　沈浩杰　周　鹏
刘　晗　颜凤辉　严海涛

控制科学与工程
毕业生（78人）

郭载勋　刘燕楠　张思民　张国祥　赵新哲
张良坪　付　雳　姜伟昌　侯天龙　李　翔
曾笑尘　詹　伟　郭　楠　魏洪宇　廖智舟
高　琳　王　爽　闫　彤　马圣策　张英坤
邓志超　杜润强　许建波　王莉莉　刘海静
牛经龙　郭　振　谢训鹏　刘鹏飞　焦全文
郭晓燕　申祥升　于淼淼　史丽晓　贾　真
苏星宇　陈焕朝　张　波　赵伟伟　谢鹏飞
杨刚杰　卢园园　郭　创　张剑坤　周　宇
齐小龙　武　雁　万　敏　孙荣毅　葛慧琴
罗　江　王　琳　马　勇　李雨晨　毛燕鹏
李　欣　刘　鑫　房圣超　刘　璇　徐　鹏
解　涛　王静涛　王旭红　尹晓琳　杜怀颖
孙永芳　张　旭　汤海博　郭　兵　尤名利
毕岩磊　姚俊琴　耿凌霄　徐　丽　王文学
许少鹏　冯　瑛　朱可鑫

电子与通信工程
毕业生（18人）

岳　晨　张　璋　陈　晞　孔祥伟　刘　杰
李　志　宋　玮　茅雪涛　王　鹏　刁蒙蒙
张之祥　李　萌　王志萌　高宇辉　褚丹丹
曲劲松　王　慧　张桥桥

控制工程
毕业生（15人）

李　涛　赵东畅　羡慧竹　苏　航　高江杰
王伟贤　李　振　徐　敏　杨汝军　张清路
王莹莹　梅意城　薛吉星　冯金兰　杨　东

集成电路工程
毕业生（15人）

王新君　李春桥　白　澍　李鑫辉　赵　利
关童童　邵翔鹏　王鹏鹏　王俊山　崔高增
刘云康　倪乐斌　崔　茜　裘武龙　黄泽昕

建筑工程学院（合计194人）

土木工程
毕业生（133人）

何　欢　闫冬梅　刘　新　白　龙　雷　枝
李红艳　吕　琦　宁方端　高　英　翟长达
赵慧乾　张　波　何冠文　封　光　揭鹏力
田治州　王　刚　王成波　吴春冬　王相宝
王　妍　魏婷婷　徐萌萌　赵海燕　张　慧
申宏权　周小龙　张劲爱　王　浩　苏志杰
冉克显　胡　琨　解　朋　张志达　王　慧
童　欢　姜　超　孙彬彬　侯西明　于传鹏
赵海明　张　倩　刘凯凯　张霄杰　姚　兰
阮大威　戴租远　周冬至　胡剑民　程舒锴
程　娟　刘　扬　徐琪泽　闫静茹　滕　飞
李　靖　杨龙江　宋优优　赵　飒　张　岩
赵明帅　薛　涛　张新发　苏丰阳　占鹏云
丛茂林　高全雷　耿克普　吴　洋　田相凯
孙丽娟　张振鹏　陈　娟　于磊磊　曹　飞
王　力　赵　熙　辛光涛　王　哲　程永欢
郭凯敏　王俊华　冯　俊　丁兆旺　周雨龙
张远博　张聪聪　任金柱　刘国洋　王　斌
高伟楠　赵　见　刘　畅　牛贵龙　高继民
任丽艳　吴　宣　张功良　苏东霞　顾　运
刘常敬　张　达　孙　宇　王春香　杨　卓

甘庆午 刘焕光 邬 艳 李德祥 宋佳强
杨 帆 朱 敏 唐 颖 刘海建 熊 斌
边 江 胡桂霞 陈紫光 刘 岩 徐聪聪
王林成 王慧琛 叶三宝 侯鹏程 邓 超
张 浩 王景景 田青芸 冯 娜 曹元义
唐超群 阁方方 遇 行

道路与铁道工程

毕业生（3人）

朱明岩 吕凤娇 李学会

交通运输规划与管理

毕业生（2人）

张之虎 梁科科

交通运输工程

毕业生（1人）

刘佳佳

水利水电工程

毕业生（10人）

王 康 邵钰清 陈淑珍 王璞如 张昭锋
王一凡 徐天杰 蔡东明 薛 潇 刘 伟

建筑与土木工程

毕业生（45人）

何苗苗 张戊晨 杨 萍 程焕英 程 洋
李云刚 崔 冬 王 成 胡 筱 杜强强
苏兆阳 宋 辉 裴 泽 过 旸 李 月
周龙壮 孙静博 郑玉苹 牟善庆 袁 威
浦继伟 孟海东 石 松 董 松 刘 芳
孙 佳 李 方 郭 慧 宋晋魏 赵玉龙
周明科 张 洁 司 琦 王伟强 刘冰玉
赵 荔 崔少明 王俭龙 孟成成 王宏利
周利军 尹晨晨 董兴国 王 岗 程少南

环境与能源工程学院（合计103人）

物理化学

毕业生（9人）

王啸波 冯雅楠 焦 娇 敖洪亮 岳影影
孙玉成 吴泽源 徐梦迪 王 皓

热能工程

毕业生（18人）

周小龙 郭莲莲 王远亚 王银治 崔武军
蔡 萌 黄素格 张 健 吉威宇 王昭毅
王国瑞 张 辉 刘丽华 吴 铄 赵晓华
江宦明 马 艳 王庆广

制冷及低温工程

毕业生（6人）

赵 洋 孙 乐 历 帅 张小琳 张 伟
马天琦

化学工程与技术

毕业生（20人）

王 任 房玉娇 杜子昂 巩莉丽 杨 柳
葛 菊 张 倩 郑海洋 庄胜利 杨文涛
高 静 韩 文 范明辉 刘虎冰 王 萌
王朝明 郭月月 张正林 汪 林 汪 伟

环境科学与工程

毕业生（23人）

吴桂霞 刘 红 王 玲 梁增强 王洪明
李 浩 沈海涛 操沈彬 刘潮清 张慧娟
尹 晶 翁冬晨 刘青松 徐竹兵 任睿杰
张鹿笛 赵蓓蓓 刘 超 吕玲玲 冯 辰
卢鹏飞 白鑫龙 王海平

环境工程

毕业生（15人）

杨锦辉 辛振兴 刘 欢 袁 泉 马 欣
赵晓龙 杜改芳 宋姬晨 代 颖 朱玲玲
张 丽 武 静 马 梦 凌 鹰 董怡君

动力工程

毕业生（12人）

王明明 张海亮 郭 青 张艳楠 蔡 博
张芳龙 刘汉雨 刘 刚 彭 璟 李 静
占子奇 程 睿

应用数理学院（合计71人）

数学

毕业生（43人）

滕 宇 张 琪 龚俊超 冯俊锴 刘薇薇
孔德志 晋凤凤 解 慧 尚 娟 范 姣
韩文静 宋 蕾 李睿婕 王 蒙 侯圣峦
谢 超 刘小杰 曹 欢 王 彦 谢兵清
刘 涛 林 路 李海斌 寻 雪 陈奕辰
陈向辉 张晋芳 尹小娜 郑 琳 郝 琛
闫 朔 赵 婷 禄晓龙 裴慧敏 魏 露
张晨霞 王 慧 陈 琳 刘 海 郑 珊
何 扬 崔 嵩 马琼宇

物理学

毕业生（23人）

袁嘉敏 尹丽丹 邹如飞 高丽阳 欧阳丽婷
高学飞 董信征 马思津 白冬梅 张 健
李彦林 王冬冰 满天龙 鲁 毅 刘北云
范金帛 尤琳琳 吉轩廷 刘 影 王剑波
王 强 韩文辉 王 震

应用统计

毕业生（5人）

孙 可 吴 杭 白月明 邓 荻 朱晓瑞

计算机学院（合计133人）

计算机科学与技术

毕业生（109人）

扈 莹　陈福伟　郭 鹤　张龙伯　马 凯
高春梅　张 远　万亚君　林曦君　杨文文
秦 雨　何 明　余超杰　刘宝矿　高陆百慧
冯亚超　尹创业　张程瑜　钟宏燕　杨 普
权跃龙　乔 然　马 骏　张艳华　汪 栋
时福林　陈焕君　高凯明　王翠霞　李维岩
张 璇　隋少鹏　王晓霞　朱 青　王振振
倪德娟　张恒庆　夏 娟　戴良斌　苗 雨
蔡文君　信学峰　李娟娟　霍淑啸　赵晓燕
吴金源　郭 俊　谢军奇　尤静威　向 宇
张 振　戴 岩　米亮亮　翟海超　黄海勇
孟凡坤　唐 熠　谈 建　邸 亮　林 青
王玉凤　孙浩扬　刘 畅　赵秋红　余 飞
于成龙　邵珠兴　吴正一　杨一言　李 瑞
翟梦轩　王 影　刘美林　管洋洋　董 敏
杜芳华　姚治成　武辰之　应文娟　黄 亮
王钰佩　陈丽丽　潘震西　钱清华　杨亚坡
王宏洋　孙久琦　李 凯　薛 波　程会敏
贾 鑫　孙 洁　邢利菲　李俊杰　李 同
武 哲　刘明慧　刘国财　席 涛　甄教明
闫 智　郭 良　周德海　翟 飞　赵伟明
朱 浩　孙丽坤　李润华　刘乐伟

计算机技术

毕业生（24人）

刘 畅　段晨辉　宋 辰　徐文韬　孙 健
邹起辰　徐壮壮　段树盛　王 萌　崔日云
李 江　刘鹏飞　焦 朗　闫小侠　潘秋月
郑 帆　王晓曦　冯云贺　李 战　张 皓
马 良　何宛宛　韩 民　刘 娴

材料科学与工程学院（合计105人）

材料科学与工程

毕业生（78人）

徐青青　彭怡刚　郑慧娟　王晓雅　李 哲
刘思涵　董诗婕　王 赛　李 超　魏建勋
刘庆祎　吴兴轩　胡江源　王 蕊　王紫悦
白建涛　赖伟鸿　于海霞　李 朱　王丽丽
乔印凯　吴丽娟　乔 虹　郭 杰　周媛媛
王 虎　兖文涛　李建勇　滕海柱　李叶凡
李 绵　张小龙　杨海鑫　朱文光　李文斌
段成辉　戴小伟　茹文霞　罗小根　孙中国
朱 洁　于 斐　刘相革　丁元利　王 清
邵艳丽　朱庆强　刘洪亮　丁艳凤　陈程程
张东梅　张 飞　黄恩帅　夏 涛　刘 曼
张 静　丁红园　田丽纷　朱晓岗　庞 艺
王 超　吴海荣　梁文龙　孟易辰　齐文刚
邓凝丹　王 瑶　李思思　高 鹏　李小康
孙鹏志　樊继业　王淑萍　徐明锋　仲 麒
陈延军　张志超　秦子超

材料工程

毕业生（27人）

焦 俊　李康宁　梁 旭　王 辉　叶 颖
张繁星　刘 飞　王利平　李靖旸　朱兆玮
姜 雯　李冠群　袁 杰　张 龙　常 诚
王雪晴　李青柳　杨亦龙　张 萌　高 健
岳绍阳　金 鑫　陈 玮　陈立佳　李晓宁
李瑞卿　朱陆军

经济与管理学院（合计182人）

应用经济学

毕业生（35人）

孙 涛　李婧怡　高 岩　王祯意　单 双
赵文轩　李明哲　丁毅斌　马 超　胡 娜
康媛媛　赵 婧　叶 超　邱茂宏　苗 冉
廉明鸽　李 铭　李 聪　夏 可　崔华涛
王曦晨　杨 攀　肖 华　王 亮　康若冰
袁博文　狐咪咪　肖龙翔　姜 暾　肖雅薇
申良平　王振宇　郭 超　马 晨　魏晓欣

国际商务硕士

毕业生（24人）

宋 洋　隗爱迪　宋 晴　郭 超　杨 帆
余伊琳　姚东璞　李 楠　崔 淼　郝冬雅
张 健　张 雄　徐 婷　周宏华　宋 峥
王逸阳　李亚楠　刘姣姣　林弘一　邢子怡
张金凤　张 杨　徐一凡　王 湛

管理科学与工程

毕业生（29人）

李非凡　杜 同　蔡万江　朱哲君　张欣琦
胡应兰　张 静　王晓微　陈 建　李 倩
庞 婷　彭巧语　郭洋洋　祁艳菲　王若琳
李晨颖　黄正亮　吕 静　杨学君　韩光林
史艾娜　宋凯捷　李 倩　马羽翔　王莹莉
王龙飞　刘继青　张 宁　夏煊泽

企业管理

毕业生（14人）

宋 微　杨砚斐　曹锦平　昝星灼　白 玫
葛振猛　牛海源　朱圣伟　艾 虎　王丽君

张　伟　刘璐琳　杨海龙　董家岐

工商管理硕士（专业学位）

毕业生（80人）

杨海建　张红波　陈永权　张　扬　李　仁　刘晋堂　关志青　房　超　杨松江　刘凤琴　沈广隶　贾春媛　张静丽　杨崇耀　万　川　蔡　婧　王　陆　丁　茜　常　虹　徐健晖　韩宝杰　姚捷飞　王中念　林　杨　李晨辉　刘　洋　郑怡然　杨　峤　杜　俊　吴　宇　刘子凡　谭延瑞　刘　杰　张同新　刘建涛　刘　菲　董　静　万冬平　王春霞　杨小宁　王英杰　刘　红　付昌昌　陈　涛　薛　平　沈志东　刘　伟　赵　宁　高志升　赵　维　刘太昭　卢桂容　吴春宁　庞筱鲜　王学兵　孙大力　董曙光　孙显利　于学德　杜志刚　赵国庆　刘　洋　於　蕾　项　越　吴翔杲　秦　凡　朱江江　卫利鹏　唐　燕　胡婷婷　王　鑫　魏　凌　李庆申　付　强　张鹏程　孙　宁　刘　伟　白　皓　邓　俭　姚雪峰

建筑与城市规划学院（合计51人）

建筑设计及其理论

毕业生（9人）

吴雪杨　邵立芳　李育涵　王雪娇　刘东顺　刘颖洁　王希京　许雯婷　韩　薇

城市规划与设计

毕业生（12人）

郭晓宇　褚占龙　仇晨思　滕　林　方　波　殷俊峰　贾　博　郭耀斌　刘如意　米　莉　夏晶晶　郭　洁

建筑学硕士（专业学位）

毕业生（20人）

艾力夫　邓旭光　高　镝　曲青青　赵　蕊　汪中林　刘玄烨　陈恺蒂　周春江　田亚男　马瑞敏　韩　雪　曹雪怡　赵怡冰　崔　璇　周　锦　赵　月　张　杰　刘　颖　宁　剑

工业设计工程（专业学位）

毕业生（10人）

裴　朵　彭艳珊　苏　文　徐金玉　柴　妹　侯奕屹　戴晶晶　董　雪　刘立强　张　傑

激光工程研究院（合计35人）

物理学

毕业生（2人）

郭　威　葛琪妮

光学工程

毕业生（33人）

曹文深　苏全双　米庆改　刘先晖　郑　杨　牛建强　孔晓芳　丁　杰　马　然　赵建军　赵方舟　杨　春　季　良　姜　靖　郭志婕　黄　超　刘　斌　王　欣　陈　欣　聂　朦　赵　恒　李政委　李燕苹　马　颖　凌　晨　胡　星　李　峙　陈艳荣　潘云龙　王　昊　张学辉　赵自强　匡鸿深

人文社会科学学院（合计13人）

社会学

毕业生（13人）

张映池　莫　非　王　寅　安晓旭　房博男　范园园　廖灿亮　戚　丹　闪　鑫　熊　煜　王　起　胡　备　张鸿俊

生命科学与生物工程学院（合计61人）

生物物理学

毕业生（8人）

吴　萍　刘　畅　王　娇　张丽霞　王世华　李政政　刘海庭　张弘古村

生物化学与分子生物学

毕业生（22人）

刘　鹏　李维翠　钟艳艳　范腾蛟　王婷婷　李少晖　曾　婷　白　玉　方　军　韩　笑　袁　迪　郭正原　程　湛　刘蕴琦　肖环兰　叶三仙　侯庆霞　吴同超　王占洋　盛志辉　胥少华　赵　晨

生物医学工程

毕业生（15人）

王得水　张　琰　马　帅　任晓辰　白　帆　翟　飞　夏　翾　张　娅　员锐娟　何　浩　李　硕　许　菲　段小伟　王小虎　卢　可

生物医学工程（专业学位）

毕业生（16人）

宋　涛　吕宝北　王　玉　杨爱清　殷文聪　孙蒙蒙　郭恒西　程然然　邓雄威　任晓君　李开祥　仝艳艳　汪孟冉　赵田田　孙瑞婷　刘晶晶

外国语学院（合计8人）

外国语言学及应用语言学

毕业生（8人）

李肖彬　丁　森　巩　冉　贺　霞　龚　旻

相永华　申　斯　胡文婷

软件学院（合计50人）

计算机科学与技术

毕业生（9人）

李海翔　李　兴　陈正阳　何　欣　张云渡
豆培培　张　洁　孟锦润　牛志慧

软件工程

毕业生（41人）

高　潮　张沛沛　王　淼　罗　丹　张　杰
王建辉　张潇筱　吴　颖　张　健　王洁茹
赵家彦　孙东华　万志江　任雪松　李治勃
石一楠　杨　帆　王　飞　李　杨　席　敏
崔　勇　孟凡连　宋晓青　郑路路　杨　建
柳文辉　李振中　王旭东　刘江曼　郝世龙
王雅懿　龙　奎　李晓璇　孙妮娜　李小龙
张琳琳　史秀鹏　毛佳伟　高　虹　孟天宝
王林静

固体微结构与性能研究所（合计16人）

材料学

毕业生（1人）

马红柳

材料科学与工程

毕业生（7人）

张　滔　韩广达　卢　艳　单海权　张　虎
王少博　安　栋

物理学

毕业生（8人）

李　宪　付皓予　蒙　月　郑　阳　丁文强
李海鑫　王国辉　王疆靖

高等教育研究所（合计13人）

高等教育学

毕业生（12人）

李　可　曹慧超　冯少丽　顾沛卿　卢晓梅
王　飞　杨　薇　贯　爽　张宇庆　郭林彬
张丽娟　付　强

结业生（1人）

刘　芳

循环经济研究院（合计7人）

人口、资源与环境经济学

毕业生（7）

薄纯鑫　高会苗　李金平　唐盛涛　张　彪
王宗帅　杨丽杰

马克思主义学院（合计10人）

科学技术哲学

毕业生（4人）

冯　晶　李　娜　郝智涌　谢周梁

马克思主义中国化研究

毕业生（6人）

艾　辰　杨雨晗　刘梦凡　陈郅荣　魏　波
李历铨

城市交通学院（合计45人）

计算机科学与技术

毕业生（10人）

王一山　申文龙　吴　刚　徐　欢　刘　洋
吴　鑫　刘春荣　左宇鹏　刘喜恩　陈　冉

道路与铁道工程

毕业生（9人）

汪怡然　王雪如　常向征　曹建平　王文涛
丛铖东　贾冬冬　宫秀青　马小龙

交通运输规划与管理

毕业生（14人）

熊　燕　刘　花　乔国梁　贺亚静　李昱瑾
史盛庆　王　尧　曹　雨　林　栋　张伟伟
徐红领　王　萌　刘　涛　杜洪吉

计算机技术（专业学位）

毕业生（7人）

边　威　王　茹　魏兴华　熊林欣　朱婷婷
郭晓明　郭铁柱

交通运输工程（专业学位）

毕业生（5人）

王月玥　黄一晨　冯继平　刘亚飞　杨子帆

（研究生院　提供）

北京工业大学2014年本科毕业、结业生名单

机械工程与应用电子技术学院

机械工程及自动化专业（四年制本科）

毕业生（123人）

于将将　于梦伟　及瑞丰　马一鸣　马　帅
马　永　马军才　王天宝　王　艺　王芃荻
王明胜　王凯峰　王　峰　王　祥　王培琪
王　晨　王　野　王落桐　王　蒙　王　楠
王腾飞　王　赛　牛焕焕　卞泽熙　孔祥瑞
邓春磊　石　健　叶家宇　白　杨　白玮宁
吕　彬　朱　月　任彦霖　刘　乐　刘　晓
刘润田　米　捷　孙　成　孙　梦　纪伟勤
纪　实　纪思萌　杜肃宁　李天然　李元锋
李丹阳　李　帅　李冯利　李西吉　李守京
李　剑　李炼石　李　航　李海洋　李　博
李　璇　杨仲豪　杨宇倩　杨佳乐　杨金良
杨　涛　来星晨　肖　熠　吴　岩　吴泓磊
何　松　沈庶晗　宋伯宸　宋建涛　宋维斌
张　山　张　正　张伟平　张兆晶　张丽楠
张伯华　张金明　张　浩　张　琪　陆晓阳
陆善承　陈雨涵　陈贵锋　范骥韬　易　彪
罗弘扬　罗　韬　竺茂昆　郑俊佶　赵　帅
赵　勇　赵梦达　赵　鹏　荀　航　栗晓渠
贾志才　贾　庚　徐宇轩　殷亚文　高　琳
郭　跃　唐鸿冰　陶　青　黄振旺　曹林浩
曹　京　曹鹏军　龚　铮　董　昊　韩　松
焦　晨　曾芸玫　温　旭　谢穆文　靳开轩
路　月　窦　征　管和清　谭振文　燕少博
穆东盛　魏永智　魏梓原

结业生（1人）

赵　亮

测控技术与仪器专业（四年制本科）

毕业生（19人）

王泽昊　田雨新　仝陟鑫　吕晗佳　乔非凡
刘丹琦　闫天婷　杜嘉明　李小康　李　达
李明智　连若谷　吴勇初　张　畅　张　祯
侯晋珊　夏望冬　徐　航　魏旭晓

电子信息与控制工程学院

电子信息工程专业（四年制本科）

毕业生（98人）

王小雨　王子琦　王宇辰　王　思　王晓慧
王　清　王　琛　王博宇　丛　岑　邢秋萍
吕苏苏　任　毅　刘一哲　刘　川　刘伟凡
刘　冰　刘辰皓　刘昊天　刘明洋　刘俣杉
刘　硕　刘　爽　刘　静　闫旭洲　闫　韬
李子豪　李世斌　李　汐　李祎楠　李晓悦
李　超　李潇潇　杨　帆　杨建雄　杨斯婉
杨照珩　时修文　狄益臣　张世杰　张丛薄
张加楠　张　达　张伟尧　张名铭　张奇伟
张冠宇　张新亮　张　澜　张瀚超　陆　川
陆啸天　陈伟男　陈宇飞　陈　浩　陈　宸
陈　楠　罗　鑫　周世钦　赵可为　赵鹿阳
赵　琳　赵景坤　赵翔宇　郝文卓　胡笑尘
侯瞳旭　姜宇航　姜啸宇　祝凯家　姚思奇
袁　赓　贾智鹏　柴尔曼　徐隆曦　高　戈
高　原　高　航　郭旭刚　郭　橙　唐　尧
浦剑桥　黄光伟　黄　朕　曹　闯　曹晓晨
曹　琦　龚智贞　商　凯　梁为纲　梁　笑
彭文侠　游伟东　谢天麒　楚英杰　詹昌飞
蔺子杰　管文佳　漆　薇

结业生（1人）

王学成

电子科学与技术专业（四年制本科）

毕业生（88人）

于　尧　于松岩　才雪彬　马　涛　王一桐
王子健　王中超　王旭东　王　雨　王建坤
王　涛　王雪晴　王　斌　牛　锐　甘　雄
古建鑫　田　博　田　策　付婧妍　冯庆晓
司亚菲　朱林杰　任晓萱　刘　元　刘　龙
刘亚泽　刘欣亮　刘　学　刘博文　齐天易
安鹏振　孙同舟　孙　延　孙唯悦　李　乔
李国强　李经伟　李思赟　李　奥　杨　扬
杨　芳　杨诗晟　吴小林　吴昊阳　吴　胤
宋之阳　张迎俏　张昕源　张金钟　张清一
陈伟健　陈　泽　金栩生　郑　翔　单奕熙
郎　昆　赵星辰　赵韬元　赵　璇　段　枫

侯晓鹏　莫　桐　夏褚宇　顾金城　徐文江
高　娜　高梦莹　郭广鑫　郭文辉　郭雪莹
郭　晨　陶　震　黄宇彬　黄欣竹　曹诗阳
崔一峰　崔志行　章心驰　梁永生　梁　倩
隋　昊　蒋二宝　智景松　路　畅　蔡博洋
廖之恒　熊文雯　黎正林

结业生（1人）

周　萌

通信工程专业（四年制本科）

毕业生（69人）

马子珺　马　骉　王子超　王文涛　王亚琦
王　轩　王　威　王胥航　王　桐　王　健
王嘉明　王　澍　文健权　石劭轩　田思佳
冯元欣　冯杨森　兰　青　边　航　吕佩壕
朱文璋　任联奇　刘一君　刘　迪　刘　绅
刘　莉　刘浩然　刘嫣然　李小梦　李广飞
李　文　李宏伟　李佳宇　李　颂　李翔宇
杨　光　杨旭月　杨　晨　吴玥颖　吴　鹏
何　余　余　威　张天一　张　旭　张　驰
张雨晴　张　珊　张　爽　张　盛　张德利
张　罽　陈佳楠　范　航　赵一明　赵　轩
赵　茜　段　玉　郗　尧　洪吉辰　耿文浩
贾辛培　贾慧楠　高伟辰　黄诗瑶　常鲁明
韩启粤　谢剑飞　戴　琳　魏华健

结业生（1人）

钱　坤

自动化专业（四年制本科）

毕业生（88人）

于双悦　于逸凡　于　楠　马永安　马　继
王与天　王永新　王　兴　王英杰　王金平
王　单　王　珣　王　振　王梦原　王　逸
王鸿雷　石　宇　石洪宝　平佳妮　卢俊达
叶　帅　田博阳　邢春潮　朱　林　朱　超
刘庆晨　刘健松　刘梦迪　刘　鑫　齐　奇
苏园竟　苏智豪　杜明成　李天琦　李元伟
李　岩　李欣毅　李春雨　李剑纯　李　萌
李　爽　杨　茜　杨　勇　杨博仑　吴远航
汪有芳　张　力　张志鹏　张　杨　张依涵
张　祥　张　赫　陈　岩　陈美竹　陈　皓
陈奥捷　陈楚泽　茂　旭　苟诗璇　范宇鹏
林佳艺　林晴昀　虎　楠　周佳伟　庞晓杰
郑宇凌　郑思铭　宗庆富　赵紫东　赵新超
郝　明　胡凯强　胡智宇　姚　鹏　骆岗峰
徐　硕　郭益凡　唐　潮　黄亦斌　黄岩昭
曹　灿　崔方迪　崔昊天　康建鹏　梁羽溪
韩　宁　樊　帆　热那提·阿扎提

建筑工程学院

土木工程专业（四年制本科）

毕业生（168人）

丁子星　丁　佳　于　森　马艺彬　马灵耕
马　勇　马家骅　马梦楠　王文杰　王世蒙
王仕宽　王付立　王亚辉　王昕然　王明涛
王　泽　王泽罡　王　悦　王　懿　王　彬
王婧楠　王　博　王斯佳　王鹏飞　王　颖
王鹤翔　支　馨　邓江雨　石家铭　田　昆
田　浩　付婉琳　吕柳笛　朱　戈　朱　宁
朱　杰　朱　迪　朱　涵　朱　颖　刘　申
刘环宇　刘佳楠　刘　洋　刘　袒　刘　涛
刘　继　闫　帅　孙剑宗　苏瑞林　杜天一
李文博　李永照　李兆伟　李苏杨　李昊翾
李姣姣　李梦珍　李　清　李博瀚　李　楠
李　颖　李嘉奇　李毓栋　杨天绮　杨　帆
杨　宇　杨杰胜　杨　哲　杨　铮　杨富钧
吴乃欣　吴　军　吴　浩　吴　靓　吴　楠
吴睿麒　何子钊　何佩兰　邹　勇　宋　杰
张小鹏　张云飞　张云轩　张　帅　张　立
张安琪　张孝华　张　杰　张学龙　张建波
张剑涛　张冠达　张峰伟　张　倍　张颂扬
张益轩　张　朔　张　偲　阿布利孜·乃扎尔
张景然　张　震　陆宜倩　阿地力江·依玛尔
陈少卿　陈兴斌　陈羽骞　武士婷　苑　鑫
范博雅　罗　康　岳　泉　帕合尔丁·斯干旦
周业坤　周　帅　周宇航　周梓珊　郇　鑫
郑天宇　郑　芳　郑晓磊　孟　洋　赵兰兰
赵如一　赵铁强　赵梦晗　郝　娜　胡贝贝
茹佳伟　段　振　侯佳丽　姚　琛　袁　野
夏明杰　徐　帅　徐靓玲　殷　玥　高文轩
高玉珅　高　宇　高金鑫　高　浩　高　婧
郭树祥　郭　珺　郭婧瑭　陶　冶　黄晏培
曹　奇　符冠楠　梁甚行　梁　罡　董　帅
董旻坤　董　晟　蒋成龙　韩陆洋　韩卓林
韩宝柱　韩毅晨　覃水平　谢志勇　谢　强
雷　墉　蔡天雄　管玉皓　谭　康　熊一霖
燕　翔

水务工程专业（四年制本科）

毕业生（32人）

于濛雨　马步云　王冬月　王佳琪　王美娇
王海川　王爽莉　王晨瑶　云超云　方　剑
白云玲　邢金良　刘力石　刘　原　刘雅欣
闫　旭　李荣伟　杨　磊　邱　赟　沈文华
张志娟　张　晋　张培轩　陈　庚　陈冠宇

赵广辉　贾超群　黄杨子　黄　超　常　杉

康佳馨　梁建伟

结业生（1人）

李晨硕

交通工程专业（四年制本科）

毕业生（2人）

王骁逸　曾　帅

建筑环境与设备工程专业（四年制本科）

毕业生（53人）

于明远　马春阳　马　骋　王竹欣　王宇娇

王学宛　王学鹏　王　森　王新如　艾梦雯

田　然　冯　珂　朱　磊　刘子博　吕孟天予

刘　云　刘东浩　刘景东　汤逸羚　孙　乐

苏佳乐　李子豪　李日琛　麦提尼亚孜·巴柯

李自东　李君莹　李金峰　杨一舟　杨嘉骏

张佳仑　张茜茜　张　星　张新桐　阿依丁

陈山雨　陈怡君　陈建婷　陈盛炜　欧　宸

尚朋媛　周梦琦　赵河山　侯文斌　陶育华

崔　颖　康亚盟　彭艺媛　储顺周　谢　浪

谢璐印　蒲　俊　路　仪　潘文宇

给水排水工程专业（四年制本科）

毕业生（26人）

马　骁　马增楠　王文君　王昊田　田海成

代家明　任　佳　刘艺萌　孙　兰　杜　宇

李心雨　李灵珍　李科宏　李海博　杨函青

吴佳文　何雨航　张正雅　林晨星　尚思宏

孟晓宇　孟　婷　段　然　程　宽　谢　跃

锡林觉罗·迪轩

城市交通学院

交通工程专业（四年制本科）

毕业生（33人）

于伟男　马伯浩　王　昌　尹子坤　任汇源

刘云霞　刘丛熙　苏　晴　李　志　李　涛

李　潇　杨东卫　杨　乐　杨　凯　杨金宇

张方冰　张　政　张　糯　陈海涛　赵　帅

赵　煜　郝明阳　胡梦頔　袁　野　徐　潞

郭宇铎　黄伟滔　黄兴怡　康　烨　梁天闻

程　欣　程轶波　游　媛

环境与能源工程学院

环境工程专业（四年制本科）

毕业生（26人）

马晓晓　王　琳　王森浩　牛　萌　左志强

司春英　朴娇玲　朱宇阳　朱晓莹　刘　丹

刘晓晴　杜　睿　李寒冰　何　舜　何　毅

沈　扬　张志红　张聪楠　赵梦月　钟子瞻

耿一楠　高瑶远　郭思宇　梁　喜　韩金浩

蓝天源

结业生（1人）

邢乐天

环境科学专业（四年制本科）

毕业生（22人）

马欢欢　马敬驰　王东宁　毕尔比亚·吐尔逊

吕　喆　刘芳熙　刘晓宇　刘湘雪　孙　逊

吴映洲　邹晓林　张　阳　张　岚　陈雪帆

罗霄旭　周启隆　郑　好　赵晨蕊　袁庆玲

黄　怡　黄道兴　焦蕊蕊

结业证书换发毕业证书学生（2人）

于姗姗　韩其呈

结业生（1人）

王　赫

热能与动力工程（可再生能源利用）专业（四年制本科）

毕业生（18人）

丁　微　习　淼　王　铭　王　聪　冯翠婷

刘佳林　李　皓　李静岩　杨飞宇　张丛天

张　茜　罗平益　周　宇　孟令然　赵阳博

殷栾涵　韩廷岫　程　岳

结业生（1人）

刘秩君

热能与动力工程（汽车）专业（四年制本科）

毕业生（23人）

王学琛　王　艳　王硕强　王新升　从骁宇

刘　可　闫荣彬　许　彬　纪沛元　李嘉辰

肖雨晨　张奕江　张益凡　张　鹏　周梦实

赵小将　恒　江　袁梓轩　徐　朋　郭彦铭

黄霄楠　梁威力　蔡　珅

热能与动力工程（制冷）专业（四年制本科）

毕业生（22人）

于晓蒙　王坤瓒　王　绚　刘腾飞　孙克勤

孙淑芳　苏谊泽　李义陶　李　青　范亚洲

赵同宣　郝　运　郜菲雪　侯剑南　贾嘉鑫

徐　薇　郭奕翔　黄彩凤　曹鹏宇　梁振南

彭　臻　蒋嘉玉

应用化学（生物化学）专业（四年制本科）

毕业生（33人）

于传云　王江政　王　洁　王雅丽　王　鹏

吕天伟　朱安琪　刘一村　刘士博　刘亚宇

刘原京　刘逸霏　关　涛　汤　勇　杜　洋

李　平　李　想　李鑫豪　杨含笑　时　睿

张　晨　邵云龙　罗元洲　孟广治　侯海元

骆晓丹　翁建辉　郭　旭　唐　健　龚志明
董　振　蔡明阳　翟　威

应用数理学院

信息与计算科学专业（四年制本科）

毕业生（81人）

丁金聪　乜　申　马　征　马彩云　王丝金
王知航　王佩佩　王婷玉　王馨洲　王　鑫
方　毓　石欣龙　卢世韵　帅青梅　朴家鸣
任　伟　刘　川　刘　帅　刘　冉　刘环宇
刘英男　刘佳祺　刘　祎　刘　浩　刘震然
汤　文　许　可　阴越栋　芦　飞　苏应龙
李文言　李　冲　李　坚　李　昊　李　锋
李舒婷　杨斌乾　吴灵珊　吴　高　吴淑旭
吴　聪　佟欣然　张占志　张刘喜　张林晶
张博文　张　愉　张殿臣　张　鑫　陈思远
范　聪　郑利强　孟思雪　胡连洁　钟　欣
段其峰　姚　垚　贺刘尧　袁亚忱　袁　野
袁逸凡　贾秋慧　徐文扬　徐　暄　高德福
郭　颂　郭惠琦　崔晓林　章　宇　梁陈洲
梁晓洁　梁新达　蒋明宇　蒋晓冬　韩　卓
韩　雪　程志雄　赖秋楠　熊林海　潘宝军
戴　晴

应用物理学（光通信与光电子）专业（四年制本科）

毕业生（53人）

王　可　王　旭　王博晨　王　蒙　方星星
朱　言　朱海澄　刘小璐　刘　余　刘明阳
刘　洋　刘海润　刘慕梁　许亦斯　麦景瑞
苏　宁　李　凯　李建军　杨　光　杨　迪
杨京寰　吴海麟　何　清　余　涛　宋宇强
宋　阳　张伯轩　张　欣　张怿楠　张原野
张海川　张　赛　杭岩峰　罗嘉伦　和　岳
周　琪　孟宪蕊　赵凯妍　胡莉婷　哈　纳
禹伶洁　洪　畅　宫殿君　贺　珣　徐仰立
高东文　唐翔祥　黄乐明　梅雪飞　郭于鹤洋
崔成宇　曾沛一　蔡瑾鹭

计算机学院

计算机科学与技术专业（四年制本科）

毕业生（190人）

万彬君　门艳静　马东晶　马俊玮　马　博
马　新　王艺航　王文琴　王邦雄　王怀乐
王雨曦　王郅博　王　岩　王佳祺　王金龙
王　荆　王钰杰　王笑吉　王　悦　王　翀
王彬琪　王　梓　王　硕　王琬晶　王　琛
王敬宇　王　森　王　雄　王　瀚　车　睿
毛辰阳　文　鹏　尹　健　邓广晖　邓　伟
石静萱　田卓然　田　野　冉宏陈　白　宁
冯乐乐　冯　俊　宁　超　吕春龙　白玛次旺
朱晓萌　乔岩磊　任　博　刘　云　刘艺翔
刘　申　刘　岩　刘佳铭　刘波涛　刘思萌
刘晓蒙　刘倚天　刘　恋　刘博洋　刘　懿
齐　乐　闫　旭　关宇航　关　涛　江晓宇
许　欣　孙谢杨　苏　扬　杜明轩　李一凡
李小波　李月明　李　让　李　阳　李旺春
李　波　李涵宇　李　蔷　杨中奇　杨希楠
杨姗姗　杨　钰　杨　浩　杨璐维　肖　玫
吴京川　何凯琦　何　悦　何　滔　何震震
邹玚玚　邹　星　汪　鲲　沈成恺　谷山龙川
沈伯伟　沈思越　宋宇宸　宋晓玥　宋　博
张世翔　张兆晨　张宇骋　张宇翔　张　轩
张佔嵩　张　林　张　奇　张佳星　张建楠
张　标　张海瑞　张梦雪　张逸雄　张雅雯
张　策　张　旗　张耀祺　张露曦　陈云轩
陈　业　陈　宇　陈纪刚　陈沈楠　陈羿霖
陈倩倩　陈海彬　陈　朝　陈新圆　陈　鑫
范　广　罗泽宇　罗　浩　金　淼　周　尧
周学阳　郑　玉　孟　禹　赵东玥　赵沛文
赵　彬　赵逸炎　赵　尉　郝　帅　胡迅诚
胡　森　南　洋　柯　楠　洪一宇　济　钰
耿文鑫　莫豪文　贾晓振　贾康宁　夏　攀
党柯西　徐　茂　徐　岳　徐　硕　高子玉
高健铭　高景轩　唐祯阳　酒富涛　涂占聪
黄　泽　黄冠雄　黄　振　黄智珩　曹成龙
曹睿东　梁　辰　梁鹏帅　彭　彭　康思为特
彭　景　彭　婷　蒋雨辰　景丽洋　程晓燕
程　晨　曾自航　谢　芸　鲍梦湖　蔡博文
阚　京　黎文博　魏　杭　魏　琦　濮永胜

结业生（2人）

李曼彦　王　旭

信息安全专业（四年制本科）

毕业生（55人）

刁建悦　于士茜　于　聪　王子鹤　王丹博
王　京　王　赫　王　霞　王馨龙　方　亮
田　玥　邢　岳　吕　澄　朱光耀　任　超
向奇君　刘婉萌　刘琳娜　孙　浩　李子孚
李　阳　李　寒　吴　双　邱　骁　余　恒
宋小帆　张凯奕　张彧杰　张瀚文　苑行潇
范杰奇　周立夫　周　楠　赵军昱　赵　哲
段　雪　施　晨　贾佳伟　夏　卿　顾青原
顾　骏　徐　杨　郭智超　唐　震　黄兆晨
黄宇驰　黄尉雯　崔品辰　提一鸣　蒋博闻
韩　旸　焦　娇　谢　航　靳　达　霍莉杰

软件学院

软件工程专业（四年制本科）

毕业生（49人）

丰　帆　王　然　王　楠　午正阳　方　静
田未申　付玮琦　朱天宇　乔　月　任金禄
刘　尧　刘翔宇　安　琦　祁伟双　孙　宇
孙　健　孙博星　李世伟　李永赫　李亚萌
李英勃　李佳星　杨　森　吴一村　吴　双
吴　昊　张天琪　张　伟　张伍召　张凯林
张嘉伟　陈晓晓　周　妙　孟　晗　赵忆辰
赵东智　赵会翔　侯雄杰　祝海潮　贺　满
秦亦然　晏　锦　徐彤阳　徐楷博　高宏杰
高梦晨　展　腾　韩　昌　裴　娜

软件工程（嵌入式系统）（四年制本科）

毕业生（20人）

王乐子　王思瀚　王　铮　李　健　李　博
杨　光　张　帆　张　岩　张宗祥　陈　鹏
林璞雍　周明我　赵天鸽　耿介夫　顾正之
唐　鹏　蒋思瑀　路尔辰　鲍　爽　霍一菲

数字媒体技术专业（四年制本科）

毕业生（38人）

万　頔　王健岚　王　琪　王　朝　王　翯
叶椿建　田济源　朱慧雯　邬春鹏　刘今朝
刘　畅　刘　原　齐雨晴　齐　萍　江雪莹
李梦阳　杨文楠　杨玉晗　肖　晓　吴剑轩
吴　超　宋筱宇　张　梦　张鑫一　陈　悦
郑璐昀　孟　荀　胡　松　柳延浩　周木子吉
段　磊　保　静　贾　真　常梦龙　翟　烁
薛聚周　魏申珅　魏　来

材料科学与工程学院

材料科学与工程专业（四年制本科）

毕业生（69人）

马　莹　马　涛　王志华　王　亮　王萌萌
王　维　王　蓝　韦竺施　牛　凯　乌　茜
田　雨　付晓玄　包育典　朱伟华　刘　贝
刘春春　安其尔　苏　恒　李开元　李幼同
李思琦　李烜声　李　洽　李梦凡　李婧雯
李嘉泰　李　翠　杨　洋　杨　涛　肖　君
别晓鸣　何子超　沈　震　张志忻　张时豪
张京伟　张　晓　张　硕　张　强　张　强
张　静　陈日东　陈正洋　陈　伟　陈　伟
陈禹键　陈　娜　陈　晓　陈箫剑　苑　迟
林韦兰　周子群　周　姮　赵洪强　赵　翀
赵　颖　柏晓强　侯江涛　贺峻岳　胡扬端瑞
顾佳男　顾思晨　席　全　黄缘也　康　锴
隗　陆　韩　策　黎　瑶　霍　锴

结业生（2人）

李　昊　张　晨

资源循环科学与工程专业（四年制本科）

毕业生（6人）

李维秀　张艳姣　张楷华　赵鑫蕊　温欢珏
蔡希乔

生命科学与生物工程学院

生物医学工程专业（四年制本科）

毕业生（19人）

曹荟强　曹　杉　贾荣玺　李　杨　刘鸿德
刘振瑶　商晓丹　孙洪远　王旭超　吴成伟
吴文杰　肖　楠　肖仁杰　谢　峰　颜丹丹
张婧雅　张　森　张　悦　朱　潇

生物医学工程（生物技术）专业（四年制本科）

毕业生（25人）

白　祎　陈昊天　程文柘　冯　硕　冯　涛
付永韦　侯文哲　黄嘉锦　黄品清　蒋洋叶
李　鹭　李　婷　李晓萌　马　羚　乔　瑞
任崇芳　唐　策　闫　阁　杨　韧　杨　泽
张辰暘　张全海　张怡秋　赵雪楠　周梓耘

食品质量与安全专业（四年制本科）

毕业生（23人）

安彦新　丁　洁　东思源　冯　迪　靳　笛
旷也丰　刘鑫年　罗梦甜　马翌婷　申訸雯
王　军　王　然　王雨晴　徐荣云　许　诺
闫　妍　臧　清　占天尧　张亦钊　赵晓雪
赵　雪　郑　钰　宗　浩

经济与管理学院

工商管理专业（四年制本科）

毕业生（19人）

马一文　邢　琪　吕相源　也尔肯·俄克什拜
严海丽　李　智　杨一昂　宋婉鑫　宋　颖
张绍荀　张潇丹　陆洋洋　林运艳　胡　辰
骆　桐　徐　曼　崔　莹　章学明　訾瑞超

工商管理（企业管理）专业（四年制本科）

毕业生（47人）

门微微　王　子　王　帅　王亚冉　王　玮
王悦彬　王曦明　丹文昊　方　艺　甘芫林
左木子　朱希希　刘一祎　刘国东　刘忠和
刘禹麟　刘梦迪　刘　超　孙若栋　孙　祎

李宏超 李菁钰 杨 凯 杨 荔 杨振超
何美任 张子晏 张胤卿 张曼怡 邵 帅
郑雯雨 孟 夜 赵雨婷 赵春博 荆 朋
胡崟萌 姜庆楠 姚明岩 高岩楠 高京圣
黄正瀚 黄润嘉 盛维彬 越恺豪 谭泽洋
薛佳佳 薛 峰

工业工程（软件工程管理）专业（四年制本科）

毕业生（18人）

王 楠 邢 健 刘泊锟 刘韫萱 杨 朔
沈万杰 张兆雄 张沁予 张博晨 张 璐
赵海滨 段国辉 贾 璐 黄雨婷 梁省身
韩 琪 樊有成 滕 迪

国际经济与贸易（工业外贸）专业（四年制本科）

毕业生（36人）

王一茜 王雨倩 叶梦璐 付嘉怡 冯 蕾
司 晨 师 越 朱清源 刘 冬 刘亚青
刘 迪 刘乘风 刘嘉伟 次拉姆 杜晨雨
李少雯 李雪珊 吴 芸 吴金燃 吴 静
辛晓彤 张 玉 张典标 邵 玄 林 伊
金丽萍 金煜琦 孟 缘 赵 倩 赵梓涵
赵 眺 姜楠清 娜荷芽 夏玉磊 郭 远
黎 路

会计学专业（四年制本科）

毕业生（51人）

丁志豪 丁楚琦 马红君 王光昊 王 宇
王 超 王普甲 王燕超 方宜宣 孔维珊
石宇飞 田沁爽 冯晓舟 吕欣彤 刘忱忱
刘 悦 闫 婷 孙 辰 李云岚 李 文
李博超 李 榕 李赛学 李蔬辛 杨 超
来 智 连 静 吴华菲 宋婉莹 迟 怡
张 彤 张凯旋 张靖贻 张静一 张聪颖
陆 鹿 陈婉怡 胡盛哲 顾 航 徐安琳
徐然然 高 萌 郭 杨 郭 颖 黄语嫣
黄嘉惠 梁一兰 梁 赛 韩雨琪 韩梦洵
韩 铖

金融学专业（四年制本科）

毕业生（35人）

万文婷 万 岳 付熙云 刘 昊 齐欣妍
许 畅 许 程 孙祖花 李 开 李文谦
李 闯 李 焓 李博遥 李 源 杨宛彬
张小琦 张竑喆 张 斌 陈久盈 陈港升
郑 培 赵婧超 赵 瑾 祖 睿 高旭荃
曹思楠 常雁斌 崔芝茵 崔 昊 逯颖慧
韩永晨 韩剑飞 曾 楠 温茜茜 蔡 祥

市场营销专业（四年制本科）

毕业生（20人）

王未然 王 萍 王 强 王 颖 尹东东
田 垚 朱 佳 次仁旺秋 许 菁 孙 帅
孙 园 李吉源 李 菁 杨沛然 吴彦君
沈 达 罗 丹 赵 佟 郭昱含 程陈圣树

统计学专业（四年制本科）

毕业生（24人）

万 方 马维娜 王鸿远 刘 婕 许维嘉
杜婷婷 李 洋 李海盼 李 璐 杨 梅
肖凡婷 张宇姗 张 阳 张 皓 陈 成
陈媛媛 邵小潍 林潇维 金 曦 赵 奕
祖 全 贾天雨 谢广昕 魏仲哲

信息管理与信息系统专业（四年制本科）

毕业生（28人）

卜飞淇 王 非 王桐君 王 磊 司雯雯
朱天娇 朱亚军 刘俊宇 刘 鹤 刘 璐
江 雪 孙 伟 李卓然 李 博 李 粲
宋安鹏 张宇昂 张 昭 郑 玥 赵 然
柳博卿 贾晋栖 浦梦伊 陶健瑛 桑杰当周
董 茜 董 奕 谭琳琳

建筑与城市规划学院

工业设计专业（四年制本科）

毕业生（34人）

于天牧 王园园 王梦陶 王梦琪 朱倩雯
汤 雪 苏珊娜 李莉颖 李 彪 杨 越
吴金革 张乔雪 张怡婧 张晓桐 张 悦
张雅丹 陈文迪 陈兆瑜 陈祎雯 邵剑禺
罗 妍 赵轶男 俞冰如 洪梦初 袁 也
殷梦欣 唐碧虹 黄 畅 董云峰 董印超
蒋奕轩 普 惠 蔺彦鹏 霍立鑫

建筑学专业（五年制本科）

毕业生（62人）

丁漫芸 于 雅 万里灿 马凡超 王雨鹏
王剑锋 王闻萱 王 羿 王 浩 王悦星
邓方竹 石 杨 冯灵枝 冯 啸 朱坤宇
伍永亮 刘 丹 刘西子 刘明飞 刘 琛
芦 枫 李 扬 李 倩 李 湉 杨紫惺
杨 睿 郦 卓 肖 迎 宋 资 宋路易
张安琪 张红岩 张雨萱 张 莹 张晓雨
张 梦 张臻恺 张馨予 陈 延 陈思佳
陈晓宏 金依润 郑纳川 郑鸿唯 赵 俊
赵博阳 段士伟 侯春芳 贾亦真 钱雪娜
高 峰 高悠然 黄 健 崔 迪 崔 婧
康 皓 韩嘉曦 曾睿之 甄海宇 蔡诗雨
戴 言 瞿 晶

城市规划专业（五年制本科）

毕业生（30人）

王昀皞 王 蕊 田玉轩 伍清如 刘雅芳

孙梦桥 李丽群 李英剑 何竹珺 邹啸然
辛 萍 张 娜 张旎昕 张靓思 张慧超
陈 楠 尚晓迪 屈振韬 孟 狄 赵丹羽
赵 爽 侯新竹 姜云雅 索 畅 谈 政
黄阿园 黄思曈 梁 栋 程恺云 魏智强

人文社会科学学院

广告学专业（四年制本科）

毕业生（30人）

王佳颖 叶雨露 田 鸽 田 睿 冯 科
冯 硕 任逸宁 刘 欢 汤振兴 许 蕊
李丽晶 李 畅 李 莎 吴倩楠 张生慧
张雨涵 张峪舟 张梦媛 陈 呈 陈晶晶
胡天圆 骆雯雯 贾晓萌 徐 晓 高 雪
曹 苑 韩建平 韩梦婉 颜世友 瞿彦超

广告学（文艺）专业（四年制本科）

毕业生（27人）

王文卓 王 特 王颀玥 孔韵竹 邓宇晨
石牧涵 叶晨露 仝兴达 刘欣荣 关钟子
李佳音 李 爽 李鹤群 李 璐 杨雨馨
吴美萱 张屹昕 张起阳 明 珠 孟宪竹
郭 琦 郭 瑾 唐祺威 梁星宇 韩宇彤
韩新雨 朝 歌

社会工作专业（四年制本科）

毕业生（20人）

王 昊 王济芸 孔博涵 左 蕊 旦增江白
石雅静 安廷银 孙天杨 李 丽 贡桑德吉
李晓冬 李颜宏 沈艾彤 张 洁 赵丽波
郝靖颖 段 莹 徐文文 徐 娜 康 丽

社会学专业（四年制本科）

毕业生（24人）

万洁如 王辰骁 王 哲 安雨萌 许 多
孙可欣 芮一清 李 迎 李 昂 杨国梁
杨 茜 杨晓岩 张淳澍 张 楠 范一鸣
林聪杰 罗婉君 金丽春 帕提古丽·努尔买买提
单 琪 赵思宇 凌梦桢 哈地热亚·克依木
蔚博晨

法学专业（四年制本科）

毕业生（23人）

万才思 马 欢 王寂然 仇博宁 文 敏
朱思博 朱逸桦 任 静 布买热木·买买提
刘璟遥 许迪媛 李彩月 沙力亚·木胡亚提
何 叶 张艺馨 李景玉 拉扎提·胡尔曼哈吉
林璐盈 钟 智 耿梦然 高竹枫 黄梦立
彭晓霖

外国语学院

英语（商务）专业（四年制本科）

毕业生（20人）

于 冉 王欣宇 王润沛 刘砚硕 刘 鸽
许沐轩 孙宇圆 李一伦 李 卉 余 佳
张佳妍 张 竟 陈紫薇 武 頔 钟玉倩
姜丽丽 桂 青 索楚桥 彭 琳 潘弘扬

英语（翻译）专业（四年制本科）

毕业生（18人）

马小涵 王雨涵 生 悦 刘佳哲 刘 珂
齐玲玲 李孝慈 李佳怡 李诗凝 张田悦
张振远 张馨月 陈 星 武保龙 范轶婷
周蔷薇 郭雨萌 韩羽宁

日语（商务）专业（四年制本科）

毕业生（23人）

王 祎 牛 培 丛 榕 冯明明 邢曼曼
朱溢霖 刘一之 刘 帅 许创新 刘云白帆
孙晓梦 孙 靖 李昭颖 李 想 李默存
吴 悦 吴 婕 张 玥 张雪伦 张熳琳
苗 佳 郑 颖 康伟霞

朝鲜语（科技韩国语）专业（四年制本科）

毕业生（15人）

于雁琪 刘 冬 刘晓相 李灵均 余乐申
汪 涛 张 莹 陈梦央 赵商羽 郝鹏超
姜思柔 骆思宇 姬慧娟 谢思琪 裴望月

实验学院

电子信息工程专业（四年制本科）

毕业生（86人）

丁银贺 于鹏飞 马小磊 王启潮 王昆滢
王佳新 王佩剑 王 荀 王晓萌 王 祥
王康益 王 超 尤金贺 左晓琪 石中亚
田 雨 付静林 朱玉晓 朱 宇 朱佳兴
乔 楠 任 越 刘昕奕 刘春彦 刘 嵩
刘嘉骏 闫 妍 闫 翔 许浩然 苏道钰
苏慧颖 李元申 李东霖 李 芳 李含婧
李宗霖 李思远 李 哲 李 健 李悦晨
李 誉 杨思雨 杨梦鑫 杨 雪 吴 晨
何 佳 何春光 张子焕 张 玄 张宇驰
张泽天 张 港 陈伟博 陈昕宇 陈昱帆
林之昕 郑 凯 郑佳伟 郑梦瑄 单思聪
赵子健 赵 伟 赵竞达 赵 喆 赵 鹏
胡一堃 段东芳 侯超奇 姜艺琳 姜心悦
姚 宇 袁辰洋 耿庆楠 徐 亮 徐梦梓

高　宁　郭　松　郭明浩　郭　沫　盖瑾轩
隗立瑶　彭　琪　蒋博文　程子宸　温烨琨
霍雨佳

法学（知识产权法）专业（四年制本科）

毕业生（27 人）

王　宇　王崇尚　牛　深　石若雪　宁泓萱
刘　丹　刘　浩　苏　颀　李　佳　李聪聪
杨一晨　杨　坤　连英然　时　敏　吴梦丹
宋雅风　武　荣　赵　萌　姚　江　袁孟坚
顾韵婷　高滟雯　郭思源　康晓曦　董　可
韩野飞　谢　梦

工商管理专业（四年制本科）

毕业生（58 人）

王　一　王乙楠　王之钰　王文龙　王　凯
王　征　王建珠　王娇娇　王梦涵　王　硕
王博雅　王　然　厉　亮　田　爽　任　梦
任斯琪　华雨熙　刘媛媛　闫文龙　安宗宁
孙　峥　李阳钰　李　晴　李睿君　杨丹宁
杨冬雪　杨瑞生　沈梦雨　张　浩　张菲凡
张　续　张楠（10614108）　张楠（10614216）
张蕊祺　陈申茜　陈肖伟　范碧桃　赵梦娇
赵雅萌　段　炼　姚　林　秦　声　夏　凡
原　景　翁　妍　高　硕　高　然　陶宗锐
黄施施　黄　祺　曹誉耀　崔文硕　崔　宁
崔　璨　梁　宸　彭　勃　董　耐　温睿玚

国际经济与贸易专业（四年制本科）

毕业生（29 人）

马文航　马　冉　王　凡　王唯一　王　琛
包宇婷　吕　克　吕倩倩　李　杨　李昱皓
李雪娇　李路乐　杨博宇　邱荣强　宋　玮
宋梦妍　宋舒文　张　旭　张秋艳　张超逸
邵　雍　武子坤　范　凯　周诗雯　周笑桐
赵琳琳　柳可心　贺　萌　骆　孟

结业证书换发毕业证书学生（1 人）

许　超

会计学专业（四年制本科）

毕业生（70 人）

马思平　马嘉雯　王一岩　王申蕾　王婧坤
王琪琳　王楚楚　丛甜甜　冯嘉瑀　邢　昀
朱若兰　乔依娜　刘晓萌　刘梦黎　刘稀琛
关申浩　安　盾　安　琪　祁　蒙　孙　莉
孙鹏杰　牟婧怡　李一术　李　杰　李佳兴
李健娇　李凌云　李歌斯　杨天博　杨泊宁
杨梦琼　宋嘉轩　张文漪　张佳星　张　硕
张　晗　张慕琳　张　潘　陈　旭　陈思羽
武一丹　范　忱　林　杉　林　丽　周施慧
孟　菲　孟　晶　赵梦雯　赵斯琪　赵　頔
胡可欣　胡紫薇　柳　毅　贾　岩　倪金阳
倪艳东　徐晓凯　殷　歌　高雅珣　郭庆丰
郭朋朋　郭　薇　黄思然　黄靖妍　韩听雨
景　淼　蒙泽明　蔡娇娇　魏　祎　魏　超

计算机科学与技术专业（四年制本科）

毕业生（53 人）

于文皓　于　航　马梦珂　王文芃　王芊霓
王思雨　王思琪　王冕卿　王　敞　王　锐
宁美馨　吕晟达　庄新键　刘佳颖　刘祎楠
刘春燕　关　乐　孙　宠　苏　畅　李世先
李　申　李思源　李博文　杨海钰　杨　宸
杨梦斌　杨　朝　谷　雨　张宇婷　陈晓剑
陈博维　周　振　胡　浩　袁　芳　袁　荃
钱　瀚　徐　晨　高云浩　高晓熙　高　悦
郭　申　郭存远　郭　莹　郭　锰　黄云飞
黄智炜　曹　珣　常兆华　崔佳伟　隋　欣
韩兆晖　熊晓雨　霍铁稳

结业证书换发毕业证书学生（1 人）

曹子豪

土木工程（施工与工程管理）专业（四年制本科）

毕业生（28 人）

王亚运　王谷雨　王　梦　田凤帅　白若宇
冯若男　任　壬　李东婵　李　刚　李　桐
杨　洁　张金鹏　张　昐　张绪繁　周宇轩
周翰林　郑子健　孟帅男　赵文艳　秦　琴
高梓烁　席嘉毅　黄　山　曹馨予　商　烁
梁　策　童宏凯　管　硕

信息管理与信息系统专业（四年制本科）

毕业生（54 人）

王禹佳　王海晨　王　超　王超越　王燿埼
王露丹　尤　雅　卢佳慧　田　甜　史春雨
付文洁　巩玉成　刘哲任　刘　祺　闫晓彤
字羚宁　李　怡　李　雯　李　森　李　斌
杨　柳　杨鑫雨　张子晨　张　岩　张京生
张洪臣　张　博　张博甡　张雅竹　张然然
张　蓓　陆　豪　苗思棋　林　畅　周　凯
周晨晨　孟　雅　赵　航　袁　峰　袁　理
顾雅琪　翁　翕　郭　洁　郭航铄　郭　媛
盛金鹏　崔依凡　彭　然　葛玉茹　蒋欣然
焦雨辰　翟小芸　戴文祥　戴佳良

艺术设计学院

动画专业（四年制本科）

毕业生（39 人）

王元君　王莹乔　王家斌　王梦莎　巴昕蕾
师　玥　朱金宇　刘思淼　孙子惠　纪　澎

李显威　杨子豪　杨霖风　来萌　何潇
余沛　沈欣如　张一鸣　张子誉　张佳静
陆千里　陆扬　赵越　赵晶　郝禹书
柳畅　姚瑶　聂晶晶　夏博　柴博玥
徐玮阳　高欢　黄丹　黄明远　黄思娉
梁骞　维月　韩丽丽　焦扬

艺术设计专业（四年制本科）

毕业生（317人）

丁瑞雪　于贺　于倪　于海洋　马洁萌
马骁宇　马菲菲　马腾　马意恩　王艺红
王东杰　王向男　王亦默　王杨　王作琪
王佳敏　王泽洋　王治洁　王威　王珊亚萍
王昱　王骁威　王晓艺　王晓东　王竞爽
王益久　王娟　王菲　王梓忆　王雪晨
王康　王琛　王智子　王斌　王鑫媛
文静　尹茜　孔笑好　邓翠　左婧
石思韵　卢山　申欣　田茵　史士彦
史曰能　付继辉　付鹏　白杨　瓜尔佳刚健
冯飞路　冯帆　冯宙　冯燚　司雨
毕素钰　毕颖　朱泊羲　朱喆会　朱墨丹
乔一俭　庄兴舞　刘子豪　刘天　刘文君
刘冬　刘畅　刘欣　刘泽宇　刘旺荣子
刘诗　刘珊　刘城　刘荣颖　刘洋
刘莎　刘航　刘爱林　刘润东　刘梦祎
刘晨阳　刘森　刘婷婷　刘颖　刘新月
齐晨成　江叶　江珺　安然　许乐芸
许家成　许萌　许雅欣　孙艺轩　孙凤娟
孙文超　孙末伊　孙应洁　孙迪　孙欣
孙柳倩　孙赫珣　孙璞　芦天宝　苏泽
苏蕊　杜莹　杜晓雨　李一　李天甲
李少清　李文洋　李芍霖　李旭云　李安琪
李杉　李沛沛　李宏伟　李雨洁　李佳乘
李岱义　李泽易　李建慧　李柯谕　李思楠
李禹嘉　李振宁　李莹　李晓彤　李晓莹
李家恩　李梓萱　李雪　李斯伦　李新月
李聪　李毅　李徽　李鑫　杨川
杨妍秾　杨国健　杨明晓　杨金鸿　杨学河
杨威　杨晓露　杨萌　杨铮　杨辉
轩巾然　肖冠一　吴论　吴旸祎　吴锦莹
何东　余盼依　余深宏　谷舒文　邹佳璇
沈若思　沈婷　宋莉　宋楠　宋潇
张艺　张文丽　张正一　张永亮　张帆
张华　张全　张宇春　张丽薇　张青青
张泽　张泽楠　张怡媛　张学森　张思彤
张洁　张钰珠　张健羽　张涛　张浩林
张海勇　张家宁　张晗　张婧亚　张琳
张越　张博扬　张博宇　张鲁囡　张斌
张强　张赫然　张璇　陆洋　陈一娇
陈羽觐　陈丽娜　陈庚嘉　陈彦晗　邵韵宁
武智勇　其木格　范文萱　范雨竹　林姝
林海　罗婷　金乐　金国志　周芳菲
周旋　周雯　周晶　周霜　郑梦颖
单雪　官艺乔　孟泽宁　赵艺然　赵杨
赵畅　赵迪　赵京　赵参　赵雅欣
赵婷　赵鹏　赵蕊萱　赵馨　郝一
郝凯琳　郝鑫　胡伟　胡泊静　段兰玲
段宏达　修慧婷　侯梦洋　侯雪　姜兆
姚天涵　姚硕　姚望　秦旭　秦满旺
项瑞轩　耿婷婷　聂晓初　贾冉　贾骄
贾增旭　夏梦　原银雪　徐驰　高宇航
高军梅　高健　郭子琪　郭艺　郭华
郭佳　郭祺　郭潇滢　唐一娜　唐晶
陶梦楠　黄存智　梅俊芳　曹若玢　曹春旭
戚乐　戚雅璇　龚忱忱　龚春曦　常帅
崔向前　崔琦　崔新宇　康晓列　梁莉敏
梁晓婉　梁雪　梁锴琦　寇雅宁　隋昊
彭沸礼　彭娟　董金慧　韩亚昕　韩听雪
韩罗娜　韩京扬　韩露　覃涵墨　曾小凤
强思旸　楚雨铭　鲍宇澄　蔡敬一　蔺雅莉
廖倩南　翟佳宁　樊肖艳　黎晓琼　滕晓阳
潘苏苏　潘振元　薛梅　霍炯华　穆丽英
戴维璐　魏彤舲

（教务处　提供）

·表 彰 与 奖 励·

北京工业大学2014年所获集体奖励

序号	获奖单位	申报部门	奖项名称	授奖单位
1	北京工业大学	组织部	北京市党建和思想政治工作先进普通高等学校	中共北京市委员会
2	北京工业大学	保卫处	平安校园示范校	中共北京市委教育工作委员会、北京市教育委员会、首都社会管理综合治理委员会办公室、北京市公安局
3	北京工业大学	宣传部	北京高校优秀学生基层组织创建展示活动优秀组织奖	中共北京市委教育工作委员会
4			北京高校青年教师优秀社会调研成果优秀组织单位	
5	北京工业大学	学生处	2012—2013年北京高等学校党的建设和思想政治工作优秀成果奖、创新成果奖二等奖	中共北京市委教育工作委员会
6			首都高校思想政治理论课学生社会实践优秀组织奖	
7			北京高校红色“1+1”示范活动二等奖	
8			“我的班级我的家”优秀班集体创建活动优秀组织奖	
9	北京工业大学	组织部	2013年度党内统计工作全优单位	中共北京市委教育工作委员会
10	北京工业大学	党办校办	2013年度教育事业统计工作优秀集体一等奖	北京市教育委员会
11	北京工业大学	国际交流合作处	北京市因公出入境工作先进单位	中共北京市委外事工作领导小组办公室、北京市人民政府外事办公室、北京市人民政府港澳事务办公室
12	北京工业大学	校团委	2012—2014年度国家级大学生创新创业训练计划实施工作先进单位	国家级大学生创新创业训练计划专家工作组
13	北京工业大学	后勤管理处	北京高校后勤节能工作先进集	北京市教育委员会
14	北京工业大学	教务处	第十四届全国多媒体课件大赛优秀组织奖	教育部教育管理信息中心
15	北京工业大学	基建处	“艺术设计学院、第四教学楼工程”2013—2014年度北京市建筑（结构）长城杯奖	北京市优质工程评审委员会

续表

序号	获奖单位	申报部门	奖项名称	授奖单位
16	北京工业大学	组织部	北京高校党建研究2011—2013年度研究会工作先进单位	北京高校党建研究会
17	北工大侨联	统战部	北京市侨联工作先进集体	北京市归国华侨联合会、北京市人力资源和社会保障局
18	民盟北工大委员会		民盟北京市先进基层组织	民盟北京市委
19	机械工程与应用电子技术学院	组织部	北京高校先进基层党组织	中共北京市委教育工作委员会
20	团委、电子信息与控制工程学院、研究生院、研究生工作部	学生处	北京高校德育工作先进集体	中共北京市委教育工作委员会

（党办校办 提供）

北京工业大学2014年各级各类教育教学成果奖

北京工业大学2014年教育部/国家级各类教育教学成果奖名单

项目		专业/课程/团队/名师/教材等名称	负责人	所在单位
教育部第一批“万人计划”教学名师特殊支持计划		彭永臻		环能学院
第十四届全国多媒体课件大赛	高教文科组一等奖	纹样设计	武 梅等	艺术设计学院
	高教工科组二等奖	数字影视特效技术	何 伟	软件学院
	高教文科组二等奖	《3D虚拟仿真教学——游泳》V1.0	李 岩等	体育部
	高教文科组三等奖	传统文化赏析－民俗节气	于 景等	艺术设计学院
	高教文科组三等奖	北京工业大学艺术设计学院新生入学教育－校园仿真导航系统	李国平等	艺术设计学院
	高教工科组优秀奖	新拌混凝土的工作性能	刘 晓	材料学院
	高教工科组优秀奖	水泥基材料学－水泥原燃材料与配料设计	王亚丽等	材料学院
	高教工科组优秀奖	粉体工程之纳米粉体	瞿志学等	材料学院
	高教理科组优秀奖	大话数据结构之线性表	吴丽影等	计算机学院
	高教理科组优秀奖	图论之欧拉图	邓米克	计算机学院
	高教文科组优秀奖	A woman can learn anything a man can	张青妹等	实验学院
	高教文科组优秀奖	租赁合同的效力	邓春颖	实验学院
	高教文科组优秀奖	质量管理	谭 睿	实验学院
	高教文科组优秀奖	视频采集与操作	田 红	实验学院
	高教文科组优秀奖	西方经济学	安 芮	实验学院

续表

项目		专业/课程/团队/名师/教材等名称	负责人	所在单位
第十四届全国多媒体课件大赛	高教理科组优秀奖	Probability and Statistics	赵　旭等	数理学院
	高教文科组优秀奖	体育舞蹈理论	果　梅等	体育部
	高教文科组优秀奖	足球竞赛规则	张　川	体育部
	高教文科组优秀奖	我与老外面对面——有效的跨文化交际	邵　辉等	外语学院
	高教文科组优秀奖	美的共鸣一现代服饰艺术	赵亚杰	艺术设计学院
	高教文科组优秀奖	英音的形色联想训练	于　景等	艺术设计学院
	高教文科组优秀奖	葫芦髹生——葫芦胎漆器茶具的制作	钟　声等	艺术设计学院
	高教工科组优秀奖	大学生健康教育一牙齿健康	李国平等	艺术设计学院
	微课程高教文科组三等奖	大学英语视听说——九句话表达开心的情绪	李华芳	实验学院

2014年国家级教学成果奖北京工业大学获奖名单

序号	获奖级别	成果名称	完成人	所在单位
1	国家级二等奖	扬长补短，强化团队，寓教于研——地方高校提高研究生培养质量的研究与实践	蒋毅坚　彭永臻　吴　斌　乔俊飞　李　娟　王秀彦　王淑莹　孙治荣　曾　薇　高景峰	北京工业大学

北京工业大学2014年北京市级各类教育教学获奖名单

项目		专业/课程/团队/名师等名称	负责人	所在单位
第十届北京市高等学校教学名师奖		杨庆生		机电学院
		程维虎		数理学院
北京市属高校“创想杯”多媒体课件制作与微课大奖赛	PPT课件二等奖	材料力学	杜家政	机电学院
	PPT课件三等奖	土力学	许成顺　路德春　张志红	建工学院
	PPT课件优秀奖	“建筑设备自动控制原理——暖通”第三章调节器的控制过程及其方框图	谢静超	建工学院
	PPT课件优秀奖	街头篮球	胡朝霞	体育部
	其他多媒体课件二等奖	金属器皿设计	张福文　张　岩　赵　玮	艺术设计学院
	其他多媒体课件三等奖	葫芦髹生——葫芦胎漆器茶具的制作	钟　声　张　岩　庄春青	艺术设计学院
	微课一等奖	游泳课——爬泳划臂技术	李晓甜	体育部
	微课二等奖	囚徒的困境	安　芮	实验学院
	微课三等奖	物流概念	王　芳	实验学院
	微课优秀奖	弯曲正应力强度	杜家政	机电学院
	微课优秀奖	我与老外面对面——如何进行有效的跨文化交流	邵　辉	外语学院

北京工业大学2014年教学名师奖获奖教师名单

序号	学院	教师姓名	职称	课程名称
1	数理学院	刘宇星	副教授	大学物理
2	电控学院	雷　飞	副教授	模拟电子技术
3	建工学院	张延庆	教　授	结构力学
4	计算机学院	邓米克	副教授	集合与图论
5	实验学院	邱　菊	教　授	大学物理
6	外语学院	张　丽	教　授	中级写作
7	环能学院	张红光	教　授	汽车文化
8	马克思主义学院	丁　云	副教授	中国近现代史纲要
9	实验学院	张青妹	副教授	大学英语
10	艺术设计学院	赵　航	副教授	现代建筑设计概念

北京工业大学2014年课程和教材获奖名单

项目	名称	负责人	所在单位
教育部“精品视频公开课”	摄影的实用性与艺术性漫谈	杨晓利	人文学院
	资源环境与循环经济	左铁镛	材料学院
	科学究竟是什么	钱伟量	马克思主义学院
“十二五”普通高等教育本科国家级规划教材	《材料力学》	秦　飞	机电学院
	《信号与系统》	张延华　刘鹏宇	电控学院
	《建筑抗震设计（第三版）》	薛素铎　赵　均 高向宇	建工学院
	《冶金与材料热力学》	李　钒　李文超	环能学院
	《化学与环境（第三版）》	任　仁　于志辉 陈　莎　张敦信	环能学院
	《编译原理》	蒋宗礼　姜守旭	计算机学院
	《计算机病毒与防范技术》	赖英旭　钟　玮	计算机学院
	《机械原理（英汉双语）》	张春林　张　颖	外语学院

北京工业大学2014年本科特优毕业设计（论文）作者及指导教师名单

序号	学院	学生姓名	学号	毕设论文题目	指导教师
1	机电学院	焦　晨	10010121	汽车分动箱电控系统的设计	李德胜
2	机电学院	王天宝	10010416	基于创新方法的定植板雾培蔬菜收获机设计	高国华
3	电控学院	李子豪	10021215	人体后背形态分析系统	刘晓民
4	电控学院	刘　爽	10020011	基于深度和颜色信息的手持物体自动识别技术研究与系统实现	张子明
5	电控学院	崔昊天	10020208	超级电容储能的汽车起停系统直流功率变换器设计	许家群　杜怀颖
6	电控学院	刘亚泽	10023330	高频高热稳定性功率 SiGe HBT 阵列专用设计软件开发	金冬月　张万荣

续表

序号	学院	学生姓名	学号	毕设论文题目	指导教师
7	建工学院	付婉琳	10040228	宁夏星海湖观光塔结构设计	张微敬
8	建工学院	孟　婷	10043125	高效能反硝化生物活性填料制备研究	杨　宏
9	建工学院	王新如	10044217	江西九江某医院供暖通风及空调工程设计	潘　嵩
10	环能学院	周　宇	10058103	阳极改性及其对微生物燃料电池性能影响的研究	刘中良
11	数理学院	杨京寰	10061123	基于数字全息的图像加密技术研究	万玉红
12	计算机学院	杨璐维	10070403	面向立体图像的交互式智能分割算法研究与实现	马　伟
13	计算机学院	刘博洋	10070620	海量轨迹数据中的 K 最临近查询研究	桂智明
14	计算机学院	彭　彭	10070031	一个用于移动应用的自学习人脸验证方法	胡永利
15	软件学院	周明我	10080013	基于 WiFi 位置指纹的室内定位算法研究	何　坚
16	材料学院	黄缘也	10090202	一维铌酸盐铁电纳米线的拓扑合成与机制研究	侯育冬
17	生命学院	吴文杰	10101109	基于过采样的脉搏波采集及分析	杨益民　张　松
18	经管学院	张宇昂	10110132	技术创新网络伙伴选择仿真研究	刘晓燕
19	经管学院	陈久盈	10119110	碳配额优化的机理与应用研究	曾诗鸿
20	建规学院	蒋奕轩	10122220	交互亲子背包设计	胡　鸿
21	建规学院	王　浩	09121203	麓山国际梅溪湖实验中学设计	戴　俭
22	人文学院	马　欢	10117108	中美正当防卫制度比较研究	李文伟
23	外语学院	韩羽宁	10151106	The Reconstruction of Daughters' Female Subjective Identity: A Study of Amy Tan's The Joy Luck Club	张　丽
24	实验学院	刘嘉骏	10521113	球形飞行机器人飞行控制系统的设计	刘旭东
25	实验学院	王文芃	10570120	基于移动终端的道路信息采集与识别系统	郑　鲲
26	实验学院	康晓曦	10617101	论我国专利强制许可制度	白　晶
27	艺术设计学院	侯　雪	10161712	《趣味自然》书籍设计	胡安华
28	艺术设计学院	李　鑫	10161717	智能锁设计——锂电自行车防盗锁设计	孙大力
29	艺术设计学院	张建羽	10160509	"CSI" 住宅建造体系应用技术与研究设计	李　桦
30	交通学院	李　涛	10046134	邓达路新建道路线形综合规划设计	张志清

（教务处　提供）

北京工业大学 2014 年各级各类科技成果奖

序号	学院	获奖作者	学校排名	奖励名称	成果名称	获奖等级
1	环能学院	李建荣	—	2014 国家自然科学奖	配位聚合物构筑与结构性能调控	二等奖
2	环能学院	佘远斌	3	2014 国家科技进步奖	新型香精制备与香气品质控制关键技术及应用	二等奖
3	激光院	曹银花	4	2014 国家科技进步奖	界面性质与光电器件特性关系调控技术及应用	二等奖
4	数理学院	薛留根	1	2014 高等学校优秀成果奖（科学技术）	非参数和半参数模型中的经验似然	二等奖

续表

序号	学院	获奖作者	学校排名	奖励名称	成果名称	获奖等级
5	建工学院	李　悦　杜修力　李战国	1	2014 高等学校优秀成果奖（科学技术）	强震区桥隧混凝土抗渗裂增韧协同设计方法与工程应用	二等奖
6	环能学院	程水源　陈东升	2	2014 高等学校优秀成果奖（科学技术）	区域大气污染源高分辨率排放清单关键技术与应用	一等奖
7	机电学院	陈树君　卢振洋　刘　嘉　黄鹏飞　殷树言　蒋　凡　白立来　白韶军　张　军	1	2014 北京市科学技术奖	变极性等离子弧穿孔立焊的关键技术研究与应用	一等奖
8	建工学院	赵耀华　全贞花　刁彦华　王　伟　邓月超　朱婷婷　张　冀　樊洪明	1	2014 北京市科学技术奖	新型太阳能高效热利用技术的研发与产业化	一等奖
9	建工学院	陶连金	2	2014 北京市科学技术奖	北京地铁 10 号线穿越重大风险工程关键控制技术及其工程应用示范	一等奖
10	建工学院	曹万林　董宏英　张建伟	1	2014 北京市科学技术奖	村镇建筑抗震节能结构体系与成套技术	二等奖
11	交通学院	陈艳艳　孙立山	3	2014 北京市科学技术奖	大型公共设施行人交通感知与运营服务智能化成套技术	二等奖
12	建工学院	刘加平　谢静超　杨　威　王皆腾　魏庆芃　丁　琦　徐俊芳	1	2014 北京市科学技术奖	构建北京市建筑节能体系的关键技术研究与应用	三等奖
13	环能学院	马国远　许树学　刘中良	1	2014 北京市科学技术奖	适合首都圈气候特点的空气源热泵技术及其产业化	三等奖
14	建工学院	周玉文	6	2014 北京市科学技术奖	北京市城市雨水系统规划设计标准研究	三等奖
15	经管学院	杨松令	1	2014 北京市第十三届哲学社会科学优秀成果奖	上市公司大小股东关系：基于共生理论的研究	二等奖
16	材料学院	李伯龙	3	2014 重庆市自然科学奖	立方金属塑性变形机理的定量研究	一等奖
17	建工学院	李　星	—	2013 年黑龙江省技术发明奖	低压膜法处理城市水过程中膜污染控制理论与技术	一等奖
18	材料学院	贺定勇	6	2014 河南省科学技术进步奖	洁净钎料性能调控及高效钎焊工艺	一等奖
19	材料学院	田英良	3	2014 八一奖	**** 集成系统研究	二等奖
20	机电学院	何存富　吴　斌　刘增华	2	2013 浙江省科学技术奖	防撞护栏钢立柱埋植深度无损检测技术研究与设备研制	二等奖
21	机电学院	杨晓东	—	2013 教育部自然科学奖	轴向运动连续体的振动、稳定性和混沌	二等奖

续表

序号	学院	获奖作者	学校排名	奖励名称	成果名称	获奖等级
22	机电学院	陈树君	2	2013 江苏省科学技术奖	船舶高效节能电弧焊关键技术研究及应用	二等奖
23	机电学院	王新华	2	2013 国家质检总局“科技兴检奖”	基于风险的埋地钢质管道外损伤检验与评价方法	二等奖
24	建工学院	张文学	2	2014 山西省科学技术奖	大跨度超万吨级连续箱梁桥转体关键技术研究	三等奖
25	激光院	王智勇	2	2013 国防科学技术进步奖	****激光干扰技术	三等奖
26	建工学院	姚爱军	2	2013 中国铁道建筑总公司科学技术奖	深基坑工程影响域内灾变模式研究及远程实时监控成套设备研发	一等奖
27	建工学院	杨　璐	2	2014 中国钢结构协会科学技术奖	钢一混凝土组合扁梁及其框架的承载性能与设计理论研究	特等奖
28	机电学院	范晋伟	—	2014 中国机械工业科学技术奖	曲轴柔性、精密、高效磨削加工关键技术与成套装备	特等奖
29	建工学院	高文学　邓洪亮	1	2014 中国爆破协会科技奖	浅埋偏压隧道爆破开挖与监控技术研究	一等奖
30	环能学院	马重芳	3	2014 中国计量测试学会奖	高精度气控钠热管的研制及其传热性能的研究	一等奖
31	建工学院	李　悦	4	2013 建筑材料科学技术奖	高强增韧水泥混凝土路面材料制备关键技术及应用开发	二等奖
32	计算机学院	林　莉　胡　俊	4	2014 中国电子学会科学技术奖	中兴通讯 CoCloud 云计算创新解决方案及产业化应用	一等奖
33	机电学院	孙树文　王新华	1	2014 石油和化工自动化行业科学技术奖（论文类）	3LPE 防腐层在全浸和干湿交替中 EIS 阴极剥离测试技术	二等奖
34	机电学院	付　胜	2	2014 中国循环经济学会科学技术奖	洗煤厂大梁监测技术	二等奖
35	建工学院	姚爱军	2	2014 中国铁道学会科学技术奖	大型站房深基坑灾变模式研究与实时监测系统	二等奖
36	机电学院	王　民	2	2014 中国机械工业科学技术奖	高速、精密加工中心可靠性与性能测评及增长技术的研究	二等奖
37	机电学院	陈树君	1	2014 中国机械工业科学技术奖	航天器舱体结构变极性等离子弧穿孔焊接技术及应用	二等奖
38	交通学院	胡江碧	1	2014 中国公路学会科学技术奖	郑洛高速公路改建立交前后中央带开口长度设置方案安全性研究	三等奖
39	机电学院	付　胜	2	2014 中国煤炭工业科学技术奖	洗煤厂大梁监测技术	三等奖
40	经管学院	王　江	1	2013 中国外经贸发展与改革征文奖	我国现代服务业全要素生产率的定量测度	三等奖

续表

序号	学院	获奖作者	学校排名	奖励名称	成果名称	获奖等级
41	交通学院	张智勇	—	2013年度华夏建设科学技术奖	建设项目交通影响评价技术标准CJJ/T141—2010	三等奖
42	建工学院	李炎锋	3	2013年度华夏建设科学技术奖	农村建筑防火与抗火技术研究与示范	三等奖
43	建工学院	高向宇	3	2013年度华夏建设科学技术奖	混凝土结构防屈曲支撑消能减震体系研发与工程应用	三等奖
44	建工学院	曹万林　董宏英　张建伟	1	2014年度华夏建设科学技术奖	多筒超大转换平台高层建筑组合结构设计与建造关键技术	一等奖
45	材料学院	高坤元	2	2014年度中国有色金属工业科学技术奖	钎焊式热交换器用铝—钢复合带材制备关键技术及应用	一等奖
46	材料学院	毛倩瑾　王亚丽　崔素萍　兰明章	2	2014年中国质量协会科技创新奖	水泥窑处置有机污染土的研究	优秀奖
47	经管学院	洪　涓	1	2014中国外经贸发展与改革征文奖	全球价值链视角下中国在CAFTA的发展路径选择	优秀奖
48	建工学院	陈　超	1	2014北京发明创新奖	太阳能—相变蓄热日光温室新技术应用示范及其关键技术	金奖
49	交通学院	张金喜	2	2014河北省交通运输厅优秀科技成果奖	沥青路面抗车辙综合及车辙预测方法研究	一等奖
50	经管学院	刘　超	—	2014山东高等学校优秀科研成果奖（论文类）	系统科学金融理论	一等奖
51	马克思主义学院	陈洪玲	—	2014大连市人民政府社会科学进步奖	高校扩招后人才培养模式的理论与实践	三等奖
52	循环经济院	李云燕	1	2014北京市民主党派参政议政优秀调研成果奖	北京市低碳交通发展战略与对策研究	三等奖

（科学技术发展院　提供）

北京工业大学2014年教师所获奖励与表彰

北京工业大学2014年入选高层次各级各类人才项目（奖励）名单

教育部“长江学者”特聘教授

乔俊飞

“国家自然科学基金杰出青年科学基金”获得者

宋晓艳

“国家自然科学基金优秀青年科学基金”获得者

席晓丽

百千万人才工程北京市级人选

宋晓艳

北京市“海聚工程”人选

短期项目

李 琳 田 奇 柏 松 者 江

青年项目

闫胤洲 柯小行 刘 鑫 俞嘉梅 尉海军
张永哲

外专短期项目

卡热·考克曼（Kara Maria Kockelman）
莫里·罗尔夫（Rolf Hermann Möhring）

科技北京百名领军人才

乔俊飞

北京市属高等学校高层次人才引进计划入选人员

于澎燕

北京市属高等学校特聘教授

曹 睿 罗笑南 陈基湘 李建强 马 恩
冯雨生 白 勇

北京市属高等学校长城学者培养计划入选人员

李 冬 汪夏燕 陈树君

北京市属高等学校青年拔尖人才培育计划入选人员

李洪义 杨金福 何浩祥 梁文俊 曹东兴
李晓光 王绽蕊 阚和庆 刘 洋 苗 红
顾 春 刘金伟 王文杰 南 群 杨 震
杨春兰 韩 强 陈 戈 吕 元 李庆丰
杨韡韡 王 平 黄 赛 张 青 胡朝霞
袁莉敏 苏丽颖 桑丽霞 林 健 赵 慧
刘 磊

北京市属高等学校创新团队建设提升计划入选团队

韩晓东 马国伟 严 辉

北京市“科技新星”计划入选者

邓积光 冯金超 黄 婷 毛圣成 孙立山

北京市留学人员科技活动择优资助获得者

刘卫强 庄春强

北京工业大学“京华人才支持计划”

刘志峰 韩 强 席晓丽 侯育冬 赵丽娇
王立春 刘亭立

北京工业大学“日新人才培养计划”

陈洪芳 申 峰 李秀智 陈适才 王 军
周 峰 郝春林 公 备 刘 晓 马立民
刘 轲 杨 琳 翁剑成 廖含文 艾小青
李 升 田 园 王国彬 朱妮娜 杨海涛
袁 文

北京工业大学先进基层单位（10个）

建筑工程学院
材料科学与工程学院
激光工程研究院
建筑与城市规划学院城市规划系
应用数理学院信息光电子学科部
党办校办
组织部
教务处
后勤服务集团学生社区管理服务中心
审计处

北京工业大学优秀教师标兵（10人）

王 璞 激光工程研究院
李 冬 建筑工程学院
张 琪 艺术设计学院
张新平 应用数理学院
陈 浩 外国语学院
钱伟量 马克思主义学院
崔素萍 材料科学与工程学院
隋曼龄 固体微结构与性能研究所
薛红文 体育教学部
戴洪兴 环境与能源工程学院

北京工业大学优秀教师

（60人，含优秀教师标兵）

机械工程与应用电子技术学院　李凤明　杨建武　皇甫平　聂松林
电子信息与控制工程学院　余春暄　张万荣　张延华　胡冬青
建筑工程学院　白正仙　李　冬　张微敬　路德春
环境与能源工程学院　马国远　康天放　程水源　戴洪兴
应用数理学院　李云章　杨红卫　张新平　赵欣苑
计算机学院　王全民　方　娟　邓米克　蔡永泉
软件学院　侯义斌
材料科学与工程学院　王金淑　侯育冬　席晓丽　崔素萍
生命科学与生物工程学院　马雪梅　张　松
经济与管理学院　关　峻　黄鲁成　韩新伟
建筑与城市规划学院　曲延瑞　张　建
人文社会科学学院　王　鹏　杨晓利　蔡扬眉
马克思主义学院　钱伟量　高　峰
外国语学院　马晓梅　陈　浩　邵　辉
艺术设计学院　张　岩　张　琪　胡安华　贾荣建
实验学院　吕林正　裴学东
继续教育学院　胡俊江
体育教学部　薛红文
激光工程研究院　王智勇　王　璞
固体微结构与性能研究所　隋曼龄
高等教育研究所　关少化
北京一都柏林国际学院　胡新颖
国际学院　尤浩杰
城市交通学院　张金喜　赵晓华

北京工业大学优秀教育工作者标兵（10人）

王燕琪　组织部
石　勤　计算机学院
冯士维　电子信息与控制工程学院
巩佳伟　电子信息与控制工程学院
乔俊飞　人事处
杨　蕾　校团委
林志远　艺术设计学院
宛小炜　环境与能源工程学院
蔡立佳　北京一都柏林国际学院
戴　俭　建筑与城市规划学院

北京工业大学优秀教育工作者

（40人，含优秀教育工作者标兵）

机械工程与应用电子技术学院　刘立霞
电子信息与控制工程学院　冯士维　巩佳伟
建筑工程学院　李　悦
环境与能源工程学院　宛小炜　班　旻
应用数理学院　丁晓红
计算机学院　石　勤
材料科学与工程学院　王国红　连　钠
生命科学与生物工程学院　钟儒刚　廖满媛
建筑与城市规划学院　戴　俭
外国语学院　郝秀兰　靳秀琴
艺术设计学院　林志远
经济与管理学院　刘丽萍
人文社会科学学院　杨　茹
马克思主义学院　丁　云
北京一都柏林国际学院　蔡立佳
组织部　王燕琪
纪委办公室、监察处　张国兵
人事处　乔俊飞
教务处　赵曙东
改革与发展规划处　王大勇
科学技术发展院　卞慰萱
研究生院　刘赵淼
宣传部　邱晓飞
学生工作部、学生处　李　颖
国有资产与实验室管理处　王　晶
财务处　龙　英
审计处　廖宏伟
离退休工作处　桂小春
保卫处　刘　鹏
校团委　杨　蕾
图书馆　阮平南
场馆管理中心　吴　勇
校医院　田　莉
后勤服务集团　赵　晶　侯东生

（人事处　提供）

北京工业大学2014年教师所获其他奖励

序号	姓名	所在单位	奖项名称	授奖单位
1	王守法	校领导	北京高校党建研究2011—2013年度研究会工作奉献奖	北京高校党建研究会
2	李四平	党办校办	北京高校优秀共产党员	中共北京市委教育工作委员会
3	杨昌鸣	建规学院	北京高校优秀共产党员	中共北京市委教育工作委员会
4	高春娣	学生工作部、学生处	全国优秀教育工作者	中华人民共和国教育部
5	高春娣	学生工作部、学生处	全国高校优秀思想政治教育工作者	中华人民共和国教育部
6	王金淑	材料学院	中国侨界创新人才	中国侨联
7	王　璞	激光院	中国侨界创新成果	中国侨联
8	宋晓艳	材料学院	中国侨界创新团队贡献奖	中国侨联
9	龚　裕	校领导	北京市归侨侨眷先进个人	北京市侨联
10	邱银福	机电学院	北京市侨联工作先进个人	北京市侨联
11	程咏梅	机电学院	北京市侨联工作先进个人	北京市侨联
12	王　跃	统战部	北京市侨联工作先进个人	北京市侨联
13	张新平	数理学院	2014年北京市师德先进个人	北京市教育工会
14	崔素萍	材料学院	2014年北京市师德先进个人	北京市教育工会
15	郭　福	教务处	2014年北京市师德先进个人	北京市教育工会
16	吴文英	国际交流合作处	2014年北京市师德先进个人	北京市教育工会
17	刘斌云	建工学院	2014年度北京市民主党派优秀调研成果一等奖	民进北京市委
18	刘　洋	艺术设计学院	民盟北京市委社会服务工作先进个人	中国民主同盟北京市委员会
19	李振兴	建工学院	2013—2014年度北京高校优秀德育工作者	中共北京市委教育工作委员会 北京市教育委员会 北京市人力资源和社会保障局
20	胡岷山	建规学院	2013—2014年度北京高校优秀德育工作者	中共北京市委教育工作委员会 北京市教育委员会 北京市人力资源和社会保障局
21	薛红文	体育部	2013—2014年度北京高校优秀德育工作者	中共北京市委教育工作委员会 北京市教育委员会 北京市人力资源和社会保障局
22	刘永平	软件学院	2013—2014年度北京高校优秀德育工作者	中共北京市委教育工作委员会 北京市教育委员会 北京市人力资源和社会保障局
23	杨　茹	马克思主义学院	2013—2014年度北京高校优秀德育工作者	中共北京市委教育工作委员会 北京市教育委员会 北京市人力资源和社会保障局

续表

序号	姓名	所在单位	奖项名称	授奖单位
24	王　锋	宣传部	2013－2014 年度北京高校优秀德育工作者	中共北京市委教育工作委员会 北京市教育委员会 北京市人力资源和社会保障局
25	田　莉	校医院	2013－2014 年度北京高校优秀德育工作者	中共北京市委教育工作委员会 北京市教育委员会 北京市人力资源和社会保障局
26	杨　蕾	校团委	2013－2014 年度北京高校优秀德育工作者	中共北京市委教育工作委员会 北京市教育委员会 北京市人力资源和社会保障局
27	王　晶	机电学院	2014 年全国第五届基础力学青年教师讲课比赛二等奖	教育部高等学校力学基础课程教学指导委员会
28	崔素萍	材料学院	全国建材行业优秀科技工作者	中国建筑材料联合会
29	崔铁宁	经管学院	2013 年度优秀党外知识分子建言献策信息员	中央统战部六局
30	席晓丽	材料学院	第一届全国有色金属优秀青年科技者	中国有色金属学会
31	胡惠琴	建规学院	中国建筑学会优秀编委	中国建筑学会
32	汪坚强	建规学院	2014 年全国人居经典建筑规划设计方案竞赛规划金奖	中国建筑学会 全国人居经典方案竞赛组委会
33	卜晓明	宣传部	2013 年度中国高校校报好新闻消息类三等奖	中国高校校报协会
34	李国俊	审计处	中国内部审计协会 2014 年内部审计理论研讨三等奖	中国内部审计协会
35	廖宏伟	审计处	中国内部审计协会 2015 年内部审计理论研讨三等奖	中国内部审计协会
36	任文隆	审计处	中国内部审计协会 2016 年内部审计理论研讨三等奖	中国内部审计协会
37	马维娜	纪委办公室	2012－2014 年度北京市优秀纪检监察干部	中共北京市纪委
38	巩佳伟	电控学院	2013－2014 年度北京高校优秀辅导员	中共北京市委教育工作委员会 北京市教育委员会 北京市人力资源和社会保障局
39	班　旻	环能学院	2013－2014 年度北京高校优秀辅导员	中共北京市委教育工作委员会 北京市教育委员会 北京市人力资源和社会保障局
40	连　钠	材料学院	2013－2014 年度北京高校优秀辅导员	中共北京市委教育工作委员会 北京市教育委员会 北京市人力资源和社会保障局
41	李　颖	学生工作部、学生处	2013－2014 年度北京高校优秀辅导员	中共北京市委教育工作委员会 北京市教育委员会 北京市人力资源和社会保障局
42	李京阳	后勤集团	北京高校后勤思想政治工作先进个人	北京市教育委员会
43	张建国	后勤集团	北京高校后勤思想政治工作先进个人	北京市教育委员会
44	高　蕾	后勤集团	北京高校后勤思想政治工作先进个人	北京市教育委员会

续表

序号	姓名	所在单位	奖项名称	授奖单位
45	王宝义	后勤集团	北京高校后勤物业工作先进个人	北京市教育委员会
46	佟　卫	后勤集团	北京高校后勤物业工作先进个人	北京市教育委员会
47	姚西萍	后勤集团	北京高校后勤物业工作先进个人	北京市教育委员会
48	郝　蕊	党委宣传部	第四届北京市大学生艺术展演艺术教育科研论文一等奖	北京市教育委员会
49	贯　爽	实验学院	优秀基层团干部	共青团北京市委员会
50	张新峰	电控学院	2014年“创青春”首都大学生创业大赛金奖指导老师	共青团北京市委员会 北京市教育委员会 北京市科学技术委员会 北京市科学技术协会 北京市学生联合会
51	刘　佳	后勤集团	2014年“创青春”首都大学生创业大赛金奖指导老师	共青团北京市委员会 北京市教育委员会 北京市科学技术委员会 北京市科学技术协会 北京市学生联合会
52	胡广芹	校医院	2014年“创青春”首都大学生创业大赛金奖指导老师	共青团北京市委员会 北京市教育委员会 北京市科学技术委员会 北京市科学技术协会 北京市学生联合会
53	吴宝晶	马克思主义学院	2014年首都高校思想政治理论课学生社会实践优秀指导教师奖	中共北京市委教育工作委员会
54	李阿琳	马克思主义学院	2014年首都高校思想政治理论课学生社会实践优秀指导教师奖	中共北京市委教育工作委员会
55	贯　爽	实验学院	2014年度首都大学生暑期社会实践先进工作者	共青团北京市委员会 中共北京市委宣传部 中共北京市委教育工作委员会 首都精神文明建设委员会办公室 北京市学生联合会
56	于　磊	学生工作部、学生处	2014年度首都大学生暑期社会实践先进工作者	共青团北京市委员会 中共北京市委宣传部 中共北京市委教育工作委员会 首都精神文明建设委员会办公室 北京市学生联合会
57	张海涛	国际交流合作处	“纪念毛泽东同志诞辰120周年”征文二等奖	北京市党建研究会
58	宇慧平	机电学院	2013—2014年度北京市属高校教师发展基地优秀学员	北京市教委人事处 北京市高等学校师资培训中心
59	邵　辉	外语学院	2013年北京市属高校“创想杯”多媒体课件制作与微课程大奖赛优秀奖	北京市教育委员会人事处 北京市高等学校师资培训中心
60	崔铁宁	经管学院	2011—2014年度民革朝阳区委信息工作先进个人	中国国民党革命委员会北京市朝阳区委员会
61	蔡　朔	校学术委员会办公室	2013年度研究会好新闻评选网络专题（专栏）类三等奖	北京市高等学校新闻与文化传播研究会

续表

序号	姓名	所在单位	奖项名称	授奖单位
62	刘　冰	宣传部	2013年度研究会好新闻评选网络专题（专栏）类三等奖	北京市高等学校新闻与文化传播研究会
63	卜晓明	宣传部	2013年度研究会好新闻评选网络专题（专栏）类三等奖	北京市高等学校新闻与文化传播研究会
64	谢桂生	宣传部	2013年度研究会好新闻评选网络专题（专栏）类三等奖	北京市高等学校新闻与文化传播研究会
65	张彩会	档案馆	2013年度研究会好新闻评选网络专题（专栏）类三等奖	北京市高等学校新闻与文化传播研究会
66	冯　蕾	后勤集团	《3—6岁儿童学习与发展指南》优秀教育案例评选活动二等奖	朝阳区教育委员会学前教育办公室 朝阳区教育研究中心学前教研室
67	王国彬	艺术设计学院	光华龙腾奖第十届（2014）中国设计业十大杰出青年	北京光华设计发展基金会

（人事处　提供）

北京工业大学2014年学生所获奖励与表彰

国家奖学金（182人）

博士研究生（36人）

机电学院 尹方龙 逄 燕 张振华 刘志远
电控学院 武 璇 张亚民 邓 峰 许 坤
荀 孟 李 萌
建工学院 李 波 张勇波 王丕光 刘永旺
石鲁宁 张 冀
环能学院 刘 牡 任 楠 张 擘 谢少华
数理学院 吴焕春 贾慧芳 林远海
计算机学院 宁振虎 冷强奎
材料学院 米 睿 杨 帆 朱永鑫 张良静
吴春卉
经管学院 黄 斌 常晓红
激光院 邱慧斌
生命学院 周著黄
交通学院 朱维佳
固体所 李永合

硕士研究生（117人）

机电学院 赵国亮 边艳华 马国栋 唐兴华
湛承鹏 樊军伟 徐 斌 邬 娜
许晓东 马新强 张方舟 赵宏伟
电控学院 郭春威 白俊雪 黄 晖 周岭松
张 沛 杨明洁 赵 雪 钱丽敏
邵宏赡 谭 君 周 尚 李笑漪
王 肖 高 原 董政胤 梁 倩
姜丽颖 郑起佳
建工学院 尚 帆 樊 莉 张仁波 党宏钰
黄志坚 吕永伟 韩恩圳 苏庆岭
郭 庆 王统亚 汤 森 李林涛
黄 荐 王建超 王 耀 刘 肖
许紫刚 温佳年 高娇娇
环能学院 陈言慧 刘 昊 李旭初 蒋 静
赵巍巍 何胜男 张 蓉 霍江波
王 聪 委 燕 张洪杰 李忠明
数理学院 于欣玉 许志刚 何 宪 甘渝林
窦志远 胡梦婷 郭明月
计算机学院 王润元 赵华夏 徐 鹏 马丙展
张玲玲 王 珞 王 霞
材料学院 张登魁 高瑞婷 王 欢 马 跃
孙晓凯 吴晨光 董丽然 田晓萌
张程浩 田国兰 艾志荣 王鼎元
经管学院 王宇纯 聂 巧 张海超 石倩倩
陈晓飞 刘 甦 武 丹 杨 梓
建规学院 王 璞 姬 煜 乌玉罕
激光院 李双浩 张光举 高寿飞 姚毅飞
白 楠
人文学院 博昊渊
生命学院 陆楠宁 郭雪梅
外语学院 王佩雪
软件学院 池清萍 张永泰
固体所 臧科涛
高教所 王 英
循环经济院 王宝磊 陈 豹
艺术设计学院 何 倩
马克思主义学院 么莹莹
交通学院 张 伟 蔡熠文

本科生（29人）

机电学院 贺 赞
电控学院 徐海月 姚鼎鼎 左鸿宇
建工学院 徐浩丹 程 作 高 岩
环能学院 朱玉鑫
数理学院 陈天琪
计算机学院 张天博 张 雨
软件学院 谢 澜
材料学院 刘 爽
生命学院 周 倩
经管学院 宗 喆 王 森 雷碧涵
建规学院 韩 琳
人文学院 王明慧
外语学院 赵秀芳
艺术设计学院赵 珊 解 丹 吴砺熺
交通学院 涂 强
实验学院 龚宏伟 刘 嵩 叶弘韬 李奕颖
都柏林学院 王程展

国家励志奖学金（415人）

名单（略）

北京高校优秀共产党员

材料学院 郑木鹏

北京工业大学校长奖学金

个人：
机电学院　　孙陶陶
生命学院　　陈　佳
建工学院　　梁瑜海
材料学院　　张登魁
团体：
体育部校篮球队
电控学院知行 robot

北京工业大学先进班集体
（共计 35 个，其中研究生 5 个，
本科生 30 个）

研究生
机电学院　　2012 级研究生 1 班
建工学院　　2012 级硕士防灾道桥班
数理学院　　2013 级研究生物理班
计算机学院　2013 级 4 班
经管学院　　2013 级应用经济班
本科生
机电学院　　110131 班　120103 班
电控学院　　130241 班　130231 班　130203 班
建工学院　　130432 班
环能学院　　110521 班　130521 班
计算机学院　130700 班　130702 班
软件学院　　130800 班
材料学院　　130901 班　130903 班
生命学院　　131041 班
经管学院　　121101 班　131141 班　131152 班
　　　　　　131121 班
建规学院　　131231 班
人文学院　　131421 班　131431 班
外语学院　　121531 班　131522 班
艺术设计学院 111614 班　121607 班　121673 班
交通学院　　110461 班
实验学院　　136141 班
都柏林学院　133721 班　133731 班

北京工业大学优良学风班
（共计 76 个，其中研究生 15 个，
本科生 61 个）

研究生
机电学院　　2012 级研究生 1 班
电控学院　　2013 级博士班
建工学院　　2012 级硕士防灾道桥班
　　　　　　2013 级硕士防灾道桥班
环能学院　　2012 级热能班
数理学院　　2013 级研究生物理班
计算机学院　2013 级 4 班
材料学院　　2013 级博士班
经管学院　　2013 级应用经济班
生命学院　　2013 级生物医学工程班
外语学院　　研究生班
交通学院　　2012 级运输工程研究生班
激光院　　　2013 级硕士班
固体所　　　博士班
高教所　　　2013 级研究生班
本科生
机电学院　　110131 班　110104 班　120103 班
电控学院　　130241 班　130231 班　120202 班
　　　　　　130203 班
建工学院　　110405 班　130432 班　110442 班
　　　　　　110441 班
环能学院　　110521 班　130521 班　110511 班
　　　　　　130531 班
数理学院　　130623 班
计算机学院　110700 班　120704 班　130700 班
　　　　　　130702 班　130731 班
软件学院　　110800 班　130800 班　110812 班
　　　　　　110801 班　110802 班
材料学院　　130901 班　130903 班
生命学院　　131041 班　111031 班
经管学院　　121101 班　131141 班　131152 班
　　　　　　131121 班　131181 班
建规学院　　111222 班　121212 班　131222 班
　　　　　　131231 班
人文学院　　131421 班　131431 班　131441 班
外语学院　　121531 班　131522 班
实验学院　　136121 班　116152 班　126151 班
　　　　　　116171 班　136141 班
艺术设计学院 111601 班　111615 班　121608 班
　　　　　　131673 班　111614 班　121607 班
　　　　　　121673 班
交通学院　　110461 班
都柏林学院　133721 班　133731 班　133732 班
　　　　　　133734 班

北京工业大学标兵团支部（15 个）

机电学院　　2013 级研究生机电团支部

电控学院 130242 团支部
交通学院 110461 团支部
建工学院 130432 团支部
环能学院 110521 团支部
数理学院 2013 级物理团支部
计算机学院 130700 团支部
材料学院 130902 团支部
经管学院 131152 团支部
建规学院 131211 团支部
人文学院 131431 团支部
外语学院 121531 团支部
艺术设计学院 121607 团支部
实验学院 136141 团支部
都柏林学院 133721 团支部

北京工业大学优秀团支部（56 个）

机电学院 110131 团支部 120103 团支部
2012 级研究生 1 团支部
2013 级研究生 4 团支部
电控学院 130203 团支部 130242 团支部
130231 团支部
130241 团支部 130202 团支部
130232 团支部
建工学院 130432 团支部 130431 团支部
130441 团支部 130402 团支部
2012 级硕士道桥防灾团支部
数理学院 130623 团支部 120623 团支部
2013 级研究生物理支部
计算机学院 130731 团支部 130702 团支部
130700 团支部 130721 团支部
2013 级研究生 4 团支部
软件学院 130800 团支部 130811 团支部
材料学院 130901 团支部 130902 团支部
130903 团支部
生命学院 121041 团支部 131041 团支部
经管学院 121101 团支部 131152 团支部
131121 团支部 131141 团支部
2013 级应用经济团支部
建规学院 121231 团支部 131211 团支部
131231 团支部
人文学院 131421 团支部 131431 团支部
外语学院 131522 团支部 121531 团支部
实验学院 136141 团支部 136121 团支部
135701 团支部
艺术设计学院 111614 团支部 121673 团支部
121607 团支部
交通学院 110461 团支部
都柏林学院 133721 团支部 133731 团支部
固体所 2013 级团支部

北京工业大学十佳优秀社团（10 个）

午夜游魂轮滑社、PMC 音乐爱好者协会、自然爱好者协会、传笑堂相声社、自行车协会、英语协会、手语联盟、峻野登山社、民谣吉他社、腰旗橄榄球社

北京工业大学优秀社区（4 个）

学生社区 1 号楼 学生社区 2 号楼 学生社区北研楼 学生社区蓝悦园

科技之星（10 人）

电控学院 伍小龙
建工学院 梁瑜海
环能学院 张 蓉 范红玮
材料学院 张登魁 郑木鹏
建规学院 姬 煜
经管学院 蒋丽娜
生命学院 周著黄
实验学院 刘 嵩

科技之星提名奖（10 人）

机电学院 刘勇军
建工学院 刘永旺
环能学院 卢海涛
数理学院 林远海
计算机学院 宁振虎
实验学院 周子雄
激光院 高寿飞 金东臣
固体所 邵瑞文 李永合

北京工业大学三好学生

（共计 448 人，均为本科生）

机电学院

江雨浓 孙陶陶 石烨佳 李 欣 张庆东
成 全 晏超杰 郭彦杰 范思儀 杨润晖
鹿慧丰 郭立梅 任 晗 张月泽 陈 映
金 枝 吴 桐 马丹跃 贺 赞 黄一展
任伟达 周 洪 吉美宁 陶佳旺 王 凯

电控学院

刘莹莹 于　博 卢佳豪 覃业泰 李鹏举
周文晨 刘　峥 王　乐 刘　刚 顾　一
李　莹 张　柯 冯世超 吴薇薇 何　睿
果晨阳 崔竞文 孙　凡 孙杰鹏 宋　杰
高　洁 杨　骏 张　浪 方　群 朱祖武
魏润宇 朱惠杰 郑木丽 刘天伦 孙煜程
曾迪诗 张　琪 缪　翀 周沛然 刘　晗
荣　婕 张洪嘉 姚鼎鼎 朱子琦 赵东颉
孙兴伟 张　晶 周申晨 尹　玮 孙旭宏
范芳文 田羽森 闻　文

建工学院

宋子魁 程　作 高　升 魏少言 吴　杨
白晓夏 王烨赅 徐浩丹 王　冰 牛　央
张旭东 云孝艳 蒋　彤 黄　蕊 吴秋蓉
李昭阳 钱蓝萍 彭宇脟 杨逸夫 于浩玮
赵洪飞 朱凯铭 刘　帆 余文轩 李会芳
王　明 刘　猛 刘宛琦 杜　佳 贾振雷
邱　禹 黎　畅 孙宏川 杨云轩 姚宇坤
董　盛 王刘阳 高　岩 吉瑞博 李琚正
张莎莎 纪茜尧 曹美忠

环能学院

刘　娅 代贺飞 王春平 李贝隆 崔丹丹
朱玉鑫 李胜悦 樊啸辰 魏　林 史　蕊
秦晓宇 赵　蕊 刘　晶 赵辰朝 王锦程
刘　鑫 王　珏 刘　娜 卢海涛 陈　萌
杜　墨 胡思琦 董　宁 张丽龙

数理学院

夏出尘 罗　肖 黄辉祥 苏梦雯 褚　莹
张持良 陈天琪 胡云升 郭子豪 韩媛媛
耿佳琪 周广正 唐文沛 赵经博 马嘉骏
吴高米 黄建杰 刘竞泽 蒋萌萌 孙天娇
吴　昊

计算机学院

王　彪 丛义昊 于彤彤 谭　媛 张远行
刘　飞 高　雅 毛新雅 吕天舒 王佳乐
张天博 关博文 张　雨 王　念 阮梦绯
苏思凡 赵　彤 靳　亚 任笑萱 王求元
何　悦 刘洪亮 杜　仑 王子祎 王逸鹤
柯伟辰 胡　瑗 丁一鸣 陈　充 张　珺
陈　嘉 杨　凯 刘　硕 李　宁 付天怡
周心实 张宇尘 王云帆 张诗阳

软件学院

李　嘉 胡　佳 陈全保 郭佩姗 陶艺月
谢　澜 吕　成 郑晨曦 雷　俊 刘　晓
张　丞 周李琦 苏雄业 刘　畅 冯　叶
王政飞 刘　翀 王忆凡 张　吉 闫　岩

材料学院

杨孟骐 李莉莉 李新桐 王婧一 徐　跃
钟志鹏 闫潇潇 陈凯伦 张威扬 刘　爽
茆可欣 王　雪

生命学院

张宇童 张一平 周　倩 童石渊 梁粟炎
李倩岚 刘　玉 柳青青 陈　佳 祝敏佳
柴彬彬 李佳慧 高婷婷

经管学院

台晓禹 郝　韵 张　雪 王晓玮 蒋丽娜
王家璇 辛　依 马姣玥 陈莹莹 熊　洁
张瑜筱丹 李晓宇 雷碧涵 赵　朔 宋念雨
刘　冉 王必成 南　欣 李其蓉 蔡　景
池绍杰 李晓丹 王雪晴 刘瀚泽 叶笑梅
吕　玥 焦　阳 褚宏博 宗　喆 刘　晴
祝丽然 石　晶 伊茜卓玛 张　硕 王　甜
武哲伦 刘亚萍 任若楠 朱思娜 杨理嘉
杨晓凡 方森辉 张翰乔 刘李俪 石　玥

建规学院

李思蓓 徐予知 董雅秋 任　洁 张琳汨
郑静蓓 胡亚婕 刘佳艺 袁　浩 李佳美
殷楚红 齐　啸 韩　琳 章霂瑶 付　宇
曹　凡 叶培霖 张重瑱 巩怡菲 张宇新

人文学院

熊　纬 曹　源 陈泽诗 马小童 王宏霖
沈晓白 许　硕 任可意 朱伊讷 刘　昕
李胜晓 邵佳文 杨振强 王明慧 马璐瑶
徐　敏 刘　璐 李　想 牛昊瑛 张楚乔
高　莹

外语学院

穆　悦 李昱晓 李劭珊 李　彧 叶方舟
唐宇天 郭诗瑶 赵　越 徐　晗 赵秀芳

艺术设计学院

贾　茹 马　超 宋　屹 李泽洋 吴砳熺
段倩倩 蔡灼方 李紫婧 申　明 李环宇
张梦蕊 温天皓 沈可可 解　丹 谢雨欣
李志芳 蒋苏平 方　圆 杜诗音 潘贺峰
陈利忠 张红梅 龚璐畅 陆熠桐 朱栗颖
徐莉娇 李　瑾 戴天骄 赵　珊 刘泽龙
韩儒派

交通学院

涂　强 张舒沁 王　淼 梁婧轩 郑一新

实验学院

张　磊 周　朔 赵冬雨 曹　楠 周子雄
尤　歌 王嘉炜 马　艺 龚宏伟 裴　艺
董肇菲 张鹏想 赵　新 李简文 王　旋
马冬亚 张俊杰 王宏陆 黄涵宇 于长江

孙　傲　孙佳丽　石灵逸　周　硕　高占岭
鲁　宁　王婷婷　李　想　吴　晗　刘博文
高　媛　叶弘韬　姚安安　张少安　艾　妤
康晓璐　刘　嵩　陈佳姗　石墨菡　蔺梦凡
孙明辉　张　申　米　娃　王　皓　张　佳
郭子超　丁贯雍　杨　雪　王仕君　张　学
刘雨桐　齐杓楠　郑天依　谢天心　张鸣源
唐一丹　李佳明　赵君博　刘仰辉　许可心
尹栋华　张语迟　荆一凡

都柏林学院

李易彤　季晓彤　苍意如　董鑫阳　崔阳毅
王程展　陈宇轩　张翼飞

北京工业大学优秀研究生奖（401人）

机电学院（48人）

刘志远　田　浩　刘勇军　张振华　尹方龙
刘　虎　殷云尧　纪　辉　卫　沅　李　刚
边　艳　湛承鹏　马新强　邬　娜　赵国亮
马国栋　张方舟　邵沛泽　冯　峰　张龙喜
牛江佩　唐兴华　许晓东　樊军伟　徐　斌
王　翠　刘宏实　袁　骏　徐永亮　冯陆洋
连美娟　李　福　张　亚　崔　涛　侯少飞
陈　玲　刘益嘉　冯秋男　陈　林　李　易
栾春波　南斯琦　王　翔　左世磊　刘宏利
董拓灿　张　强　李　亮

电控学院（54人）

刘　鑫　常　鹏　孙　林　王丽佳　马　莉
张亚民　邓　峰　许　坤　王　可　朱晓庆
窦　环　荀　孟　刘　欣　岳　元　程　悦
王成龙　冯　超　李　睿　白俊雪　匡　勇
宗　亮　张　沛　杨明洁　张艺凡　郭　明
王　超　李瑞祥　刘　涛　伍小龙　孙梦娟
谢　标　龚　萍　李笑漪　龚雪芹　高　原
黄　旸　刘　淼　王奇特　袁　野　闫玉玮
韩峤鹏　李朝兰　王晓东　孙建康　戴佳奇
李　倜　郑　楠　宋江雪　张梅铠　马昀骅
龙哲华　许丹丹　徐金凤　赵　聪

建工学院（58人）

燕　斌　黄景琪　侯　森　王昌稳　王丕光
周志伟　叶全喜　赵　亮　巩奕成　武海鹏
凌浩恕　董慧慧　刘人杰　曲玖龄　陶慕翔
崔　娜　高娇娇　刘雄飞　徐阿新　尚　帆
许　鹏　施同飞　党宏钰　黄志坚　吕永伟
韩恩圳　郭　庆　李晓杰　王统亚　倪　铭
陈　贵　李林涛　郑照明　王建超　王　耀
李　娜　刘　良　胡　彤　王义超　宋朝阳
童　璐　张　强　许紫刚　梁雨雯　陈相成
吴利华　樊广涛　林　娜　罗　磊　王惠栋
高　琳　王　猛　管清坤　秦　雪　慕晨曦
郭　璇　封晓龙　王艺蒙

环能学院（32人）

刘　牧　吴程程　李　杰　王　涛　杨　凯
刘兴伟　刘献飞　范红玮　梁全明　陈言慧
刘　昊　李旭初　孟　强　何　静　蒋　静
单玲珑　晁晶迪　吴翠敏　赵巍巍　王惟肖
张　蓉　路　恒　邵和东　王爱华　刘文龙
王　洋　孙晓丽　段　未　张　然　姚　森
陈　卓　曹天昊

数理学院（19人）

晁绵涛　李　慧　贾慧芳　冯三营　李　鑫
黄昊翀　石似琳　焦　融　金　铭　朱绍涛
郭明月　路　阳　李洪健　赵明月　胡宇捷
陈　龙　刘凯迪　郭　鑫　刘京徽　薛　菲
宁振虎　张银钱　王润元　赵华夏　翟　璨
田　举　徐　鹏　吴文亚　熊志康　马丙展
张玲玲　刘李纬　周松洁　王华慈　葛　卉
刘思彤　韩　跃　刘金铎　王　珞　王　威
许瑞雪　樊明璐　张恒瑜　梁　骏　吴　欢
王　艳　孔祥翾　杨甜甜　张　岩　姜　皓

材料学院（29人）

吴春卉　舒颖琦　李庆棠　米　睿　王宏涛
张良静　宫子琪　左　勇　顾　健　管晓辉
郑广伟　张登魁　李　琴　邱立新　华　刚
王　菲　司冠豪　彭发学　王慢丽　郭姗姗
吴　丹　赵雪薇　代丹丹　张龙定　李松浩
刘丽凤　姜　波　钱　伟　杨　赛

经管学院（32人）

常晓红　胡蓓蓓　邬　龙　胡涵清　芦　杨
李　婧　王宇纯　张　驰　刘予琼　毕　曦
刘　璐　李　萌　聂　巧　张　赏　张海超
解　晰　王昱茜　周　丹　白　曦　杜君君
张骜宇　刘　甦　王洁琛　李俊涛　栾博杨
陶燕萍　杨　梓　王志华　闫　瑾　任宇宙
李宝龙　冯昌焕

人文学院（3人）

王媛璘　马景天依　王　震

建规学院（12人）

安　幸　李　彦　宋晓强　王丽培　张忠义
张　曦　梁文芳　王珊珊　刘孟涵　陈　腾
刘思远　王　旭

生命学院（18人）

孙　智　周著黄　周　玥　孙国辉　刘　祺
陈薪宇　刘阳华　王　勤　顾冠雄　杨　钊

付雨林 罗长莉 王雅朦 秦梦楠 王文馨
李 锟 闫亭亭 任庆帅

外语学院（2人）

韩玉霞 李瑞棉

软件学院（13人）

池清萍 任碧仪 马洋洋 张 浩 杨宇辰
蔡 森 张永泰 刘东东 梁永睿 崔 健
李 朔 谢 跃 马家骏

艺术设计学院（2人）

崔 霞 石 瑞

马克思主义学院（2人）

赵雅超 毕芳凝

交通学院（20人）

姚张钰 阳 平 张轶昀 张乐典 李佳辉
黄利华 徐富业 尹海真 葛绪飞 陈 晨
袁荣亮 郭海洋 龚 艺 梁文博 郝 萌
张 媛 李宝同 石 慧 王淑伟 丁 罕

激光院（16人）

池俊杰 朱占达 邱慧斌 吴 燕 金东臣
白 楠 刘文操 刘 昆 彭志刚 吴 丹
李 健 田翠萍 王 静 边晓薇 黄毓娜
于 伦

固体所（5人）

邵瑞文 周 博 高 攀 王瑞萍 王 晋

循环经济院（2人）

田 西 王宝磊

高教所（3人）

姜晓如 郭兆龙 石万余

北京工业大学学习优秀奖

（共计2702人，其中研究生726人，本科生1976人）

名单略

北京工业大学优秀学生干部

（共计552人，均为本科生）

机电学院

龚世秋 杨润晖 晏超杰 王奕文 赵国宁
马振雷 贺 赞 李 欣 张海峻 王钰涵
刘 伟 郭彦杰 王宏良 马丹跃 周慧缘
金 枝 任伟达 石烨佳 庞 晨 郎轶飞
罗国辉 宫兆辉 吉美宁 陶佳旺 孙陶陶
贾江河

电控学院

姚鼎鼎 尹 玮 朱辰光 周沛然 路浩南
祁文婷 刘天伦 张洲威 刘 刚 张振扬
孙旭宏 张 晶 徐海月 闻 文 王 冉
王 乐 赵晓彤 李咸达 刘 峥 果晨阳
刘 帆 于 博 杨 壮 张 柯 崔竞文
杨思成 李 莹 马晴雪 刘莹莹 周文晨
何 睿 程 岚 宋 杰 关 邢 张戎鑫
曾迪诗 方 群 吴薇薇 孙杰鹏 王子卿
张 琪 高宇航 马梓昂 刘 晗 郑木丽
高 洁 吴陈铭 周申晨 荣 婕 孙 凡
孙煜程 崔开予 赵东颉 朱祖武 范芳文
张 霁 马永超 陈宇峥 聂彤彤 邓斯诺
杨小娣

建工学院

宋子魁 欧阳博安 纪茜尧 杨明杰 程 亮
王 帝 邱 禹 黎 畅 蒋 彤 张莎莎
周刘茜 崔 钊 王 冰 张 卓 张晓娴
周建祎 赵洪飞 高 磊 曹美忠 陈 晖
李会芳 余文轩 吉瑞博 赵 翘 隗 娜
张文武 魏少言 李 彬 贾振雷 云孝艳
徐浩丹 马春麟 熊 英 安 毅 王 贺
王 序 张一帆 吴秋蓉 刘宛琦 李琚正
杜 佳 高 岩 于浩玮 王 宇 田 岳
李圆欣 刘 帆 李昭阳 刘 猛

环能学院

樊啸辰 李晓新 秦晓宇 张丽龙 孙晨曦
侯 磊 王锦程 于 飞 魏 林 王思萌
孙宏剑 陈 萌 刘 晶 刘 娜 杨 越
齐治平 刘 鑫 胡思琦 董 宁 杨浩茹
刘宏达 王春平 李贝隆 徐 恒 赵 蕊
李胜悦 王 杜 郭亚楠

数理学院

于清溪 唐文沛 苏梦雯 陈瑾一 杨铀亮
赵建章 蒋萌萌 吴 昊 夏出尘 郝天龙
周广正 孟庆梁 陈天琪 孙天娇 马嘉骏
黄伟男 郭 晋 董佳辉 毕宇桐 赵经博
李 峥 罗 肖

计算机学院

吕天舒 刘洪亮 谭 媛 王子祎 何 悦
张 珺 王星文 丁一鸣 陈 充 李 宁
毛新雅 潘 祥 李 力 叶德志 关博文
程彦昊 张宇尘 高 雅 周宇峰 郑亚婷
刘 飞 任笑萱 李雁昊 杨 凯 王佳乐
胡 瑗 苏思凡 李 勇 王 念 陈 嘉
徐玮豪 杜昱彤 靳 亚 付天怡 王求元
刘天宏 李 洋 张诗阳 张博闻 于彤彤
胡 浩 王瀚林

软件学院

付宇豪 刘 鸣 李 瑶 周李琦 刘 晓
王忆凡 高雪婷 郭铭皓 陶艺月 张 吉
吕 成 闫 岩 雷 俊 冯 叶 徐彦龙
王乐庆 胡 佳 王建宇 郭佩姗 高艾寒
王诗棋

材料学院

杨孟骐 李莉莉 何梦珂 陈凯伦 徐 跃
周丽媛 吴 龙 常晶晶 余 帆 钟志鹏
李新桐 王 雪 张威扬 赵 强 茆可欣
白 涛 田 野

生命学院

张宇童 李倩岚 周 倩 童石渊 石子鸣
祝敏佳 唐 铎 柳青青 高婷婷 王 妍
刘 玉 李佳慧 张一平 张海韵 柴彬彬

经管学院

王 磊 刘 晴 张瑜筱丹 刘 冉 陈莹莹
张子秋 宋念雨 王怡雯 付 航 任若楠
乔 敏 王铁成 叶笑梅 刘含章 王雪晴
曹 杉 宗 喆 刘 珊 徐楚璇 郭 玲
于露辉 张华政 高 瑾 刘瀚泽 石 玥
马 朋 朱思娜 陈 龙 赵宏宇 方森辉
王晓玮 武哲伦 张佳佳 张 雪 李晓宇
杨理嘉 熊 洁 许小煜 常新旭 刘 瑞
李 玥 辛 依 郭伟健 刘李俪 杨敏婕
林 笑 张 硕 王 甜 赵 晗 张笑楠
褚宏博 王依一 侯晓莘 齐锦雯 金晓宇
蒋 帆 仇心蕊 王文嫱 王 熙 王晓乐
祝丽然

建规学院

韩 琳 曹 凡 张斯朗 孙艺菡 李 彤
李思蓓 刘碧虚 周 翔 齐 啸 王文娜
黄佳鑫 庄 勇 胡亚婕 李佳美 刘 凯
王天航 孙达文 刘 源 杨博文 王 昱
刘晶娇 李相菲 王宇晗 李 琦 张宇新
闫韬宇 吴 越 王 博

人文学院

高 莹 刘 璐 裴 豫 徐 敏 朱伊讷
马璐瑶 倪寒雨 邵佳文 史翰臣 许 硕
牛昊瑛 耿雪洁 王宏霖 刘 昕 沈晓白
金碧茜 陈昌军 王明慧 张楚乔 任可意
杨振强 刘漩亮 胡力捷 宁思淼 王子太
刘兰竹 叶方舟 常心怡 刘格菲 马欣睿
徐闻远

外语学院

赵秀芳 王佳琦 王建钧 唐宇天 李劭珊
李 彧 李玉颖 穆 悦 郭诗瑶 张梓昕
赵 越

艺术设计学院

贾 茹 张文博 崔 文 韩儒派 吴砳熺
胡珂睿 张胜豪 张塞雪 申 明 邢云莉
闫晓谦 梁 冰 沈可可 李佳俐 杨 煦
田 田 蒋苏平 王 珊 林 键 姜 楠
陈利忠 段倩倩 蔡灼方 李泽洋 朱栗颖
李环宇 张梦蕊 李紫婧 唐嘉琦 郝宇佳
谢雨欣 温天皓 吴智威 解 丹 刘偲偲
李志芳 陈 奥 徐莉娇 王 洁 潘贺峰
赵 珊 刘泽龙 杜诗音 陆熠桐 马 超
宋 屹 龚璐畅 戴天骄 牛萍丽 杨梦杉
李 瑾 黄小佩 胡 越 王 印 董 辰
石金诣

交通学院

郑一新 王 淼 张舒沁 王玲玲 梁婧轩
张 欢 马鑫旺

实验学院

赵 新 唐 竹 曹 楠 马 婧 孙明辉
张 申 马 艺 丁贯雍 姚安安 郭子超
张润玉 王 赛 宋耀东 张 学 周 硕
董 莉 方 凯 王立杨 王灵禹 李 宇
韩 扬 赵君博 蔺梦凡 艾 好 裴 艺
赵冬雨 杨 雪 段 妍 崔 硕 王嘉炜
许可心 耿 卉 付 豪 董肇非 王 鹏
韩天坤 孙佳丽 王 旋 李雅雯 宋 璇
鲁 宁 石灵逸 王 皓 李佳明 刘博文
高 媛 张 辰 王宏陆 高 辰 邵 悦
王婷婷 唐一丹 张少安 石墨菡 董 晨
王梓娜 沈 晴 张鸣源 马 爽 张浩文
陈佳姗 荆一凡 安晓安

都柏林学院

张翼飞 李易彤 崔阳毅 李婧璇 张雪韵
季晓彤 王程展 贾玉琨 苍意如 陈宇轩
董鑫阳 刘 默 孟 蕾

北京工业大学研究生社会工作奖（427人）

机电学院（53人）

田 浩 刘志远 高慧芳 舒赞辉 赵华民
张学聪 殷云尧 陶志强 李 刚 张 柯
杨红玉 周 强 马本栋 沈会强 卢立晗
任 超 张称称 范 震 许晓东 唐兴华
刘 岩 樊军伟 邓 鹏 袁 骏 徐永亮
冯陆洋 袁劭华 王军鹏 连美娟 李 福
张 亚 刘益嘉 陈 林 侯少飞 崔 涛
陈 玲 李长清 亢太体 冯 秋 李 易
栾春波 南斯琦 王 翔 左世磊 董拓灿

张　强　孙坤明　周楠伟　刘　杨　田　雨
刘凤珠　邬　娜　刘宏利

电控学院（55 人）

钟　寒　许　坤　王　可　窦　环　刘　欣
岳　元　王成龙　冯　辛　冯　超　李　睿
张俊腾　匡　勇　宗　亮　杨明洁　李　蕊
李冠宇　朱　莉　郭　明　王　超　王　静
李瑞祥　刘　涛　王丽丹　孙梦娟　李笑漪
符　旭　黄　旸　袁　芳　刘　淼　刘飞飞
罗子安　魏慧军　刘松松　闫玉玮　韩峤鹏
李朝兰　魏　静　解　玮　戴佳奇　龙　凤
李　倜　郑秀征　张东明　张春竹　郑　楠
张梅铠　张文圳　李秋然　马昀骅　龙哲华
许丹丹　赵　聪　付文韬　袁　野　王　丹

建工学院（59 人）

李　波　刘　毅　马欲超　刘永旺　王文静
李积栋　张　冀　常丽红　张　佩　郭　飞
王　昊　张　思　严　乐　徐笑然　赵　梦
雷　刚　张芳亮　高娇娇　刘雄飞　何永发
谢　菲　李　云　任晓克　周元正　王福源
刘春晓　黄　立　臧振武　黄　荐　任家炜
谢丹妮　张晓叶　章　涛　曾　明　童　璐
张　强　张美雪　汪璨帆　樊广涛　杨伟明
田　欢　郑修娟　高晓静　兰永奇　巩同川
韩　蕊　卢　健　范　丹　王修平　秦　雪
张大胜　朱可睿　刘波涛　胡　彤　刘　超
孔凡超　李家云　王晓杰　李思遥

环能学院（33 人）

吴程程　王　涛　刘兴伟　范红玮　温　维
侯俊先　高彬彬　王　会　王　政　孟　强
单玲珑　晁晶迪　吴翠敏　王惟肖　刘　晔
孙源璟　李　睿　邵和东　王爱华　段　未
刘　冉　张　然　任晓燕　张宏宇　黄素珍
冯　路　苏　腾　楚　萧　张　鹏　吕博夫
李晓红　曹菁洋　陈　卓

数理学院（20 人）

贾慧芳　冯三营　郭慧君　高珍珍　陈　亮
黄昊翀　王　娜　初光军　祁漂洋　何　宪
梅晓平　李信飞　霍明超　石似琳　焦　融
朱绍涛　胡宇捷　李宬汉　郭　鑫　赵明月

计算机学院（31 人）

薛　菲　杨宇泽　张银钱　薛慧斌　王润元
申银杰　冯学智　马丙展　王　群　沙龙岗
刘李纬　马　壮　邱　硕　周松洁　孙　璠
王华慈　葛　卉　韩　跃　刘金铎　王　威
许瑞雪　王春生　王曼丽　张恒瑜　梁　骏
吴　欢　张婷婷　王　艳　杨甜甜　张　岩
姜　皓

材料学院（29 人）

左　勇　王学政　张良静　常随杰　任鹏伟
苏佳乐　苏鹏磊　铁　敏　张程浩　张立娜
董丽然　田晓萌　尹小文　王月琦　王　旭
孟　超　刘亚军　徐　超　张龙定　彭发学
楚上杰　司冠豪　李昱嵘　邱立新　杨　赛
华　刚　张思聪　盖　红　代丹丹

经管学院（34 人）

常晓红　葛　林　马　昱　姜祖岩　芦　杨
王宇纯　张　驰　晏丽娇　朱永中　谢　莉
王路凯　李　静　李　豪　白　玉　杜晶晶
李　帅　陈晓飞　庞明亮　鲁　婷　杜君君
张骛宇　王洁琛　万珏莹　栾博杨　陶燕萍
蓝　莹　王宇奇　胡梦雅　郭　然　石秀珍
张小星　魏　彬　靳礼伟　张海超

建规学院（12 人）

安　幸　王振海　宋晓强　畅　流　张　华
王文静　王珊珊　刘孟涵　陈　腾　王　旭
付雨竺　包晓晖

生命学院（19 人）

刘雅萌　孙国辉　康学军　孙立莹　王薇薇
苌佳怡　杜国伟　梁　洪　付雨林　张学亮
胡　芮　陈　杰　高　磊　任绘君　李　勃
张　弘　张春城　闫　剀　史建龙

外语学院（2 人）

李瑞棉　赵　安

软件学院（15 人）

王书龙　任宜远　白宇恒　池清萍　王　刚
轩兴刚　张　硕　蔡　森　张永泰　刘东东
崔　健　李　朔　张一飞　刘淇峰　于雨桐

人文学院（4 人）

张　昊　张　芳　马景天依　王媛璘

马克思主义学院（3 人）

赵　骞　张　浩　戴　怡

艺术设计学院（3 人）

樊丹鹤　索榕蔚　张媛恬子

交通学院（21 人）

李承锦　线冰曦　樊东灵　郭　达　王　丰
侯亚美　李瑞美　冯星宇　刘洪林　杜伟男
贾　珊　张群群　孔令鹏　郝思源　徐天宇
董龙飞　石　慧　朱朝磊　赵　璐　乔　婧
李　娟

激光院（19 人）

冯　超　邱慧斌　金东臣　师红星　张春萍
刘仁江　高祥宇　杨铁山　刘　俊　郭　猛
杨　策　于灏洋　田翠萍　朱　赞　于　伦

曹玄扬　何华阳　阳隽婷　程秋桐

循环经济院（3人）

赵国龙　赵　迪　李　凯

固体所（6人）

郭振玺　肖礼容　周　博　朱海音　矫丽丽
唐　旭

高教所（6人）

潘　敏　孙佳琪　熊可慧　杨倩倩　魏孟飞
任　从

北京工业大学励志奖

（共计325人，其中研究生246人，本科生79人）

单名略

北京工业大学科技创新奖

（本科生361人）

机电学院

江雨浓　任伟达　孟忆南　吉美宁　张庆东
王　凯　鹿慧丰　张　旭　龚世秋　成　全
张锦涛　石福涛　黄一展　张月泽　符致孟
郭彦杰　任　晗　周　洪　陈　映　郭立梅
吴　桐　郭坤义　闫　俊

电控学院

吴陈铭　田羽森　孙旭宏　魏润宇　张　浪
朱子琦　孙兴伟　孙杰鹏　陈天熠　支　蓉
姚鼎鼎　冯世超　王丹阳　焦旭杰　周沛然
杨　骏　赖　力　顾　一　刘思远　刘天伦
覃业泰　杨　明　汪　浩　王瑀楠　米文昊
闻　文　王子卿　孙煜程　刘　刚　贺宇迪
赵　洋　王睿川　周申晨　卢佳豪　朱惠杰
缪　翀　陈　强　杨　壮　李婷婷　张洪嘉
朱明君　邱永康　李鹏举　胡　博　王　飞

建工学院

吴　杨　张　卓　王　明　郝思雨　蒋　彤
李雪进　贾振雷　姚宇坤　钱蓝萍　程　作
杨云轩　徐浩丹　马正亮　白晓夏　周建祎
杨子璇　隗　娜　牛　央　王烨赅　周建祎
孙宏川　黄　蕊　张旭东　董　盛　王刘阳
彭宇旰　廖书欣　刘　鑫　陈　然　朱凯铭

环能学院

崔丹丹　王　珏　杜　墨　田甲申　魏　林
王东越　代贺飞　卢海涛　刘　娅　孙　策
朱玉鑫　赵辰朝　刘　晶　张鑫喆　史　蕊

李丽新

数理学院

郑石明　郭子豪　韩媛媛　褚　莹　耿佳琪
黄伟男　张持良　胡云升　黄辉祥　黄建杰
孙天娇　刘竞泽　陈天琪　何雨航　吴高米
高　毅　马嘉骏

计算机学院

王　彪　张　雨　王　念　任笑萱　张远行
赵　彤　王云帆　杜　仑　吕天舒　刘　硕
张天博　王求元

软件学院

原　亮　雷　俊　王忆凡　陈全保　刘　畅
李　嘉　李梦佳　郑晨曦　刘　晓　胡　佳
陶艺月　王政飞　谢　澜　刘　翀　张　丞
戴　庆　宋　鹤　苏雄业　李　瑶

材料学院

金　晴　闫潇潇　陈凯伦　宇芳婷　刘　爽
王婧一　孟佳红　王　雪

生命学院

梁栗炎　王　琪　王安然　刘　沙　陈　佳
张心苑

经管学院

台晓禹　邢倩妮　蔡宇扬　张翰乔　蒋丽娜
肖雨蒙　李月明　马姣玥　雷碧涵　唐欣苗
赵　朔　蔡　景　张多奎　邢　悦　孙　瑞
石　晶　王必成　郝　韵　刘　尧　徐婧婕
李梓瑞　王　淼　南　欣　武哲伦　池绍杰
王家璇　郭海婷　赵俐妍　赵一凡　熊　洁
李晓丹　陈叙霏　宗　喆　刘　帅　邢　航
宋雅希　伊茜卓玛　常　超　吕　玥　董　晨
刘亚萍　田紫阳　李其蓉　杨理嘉　杨晓凡
李　屾　焦　阳　张　晨　向志楠

建规学院

叶培霖　郑静蓓　章霂瑶　巩冉冉　徐予知
袁　浩　李　杨　巩怡菲　吉　艳　刘佳艺
任　洁　张重瑱　张琳汨　董雅秋　齐　啸
付　宇　殷楚红

人文学院

金芮如　黄　珏　李　想　张昊晴　熊　纬
邹益青　张　曼　刘　昕　白　杨　陈　笑
谢　青　韩非凡　韦笑雪　何　时　马璐瑶
曹　源　蔺文嘉　肖如云　李胜晓　张亚凝
高　莹　李雨晴　陈泽诗　马小童　杨　璠

外语学院

徐　晗　穆　悦　李昱晓　赵甜甜

艺术设计学院

吕　凯　李泽洋　张珺颖　辉晶生　解　丹

刘晓聪　周　盼　房　鑫　方　圆　潘　鑫
荣之光　姚子龙　张红梅　金佳慧　孙　洁
翟悉涵　尹　超　张　多　刘思超　宁晓康
韩儒派　金漪洁　王　丹

交通学院

邱聪颖　涂　强　王玲玲　邸小建　夏张辉
魏　磊

实验学院

张　磊　郑天依　谢天心　常　笑　周子雄
李佳明　李　琰　张鹏想　刘子渲　方　凯
张语迟　马冬亚　刘云宇　尹栋华　黄涵宇
李　强　孟庆梧　张若杨　李雅雯　于长江
龚宏伟　周　朔　李奕颖　王　鹏　赵　新
尤　歌　邵　悦　周　硕　张俊杰　张运杰
吴　莉　欧阳雪　孙　傲　赵　赫　米　娃
张润玉　高占岭　李简文　王　璨　李　想
吴　晗　陈　沫　徐博文　叶弘韬　刘　嵩
何靖宇　刘雨桐　康晓璐　张　佳　梁佳兴
张　珊　班稚佳　李可翀　鲁　宁　周圣文
齐杓楠　梁天宇　张　洋　刘仰辉　王梓娜
王仕君

北京市优秀毕业生

（共计 230 人，其中研究生 75 人，本科生 155 人）

研究生

机电学院

刘　夏　安　彤　刘丽昆　陈从连　张安庆
孟志鹏　徐庆龙　刘兴奇　张立红　罗　兵
莫代一

电控学院

乔彦彬　霍文娟　王　强　贾旭光　吕海坤
沈浩杰　王　爽　万　敏　孙荣毅　李雨晨
耿凌霄　李　萌　屈继敏

建工学院

金　浏　宋晋魏

环能学院

张　健　吉科猛　王　任

数理学院

苏雪琼　张晋芳　张　健　满天龙　王剑波

计算机学院

肖春华　钟宏燕　夏　娟　孙浩扬　贾　鑫

软件学院

何　欣　万志江　史秀鹏

材料学院

高　杨　王晓雅　刘思涵　王　赛　陈程程
刘　曼

生命学院

曹敏军　李　硕　王　玉　孙瑞婷

经管学院

杨正东　高　岩　张　健　蔡万江　朱哲君
张欣琦　胡应兰　张　静　王龙飞　王学兵
唐　燕

建规学院

方　波　刘如意　刘立强

人文学院

胡　备

外语学院

申　斯

交通学院

张兴俭　杜洪吉　杨子帆

激光院

孙　哲

固体所

李海鑫

循环经济院

杨丽杰

高教所

李　可

本科生

机电学院

石　健　焦　晨　燕少博　牛焕焕　叶家宇
谭振文　王落桐　闫天婷

电控学院

管文佳　曹晓晨　张丛薄　王　清　曹　琦
姜啸宇　林佳艺　苟诗璇　崔昊天　黄亦斌
陈美竹　王建坤　梁　倩　宋之阳　李经伟
司亚菲　杨旭月　张　旭　刘　迪

建工学院

管玉皓　郝　娜　李博瀚　陆宜倩　闫　帅
陶　冶　刘　继　曹　奇　沈文华　刘　原
田海成　汤逸羚　王宇娇　赵广辉　赵兰兰
丁子星

环能学院

刘芳熙　刘晓宇　王雅丽　司春英　杜　睿
肖雨晨　李义陶　周　宇

数理学院

杨京寰　郭于鹤洋　李建军　韩　卓　张殿臣
郑利强　芦　飞　蒋晓冬

计算机学院

王　翀　苏　扬　李子孚　王文琴　王　霞
李　蔷　张　策　何　滔　张兆晨　韩　旸

宋晓玥 向奇君 谷山龙川 刘博洋 魏 琦

软件学院

周明我 鲍 爽 杨 光 王思瀚 常梦龙
赵天鸽

材料学院

李炟声 包育典 黄缘也 黎 瑶

生命学院

马 羚 王雨晴 曹荟强 蒋洋叶

经管学院

朱亚军 郑 玥 段国辉 李雪珊 辛晓彤
罗 丹 王 强 张潇丹 谭泽洋 马红君
丁志豪 刘 璐 李 洋 万 方 陈久盈

建规学院

蒋奕轩 戴 言 刘明飞 邴 卓 曾睿之
赵丹羽 黄思曈

人文学院

马 欢 赵丽波 胡天圆 曹 苑 张生慧
郭 琦 许 多

外语学院

李孝慈 刘 鸽 孙 靖 刘 冬

艺术设计学院

李 鑫 周芳菲 秦满旺 陈庚嘉 郑梦颖
赵 参 刘 城 刘 森 肖冠一 滕晓阳
龚春曦 王佳敏 韩罗娜 张 洁 李沛沛
黄 丹 其木格 张 璇 杨子豪

交通学院

李 志 刘云霞

实验学院

高晓熙 孙 宠 王 锐 张宇婷 宁美馨
刘佳颖 王禹佳 杨 柳 吕倩倩 黄 祺
蔡娇娇 林 丽 康晓曦

北京工业大学优秀毕业生

（共计415人，其中研究生96人，本科生319人）

研究生

机电学院

刘 夏 安 彤 刘丽昆 陈从连 张安庆
孟志鹏 徐庆龙 刘兴奇 张立红 罗 兵
莫代一

电控学院

乔彦彬 霍文娟 王 强 贾旭光 吕海坤
沈浩杰 王 爽 万 敏 孙荣毅 李雨晨
耿凌霄 李 萌 屈继敏

建工学院

金 浏 刘朝峰 何 欢 李红艳 徐萌萌
于传鹏 丛茂林 田相凯 张功良 苏东霞
边 江 胡 筱 宋晋魏

环能学院

张 健 吉科猛 王国瑞 王 任 汪 林
操沈彬

数理学院

苏雪琼 张晋芳 张 健 满天龙 王剑波

计算机学院

肖春华 钟宏燕 权跃龙 夏 娟 孙浩扬
贾 鑫 刘鹏飞 王晓曦 冯云贺

软件学院

何 欣 万志江 史秀鹏

材料学院

高 杨 王晓雅 刘思涵 王 赛 陈程程
刘 曼

经管学院

杨正东 高 岩 张 健 蔡万江 朱哲君
张欣琦 胡应兰 张 静 王龙飞 王学兵
唐 燕

人文学院

胡 备

建规学院

方 波 刘如意 刘立强

生命学院

曹敏军 李 硕 王 玉 孙瑞婷

外语学院

申 斯

马克思主义学院

刘梦凡

交通学院

张兴俭 杜洪吉 杨子帆

激光院

孙 哲 孔晓芳 凌 晨

固体所

李海鑫

循环经济院

杨丽杰

高教所

李 可

本科生

机电学院

张伯华 石 健 焦 晨 燕少博 宋建涛
管和清 牛焕焕 曹鹏军 叶家宇 谭振文
王落桐 王 祥 侯晋珊 闫天婷

电控学院

管文佳 赵鹿阳 龚智贞 王子琦 王 思
曹晓晨 张丛薄 王 清 曹 琦 姜啸宇

胡笑尘 姚思奇 林佳艺 苟诗璇 张 祥
崔昊天 黄亦斌 陈楚泽 陈美竹 陈 岩
郑宇凌 王建坤 梁 倩 杨诗晟 宋之阳
付婧妍 廖之恒 李经伟 司亚菲 刘博文
刘 学 张 旭 冯杨森 杨旭月 吴玥颖
赵 轩 刘 迪

建工学院

王婧楠 谢志勇 赵兰兰 丁子星 管玉皓
郝 娜 周宇航 张安琪 马灵耕 李博瀚
陆宜倩 郭 珺 闫 帅 陶 冶 张景然
刘 继 曹 奇 吴睿麒 何子钊 沈文华
刘 原 常 杉 田海成 尚思宏 孟 婷
孟晓宇 汤逸羚 陈盛炜 王宇娇 刘景东
陈怡君 赵广辉

环能学院

刘芳熙 刘晓宇 王雅丽 司春英 杜 睿
肖雨晨 李义陶 周 宇 程 岳 王 绚
从骁宇 李 想 袁庆玲 左志强 王 艳
张 茜

数理学院

杨京寰 郭于鹤洋 李建军 韩 卓 张殿臣
郑利强 芦 飞 蒋晓冬 刘小璐 洪 畅
徐仰立 李 锋 赖秋楠 熊林海 徐文扬

计算机学院

王 翀 苏 扬 李子孚 王文琴 王 霞
李 蔷 张 策 何 滔 张兆晨 韩 旸
宋晓玥 向奇君 谷山龙川 刘博洋 魏 琦
程 晨 曹睿东 李旺春 党柯西 李一凡
黄 振 王钰杰 郑 玉 沈伯伟 鲍梦湖
刘 岩 周学阳 田 玥 张 旗

软件学院

周明我 鲍 爽 杨 光 王思瀚 常梦龙
赵天鸽 李亚萌 刘 原 陈 悦 齐 萍
方 静 张伍召

材料学院

李炟声 包育典 黄缘也 黎 瑶 张志忻
陈 娜 安其尔 田 雨

生命学院

马 羚 闫 阁 李 鹭 王雨晴 曹荟强
刘鑫年 蒋洋叶

经管学院

朱亚军 郑 玥 段国辉 李雪珊 辛晓彤
罗 丹 王 强 张潇丹 谭泽洋 马红君
丁志豪 刘 璐 李 洋 万 方 陈久盈
孙 伟 贾 璐 付嘉怡 杨沛然 张绍荀
李菁钰 丁楚琦 陆 鹿 来 智 王 宇
王鸿远 张宇姗 赵婧超 崔 昊 许 程

建规学院

蒋奕轩 戴 言 刘明飞 邴 卓 曾睿之
赵丹羽 黄思曈 王梦陶 陈兆瑜 冯灵芝
刘西子 李 湉 尚晓迪 张慧超

人文学院

马 欢 赵丽波 胡天圆 曹 苑 张生慧
郭 琦 许 多 钟 智 王 昊 瞿彦超
高 雪 朝 歌 范一鸣

外语学院

李孝慈 韩羽宁 刘 鸽 张 竟 孙 靖
李昭颖 刘 冬 张 莹

艺术设计学院

李少清 杜晓雨 李 鑫 周芳菲 张健羽
秦满旺 陈庚嘉 郑梦颖 赵 参 郝 鑫
余深宏 董金慧 刘 城 苏 泽 刘 森
刘 莎 肖冠一 滕晓阳 张思彤 姚 望
龚春曦 王佳敏 韩罗娜 官艺乔 左 婧
王泽洋 张 洁 梁锴琦 李沛沛 杨学河
黄 丹 其木格 张 璇 杨子豪 师 玥
黄明远 戚雅璇 张文丽

交通学院

李 志 刘云霞 张 政 苏 晴

实验学院

高晓熙 孙 宠 王 锐 张宇婷 宁美馨
刘佳颖 王禹佳 杨 柳 吕倩倩 黄 祺
蔡娇娇 林 丽 康晓曦 何 佳 刘嘉骏
徐 亮 盖瑾轩 王康益 李含婧 段东芳
秦 琴 赵文艳 曹馨予 陈博维 隋 欣
顾雅琪 周晨晨 吕 克 邱荣强 张菲凡
赵梦娇 厉 亮 陈肖伟 任斯琪 殷 歌
王楚楚 陈思羽 徐晓凯 邢 昀 张 晗
顾韵婷 武 荣

（研究生院、学生处、校团委 提供）

北京工业大学2014年学生科技竞赛省部级以上获奖

美国大学生数学建模竞赛

（主办单位：美国数学学会、
美国工业与应用数学学会）

国际一等奖：

数理学院　陈天琪　高　毅
计算机学院　张　雨　张远行　徐舒怡　吕天舒　柯伟辰
电控学院　姚鼎鼎　周沛然　林佳艺
软件学院　谢　澜　刘　畅

国际二等奖：

数理学院　黄建杰
计算机学院　赵　彤　张天博
电控学院　焦旭杰　魏润宇　杨　骏

国际企业管理挑战赛（GMC）

（主办单位：国务院国有资产
监督管理委员会研究中心、
全国工商管理硕士教育指导委员会）

中国赛区二等奖：

经管学院　池绍杰　宗　喆　丁　薇　陶　磊　常　超　蒋丽娜　南　欣　池　蒙　肖雨蒙　李　洋　王璐凯　张骛宇　熊　洁　辛晓彤　雷碧涵　刘竞泽　石弘利　邢　悦　郝　韵　赵婧超　张竑喆　杨沛然　王燕超　林　程　丰齐同　田　原　王　淼
生命学院　曹　杉
电控学院　贺娇瑜

中国赛区三等奖：

经管学院　张多奎　王必成　李梓瑞　邢倩妮　孙　瑞　吕　玥　刘　尧　王　岚　冉宜鑫　刘亚萍　伊茜卓玛　王光昊　齐彦婧　武哲伦　陈叙霏　董　晨　宋雅希　杨理嘉　石　晶　徐婧婕　赵俐妍　张　晨　李晓丹　邢　航　杨晓凡　焦　睿　王小丹　李　岫　李月明　赵一凡　蔡宇扬　卜　龙　王宇纯　李　萌　靳永强　蒋欣玥　刘　陆　王振振　郭海婷　刘钊博　刘雪强　丁楚凡　吕　腾　王永涛
数理学院　李增泽
外语学院　穆　悦

2014年全国大学生计算机博弈大赛

（主办单位：教育部高等学校计算机
科学与技术专业教学指导分委员会）

亚马孙棋一等奖（冠军）：

电控学院　屈文天　孙兴伟　邱永康

亚马孙棋一等奖：

电控学院　左盼盼　孙杰鹏
计算机学院　张　洋

六子棋一等奖：

电控学院　王鑫鹏　吴陈铭　孙旭宏　刘雨微　杨　壮　卢佳豪

苏拉卡尔塔一等奖：

电控学院　卢俊达　吴陈铭　孙旭宏

苏拉卡尔塔二等奖：

电控学院　于双悦　闻　文　王　蒙

2014年中国机器人大赛暨RoboCup公开赛

（主办单位：中国自动化学会、
科技部高技术研究发展中心）

Fira小型组5∶5（冠军）：

电控学院　于双悦　闻　文　卢佳豪

Fira小型组技术挑战赛（冠军）：

电控学院　孙兴伟　赵　晋　杨　壮

RoboCup中型组（亚军）：

实验学院　李佳明　李　琰　鲁　宁　刘彦超　姚景彬　梁佳兴　刘　哲　刘奂文　刘　嵩　冯世杰　周　朔　董醒儒

机器人武术擂台规定动作技术挑战赛（季军）：

实验学院　方　凯　尤　歌

Fira仿真组5∶5特等奖：

电控学院　刘雨微　闻　文　邱永康

机器人武术擂台规定动作技术挑战赛一等奖：

实验学院　张若杨　梁家兴　赵　赫

Fira小型组3∶3二等奖：

电控学院　王鑫鹏　孙兴伟　杨　壮

Fira 仿真组 11∶11 二等奖：
电控学院　　刘雨微　闻　文　邱永康
RoboCup 中型组技术挑战规定项目优秀团队奖：
实验学院　　李佳明　李　琰　鲁　宁　刘彦超
　　　　　　姚景彬　梁佳兴　刘　哲　刘奂文
　　　　　　刘　嵩　冯世杰　周　朔　董醒儒
RoboCup 中型组技术挑战自选项目优秀团队奖：
实验学院　　李佳明　李　琰　鲁　宁　刘彦超
　　　　　　姚景彬　梁佳兴　刘　哲　刘奂文
　　　　　　刘　嵩　冯世杰　周　朔　董醒儒

IEEE Xtreme 极限编程全球大赛

（主办单位：IEEE 美国电子与电气工程师协会）

国际一等奖：
计算机学院　张远行　孙宇辰　王求元
国际二等奖：
计算机学院　杜　仑　阮梦绯
数理学院　　石汉清

2014 年 IET 全球科技英语演讲比赛

（主办单位：英国工程技术学会）

中国赛区三等奖：
电控学院　　阳少轩

2014 年全国大学生数学建模竞赛

（主办单位：教育部、中国工业与应用数学学会）

全国二等奖：
数理学院　　胡云升
计算机学院　王云帆
材料学院　　刘　爽
北京市一等奖：
计算机学院　张远行　王求元　孙宇辰
电控学院　　孙煜程　徐春霞　侯　铁
北京市二等奖：
电控学院　　赵　薇
环能学院　　庞天赫
计算机学院　胡　瑗　杨佳伟　任笑萱　连日升

2014 年第十六届全国机器人锦标赛

（主办单位：中国人工智能学会机器人足球工作委员会）

全国一等奖：
电控学院　　赵　晋　卢佳豪　杨　壮　刘雨微
　　　　　　王子卿　王鑫鹏　孙兴伟　邱永康
　　　　　　左盼盼　李景韶
计算机学院　张　洋
全国二等奖：
电控学院　　闻　文　屈文天　孙兴伟　邱永康
　　　　　　左盼盼　吴陈铭　于双悦　卢俊达
　　　　　　杨　壮　卢佳豪
计算机学院　刘　硕　张天博　刘　硕　柯伟辰
数理学院　　张　旭
全国三等奖：
电控学院　　王鑫鹏　王子卿　孙杰鹏　闻　文
　　　　　　王　蒙
数理学院　　张　旭

2014 年中国大学生计算机设计大赛

（主办单位：教育部高等学校文科计算机基础教学指导委员会）

全国一等奖：
艺术设计学院　金国志　戚　乐
全国二等奖：
艺术设计学院　项瑞轩　陶梦楠　李泽洋　刘思超
　　　　　　　张冰清
全国三等奖：
艺术设计学院　张文丽　史士彦　李子雄　王　方
　　　　　　　侯雪娇　潘　鑫　姚子龙　张珺颖
　　　　　　　荣之光　孙　洁　周　盼　李柯谕
　　　　　　　董　辰
经管学院　　　台晓禹　隆晓文

2014 年全国大学生智能车竞赛

（主办单位：教育部、自动化教学指导委员会）

华北赛区赛电磁组三等奖：
电控学院　　黄俊文　吴陈铭　王　飞　杨　岩
　　　　　　耿国庆

2014 年全国大学生先进成图技术与产品信息建模创新大赛

（主办单位：教育部高等学校工程图学教学指导委员会）

机械类团体一等奖：
机电学院　　郭彦杰　黄一展　吉美宁　孟忆南
　　　　　　张　旭

机械类个人全能一等奖：
机电学院 郭彦杰 黄一展 张 旭 孟忆南
郭立梅 符致孟
机械类个人全能二等奖：
机电学院 吉美宁
机械类个人建模二等奖：
机电学院 石福涛
机械类个人手工一等奖：
机电学院 吉美宁
机械类个人手工二等奖：
机电学院 周 洪
建筑类团体一等奖：
建工学院 刘 鑫 杨云轩 杨子璇 郝思雨
董 盛
建筑类个人全能一等奖：
建工学院 姚宇坤 郝思雨
建筑类个人全能二等奖：
建工学院 杨云轩 杨子璇 刘 鑫 廖书欣
建筑类个人建模一等奖：
建工学院 杨子璇 杨云轩
建筑类个人尺规二等奖：
建工学院 董 盛 周建祎 任明哲

2014年全国大学生机械产品数字化设计大赛

（主办单位：教育部机械学科
教学指导委员会）

全国团体一等奖：
机电学院 吴 桐 任 晗 王 凯
全国团体二等奖：
机电学院 王申时 李 翔 林子昂
全国团体三等奖：
机电学院 鹿慧丰 郭坤义 田博兴 吴明通
张月泽 谢启航 叶家宇 赵 帅
王培琪

2014年全国“思科网院杯”大学生网络技术大赛

（主办单位：思科网络技术学院理事会）

全国三等奖：
计算机学院 郭 锋 李思航 刁子朋

全国信息技术应用水平大赛

（主办单位：教育部教育管理信息中心）

全国二等奖：
数理学院 冯 叶 王祥宇
材料学院 闫潇潇
计算机学院 毕临风 王轶伦 武诗天 高 原
葛炜霖 龚业勋
机电学院 陈 涛 黎秋宏 王帅宇 徐 钧
雷云龙 张 震
全国三等奖：
软件学院 李思雨 姚 迪
机电学院 杨 禹 朋毛旦增 刘 健 王勃松
刘 毅 崔蒙蒙 裴东敏 雷云龙
黄 强 徐 钧
计算机学院 刘伟世 孙 望 肖 润
建规学院 王 昱 魏美玉

2014年全国软件专业人才设计与开发大赛

（主办单位：教育部高等学校计算机科学与
技术教学指导委员会、
工业和信息化部人才交流中心）

全国二等奖：
计算机学院 柯伟辰 张天博 王求元
实验学院 李 磊
全国三等奖：
软件学院 谢 澜
计算机学院 任笑萱 张远行 杜 仑
实验学院 潘天雄 王仕君
北京市一等奖：
实验学院 黄云飞
北京市二等奖：
软件学院 李 颖 苏雄业 胡 佳 刘 鑫
李梦佳 许 城
计算机学院 孙宇辰 崔 巍 王云帆
实验学院 李思源 梁天宇 李可翀 刘骁阳
北京市三等奖：
软件学院 孟祥宇 陶艺月 郑晨曦 赵雅静
李 瑶 彭兴硕 林浩宇 刘嘉明
孙 健 王 洋 史博文 陈全保
张 丞 李璐明 侯立夫 王政飞
刘今朝 贾宸鉴 王灿雍 李宝达
董 岩 戴 庆 雷 俊
计算机学院 王 奈 王宜鸣 李宇昕 张 珺
杨佳伟 邱晓慧 章怡茜 徐书世
李小波 赵 彤 宋恺睿 颜媛媛
樊逸杰 张 弦 李宇轩
实验学院 于文皓 霍铁稳 郭 锰 苏 畅
杨 宸 杨 朝 李博文 屈 超

张俊杰 孟庆梧 史 记 李 申
高云浩 谷 雨

2014年全国高等学校建筑设计教案和教学成果评选

（主办单位：高等学校建筑学专业指导委员）

全国优秀作业：
建规学院 顾俣轩 袁 浩 汪子京 祁美蕙
叶培霖 杨博文

全国高等学校城市规划专业本科生“城市设计”课程作业交流和评优、学生社会调查报告评优

（主办单位：住房和城乡建设部高等学校城市规划专业教育指导委员会）

全国二等奖：
建规学院 付 宇 刘佳艺 董雅秋 封雨辰
全国三等奖：
建规学院 马 瑞 赵 岩 阮智杰 任 洁
秦凌宇
全国佳作奖：
建规学院 陈路航 卢欣媛 夏梦妍 黄 偲
刘佳艺 付 宇

2014年蔡司杯第三届全国大学生金相技能大赛

（主办单位：高等学校实验室工作研究会、中国体视学学会、中国腐蚀与防护学会）

全国三等奖：
材料学院 钟志鹏

全国大学生交通科技大赛

（主办单位：教育部交通运输教学、指导委员会交通工程、教育工作委员会）

全国二等奖：
交通学院 邸小建 王玲玲 魏 磊 涂 强
夏张辉
软件学院 宋伯男

2014年北京地区高校巴斯夫杯《化工原理》课程竞赛

（主办单位：中国化工学会化学工程专业委员会）

一等奖：
环能学院 李丽新 李 平 刘 娅 魏 林
三等奖：
环能学院 阿尔孜古丽·热合曼 侯 磊
马若非 姜梦凡

2014大学生节能减排社会实践与科技竞赛

（主办单位：教育部、中国工业与应用数学学会）

全国一等奖：
建工学院 程 作 黄 蕊 牛 央 张莎莎
白晓夏 王 薇 薛汇宇
全国二等奖：
建工学院 白晓夏 程 作 牛 央 黄 蕊
张莎莎 佟思辰
环能学院 胡欣蕊 卢海涛 崔丹丹 陈向枭
阿云生 王翰雄
全国三等奖：
建工学院 王刘阳 孙宏川 程 作
人文学院 曹 源 张 曼 韩非凡 周可欣
边梦琳 马欣睿
环能学院 孙 宝 黄戬勃
建规学院 师 歌

2014年华北地区大学生制冷空调科技竞赛

（主办单位：中国制冷空调工业协会）

北京市一等奖：
环能学院 朱玉鑫 王 珏 杜 墨
北京市二等奖：
环能学院 田甲申 张鑫喆 孙 策
北京市三等奖：
建工学院 刘嘉琦 张雪捷 熊樱子 张 卓
李雪进 陈 然
环能学院 赵辰朝 李佳晨 王东越

2014年专业资格课程（QP）个案分析比赛

（主办单位：香港会计师工会）

三等奖：
经管学院 王雪晴 潘梦媛 侯玮康 马姗姗

吕青月　李博洋　徐楚璇　杨佳星
李子骁　王蕊新
外语学院　郭诗瑶　吴　钒

2014年第五届全国大学生广告艺术大赛

（主办单位：教育部、高等学校新闻学学科教学指导委员会）

全国二等奖：
人文学院　李雨晴　李　想　张　曼
艺术设计学院　苏　崇　李　祎　索榕蔚
杨　刚
全国三等奖：
人文学院　陈泽诗
外语学院　李紫婧
艺术设计学院　曹　文　陈宵阳　曹　尉
负立峰
全国优秀奖：
人文学院　王　皓　胡曼琳　闫鑫垚　徐澄颖
谢　青　宋楚童　陈　冬　李胜晓
陈　笑　黄　珏　李胜晓
艺术设计学院　陈利忠　高墨涵　张天政
马诗然　曹　蔚
北京赛区一等奖：
人文学院　李雨晴　肖如云
艺术设计学院　杨晓燕
北京赛区二等奖：
人文学院　马璐瑶　张亚凝　涂山璞　张昊晴
文嘉铭
艺术设计学院　徐子涵
北京赛区三等奖：
人文学院　张亚凝　孙　蒙　刘　桃　杨　璠
林佩佩
艺术设计学院　李　爽　张赵丹　苏　崇

2014年第二十三届时报广告金犊奖竞赛

（主办单位：中华全国学生联合会）

金犊奖：
人文学院　陈　笑　黄　珏　莫　琪　蔺文嘉

2014年华北五省（市、自治区）大学生机器人大赛

（主办单位：北京市教委）

FIRA 仿真赛（5∶5）二等奖：
电控学院　杨　壮　赵　晋　闻　文　邱永康
FIRA 仿真赛（5∶5）三等奖：
电控学院　王　蒙　孙杰鹏
RoboCup 中型组三等奖：
实验学院　李佳明　李　琰　鲁　宁　刘彦超
姚景彬　梁佳兴　冯世杰　董醒儒
舞蹈机器人组（个人赛）三等奖：
电控学院　孙兴伟　卢佳豪　杨　壮　赵　晋
卢俊达
数理学院　张　旭

2014年北京市大学生人文知识竞赛

（主办单位：北京市教委）

北京市三等奖：
人文学院　田　钰　赵雪飞
计算机学院　姬庆庆　阴明珅
建规学院　康燕雯

2014年北京市大学生模拟法庭竞赛

（主办单位：北京市教委）

北京市二等奖：
人文学院　李嘉峰　魏依人　张依林　高　雅
实验学院　杨　雪　宋　璇

2014年北京市大学生建筑结构设计竞赛

（主办单位：茅以升科技教育基金会、中国建设教育协会、北京土木建筑学会）

北京市一等奖：
建工学院　马正亮　朱凯铭　彭宇阶　李会芳
建规学院　王天航　曲悠扬
北京市二等奖：
建工学院　张旭东　高　升　高晓瞻　高　岩
王烨赅　隗　娜　王　明　贾振雷
俞晓娜
建规学院　林钰琼　闫晶晶

2014年北京市大学生物理实验竞赛

（主办单位：北京市教委）

北京市一等奖：
李佳晨　吕晨亮
北京市二等奖：
刘宇轩　向圣辉　吴　昊
北京市三等奖：
张持良　王　琪　耿佳琪　魏　帅　孙天娇

王星岩　金有河　褚　莹　田东阁　何雨航
吕昊阳　方　俊

2014年全国部分地区物理竞赛

（主办单位：北京物理学会、北京高校物理教学研究会）

北京市一等奖：

机电学院　郭彦杰

北京市三等奖：

电控学院　宋　杰
建工学院　龙莹莹

2014年北京市大学生数学竞赛

（主办单位：北京数学学会）

北京市一等奖：

电控学院　魏润宇
机电学院　郭彦杰

北京市三等奖：

计算机学院　王宜鸣
建工学院　甘硕儒　甘世顺
环能学院　吴　磊

2014年全国大学生英语竞赛

（主办单位：教育部高等学校大学外语教学指导委员会）

全国特等奖：

经管学院　蔡　景

全国一等奖：

经管学院　钟心霈
建规学院　叶培霖
环能学院　杨　扬
数理学院　胡云升
实验学院　张雅欣　齐杓楠　米　娃　黄涵宇

全国二等奖：

建规学院　景思宇　张琳汨　袁　浩
经管学院　马姣玥　胡　雪　焦　阳
计算机学院　任笑萱　郑晨曦
建工学院　徐浩丹
人文学院　李　悦　杨丝缘　丁　芝
实验学院　常之华　刘雨桐　刘静婉　白　昀
蔡宇辰　吴　莉　孙旭鹏　李雅雯
谢天心　郑天依　刘　云　刘　妍
仇凯迪　米立楠

全国三等奖：

经管学院　王天聪　王雪妍　陈雪莹
软件学院　周定达　耿林堃　王政飞
机电学院　郭彦杰
电控学院　贺宇迪　杨　明　胡　博　冯世超
赖　力　刘天伦　刘思远　闻　文
材料学院　许　皓
数理学院　张郁竹
人文学院　曹　源　陈　笑
计算机学院　胡　瑗　朱亿豪
环能学院　王小桐
生命学院　郝　怡
建工学院　王思玮
实验学院　陈佳彦　李简文　何靖宇　周　朔
尹栋华　杨宇辰　班稚佳　王　璨
郭兆玺　李翊乔　王宏陆　高　珊
张语迟　李思函　陈　沫　张　珊
梁　京　周圣文　刘仰辉　付慧颖
杨雨浓　赵翊彤　王梓妍　柴庆华
杨赢赢

2014年全国大学生电子设计竞赛嵌入式专题竞赛

（主办单位：教育部、工业和信息化部）

全国三等奖：

电控学院　朱子琦　王丹阳　姚鼎鼎　卢佳豪
邱永康　孙兴伟

2014年21世纪全国英语演讲比赛

（主办单位：中国日报社）

北京市二等奖：

人文学院　刘兰轩
软件学院　周定达

2014年北京市大学生英语演讲赛

（主办单位：外语教学与研究出版社）

三等奖：

都柏林学院　徐祎明

2014年北京市大学生交通科技大赛

（主办单位：北京市教委）

北京市三等奖：

交通学院　李佳贤　黄天伊
软件学院　张嘉杰

2014年第二届雪仙丽中国家居服文化创意设计大赛

（主办单位：深圳市内衣行业协会、深圳市盛世九州展览有限公司）

金奖：

艺术设计学院　腾晓阳

国际学生设计比赛——纺织及可穿的艺术

（主办单位：香港理工大学 The Fashion Gallery、中国丝绸博物馆）

铜奖：

艺术设计学院　汤　玲

2014年全国大学生电子设计竞赛

（主办单位：教育部、信息产业部）

北京赛区一等奖：

电控学院　吴陈铭　黄俊文　朱子琦　王丹阳
姚鼎鼎　孙煜程

北京赛区二等奖：

电控学院　刘　硕　刘　爽　王　飞　刘　刚
卢佳豪　孙兴伟　邱永康　杨　壮

机电学院　曹云扬　韦文毅

实验学院　刘云宇　孟庆梧　李佳明　尹栋华
龚宏伟　张擎原

北京赛区三等奖：

电控学院　曾迪诗　李婷婷　汪　浩　顾　一
朱明君　王睿川

数理学院　褚　莹　张持良

实验学院　张运杰　郭　玮　周子雄　刘子渲
高占岭　孙　傲　张　磊　王朋月
赵　洋　李鹏举　王　岳　周　硕

（教务处　提供）

·2014 年学校事业发展统计数据·

北京工业大学 2014 年办学条件

<table>
<tr><td colspan="2">学校占地面积</td><td>793897 平方米</td><td>属学校产权</td></tr>
<tr><td colspan="2">学校建筑面积</td><td>946079 平方米</td><td>属学校产权</td></tr>
<tr><td colspan="2">图书馆建筑面积</td><td>26010 平方米</td><td>属学校产权</td></tr>
<tr><td rowspan="2">图书馆藏书</td><td>纸质</td><td>201.4116 万册</td><td rowspan="2">包括校图书馆（含本校区各单位资料室）、艺术学院、实验学院、继续教育学院藏书。</td></tr>
<tr><td>电子图书</td><td>13013.36 GB</td></tr>
<tr><td colspan="2">固定资产总值</td><td>45.08 亿元</td><td rowspan="2">属学校产权</td></tr>
<tr><td colspan="2">其中：教学科研仪器设备资产值</td><td>19.48 亿元</td></tr>
</table>

北京工业大学 2014 年教学科研机构

直属院（部）、研究院（所）	32 个
国家级产学研中心	1 个
国际合作研究中心	1 个
教育部工程研究中心	2 个
教育部重点实验室	2 个
省部共建重点实验室	3 个
教育部战略研究培育基地	1 个
北京市级科研基地	35 个
行业重点实验室	3 个

北京工业大学 2014 年学科、专业设置

国家重点学科	3 个
北京市重点学科	21 个
北京市重点建设学科	18 个
博士后流动站	18 个
一级学科博士学位授权点	18 个
二级学科博士学位授权点	1 个
一级硕士学位授权点	31 个
二级硕士学位授权点	3 个
工程硕士培养领域	19 个
本科专业	53 个

北京工业大学 2014 年教职工情况

教职工总数	2980 人
其中：1. 中国科学院院士	1 人
2. 中国工程院院士	5 人
3. “长江学者奖励计划”特聘教授	8 人
4. 国家杰出青年基金获得者	10 人
5. 国家有突出贡献专家	2 人
6. 享受政府特殊津贴专家	27 人
7. 人员结构	
（1）教师岗位人员	1577 人
（2）其他专技岗位人员	436 人
（3）管理岗位人员	587 人
（4）工勤岗位人员	380 人
（5）外籍教师	30 人
其中：教授	6 人
（6）离退休人员	退休 2591 人、离休 100 人

北京工业大学 2014 年教职工及专任教师职称、学历结构

		教职工		专任教师	
		人数（人）	比例（%）	人数（人）	比例（%）
职称结构	正高职称人员	346	11.61	325	20.61
	副高职称人员	785	26.34	626	39.7
	中级职称人员	1160	38.93	551	34.94
	初级职称人员	162	5.44	11	0.70
	无职称人员	527	17.68	64	4.06
学历结构	研究生学历	1750	58.72	1300	82.44
	其中：博士	1102	36.98	1044	66.20
	本科学历	751	25.2	273	17.31
	专科及以下	479	16.07	4	0.25

北京工业大学2014年学生情况

	毕业生数（人）	招生数（人）	在校学生数（人）
合计（不含留学生）	7814	7835	28656
一、研究生	2243	2511	11253
1. 全日制研究生	1697	2177	6348
1.1 博士生	185	253	1072
1.2 硕士生	1512	1924	5276
2. 在职研究生	546	334	4905
2.1 博士生	0	0	0
2.2 硕士生	546	334	4905
二、普通本专科生	2948	3484	13435
1. 本科生	2948	3484	13435
2. 专科生	0	0	0
三、成人教育本专科生	2623	1840	3968
1. 本科生	1751	1375	2996
2. 专科生	872	465	972
四、留学生	458	718	1014

北京工业大学校区设置

校区名称	地址	邮编
北京工业大学（校本部）	朝阳区平乐园100号	100124
北京工业大学艺术设计学院	朝阳区惠新东街8号	100029
北京工业大学实验学院	通州区潞苑南大街89号	101101
	朝阳区管庄西里20号	100024
北京工业大学继续教育学院	海淀区车公庄西路35号	100044
	崇文区永外琉璃井路41号	100075

北京工业大学直属院（部）、科研院（所）设置

序号	机构名称	简称
1	机械工程与应用电子技术学院	机电学院
2	电子信息与控制工程学院	电控学院
3	建筑工程学院	建工学院
4	环境与能源工程学院	环能学院

续表

序号	机构名称	简称
5	应用数理学院	数理学院
6	计算机学院	计算机学院
7	材料科学与工程学院	材料学院
8	经济与管理学院	经管学院
9	人文社会科学学院	人文学院
10	建筑与城市规划学院	建规学院
11	生命科学与生物工程学院	生命学院
12	外国语学院	外语学院
13	软件学院	软件学院
14	实验学院	实验学院
15	艺术设计学院	艺术设计学院
16	继续教育学院	继续教育学院
17	城市交通学院	交通学院
18	马克思主义学院	马克思主义学院
19	国际学院	国际学院
20	北京一都柏林国际学院	都柏林学院
21	樊恭烋学院	樊恭烋学院
22	高等教育研究所	高教所
23	体育教学部	体育部
24	激光工程研究院	激光院
25	固体微结构与性能研究所	固体所
26	循环经济研究院	循环经济院
27	北京古月新材料研究院	古月新材料院
28	北京科学与工程计算研究院	科学与工程计算院
29	北京智慧城市研究院	智慧城市院
30	北京知识产权学院	知识产权学院
31	北京知识产权研究院	知识产权院
32	微电子学院	微电子学院

北京工业大学2014年重点学科情况

国家重点学科（3个）	光学工程（一级）
	材料学
	结构工程
交叉学科北京市重点学科（3个）	资源、环境及循环经济
	纳米科学与技术
	信息安全

续表

一级学科北京市重点学科（8个）	材料科学与工程
	管理科学与工程
	生物医学工程
	机械工程
	土木工程
	环境科学与工程
	计算机科学与技术（培育）
	交通运输工程（培育）
二级学科北京市重点学科（10个）	机械制造及其自动化
	机械设计及理论
	微电子学与固体电子学
	防灾减灾工程及防护工程
	交通运输规划与管理
	热能工程
	环境工程
	凝聚态物理
	计算机应用技术
	光学
一级学科北京市重点建设学科（2个）	仪器科学与技术
	化学工程与技术
二级学科北京市重点建设学科（16个）	工程力学
	机械电子工程
	电路与系统
	信号与信息处理
	检测技术与自动化装置
	模式识别与智能系统
	市政工程
	道路与铁道工程
	概率论与数理统计
	应用数学
	计算机软件与理论
	国际贸易学
	数量经济学
	建筑设计及其理论
	社会学
	高等教育学

北京工业大学 2014 年博士后流动站情况

学科门类	流动站名称	所属学院
理学	数学	应用数理学院
理学	物理学	应用数理学院、激光工程研究院、固体微结构与性能研究所
理学	统计学	应用数理学院
工学	力学	机械工程与应用电子学院
工学	机械工程	机械工程与应用电子学院
工学	光学工程	激光工程研究院、应用数理学院
工学	材料科学与工程	材料科学与工程学院、固体微结构与性能研究所
工学	动力工程及工程热物理	环境与能源工程学院
工学	电子科学与技术	电子信息与控制工程学院
工学	控制科学与工程	电子信息与控制工程学院、城市交通学院
工学	计算机科学与技术	计算机学院、城市交通学院
工学	土木工程	建筑工程学院
工学	化学工程与技术	环境与能源工程学院
工学	交通运输工程	城市交通学院
工学	环境科学与工程	环境与能源工程学院
工学	生物医学工程	生命科学与生物工程学院
工学	软件工程	软件学院
管理学	管理科学与工程	经济与管理学院

北京工业大学 2014 年硕士学位授权学科

学科门类	一级学科名称	二级学科名称	学科代码	所属学院
哲学		科学技术哲学	010108	马克思主义学院
经济学		人口、资源与环境经济学	020106	循环经济研究院
	应用经济学		0202	经济与管理学院
		资源环境与循环经济	0202J1	循环经济研究院
法学	社会学		0303	人文社会科学学院
	马克思主义理论		0305	马克思主义学院
教育学	教育学		0401	高等教育研究所
文学	外国语言文学		0502	外国语学院
理学	数学		0701	应用数理学院
	物理学		0702	应用数理学院 激光工程研究院 固体微结构与性能研究所
		物理化学（含化学物理）	070304	环境与能源工程学院
	生物学		0710	生命科学与生物工程学院
	统计学		0714	应用数理学院

续表

学科门类	一级学科名称	二级学科名称	学科代码	所属学院
工学	力学		0801	机械工程与应用电子学院
	机械工程		0802	机械工程与应用电子学院
	光学工程		0803	激光工程研究院 应用数理学院
	仪器科学与技术		0804	机械工程与应用电子学院
	材料科学与工程		0805	材料科学与工程学院 固体微结构与性能研究所
		资源环境与循环经济	0805J2	循环经济研究院
	动力工程及工程热物理		0807	环境与能源工程学院
	电子科学与技术		0809	电子信息与控制工程学院
	资源环境与循环经济		0805J2	循环经济研究院
	信息与通信工程		0810	电子信息与控制工程学院
	控制科学与工程		0811	电子信息与控制工程学院 城市交通学院
	计算机科学与技术		0812	计算机学院 城市交通学院
	建筑学		0813	建筑与城市规划学院
	土木工程		0814	建筑工程学院
	水利工程		0815	建筑工程学院
	化学工程与技术		0817	环境与能源工程学院
	交通运输工程		0823	城市交通学院
	环境科学与工程		0830	环境与能源工程学院
	生物医学工程		0831	生命科学与生物工程学院
	城乡规划学		0833	建筑与城市规划学院
	软件工程		0835	软件学院
管理学	管理科学与工程		1201	经济与管理学院
	工商管理		1202	经济与管理学院
艺术学	设计学		1305	艺术设计学院

北京工业大学博士学位授权学科

学科门类	学科名称	学科代码	所属学院
经济学	应用经济学	0202	经济与管理学院
	资源环境与循环经济	0202J1	循环经济研究院
理学	数学	0701	应用数理学院
	物理学	0702	应用数理学院 激光工程研究院 固体微结构与性能研究所
	统计学	0714	应用数理学院

续表

学科门类	学科名称	学科代码	所属学院
工学	力学	0801	机械工程与应用电子学院
	机械工程	0802	
	光学工程	0803	激光工程研究院 应用数理学院
	材料科学与工程	0805	材料科学与工程学院 固体微结构与性能研究所
	资源环境与循环经济	0805J2	循环经济研究院
	动力工程及工程热物理	0807	环境与能源工程学院
	电子科学与技术	0809	电子信息与控制工程学院
	控制科学与工程	0811	电子信息与控制工程学院 城市交通学院
	计算机科学与技术	0812	计算机学院 城市交通学院
	土木工程	0814	建筑工程学院
	应用化学	081704	环境与能源工程学院
	交通运输工程	0823	城市交通学院
	环境科学与工程	0830	环境与能源工程学院
	生物医学工程	0831	生命科学与生物工程学院
	软件工程	0835	软件学院
管理学	管理科学与工程	1201	经济与管理学院

北京工业大学 2014 年专业学位培养领域

类别代码	类别名称	领域代码	领域名称
0252	应用统计硕士		
0352	社会工作硕士		
0451	教育硕士		
0853	城市规划硕士		
0851	建筑学硕士		
0852	工程硕士	085201	机械工程
		085202	光学工程
		085203	仪器仪表工程
		085204	材料工程
		085206	动力工程
		085208	电子与通信工程
		085209	集成电路工程
		085210	控制工程
		085211	计算机技术
		085212	软件工程

续表

类别代码	类别名称	领域代码	领域名称
0852	工程硕士	085213	建筑与土木工程
		085216	化学工程
		085222	交通运输工程
		085229	环境工程
		085230	生物医学工程
		085236	工业工程
		085237	工业设计工程
		085239	项目管理
		085240	物流工程
1251	工商管理硕士		
1252	公共管理硕士		
1256	工程管理硕士		
1351	艺术硕士		

北京工业大学 2014 年本科专业设置

序号	专业代码	专业名称	学制	学位	所在学院
1	080201	机械工程	4 年	工学	机械工程与应用电子技术学院
2	080301	测控技术与仪器	4 年	工学	机械工程与应用电子技术学院
3	080701	电子信息工程	4 年	工学	电子信息与控制工程学院 实验学院
4	080702	电子科学与技术	4 年	工学	电子信息与控制工程学院
5	080703	通信工程	4 年	工学	电子信息与控制工程学院
6	080801	自动化	4 年	工学	电子信息与控制工程学院
7	081001	土木工程	4 年	工学	建筑工程学院、实验学院
8	081002	建筑环境与能源应用工程	4 年	工学	建筑工程学院
9	081003	给排水科学与工程	4 年	工学	建筑工程学院
10	081104T	水务工程	4 年	工学	建筑工程学院
11	081802	交通工程	4 年	工学	城市交通学院
12	080501	能源与动力工程	4 年	工学	环境与能源工程学院
13	080503T	新能源科学与工程	4 年	工学	环境与能源工程学院
14	082502	环境工程	4 年	工学	环境与能源工程学院
15	082503	环境科学	4 年	理学	环境与能源工程学院
16	070302	应用化学	4 年	工学	环境与能源工程学院
17	070102	信息与计算科学	4 年	理学	应用数理学院
18	070202	应用物理学	4 年	理学	应用数理学院
19	071202	应用统计学	4 年	理学	应用数理学院 北京一都柏林国际学院

续表

序号	专业代码	专业名称	学制	学位	所在学院
20	080901	计算机科学与技术	4 年	工学	计算机学院、实验学院
21	080904K	信息安全	4 年	工学	计算机学院
22	080905	物联网工程	4 年	工学	计算机学院 北京一都柏林国际学院
23	080401	材料科学与工程	4 年	工学	材料科学与工程学院
24	081303T	资源循环科学与工程	4 年	工学	材料科学与工程学院
25	082601	生物医学工程	4 年	工学	生命科学与生物工程学院
26	082702	食品质量与安全	4 年	工学	生命科学与生物工程学院
27	071002	生物技术	4 年	理学	生命科学与生物工程学院
28	080902	软件工程	4 年	工学	软件学院 北京一都柏林国际学院
29	080906	数字媒体技术	4 年	工学	软件学院
30	082801	建筑学	5 年	建筑学	建筑与城市规划学院
31	082802	城乡规划	5 年	工学	建筑与城市规划学院
32	080205	工业设计	4 年	工学	建筑与城市规划学院
33	120102	信息管理与信息系统	4 年	管理学	经济与管理学院
34	120201K	工商管理	4 年	管理学	经济与管理学院、实验学院
35	120202	市场营销	4 年	管理学	经济与管理学院
36	120203K	会计学	4 年	管理学	经济与管理学院、实验学院
37	120701	工业工程	4 年	管理学	经济与管理学院
38	020102	经济统计学	4 年	经济学	经济与管理学院
39	020301K	金融学	4 年	经济学	经济与管理学院、 北京一都柏林国际学院
40	020401	国际经济与贸易	4 年	经济学	经济与管理学院、实验学院
41	030101K	法学	4 年	法学	人文社会科学学院、实验学院
42	030301	社会学	4 年	法学	人文社会科学学院
43	030302	社会工作	4 年	法学	人文社会科学学院
44	050103	汉语国际教育	4 年	文学	人文社会科学学院
45	050303	广告学	4 年	文学	人文社会科学学院
46	050201	英语	4 年	文学	外国语学院
47	050207	日语	4 年	文学	外国语学院
48	050209	朝鲜语	4 年	文学	外国语学院
49	130310	动画	4 年	艺术学	艺术设计学院
50	130502	视觉传达设计	4 年	艺术学	艺术设计学院
51	130503	环境设计	4 年	艺术学	艺术设计学院
52	130504	产品设计	4 年	艺术学	艺术设计学院
53	130505	服装与服饰设计	4 年	艺术学	艺术设计学院

北京工业大学科研机构

序号	机构名称
1	北京市交通工程重点实验室——省部共建国家重点实验室培育基地
2	新型功能材料教育部重点实验室
3	传热强化与过程节能教育部重点实验室
4	光电子技术省部共建重点实验室
5	城市与工程安全减灾省部共建重点实验室
6	数字社区教育部工程研究中心
7	汽车结构部件先进制造技术教育部工程研究中心
8	教育部战略研究基地——地方高水平大学发展战略研究中心
9	可信计算北京市重点实验室
10	固体微结构与性能北京市重点实验室
11	博物馆展陈设计与空间实现北京市重点实验室
12	计算智能与智能系统北京市重点实验室
13	机械结构非线性振动与强度北京市重点实验室
14	区域大气复合污染防治北京市重点实验室
15	绿色催化与分离北京市重点实验室
16	北京市污水脱氮除磷处理与过程控制工程技术研究中心
17	北京市物联网软件与系统工程技术研究中心
18	北京市激光应用技术工程技术研究中心
19	北京市生态环境材料及其评价工程技术研究中心
20	北京市城市交通运行保障工程技术研究中心
21	北京市精密测控技术与仪器工程技术研究中心
22	北京市高层和大跨度预应力钢结构工程技术研究中心
23	北京市数字化医疗 3D 打印工程技术研究中心
24	北京市历史建筑保护工程技术研究中心
25	抗病毒药物北京市国际科技合作基地
26	污水生物处理与过程控制技术北京市国际科技合作基地
27	碳基纳米材料北京市国际科技合作基地
28	脑信息智慧服务北京市国际科技合作基地
29	机械结构非线性振动与强度北京市国际科技合作基地
30	数字化医疗 3D 打印北京市国际科技合作基地
31	嵌入式系统北京市重点实验室
32	工程抗震与结构诊治北京市重点实验室
33	水质科学与水环境恢复工程北京市重点实验室
34	交通工程北京市重点实验室
35	环境与病毒肿瘤学北京市重点实验室
36	先进制造技术北京市重点实验室

续表

序号	机构名称
37	多媒体与智能软件技术北京市重点实验室
38	传热与能源利用北京市重点实验室
39	激光先进制造北京高等学校工程研究中心
40	环境友好新材料技术北京高等学校工程研究中心
41	北京现代制造业发展研究基地
42	北京社会管理研究基地
43	首都工程教育发展研究基地
44	机械工业重型机床数字化设计与测试重点实验室
45	机械工业精密测控技术与仪器重点实验室
46	机械工业印刷装备数字化技术重点实验室
47	中德激光技术中心
48	国家产学研激光技术中心
49	北京激光技术实验室
50	北京市光电子技术实验室
51	北京市焊接设备研究与开发中心
52	北京市饮料及食品添加剂质量监督检验站

（改革与发展规划处　提供）

·媒 体 报 道·

2014 年媒体报道（摘选）

报纸：

1. 从单兵突进的艺考生到讲合作的汽车设计师——《中国青年报》（2014 年 1 月 2 日）

2. 北工大成立城市交通学院——《中国科学报》（2014 年 1 月 2 日）

3. 地方高校正崛起——《光明日报》（2014 年 1 月 6 日）

4. 北工大学生交响乐团承办北京大学生新年音乐会——《中国教育报》（2014 年 1 月 6 日）

5. 北工大建汽车行业校外人才培养基地——《北京晨报》（2014 年 1 月 9 日）

6. 构建专业学位研究生教育外部质量评价体系——《中国教育报》（2014 年 1 月 13 日）

7. 市属高校可自主审批科技成果转化——《新京报》（2014 年 1 月 14 日）

8. 京校十条力促科技成果转化——《北京晨报》（2014 年 1 月 14 日）

9. 改革：推动地方高水平大学跨越式发展——《光明日报》（2014 年 2 月 11 日）

10. “立德树人”托起中国梦——《科学新闻》（2014 年 2 月 12 日）

11. 北京工业大学自主招生测试 3 月 1 日举行——《北京考试报》（2014 年 2 月 24 日）

12. 四万考生参加高校自主招生测试——《中国教育报》（2014 年 3 月 2 日）

13. 自主招生 北工大要看会考成绩——《现代教育报》（2014 年 3 月 3 日）

14. “单独生二胎”成北工大面试题——《北京考试报》（2014 年 3 月 5 日）

15. 北京工业大学自主招生结果 3 月下旬可查——《北京考试报》（2014 年 3 月 10 日）

16. 探索教授治学有效途径——《中国教育报》（2014 年 3 月 10 日）

17. 北京工业大学校长郭广生：办大学须定位先行——《中国科学报》（2014 年 3 月 13 日）

18. 校园能耗“瘦身”记——《中国科学报》（2014 年 3 月 20 日）

19. 都柏林十日——《中国科学报》（2014 年 3 月 27 日）

20. 北京工业大学与北京市环保局开展多项合作——《科技日报》（2014 年 4 月 1 日）

21. 北京工业大学与北京市环保局签署合作协议——《中国科学报》（2014 年 4 月 3 日）

22. 曾毅：只为挽救更多生命——《中国科学报》（2014 年 4 月 4 日）

23. 国家大剧院“百场歌剧普及活动出剧院”——《中国文化报》（2014 年 4 月 15 日）

24. 部分高校面向理科生开新专业——《新京报》（2014 年 4 月 21 日）

25. 招生实验班增至 13 个——《北京考试报》（2014 年 5 月 4 日）

26. 北工大学生上演“春日音乐会”——《新京报》（2014 年 5 月 5 日）

27. 不息为体 日新为道 助力学子成长成才——《中国教育报》（2014 年 5 月 8 日）

28. 首都高校大学生武术比赛昨在北京工业大学开赛——《北京青年报》（2014 年 5 月 12 日）

29. 超七成在京高校开设武术课——《北京日报》（2014 年 5 月 12 日）

30. 看得见的成长——《北京考试报》（2014 年 5 月 14 日）

31. 北工大男篮闯进 CUBA 全国四强——《北京青年报》（2014 年 5 月 17 日）

32. 北工大向 6 所小学派出“兼职校长”——《北京青年报》（2014 年 5 月 23 日）

33. 北工大向小学开放图书馆实验室——《新京报》（2014 年 5 月 26 日）

34. 大学生国家大剧院演歌剧——《新京报》

(2014年6月2日)

35. 北工大歌剧专场首登大剧院——《京华时报》(2014年6月10日)

36. 差距明显 自动变速器产业链有待完善——《中国工业报》(2014年6月12日)

37. 保持追求卓越的精神——大学校长寄语之主题篇——《中国教育报》(2014年7月7日)

38. 大学要做政府和行业关心的事——访北京工业大学党委书记郑吉春——《中国教育报》(2014年7月14日)

39. 至知、至仁、至勇，成就精彩人生——《光明日报》(2014年7月15日)

40. 北京市教委设重大反腐课题 调研显示高校腐败案集中在七大领域——《法制晚报》(2014年7月21日)

41. 北工大承办大羽赛 今年参赛高校最多——《信报》(2014年7月22日)

42. 北工大奥运场馆首办全国大羽赛——《京华时报》(2014年7月22日)

43. 第十八届“大羽赛”将在北京工业大学挥拍——《科技日报》(2014年7月22日)

44. 北京工业大学将办第18届全国“大羽赛”——《北京考试报》(2014年7月23日)

45. 与阳光同行的国际志愿者——《中国科学报》(2014年7月24日)

46. 北京工业大学将办全国大学生羽毛球锦标赛——《北京晨报》(2014年7月25日)

47. 北工大明年将在密云设本科专项招生计划——《北京晚报》(2014年7月27日)

48. 北工大上演“皮筋车”拉力赛——《北京青年报》(2014年7月28日)

49. 北工大校长亲赴密云送录取通知书——《北京日报》(2014年7月28日)

50. 北工大校长给密云二中学生颁发录取通知书——《北京考试报》(2014年7月30日)

51. 北工大校长郭广生为密云二中新生颁发录取通知书——《中国科学报》(2014年7月31日)

52.49名密云学生被北工大录取——《新京报》(2014年8月4日)

53. 中国大学生羽球赛挥拍——《中国体育报》(2014年8月6日)

54. 教学 开放 比赛 北工大奥运场馆为学生体育服务——《中国体育报》(2014年8月8日)

55. 全国大羽赛北工大摘两金——《京华时报》(2014年8月12日)

56. 北工大拟在密云定向招生——《北京晨报》(（2014年8月14日)

57. 民革党员邹锋：情系红旗渠——《团结报》(2014年8月25日)

58. 中美大学生男篮友谊赛在北工大举行——《光明日报》(2014年8月26日)

59. 一流大学应该有一流体育——《中国教育报》(2014年9月1日)

60. 北工大雨中迎新生 各学院各自出奇招——《北京考试报》(2014年9月3日)

61. 北京一都柏林国际学院牵手CBD校企合作培养学生实践能力——《北京考试报》(2014年9月5日)

62.104件学生创意作品 亮相北工大科技节——《科技日报》(2014年9月12日)

63. 北工大牵手CBD定向培养学生——《新京报》(2014年9月15日)

64. 平静·力量——《北京青年报》(2014年9月18日)

65. “长大了”的科技节——《中国科学报》(2014年9月18日)

66. 市属高校开设“实验区”培养“领军人才”——《新京报》(2014年9月22日)

67. 大学生健康教育亟待重视——《光明日报》(2014年9月23日)

68. 北工大举行教职工篮球联赛——《中国体育报》(2014年9月25日)

69. 王剑：赋予科学情感——《中国科学报》(2014年9月25日)

70. 支教团是黑暗中的一盏烛光——《中国青年报》(2014年9月29日)

71. 让更多的大学生走向操场——《中国教育报》(2014年10月13日)

72. 学子心中的校训 不息与日新——《北京考试报》(2014年10月13日)

73. 世界著名设计师黑川雅之受聘北工大——《光明日报》(2014年10月14日)

74. 改变，从实习开始——《北京考试报》(2014年10月15日)

75.12国院校研讨工程教育——《新京报》(2014年10月20日)

76. 大学工程教育与教学国际研讨会举行——《光明日报》(2014年10月22日)

77. 中西视角下的工程教育——《中国科学报》(2014年10月23日)

78. 让青春在实践中闪光——《中国科学报》(2014年10月23日)

79. 工程教育：重视联系产业界——《中国

教育报》(2014 年 10 月 27 日)

80. 大学课堂改革要适应“微时代”——《现代教育报》(2014 年 10 月 29 日)

81. 北京数字化医疗 3D 打印协同创新联盟成立——《科技日报》(2014 年 10 月 29 日)

82. 让上肢康复训练像是“玩游戏”——《北京晚报》(2014 年 10 月 30 日)

83. 科技达人王剑：做有温度的科学设计——《中国教育报》(2014 年 11 月 3 日)

84. 地方高水平大学的困境与突破——《光明日报 》(2014 年 11 月 4 日)

85. 大学小微 · 北京工业大学——《光明日报》(2014 年 11 月 4 日)

86. 北工大优秀教师可享年薪制——《中国青年报》(2014 年 11 月 4 日)

87. 北京工业大学试行高层次人才动态管理制度——《中国人事组织报》(2014 年 11 月 5 日)

88. 北京数字化医疗 3D 打印协同创新联盟在京成立——《中国科学报》(2014 年 11 月 6 日)

89. 北工大学科带头人 最高享 35 万年薪——《北京青年报》(2014 年 11 月 9 日)

90. 用雕塑的力量指引学生——《中国教育报》(2014 年 11 月 10 日)

91. 国际工程师怎样炼成?——《北京日报》(2014 年 11 月 12 日)

92. 北京工业大学：为青年教师成长搭好梯子——《中国教育报》(2014 年 11 月 17 日)

93. 3D 打印“蜘蛛侠”侦察兵——《北京晚报》(2014 年 11 月 18 日)

94. 就业与专业 动画专业就业难? 一流学生不“愁嫁”——《北京考试报》(2014 年 11 月 24 日)

95. 北京智慧城市研究院成立——《北京日报》(2014 年 11 月 27 日)

96. 北京数字化医疗 3D 打印协同创新联盟成立——《北京晨报》(2014 年 11 月 28 日)

97. 北京智慧城市研究院成立——《科技日报》(2014 年 12 月 2 日)

98. 启迪智慧，放飞梦想——《科技日报》(2014 年 12 月 2 日)

99. 北工大 12 名大学生当中学生成长导师——《北京考试报》(2014 年 12 月 3 日)

100. 北京工业大学科技节闭幕——《中国科学报》(2014 年 12 月 4 日)

101. 北京大学生举办新年音乐会——《新京报》(2014 年 12 月 8 日)

102. 北京工业大学科技节万名学生受益——《北京科技报》(2014 年 12 月 9 日)

103. 北工大描绘校园信息化建设蓝图——《科技日报》(2014 年 12 月 11 日)

104. 把中国精神种在心里——《中国教育报》(2014 年 12 月 13 日)

105. 未来大学将成“无围墙校园”——《新京报》(2014 年 12 月 15 日)

106. 北京智慧城市研究院成立——《光明日报》(2014 年 12 月 16 日)

107. 北京工业大学：规划智慧校园服务师生——《现代教育报》(2014 年 12 月 22 日)

108. 京津冀交通论坛在北工大举行——《光明日报》(2014 年 12 月 30 日)

109. 校训文化 润物无声——《人民日报》(2014 年 12 月 31 日)

网络：

1. 中关村管委会组织社会媒体走进北工大开展调研——千龙网 (2014 年 1 月 3 日)

2. 北工大与市环保局合作签约 共同治理首都环境——中国网 (2014 年 4 月 1 日)

3. 新媒体时代大学生自杀事件应对机制研究——中国教育新闻网 (2014 年 4 月 4 日)

4. 记“谁是球王”羽毛球民间争霸赛男单冠军杨霖飞——新华网 (2014 年 4 月 7 日)

5. 李永波林丹为“谁是球王”点赞 业余球王也能进国羽——搜狐体育 (2014 年 4 月 9 日)

6. 北京工业大学学生合唱团于北京音乐厅举办“春日音乐会”——中国网 (2014 年 4 月 17 日)

7. 北工大杜峰解读 2014 年高考招生政策和专业调整——中国教育新闻网 (2014 年 5 月 6 日)

8. 北京外国留学生参加首都高校大学生武术比赛——千龙网 (2014 年 5 月 11 日)

9. “陆学艺先生逝世周年学术座谈会”在京举行——千龙网 (2014 年 5 月 13 日)

10. 北工大男子篮球队闯入第 16 届 CUBA 全国 4 强——千龙网 (2014 年 5 月 16 日)

11. 北工大男篮杀进 CUBA 四强 创历史最好成绩——新华网 (2014 年 5 月 16 日)

12. 北工大男子篮球队历史性杀进第十六届 CUBA 全国四强——中国网 (2014 年 5 月 16 日)

13. 北工大招办主任：通过不懈努力实现人生的价值——中国教育新闻网 (2014 年 5 月 19 日)

14. 首都高校第七届机械创新设计大赛开幕——中国网 (2014 年 5 月 19 日)

15. 北京工业大学全面参与小学体育美育工

作——中国网（2014年5月23日）

16. 北工大“永磁悬浮列车”亮相震住小学校长——千龙网（2014年5月23日）

17. 第18届全国大学生羽毛球锦标赛将于8月在北工大举行——新华网（2014年7月20日）

18. 第十八届中国大学生羽毛球锦标赛将在北工大举行——人民网（2014年7月21日）

19. 第18届全国大学生羽毛球锦标赛将在北工大举行——国际在线（2014年7月21日）

20. 第18届全国大学生羽毛球锦标赛将在北工大举行——新浪教育（2014年7月21日）

21. 第18届全国大学生羽毛球锦标赛首次开进奥运场馆——千龙网（2014年7月21日）

22. 橡皮筋赛车的顶尖对决 2014年E级方程式国际锦标赛（中国区赛）——中国青年网（2014年7月29日）

23. 北工大举办2014年E级方程式国际设计锦标赛——新浪教育（2014年7月31日）

24. 第18届中国大学生羽毛球锦标赛在北工大开幕——新华网（2014年8月5日）

25. 第18届中国大学生羽毛球锦标赛在北京开赛——千龙网（2014年8月5日）

26. 第18届中国大羽赛开幕式在北工大体育馆举行——中国网（2014年8月6日）

27. 北工大队力克北交大队勇夺大羽赛男团冠军——新华网（2014年8月8日）

28. 大学生羽毛球赛落幕 北工大夺两金——千龙网（2014年8月11日）

29. 第18届全国大学生羽毛球锦标赛闭幕 北工大创历史最好成绩——新华网（2014年8月11日）

30. 全国大羽赛闭幕 千场比赛产生65枚奖牌——中青网（2014年8月11日）

31. 中美大学男篮对抗北工大惜败 伊朗国手表现平平——搜狐体育（2014年8月26日）

32. 德雷塞尔大学篮球队收获中国之旅首胜——新华网（2014年8月26）

33. 中美大学生篮球劲旅对决 巅峰时刻双方握手言欢——千龙网（2014年8月27日）

34. 北京工业大学举办中美大学生男篮友谊赛——新浪教育（2014年8月27日）

35. 北工大举办中美大学生男篮友谊赛 体教结合结硕果——中国网（2014年8月29日）

36. 第四届北工大科技节暨学生科技作品展正式启动——中国网（2014年9月11日）

37. 北京工业大学科技节开幕式隆重举行——新浪教育（2014年9月12日）

38. 体教结合结硕果——北工大教职工篮球联赛开幕——新华网（2014年9月18日）

39. 北工大艺术设计学院聘黑川雅之为特聘教授——新浪网（2014年9月30日）

40. 大学生入党动机多元化 高校亟需创新发展党员工作机制——中国青年网（2014年10月22日）

41. 北工大赴法留学生3年花费仅20万——千龙网（2014年10月24日）

42. 北京数字化医疗3D打印协同创新联盟成立大会在北工大召开——中国网（2014年10月28日）

43. 强高端优结构 北工大人才强校战略重拳出击——新浪网（2014年10月29日）

44. 北京智慧城市研究院成立 将服务京津冀协同发展——千龙网（2014年11月27日）

45. 2014年北京工业大学科技节闭幕式暨学生年度颁奖典礼圆满举行——中国青年网（2014年11月30日）

46. 北京大学生新年音乐会开进国家大剧院——千龙网（2014年12月2日）

47. 构建京津冀交通一体化网络 协同解特大城市交通难题——中国青年网（2014年12月26日）

期刊：

1. 立德树人：回归教育本质的实践与探索——《北京教育（高教版）》（2014年11月25日）

2. 创新驱动发展 特色服务北京——《北京教育（高教版）》（2014年12月31日）

视频：

1. 邵逸夫先生辞世引追思“逸夫楼”见证其善举——北京电视台（2014年1月7日）

2. 破解专利维护难题 推动科技原始创新——中央电视台新闻频道（2014年1月10日）

3. 《朝闻天下》报道北工大本科生科技创新实践成果——中央电视台（2014年5月4日）

4. 北京市人大常委会主任杜德印率北京市人大代表团来校调研——北京电视台（2014年5月13日）

5. 2014年全国科技活动周暨北京科技周主场开幕——北京电视台（2014年5月17日）

6. 第十八届全国大学生羽毛球锦标赛八月在北京举行——中国教育电视台（2014年7月22日）

7. 中国大学生羽毛球锦标赛将在北工大举行——北京电视台（2014年7月22日）

8. 北京工业大学校长赴密云二中送录取通知

书——中国教育电视台（2014 年 7 月 28 日）

9. 北工大举办 2014 年 E 级方程式国际设计锦标赛——中国教育电视台（2014 年 7 月 31 日）

10. 北京工业大学明年将在密云县设本科专项招生计划 ——北京电视台（2014 年 8 月 4 日）

11. 第 18 届中国大学生羽毛球锦标赛在北工大举行——中国教育电视台（2014 年 8 月 5 日）

12. 第 18 届大学生羽毛球锦标赛开赛——中央电视台（2014 年 8 月 5 日）

13. 全国大学生羽毛球锦标赛落幕——北京电视台（2014 年 8 月 11 日）

14. 体教结合结硕果——北工大教职工篮球联赛开幕——中国教育电视台（2014 年 9 月 17 日）

15. 12 国院校研讨工程教育——中国教育电视台（2014 年 10 月 20 日）

16. 北京工业大学召开 2014 年人才工作会——中国教育电视台（2014 年 11 月 5 日）

17. 北京智慧城市研究院在京揭牌——中国教育电视台（2014 年 11 月 26 日）

18. 北京工业大学科技节闭幕——中国教育电视台（2014 年 11 月 28 日）

19. 北工大学生交响乐团连续四年承办北京大学生新年音乐会——中国教育电视台（2014 年 12 月 2 日）

改革：推动地方高水平大学跨越式发展

《光明日报》（2014 年 2 月 11 日）

十八届三中全会提出“深化教育综合改革，创新高校人才培养机制，促进高校办出特色争创一流”。这对高等教育，尤其是地方高等教育提出了新的更高的要求。在这种形势下，地方高水平大学如何深化改革创新，实现跨越式发展，是当前面临的重要挑战。

近年来，随着我国高等教育的快速发展，地方高水平大学的基础设施和办学条件得到了较为明显的改善，办学实力与核心竞争力都有了较大幅度的提升。然而由于历史与现实多方面原因，地方高水平大学的建设和发展还面临不少问题与困境，诸如办学定位不明确，办学模式趋同；学科布局不合理，办学特色凝练不够；服务社会和区域的机制不完善，服务功能发挥欠佳；办学投入不足，办学经费短缺等等。这些问题在一定程度上影响着地方高校作用的发挥。三中全会提出的教育综合改革为各高校提供了“弯道超车”的历史性机遇。

作为一所有着 53 年高等工程教育传统、北京市唯一进入 211 工程建设的重点大学，北京工业大学近年来抓住机遇，实现了两个历史性转变：一是从单科性大学向以工科为主，理、工、经、管、文、法、艺相结合的多科性大学的转变；二是从教学型大学向教学研究型大学的转变，综合办学实力得到了跨越式发展。2011 年全国优秀博士学位论文获奖数量居全国第六，到目前共有 6 篇论文被评为优秀论文，13 篇论文获提名奖。现有 3 个国家重点学科，18 个一级学科博士授权点，材料科学、工程学、化学 3 个学科进入 ESI 全球学科 1%。在 2012 年教育部第三轮学科评估中，学校有 6 个学科排名位列全国高校 20 名以内，6 个学科排名位列地方高校第一。2012 年学校科研到校经费达 7.65 亿元，3 个项目获得国家科技进步二等奖，专利授权位居全国高校前列，在北京高校中仅次于清华和北航，学校科研整体实力进入全国高校 30 强。

进入“十二五”发展阶段以来，北京工业大学确立了面向未来 50 年的使命和愿景，提出将学校建设成为“国际知名、有特色、高水平研究型大学”的发展目标，为首都教育开放与合作的新格局，为北京建设中国特色世界城市作出更大的贡献。近年来，北京工业大学深化改革创新，不断开拓学校发展的新道路。

学校借助实施“2011 计划”，创新教育和管理体制机制。打破原有学科界限，建立了具有本校特色的政、产、学、研、用协同创新体系，以解决首都经济建设和社会发展重大问题为己任，探索了各种协同创新模式，建立了“首都世界城市顺畅交通协同创新中心”“首都资源循环材料技术协同创新中心”和“首都社会建设与社会管理协同创新中心”；与北京市科学技术研究院共建“北京工业技术研究院”；面向国家和首都重大发展需求，建设“北京古月新材料研究院”；围绕高水平学术带头人打造创新团队，引进欧洲科学院院士、国际应用数学领域的著名专家杜甫·哈特成立“北京科学与工程计算研究院”。

重视创新和实践能力培养，建立分层次人才培养模式。学校高度重视首都经济建设发展对创新人才的需求，计划在“十二五”期间达到“3个三分之一”，即在校学生三分之一进入“卓越工程师培养计划”，三分之一接受第二专业教育，三分之一有海外学习经历或者接受国际化教育。学校2012年毕业生国外留学的比例为10.6%，比全国“211”院校2012届（3.5%）高7.1个百分点，比全国“985”院校2012届（4.7%）高5.9个百分点。

立足北京，鼓励学科交叉融合，实施特色发展战略。首先，面向城市交通的重大需求及学科前沿，构建协同创新机制，成立特色鲜明、开放的高水平研究型试点学院——城市交通学院。其次建立跨学科的新型研究院。通过学科调整使学校成为国家重大项目的重要参与者、国防科研的承担者、解决北京重大科技与决策问题的重要基地、北京区域经济发展的重要创新源。

此外，学校在制定《大学章程》，探索现代大学治理模式；以国际化视野为引导，大力实施开放办学战略方面也做出积极探索。

高等教育改革已进入“深水区”，地方高水平大学要突破困境，关键在于抢抓机遇，只有通过综合改革，创新体制机制，才能办出特色，争创一流。

（郭广生）

大学要做政府和行业关心的事

——访北京工业大学党委书记郑吉春

《中国教育报》(2014年7月14日)

大学是城市的灵魂，大学文化对所在城市的价值取向起着引领作用。

学校要积极推进开放办学，到区县、委办局、企业、研究院所寻找合作方向。

“优秀大学应该能大力推动城市发展。”北京工业大学党委书记郑吉春在接受本报记者采访时表示，全球许多大学都创造了与社会发展的互动模式。研究表明，对大学科研的投资所能获得的回报是其他投资的七倍，这也是一些发达国家的很多国际企业都转移到了大学周围的原因之一。

大学文化对所在城市价值取向起着引领作用

问：您先后在北京印刷学院、北京工业大学担任党委书记，之前在北京市科委担任副主任，您如何看待大学与城市的共生发展?

答：大学与城市的共生发展，是非常值得探讨的话题。我在政府部门工作过，特别清楚政府需要怎样的支持，大学要在文化引导、智力支撑等方面为城市做出贡献。大学要做市委市政府关心的事、区域关心的事、企业关心的事、行业关心的事。在此我想谈几点个人认识：

首先，大学是城市基础研究的基石。因为基础研究的投资回报周期比较长，需要几年甚至几十年，一般的企业很难等待这么长的时间或者说大多中小企业管理者目光也不会这么长远，而大学是社会基础科学研究的基本机构，作为公益研究机构代表，大学相较于企业来说，在科研方面能展示出其独有优势，众多历史经验证明，大学的科研成果对城市经济发展起到很大的促进作用。

其次，应辩证看待大学和城市的关系，大学的发展也离不开城市的繁荣。城市的经济基础、文化氛围以及城市管理者对教育的重视程度往往会成为大学发展的重要影响因素。另外，一所好的大学不但要有大师，还要有大楼和大爱，这一切都离不开城市的支持。大学通过人才培养、科技创新、文化传承来服务城市，推动社会的发展，从而提高大学与社会的互信。

再其次，任何一所大学和其所在的城市必然有着血脉相连的关系。借助城市的发展，将大学的资源优势发挥到最大，将大学的影响扩展到最广。同时，大学以自己的资源、人才优势加入到城市的发展之中，促进城市的发展和对外的交流，提升城市竞争力。大学带给城市最好的礼物，就是培养具有独立和批判思维的未来的领袖人才。在欧洲，一个大学一个城。斯坦福大学鼓励学生创新创业，带动了硅谷的发展。所以大学的文化对人、对社会影响非常大。从这个角度说，大学是城市的灵魂，大学文化对所在城市的价值取向起着引领作用。

学校和政府、企业要把合作上升到合力

问：据了解，北京工业大学正在积极推进开放办学，与北京市政府及企业紧密合作，每周坚持“走出去”，到区县、委办局、企业、研究院寻找合作方向。请问郑书记，这是否是“服务北京行动计划”的一个举措？

答：目前，北工大正在加大开放办学力度，坚持“走出去”。这是“立足北京，服务北京，辐射全国，面向世界”的办学宗旨的一个具体体现。我们通过制定服务北京行动计划，以创新建设高水平研究型大学，以特色服务首都社会经济发展。

例如学校与北京市环保局合作，成立北京工业大学北京市大气污染控制中心，对PM2.5（细颗粒物）形成的原因及对策进行了分析研究，在今年全国科技周上，刘延东等领导参观了中心的研究成果，对北京工业大学围绕京津冀区域大气污染防治的协同创新工作给予了充分肯定。

学校与金隅集团的合作也非常有效率，学校走访金隅集团后一个月，集团回访，双方就节能减排等三个项目签约。之所以效率这么高，是因为企业难解决的事刚好是学校的研究专长。以前做科研与企业生产实际有差距，现在科研项目直接来源于企业需求，企业导向，市场导向，需求导向，拓宽了学校的科研视野，找到了与企业合作的机会与切入点。

此外，还有人才的交流合作。如学校领导班子到亦庄开发区调研，带回来了亦庄开发区的几十个人才，都是企业家、海归，这些高端人才与学校相关学科、相关专业、相关实验室对接，实现了人才共享，企业人才可以到学校做兼职导师，指导学生，实现人才培养跟工程、企业、行业的对接。学校也派教师到企业挂职锻炼，拓宽他们的科研思路，实现双兼职，人才共享。通过这种合作，加强了学校与企业的直接联系，加强了一线教师与企业之间的联系。

北工大地处朝阳，与朝阳区也开展了各种合作，学校为朝阳区人才培养开办了软件工程硕士等学习班。在“走出去”的过程中，我们从大学自身发展需要出发，从双方互利共赢角度出发，思考大学在这些事中能发挥什么作用？协同很重要，学校和政府、企业要把合作上升到合力，为北京发展提供多角度的支持，并通过服务为北京经济建设和社会发展做出更大的贡献。

学校还加快实施国际化战略，与国际院校开展积极合作。北京一都柏林学院的诞生即是北京与爱尔兰建设友好城市的产物。这种国际化合作，引入国际人才培养模式，对人才培养质量提升有重要作用。给学生上课的有欧洲科学院院士，上课的形式是研讨课，学生非常受益。大学要走出去，还要“攀高枝”，这样才能引入国际领先的专业、先进的教学法，让教育走向国际化，培养具有国际竞争力的人才。

“一主三辅”校区规划，让北工大融入北京

问：能否将北京工业大学和首都北京打造成一所大学和一座城市共发展的典范？

答：能否打造成共生发展的典范，这要靠我们的努力，我非常希望朝着这个方向来做。

北工大最近做的“一主三辅”校区规划与北京市整体规划是相符的。主校区在朝阳区平乐园，还有三个辅校区，我们做了新的规划：在西三环的西校区将与中关村产业融合，成立大学产业科技园，成为学校的科技创新中心和科技成果转化基地；北四环艺术设计学院校区将打造成文化创意产业园，不仅与朝阳业态发展符合，并将带动周边北京服装学院、联合大学等学校的协同发展；东侧管庄定福庄附近实验学院将打造成教师生活聚居区。

城市要有大学元素，大学应融入城市，国外大学是没有围墙的，中国大学也应该向这个方向发展。大学发展了，大学文化会带动周边、惠及居民。北工大将建美术馆、音乐厅，这些文化设施及文化活动会提升周边居民的文化生活水平。

党的十八大提出了“两个一百年”的奋斗目标。习近平总书记深情阐释：实现中华民族伟大复兴是每一个中国人的中国梦。北工大在欢庆50周年华诞之时，也提出了北工大的百年梦想，那就是把北工大建成在国际上有重要影响、特色鲜明、高水平研究型大学。工大梦是中国梦的重要组成部分，工大梦和中国梦互相呼应。千里之行，始于足下。为实现美好工大梦，在“十二五”期间，学校坚定不移地实施“人才强校、特色发展、开放办学”三大战略，力争把北工大和首都北京，打造成城市和大学共生共存共发展的典范。

（唐景莉　张彩会）

至知、至仁、至勇，成就精彩人生

《光明日报》（2014 年 7 月 15 日）

回首过往，难说再见；扬帆起航，满含嘱托。此时此刻，我应传递给你们什么样的能量，给你们哪些临行前的嘱咐，让你们在快速的生活节奏里多一份心灵的沉静，在现代化的外表下多一份思想的厚重，在市场化的大潮中多一份内心的坚守，这是我作为校长，作为你们的老师，作为你们的学长，也作为你们的朋友，希望也必须给你们讲的最后一节课。我决定以《论语·子罕》中的一句话，与大家共勉："知者不惑，仁者不忧，勇者不惧"。

不惑，源于至知。没有智慧的人生将黯然失色。获得智慧的途径很多，知者不惑的表现形式也很多，关键在于如何选择。现代管理学之父彼得·德鲁克曾说，"二十一世纪是一个选择的世纪，因为未来的历史学家如果回顾今天，他们会记得的，今天最大的改革并不是技术方面或网络方面的革新，而是——人类将拥有选择的权利。"

追溯历史，古往今来，能在岁月的长河中留下足迹的人，无一不是以天下兴亡为已任，以推动人类文明进步为毕生追求。他们坚守内心的崇高追求，点燃昭示理想的火炬，以坚毅的、顽强的、几乎是前仆后继的精神，传播文明与进步，谱写了一段属于自己人生的完美乐章。

而你们，作为引领社会风气之先的天之骄子，希望大家面对人生的转折和环境的变迁，要选择仰望星空、脚踏实地；面对工作的困难和生活的艰辛，要选择坦然承受、反思超越；面对家庭的琐碎和感情的烦扰，要选择相互体察、彼此包容；面对人情的冷暖和命运的不公，要选择坚守信念、绝不妥协！

但更重要的，是选择将个人命运与国家、民族命运紧紧结合、将个人梦想融入国家梦想、民族梦想，选择"惟理想与信仰不可辜负"，选择"衣沾不足惜，但使愿无违"，让我们"数风流人物，还看今朝"。

这是"至知"的旅程。

至知，而后至仁。"仁"是一种美德，莎士比亚曾说过，"生命苦短，只是美德能将它传到遥远的后世"。"先天下之忧而忧，后天下之乐而乐"提倡的是远大的理想；"心底无私天地宽"提倡的是坦荡的胸怀；"会当凌绝顶，一览众山小"提倡的是宽阔的眼界。

勤俭、善良，是一种"仁"；真诚、礼貌是一种"仁"；包容、厚德，是一种更高层次的"仁"。"惟宽可以容人，惟厚可以载物"，包容、厚德是高贵的品质，是处事的艺术，更是生活的智慧。

高度决定视野，视野决定境界，成大器者，静水流深。如海纳百川，有容乃大；壁立千仞，无欲则刚。一个善意、宽容的举动，往往能带来令人惊喜的蝴蝶效应，让他人受益的同时，我们自身也能从中获得宁静和升华。

这是"至仁"的旅程。

至仁，而后至勇。"害怕，这是我们唯一应当害怕的东西"，惧怕是成功路上的荆棘，而勇敢则是逆境中的光明。"知过之为智，改过之为勇"。勇敢源于自信、源于担当，是"天生我材必有用，千金散尽还复来"的雄心，是"乘风破浪会有时，直挂云帆济沧海"的果敢，是"万里长江横渡、极目楚天舒"的豪情。这种舍我其谁的自信，将会给予你们无限力量！

生命如同寓言，其价值不在长短，而在内涵。勇者，既要具备儒将之风，运筹帷幄、胸怀大局；又要具备武将之威，敢于担当，敢作敢为。作为学生，以追求真知、传承文明为担当；作为子女，以践行孝悌、感恩父母为担当；作为员工，以敬业勤恳、勇于开创为担当；作为父母，以忠于家庭、抚育后代为担当。

这是"至勇"的旅程。

愿你们至知、至仁、至勇，成就一个不惑、不忧、不惧的精彩人生！

（郭广生）

一流大学应该有一流体育

——第 18 届全国大学生羽毛球锦标赛“校长杯”侧记

《中国教育报》(2014 年 9 月 1 日)

“欲文明其精神，先自野蛮其体魄；苟野蛮其体魄矣，则文明之精神随之。”毛泽东这一观点，得到了大学校长的强烈共鸣。

“大羽赛场翼飞扬，主副馆内共激昂，健儿齐聚比身手，校长挥拍风采强。”北京工业大学新浪官方微博上，一首描写第 18 届全国大学生羽毛球锦标赛的打油诗日前得到了网友的关注与转发，同时也将视线吸引到大羽赛的赛场上。

全国大学生羽毛球锦标赛是中国大学生体育协会羽毛球分会每年举办一届的重要赛事，迄今已连续成功举办 18 届。今年赛事期间举行“校长杯”比赛，数十名校长纷纷挥拍上阵、一展身手。一时间，“校长喊你来看球”成为大羽赛赛场的流行语。

校长参赛带动师生投身体育运动

中国著名教育家、南开大学创立人张伯苓曾言：不懂体育者，不可以当校长。张伯苓先生对体育的真知灼见引发教育工作者的思考。

作为第 18 届大羽赛的承办学校，北京工业大学在“校长杯”比赛中也尽显东道主风采，3 名校领导身体力行、率先垂范投入比赛。分管体育工作的副校长吴斌正是其中一名。

吴斌副校长说：“北京工业大学以体育教学为主线，以群体活动和高水平运动队伍建设为两翼，实现课内与课外、校内与校外、普及与提高的三结合。学校特别注重通过开展俱乐部活动和系列赛事营造校园体育文化，激发师生参与体育运动的热情。不仅如此，羽毛球、乒乓球，甚至篮球赛场上都能看到校领导们的活跃身影。大家希望以自身参赛带动更多的师生投身体育运动当中，爱上运动，养成良好的运动习惯。”

首都体育学院副院长王凯珍算得上是大羽赛“校长杯”的“老面孔”，今年是她第四次参赛。早在 1975 年她便与羽球结缘，此后一直坚持每周两到三次与球友切磋技艺。“作为学校领导，我们应该通过参加体育锻炼建立一种健康的生活方式，为全体教职工和学生做出好的表率，带动他们参与到体育锻炼中来。”

体育文化是大学文化不可或缺的部分

“欲文明其精神，先自野蛮其体魄；苟野蛮其体魄矣，则文明之精神随之。”1917 年毛泽东在《体育之研究》上发表了这一观点。今天重温毛泽东该观点所包含的深刻哲学思想、教育思想及体育思想，同样具有深远的现实意义。

“一流的大学应该有一流的体育。”北京交通大学党委副书记颜吾佴如是说。颜书记先后 15 次站上大羽赛“校长杯”男单项目冠军领奖台，是名副其实的“连冠王”。他本人同时担任中国羽毛球协会副主席、中国大学生体育协会羽毛球分会主席、第 18 届中国大学生羽毛球锦标赛组委会主席等职务。他认为，体育对于高校而言，具有“品牌效应”。体育不仅发挥着帮助大学生强健体魄的作用，同时发挥着德育的作用。体育文化是大学文化不可或缺的部分，是校园生活的重要组成。高校可以充分利用大羽赛等品牌体育赛事的平台，加强校园体育文化多样性，凝练大学精神、展现良好风貌。

作为同场竞技的对手和志同道合的球友，西北民族大学校长赵德安对颜书记关于体育的认识高度认同。赵德安校长认为，大学的体育教学是衡量学校办学水平的一个重要标准。它不仅关系到学生的身体素质，还关系到学生的心理健康状态以及精神面貌。他相信，体育可以带给学生自信的心态，公平竞争的意识，团队协作和积极进取的精神，以及勇敢拼搏和永不服输的坚韧，从而影响学生的世界观、人生观和价值观，对学生的意识形态起到塑造作用。

广西科技大学党委副书记梁远海也是大羽赛“校长杯”的活跃分子，曾 7 次“征战”。他说：“智力和体力是相互支持的。用人单位对毕业生的要求是知识、能力和综合素质。有些单位特别看重有文艺、体育特长的大学生。”梁书记希望通过参赛带动学生投身体育，从最开始的“玩儿”，到后来的“好好玩儿”，再到最终的“养成习惯”，让同学们真正从体育中有所收获。

学生应着重培养一两个体育爱好

党的十八届三中全会《决定》明确提出："强化体育课和课外锻炼，促进青少年身心健康、体魄强健。"在近日召开的全国学校体育工作座谈会上，教育部部长袁贵仁发表"抓好学校体育工作提升学生体质健康水平"的重要讲话，再次强调《决定》对学校体育工作的重要部署和要求。

提高青少年体质，首先要树立和宣传"以人为本"和"健康第一"的理念。教育部人事司副巡视员赵丹龄有着教育部的运动"全能王"的美誉，她告诉记者："欧美国家学生深知体育锻炼的益处。'校球'以及体育运动的成绩是校方对外介绍必不可少的一部分内容，也是学校特别引以为傲的部分。他们极其注重学校体育场馆及运动设施的建设，认为全面的体育设施投入是对在校师生的一种尊重。这些都值得我们借鉴学习。"

"对于学生来说，应该在大学着重培养一两个体育爱好。"天津大学党委副书记李义丹认为，"兴趣爱好"是推进体育工作、深化体育教学改革的突破口。要借助社团活动、体育赛事、场馆开放等形式，为他们创造体育运动的条件；对于不热衷的学生要充分利用学分、必修课等方式，为其提供接触体育、爱上体育的机会，培养运动兴趣，养成运动习惯。

在谈及如何深化高校体育工作改革时，很多校长都不约而同地提到了课程设置、课外体育活动以及课余竞赛等体教结合的形式，以此来进一步扩大群众性体育参与程度。甘肃中医学院党委书记王海燕介绍，如今，学院几乎天天有活动，月月有比赛。学院以体育活动和竞赛为平台，培养学生良好的运动习惯，磨炼学生内在的意志品质。

（唐景莉　卜晓明）

中西视角下的工程教育

《中国科学报》（2014 年 10 月 23 日）

面对 21 世纪，工程师除了一般的设计者之外，更应该是一座"桥梁"。这座桥梁连接的是产品、服务和先进的基础研究。"桥梁"概念给大学的工程教育提出了新的要求，它要求所培养的人才必须具有坚实的科学基础、丰富的实践背景以及充分的人类及社会学知识。

如果有人问您，在国内所有的高校中，开设工程教育相关学科的比例是多少？您将如何作答？

根据 2010 年的统计数字，国内高校中，开设工程类相关本科专业的高校超过一千所，其所占比例已经超过本科高校总数的九成，而且这一数字近年来一直呈上涨趋势。数以百万计的学生在自己的校园中，憧憬着成为一名合格的工程技术类人才。

然而，面对经济国际化的考验，一个优秀的工程类人才应该具备何种素质，我们又该如何培养呢？10 月 16 日，在由北京工业大学和爱尔兰国立都柏林大学共同主办的经济全球化背景下的大学工程教育与教学国际研讨会上，来自世界各国的工程教育专家，围绕着上述话题给出了自己的思考。

定义：什么样的人才是合格的工程师

大学工程教育最重要的目标便是培养一名合格的工程技术类人才，其中的主体便是工程师。那么，在全球化时代，什么样的人才能被称为合格的工程师？

"工程师是一个很古老的概念，最早甚至可以追溯到古希腊、古罗马时期。当时一些哲学家的某些思想和知识中，其实就包含今天工程领域的一些内容。"发言时，法国国立工艺大学校长奥利维耶·法鸿说。

此后，工程师的概念一直在更新。而在法鸿看来，面对 21 世纪，工程师除了一般的设计者之外，更应该是一座"桥梁"。"这座桥梁连接的是产品、服务和先进的基础研究，比如高校的研究和新的产品、服务，或者公司的研究和产品、服务等。"

法鸿坦言，这一"桥梁"概念，给大学的工程教育提出了新的要求，它要求所培养的人才必须具有坚实的科学基础、丰富的实践背景以及充分的人类及社会学知识。为此，法国工程教育极其重视对学生相关学科基础知识的培养。

"我们要记住一个非常重要的方法，那就是数学。"法鸿说，数学是自然的本源。其不仅是解决科学问题的方法，同时也是非常主要的理论方式。对数学教育的重视，也是法国工程教育的重要特点。

此外，由于工程领域的创新需要密切联系实际，因此法国的工程教育十分重视与产业界的联系。“我们注重与产业界合作建立的培训项目，通过这些项目，我们希望把学生培育成有社会意识和可持续思维的科学家。”法鸿说。

方法：从“教师主导”到“教师引导”

学生获取知识最通常的手段在于课堂教学。爱尔兰都柏林大学副校长马克·罗杰斯讲述了都柏林大学在教学架构的变化。这种变化概括起来就是从“教师主导”转变为“教师引导”。

罗杰斯指出，在高等教育大众化的今天，由于信息技术的飞速发展，学生很容易通过虚拟学习环境随时随地快速获取信息，这就意味着由“教师主导”的“大班授课”虽然在讲授内容方面依然高效，但学生借此获取信息的需求却在减少，学生更需要以交流、互动为核心的小班授课，而教师在其中的作用多为引导者。

“在‘教师引导’的‘小班授课’过程中，教师给予学生的不仅仅是知识本身，更是获取、使用、管理知识的能力。对于学生来说，学习由被动转为了主动，思考和解决问题的能力、沟通能力、创造力、团队精神等都得到了提高。”罗杰斯说。

他表示，小班授课的基础是以学生为中心的积极学习。这一变化也为教师对新的教学方法和教学内容的思考提供了大好机会。“这种改变让我们更加关注高等教育，给我们的教学方法带来了更多复杂性。更重要的是，它给教授知识的过程注入了更多批判性分析和交流，这对于学生的培养至关重要。”

趋势：大学模式的全球化应对

在高等教育领域，只要提到趋势，全球化似乎就是一个绕不开的话题，工程教育也不例外。

发言中，芬兰拉普兰塔工业大学校长阿内妮·玻利指出，很多国家目前面临的亟须解决的问题多为跨国界的全球性问题，不是单靠一个国家的力量就可以解决的，而是需要全球性解决方案，这就要求未来的杰出工程师需要具备国际化职业能力，即一种可以使之立足于全球化经济与社会文化的能力。

“非常幸运的是，高等教育正在变得越来越国际化。对年轻人来说，这意味着一个非常好的学业环境。”玻利说，他们并不满足于课堂内的教育。而通过广泛的国际交流和开放的在线课程，学生的学习意愿得到了满足。

从另一个角度考虑，这实际上也给现行的大学模式提出了挑战。玻利表示，对大学而言，如何给学生一种“实体”的学习感觉将会成为问题。“学习不能仅依靠虚拟模式。我希望我们的学生能够感觉到，他们是我们学院中的一员。”

玻利表示，为应对这种局面，建立各高校间的国际化学院网络是一个很好的解决方式。在这一网络中，不同学院的学生可以作为交换生体验不同的学院方式，并获得双学士。“这种伙伴关系依赖于能合作共建的课程。在这些课程中，学生可以得到最好的教育项目，我希望在这方面我们能做得更好。”

困局：学科如何交叉

全球化要求不同高校间的交流与合作，而工程领域的学科从性质上则要求不同学科间同样产生交流合作。换句话说，即学科交叉。

“如果说二三十年前学科壁垒还很强的话，那么随着经济发展，交叉学科的潮流是大势所趋。”上海大学校长罗宏杰的话，体现了他对交叉科学的重视。事实上，国内高校近年来在这方面做了很多工作。但有一些问题还是困扰着“罗宏杰”们。

“交叉学科发展是我们想做的事，但我觉得和政府管理部门之间还需要进一步磨合。”罗宏杰说。比如，在国外的工程教育体系中，很多高校已经加入了可持续发展和健康、安全的相关教育内容。在这方面，国内高校是非常欠缺的。很多高校也想效仿国外，但目前相关管理部门制定的规定已经对一门学科需要设置的课程作了明确要求。“我们只能大部分按照教育部的要求，剩余的小部分体现交叉学科的思路。”

罗宏杰是研究材料出身。他表示，曾经的材料学研究更像是做菜，研究者按照可能的不同比例做出 20 盘菜，选择其中味道最好的。但现在做材料主要靠计算机设计，通过计算机模拟出最好的那盘菜的配方。“然而，材料专业的学生通常没有如此高的计算机水平，学计算机的人又不懂材料。这是一个很常见的例子，却足以说明交叉学科教育的重要性。在这方面，我们还需要作更多改变。”

（陈 彬）

让青春在实践中闪光

《中国科学报》（2014 年 10 月 23 日）

“我要到西部去，到祖国最需要的地方去，用一年不长的时间，做一件终生难忘的事情！”北京工业大学研究生支教团的志愿者们正在紧张排练，这不仅是他们自编自导的话剧《选择》当中的一幕，更是他们过去一年支教生活的真实写照。这一年，他们在青海省民和回族土族自治县第一中学和第二中学开展了为期一年的支教工作和扶贫志愿服务，用爱心和智慧点亮西部贫困地区孩子们的梦想。

与此同时，还有一张张灿烂的笑脸和一个个忙碌的身影出现在世界各地，书写着一篇篇感人肺腑而又激励人心的动人故事，而作者正是一群充分利用课余时间参与实践活动的北京工业大学的学子。

他们调研在社区城乡，实习在企业工厂，支教在基层学校，服务在大羽赛场，创新在科研基地，奉献在异国他乡……他们以崇高的理想、坚定的意志、扎实的知识和专业的技能，在实践中提升自我，在奉献中帮助他人，为青春奋斗，让青春无悔。

调研实践，让奋斗的青春最激昂

作为“美丽中国，和谐家园”社会实践团成员，秦晓宇及团队调研了北京工业大学学生宿舍的垃圾分类现状，跟踪调查了学生宿舍的垃圾回收和处理过程，参观走访了周边地区垃圾分类处理厂的工作情况，并提出了针对学生宿舍实施垃圾分类的可行性方案。

秦晓宇说：“在整个暑期社会实践过程中，我们分工合作，各司其职，真正理解了保护环境就是爱护我们的家园这句话的含义。大家希望以此来推进绿色发展、循环发展、低碳发展，引导青年学生树立尊重自然、顺应自然、保护自然的生态文明理念，为实现可持续发展、建设美丽中国贡献青春力量。”

参与“就业圆梦，开拓进取”社会实践团让邵延峰走出校园，获得在北京现代汽车有限公司实习三个月的机会。在他第一次参加质量监督会议时，就深深地被北京现代严谨的工作态度所感染。在他看来只是很小的问题，例如车门密封条安装得略微间隙过大等，公司都会非常认真地通过激烈讨论研究对策。邵延峰的总结是：“我们经常会对一些小问题视而不见，以为它们不够重要，然而，如果小问题得不到解决最终就会成为致命的大问题，甚至会毁了整个项目，所以在工作中培养严谨的态度是十分重要的。”

社会服务，让奋斗的青春最无悔

全国大学生羽毛球锦标赛、社区青年汇、中国医学科学院肿瘤医院、星星雨教育研究所、光爱学校、宏翔学校、七彩小屋、北京香山旅游峰会……“青年奉献社会”实践团的志愿者们非常忙碌。他们或在引导人群，或在传道授业，或在带领着小朋友们做着游戏，或在建设着小小图书角……他们挥洒着青春的汗水，以自己的绵薄之力，奉献着无悔的青春。

在南磨房地区社区青年汇授课的蒋帆说：“在大家的共同努力下，我们成功帮助了超过三十位基层流动青年强化了数学、语文、英语等基础知识，为他们备战成人高考提供了帮助，让我们深刻体验到了助人的快乐，收获了自信心和成就感。”

全国大学生羽毛球锦标赛志愿者顾景智在完成“校长杯”竞赛的接待和服务任务后表示：“通过这次活动，我充分体会到了一项工作从筹备到组织实施的不易，也亲身感受到了志愿者的辛劳。但在活动当中我很好地锻炼了自己，让我变得更成熟、更耐心、更细致。我很珍惜这次宝贵的志愿服务经历，以后也会更多地参加志愿者活动。”

国际志愿服务，让奋斗的青春最温暖

参与在德国、美国等 11 个国家和地区的 50 余个营地的国际志愿服务最令北工大学子期待。在那里，志愿者们两人一组，与来自世界各地的青年人共同参与环境保护、建筑修缮、园艺种植、勘探考古、历史古迹维护、筹办节日庆典、陪伴孤独症患者等众多类型的志愿服务项目。

电控学院的阳少轩在与残疾人一起排演节目的过程中体会到了普通人所不了解的属于残疾人的世界，计算机学院的于彤彤在和专业技工一起修建全木质运动场的过程中学会了熟练使用各种专业工具，环能学院的郑旭在全程参与建筑工作的过程中完整经历了整栋房屋的落成……

在与各国志愿者的相处中，志愿者们互相分享了自己国家的历史文化，增进了相互之间的了解。在国外生活的点点滴滴中，中国志愿者们也见识了德国严谨的垃圾分类与回收，爱沙尼亚安静惬意的生活方式，美国令人叹服的森林绿化保护和法国工人对人类发展进程的深刻思考。在体验外国文化的同时，志愿者们对自己祖国的热爱也空前加深。

丰富多彩的社会实践活动，是北工大学生对学校“立足首都，服务北京，辐射全国，面向世界”办学宗旨的积极践行，更是学校通过实践活动培养高素质创新人才的集中体现。在社会实践活动中，学校按照“按需设项，据项组团，双向受益”的原则，遵循“目标精准化、工作系统化、实施项目化、传播立体化”的标准，为大学生提供了多元的实践锻炼机会，更成为了有效引导大学生在实践与奉献中磨砺品格、成长成才的有效途径。就像习近平总书记强调的，“只有进行了激情奋斗的青春，只有进行了顽强拼搏的青春，只有为人民作出了奉献的青春，才会留下充实、温暖、持久、无悔的青春回忆”。

（杨 蕾 王丽君）

北京工业大学：为青年教师成长搭好梯子

《中国教育报》（2014 年 11 月 17 日）

“青椒”、“工蚁”，这是当代青年教师的代名词，这些词在一定程度上反映着高校青年教师的生存状况。怎样更好地促进青年教师的成长？北京工业大学进行了积极的探索。

细化成长阶段 关注职前培养

“我很幸运，正好赶上北京工业大学今年开始实施‘师资博士后制度’。”作为首批师资博士后的赵鹏翔开心地对笔者说：“师资博士后具有双重身份，既是进行科学研究的主要力量，同时有教师的资格，是一名准教师。科研方面，博士课题一般都处在继续研究阶段，需要有对于课题熟悉并掌握发展方向的科研工作者接替，而最好的人选实际上是刚毕业的博士生本身。两年的博士后工作可以对课题有更深入、系统的研究，有利于科研进步与成果的产生。”

校长郭广生表示，青年教师成长路径与梯队建设需要进一步挖潜。2014 年，在总结梳理 2011 年人事制度改革成果的基础上，北工大出台《北京工业大学博士后工作管理办法》，积极推进师资博士后制度建设，让青年教师的成长起点提至博士后阶段，开拓青年教师发展路径，激发青年教师群体的内在潜力。如果按照常规的人事招聘制度，博士生入校经过一些短期的培训就直接走上讲台，开始教学、科研工作，经常是‘左肩教学繁重，右膀科研乏力’，而北京工业大学推出的这项制度使青年教师在 2 到 3 年内除了承担少量教学任务外，可以安心做科研，学校为他们提供申请科研项目的机会，并为其配备导师，帮助青年教师尽快融入科研团队。国家对于博士后的相关政策制度也在一定程度上解决了青年人生活的后顾之忧。

做好顶层设计 搭起成长阶梯

作为首批“日新计划”培养对象之一的经管学院青年教师苗红感慨不已：“‘日新’计划不仅仅提供了资金支持，更重要的是导师制使我在研究团队中得到成长和锻炼。”2014 年她入选北京市教委的青年拔尖人才计划，回忆自己的成长历程，苗红感受很深：“我参加不同学科的汇报交流及国内外学术会议，分享专家们跟踪学术前沿、项目申报、项目研究工作的经验。这些工作，为我以后的发展提供了知识储备。”

同时启动的还有“京华”计划，它对支持对象的要求和支持力度更高。主要针对 45 岁以下青年教师，所在学科须与学校重点发展学科相一致。理工类经费不少于 100 万元，人文社科和经管类不少于 25 万元，所有支持对象的岗位津贴标准上调一级，第一批共 37 人入选“京华”计划。“京华”计划成为将来冲击“优青”、“长江学者”、“杰青”的青年人才储水池。

主管人事工作的吴斌副校长介绍，鉴于“日新”计划与“京华”计划之间跨度较大，会出现一些青年教师无法得到有力支持，2014 年人才工作大会后，学校将把青年教师的成长阶梯进一步分类细化，启动“青年百人计划”，这是介于“日新”计划与“京华”计划之间，将入选的青年教师将与“京华”计划支持教师一样实行年薪制，待遇相当于教授级别，大力度扶持青年教师发展，培养学校未来10年的顶梁柱。

细节体现关爱 育人更要温暖人

高校青年教师是标志高等教育事业发展最灵敏的晴雨表。目前，学校年龄在35—45岁的专任教师比重保持在40%左右，是教师队伍的中坚力量，也是未来学校建设的主力军。

中组部"千人计划"青年项目入选者、环能学院的李建荣教授讲起了他的故事："在来工大之前，校领导亲切耐心的回信、人事处领导的越洋电话，至今仍然历历在目。来工大后，更加体验到工大的温暖。我正式回国后，到达工大的第一站不是酒店，也不是学校准备好的公寓，而是科学楼418会议室，我作为专家参加了人才项目预评审会。回工大后1个月学校就建起了实验室，开始了科研工作。随后的仪器设备购置，研究生招生，科研项目申报，专款经费协调，教学课程安排等都得到学校有关职能部门的大力支持和帮助。"

在北工大党委书记郑吉春看来，要特别重视青年人才的培养，早发现、早扶持、早使用，让他们唱主角、挑大梁，发挥最大潜能。学校在人事制度和校园氛围上要最大限度地营造有利于人才成长发展的环境。

（邱晓飞　王　锋　张宇庆）

校训文化　润物无声

《人民日报》（2014年12月31日）

曾有人形容，若将大学比作一条"龙"，则校训为"睛"。大学校训是在学校办学历史中逐步积淀和凝练而成的，既是大学精神之镜诠，也是社会主义核心价值观和高等教育长远发展思想之重要体现。

校训是大学精神之镜诠。大学精神堪比校训的文化根基，构建大学校训不能脱离大学精神的沿袭。大学精神的形成非一蹴而就，是在师生员工长期教与学的实践中逐步形成和发展起来的。校训的构建同样如此，它是一种潜移默化、润物无声的文化，不仅反映学校的历史传统和办学理念，体现师生员工的目标和追求，更赋予学校以生命，不断地以其独特的导向，发挥浸润、呼唤、塑造、育人、传承等功能。

校训是社会主义核心价值观之重要体现。一方面，校训依赖大学精神和传统文化构建，被师生员工高度认同，是价值尺度，也是精神导向。因此，在高校中培育和践行社会主义核心价值观，亟须借助校训教育这一生动载体；另一方面，在积极培育和践行社会主义核心价值观，实现中华民族伟大复兴的要求下，高校也要逐步养成和丰富特有的大学文化，不断提升校训的内涵。可以说，校训传承着中华优秀传统文化，蕴含着社会发展进步的时代要求，是在学校培育和践行社会主义核心价值观的重要切入点。

北京工业大学的校训为"不息为体 日新为道"，取自唐代诗人刘禹锡的《问大钧赋》。"不息"源自《周易》"天行健，君子以自强不息"，"日新"源自《尚书》"苟日新，日日新，又日新"。以校训命名的"日新路"校园道路和以"日新计划"命名的人才支持方案等，巧妙地将校园建设与精神文化融合在一起，呼唤着师生共同的精神旨归。校训充盈着优秀传统文化底蕴，激励着一代又一代的北工大人砥砺前行。

欲使校训教育与践行社会主义核心价值观相得益彰，需要做到润物无声、知行合一，以生动、直观、丰富的教育形式为契合点，让师生员工更清晰地认识和理解校训及大学的精神内涵，进而增强对社会主义核心价值观的认同感。

（郑吉春）

索　引

使用说明

一、本索引采用主题分析索引法编制。除“大事记”外，年鉴中有实质检索意义的内容均予以标引，以供检索使用。

二、本索引基本上按汉语拼音音序排列。具体排列方法如下：以数字开头的标目，排在最前面；以英文字母打头的标目，列于其次；汉字标目则按首字的音序、音调依次排列。首字相同时则以第二个字排序，依此类推。

三、索引标目后的数字，表示检索内容所在的年鉴正文页码，数字后面的英文字母a、b、c，表示年鉴正文中的栏别，合在一起指该页码及及其所在的版面区域。年鉴中以表格、图片形式反映的内容，则在索引标目后用括号注明（表）（图）字，以区别于文字标目。

四、为反映索引款目间的逻辑关系，对于二级标目，采取在一级标目下缩两格的形式编排，之下再按汉语拼音的音序、音调排列。

0～9

A～Z

C

D

E

F

G

N

O

P

Q

R

S

T

Z

（王彦祥　毋栋　编制）

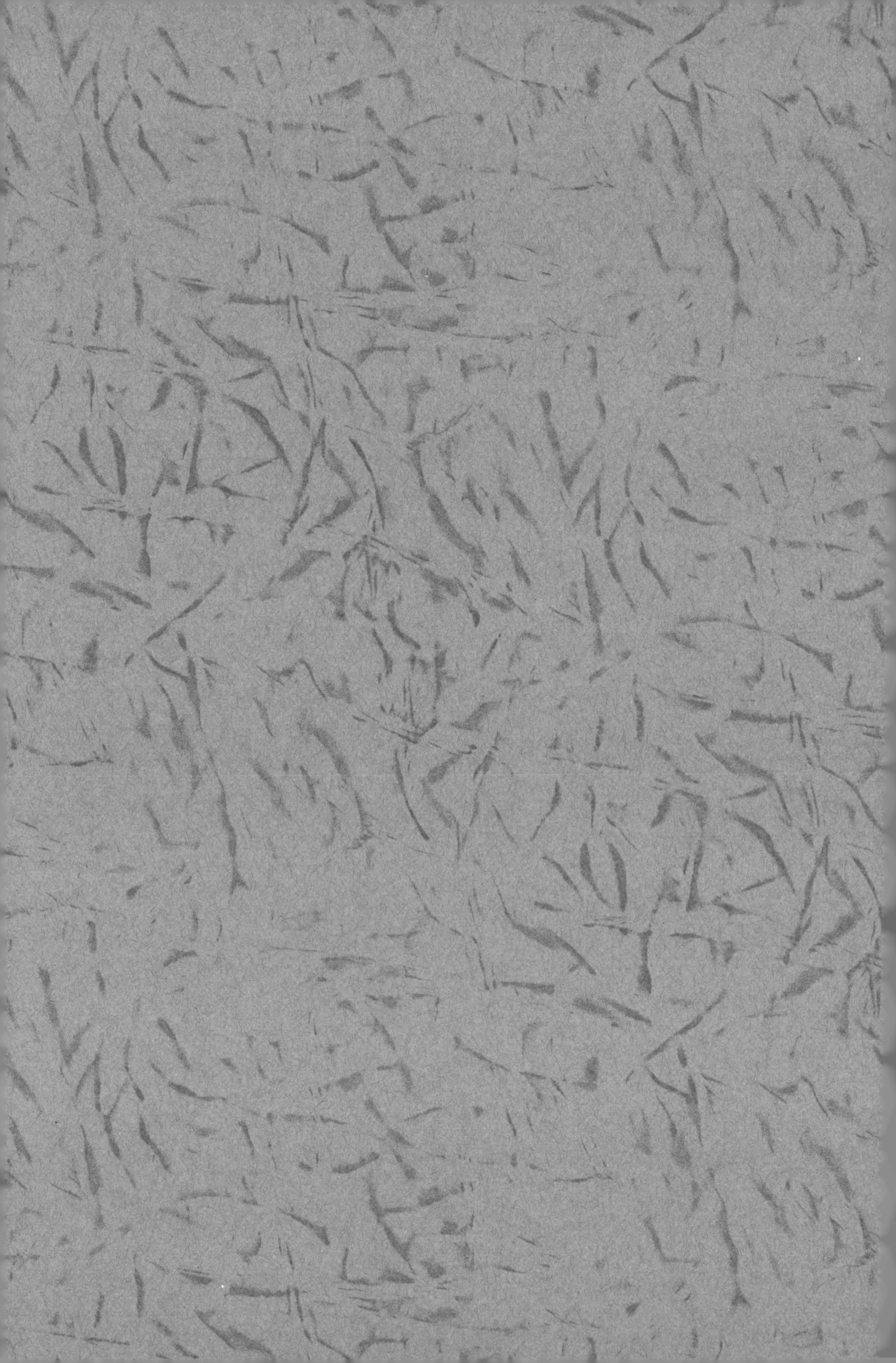